次のページもご覧ください ▶▶▶

都立 日比谷（ひびや）高等学校

https://hibiya-h.metro.ed.jp/

〒100-0014　千代田区永田町 2-16-1
☎ 03-3581-0808
交通　東京メトロ赤坂見附駅・永田町駅・国会議事堂前駅・溜池山王駅　徒歩５分

普通科

制　服　あり

［カリキュラム］◇二学期制◇

・１、２年次は芸術の選択科目を除いて、全員が共通の教科・科目（計35単位）を履修する。日課は**45分７時間授業**。
・２年次には自由選択科目として**第２外国語**のドイツ語、フランス語、中国語、ハングルから１科目を選択履修できる。
・３年次は現代文、政治経済、体育、英語（コミュニケーション英語、英語表現）を共通履修し、進路希望にあわせて**文類型・理類型**に分かれる。
・３年次の午後の授業はすべて**自由選択**で、多様な科目から最高で６科目まで選択履修できる。
・２・３年の英語と２年次の数学で**習熟度別授業**を実施。

［部活動］

・約９割が参加。
・令和５年度は、**硬式野球部**女子部員が、全国高等学校女子硬式野球選手権大会に出場した。
・令和４、５年度は、**硬式野球部**が東京都秋季大会において都大会に進出した。
・令和３年度は、**弓道部**が全国大会の競射の部（女子個人）、女子団体で優勝を果たした。
・令和元年度は、**棋道部、クイズ研究部**が全国大会に出場した。

★設置部（※は同好会）
弓道、剣道、柔道、硬式野球、サッカー、ラグビー、陸上競技、硬式テニス、ソフトテニス、バスケットボール、バレーボール、水泳、バドミントン、卓球、ダンス、生物研究、天文、音楽(合唱班・オーケストラ班)、茶道、箏曲、美術研究、棋道、演劇、化学探究、軽音楽、雑草研究、クイズ研究、物理地学、漫画文芸、写真、※ESS

［行　事］

星陵祭は**体育大会**、**合唱祭**と共に三大行事の一つであり、最大の行事といえる。例年、全クラスが教室劇を行い、夏休み前から脚本選びに取り組み、夏休みには稽古や大道具作りに精を出す。開催当日、３学年24クラスがいっせいに上演する姿は、なかなか壮観である。

5月	体育大会、遠足
6月	合唱祭
7月	勝山臨海合宿、夏山キャンプ
8月	SSH派遣研修、ボストン・ニューヨーク海外派遣研修
9月	星陵祭(文化祭)、卒業生講演会（２年）
10月	進路講演会(１年)
12月	スキー教室
3月	修学旅行(２年)、球技大会（１・２年)、海外姉妹校交流（韓国)

［進　路］（令和５年３月）

・どのような大学に進学することで自分の将来の夢が実現可能か、またそのためにはどういう学習が必要なのか、といったことについて、年４回の**面談**や**セミナー**（Ⅰ～Ⅱ、星陵セミナー）などを通じて助言している。
・３年生はほぼ毎週（理・社)、１・２年生は月に１～２回（英・数・国)、教員による**土曜講習**を実施している。
・**全国模試**を年３回、土曜日に実施。
・都教育委員会より**進学指導重点校**に指定されて以来、「骨太で重厚な進学校」たるべく様々な学校改革を実施。その結果、**難関国立４大学**（東京大・京都大・東京工業大・一橋大）と**国公立大学医学部医学科**の合格者数は大きく上昇し、近年では100名を超える年もある。

★卒業生の進路状況
<卒業生314名>
大学192名、短大０名、専門学校０名、就職０名、その他122名

★卒業生の主な合格実績
東京大、京都大、北海道大、東北大、千葉大、筑波大、お茶の水女子大、東京医科歯科大、東京外国語大、東京学芸大、東京工業大、東京農工大、一橋大、横浜国立大、東京都立大、防衛医科大学校、早稲田大、慶應義塾大、上智大、東京医科大、日本医科大

♣指定校推薦枠の[illegible]
早[illegible]

［ト[illegible]

・明[illegible]
創[illegible]
高等[illegible]る。
・日本の政治経済の中枢と言うべき場所に位置しながらも、ちまたの喧騒からは隔てられた**静かな環境**にある。130年以上の歴史を有する**伝統校**で、**進学指導重点校**。グローバルリーダー育成を目標に掲げる**GE-NET20指定校**。
・「創造性豊かに国際舞台で活躍できる科学者の育成」をテーマとする**ＳＳＨ指定校**。令和４年度に四期目の指定を受けた（５年間)。１年次から３年次まで理数探究活動を実施。東京大学などと連携し、研究・技術の最先端や第一線の研究者の指導を受ける機会を設けるなどしている。
・**全人教育・全科目履修型**のカリキュラムで、３年次まで合唱祭・星陵祭に全力で取り組み、人間形成を行う。その上で難関国立（東京大、医学部医学科）を中心とした国立大学や慶應義塾大学・早稲田大学への進学をめざす。現役で40%が上記大学に進学している。
・３年生の秋まで行事・部活に取り組む。**文武両道**の伝統的な校風である。
・日比谷OBとの交流が活発で進路実現に向けたよい刺激になっている。

［学校見学］（令和５年度実施内容）

★学校説明会　10・11・3月各１回
★学校見学会　７・８月計６回
★入学相談会　12月１回
★星陵祭　9月
★海外の生徒など、説明会に参加できない場合は応相談
★学校見学は指定日時有（要連絡・HPで告知）

入試!インフォメーション

※本欄の内容はすべて令和６年度入試のものです。

受検状況

科名・コース名	募集人員	推薦に基づく入試				第一次募集・分割前期募集			
		募集人員	応募人員	応募倍率	合格人員	募集人員	受検人員	受検倍率	合格人員
普　通	317	64	163	2.55	64	253	354	1.40	268

入学者選抜実施方法

	科名・コース名	推薦枠		調査書の活用		満点					備考
		割合(%)	特別推薦の有無	観点別学習状況の評価	評定	調査書点	集団討論・個人面接	小論文	作文	実技検査	
推薦	普　通	20	−	−	○	450	200	250	−	−	

	科名・コース名	分割募集	男女枠緩和	学力検査		調査書		学力検査：調査書	満点					備考
				教科	学校指定による傾斜配点	教科の評定の扱い			学力検査	調査書点	面接	小論文・作文	実技検査	
						学力検査を実施する教科	学力検査を実施しない教科							
第一次・分割前期	普　通	−	○	5*		1倍	2倍	7：3	700	300	−	−	−	＊国数英は自校作成。

〈本校の期待する生徒の姿〉

1　自律的人格を育成し、幅広い教養と高い学力を目指す本校の教育目標の下、誠実に努力する決意を有する生徒
2　将来の進路選択について、明確な目的意識をもって本校への入学を志望する生徒
3　学習成績が優れ、自主的な学習・学校行事・生徒会活動・部活動等に積極的に取り組んだ実績を有する生徒
※　特に推薦選抜においては、下記（１）から（５）までの項目に該当する生徒であることが望ましい。
(1)　９教科の観点別学習状況評価が優れていること
(2)　教科学習に関連する分野で、英語検定準２級又は同等の能力を有すること
(3)　学校行事・生徒会活動・部活動等において、中心的な役割を担（にな）った実績を有すること
(4)　学校内外の諸活動（都大会又はそれに準ずるコンクール等）で、優秀な成果を収める程度の能力を有すること
(5)　論理的な思考力や考察力、自分の意見を的確に表現する能力を有すること

難易度（偏差値）	ＡＡ（72−70）	併願校選択例	開成、慶應義塾女子、国際基督教大、豊島岡女子学園、早稲田実業

都立日比谷高等学校

〈収録内容〉

※データのダウンロードは 2025 年 3 月末日まで。
※データへのアクセスには、右記のパスワードの入力が必要となります。 ⇒ 485455

本書の特長

実戦力がつく入試過去問題集

▶ 問題 …………… 実際の入試問題を見やすく再編集。
▶ 解答用紙 …… 実戦対応仕様で収録。
▶ 解答解説 …… 詳しくわかりやすい解説には、難易度の目安がわかる「基本・重要・やや難」の分類マーク�つき（下記参照）。各科末尾には合格へと導く「ワンポイントアドバイス」を配置。採点に便利な配点つき。

入試に役立つ分類マーク

基本 確実な得点源！
受験生の90%以上が正解できるような基礎的、かつ平易な問題。
何度もくり返して学習し、ケアレスミスも防げるようにしておこう。

重要 受験生なら何としても正解したい！
入試では典型的な問題で、長年にわたり、多くの学校でよく出題される問題。
各単元の内容理解を深めるのにも役立てよう。

やや難 これが解ければ合格に近づく！
受験生にとっては、かなり手ごたえのある問題。
合格者の正解率が低い場合もあるので、あきらめずにじっくりと取り組んでみよう。

合格への対策、実力錬成のための内容が充実

▶ 各科目の出題傾向の分析、合否を分けた問題の確認で、入試対策を強化！
▶ その他、学校紹介、過去問の効果的な使い方など、学習意欲を高める要素が満載！

解答用紙ダウンロード 解答用紙はプリントアウトしてご利用いただけます。弊社ＨＰの商品詳細ページよりダウンロードしてください。トビラのＱＲコードからアクセス可。

UD FONT 見やすく読みまちがえにくいユニバーサルデザインフォントを採用しています。

過去問の効果的な使い方

① **はじめに**　入学試験対策に的を絞った学習をする場合に効果的に活用したいのが「過去問」です。なぜならば，志望校別の出題傾向や出題構成，出題数などを知ることによって学習計画が立てやすくなるからです。入学試験に合格するという目的を達成するためには，各教科ともに「何を」「いつまでに」やるかを決めて計画的に学習することが必要です。目標を定めて効率よく学習を進めるために過去問を大いに活用してください。また，塾に通われていたり，家庭教師のもとで学習されていたりする場合は，それぞれのカリキュラムによって，どの段階で，どのように過去問を活用するのかが異なるので，その先生方の指示にしたがって「過去問」を活用してください。

② **目的**　過去問学習の目的は，言うまでもなく，志望校に合格することです。どのような分野の問題が出題されているか，どのレベルか，出題の数は多めか，といった概要をまず把握し，それを基に学習計画を立ててください。また，近年の出題傾向を把握することによって，入学試験に対する自分なりの感触をつかむこともできます。

過去問に取り組むことで，実際の試験をイメージすることもできます。制限時間内にどの程度までできるか，今の段階でどのくらいの得点を得られるかということも確かめられます。それによって必要な学習量も見えてきますし，過去問に取り組む体験は試験当日の緊張を和らげることにも役立つでしょう。

③ **開始時期**　過去問への取り組みは，全分野の学習に目安のつく時期，つまり，9月以降に始めるのが一般的です。しかし，全体的な傾向をつかみたい場合や，学習進度が早くて，夏前におおよその学習を終えている場合には，7月，8月頃から始めてもかまいません。もちろん，受験間際に模擬テストのつもりでやってみるのもよいでしょう。ただ，どの時期に行うにせよ，取り組むときには，集中的に徹底して取り組むようにしましょう。

④ **活用法**　各年度の入試問題を全問マスターしようと思う必要はありません。できる限り多くの問題にあたって自信をつけることは必要ですが，重要なのは，志望校に合格するためには，どの問題が解けなければいけないのかを知ることです。問題を制限時間内にやってみる。解答で答え合わせをしてみる。間違えたりできなかったりしたところについては，解説をじっくり読んでみる。そうすることによって，本校の入試問題に取り組むことが今の自分にとって適当かどうかが，はっきりします。出題傾向を研究し，合否のポイントとなる重要な部分を見極めて，入学試験に必要な力を効率よく身につけてください。

数学

各都道府県の公立高校の入学試験問題は，中学数学のすべての分野から幅広く出題されます。内容的にも，基本的・典型的なものから思考力・応用力を必要とするものまでバランスよく構成されています。私立・国立高校では，中学数学のすべての分野から出題されることには変わりはありませんが，出題形式，難易度などに差があり，また，年度によっての出題分野の偏りもあります。公立高校を含め，ほとんどの学校で，前半は広い範囲からの基本的な小問群，後半はあるテーマに沿っての数問の小問を集めた大問という形での出題となっています。

まずは，単年度の問題を制限時間内にやってみてください。その後で，解答の答え合わせ，解説での研究に時間をかけて取り組んでください。前半の小問群，後半の大問の一部を合わせて50%以上の正解が得られそうなら多年度のものにも順次挑戦してみるとよいでしょう。

英語

英語の志望校対策としては，まず志望校の出題形式をしっかり把握しておくことが重要です。英語の問題は，大きく分けて，リスニング，発音・アクセント，文法，読解，英作文の5種類に分けられます。リスニング問題の有無(出題されるならば，どのような形式で出題されるか)，発音・アクセント問題の形式，文法問題の形式(語句補充，語句整序，正誤問題など)，英作文の有無(出題されるならば，和文英訳か，条件作文か，自由作文か）など，細かく具体的につかみましょう。読解問題では，物語文，エッセイ，論理的な文章，会話文などのジャンルのほかに，文章の長さも知っておきましょう。また，読解問題でも，文法を問う問題が多いか，内容を問う問題が多く出題されるか，といった傾向をおさえておくことも重要です。志望校で出題される問題の形式に慣れておけば，本番ですんなり問題に対応することができますし，読解問題で出題される文章の内容や量をつかんでおけば，読解問題対策の勉強として，どのような読解問題を多くこなせばよいかの指針になります。

最後に，英語の入試問題では，なんと言っても読解問題でどれだけ得点できるかが最大のポイントとなります。初めて見る長い文章をすらすらと読み解くのはたいへんなことですが，そのような力を身につけるには，リスニングも含めて，総合的に英語に慣れていくことが必要です。「急がば回れ」ということわざの通り，志望校対策を進める一方で，英語という言語の基本的な学習を地道に続けることも忘れないでください。

国語

国語は，出題文の種類，解答形式をまず確認しましょう。論理的な文章と文学的な文章のどちらが中心となっているか，あるいは，どちらも同じ比重で出題されているか，韻文(和歌・短歌・俳句・詩・漢詩)は出題されているか，独立問題として古文の出題はあるか，といった，文章の種類を確認し，学習の方向性を決めましょう。また，解答形式は，記号選択のみか，記述解答はどの程度あるか，記述は書き抜き程度か，要約や説明はあるか，といった点を確認し，記述力重視の傾向にある場合は，文章力に磨きをかけることを意識するとよいでしょう。さらに，知識問題はどの程度出題されているか，語句(ことわざ・慣用句など)，文法，文学史など，特に出題頻度の高い分野はないか，といったことを確認しましょう。出題頻度の高い分野については，集中的に学習することが必要です。読解問題の出題傾向については，脱語補充問題が多い，書き抜きで解答する言い換えの問題が多い，自分の言葉で説明する問題が多い，選択肢がよく練られている，といった傾向を把握したうえで，これらを意識して取り組むと解答力を高めることができます。「漢字」「語句・文法」「文学史」「現代文の読解問題」「古文」「韻文」と，出題ジャンルを分類して取り組むとよいでしょう。毎年出題されているジャンルがあるとわかった場合は，必ず正解できる力をつけられるよう意識して取り組み，得点力を高めましょう。

数学 出題傾向の分析と合格への対策

▼年度別出題内容分類表……

出題内容			2020年	2021年	2022年	2023年	2024年
数と式		数の性質	○	○		○	
		数・式の計算	○	○	○		
		因数分解	○				
		平方根	○	○	○	○	○
方程式・不等式		一次方程式	○	○	○		
		二次方程式		○	○	○	○
		不等式					
		方程式・不等式の応用	○	○	○		
関数		一次関数	○	○	○	○	
		二乗に比例する関数	○	○	○	○	○
		比例関数					
		関数とグラフ	○	○	○	○	○
		グラフの作成					
図形	平面図形	角度	○	○	○	○	○
		合同・相似	○	○	○	○	○
		三平方の定理	○		○	○	○
		円の性質	○	○	○	○	○
	空間図形	合同・相似					○
		三平方の定理				○	○
		切断	○		○		
	計量	長さ	○	○	○	○	○
		面積	○	○	○	○	○
		体積	○	○	○	○	
		証明	○	○	○	○	○
		作図	○	○	○	○	○
		動点					
統計		場合の数					
		確率	○	○	○	○	○
		統計・標本調査					
融合問題		図形と関数・グラフ	○	○	○	○	○
		図形と確率					
		関数・グラフと確率					
		その他					
その他							○

都立日比谷高等学校

——出題傾向とその内容——

大問4題，小問数にして15問であった。例年，解答に至る途中式や計算をはじめとして，少し多めの解法手順の記述が必要である。ここには出題者の意図として「受験生の思考過程や推論の過程を重視」するというねらいがある。出題内容は，[1]が平方根，二次方程式，確率，作図などの小間集合。[2]は図形と関数・グラフの問題。[3]は平面図形の問題。[4]は空間内の点や線分の位置関係を知る問題である。例年通り，図形の要素が多い問題構成となっており，思考力を必要とするものである。今年度も昨年度に引き続き解き易い問題であったが，[4]の記述問題の代わりに選択肢を選ぶものになった。また，初めて長文の会話文形式が出題されたことにも注目したい。

——来年度の予想と対策——

学習のポイント★★★

教科書の内容や数学上基本的な定理・公式を完全にマスターしてから，はじめて本校の数学に挑戦することができる。単に定理・公式にあてはめて解答できる問題は希で，むしろ，思考過程重視の問題であるから，解法に至る方針をきちんと記述できないと，ほとんど点数に結びつかないだろう。本校の数学の特徴は，図形や関数などの融合問題を通して，総合的な数学の力をみるので，解法パターンの暗記だけでは不足である。例えば，空間図形では，立体をそのまま捉えるのではなく，位置を正確に把握するため，見方を変えるなどの，臨機応変な応用力が必要である。ただ，ここ数年はオーソドックスな解法で解ける問題も多くなってきている。日比谷だからと構えることなく，取れる問題をミスせず解ける力が必要となる。[4]の会話文形式の出題は大学入試共通テストを意識していると思われる。近年の入試の傾向にアンテナを張る必要もある。

英語 出題傾向の分析と合格への対策

▼年度別出題内容分類表……

	出題内容	2020年	2021年	2022年	2023年	2024年
話し方・聞き方	単語の発音					
	アクセント					
	くぎり・強勢・抑揚					
	聞き取り・書き取り	○	○	○	○	○
語い	単語・熟語・慣用句					
	同意語・反意語					
	同音異義語					
読解	英文和訳(記述・選択)					
	内容吟味	○	○	○	○	○
	要旨把握	○	○	○	○	○
	語句解釈	○	○	○	○	○
	語句補充・選択	○	○	○	○	○
	段落・文整序	○	○			○
	指示語					
	会話文	○	○	○		○
文法・作文	和文英訳					
	語句補充・選択					
	語句整序	○	○	○	○	○
	正誤問題					
	言い換え・書き換え					
	英問英答	○				
	自由・条件英作文	○	○	○	○	
文法事項	間接疑問文	○	○	○	○	○
	進行形	○	○	○	○	○
	助動詞	○	○	○	○	○
	付加疑問文					
	感嘆文					
	不定詞	○	○	○	○	○
	分詞・動名詞	○	○	○	○	○
	比較	○	○	○	○	○
	受動態	○	○		○	○
	現在完了	○	○	○	○	○
	前置詞	○	○	○	○	○
	接続詞		○	○	○	○
	関係代名詞	○		○	○	○
	仮定法					○

都立日比谷高等学校

――出題傾向とその内容――

本年度は，リスニングテスト，会話文読解，長文読解，そして，条件英作文の計4題の出題であった。

リスニングテストは，例年通り東京都と共通。

長文読解，会話文問題は両方ともかなりボリュームがあり，設問は正確な読解力を試すものであった。また，読解問題内でも，まとまった英文を書かせる設問が出題されているので，注意が必要である。

全体的に，英語の理解力と表現力を様々な形式で試す問題構成になっている。

――来年度の予想と対策――

学習のポイント★★★

問題形式の細かな変更はあるかもしれないが，リスニングと読解，そして英作文を中心とした出題傾向に変化はないものと思われる。

リスニングテスト対策としては，日頃から英語に耳を慣らしておくこと。聞けば聞くだけリスニングの力は強化できるので，聞く時間を確保することが大切である。

会話文・長文読解では，文脈を正確にすばやく把握することが大切である。日頃から教科書以外の多くの長文読解問題にふれ，読解力や単語力をつけると同時に，まとまった内容の英文を簡潔な表現を用いて正確に書く練習をしておこう。

出題傾向の分析と 合格への対策

▼年度別出題内容分類表……

出題内容			2020年	2021年	2022年	2023年	2024年
内容の分類	読解	主題・表題					
		大意・要旨					○
		情景・心情	○	○	○	○	○
		内容吟味	○	○	○	○	○
		文脈把握	○				
		段落・文章構成					
		指示語の問題					
		接続語の問題					
		脱文・脱語補充					
	漢字・語句	漢字の読み書き	○	○	○	○	○
		筆順・画数・部首					
		語句の意味			○		
		同義語・対義語					
		熟語					
		ことわざ・慣用句					
	表現	短文作成					
		作文(自由・課題)	○	○	○	○	
		その他					
	文法	文と文節					
		品詞・用法				○	○
		仮名遣い					
		敬語・その他					
	古文の口語訳		○				
	表現技法						
	文学史						
問題文の種類	散文	論説文・説明文	○	○	○	○	○
		記録文・報告文					
		小説・物語・伝記	○	○	○	○	○
		随筆・紀行・日記					
	韻文	詩					
		和歌(短歌)	○	○		○	○
		俳句・川柳			○		
	古文					○	
	漢文・漢詩				○		

都立日比谷高等学校

出題傾向とその内容

大問数は全5問であった。読解問題には，読み取った内容を正しく説明する記述問題も含まれる。また，論説文の読解問題の中には，250字以内の作文があるなど，表現力を重視する傾向にある。時間配分にも注意する必要がある。

漢字の読み書きはやや難しいものもあるので辞書を活用して，熟語の意味と合わせて覚えていく必要がある。

文学的文章は，比較的読みやすい内容のものである。心情や内容の理解を問うものが中心。

説明的文章は，内容理解の設問が中心。具体的な事例を挙げて，自分の考えを述べる作文問題も含まれている。

和歌を含んだ説明文では，内容を把握する問題や，単語の意味・用法に関する問題が出題されている。

来年度の予想と対策

学習のポイント★★★

来年度は出題パターンに多少の変化が見られるかもしれないが，特に古典は出題されてもあわてることのないように準備しておこう。

読解問題は，ふだんから問題集などで練習を積み重ね，慣れておくようにしたい。自分の弱点がどんな問題にあるのかを知り，その補強をしておくことが大切である。

記述式解答の対策としては，文章の要旨などを短文でまとめる練習をしておくとよい。また，筆者の主張を踏まえた上で，自分の意見を書く練習もしておこう。

漢字の読み書きは必ず出題されるので，教科書を中心に学習しよう。辞書も活用する。文法や文学史も基本は押さえておきたい。

総合的な国語力が試されるので，どの分野も幅広く学習しておくことが必要である。

理科 出題傾向の分析と合格への対策

出題傾向とその内容

〈最新年度の出題状況〉

大問1は，全領域からの小問で，大問2の生徒研究ではクジャク石に含まれる銅の割合の計算，光の屈折の作図などの出題があった。大問3の地学は，透明半球での太陽の日周経路の観察，北極側から見た地球の自転，緯度の高低と夜の長さの考察であった。大問4の生物は，光合成の対照実験では顕微鏡操作と光合成の条件，光の明るさと光合成量・呼吸量の関係の考察であった。大問5の化学は，電解質と非電解質，溶解度曲線の温度と水溶液の濃度の変化のグラフの考察と溶質を全て取り出すための計算問題があった。大問6の物理は，斜面上での台車の運動と斜面上の台車の力の分解，作用・反作用の法則，位置／運動エネルギー，仕事とエネルギーの考察があった。探究の過程重視で，実験データや資料の読解力，分析力，判断力，科学的思考力等が試され，地学と化学で文章記述があった。

〈出題傾向〉

毎年，各学年の教科書の第一分野・第二分野からバランスよく出題される。大問1は各分野の基礎的問題で，大問2は資料や実験データの読みとり，計算，作図など科学の方法の基本的問題である。大問3から大問6は，各領域ごとに，一つのテーマについて，実験や観察から調べていきデータ(資料)をもとに考察し，総合的に活用して解く問題であり，論理的な問題解決能力が要求される。出題内容は，実験操作，モデル化，化学反応式，計算，グラフ化，データや資料の読みとりなどである。

物理的領域　大問は，6年は斜面上の台車の運動と力の分解，作用・反作用，位置／運動エネルギー，仕事，5年は電圧と電流と抵抗，電力の実験とグラフ，電力量，4年は斜面を下る小球の運動，力学的エネルギー，3年はフレミングの左手の法則，電磁誘導，右ねじの法則，回路の抵抗であった。

化学的領域　大問は，6年は電解／非電解質，溶解度曲線の温度と水溶液の濃度・溶質の取り出し，5年はイオンの粒子モデルと塩化銅／水の電気分解，4年は電池の電極での化学変化，水の電気分解，中和実験でのイオン数，3年は熱分解のモデル・実験方法・pH，質量変化の規則性であった。

生物的領域　大問は，6年は光合成の対照実験・顕微鏡操作，光の明るさと光合成量・呼吸量の関係，5年は消化の対照実験・柔毛での吸収・血液の循環・細胞の呼吸，4年は花のつくりと生殖，メンデルの実験の応用，3年は光合成の対照実験，光の明るさと光合成量・呼吸量の関係であった。

地学的領域　大問は，6年は透明半球の太陽の日周経路，北極側からの地球の自転，緯度の高低と夜の長さ，5年は露点の測定実験と湿度，雲の発生実験と寒冷前線，4年は火成岩と堆積岩，地質年代の示準化石や脊椎動物，柱状図，3年は空気中の水蒸気量，寒冷前線，季節と気圧配置であった。

来年度の予想と対策

実験・観察を扱った問題を中心に，基礎的理解力と並んで，後半の大問4題では，複数の実験や観察について考察しながら教科書の発展応用問題を解くといった総合的な問題解決能力を試す出題が予想される。グラフや作図，化学反応式など自ら発想して解答を得るなど，探究の過程重視と思われる。

教科書を丁寧に復習し，基礎的な用語は正しく理解し押さえておこう。日頃の授業では，仮説，目的，方法，結果，考察等の探究の過程を意識して，実験や観察に積極的に参加しよう。実験装置は図を描き，実験・観察結果は図や表，グラフ化など分かり易く表現し，記録しよう。考察は結果に基づいて自分で文章を書く習慣を身につけよう。資料から情報を読み取る学習においても，身近に発生している現象と重ねあわせて考察し，生じた疑問をさらに調べるといった自ら学ぶ姿勢を身につけたい。

⇨学習のポイント

- 教科書の「実験・観察すべて」が基礎・基本。用語，図表，応用発展，資料がすべてテスト範囲。
- 過去問題を多く解き，応用問題にも挑戦しよう。日常生活や社会にかかわる探究活動も大切!!

年度別出題内容の分析表　理科

※★印は大問の中心となった単元／▒▒は出題範囲縮小の影響がみられた内容

分野	学年	出題内容	27年	28年	29年	30年	2019年	2020年	2021年	2022年	2023年	2024年
第一分野	第1学年	身のまわりの物質とその性質	○	○	○			★			○	
		気体の発生とその性質	○	○	○	○	○	○		○	○	
		水溶液		○		○	○	○		○	○	★
		状態変化	○	○	○		○	○		○		
		力のはたらき(2力のつり合いを含む)		○			○		○	○		
		光と音	○	○	○	○	○	○	○	○	○	○
	第2学年	物質の成り立ち	○	○	★	○	○	○	○	○	○	○
		化学変化，酸化と還元，発熱・吸熱反応	○	○	○	○	○	○		○		○
		化学変化と物質の質量	★				★		★			○
		電流(電力，熱量，静電気，放電，放射線を含む)	○	★	○	○	○	★	○	○	★	○
		電流と磁界			○	★	○		★			
	第3学年	水溶液とイオン，原子の成り立ちとイオン	○		○	○		○	○	○	★	○
		酸・アルカリとイオン，中和と塩	○	★	○		○		○	○		
		化学変化と電池，金属イオン				★				★		
		力のつり合いと合成・分解(水圧，浮力を含む)		○	○					○	○	○
		力と物体の運動(慣性の法則を含む)	○		★	○	○		○	★	○	★
		力学的エネルギー，仕事とエネルギー	★		○	○	★	○		○		○
		エネルギーとその変換，エネルギー資源		○		○		○				
第二分野	第1学年	生物の観察と分類のしかた										
		植物の特徴と分類	○							○		
		動物の特徴と分類	○		○			○	○			○
		身近な地形や地層，岩石の観察	○		○	○		○		○		○
		火山活動と火成岩		○	○	○		○		○	○	
		地震と地球内部のはたらき		○			★		○			
		地層の重なりと過去の様子	★		○	★	○			★		○
	第2学年	生物と細胞(顕微鏡観察のしかたを含む)										○
		植物の体のつくりとはたらき	★	○		★	○		★	○	○	★
		動物の体のつくりとはたらき	○	○	★	○	○	★	○	○	★	○
		気象要素の観測，大気圧と圧力	○		○				○		★	○
		天気の変化	○	○	★	○	○	○	★	○	○	
		日本の気象							○			
	第3学年	生物の成長と生殖		○		○		○		○	○	
		遺伝の規則性と遺伝子		★	○		★		○	★		
		生物の種類の多様性と進化			○					○		
		天体の動きと地球の自転・公転		○			○		○		○	★
		太陽系と恒星，月や金星の運動と見え方	○	★	○	○		★		○		
		自然界のつり合い		○		○	○				○	○
自然の環境調査と環境保全，自然災害							○	○				
科学技術の発展，様々な物質とその利用					○	○		○	○			
探究の過程を重視した出題			○	○	○	○	○	○	○	○	○	○

―東京都公立高校―

出題傾向の分析と合格への対策

出題傾向とその内容

〈最新年度の出題状況〉

本年度の出題数は，例年同様，大問6題，小問20題である。解答形式は，マークシートの記号選択式が17題で，記述問題は各分野1題ずつ計3題であった。大問は，日本地理1題，世界地理1題，歴史2題，公民1題，地理分野・歴史分野・公民分野の各出題で構成された大問が1題である。基礎・基本の定着と，資料を読みとり，考察する力を試す総合的な問題が出題の中心となっている。

地理的分野では，略地図を中心に，表・グラフといった統計資料を用いて，諸地域の特色・産業・貿易・気候・人々のくらしなどが問われている。歴史的分野では，説明文・略年表などをもとに，日本の歴史が総合的に問われている。公民的分野では，基本的人権・財政・国際問題等の中から基礎的な知識が問われている。

〈出題傾向〉

全体として，3分野について基礎的な知識をみるとともに，資料を活用して社会的事象を考察し，適切に表現する能力をみる出題である。

地理的分野では，地形図・略地図・表・グラフ・雨温図などを読みとらせることで，知識の活用が行えるかを確認している。出題の形式がやや複雑なので，応用力を重要視していると言えるだろう。

歴史的分野では，テーマ別の通史という形で出題することにより，歴史の流れを理解しているかを確認している。即ち，歴史全体を大きくつかむ力を重要視していると言えるだろう。

公民的分野では，現代の日本の状況をきちんと分析する力を重要視していると言えるだろう。

なお，問題の大部分がマークシートでの解答となっていることに留意して，練習を重ねておこう。

来年度の予想と対策

来年度も，形式・内容ともに，大きな変化はないものと思われる。したがって，対策としては，まず，教科書を十分に読んで基礎力をつけることが必要である。基礎をしっかり固めて，入試過去問題集のとりくみをくり返せば，高得点も不可能ではない。

具体的には，地理では，地図帳や資料集を活用し，地図や統計，各種資料などを読み取る力を養う必要がある。歴史では，各時代のキーワードとなる語句を整理し，政治・外交・社会・文化などの特色や流れを総合的につかむようにしよう。その際，世界史の流れと関連づけて把握すると，理解が深まるであろう。公民では，当然知っておくべき知識を簡潔に整理すると同時に，新聞やテレビのニュースなどで世の中の動きにも目を向ける必要があると言えるだろう。

なお，例年出題されている記述問題の対策として，複数の資料からそれぞれ読みとれることを記した上で，文章にまとめる練習を十分にしておきたい。

⇨学習のポイント

- 地理では，地形図や各種の地図に慣れ，世界各国・日本各地の特徴をつかもう！
- 歴史では，略年表に慣れて，時代の流れをつかもう！　また世界史も視野に置こう！
- 公民では，政治・経済の基礎を幅広く理解し，地方自治・国際社会等の問題にも目を配ろう！

年度別出題内容の分析表 社会

※　　は出題範囲縮小の影響がみられた内容

		出題内容	27年	28年	29年	30年	2019年	2020年	2021年	2022年	2023年	2024年
地理的分野	日本	地形図の見方	○	○	○	○	○	○	○	○	○	○
		日本の国土・地形・気候	○			○			○	○		○
		人口・都市	○	○	○		○	○	○		○	
		農林水産業	○	○		○	○		○		○	○
		工業	○	○			○	○	○	○	○	○
		交通・通信						○	○	○	○	○
		資源・エネルギー			○							
		貿易			○						○	
	世界	人々のくらし・宗教									○	○
		地形・気候	○	○	○	○	○	○	○	○	○	○
		人口・都市		○				○	○	○	○	
		産業	○	○	○	○	○	○	○	○	○	○
		交通・貿易	○		○	○	○	○	○	○		○
		資源・エネルギー										
	地理総合				○		○	○				
歴史的分野	日本史—時代別	旧石器時代から弥生時代	○	○								
		古墳時代から平安時代	○	○	○	○	○	○	○	○	○	○
		鎌倉・室町時代	○	○		○	○	○	○	○	○	○
		安土桃山・江戸時代	○	○	○	○	○	○	○	○	○	○
		明治時代から現代	○	○	○	○	○	○	○	○	○	○
	日本史—テーマ別	政治・法律	○	○	○	○	○	○	○	○	○	○
		経済・社会・技術	○	○	○	○	○	○	○	○	○	○
		文化・宗教・教育	○	○	○	○	○	○	○	○	○	○
		外交	○	○			○					○
	世界史	政治・社会・経済史					○	○	○	○	○	○
		文化史				○						
		世界史総合										
	歴史総合											
公民的分野	憲法・基本的人権			○	○	○	○			○	○	○
	国の政治の仕組み・裁判			○	○		○	○	○	○		○
	民主主義											○
	地方自治		○			○			○			
	国民生活・社会保障			○			○					
	経済一般		○	○	○	○	○	○	○	○	○	
	財政・消費生活		○	○	○	○	○	○	○	○	○	○
	公害・環境問題			○		○					○	
	国際社会との関わり		○		○	○	○	○			○	○
時事問題												
その他												

―東京都公立高校―

2024年度　合否の鍵はこの問題だ!!

都立日比谷高等学校

数　学　2〔問3〕，3〔問2〕(2)，4〔問3〕

2〔問3〕

座標平面上では，平行四辺形の性質「2組の対辺は平行」あるいは「1組の対辺は平行かつ長さが等しい」を使うことが多い。

3〔問2〕(2)

発展的な内容を述べる。四角形ABDCは円に内接する四角形だから，∠BDC＝180°－∠BAC＝120°とわかる。するとこの問いでは，60°の直角三角形を利用することが想定される。上位校を受験する際には，∠BAC＋∠BDC＝180°を知っておくとよい。

4〔問3〕

点Aを通る直線OFが，点A_2で円と接するとき，EA＜EA′となるから，PF＜PF_2であることを右図から確認しておこう。

また「円の接線と半径は，接点において垂直に交わる」ことにも注意しよう。

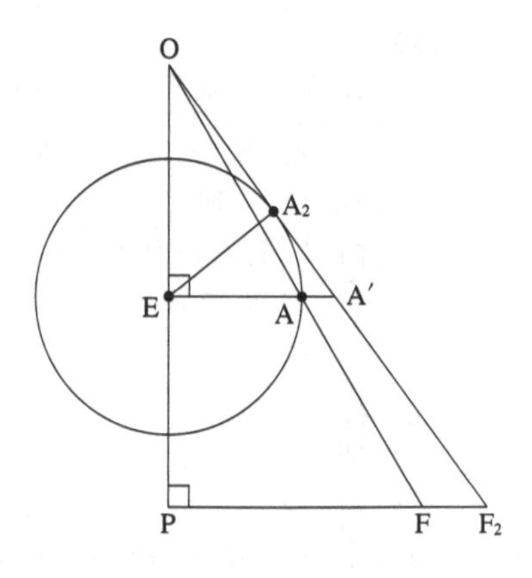

英語 [2]〔問5〕，[3]〔問4〕，[4]

ここでは，[2]〔問5〕・[3]〔問4〕・[4]で出題された条件英作文を取り上げる。3問合計で，28点と配点が非常に高くなっており，まさしくこれらの問題の出来が合否の鍵を握っていると言えよう。

[2]〔問5〕と[3]〔問4〕は，文中に適する英語を補充する問題になっているので，正確な読解力も併せて試されていることになる。一方，[4]は独立した問題であるが，テーマに即した討論法を選び，資料を活用しながら，その根拠を英語で説明するといったもので，設定が複雑なものとなっているので，要注意である。

英文の長さは，それぞれ30語以上，15語以上，50語程度とバラエティーに富んでおり，語数が多いものが含まれているので，別個の対策が必要であろう。

条件英作文では，英語の総合力を問われており，その対策としては，まず，基礎的な文法力をしっかりと固めると同時に，熟語を含む語い力の養成に励む必要がある。当然，実際に英文を書く練習を積むことも肝要であるが，その際に，他の人にチェックをしてもらうと，自分の弱点を知ることができて，有効である。

国語 [4]〔問6〕

もはや身近な存在になりつつある，AIについて，その活用の可能性に対する意見を述べるという作文問題である。

AIが活用されている具体的な領域を挙げるという条件なので，まずは身近な場面などからAIが活用されているものを思い浮かべよう。家電製品や画像制作，商業分野など，さまざまなものが挙げられるだろう。本文では，深層学習の利点と課題が挙げられている。それに触れながら，具体例と関連させ，自分の意見をまとめよう。

本文の内容を理解するだけではなく，本文からは読み取れない具体例を考えなければならない出題である。普段から，時事問題や，話題になっているものごとについて情報を収集しておく必要がある。さまざまなメディアを活用し，適切に情報を入手し，それについての自分の意見を簡潔にまとめるなどの練習を重ねるとよい。

大切なことはメモしておこうネ！

スピーキングテスト

★★★★★★★★★★★★★★★★★★★★★★★★★★★★★★★★★

練習問題

スピーキングテスト(ESAT-J)は,
PartA,PartB,PartC,PartDの
4つのパートに分かれています。

【PartA】
英文を声に出して読むパートです。
2問の出題が予想されます。

【PartB】
図,表,イラストなどの与えられた情報をもとに
質問に答える問題と,あなたから問いかける問題です。
5問の出題が予想されます。

【PartC】
4コマイラストについて,ストーリーを英語で話す問題です。
1問の出題が予想されます。

【PartD】
質問に対して,自分の考えと理由を英語で述べる問題です。
1問の出題が予想されます。

本書では,各パート1問ずつの練習問題を収録しています。
アプリではさらに多くの練習ができます。
詳しくは巻頭「収録内容」ページの下部QRコードから
アクセスしてご確認ください。

東京都中学校英語スピーキングテスト(ＥＳＡＴ－Ｊ)について

東京都立高等学校入学者選抜では，東京都中学校英語スピーキングテスト(ＥＳＡＴ－Ｊ)の結果を令和5年度入学者選抜(令和4年度実施)から活用しました。

1　実施方法について

中学校英語スピーキングテストのために用意されたタブレットとヘッドセット(マイク付きヘッドフォン)を使います。

タブレット(タブレットのサイズ　幅197.97×奥行119.82×高さ8.95mm　重さ約320g)
- ・バックアップのための音声が録音されます。
- ・録音の状況を、「見て」確認できます。
- ・画面上で文字の大きさを選択できます。
- ・指示文にはルビが付いています。
- ・問題のイラストを白黒で見やすいように表示します。

ヘッドセット(装着時にマイクは左側にきます。)
- ・耳をしっかり覆い、集中できるように設計されています。

2　問題の構成と評価の観点について

Part	出題形式	出題数	評価の観点		
			コミュニケーション達成度	言語使用	音声
A	英文を読み上げる	2			○
B	質問を聞いて応答する／意図を伝える	5	○		
C	ストーリーを英語で話す	1	○	○	○
D	自分の意見を述べる	1	○	○	○

3　令和６年度の実施ついて(予定)

実施日　令和６年１１月２４日(日)　予備日：令和６年１２月１５日(日)

<スピーキングテスト　練習問題>

【Part A】

聞いている人に，意味や内容が伝わるように，英文を声に出して読んでください。はじめに準備時間が30秒あります。録音開始の音が鳴ってから解答を始めてください。解答時間は30秒です。

英語部員のあなたは，他の部員に向けて，祖母の家に遊びに行った思い出について短いスピーチをすることになりました。次の英文を声に出して読んでください。
(準備時間30秒／解答時間30秒)

I have a grandmother in Aomori. Last fall, my family and I stayed at her house for two days. She has a large apple field there. My grandmother made an apple cake for us. It looked interesting for me to make it, so I helped her then. The cake was delicious.

【Part B】

画面上の情報を見て，英語で話してください。準備時間は10秒です。録音開始の音が鳴ってから解答を始めてください。解答時間は10秒です。

あなたは地域のお祭りに友だちと一緒に参加しようとしていて，そのチラシを見ながら，友だちと話しています。友だちからの質問に対して，画面上のチラシをもとに，英語で答えてください。
(準備時間10秒／解答時間10秒)

Question: What time should you get to the hall if you want to join the City Festival?

City Festival

Date : May 3　　Place : City Hall　　Time : From 1:00 p.m.

◆You need to come to the hall 15 minutes before the starting time.

【Part C】

これから画面に表示される１コマめから４コマめのすべてのイラストについて，ストーリーを英語で話してください。はじめに準備時間が30秒あります。録音開始の音が鳴ってから解答を始めてください。解答時間は40秒です。

あなたは，昨日あなたに起こった出来事を留学生の友だちに話すことになりました。イラストに登場する人物になったつもりで，相手に伝わるように英語で話してください。
(準備時間30秒／解答時間40秒)

【Part D】

質問に対して，自分の考えとそう考える理由を英語で述べる問題です。はじめに準備時間が１分あります。解答時間は40秒です。録音開始の音が鳴ってから解答を始めてください。

あなたは友人と高校入学後の学校生活について話をしています。次の質問について自分の考えを述べ，その理由を説明してください。
(準備時間１分／解答時間40秒)

Question: Do you want to join a club in high school? Answer the question and explain why you think so.

スピーキングテスト　練習問題

解答例と解説

＜解答例＞

【Part A】 解説参照

【Part B】 We should get to the hall at 12:45 pm.

【Part C】 One day, I decided to study. I needed my pencil, so I looked for it on the desk, but I couldn' t find it. It was night when I found it. I was tired and sleepy and went to bed.

【Part D】 I want to belong to a club. Playing baseball is very fun for me. Also, I want to make a lot of friends. This is my idea.

＜解説＞

【Part A】

≪問題文訳≫

私には青森に祖母がいます。この間の秋，家族と私で2日間彼女の家に泊まりました。彼女はそこに大きなリンゴ農園を持っています。祖母は私たちにリンゴケーキを作ってくれました。それを作るのが私には面白そうに見えたので彼女を手伝いました。ケーキは美味しかったです。

≪解説≫

発音は概ね正しく，強勢，リズムや抑揚が，聞き手の理解の支障とならないことを目指そう。言葉や言い回しを考えたり，言い直したりするために，間(ま)を取っても良いが，発話中の間は，不自然に長くならないようにする。

全体を通して発音の誤りが生じていたり，抑揚がほとんどなかったり，言いよどみが多かったり，聞き手が話についていくのが難しいほど沈黙が長かったりすると減点となるので注意する。

【Part B】

≪図の訳≫

都市祭り

日時：5月3日　　場所：シティホール　　時間：午後 1:00 から

◆開始時刻の 15 分前までにホールへ来る必要があります。

≪質問文訳≫

もし，都市祭りに参加したいのであれば，あなたは何時にそのホールへ着くべきですか？

≪解答例訳≫

私たちは午後12時45分にはホールに着くべきです。

≪解説≫

設問の問いかけに対して適切な内容を答えるようにしよう。

時間は午後1：00からとあり，下部に「開始時刻の15分前までにホールへ来る必要があります。」と記載されている。よって，午後12時45分にはホールに着くべきと答える。

【Part C】

≪解答例訳≫

ある日，私は勉強をすることにしました。鉛筆が必要だったので，机の上を探したのですが，見つかりませんでした。見つけたとき，夜でした。私は疲れて眠くなり，ベッドに入りました。

≪解説≫

各コマのイラストから読み取れる事実を伝えるようにしよう。語彙や文構造，文法の使い方の誤りは減点となるので注意する。

【Part D】

≪質問文訳≫

あなたは高校で部活動に加入したいと思いますか？質問に答えて，なぜそう考えるのか説明してください。

≪解答例訳≫

私は部活動に加入したいです。私にとって野球をすることはとても楽しいです。また，私は多くの友達を作りたいです。これが私の考えです。

≪解説≫

自分の考えを伝え，それをサポートする理由を伝えよう。幅広い語彙・表現や文法を柔軟に使用して答えると良い。質問に対する答えになっていなかったり，理由が不明瞭であったりすると減点となるので注意する。

都立日比谷高等学校

2024年度

★★★★★★★★★★★★★★★★★★★★★★★★

入　試　問　題

●くわしい解説……35ページ

＜数学＞

時間　50分　　満点　100点

【注意】答えに根号が含まれるときは，**根号を付けたまま，分母に根号を含まない形で表しなさい。**
また，根号の中を最も小さい自然数にしなさい。

1　次の各問に答えよ。

〔問1〕　$\dfrac{(2\sqrt{3}+5)^2+(2\sqrt{3}-1)^2}{2}-(2\sqrt{3}+5)(2\sqrt{3}-1)$　を計算せよ。

〔問2〕　二次方程式$(x-1)^2-4(x-2)^2=0$　を解け。

〔問3〕　1から6までの目が出る大小1つずつのさいころを同時に1回投げる。

大きいさいころの出た目の数をa，小さいさいころの出た目の数をbとするとき，xの方程式$2ax-b=3$の解が整数となる確率を求めよ。

ただし，大小2つのさいころはともに，1から6までのどの目が出ることも同様に確からしいとする。

〔問4〕　10人の生徒A，B，C，D，E，F，G，H，I，Jに満点が8点であるテストを行ったところ，得点が下の表のようになった。

中央値が4.5点，四分位範囲が4点，最頻値は3点だけであった。

表中のa，bの値を求めよ。

ただし，a，bは整数とし，$a<b$とする。

生徒	A	B	C	D	E	F	G	H	I	J
得点	3	7	a	1	3	3	b	6	4	7

〔問5〕　右の図で，△ABCは，∠BAC＞90°の鈍角三角形である。

辺BC上にある点をDとし，線分ADを折り目として，△ABCを辺ACと辺BCが交わるように折り曲げたとき，頂点Cと重なる位置にある点をEとする。

解答欄に示した図をもとにして，∠BAE＝60°となる点Dを，定規とコンパスを用いて作図によって求め，点Dの位置を示す文字Dも書け。

ただし，作図に用いた線は消さないでおくこと。

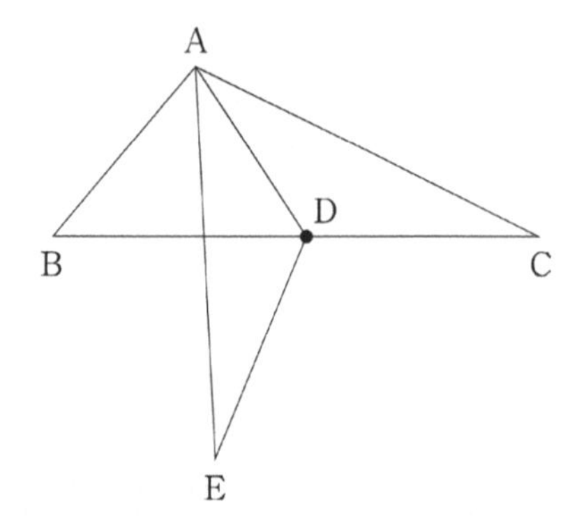

2 　右の**図1**で，点Oは原点，点Aの座標は$(1,\ 0)$，曲線fは関数$y=x^2$のグラフ，曲線gは関数$y=\frac{1}{3}x^2$のグラフを表している。

点B，点Cは，ともにx座標が点Aのx座標と等しく，点Bは曲線f上にあり，点Cは曲線g上にある。

点Pは，点Aを出発し，x軸上を正の向きに毎秒1cmの速さで動く。

点Qは，点Pが出発するのと同時に点Oを出発し，x軸上を負の向きに毎秒1cmの速さで動く。

点R，点Sは，ともにx座標が点Pのx座標と等しく，点Rは曲線f上にあり，点Sは曲線g上にある。

点T，点Uは，ともにx座標が点Qのx座標と等しく，点Tは曲線f上にあり，点Uは曲線g上にある。

図1

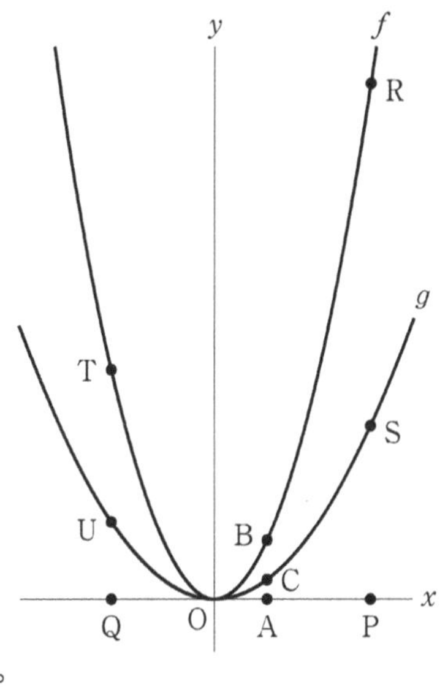

点Pが点Aを出発してから経過した時間をt秒$(t>0)$とする。

点Oから点$(1,\ 0)$までの距離，および点Oから点$(0,\ 1)$までの距離をそれぞれ1cmとして，次の各問に答えよ。

〔問1〕　点Bと点C，点Bと点U，点Cと点Uをそれぞれ結んだ場合を考える。
△BCUの面積は何cm^2か。tを用いた式で表せ。

〔問2〕　右の**図2**は，**図1**において，$t \geqq 2$のとき，2点T，Uを通る直線をℓとし，直線ℓ上にありy座標が点Bのy座標と等しい点をVとした場合を表している。

QV：VU＝QU：UTのとき，2点R，Uを通る直線の式を求めよ。

ただし，答えだけでなく，答えを求める過程が分かるように，途中の式や計算なども書け。

図2

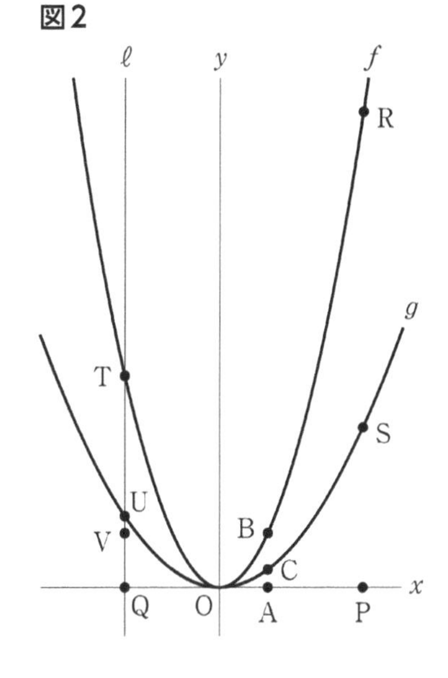

〔問3〕　**図1**において，点Pと点S，点Pと点U，点Sと点T，点Tと点Uをそれぞれ結んだ場合を考える。

四角形PSTUが平行四辺形となるとき，tの値を求めよ。

3　右の**図1**で，△ABCは，AB＝ACの鋭角三角形である。

3点A，B，Cを通る円をかく。

頂点Aを含まない$\overset{\frown}{BC}$上にある点をDとし，頂点Bと点D，頂点Cと点Dをそれぞれ結ぶ。

頂点Bを通り線分CDに平行な直線を引き，円との交点のうち頂点Bと異なる点をEとする。

頂点Cを通り線分BDに平行な直線を引き，線分BEとの交点をFとする。

頂点Aと点E，頂点Cと点Eをそれぞれ結ぶ。

次の各問に答えよ。

図1

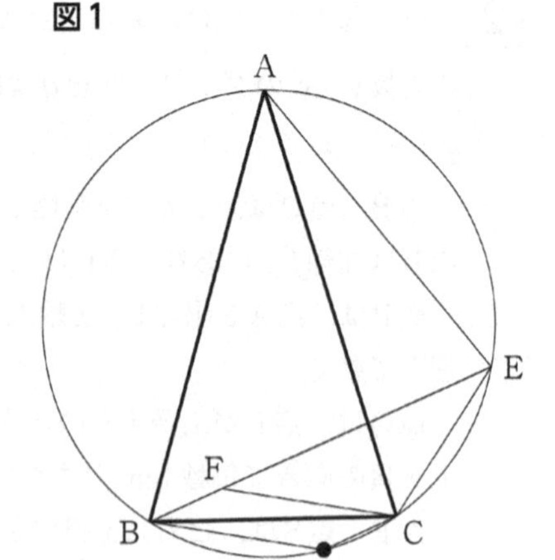

〔問1〕　∠CFE＝42°，CE＝CF，$\overset{\frown}{AE}=2\overset{\frown}{CE}$のとき，∠BCDの大きさは何度か。

〔問2〕　右の**図2**は，**図1**において，△ABCが正三角形の場合を表している。

次の(1)，(2)に答えよ。

(1)　△BDC≡△CEAであることを証明せよ。

図2

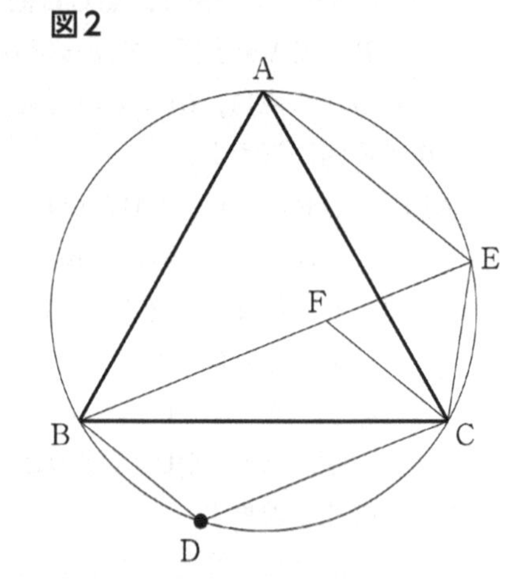

(2)　AB＝24cm，BD＝$4\sqrt{3}$cmのとき，△CEAの面積は何cm^2か。

4　ある中学校の教室で，放課後に生徒の赤坂さんと永田さんが話をしている。

2人の会話文を読んで，あとの各問に答えよ。

赤坂さん：昨日，公民館で影絵の劇を見てきたよ。

永田さん：面白そうだね。

赤坂さん：形だけでなく，大きさも表現されていて感動したよ。

文化祭の出し物でやってみたいけど，光源からの距離や光が当たる向きで影の大きさや形が変わるから難しそうだね。

永田さん：じゃあ，影がどう変わるかを考えてみよう。

正方形の紙に光を当てたときの影の様子を，図を使って考えてみるね。

【永田さんが考えた図】

右の**図1**で，四角形ABCDは正方形である。

頂点Aと頂点C，頂点Bと頂点Dをそれぞれ結び，線分ACと線分BDとの交点をEとし，AE＝3cmとする。

図1

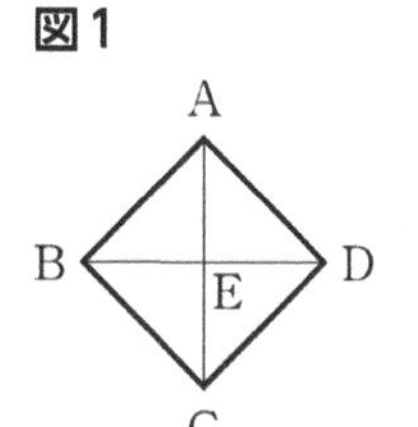

右の**図2**に示した立体は，平面S上にある点をPとし，点Pを通り平面Sに垂直な直線ℓを引き，直線ℓ上にあり，OP＝8cmとなる点をOとし，**図1**の点Eが線分OPの中点と一致し，四角形ABCDが平面Sと垂直にならないとき，点Oと頂点A，点Oと頂点B，点Oと頂点C，点Oと頂点Dを通る直線をそれぞれ引き，平面Sとの交点をそれぞれF，G，H，Iとし，点Fと点G，点Fと点I，点Gと点H，点Hと点Iをそれぞれ結んでできた四角すいである。

図2

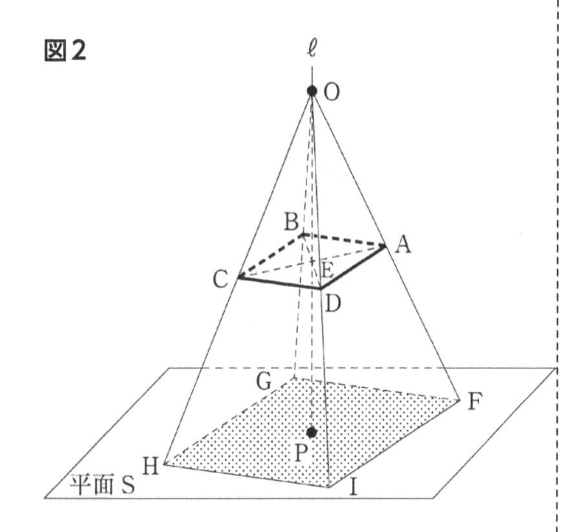

赤坂さん：点Oが光源で，四角形FGHIが四角形ABCDの影を表しているということだね。四角形ABCDと平面Sが平行なとき，四角形FGHIの面積を求めると［①］cm^2になるね。

永田さん：そうだね。では，次に四角形ABCDを動かしてみよう。

【永田さんが考えた四角形ABCDの動かし方】

図2において，四角形ABCDと平面Sが平行なときから，四角形ABCDを次のように動かす場合を考える。

四角形ABCDは，線分BDを軸として回転を始め，頂点Aが点Oに近付くように回転する。

四角形ABCDは，頂点Aが，四角形ABCDと平面Sが平行なときの線分OA上に再び来たときに回転を終える。

ただし，四角形ABCDは折り曲げないものとする。

赤坂さん：点Gと点Iを結んだ場合を考えてみよう。
四角形ABCDが回転している間は，△GHIの面積は ② けれど，△FGIの面積は大きくなったり，小さくなったりしているね。

永田さん：四角形ABCDが回転を終えたときの四角形FGHIをかいてみると，次の図のようになるね。

【永田さんがかいた，四角形ABCDが回転を終えたときの四角形FGHIの図】

③

赤坂さん：△FGIの面積が一番大きくなるときを考えてみよう。

永田さん：△FGIの面積が最大になるとき，点Fと点Pを結んでできる線分FPの長さは ④ cmとなるね。

〔問1〕 ① に当てはまる数を答えよ。

〔問2〕 次の(1)，(2)に答えよ。

(1) ② に当てはまるものを次の**ア**～**ウ**のうちから選び，記号で答えよ。

ア だんだん小さくなる　　**イ** 変わらない　　**ウ** だんだん大きくなる

(2) ③ に当てはまるものを下の**ア**～**カ**のうちから選び，記号で答えよ。

ただし，点線(----)で示した四角形は，四角形ABCDと平面Sが平行なときの四角形FGHIを表している。

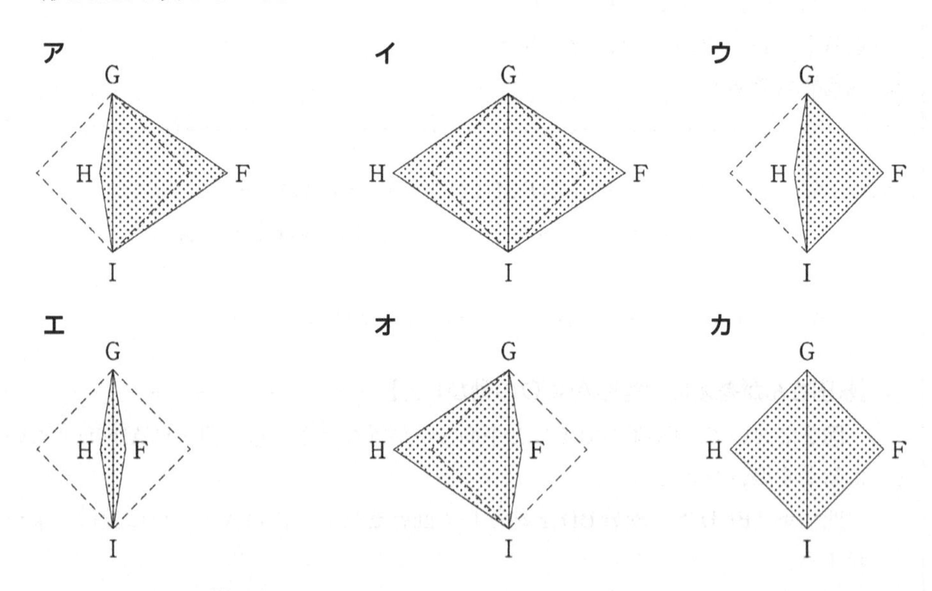

〔問3〕 ④ に当てはまる数を答えよ。

<英語>　時間　50分　満点　100点

1　リスニングテスト(**放送**による**指示**に従って答えなさい。)

〔**問題A**〕　次の**ア**～**エ**の中から適するものをそれぞれ**一つずつ**選びなさい。

<対話文1>

ア　One dog.
イ　Two dogs.
ウ　Three dogs.
エ　Four dogs.

<対話文2>

ア　Tomatoes.
イ　Onions.
ウ　Cheese.
エ　Juice.

<対話文3>

ア　At two.
イ　At one thirty.
ウ　At twelve.
エ　At one.

〔**問題B**〕　<Question 1>では，下の**ア**～**エ**の中から適するものを**一つ**選びなさい。
<Question 2>では，質問に対する答えを英語で書きなさい。

<Question 1>

ア　Two months old.
イ　One week old.
ウ　Eleven months old.
エ　One year old.

<Question 2>

(15秒程度，答えを書く時間があります。)

2　次の対話の文章を読んで，あとの各問に答えなさい。
(＊印の付いている単語・語句には，本文のあとに〔**注**〕がある。)

Four students, Ryoko, Tommy from Sweden, Zoe from the United States, and Kohei are talking in their classroom.

Ryoko　：How was your first summer vacation in Japan, Tommy?
Tommy　：It was great! My host parents took me to Kumamoto because I wanted to see the castle there.
Zoe　：What is so special about the castle?
Tommy　：A lot of creative ideas were used to build it.

Zoe : For example?

Tommy : Its stone *foundation was very difficult to climb up and come inside.

Kohei : Ah, I have heard about that.

Tommy : Have you? Then, how about this? The castle had edible walls.

Zoe : What? We can eat the walls?

Tommy : You could. The walls were made of plants, so if *samurai* had to stay in the castle for a long time and couldn't get food, they could eat the walls of the castle.

Kohei : Really? My cousin is doing research on "edible walls."

Zoe : Do we have edible walls in a modern world? I want to know more!

Kohei : People at his college are studying *concrete and he is one of them. They are all studying ways to make concrete more sustainable.

Ryoko : Oh, I've just learned that word. If something is sustainable, it can be used for a long time without causing damage to the environment, right?

Kohei : Yes. Concrete is difficult to recycle. Also, when it is *disposed of, it causes serious damage to the environment.

Tommy : I can imagine that. How is concrete produced?

Kohei : Concrete is made by mixing cement, water and other *materials.

Zoe : What does cement do?

Kohei : It acts like *glue. Every year, more than 4 billion tons of cement is produced. An *impact on the environment is made when cement is produced, carried to and used at the *construction *site. This whole process produces 8% of the world's CO_2, more than from airplanes and ships.

Zoe : Oh, that's a serious problem.

Kohei : They first found a way to recycle concrete by breaking used concrete down into small pieces and pressing them together again. This process gave them a new idea.

Ryoko : What was it?

Kohei : Making concrete from food loss.

Zoe : Food loss?

Kohei : Vegetables and fruits that are below some standards and cannot be sold in stores. Or, the parts that food factories do not use for their products.

Ryoko : Did you know every year 1.3 billion tons of food, about 30% of the food produced for humans, is lost and wasted around the world? In Japan, the number reaches 6.12 million tons.

Tommy : Then their concrete can be a solution.

Kohei : The kind of food they use decides how strong concrete can be. I was thinking pumpkin could be a good material because its skin is hard. However, concrete made from pumpkin skin is the weakest. On the other hand, concrete made from *hakusai* is almost *twice as strong as concrete made from other foods.

Zoe : Why is that?

Kohei : The researchers think a good balance between *fiber and sugar in *hakusai* makes it strong. The concrete made from *hakusai* can be stronger than normal concrete.

Ryoko : That's surprising!

Kohei : Concrete made from food reduces CO_2 and food loss. Also, we don't need to worry about the limited *resources necessary for cement, and we can dispose of the concrete without damaging the environment.

Zoe : It's really cool that we can help with many problems at the same time!

Tommy : On top of that, we can eat the walls made of that concrete, like the ones in the castle I visited.

Kohei : Yes, that's right.

Zoe : Oh, that's the "cherry on top!"

Ryoko : What? You need a cherry now?

Zoe : No. That means [(1)].

Kohei : Exactly!

Ryoko : Is there any other sustainable concrete?

Tommy : I heard about a new concrete invented by a Japanese company and a university in Europe. It is a concrete that can repair itself.

Zoe : Self-repairing concrete? I'm curious!

Tommy : Concrete is a very strong material, but it is weak when it is pulled. When it is dry, it *cracks. To cover these weak points, *steel bars are put inside.

Ryoko : Oh, I have seen them before.

Tommy : However, this cracking allows air and water to come inside and damage the steel bars. As a result, the concrete *structure suffers serious damage and falls down.

Zoe : True. It's better if we can use safer concrete structures for longer, right?

Tommy : Yes. So, they have invented a concrete that repairs cracks just like our skin repairs itself.

Ryoko : Sounds wonderful, but how does it work?

Tommy : By using a special kind of bacteria. First, we create small *capsules that have the bacteria and a *substance called *polylactic acid* inside. That substance is their food.

Zoe : OK.

Tommy : Next, we mix these capsules into the concrete. *Polylactic acid* slowly changes into *calcium lactate* in the concrete, but the bacteria can't do much in the strong concrete. Sometimes, cracks appear in the concrete.

(2)

① They eat the *calcium lactate* and turn it into something called *calcium carbonate*.

② *Calcium carbonate* is like a natural glue.

③ When it rains or air gets into these cracks, that changes the condition of

concrete.
④ This change wakes up the bacteria, and they start growing and increasing in number.
⑤ When all the cracks are filled and the concrete is strong again, the bacteria go back to sleep.
⑥ It fills the cracks and repairs the concrete.

They rest until they are needed again.

Kohei : Wow, it's really like magic! People are putting in great efforts to be sustainable!

Ryoko : Let me share my experience. Last weekend, I went to Ginza to see the new 12-*story building made of wood.

Zoe : Is it possible to build such a tall building with wood?

Ryoko : Yes. Though concrete was also used, such as in its foundation, it's still amazing. Now, a Japanese company is planning to build a 70-story building that will be made of 90% wood.

Kohei : Are they the only examples of such buildings?

Ryoko : There are a few more already, and many more are coming up. The number is increasing in many other countries, such as in the United States and in Canada.

Tommy : Actually, my country is one of the first countries (3)【 ① made ② produced ③ the local area ④ tall buildings ⑤ wood ⑥ of ⑦ in ⑧ to build 】.

Zoe : I'm sure it is. But why are people trying to use wood for tall buildings?

Ryoko : First, we can greatly reduce CO_2 if we use wood. Second, wood is a sustainable resource. If we take good care of forests and cut trees in a planned way, we will always have enough trees.

Tommy : Also, because wood is lighter than concrete, we need smaller machines, smaller foundations, and fewer construction workers. Wood can be cut at the factory before we use it. We just have to put the pieces together at the construction site. As a result, wood allows faster and quieter construction, with more eco-friendly materials, less waste, and less CO_2.

Kohei : But Japan is known as a country of earthquakes. Are those buildings strong enough?

Ryoko : Yes. The key is (4)a new material called "CLT." CLT looks like a thick wood board, but it is actually a lot of thin wood boards put together. However, the directions of the fibers are important. Wood is strong in the direction of its fibers, but weak in other directions. So, if the boards are put on top of each other in a way that puts their fibers at 90 degrees to each other, they become stronger than normal wood boards. Actually, CLT is stronger than concrete or steel of the same weight.

Zoe : Is CLT strong against fire, too?

Tommy : That's another very important point. Actually, wood takes time to start burning.

CLT takes longer to catch fire than normal wood boards because CLT is made of many boards. When the CLT board closest to a fire *chars, it slows down the temperature rise in other boards. It takes about two to three hours before all the boards become hot and char. This is more than enough time to escape from most buildings. After the fire, charred boards can be changed for new ones.

Kohei　: Many years ago, people would never think they would be able to "eat" concrete or that they would build tall buildings out of wood.

Zoe　: True. (5)I want to share these great ideas with my classmates!

〔注〕
foundation　土台　concrete　コンクリート　dispose of ~　~を処分する
material　物質　glue　接着剤　impact　影響
construction　建設　site　現場　twice as...as　2倍…だ
fiber　繊維　resource　資源　crack　ひび割れる
steel　鋼鉄　structure　構造物　capsule　カプセル
substance　物質　~ story　~階建の　char　炭になる

〔問1〕 本文中の空所 (1) に入るものとして最も適切なものは，次の中ではどれか。

ア　something people add to the walls to make them delicious
イ　something that makes the walls more attractive
ウ　something the walls need to become sustainable
エ　something you put on the walls to make them useful

〔問2〕 (2) の中の①～⑥を適切な順番に並べたとき，**2番目**と**5番目**にくるものの組み合わせとして最も適切なものは，次の**ア～カ**の中ではどれか。

	2番目		5番目
ア	①	−	③
イ	①	−	④
ウ	④	−	⑤
エ	④	−	⑥
オ	⑥	−	②
カ	⑥	−	④

〔問3〕 (3)【 ① made ② produced ③ the local area ④ tall buildings ⑤ wood ⑥ of ⑦ in ⑧ to build 】とあるが，本文の流れに合うように，【 】内の単語・語句を正しく並べかえたとき，①～⑧の中で**3番目**と**5番目**と**7番目**にくるものの組み合わせとして最も適切なものは，次の**ア**～**カ**の中ではどれか。

	3番目		5番目		7番目
ア	①	—	⑤	—	⑦
イ	①	—	⑧	—	②
ウ	②	—	③	—	⑥
エ	②	—	④	—	⑦
オ	⑧	—	①	—	②
カ	⑧	—	⑤	—	⑦

〔問4〕 (4)a new material called "CLT." を表す図として最も適切なものは，次の中ではどれか。

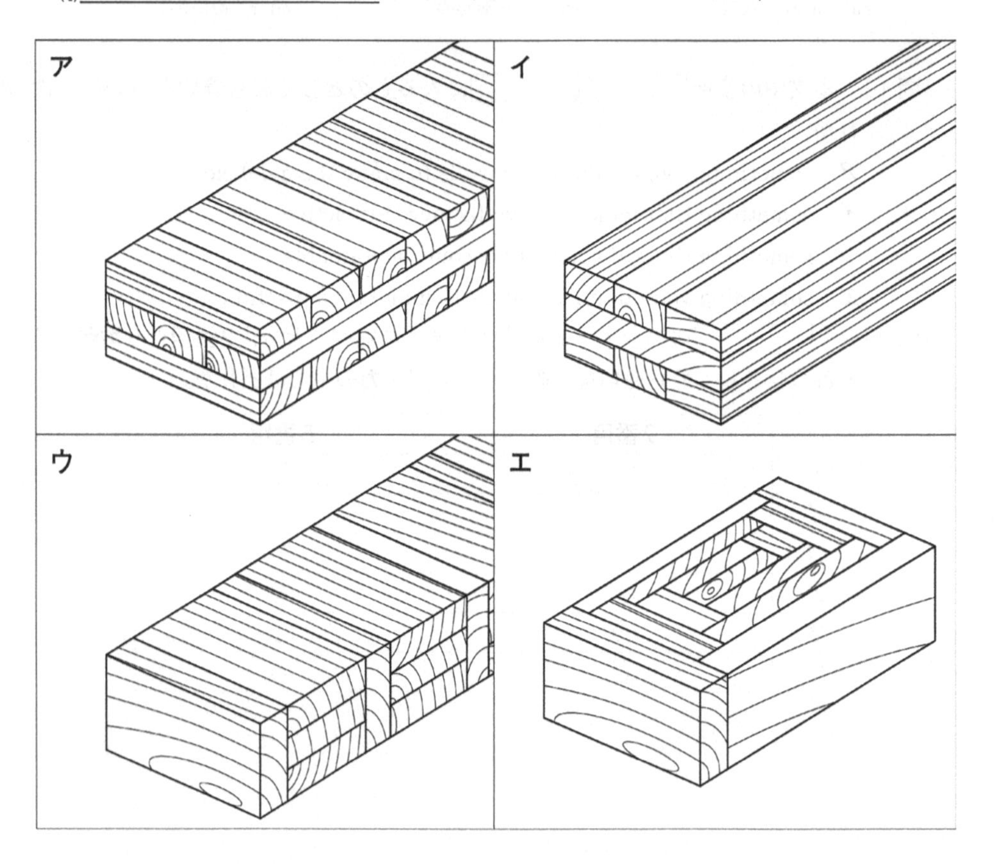

〔問５〕 (5)I want to share these great ideas with my classmates!とあるが，次の**スライド**は，ZoeがRyoko，Tommy，Koheiと一緒に後日英語の授業で行ったプレゼンテーションの目次である。下のプレゼンテーションの**原稿**の空所［　　　］に**30語以上の英語**を自分で考えて書きなさい。

英文は**二つ以上**にしてもよい。なお，「，」「．」「！」「？」などは語数に含めないものとする。また，I'llのような「'」を使った語やe-mailのような「-」で結ばれた語はそれぞれ1語と扱うこととする。

スライド

A Creative Idea to be Sustainable

1. What is edible concrete?

2. Why is edible concrete sustainable?
   (a) CO_2
   (b) food loss
   (c) resources
   (d) the way of disposing

3. Final Message

原稿

Hi, I'm Zoe. I'm going to explain why edible concrete can be sustainable from the point of food loss.

［　　　　　　　　　　　　］

Thank you. Next, Kohei will explain that edible concrete can be a solution to the other problems.

〔問６〕 本文の内容と合っているものを，次の**ア～ク**の中から**二つ**選びなさい。

ア In the castle Tommy visited, *samurai* ate the walls made of plants in emergencies, so he saw many holes in the walls.

イ The biggest environmental impact of concrete is the CO_2 produced when the concrete is carried to the construction site by airplane and ship.

ウ Every year, about 30% of the food produced for humans is lost and wasted around the world, and Japan holds responsibility for about 5% of that loss and waste.

エ The good balance between fiber and sugar makes concrete made from *hakusai* stronger than concrete made from other foods.

オ If concrete structures are damaged, they can be repaired by covering cracks with a thin material like skin.

カ The new 12-story building in Ginza was made of 90% wood, and it is the first of its kind in the world.

キ Thanks to construction using wood, it is possible to build tall buildings faster and in a more sustainable way than using concrete.

ク The way boards are put together in CLT makes it strong against fire because the different fiber directions make CLT burn fast and char.

3 次の文章を読んで，あとの各問に答えなさい。
（＊印の付いている単語・語句には，本文のあとに〔**注**〕がある。）

Do you still remember what you ate for lunch a week ago? Do you remember the name of a train station you used only once? If you don't remember them, don't worry. (1)<u>You are not alone.</u> Everybody experiences this every day. There are things you can easily remember, and things that you easily forget. For example, you will not forget the movie you watched with your best friend, but you could forget your ID and password. Though you remember and forget different things, everyone wishes for a good memory. [(2)-a]

Memories are *formed in an area called the *hippocampus in the *brain. A lot of kinds of memories are formed there. First, your brain works very hard to remember everything it experiences, although you don't notice that. The information it receives is put in the hippocampus, and after that the brain selects the information to keep. When it is kept in your brain, it becomes a memory. If you don't use a memory in your brain, the memory will become weaker and weaker, and you will forget it in the end. So, if you want to remember something for a long time, you need to use it. A person who knows a lot of English words uses new words many times a day to remember them all. Also, when you meet a person for the first time, it is a good idea to call his or her name often. [(2)-b]

Having a good memory seems good because people don't want to forget anything. Do you think you would feel happy if you could remember everything? How about your brain? It already has a lot of information and more information is still coming in. It has to *cope with all this information for you. [(2)-c]

*Neuroscientists were interested in a good memory and wanted to know how the brain forms memories. They thought forgetting was a problem with the memory systems because the brain's mission was to get and keep information. For a long time, scientists have known that our brain has a memory tool box and that it is used to form memories. However, over the past ten years or so, scientists did experiments on small fish and discovered that their brain removes some old memories and prepares space for new information. They also found that their brain has a different memory tool box for forgetting in the same area. This is true for humans because humans and animals have the same brain system. Some memories are kept in our brain, and others are removed from it by using these memory tool boxes. [(2)-d]

How does the brain decide which information it should remember? Among the memories in our brain, it chooses the important ones to save, and they become strong memories. (3) ア In the past, there were some memories that were necessary for both people and animals to survive. イ If they didn't remember the places to get food and where dangerous spots were, it would be a serious problem. ウ Humans developed writing to pass the memories to their children. エ So, some old information is saved if it is important. オ At the same time, some new information is removed if it's not important. Now we are living in an *information age. We get more information than in the past, so our brain is busier now to survive in this modern sea of information.

While you are *awake, information is always coming into your brain. By the end of a day, your brain has become full of memories. Your brain cannot cope with all of them. So, it will say, "Oh no. There's no more space for new memories. I need to forget some information that is not important." Forgetting is one of the many actions needed to survive. When you eat and drink to survive, these actions only take a short time. However, when the brain removes *unnecessary information and keeps the important information to survive, it takes a longer time. Although it is still a mystery why we sleep, this forgetting *function of the brain can be one of the reasons for it. Probably you have felt that your head is clearer when you wake up. This may happen because [(4)]

As you have already read, visiting the same memory many times makes the memory [(5)－a]. It also has another function. It will help you forget some bad memories. Have you ever felt [(5)－b] after you talk with someone about your bad memories? If you have, there is a good reason for that. When you talk with someone about them, you have to bring back the bad memories and this is not easy. However, this remembering may lead to forgetting them. While you are looking back on them, your brain can use the memory tool box for forgetting.

If your brain couldn't *release unnecessary information, this could be a headache. If you had such a brain, you would have to live with all the information that you get every day. You couldn't forget anything at all. You couldn't even forget unnecessary things, such as the color of a car that passed by a minute ago. It could be really hard to cope with all the memories in your brain. If you saw the same dog in the morning and the evening, your brain couldn't recognize that you saw the same dog because they looked different. If your memory is too good, it would be difficult for you to understand the world around you.

Memory needs remembering and forgetting at the same time. Forgetting in balance with memory is useful to survive in this *fast-moving information age. Also, if forgetting is used in effective ways, it helps you to move forward and live a better life. As this *passage shows, [　　(6)　　]. Please do not forget this!

［注］ form　形成する
hippocampus　海馬（大脳の一部分の名前）
brain　脳
cope with ～　～を処理する
neuroscientist　脳科学者
information age　情報化時代
awake　目覚めている
unnecessary　不必要な
function　機能
release　放出する
fast-moving　急速に進む
passage　文章

〔問1〕 (1)You are not alone. のここでの意味として最も適切なものは，次の中ではどれか。

ア　You will find someone who has the same problem.
イ　Somebody is standing right next to you.
ウ　Nobody wants you to be alone.
エ　You have shared some time with other people.

〔問2〕 文章の流れに合うように，本文中の空所[　(2)-a　]～[　(2)-d　]の中に次のア～エを入れるとき最も適切なものは，それぞれ次の中ではどれか。

ア　By repeating it, you can remember it better.
イ　Now, scientists know that forgetting is not a mistake by the brain.
ウ　So, your brain may not feel the same.
エ　But what exactly is memory?

〔問3〕 (3)[　　]の中のまとまりをよくするために取り除いた方がよい文は，下線部ア～オの中ではどれか。

〔問4〕 文章の流れに合うように，本文中の空所[　　(4)　　]に**15語以上の英語**を書きなさい。

英文は**二つ以上**にしてもよい。なお，「，」「．」「！」「？」などは語数に含めないものとする。また，I'llのような「'」を使った語やe-mailのような「-」で結ばれた語はそれぞれ1語と扱うこととする。

〔問5〕 文章の流れに合うように，本文中の空所[(5)－a]と[(5)－b]に英語を入れるとき最も適切な組み合わせは，次のア～エの中ではどれか。

	(5)－a		(5)－b
ア	stronger	－	lighter
イ	stronger	－	heavier
ウ	weaker	－	lighter
エ	weaker	－	heavier

〔問6〕 本文中の空所［　(6)　］に入るものとして最も適切なものは，次の中ではどれか。

ア by remembering and forgetting, you can tell what is good or bad

イ when you believe that something is bad, it will never turn into a good thing

ウ if something gives you a headache, you should think it's a positive sign

エ everything has two sides, so don't decide something is good or bad too early

〔問7〕 本文の内容と合っているものを，次の**ア〜ク**の中から**二つ**選びなさい。

ア The movie you watched with your best friend is harder to remember than the lunch you ate a week ago.

イ The brain selects which information to keep and it sends the information to the hippocampus.

ウ If someone you first met calls your name often, that means his brain is trying to cope with too much information.

エ Over the past ten years, scientists have discovered a memory tool box which is used to form memories.

オ Through the experiments on small fish, scientists discovered that there was another memory tool box used to forget things.

カ Our brain does not have to work as hard as in the past because we are now in an information age.

キ More time is needed to eat and drink to survive than to choose which memory is necessary to keep.

ク You sometimes need to remember things that make you feel bad when you want to forget them.

4　Hibiya高校の生徒会は，交換留学生の体験入学で一緒にどのようなことをするのか，話し合おうとしています。生徒アンケートの結果は，**資料1**のようになりました。1つの案に絞るために話し合うには，**資料2**に示されたType-AとType-Bでは，どちらで議論する方が良いと思いますか。**50語程度の英語**で説明しなさい。

英文は**二つ以上**にしてもよい。なお，「，」「．」「！」「？」などは語数に含めないものとする。また，I'llのような「'」を使った語やe-mailのような「-」で結ばれた語はそれぞれ1語と扱うこととする。

資料1：Student survey

〔質問〕 Which is the best event to do with the students from overseas?

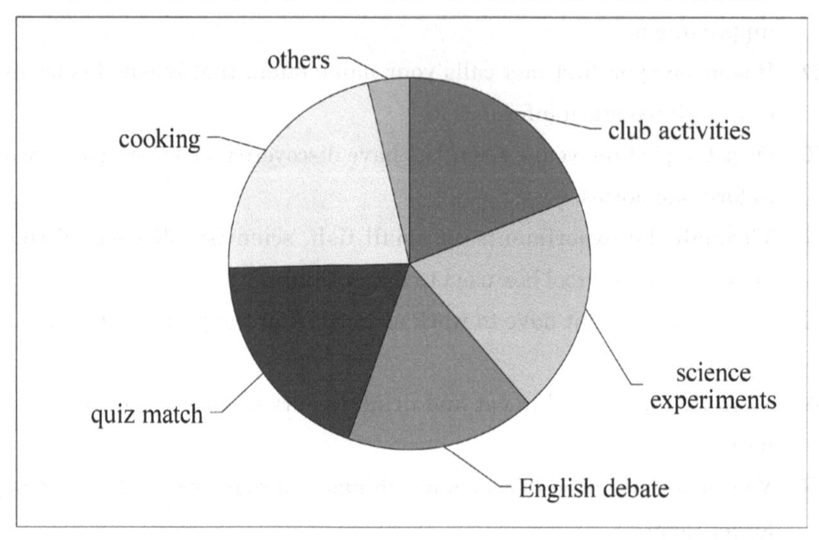

資料2：Type-A

Type-B

の、思いを寄せる人が姿を見せないことを「厭き」ことと感じる女性の切ない感情を表現している点は一致している。

ウ　早春に白い花を咲かせる三枝は「さき」という語の響きが本来もつ情趣とすくすくと伸びる枝の様子から、幸せを感じさせる植物として万葉時代の人々に愛され享受されていた。

エ　「百合」が「後」という意味をはらんでいたように、表現したい趣をそれと同じイメージをもつ花に託して詠み込む和歌の手法の中で、当時の花ことばは存在していた。

〔注〕大伴家持（おおとものやかもち）―奈良時代の歌人。
詩経（しきょう）―中国最古の詩集。
越中の国―現在の富山県。
小治田広耳（おわりだのひろみみ）―奈良時代の歌人。
紀朝臣豊河（きのあそんとよかわ）―奈良時代の役人・歌人。
万葉仮名―漢字の音訓を借りて、日本語を表記した表音文字。

〔問1〕(1)およそと同じ意味・用法のものを、次の各文の――を付けた「およそ」のうちから選べ。
ア　文化祭の費用のおよそを計算する。
イ　およその見当をつけて作業する。
ウ　私にはおよそ縁のない話だ。
エ　およそ発明は必要から生まれるものだ。

〔問2〕(2)万葉人にとっても同じだったのである。とあるが、どういうことか。これを説明したものとして最も適切なのは、次のうちではどれか。
ア　近代歌人にとっても万葉歌人にとっても、花は深層心理を代弁するものであり、愛する人への歌人の思いと美しい花のイメージとが合致して、歌が生まれるということ。
イ　近代歌人にとっても万葉歌人にとっても、花は歌人の根底にある思いに影響を与えるものであり、一輪の花とそれをめでる歌人の感動とが相まって、歌が生まれるということ。
ウ　近代歌人にとっても万葉歌人にとっても、花は心の奥底から発せられる思いの象徴であり、歌人の状況や思いと花のある風景とが共鳴して、歌が生まれるということ。
エ　近代歌人にとっても万葉歌人にとっても、花は言葉で表現できない憂愁の表象であり、翳りのある風景と歌人が抱く繊細な感情とが一体化して、歌が生まれるということ。

〔問3〕(3)まるで思慕の心を胸中に秘めてまなこをとじるように、花びらをとじるとあるが、これを表現した部分を本文中の和歌から**七字**で抜き出せ。

〔問4〕(4)ことばとしても美しく花を咲かせていたというべきだろう。とあるが、筆者がこのように述べる理由を説明したものとして最も適切なのは、次のうちではどれか。
ア　花は華やかなイメージをかもすことで晴れやかな作者の思いを代弁し、万葉人の間で盛んに用いられていたから。
イ　花は植物や風景としての美しさを表現するだけでなく、歌の中でさまざまに機能することばとして存在していたから。
ウ　花はただ風景の中で美しく咲いていただけでなく、多様な万葉仮名の宛字によって美しく装飾されていたから。
エ　花は常に女性のイメージを含むことで恋の趣を表現し、『万葉集』の時代の人々の心を揺さぶるものであったから。

〔問5〕本文の表現や内容を説明したものとして最も適切なのは、次のうちではどれか。
ア　「桃」が「都」を表すといった中国から伝わってきた花がもつ表象としての意味は、一部の教養人のみが知り得たものではなく、多くの農民達にも常識として共有されていた。
イ　「霍公鳥～」「鶯の～」の二つの和歌は構成こそ異なるもの

これも同じである。三枝はミツマタのこと。早春、三つに枝分かれした先に白い花を咲かせる風情を愛する人も多いであろう。初句は春になるとまず咲く——三枝と音をつづけ、その三枝を「幸く」という音につづけて恋の趣に歌を転じている。つまり命無事でいたら後に逢うこともあろうから、恋に苦しむなわが妻よ、という歌である。

こうして三枝は、本来「裂き草」だったと思われる名前を「幸き草」とさえ解釈し直して享受していたと思われる。「さき——さか——さく」という語はそもそもめでたいことばで、先、盛、栄、咲といった漢字で理解できるものだから、万葉人はこよなくこの植物の名前を愛したことであろう。この植物が幸わいを感じさせたのは、あのすくすくと伸びた枝の様子だけではなかったのである。

もう一つ例をあげると、百合も同じように歌われている。

　*紀朝臣豊河の歌一首

吾妹子が家の垣内の小百合花後と言へるは不欲といふに似る

〔あなたのお宅の垣の内のゆりの花ではないけどゆり—あとでと言うのはいやと言うのと同じです〕

愛する女性の家の中に咲く小百合、といっておいて、さて「後で」というのは拒否と同じですといって女をなじる趣を歌う。まるでわれわれが子供のころ遊びの誘いをことわるのに「後で」といったのと似ていて思わず笑ってしまうが、その時の「ゆり」の音を百合のそれに託して歌うのである。サユリのサは神聖さを示すものと考えたい。今日のヤマユリをいうのだろうというのが通説である。

ユリが、こうして「後」ということばをしのばせて存在していたということは、卯の花が厭、三枝が幸き草をしのばせていたのと同じである。すると、これらはもう、花がことばとして存在したことになるし、逆にいうと〈花ことば〉といったものがすでに存在していたのだといってもいいだろう。もちろん今日いうところの花ことばとは性格が違う。これは主として花のイメージから、たとえば紫陽花といえば冷淡といったことばをみちびくものだ。しかしそれを音におきかえただけで、花がことばとして存在した点はひとしいであろう。

ことに「をみなへし」に到っては、もうこの花から女性のイメージを払拭することはむつかしい。語源からして「女・飯」という説があるくらいだから（もっともこの説は従いがたい）、花の名が先か「女」が先か判然としかねるが、オミナヘシといえば女のイメージがまといつき、「ヲミナ」の音をつねに響かせている。

手に取れば袖さへにほふ女郎花この白露に散らまく惜しも

〔手に取ると袖までも染まるおみなえしがこの白露に散ったら惜しい〕

この一首にしても折りとると袖までにおうというのは、この花が女性をしのばせる情感によるのだろう。とにかくオミナヘシは万葉集の中では次のような字で書かれている。

娘子部四、娘部志、娘部思、姫部思、姫押、佳人部為、美人部師、女郎花

これ以外は*万葉仮名を使っての宛字だから、この花が女性と切り離せないものだったことは明らかである。花はただ咲いていただけではない。(4)ことばとしても美しく花を咲かせていたというべきだろう。

（中西進「万葉のことばと四季」（一部改変）による）

こうなると、この一首はどうやら家持が眼前の景色を描写した、などという代物ではないらしいということになろう。春の夕べ、当時*越中の国にあった家持は、ぼんやりと桃の花を見ながら、その樹下に立つ美女を空想したのである。いうまでもなく、遠く南方の都が美女に溢れているからで、桃は都の表象であった。

花はいつも、こんな表象としての意味をもっている。もちろん、家持は当時の代表的な教養人だから、桃が女の比喩だといっても、それは一部教養人のことだといわれるかもしれない。しかしそうではない。花はいつも何かのイメージをもって眺められている。

うち日さつ宮の瀬川の貌花の恋ひてか寝らむ昨夜も今夜も

〔宮の瀬川のかお花のようにさぞや恋い慕って寝ていることであろう　ゆうべも今夜も〕

これは東国の農民たちが愛誦した歌である。近くの神社のよこを流れる川がある。そこに貌花が咲く。貌花とはヒルガオのことだ。この花に向けて農民たちは歌う。あの女は俺のことを思いながら寝ているだろうか、このヒルガオのように、と。しかも念をいれて、昨日の夜も今日の夜もというのだから大衆の喝采を博した歌にちがいないが、貌花をこう歌うのは、この花が夜、(3)まるで思慕の心を胸中に秘めてまなこをとじるように、花びらをとじるからである。貌花という名前も人間を想像させるのに都合がいい。実はもう一つ、この歌にはユーモアがあって、社の傍に咲く貌花というのだから、これは神に仕える女性——巫女の類をさしている。ひたすら神に仕える聖女、男をよせつけない聖女が、存外男を思って寝ているのかというからかいもあり、その男とは俺のことさ、という自惚がまた人々を面白がらせているから、貌花は、まさにあれこれと意味を背負わされている。いささか集団をよろこばせすぎたきらいもないではないが、しかし発想の出発は、あのヒルガオの花弁をとじた、しおらしい姿にある。それが人を恋する姿に見えたところから歌が生まれたのである。

万葉人たちは和歌を紙に書くより、より多く口で歌った。だから彼らはことばの響きに敏感であった。それは花についても同じで、万葉には、たとえばこんな歌がある。

霍公鳥鳴く峯の上の卯の花の厭きことあれや君が来まさぬ

〔ほととぎすの鳴いている屋根の卯の花の憂いことがあってか　あの方がいらっしゃれない〕

作者は*小治田広耳。ホトトギスが鳴いている丘の上に卯の花が咲いている。その卯の花のように憂きこと——つらいことがあるからか、あの人が来てくれない、という女性の立場の歌である。これは卯の花＝ウツギが「う」という音をもつことから「厭きこと」につづけたものだから、ウツギを見ると万葉人はすぐに「厭し」という語を思い出したことがわかる。とくにこの歌は別に、

鶯の通ふ垣根の卯の花の厭き事あれや君が来まさぬ

〔うぐいすの通う垣根の卯の花の憂いことがあってか　あのかたがいらっしゃれない〕

という作者未詳の歌もあって、下の句がひとしい。習慣的ですらあった表現が「卯の花―うし」だったことが知られよう。

春さればまづ三枝の幸くあらば後にも逢はむな恋ひそ吾妹

〔春になるとまず咲くさきくさの幸くさえあったらあとでも逢えよう　そう恋しがるなよおまえ〕

3　第一段落では、ＡＩの活用の可能性について具体的な領域を挙げること。
4　第二段落では、3で挙げた具体例について、あなたの考えを記述すること。
5　二つの段落が論理的につながり、全体が一つの文章として完結するように書くこと。

5　次の文章を読んで、あとの各問に答えよ。なお、〔　〕内は現代語訳である。（*印の付いている言葉には、本文のあとに〔注〕がある。）

*大伴家持の歌に、こんな一首がある。

十五夜降ち清き月夜に吾妹子に見せむと思ひし屋前の橘
〔十五日の満月のきれいな夜更けあなたに見せようと思った家の橘ですよ〕

作者はわが家に咲いたタチバナの花を愛する女性に見せたいと思った、という。いかにも愛する人をもつ人間の気持をよく歌っているが、さてその花を「十五夜降ち清き月夜に」見せたいという。どうせなら満月が清らかに照っている夜、見せればよいではないか。「十五夜降ち」とは満月の夜の夜更けという意味だから（別に十六夜とする考えもある）、察するに、朗々たる月の清らかな光の中でタチバナの花をめでるというより、どこか翳りがある風光の中でめでることを、作者はよしとしたのである。

こう歌うには、何かわけがあろう。ただ平凡に美しい月と花との取合せを歌うのではなく、何か心の奥深いところから発せられる要求があって、それを代弁するものが、この場合の花である。家持はいつも憂愁をもった歌人だから、やや傾きかけた満月の光がふりそそいでいるタチバナのまっ白な花は、そのいいしれぬ深層の心を象徴するものだと考えることができる。

いや、それは家持だけではない。(1)およそ花というものは、こんな心の深層を証すものにちがいない。われわれがスミレの花を一輪卓上に挿したい時、視野一面に揺れているススキに感動する時、それぞれの風景は心の深層とひびき合って、われわれの目をとどめさせるのであろう。近代の歌人、石川啄木が「友がみなわれよりえらく見ゆる日よ／花を買ひ来て／妻としたしむ」（一握の砂）と歌った心は、(2)万葉人にとっても同じだったのである。

したがって、万葉の花もただ美しいだけではない。ある意味を、いつも持っている。たとえば、これも家持の歌だが、有名な、

春の苑紅にほふ桃の花下照る道に出で立つ少女
〔春の園の紅色に咲いている桃の花の下まで輝く道にたたずんでいる乙女よ〕

という一首がある。時は春、庭園には今しも桃の花が咲きみち溢れている。さてそこに一人の少女が立ちあらわれた、という歌である。ところが、当時有名な図柄に「樹下美人図」というものがある。これはペルシャからシルクロードを通って日本にもたらされたもので、正倉院にもこれを描いた屏風が残されている。家持はこれにもとづいて一首を着想したことだった。また桃は中国では最古の書物『*詩経』以来、若い女性の比喩として用いられたし、桃李の花になぞらえて「南国の佳人」を想う有名な詩がある。

除するようになってしまうということ。

エ　ＡＩが膨大なデータをもとにして結論を導き出すだけでなく、これまで人間が主体的に行っていた解釈や判断までも行うようになってしまうということ。

〔問4〕(4)啓蒙主義がその建前（たてまえ）とした民主的平等性とは真逆の事態である。とあるが、そのような事態に陥るのはどうしてか。その理由を説明したものとして最も適切なのは、次のうちではどれか。

ア　一部の個人や団体の考えのみを反映したビッグデータによって訓練された深層モデルは、偏った社会構造とその中に潜む不平等を一層浮き彫りにしてしまう可能性があるから。

イ　深層モデルの判断は、個々の人間の意見が反映されにくいビッグデータに基づくものであり、数的に有利な人々の意見を普遍的なものとして作為的に抽出してしまう危険性があるから。

ウ　深層モデルの判断は、合理的理性による構造的不正の是正がなされないままの現実社会を反映したビッグデータに基づくものであり、人々の偏った考えを内在化させてしまう可能性があるから。

エ　全ての人々の考えをそのまま映し出したビッグデータによって訓練された深層モデルは、主体的な人間の判断が全く反映されない我々の理解の届かないものとなってしまう危険性があるから。

〔問5〕(5)深層学習の数理は、モデルのパフォーマンスを上げるためには役立つが、そうしたモデルがもたらすであろうさまざまな科学的発見についての説明や理解を約束するものではない。とあるが、どういうことか。これを説明したものとして最も適切なのは、次のうちではどれか。

ア　深層学習の科学への導入は、科学の基本原理を解明するのには役立つものの、それを応用して作られるさまざまな技術の発展には貢献しないということ。

イ　深層学習は科学的実践の効率化を進め、新たな知見をもたらすことはあっても、その背景や意図までを理解した上で提示することはないということ。

ウ　深層学習は科学のオートメーション化を進め、合理的な理論を導き出すことはできるものの、社会的課題を解決することには寄与しないということ。

エ　深層学習の科学への導入は、理論の構築から実用的技術への完全なシフトチェンジであり、学問の理念そのものを改変してしまうものであるということ。

〔問6〕ＡＩの科学的探求への導入とあるが、ＡＩの活用の可能性について、本文の内容を踏まえ、次の〔**条件**〕の１～５に従ってあなたの考えを**二百五十字以内**で書け。

〔**条件**〕
1　、や。や「などのほか、書き出しや改行の際の空欄もそれぞれ字数に数えること。
2　二段落構成にすること。

〔注〕エートス―ある社会・文化の人々に共有されている精神性。
ステークホルダー―利害関係者。
デカルト―フランスの哲学者・数学者。
カント―ドイツの哲学者。
悟性―人間の感性に基づく思考能力。
啓蒙主義―人間の理性を信頼し、合理的であろうとする態度。
深層学習―ＡＩがデータをもとに自身で行う機械学習の一つ。多層なネットワークを用いることで複雑なデータを扱うことを可能とする。
彫琢―磨きをかけること。
先鋭化―過激化。
バックドア攻撃―サイバー攻撃の手法の一つ。
プロトコル―手順。
モデリング―肉付け。形を与えること。
プラグマティズム的潮流―事象に即し、具体的経験をもとに考える立場。
パラメータ―関数における不定変数。
婢―仕える者。召し使われる者。

〔問1〕(1)逆説的な契機をはらんでいる。とあるが、どのような点で「逆説的」なのか。これを説明したものとして最も適切なのは、次のうちではどれか。

ア　自分の合理性を示すのに、全く相容れない他者の合理性に基づくルールの中でしか同意を得られない点。

イ　合理的正当化と言いながら、客観的な数値ではなく自身のルールによって判断が行われるという点。

ウ　自分の判断であるにもかかわらず、その判断の合理的正当性は他者の基準によって決定されるという点。

エ　相手の同意をとりつけるために一定のルールを守ることに固執し、本来の主張から逸脱していってしまう点。

〔問2〕(2)合理性・客観性・自己疎外の間のこの関係性は、近代の理性概念の内にすでに本質的な仕方で含まれていたともいえる。とあるが、これを説明した次の文章の空欄に当てはまる最も適切な語を本文中の第一段～第五段のうちから**三字**で探し、そのまま抜き出して書け。

近代科学の考え方は、判断における□を排除することで合理的で客観的な判断を得ることができるとする近代の理性概念に共通するものだということ。

〔問3〕(3)「客観化」の極限的な姿を示している。とあるが、「『客観化』の極限的な姿」とはどういう状況か。これを説明したものとして最も適切なのは、次のうちではどれか。

ア　ＡＩが特定の個人の恣意性に左右されない客観的なデータ収集を行い、判断そのものを人間に委譲することで、役割を二分するようになってしまうということ。

イ　ＡＩが常に公的な基準と照らし合わせながら対象の分析や解釈を行い、本来人間がなすべき客観的な判断までも代わりに行うようになってしまうということ。

ウ　ＡＩがビッグデータから特権階級の判断基準を抽出し、それをもとに解釈を行うことで、一般人の思考の特性を完全に排かなく、よって現実社会における差別やバイアスをそのまま反映する。しかも深層モデルの解釈不可能性は、モデルがもちうる差別的傾向の発見や修正を著しく困難にする。こうして、深層モデルは現実社会における既得権益を温存し、そこに含まれる差別構造を「客観性」の名のもとに固定化してしまう可能性すらある。これはもちろん、(4)啓蒙主義がその建前(たてまえ)とした民主的平等性とは真逆の事態である。(第九段)

近代合理主義において、客観性はたしかに主体性の譲渡であったが、それでもそれが理性的存在としての「人間一般」への収斂(しゅうれん)である限り、自己疎外ではなかった。むしろそれは、一部の人間(貴族・聖職者)から万人へと判断主体を取り戻す民主的な契機であった。この「個人的判断根拠の移譲としての合理的客観性が、却(かえ)って主体性の回復につながる」という神話のもとにあるのは、移譲される先が理性的存在としての人間そのものである、という合理主義的人間観である。しかしAIのもたらす「客観性」は、こうしたものではない。それは判断理由を人間の理解の届かないところに連れ去ってしまう上に、構造的不正や不平等を隠蔽(いんぺい)することで、社会的弱者への抑圧を強化する可能性すらもつ。だとしたら、それは誰にとっての客観性であり、何のための客観性なのだろうか?(第十段)

かくして、深層学習の科学への導入がもたらすのは、単に科学的実践の効率化や目的の変化だけでない。すでに20世紀からの*プラグマティズム的潮流の中で、第一原理からの演繹(えんえき)的理解を旨(むね)とする基礎づけ主義的科学観は徐々に後景に退き、より工学的で実用的な知へと強調点が置かれるようになってきた。深層モデルの科学への導入は、単にこの潮流を推し進めるだけでなく、近代以来の科学的理念そのものを改変する可能性を有する。つまりそれは、科学が拠(よ)って立つところの「民主的で客観的な合理性」という概念自体にくさびを打ち込む。(第十一段)

もちろんこれは、深層学習によって科学が客観的ないし合理的ではなくなる、という意味ではない。むしろある意味において、それは正反対である。前述のように深層学習は、科学のオートメーション化を進め、科学者個人の熟練や判断を不要にするという点で、科学をより「客観的」にするものと受け止められるだろう。また深層学習開発の基盤にあるのは高度に発達した数理的理論であり、それが用いられることによって諸科学の合理化はますます進むであろう。しかしそうした要素技術への深い理解は、必ずしもその技術を用いて得られた事柄の理解を含意するとは限らない。(5)深層学習の数理は、モデルのパフォーマンスを上げるためには役立つが、そうしたモデルがもたらすであろうさまざまな科学的発見についての説明や理解を約束するものではない。そのような発見は、むしろビッグデータと無数の*パラメータの中から、ある種の啓示としてもたらされる。であればここでの合理性とは、啓蒙主義が期待していたような自然を遍(あまね)く照らす光なのではなく、むしろ中世の哲学者トマス・アクィナスが述べたような「啓示の*婢(ひ)としての理性」でしかないのかもしれない。かくしてAIの科学的探求への導入は、科学が合理的で客観的な営みであるというのははたしてどういうことなのか、そしてそれはなぜ望ましいのか、ということについての再考を促すのである。(第十二段)

(大塚淳「深層学習後の科学のあり方を考える」(一部改変)による)

表向きの）目標は、判断基準を貴族や聖職者などの特権階級から開放することにあった。政治的統治は伝統や迷信によってではなく、理性に従ってなされなければならない。こうした意識から、政治体制に対する批判的検討が加えられ、また経済活動を人間理性の普遍的法則に基づいて考察する経済学が発展した。また民主的政治の歯車たる官僚機構も、客観性を必要とした。というのも、公共的に導かれた数値は、立案された政策が偏りなく公平であることを正当化するための効果的な手段であったからである。（第六段）

＊深層学習の興隆とその科学への進出は、このように近代から綿々と＊彫琢（ちょうたく）されてきた科学的理念、特にその合理性・客観性・民主的平等性の関連性を揺るがし、それに内在する緊張関係を＊先鋭化させる可能性を宿している。まず、もし客観性が特定の個人や団体の恣意性や偶有性に左右されないということを意味するのであれば、深層モデルの判断はきわめて「客観的」であると言える。深層モデルを訓練するビッグデータは、それが社会から取られたものである限りは確かに人々の判断の集積ではあるが、その巨大さゆえ個々人の特徴は完全に埋没している。もちろん、アルゴリズムに悪意のあるコードを仕込むことによってその挙動を操作する＊バックドア攻撃は可能であり、またAIの社会適用における現実的な脅威ともなっているが、しかしそうした作為的なケースを除けば、複雑なモデルを製作者の意図通りに訓練することは比較的困難である。そして何より、データ収集から判断までを一貫して行う汎用AIは、その個々の判断過程において一切人の手が介在しないという意味において、完全に客観的である。（第七段）

先に示したように、ポーターが描き出した客観性は、判断根拠を公的に確認できる数値へと移譲することであった。20世紀に発展した統計学は、こうした根拠としての数値を実際の判断へとつなげるための、機械的な＊プロトコルを提供する。しかしそこには依然として、対象の性質に基づいて＊モデリングを行い、また出てきた結果を解釈する科学者や統計学者の主体性が残されていた。「機械的客観性はけっして純粋に機械的なものにはなれない」。しかし機械の役割を際限なく拡大していくことはできる。もし汎用AIが残されてきた科学者の介在を不要にし、判断そのものを機械へと委譲することを可能にするのであれば、それはこの意味において(3)「客観化」の極限的な姿を示している。（第八段）

他方において、深層モデルによって達成されるそうした「客観化」は、近代合理主義が約束したはずの利点を伴っていないように思える。まずそれは、人間による合理的な理解や正当化を拒む。われわれは先に、客観性とは人間の正当化という営みの延長線上にあり、それと連続した概念であることを確認した。しかしもし深層モデルの判断について、「それがうまくいく」という以外の正当化が与えられないのであれば、それがもたらす「客観性」は、われわれ人間の理解を超え出たものになるだろう。こうして深層学習はまず、客観性と合理性の間にくさびを打ち込む。次にそれは、啓蒙主義的な理念である民主的平等性をも脅（おびや）かす。その理念に従えば、客観性の希求は、判断を一部の特権階級から引き剥がし、合理的理性を共有するすべての人類に根付かせるはずなのであった。しかしすでにさまざまなところで問題視されているように、深層モデルの判断はそれを訓練するデータの鏡でし存しない。このように自らの判断を正当化するとは、その正当性の根源を外部の他者に移譲し従わせるという、(1)逆説的な契機をはらんでいる。(第二段)

この点において、合理的正当化は客観性と手を携える。科学史家のセオドア・ポーターがその著書『数値と客観性』で描き出したように、19～20世紀の欧米では、会計士や保険数理士、土木技術者などといった多様な領域における判断根拠が、訓練された専門家の見識や見立てから、より公共的かつ明示的に確認できる数字へと移っていった。ポーターによれば、この流れを進めたのは、利害関係者や議会、規制当局など、専門家集団の外部から加えられた正当化への要求である。専門家たちは決して恣意的に振る舞っていたわけでなく、自らの専門分野に特有の正当化の論理と*エートスを有していた。しかしそれはあくまでその分野の訓練を受けた者の間でのみ通用する基準であり、たとえば為政者や顧客などといった外的な*ステークホルダーが理解したり、その正当性を評価できるものではなかった。後者からの要求によって、専門家集団は内的な判断根拠を諦め、より公共的に確認できる数値と機械的な手順に従った判断様式を採らざるをえなくなる。つまり客観化とは、合理的正当化が本質的に要請する基準の共有を、より広い範囲に開いていくこと、そしてそのことによって同時に、判断をますます没個人化していくことなのである。(第三段)

ダストンとギャリソンが明らかにしたように、科学的実践においても、客観性という概念は知識の没個人化と表裏一体であった。それは、科学データの典型例としての役割を果たしてきた、科学図像に対する科学者の態度の変遷に現れている。18世紀において、解剖学や博物学における図像作成は、単なる自然の模写ではなく、選別された典型的標本を適度な抽象化や修正を施しつつ描く専門的アートであった。しかし19世紀になり、より科学の「客観性」が意識されるにつれ、こうした専門技能は主観的かつ恣意的であると忌避されるようになり、かわって透写(トレーシング)や写真など、作者の意図を極力排した機械的手法が用いられるようになった。ダストンとギャリソンは、こうした歴史を、機械的客観性による科学者自身の自己否定プロセスとして描き出した。(第四段)

(2)合理性・客観性・自己疎外の間のこの関係性は、近代の理性概念の内にすでに本質的な仕方で含まれていたともいえる。*デカルトは、判断する能力としての良識(bon sens)は万人に共有されていると述べた。つまりわれわれは前提知識さえ揃(そろ)えれば、持ち前の理性を行使することによって皆同じ結論にたどり着くはずである。また*カントは客観的判断の可能性を、人間*悟性の普遍性によって担保した。われわれ人類は同じ感覚および概念能力によって世界を知覚し理解する、だとすればその能力が正しく行使される限りわれわれの判断は一致するだろう。一方で、判断における個人的・主観的な要素は、人間の共通理性を曇らせるバイアスでしかない。一人ひとりの固有性を取り除き、判断根拠における主体の役割を透明にすればするほど、われわれは「人間一般」に妥当する客観的判断にたどり着ける。合理性とは、そうした人間一般が共通して従うであろう判断基準の別名にほかならない。(第五段)

18世紀からの*啓蒙(けいもう)主義は、この客観的合理性という概念に、さらに民主的平等という意味合いを付け加えた。啓蒙主義の(少なくとも

〔問5〕(5)芳美はまだ半分残っている光義の皿をひったくって、空いた場所に自分のプレートからピラフを盛った。とあるが、この行動の意図を説明したものとして最も適切なのは、次のうちではどれか。

ア　生き方を決めかねている夫に対して、感情をありのままにさらけ出すことで、自分の怒りを伝えようとしている。

イ　迷いから抜け出せず逡巡する夫に対して、いら立ちを感じながらも、前に進む勇気をもたせようとしている。

ウ　些細なことを悩み続ける夫に対して、すっかりあきれ果て、今の不愉快な時間を早く終わらせようとしている。

エ　不安な思いに押しつぶされそうな夫に対して、何も言わずに寄り添っていく決意を、遠回しに伝えようとしている。

〔問6〕本文の表現や内容を説明したものとして適切なものは、次のア～カのうちではどれか。**二つ**選べ。

ア　文章全体を通して基本的に三人称語りであるが、中心となる視点人物は光義であり、彼の揺れ動く心情の変化を詳細に描き出すことに作品の主眼が置かれている。

イ　「赤レンガ」「イチョウ並木の黄色い葉」など情景描写に色彩を多用することで、光義の感情を色に投影して表現し、心の機微をうまく感じ取れるようにしている。

ウ　「明日も雪だと告げる気象予報士のように」など芳美の描写には直喩が多用されており、生真面目で物事を正確に伝えないと気が済まない芳美の性格が的確に表現されている。

エ　多用される会話は、夫婦の気持ちのすれ違いを見事に表現しており、最終的に意見が衝突し壊れてしまうことになる二人の関係を暗示する伏線として機能している。

オ　一見穏やかで馴れ合った夫婦の間にも、目には見えない些細な不満が蓄積されていたことに気づいてしまった妻の動揺が、「黙々と」食事をする芳美の所作に表れている。

カ　「わしわしと行儀悪く飯を口に流し込み始めた。」とは、もどかしさや迷いを振り払い、開き直って陶芸の道を行くしかないと心を定めようとする光義の姿を表現している。

4

次の文章を読んで、あとの各問に答えよ。（*印の付いている言葉には、本文のあとに〔注〕がある。）

一般に、合理性と客観性は科学の両輪であると信じられている。そしてそれらは単に別々の要素なのではなく、互いに深く関連していると考えられている。ではそれはどのような関係なのだろうか。（第一段）

人が合理的正当化に訴えるのは、自分の主張に他者の同意をとりつけるためである。しかし同意をとりつけるといっても、たとえば力ずくで脅迫したり、泣き落として共感を誘うようなことは正当化とは言わない。正当化は単なる力の発揮ではなく、一定のルールに従ったゲームとして行われねばならない。そしてそのためには、自他の間でルールが共有されていなければならない。まったく異なる「合理性」の基準をもつ人に対しての正当化は無益である。これが意味するのは、正当化を行うためには、われわれは自らの判断基準を、共有された外的基準に従わせねばならない、ということである。正当化がどのようなルールに基づいて行われるべきかについての決定権は、私自身には

イ　趣味程度の陶芸が生活の糧（かて）となり技術的にも上達していくにつれ、自身の陶芸への向き合い方や熱情に足りないものがあるのではないかという思いにとらわれているということ。

ウ　陶芸の仕事を始めて腕が上がり評価されるにつれ、作品作りに対する熱意が薄れていき、このまま芸術の世界に身を置くべきか否（いな）かという迷いが生まれているということ。

エ　同業者の前衛的な作品を見て自分の才能の平凡さを痛感し、陶芸家としてこのまま続けるべきではないと自分自身を責める心の声にさいなまれ始めているということ。

〔問2〕(2)出口はますます遠のいた。とあるが、これはどういうことか。**八十字以内**で説明せよ。

〔問3〕(3)「動物の姿が印象的ですね。」とあるが、この表現から読み取れる光義の様子を説明したものとして最も適切なのは、次のうちではどれか。

ア　風景画に描き込まれた動物達の空虚な眼差しに、作者の表現者としての強いこだわりと情念を直感的に感じ取り、予想をしていなかっただけに気持ちの構えもなく言葉が口をついて出ている様子。

イ　風景画に描かれた動物達がみな、見る者に対し挑むような眼差しをしているところに隠された表現上のねらいがあることを感じ、作者に表現意図についての詳しい説明を求めようとしている様子。

ウ　風景画を見て、それが風景自体ではなく作者の内奥（ないおう）の感情を寓意的（ぐういてき）に表現したものであることを鋭く見抜き、同じ表現者としてその点に気づくことができたことをさりげなく伝えようとしている様子。

エ　制作の刺激になればという期待から訪れた風景画の個展が予想していた以上に素晴らしかったことに満足し、絵に言葉では表現できないほどの奥深さを感じたということを短い言葉で表している様子。

〔問4〕(4)「俺はもういいかな。」とあるが、この時の光義の気持ちを説明したものとして最も適切なのは、次のうちではどれか。

ア　自分の作品の価値が主婦の描いた絵の価値にさえ及ばないことを突きつけられただけでなく、実用品という点でもレンガの規律の美には及ばないことを思い知らされ自己の可能性に不安を感じている。

イ　作者の思いが色濃く表れた風景画を見て、目指すべき新しい作風のイメージをつかめたものの、自分にはまだそれを実現するだけの技量が備わっていないのではないかというおぼつかなさを感じている。

ウ　風景画の個性的な美も赤レンガの規律美も陶芸家としての自分の限界を感じさせるもので、能力や適性を考えずに安易に陶芸という道を選んだことが誤りだったと実感し、後悔の念に襲われている。

エ　水彩画も赤レンガの建造物も、自分に欠落しているものを痛感させるばかりで、新たな一歩を踏み出す必要は感じるものの、果たして自分にできるのか自信がもてず重苦しい気持ちに陥っている。

解答を導きだしてしまった後で、己の迷いが次々と顕れ光義の脳裏を占める。舌の奥に溜まってきた嫌な味の唾液さえ飲み下せなくなってきた時、芳美が口を開いた。
「あなたは本当に馬鹿。」
まるで、明日も雪だと告げる気象予報士のように平淡に芳美は告げた。
「もしも明日、突然体が動かなくなったとしても、もっと年をとってよぼよぼになっても、あなたきっと土をいじると思う。それが上手いか下手かにかかわらず。」
あなたの望むようにやればいいのよ、とか、無理はすることないって、とか、夫を肯定するにせよ否定するにせよ、穏やかな言葉を想定していた光義は面食らった。思わず、「うん、まあ、そうなんだけど。」と小さく言葉を返す。
「言っちゃ悪いけど、あなた別に人間国宝とか目指してる訳じゃないでしょ？　そりゃ、焼物でご飯食べられることは立派だけれど、あなたが何を作ろうと、何かに責任を負うとか、そんな大層な立場じゃないはずでしょ。」
(5)芳美はまだ半分残っている光義の皿をひったくって、空いた場所に自分のプレートからピラフを盛った。そしてゴン、と音を立てて光義の前に再び置いた。
「おい、あんまり食欲ないって。」
「好きにやるしかないじゃない。」
光義の抗議を無視して、芳美は自分の皿からパスタを持ちあげた。
「あなたなんて所詮あなたでしかないんだから。私が私でしかないのと同じに。」
芳美はそう言ったきり、黙々とパスタを口に運び始めた。その静かな所作の底に、ほのかな怒りが波打っているのを光義は感じた。それは彼女本人のせいでも、夫だけのせいでもない。滞りのない日常の代償として、静かに深く折り重なっていった怒りだった。
大層な立場じゃない。
なら土にまみれて中途半端な有様で死んでも、いいだろうか。
*鬼籍の父が許さなかったとしても、妻が呆れたとしても、俺は無様でいいだろうか。
光義はしばらく皿を眺めてから、スプーンをとってわしわしと行儀悪く飯を口に流し込み始めた。
あの昼食以来、普段の製陶とは別に、光義は夜に自分のための作業を試み続けている。

（河崎秋子「温む骨」による）

〔注〕カトラリー ― 洋食に用いる金属製ナイフ・フォーク・スプーン類の総称。
鬼籍の父 ― レンガ工場で働いていた、光義の亡くなった父。子供には、自分とは異なる苦労のない生活を送ることを望んでいた。

〔問1〕(1)光義は自分の裡からの声を無視できなくなる。とあるが、どういうことか。これを説明したものとして最も適切なのは、次のうちではどれか。

ア　自分には作品に対する強い情熱や同業者のような確固たる芯がなく、依頼主の要望を忠実に再現する作品作りに専念するべきだという思いから逃れられなくなっているということ。

話するグループが嬉々（きき）としてスマートフォンで写真を撮っていく。

　両脇に何軒かある飲食店のうち、道路に面してテラス席を構えたカフェレストランを芳美は選んだ。従業員に促されるまま、赤レンガがよく見える二階席に落ち着く。レンガ舗道に植えられたイチョウ並木の黄色い葉が、二色の模様を作っていた。

　芳美が選んだ、半分がトマトのパスタ、半分がスタミナピラフというランチメニューを光義も「じゃあ俺もそれ。」と深く考えずにオーダーする。

　ほどなくして運ばれてきた料理は悪くなかった。パスタは茹（ゆ）でおいたものではないし、ピラフも湯気が立っていて香ばしい。光義はパスタを口に運びながら、料理の量の割には大き目な白い皿を爪で弾（はじ）いた。丈夫で重ねやすくて洗いやすい、量産品だ。

「こういうところは皿とか＊カトラリーで経費抑えるんだよな。」

「やっぱり見ちゃうのね、そういうところ。」

　窘（たしな）めるような妻の視線を受けて、光義はフォークを置いた。

(4)「俺はもういいかな。」

「そう？　さっきのギャラリーのチーズケーキ、ちょっと重かったかしらね。」

「いや、なんか少し頭痛がするような、しないような。」

「どっちよ。」

　あまり重く受け止めていない妻の声を聞きながら、光義は目を閉じた。

　暗闇の中に、眼下に広がる真新しい道のレンガの規則正しい並びが思い浮かぶ。その向こうにある、かつて栄えた時代の、しかし今も厳然と佇むレンガ造りの庁舎。同じ規格の量産品を積み重ねることによって生み出された規律の美。

　そしてさっきの個展で見た、穏やかな景色に映りこんだ生き物達の目。見る者に全ての印象を委ねるような、どこか空虚な眼差（まなざ）し。

「怖いのかもしれない。」

　光義は、目と目の間を押さえながら口を開いた。白旗宣言だ、と自ら思った。

「怖い？　なに急に。」

「自分が新しい作風を作ることが。」

　芳美はフォークを持ったまま、次の言葉を待っていた。慣れた静けさの中の、馴（な）れ合った夫婦の間でしか互いに本音を言わなくなったのは銀行時代からの癖だ。馬鹿正直に構えすぎる自分が、今はひどく疎（うと）ましい。

「新しく作るべきものが見えたとして、磨かれるべきものと自覚できたとして、それを成す力が、技術が自分になかったら、俺は、どうしたらいいんだろう。」

　規格通りに几帳面（きちょうめん）に並べられた、なのに芸術に近いレンガ建造物。日々の生活を堅実に務めて生きる人が、自分の中にある声に導かれて描いた動物達の表現。

　今の俺はその、いずれでもない。

　道に迷い、迷うことで心が苛（さいな）まれる位ならば、もう老後なのだと諦めて土をいじることもやめればいいのではないか？　もう定年の年も過ぎた。銀行から一つの部品として切り離された時と大きく変わりはしない。何も見つけられず、何ものにもなれない。結局ここが終着点なんじゃないのか？

うな気がしていた。

迸る情念をそのまま粘土にぶつけたような前衛作品を目にすることが辛くなり、同業者の作品展からも足が遠のいた。情報交換をするような場からも、作業に没頭している振りをして逃げ続けた。

俺にはあんな熱がない。

俺には巧拙を二の次にして挑めるような力はない。

皮肉なことに、孤高を貫くことさえひとつのスタンスとして周囲からは認められてしまう。そして同時に蟠りは溜まり続ける。(2)出口はますます遠のいた。

芳美と札幌駅前に出かけたのは、腹に抱えた想いが膨らんできた秋のことだった。

たまたま、妻の友人の友人が駅前のギャラリー兼喫茶店で個展を開くということで、誘われるままに光義も足を延ばした。同業者の個展はなるべく避けてきたが、その知人は風景を描いた水彩画が専門だと聞き、気晴らしに出かけた。

「ああ、良かったわねえ。落ち着いた絵で。喫茶店の佇まいも素敵だった。」

「そうだな。いい個展と店だった。」

午前のオープンに合わせて花を持って訪問し、まだ客のいないギャラリーで絵の主と歓談してから喫茶スペースでチーズケーキとコーヒーを頼んだ。絵について光義は専門外だが、ただ道内の景色を綺麗で美しく描くだけでなく、一枚に一頭、もしくは一匹、必ず動物の姿が描き込まれているのが特徴的だった。

鹿、熊、狐、エゾリス、シマリス、馬、牛……。いずれも、可愛らしく描こうと思えばいくらでも愛嬌ある風に表現できるだろうに、どの動物も、じっと睨むようにしてこちらを向いているのだ。

(3)「動物の姿が印象的ですね。」

思わずそう口に出した光義に、芳美とそう年の変わらない、専業主婦の傍ら絵を描き続けているという作者は微笑んで「そうなんですよ。」と答えた。

「動物を入れないと、どうも気が済まないんです。」

曖昧で、そして、秘めた拘りを聞きだすことを許さない答えに、光義はどう返したらいいか分からずぼんやり微笑んだ。

歩道を歩きながら、つらつらと今日見た絵を反芻している光義に、芳美が声をかけた。

「ねえ、お昼、新しくできた通りに行ってみましょうよ。」

「新しくできた通りって?」

「赤レンガ前のとこ。前から工事してたのが、終わったんだって。歩行者天国になってて、両脇にお店も沢山できたらしいわよ。」

断る理由もなく、足取りの軽い芳美の一歩後を歩き続けた。幅の広い歩行者天国の足下は全て赤いレンガが敷き詰められ、通りの西側行き止まりには愛称〝赤レンガ〟と呼ばれる北海道庁旧本庁舎があり、その名の通りレンガ造り巨大建造物の威容を誇っている。

「なんだか久しぶりに赤レンガ見たな。」

「そうねえ。観光名所って、地元だとそんなに来ないものねえ。」

レンガ敷きの道に立ち、正面に赤レンガを見ながら光義と芳美はしばし建物の全容を眺めた。話している間にも、中国語らしき言葉で会

〈国語〉

時間　五〇分　満点　一〇〇点

【注意】 答えは**特別の指示**のあるもののほかは、各問の**ア・イ・ウ・エ**のうちから、最も適切なものをそれぞれ**一つずつ**選んで、その記号を書きなさい。また、答えに字数制限がある場合には、**、や。や「などもそれぞれ一字と数えなさい。**

1 次の各文の――を付けた漢字の読みがなを書け。

(1) 朝早くに港を出帆する。
(2) 鋭く世相を斬る論評。
(3) その情報は眉唾物だ。
(4) 山奥の閑寂な住まい。
(5) 人間万事塞翁が馬である。

2 次の各文の――を付けたかたかなの部分に当たる漢字を楷書で書け。

(1) カイシンの友と語らう。
(2) 夢がかなってボウガイの幸せだ。
(3) フタイテンの決意で臨む。
(4) イチヨウライフクのきざしが見える。
(5) 意見のサイヒを決する。

3 次の文章を読んで、あとの各問に答えよ。（*印の付いている言葉には、本文のあとに〔注〕がある。）

定年まで勤め上げるつもりだった銀行を四十代半ばでやめるはめになった佐川光義は、趣味であった陶芸を新たな仕事に選んだ。銀行員時代、営業の最前線で文句も言わず懸命に働き続けてきたからか、依頼主の要望に応えるやり方が自身の持ち味になり、徐々に顧客を増やしていった。

北海道という土地柄か、茶の湯や華道の伝統が根底にある〝焼物〟から離れた自由すぎる気風が、光義のやり方を後押しした。

その姿勢を、柔軟に過ぎると揶揄する同業者がいることも知っている。だが、「落として割ってしまったがまたあの軽い茶碗が欲しい」とか、「あの皿に盛れば子どもが食事を残さず食べてくれる」という反応があることの何が悪いというのか。

競争から離れた職種で生活が成り立っている以上、使う人間に添ったものを作れれば自分はそれでいい。そう考え恥じることもなかった。

そうして数年が経った頃。ぼちぼちと器が売れ、毎月二人分の食費ぐらいは土から稼げるようになってきた。しかし手が土に馴染めば馴染むほど、練度が上がれば上がるほど、(1)光義は自分の裡からの声を無視できなくなる。

俺には芯がない。

使う者が望んだ形を作る。自分のイメージを形にする。そこに疑問はなかった筈なのに、長所たる柔軟さこそが光義をゆっくりと蝕むよ

2024年度

解答と解説

《2024年度の配点は解答欄に掲載してあります。》

＜数学解答＞

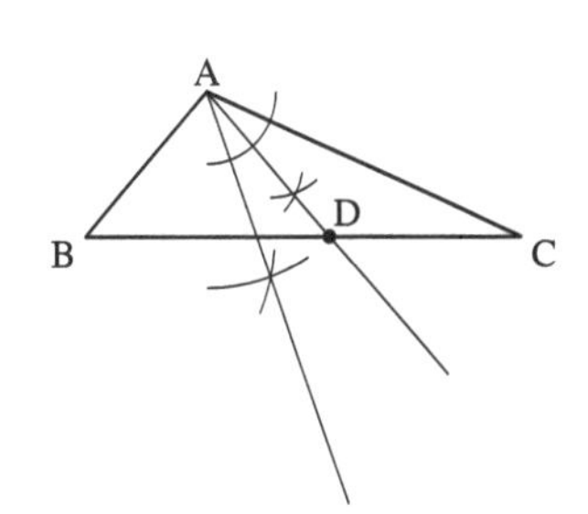

1　〔問1〕　18　〔問2〕　$\frac{5}{3}$，3　〔問3〕　$\frac{7}{36}$

〔問4〕　$a=5$，$b=8$　〔問5〕　右図

2　〔問1〕　$\frac{1+t}{3}$ cm^2　〔問2〕　$y=\frac{13}{7}x+\frac{60}{7}$

〔問3〕　$1+\sqrt{2}$

3　〔問1〕　23度　〔問2〕　(1)　解説参照

(2)　$(18\sqrt{15}-6\sqrt{3})$ cm^2

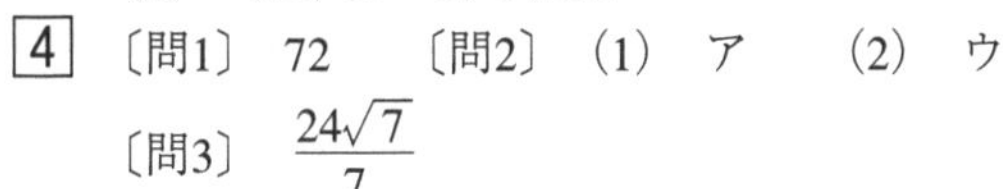

4　〔問1〕　72　〔問2〕　(1)　ア　(2)　ウ

〔問3〕　$\frac{24\sqrt{7}}{7}$

○配点○

1　各5点×5　2　〔問1〕　7点　〔問2〕　10点　〔問3〕　8点

3　〔問1〕　7点　〔問2〕　(1)　10点　(2)　8点

4　〔問1〕　7点　〔問2〕　各5点×2　〔問3〕　8点　計100点

＜数学解説＞

1　(平方根の計算，二次方程式，確率，四分位範囲，作図)

基本　〔問1〕　$2\sqrt{3}+5=\mathrm{A}$，$2\sqrt{3}-1=\mathrm{B}$とすると，$\frac{\mathrm{A}^2+\mathrm{B}^2}{2}-\mathrm{AB}=\frac{\mathrm{A}^2-2\mathrm{AB}+\mathrm{B}^2}{2}=\frac{(\mathrm{A}-\mathrm{B})^2}{2}$

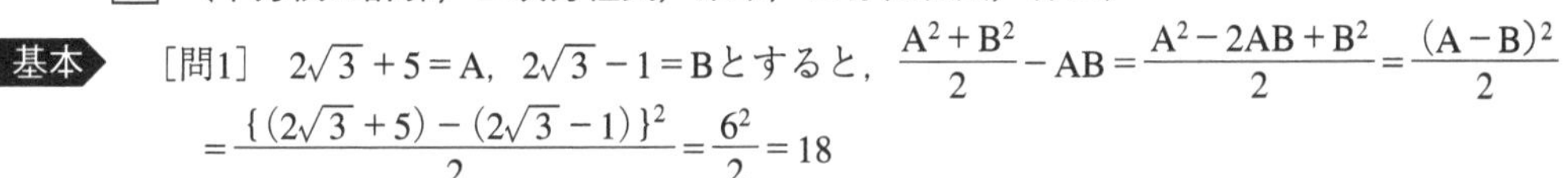

$=\frac{\{(2\sqrt{3}+5)-(2\sqrt{3}-1)\}^2}{2}=\frac{6^2}{2}=18$

基本　〔問2〕　$x-2=\mathrm{A}$とすると，$(\mathrm{A}+1)^2-4\mathrm{A}^2=0$，$\{(\mathrm{A}+1)-2\mathrm{A}\}\{(\mathrm{A}+1)+2\mathrm{A}\}=0$，$(-\mathrm{A}+1)(3\mathrm{A}+1)=0$　よって，$-\mathrm{A}+1=0$だから$\mathrm{A}=1$となり，$x-2=1$，$x=3$　$3\mathrm{A}+1=0$だから$\mathrm{A}=-\frac{1}{3}$となり，$x-2=-\frac{1}{3}$，$x=\frac{5}{3}$

〔問3〕　$2ax-b=3$だから，$2ax=b+3$，$a\neq0$だから，$x=\frac{b+3}{2a}$　$b+3$が偶数になることを利用して，これを満たすa，bの組は，$(a,\ b)=(1,\ 1)$，$(1,\ 3)$，$(1,\ 5)$，$(2,\ 1)$，$(2,\ 5)$，$(3,\ 3)$，$(4,\ 5)$の7組　大小2つのさいころの目の出かたは6×6だから，$\frac{7}{6\times6}=\frac{7}{36}$

〔問4〕　得点が明らかな8人を小さい順に並べると，1，3，3，3，4，6，7，7　中央値は4.5だから，小さい方から数えて5番目は4点，6番目は5点と考えられ，1，3，3，3，4，5，6，7，7となる　$a<b$だから$a=5$　すると小さい方から3番目の第一四分位数は3点，また四分位範囲が4点だから，大きい方から3番目の第三四分位数は7点　よって$b=7$あるいは8　最頻値は3点だけだから，$b=8$

基本　［問5］（着眼点）　辺ABを1辺とする正三角形を描き，辺BCとの交点をPとする　次に∠CAPの二等分線を引けば，これと辺BCの交点がDである

2 （放物線と直線の式，放物線と交わる直線の線分比，三角形の面積，座標平面上の平行四辺形）

基本　［問1］　2点B，Cそれぞれのx座標は点Aのx座標と同じだから$x=1$　点Bは関数$y=x^2$上の点だから，y座標は，$y=1\times1^2=1$　点Cは関数$y=\frac{1}{3}x^2$上の点だから，y座標は，$y=\frac{1}{3}\times1^2=\frac{1}{3}$　よってBC$=1-\frac{1}{3}=\frac{2}{3}$　点Uのt秒後のx座標は，点Qと同じだから$x=-t$　点Qと点Aのx座標の差は，$1-(-t)=1+t$　よって，△BCUの面積は，$\frac{1}{2}\times(1+t)\times\frac{2}{3}=\frac{1+t}{3}$(cm^2)

重要　［問2］（途中の式や計算）（例）　点B(1，1)，Q$(-t,\ 0)$より，点U$\left(-t,\ \frac{t^2}{3}\right)$，点T$(-t,\ t^2)$，点V$(-t,\ 1)$　$t\geqq2$より，VU$=\frac{t^2}{3}-1$　QU：UT$=\frac{t^2}{3}:\left(t^2-\frac{t^2}{3}\right)=\frac{t^2}{3}:\frac{2}{3}t^2=1:2$　よって，QV：VU＝QU：UTより，$1:\left(\frac{t^2}{3}-1\right)=1:2$　$\frac{t^2}{3}-1=2$　$t^2=9$　$t\geqq2$より，$t=3$　よって，点R(4，16)，点U(−3，3)より，グラフの傾きは，$\frac{16-3}{4-(-3)}=\frac{13}{7}$　したがって，2点R，Uを通る直線の式は，$y=\frac{13}{7}x+n$と書くことができ，点U(−3，3)を通るから，$3=\frac{13}{7}\times(-3)+n$　$n=\frac{60}{7}$　ゆえに，2点R，Uを通る直線の式は，$y=\frac{13}{7}x+\frac{60}{7}$

［問3］　t秒後の点Pのx座標は$1+t$だから，点P$(1+t,\ 0)$，点S$\left(1+t,\ \frac{1}{3}(t+1)^2\right)$　また，点U$\left(-t,\ \frac{t^2}{3}\right)$，点T$(-t,\ t^2)$である　四角形PSTUは平行四辺形であり，TU//SPだからTU＝SPとなればよい　よって，$t^2-\frac{t^2}{3}=\frac{1}{3}(t+1)^2-0$，$\frac{2}{3}t^2=\frac{1}{3}(t+1)^2$，$2t^2=(t+1)^2$，$t^2-2t-1=0$，$(t-1)^2=2$，$t=1\pm\sqrt{2}$，$t>0$より，$t=1+\sqrt{2}$

3 （円周角の定理，円周角を利用した合同の証明，三平方の定理，特別角の利用）

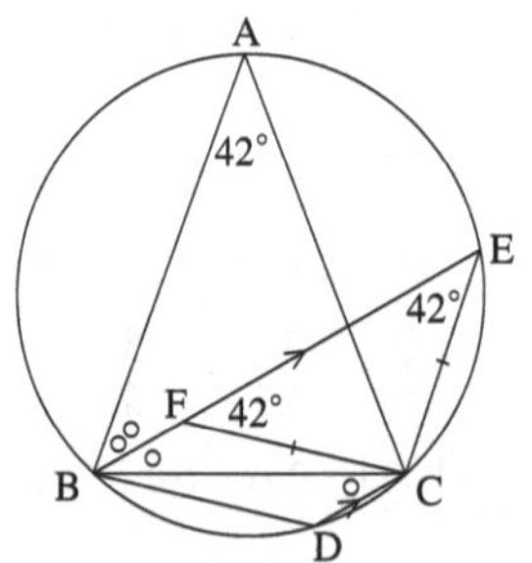

基本　［問1］　△CEFはCE＝CFの二等辺三角形となるから，∠CEF＝∠CFE＝42°　$\overset{\frown}{BC}$に対する円周角の定理より，∠BAC＝∠BEC＝42°　△ABCはAB＝ACの二等辺三角形だから，∠ABC＝(180−42)÷2＝69°　$\overset{\frown}{AE}$：$\overset{\frown}{EC}$＝∠ABE：∠CBE＝2：1だから，∠CBE＝69×$\frac{1}{3}$＝23°　BE//DCだから錯角が等しく，∠BCD＝∠CBE＝23(度)

［問2］（1）（証明）（例）　△BDCと△CEAにおいて，△ABCは正三角形だから，BC＝CA…①　BE//CDより，錯角が等しいから，∠DCB＝∠CBE…②　$\overset{\frown}{CE}$に対する円周角の定理より，∠CBE＝∠EAC　よって，∠DCB＝∠EAC…③　ここで，頂点Aと点Dを結ぶ　$\overset{\frown}{AB}$に対する円周角の定理より，∠ADB＝∠ACB＝60°　$\overset{\frown}{AC}$に対する円周角の定理より，∠ADC＝∠ABC＝60°　よって，∠BDC＝∠ADB＋∠ADC＝120°　△BDCの内角の和は180°だから，∠CBD＋∠DCB＝60°　よって，∠CBD＝60°−∠DCB…④　また，∠ABE＋∠CBE＝60°より，∠ABE＝60°−∠CBE　$\overset{\frown}{AE}$に対する円周角の定理より，∠ACE＝∠ABE　よって，∠ACE＝60°−∠CBE　②より，∠ACE＝60°−∠DCB　④より，∠CBD＝∠ACE…⑤　①，③，⑤より，1組の辺とその両端の角がそれぞれ等しいから，△BDC≡△CEA（証

明終わり)

重要　(2)　(1)の結果から，△CEA＝△BDCとなる　点Bから線分DCの延長へひいた垂線と直線DCとの交点をHとする　このとき，$\angle BDC=120°$だから$\angle BDH=60°$　$BD=4\sqrt{3}$だから，$HD=2\sqrt{3}$　$BH=6$　また$BC=AB=24$　△BHCで三平方の定理より，$HC=\sqrt{BC^2-BH^2}=\sqrt{24^2-6^2}=6\sqrt{15}$，$DC=HC-HD=6\sqrt{15}-2\sqrt{3}$

$\triangle CEA=\triangle BDC=\frac{1}{2}\times DC\times BH=\frac{1}{2}\times(6\sqrt{15}-2\sqrt{3})\times 6=$

$(18\sqrt{15}-6\sqrt{3})(cm^2)$

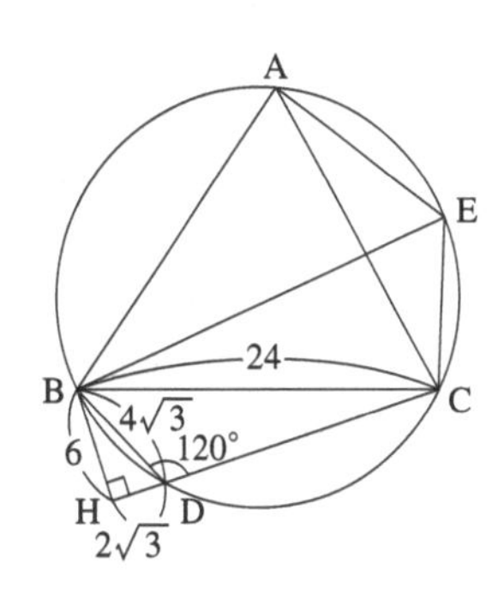

4　**(正方形の影と相似，図形の移動と影変化，円と接線のつくる相似)**

基本　〔問1〕　$\triangle OEA\backsim\triangle OPF$だから，$EA:PF=OE:OP=1:2$　よって，$FP=2AE=6$　同様にすれば，$GP=HP=IP=FP$　また$AC\perp BD$だから，$FH\perp GI$となる　これより四角形FGHIも正方形なので，

$\frac{1}{2}\times HF\times GI=\frac{1}{2}\times 12\times 12=72(cm^2)$

〔問2〕　この立体は△OHFについて対称だから，面OHFで考える　点Aは線分BDを軸に回転するから，点Eを中心とする半径$EA=3$の円を描く　このことから図のAからA^1までを動くことがわかる　このとき点CはCからC_1までを動く　すると線分A_1C_1の影はH_1Fである

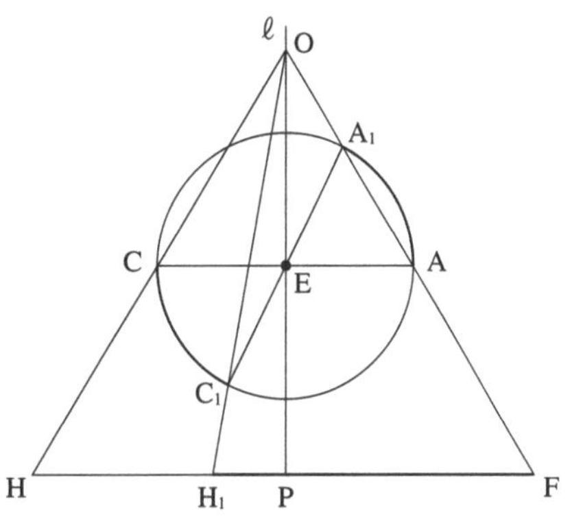

基本　(1)　△GHIは$\triangle GH_1I$となり，HはH_1の方向に動くだけだから，だんだん小さくなる(ア)

やや難　(2)　この中で点Hと点Fが適するのは(ウ)

やや難　〔問3〕　線分GIの長さは変化しないので，Fの位置により最大の面積は決まる　つまりPFの長さが最大になればよい

それは図のように$\overset{\frown}{AA_1}$と直線OFが接するときで，このときのAをA_2，FをF_2とする　点Eは円の中心だから，$\angle OA_2E=90°$であり，$OE=4$，$EA_2=3$だから，$\triangle OA_2E$で三平方の定理より，$OA_2=\sqrt{OE^2-EA_2^2}=\sqrt{4^2-3^2}=\sqrt{7}$，$\triangle OA_2E\backsim OPF_2$だから，相似な三角形の対応する辺の比より，$OA_2:OP=EA_2:F_2P$，$\sqrt{7}:8=3:F_2P$，$F_2P=\frac{24\sqrt{7}}{7}$　ゆえに$FP=\frac{24\sqrt{7}}{7}(cm)$

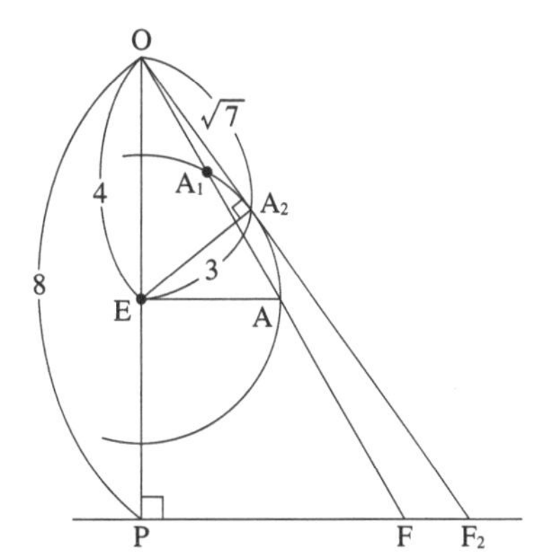

★ワンポイントアドバイス★

1〔問4〕に時間をかけすぎないようにしよう。2〔問2〕や〔問3〕は考え方は難しくないが，計算処理に万全を期そう。また$t\geqq 2$や$t>0$に注意しよう。3〔問2〕(2)では，(1)で証明した図形を使おう。4の長文では，会話文の中で永田さんが重要な条件を述べるので，会話に紛れないよう文中に印をするなど工夫をしよう。また，四角錐O-ABCDと四角錐O-FGHIは相似になっていることも知っておこう。

＜英語解答＞

1 〔問題A〕＜対話文1＞　イ　＜対話文2＞　ウ　＜対話文3＞　エ
〔問題B〕＜Question 1＞　ア　＜Question 2＞　(例)To give it a name.

2 〔問1〕　イ　〔問2〕　エ　〔問3〕　ア　〔問4〕　ア
〔問5〕　(例)A lot of food is wasted all over the world. If we use food that wasn't eaten and was disposed of before to make concrete, we can reduce the amount of food that is wasted.
〔問6〕　エ，キ

3 〔問1〕　ア　〔問2〕　(2)-a　エ　(2)-b　ア　(2)-c　ウ　(2)-d　イ
〔問3〕　ウ
〔問4〕　(例)while you were sleeping, your brain has removed all the unnecessary memories that made your brain full.
〔問5〕　ア　〔問6〕　エ　〔問7〕　オ，ク

4 (例1)Type-A is better for discussing the topic because it has a leader who can put everyone's opinions together by looking at his or her face. Someone must make a decision because the survey shows there are many different opinions among students. So, the leader can decide what is most important after they have a discussion.　(例2)Type-B is better for discussing the topic because seeing each other's faces helps students express his or her opinions more freely. The survey shows there are many different opinions among students, so we need an open discussion. Type-B lets students work together and listen more carefully to these opinions before deciding.

○配点○

1 各4点×5
2 〔問5〕 10点　他 各4点×6
3 〔問4〕 6点　他 各4点×7
4 12点　計100点

＜英語解説＞

1 (リスニングテスト)
放送台本の和訳は，2024年度都立共通問題38ページに掲載。

2 (会話文問題：語句補充・選択，文整序，語句整序，語句解釈，内容吟味，要旨把握，関係代名詞，比較，分詞・動名詞，前置詞，受動態，不定詞，助動詞，進行形，接続詞)
(全訳) *4人の生徒，リョウコ，スェーデンから来たトミー，アメリカからのゾーイ，そして，コウヘイが彼らの教室で話をしている。*
リョウコ(以下R)：トミー，日本での最初の夏休みはどうだった？／トミー(以下T)：素晴らしかったよ。ホストファミリーが僕を熊本へ連れて行ってくれたよ。僕がそこの城を見たかったのでね。／ゾーイ(以下Z)：その城の何がそんなに特別なの？／T：それを建てるのに，多くの創意に富んだ考えが使われたんだ。／Z：例えば？／T：その石の土台は登ったり，中に入ったりするの

が，非常に困難だったのさ。／コウヘイ(以下K)：あっ，そのことなら，聞いたことがあるよ。／T：そうなんだ。それじゃあ，これはどうかなあ。城には食べられる壁があった。／Z：なんですって？　壁が食べられる？／T：そう，食べることができたんだ。壁は植物からできていたので，仮に侍が長時間城の中に留まらなければならなくて，食料を得られなかったら，城の壁を食べることができたのさ。／K：本当に？　僕の従弟は，“食べられる壁”について研究しているんだ。／Z：現代社会にも，食べられる壁が存在しているの？　もっと知りたいわ。／K：彼の大学の人達は，コンクリートを研究していて，彼もその1人なんだ。彼らはみんな，コンクリートをより環境を破壊しないものにする方法を研究しているよ。／R：あっ，その言葉は聞いたばかりだわ。サステイナブルというのは，環境を傷つけことなく，長時間使える，ということよね。／K：うん，コンクリートは再生利用が難しい。また，処分する段階で，環境に深刻な害を与えるんだ。／T：そうだろうね。どのようにコンクリートは作られるの？／K：コンクリートは，セメント，水，そして，他の物質を混ぜることで，作り出されているんだ。／Z：セメントの役目は？／K：接着剤のように作用するよ。毎年，40億トンのセメントが生産されているんだ。セメントが作られ，運搬され，建設現場で使われる時に，環境への影響が問題になっているんだ。その全ての過程を通じて，世界の二酸化炭素の8％が排出されていて，それは，飛行機や船を上回っているよ。／Z：へーえ，それは深刻な問題ね。／K：彼らは，最初，使用済みのコンクリートを小片に砕いて，再び圧着することで，コンクリートを再生利用する方法を見つけのさ。この工程により，彼らは新しい考えを獲得したんだ。／R：それは何だったの？／K：食品ロスからコンクリートを作ることだよ。／Z：食品ロス？／K：ある基準に満たない，そして，店頭で売ることができない野菜や果物のことだよ。あるいは，食品工場がその商品に使わない部材を意味するよ。／R：毎年，世界中で，13億トンの食べ物，つまり，人間に対して生産された食べ物のおよそ30％が破棄され，無駄になっている，ということを知っているかしら？　日本ではその数値が612万トンに達しているのよ。／T：それで，彼らのコンクリートが解決策になりうるというわけなのだね。／K：使用する食べ物の種類次第で，コンクリートの耐久性が決定するよ。皮が硬いので，カボチャは良い素材になりうる，と僕は考えていた。でも，カボチャの皮から作られたコンクリートが最も強度に欠いていたんだ。一方で，白菜から出来たコンクリートは他の食品から作られたコンクリートの2倍丈夫だったのさ。／Z：なぜかしら？／K：白菜の繊維と糖度の好配分により，頑丈になるんだ。通常のものと比べて，白菜から作られたコンクリートの強度の方をより強くすることが可能である，と研究者らは考えているよ。／R：驚いたわ。／K：食品から加工されたコンクリートは，二酸化酸素と食品ロスの削減につながるよ。また，セメントに必要な資源が限られている，ということも心配する必要がなくて，環境を破壊せずに，コンクリートを処分することができるんだ。／Z：一度に多くの問題が解決できるなんて，本当に素晴らしいわね。／T：加えて，僕が訪れた城の壁のように，そのコンクリートで出来たものも，食べられるよね。／K：ああ，その通りだね。／Z：あっ，それは‘cherry on top’ね。／R：えっ，何ですって？　今，さくらんぼうが欲しいの？／Z：いいえ，(1)イ<u>壁をより魅力的にするもの</u>，ということよ。／K：まさにそうだね。／R：他に地球環境を破壊しないコンクリートってあるのかしら？／T：日本の会社とヨーロッパの大学が発明した新しいコンクリートについて聞いたことがあるよ。それは自己修復が可能なコンクリートなんだ。／Z：自己修復コンクリートですって？　興味あるわ。／T：コンクリートは非常に頑丈な物質だけれど，引っ張られると，弱いんだ。乾燥すれば，ひび割れる。これらの弱点を補うのに，内部に鋼鉄の芯が通されているんだ。／R：あっ，それらを以前見たことがあるわ。／T：でも，このひび割れにより，空気と水が中に入り込み，鉄芯を痛めつけるんだ。その結果，コンクリートの構造物は深刻な被害をこうむり，倒壊する。／Z：なるほど。より安全なコンクリートの構造物をもっと長期間使うことができれば，好ましいということね。／T：ああ。そこで，我々の皮膚が自然に再生されるように，ひび割れを修復するコンクリートが発明されたというわけさ。／R：素晴らしいけれど，どんな仕組みなの？／T：特別の種類のバクテリアを用いるのさ。まず，ポリ乳酸と呼ばれる物質とバクテリアが中に入った極小カプセルを用意するよ。その物質がバクテリアのえさとなるのさ。／Z：それで？／T：次に，これらのカプセルをコンクリートに混ぜ合わせるのさ。コンクリートの中で，ポリ乳酸は徐々に乳酸カルシウムに変質するけれど，強固なコンクリート内ではバクテリアはあまり活動しないんだ。そして，時として，コンクリート内に亀裂が生じることがある。(2)③雨が降ったり，空気がこれらの亀裂に侵入したりすると，そのことで，コンクリートの状態が変化するんだ。④この変化で，バクテリアが目覚めて，成長し始めて，その数が増殖し出すのさ。①それらは乳酸カルシウムを食して，炭酸カルシウムと呼ばれるものへと変質するよ。②炭酸カルシウムは自然の接着剤のようなものなんだ。⑥それがひび割れを埋めて，コンクリートを修復するのさ。⑤全てのひび割れが埋まると，コンクリートは再び頑丈になり，バクテリアは再び眠りに就くんだ。また必要とされる時まで，休息するのさ。／K：うわー，まるで魔法だね！ 環境を破壊しないために，人々は多くの努力を費やしているのだね。／R：私の経験を話してもいいかしら。先週，新しい木造の12階建ての建物を見学するために，銀座に出かけたのよ。／Z：木材で，そのような高いビルを建築することができるの？／R：ええ，可能なのよ。土台のように，コンクリートが使われた箇所はあるものの，それでも驚くわよね。現在，日本のある会社は，90％が木材で出来た70階建ての建物を建築しようとしているわ。／K：そのような建物が唯一の例なのかな？／R：すでに別の例が数件あり，もっと多くが立ち上がることになっているわ。アメリカやカナダのように，多くの他の国々で，その数は増えているのよ。／T：実は，(3)地元で産出された木材で出来た高層の建物を建てようとした最初の国の1つが，我が祖国なんだ。／Z：そうでしょうね。でも，なぜ人々は高い建物に木材を使おうとしているのかしら。／R：まず，もし木材を使えば，大幅に二酸化炭素を削減できるわ。次に，木材は地球環境を破壊しない資源なの。森林をきちんと手入れして，計画的なやり方で木々を伐採すれば，常に十分な木々が確保できるのよ。／T：同様に，木材はコンクリートよりも軽いので，機械はより小型で，土台も小さいもので済み，労働者の数も少なくて良いんだ。使用する前に，木材は工場で加工することができる。工場現場では，木片を組み合わせるだけで良いんだ。その結果，木材を使うことで，より迅速で，静寂に，建物を建築することが可能となるのさ。環境に優しい物質を用いて，水の消費を減らして，二酸化炭素の排出も抑えられるよ。／K：でも，日本は地震国として知られているよね。これらの建物の強度は大丈夫なの？／R：ええ。鍵となるのが(4)CLTと呼ばれる新素材よ。CLTは分厚い木の板のような外見だけれども，実は，多くの薄い木の板を組み合わせたものなの。でも，繊維の方向は重要よ。木材はその繊維の方向に丈夫で，他方向には弱いの。そこで，互いに90度にその繊維がなるような置き方で，板をそれぞれ重ねていけば，通常の木の板よりも頑丈になるのよ。実際，CLTは，同重量のコンクリートや鋼鉄よりも強度に勝るのよ。／Z：CLTは耐火性にも優れているの？／T：それはもうひとつの重要な点だね。実は，木材は燃え始めるのに時間がかかるんだ。CLTは多層の木材板で出来ているので，通常の木板よりも，着火するのにより長い時間を要するんだ。火に最も近いCLTが炭になると，他の板の温度上昇が弱まるのさ。全ての板が熱くて，炭になるまでに，およそ2，3時間はかかるんだ。ほとんどの建物から逃れるには，十分すぎる時間だよね。火災の後に，黒焦げの板は新しいものへと取り換えることが可能だしね。／K：大昔には，コンクリートを食べることができるようになったり，あるいは，木材から高層の建物を建設するようになるなんて，誰も想像もしなかっただろうね。／Z：本当ね。(5)これらの素晴らしい考え方をクラスメイトと分かち合いたいわ。

やや難 〔問1〕“cherry on top”が何を意味するかを問う問題。廃棄処分となった食材から作られたコンクリートの利点(Concrete made from food reduces CO_2 and food loss.／we don't need to worry about the limited resources necessary for cement, and we can dispose of the concrete without damaging the environment.／we can eat the walls made of that concrete ～)が述べられており，それを受けて発したせりふであることから考える。正解は，イ「壁をより魅力的にするもの」。ちなみに，cheery on top は，「(物事などを)より良くするもの，(仕上げとして)完璧にするもの，(すでに良いものの)おまけ」を意味する。something that makes the wall more attractive ← 主格の関係代名詞 that／make O C「OをCの状態にする」／more attractive ← attractive「魅力的」の比較級　concrete made from ～／the limited resources／the walls made of ～ ← ＜過去分詞＋名詞＞・＜名詞＋過去分詞＋他の語句＞「～された名詞」過去分詞の形容詞的用法　＜without＋動名詞[-ing]＞「～しないで」

ア「美味しくするために人々が壁に加えるもの」something▼people add ← ＜先行詞(＋目的格の関係代名詞)＋主語＋動詞＞「主語が動詞する先行詞」目的格の関係代名詞の省略　add A to B「AをBに付け加える」　make them delicious ← make O C「O をCの状態にする」　ウ「地球環境を傷つけないために壁が必要なもの」　エ「役立つようにするために壁に設置する何か」make them useful ← make O C「OをCの状態にする」

重要　〔問2〕「コンクリートに亀裂が生じることがある」→ ③「雨が降ったり，空気がこれらの亀裂に侵入したりすると，そのことがコンクリートの状態を変化させる」→ ④「この変化が，バクテリアを目覚めさせて，それらは成長し，その数が増殖し始める」→ ①「それらは乳酸カルシウムを食して，炭酸カルシウムと呼ばれるものへと変質する」→ ②「炭酸カルシウムは自然の接着剤のようなものだ」→ ⑥「それがひび割れを埋めて，コンクリートを修復する」→ ⑤「全てのひび割れが埋められると，コンクリートは再び頑丈になり，バクテリアは再び眠りに就く」→「また必要とされる時まで，休息する」wake up「～を起こす，目が覚める」 start growing and increasing ← 動名詞[-ing] in number「数の上で，合計」 something called calcium carbonate ← ＜名詞＋過去分詞＋他の語句＞「～された名詞」過去分詞の形容詞的用法　are filled ← ＜be動詞＋過去分詞＞受動態「～される，されている」

基本　〔問3〕(Actually, my country is one of the first countries) to build tall buildings made of wood produced in the local area(.) one of the first countries to build ～ ← ＜名詞＋不定詞[to＋原形]＞不定詞の形容詞的用法「～する(ための)，すべき名詞」 tall buildings made of wood produced in ～ ← ＜名詞＋過去分詞＋他の語句＞「～された名詞」過去分詞の形容詞的用法

やや難　〔問4〕板の組み合わせ方に関する記述(if boards are put on top of each other in a way that puts their fibers at 90 degrees to each other, they become stronger than normal wood boards.)に基づいて，考えること。are put ← 受動態＜be動詞＋過去分詞＞「～される，されている」 on top of each other「互いの上に」 in a way that puts ～ ← 主格の関係代名詞 that　at 90 degrees to each other「互いに90度」stronger ← strong「強い」の比較級

やや難　〔問5〕「なぜ食べられるコンクリートが地球環境に優しいか」を食品ロスの観点から，30語以上の英語でまとめる条件英作文。

(和訳；解答例含む)

＜スライド＞地球環境に優しくあるための創造的考え方／1. 食べられるコンクリート／2. なぜ食べられるコンクリートは地球環境に優しいのか？／(a)二酸化炭素，(b)食品ロス，(c)資源，(d)処分法／3.最後に伝えたいこと

＜原稿＞こんにちは，ゾーイです。私は，食品ロスの視点から，なぜ食べられるコンクリート

が地球環境に優しいかを説明したいと思います。／世界中で多くの食品が無駄にされています。コンクリートを作るために，もし以前は食べられず，処分されていた食品を活用すれば，浪費される食品の量を減らすことができます。／ありがとうございます。続いて，コウヘイが，食べられるコンクリートが他の問題に対する解決策になり得るということを説明します。

重要 〔問6〕 ア「トミーが訪ねた城では，緊急の折，植物で出来た壁を侍が食べたので，彼は壁に多くの穴を見かけた」(×)下線部の記述ナシ。the castle Tommy visited ← <先行詞(+目的格の関係代名詞)+主語+動詞>「主語が動詞する先行詞」目的格の関係代名詞の省略 the walls made of plants ← <名詞+過去分詞+他の語句>「〜された名詞」過去分詞の形容詞的用法 イ「コンクリートの最大の環境的影響は，コンクリートが飛行機や船で建設現場へと運搬される際に，排出される二酸化炭素である」(×)環境への影響のうち，何が最大であるかに言及がなされておらず，飛行機や船で運搬されるという記述も誤りである(An impact on the environment is made when cement is produced, carried to and used at the construction site. This whole process produces 8% of the world's CO_2, more than from airplanes and ships.)。biggest ← big「大きい」の最上級 the CO2 produced when 〜 ← <名詞+過去分詞+他の語句>「〜された名詞」過去分詞の形容詞的用法 is carried／is produced／is used ← <be動詞+過去分詞>受動態「〜される，されている」 more than「〜以上」 ウ「毎年，世界中で，人に対して生産される食べ物の約30%が浪費され，無駄にされており，その損失や廃棄物のおよそ5%が日本に責任がある」(×)下線部の記述は誤り(Did you know every year 1.3 billion tons of food, about 30% of the food produced for humans is lost and wasted around the world? In Japan, the number reaches 6.12 million tons. → 日本は世界の0.5%)。the food produced for humans ← <名詞+過去分詞+他の語句>「〜された名詞」過去分詞の形容詞的用法 is lost／is wasted ← <be動詞+過去分詞>受動態「〜される，されている」around the world「世界中で」 responsibility「責任」 エ「繊維と糖分間の適度な配分により，白菜から作られたコンクリートは，他の食品から作られたものと比べて，より強固となる」(○)concrete made from *hakusai* is almost twice as strong as concrete made from other foods.／The researchers think a good balance between fiber and sugar in *hakusai* makes it strong. に一致。concrete made from 〜 ← <名詞+過去分詞+他の語句>「〜された名詞」過去分詞の形容詞的用法 stronger ← strong「強い」の比較級 twice as strong as ← <倍数表現+as+原級+as+A>「AのX倍〜［原級］」 makes it strong ← make O C「OをCの状態にする」 オ「コンクリートの構造物が痛めつけられると，皮膚のような薄い物質により，ひび割れを覆うことで，修復が可能となる」(×)自己修復コンクリートで用いられるのはバクテリアである。are damaged ← <be動詞+過去分詞>受動態「〜される，されている」 can be repaired ← 助動詞を含む受動態<助動詞+be+過去分詞> by covering cracks with a thin material ← <前置詞+動名詞[-ing]>／with「〜といっしょに，を持っている，で・を使って(道具・手段)，など」 カ「銀座の新しい12階建ての建物は90%の木材から出来ていて，世界で同種の初めてのものである」(×)90%木材なのは立案中の別の建物のことで，世界初とは述べられていない。← Ryoko：I went to Ginza to see the new 12-story building made of wood.／Now, a Japanese company is planning to build a 70-story building that will be made of 90% wood.／Kohei：Are they the only examples of such buildings? Ryoko：There a few more already, 〜 was made ← <be動詞+過去分詞>受動態「〜される，されている」 the new 12-story building made of 〜 ← <名詞+過去分詞+他の語句>「〜された名詞」過去分詞の形容詞的用法 is planning to build a 70-story building that will be made of ～ ← 進行形＜be動詞 + 過去分詞＞「～しているところだ」／主格の関係代名詞 that／助動詞付きの受動態＜助動詞 + be動詞 + 過去分詞＞　キ「木材を使用する建設のおかげで，コンクリートを使うよりも，より速く，より環境に優しい方法で，高層の建物を建築することが可能である」(○)wood allows faster and quieter construction, with more eco-friendly materials, less water, and less CO_2. に一致。 thanks to「～のおかげで，せいで」 construction using wood ← ＜名詞 + 現在分詞 + 他の語句＞「～している名詞」現在分詞の形容詞的用法　it is possible to build ～ ← ＜It is + 形容詞 + 不定詞[to + 原形]＞「～［不定詞]することは…［形容詞]である」 faster ← fast「速い」の比較級　more sustainable ← sustainable「環境を破壊することなく存続できる」の比較級　using concrete ← 動名詞[-ing]「～すること」 quieter ← quiet「静かな」の比較級　with「～といっしょに，を持っている，で・を使って，等」more eco-friendly ← eco-friendly「環境に優しい」の比較級　less「より少ない[少なく]」little の比較級　ク「異なった繊維の方向により，CLTが素早く燃え，黒焦げになるので，CLTにおける板の組み合わせ方が耐火性能を高める」(×)耐火性能を高めるのは，板が重なっているからであり，繊維の方向は強度に関連しているが，耐火性能は無関係である(Wood is strong in the direction of its fibers, but weak in other directions. So, if boards are put on top of each other in a way that put their fibers at 90 degrees to each other, they become stronger than normal wood boards.／CLT takes longer to catch fire than normal wood boards because CLT is made of many boards.)。 ＜the way + 主語 + 動詞＞「主語が動詞する方法」 are put together ← put together「～を組み立てる」の受動態　make it strong ← make O C「OをCの状態にする」 make CLT burn fast and char ← ＜make + O ＋原形＞「Oに～させる」使役　so「副詞；それほど，そんなに／接続詞；それで，だから」 are put／is made of ～ ← ＜be動詞 + 過去分詞＞受動態「～される，されている」 on top of each other「互いの上に」in a way that puts ～ ← 主格の関係代名詞 that　at 90 degrees to each other「互いに90度」stronger ← strong「強い」の比較級　longer ← long「長い」の比較級　catch fire「火がつく」

3　**(長文読解問題・論説文：語句解釈，文挿入，内容吟味，語句補充・記述・選択，要旨把握，関係代名詞，間接疑問文，進行形，現在完了，動名詞，仮定法，助動詞，前置詞，受動態，接続詞，比較，不定詞)**

(全訳)　1週間前に昼食に何を食べたかを，あなたはいまだに覚えているだろうか。たった1度しか使ったことがない電車の駅名を覚えているだろうか。それらを記憶していないとしても，心配することは無い。(1)あなたは1人ではない。毎日，誰もがこのことを経験しているのである。たやすく覚えられるものと，すぐに忘れてしまうものがある。例えば，最良の友人と一緒に見た映画は忘れないだろうが，身分証明書やパスワードを忘れてしまうということは起こりえる。覚えているものと忘れてしまうものは違っても，誰もが良い記憶を得ることを願うのである。(2)-aエでも，正確には，記憶とは何だろうか。

記憶は脳内の海馬と呼ばれる箇所で形作られる。多くの種類の記憶がそこで形成される。まず，我々が気づかないうちに，経験した全てを覚えようと脳が懸命に作動する。受け取った情報は海馬へと運ばれ，その後，脳が保持する情報を選び出す。脳に保存されると，それは記憶になる。脳内の記憶を使わないと，どんどん弱くなり，ついには忘れられてしまう。そこで，長い間，何かを記憶したければ，それを用いる必要がある。多くの英単語を知っている人は，それらを全て覚えるために，1日に何度も新出単語を使うのである。また，ある人物に初めて会った際には，その人物の名前を頻繁に呼ぶのが良い。(2)-b ア繰り返すことで，より良く覚えることができるのである。

人はどんなことでも忘れたくないので，記憶が優れているのは良いことのように思える。もし全てを覚えていることが出来たら，満足だろうか？　脳はどうだろうか？　脳には既に多くの情報があり，それでもさらに多くの情報が入って来ている。この全ての情報を処理しなければならないのである。(2)-c ウ従って，脳は同じように感じないかもしれない。

脳科学者達は優れた記憶力ということに対して興味を抱き，どのように脳が記憶を形成するのかを知りたい，と考えた。脳の使命は情報を得て，維持することなので，忘れるということは，記憶組織に問題が生じている，と彼らは考えた。我々の脳は記憶の箱で，記憶を形作るのに用いられている，ということが，長い間，科学者達には知られていた。だが，過去十数年にわたり，科学者達は小魚に対して実験を実施して，魚の脳は古い記憶の一部を取り除き，新しい情報のために空間を準備している，ということを発見した。また，魚の脳内の同箇所には，忘却専用の記憶箱が存在している，ということも，彼らは突き止めたのである。このことは人間にも当てはまる。というのは，人と動物は同じ脳組織を有しているからである。記憶の一部は我々の脳内で保存され，これらの記憶箱が使われることで，他の記憶はそこから取り除かれるのである。(2)-d イ現在では，忘却は脳による誤作動ではない，ということが，科学者達の間では知られている。

どの情報を記憶するべきかを，どのように脳は決定しているのだろうか。我々の脳内の記憶の中で，取っておくべき重要なものを脳が選択し，それらが強い記憶として残る。(3) ア過去には，生き残るために，人と動物の双方に必要な記憶が存在していた。イもし食べ物を獲得する場所や，どこが危険な場所であるかを覚えておかないと，それは深刻な問題となったであろう。(×)ウ記憶を子供達に伝えるために，人類は文字を書くことを発展させた。エ従って，もし重要であれば，古い情報は保存される。オ同時に，重要でなければ，新しい情報は取り除かれる。現在，私達は情報化時代に暮らしている。過去に比べて，より多くの情報を我々は得ているので，こういった現在の多くの情報の中で生き抜くためには，今，我々の脳はより多忙である。

私達は目覚めている間に，情報が常に脳に入り込んでくる。一日が終るまでには，脳は記憶で一杯となる。脳はこれらの全てを処理しきれない。そこで，脳は次のようにつぶやくかもしれない。「あっ，何てことだ。新しい記憶のためのこれ以上空間がない。重要でない情報を忘れる必要がある」忘れることは，生存するために必要な多くの行為の1つである。生きるために飲食する際，これらの行為は短時間で済む。しかしながら，脳が不必要な情報を取り除き，生きるために重要な情報を保存するには，より長い時間を要する。人が眠る理由はいまだに謎だが，脳のこの忘却という機能はその理由の1つとなりうる。起きると，おそらく頭がすっきりしたように感じたことがあるだろう。(4)寝ている間に，脳を満たしていた全ての必要ない記憶を脳が消し去るので，このようなことが起きるのかもしれない。

すでに述べた[読んだ]ように，同一の記憶を何度もなぞることで，記憶は(5)-aより強固なものとなる。また，それには別の機能もある。悪い記憶を忘れ去る手助けをすることになる。悪い記憶について誰かと話した後に，気持ちが(5)-bより軽く感じられたことがこれまでにあるだろうか。もしそうであれば，それには正当な理由が存在する。悪い記憶について誰かと話した際，それを思い出さなければならないが，これはたやすいことではない。でも，この思い出すということが，それらを忘れることにつながるかもしれない。悪い記憶を回想している一方で，脳は忘れるために記憶の道具箱を使うことができるのである。

もし脳が不要な情報を放出することが出来なければ，頭痛を引き起こしかねない。そのような脳の持ち主であれば，毎日，入ってくる全ての情報と共生しなければならなくなる。全く何事も忘れることができなくなるだろう。1分前に通り過ぎた車の色のような不必要なことさえ，忘れられなくなる。脳の中にある全ての情報に対処すなければならないとしたら，実に大変なことになるだろう。朝と夜に，同じ犬を見かけたとしたら，違って見えるので，脳は同じ犬を見たということが，認識できなくなる。記憶が良すぎれば，周囲の世界を理解するのが困難になる。

記憶には，覚えることと忘れることが同時に必要となる。この急速に進む情報化時代を生き抜くには，記憶とつり合いの取れた忘却が，役に立つのである。また，効果的に忘れるということがなされるのであれば，我々が前進して，より良い生活を送る手助けとなるだろう。この文章が示している通り，(6)エ何事にも両面があるので，何かが良い，あるいは，悪い，と早計に判断を下すべきではない。どうかこのことを忘れないように。

基本〔問1〕 下線部(1)は「あなたは1人でない」の意。「食事のメニューや駅名を思い出せなくとも，心配しないように」という趣旨の文が前述されていることから，「物事を忘れるのはあなた1人ではない」ということを意味していることになる。よって，正解は，ア「同じ問題を抱えている人を見つけるだろう」。someone who has ～ ← ＜先行詞(人)＋主格の関係代名詞 who＋動詞＞「動詞する先行詞」 Do you still remember what you ate for lunch a week ago? ← 疑問文(What did you eat for ～?)が他の文に組み込まれる[間接疑問文]と，＜疑問詞＋主語＋動詞＞の語順になる。 a train station▼you used ← ＜先行詞(＋目的格の関係代名詞)＋主語＋動詞＞「主語が動詞する先行詞」目的格の関係代名詞の省略　イ「誰かがあなたのすぐ隣に立っている」is standing ← ＜be動詞＋現在分詞[-ing]＞進行形　ウ「誰もあなたを1人にしたくない」 エ「あなたは他の人々とある時間を共有してきた」have shared ← ＜have[has]＋過去分詞＞現在完了

重要〔問2〕 (2)-a　第1段落は導入部で，第2段落より，「記憶」に関する本論が始まっている。正解は，エ「では，記憶とは何だろう」。 (2)-b「長い間，何かを記憶したければ，それを用いる必要がある」→「例1)新出単語を繰り返し使って記憶する」→「例2)名前を覚えるには頻繁に呼ぶのが良い」→ ア「繰り返すことで，より良く覚えることができるのである」a person who knows ～ ← ＜先行詞(人)＋主格の関係代名詞 who＋動詞＞「動詞する先行詞」 many times a day「1日に何度も」← X times「X回」／a[n]＋数量・期間を表す名詞「～につき」 for the first time「初めて」 (2)-c「記憶が優れているのは良いことのように思える。全てを覚えていることが出来たら，満足だろうか？」→「脳はどうだろう？　脳には多くの情報があり，さらに多くの情報が入って来て，全てを処理しなければならない」→ (2)-c 以上の文脈より，「(一般的な考えとは異なり，)脳が多くの情報を扱うのは大変だ」という趣旨の英文が当てはまることになる。正解は，ウ「従って，脳は同じように感じないかもしれない」。having a good memory ← 動名詞[-ing]「～すること」 you would feel happy if you could remember everything? 仮定法過去「もし～ならば…だろう」現在の事実に反することを仮定＜If＋主語＋過去形[過去の助動詞＋原形]～，主語＋過去の助動詞＋原形…＞ How about ～?「～はどうですか」 is still coming ← 進行形＜be動詞＋現在分詞＞ ＜have[has]＋to＋原形＞「～しなければならない，に違いない」 (2)-d「忘れるということは記憶組織に問題があると脳科学者は考えた」→＜魚の実験＞→「魚の脳は古い記憶を取り除き，新しい情報のための空間を準備していて，忘却用の箱が存在している，ということを突き止めた」→「人も同様」→「記憶の一部は我々の脳内で保存され，これらの記憶箱が使われることで，他の記憶はそこから取り除かれる」→ (2)-d 実験結果より，以前の仮説が誤りであることが証明されたのである。よって，正解は，イ「現在では，忘却は脳による誤作動ではない，ということが，科学者達の間では知られている」。for forgetting／by using ← ＜前置詞＋動名詞[-ing]＞ are kept／are removed ← 受動態＜be動詞＋過去分詞＞「～される，されている」

基本　〔問3〕 ウのみ「筆記伝承」のことが述べられていて，自然な論旨の展開にそぐわない。some memories that were necessary ← 主格の関係代名詞 that If they didn't remember ～ where dangerous spots were, it would be a serious problem. ← 疑問文(Where were dangerous spots ?)が他の文に組み込まれる[間接疑問文]と，＜疑問詞 + 主語 + 動詞＞の語順になる。／仮定法「もし～ならば…だろう」＜If + 主語 + 過去形 ～，主語 + 過去の助動詞 + 原形 …＞仮定法では時制の一致をしない。 so「副詞；とても，それほど，そんなに，そのように／接続詞；それで」 is saved／is removed ← ＜be動詞 + 過去分詞＞受動態

やや難　〔問4〕「目覚めている間に，情報が常に脳に入り込んできて，1日が終るまでには，脳は記憶で一杯となる。脳はこれらの情報全てを処理しきれない」→「脳が不必要な情報を取り除き，生きるために重要な情報を保存するには，長い時間を要する。人が眠る理由はいまだに謎だが，脳のこの忘却という機能はその理由の1つとなりうる。起きると，おそらく頭がすっきりしたように感じたことがあるだろう。［　(4)　］ので，このようなことが起きるのかもしれない」以上の第6段落の論旨を把握したうえで，空所に当てはまる英文を考える。「寝ている間に，脳が不要な情報を除去するので，頭がすっきりしたように感じる」とすればつじつまが合うので，下線部の内容を表す英文を15字以上でまとめれば良い。 is always coming into ～ ← 進行形＜be動詞 + 現在分詞[-ing]＞ has become full of ～ ／have felt ← 現在完了＜have[has]+ 過去分詞＞／full of「～で一杯」 longer ← long「長い」の比較級 clearer ← clear「はっきりした，明らかな，澄んだ，晴れた」の比較級 wake up「起きる」 may「～してもよい，かも知れない」

基本　〔問5〕「すでに述べたように，同一の記憶を何度もなぞることで，記憶は［　(5)-a　］ものとなる。また，それには別の機能もある。悪い記憶を忘れ去る手助けをすることになる。悪い記憶について誰かと話した後に，［　(5)-b　］感じたことがこれまでにあるだろうか」 (5)-a 第2段落に if you want to remember something for a long time, you need to use it. とある。「長く覚えていられる」というのは，「記憶が強固になる」ということである。正解は，stronger「より強い」。 (5)-b 後続文に When you talk with someone about them, you have to bring back the bad memories and this is not easy. However, this remembering may lead to forgetting them. とある。「忘れる」ことで，脳は「軽くなる」。正解は，lighter「より軽い」。have already read／Have you ever felt ～ ? ← 現在完了 ＜have[has]+ 過去分詞＞(完了・結果・経験・継続) visiting the same memory ← 動名詞[-ing]「～すること」 makes the memory stronger ← make O C「OをCの状態にする」 help you forget ← ＜help + O + 原形＞「Oが～することを手助けする」 ＜have + to + 原形＞「～しなければならない，に違いない」 bring back「復活させる，思い出させる，呼び戻す」 may「～かもしれない，してもよい」 lead to forgetting ←lead to「～につながる」／＜前置詞 + 動名詞[-ing]＞ weaker「より弱い」 heavier「より重い」

重要　〔問6〕 第9段落の冒頭の文(Memory needs remembering and forgetting at the same time.)が示すように，本論は，記憶に関して，覚えること，忘れることの双方から論じられていることから考える。正解は，エ「全てのものには2面あるので，物事の良し悪しを早急に決めないように」。so「副詞；とても，それほど，そんなに，そのように／接続詞；それで」 remembering／forgetting ← 動名詞[-ing]「～すること」 ア「覚えたり，忘れたりすることで，何が良くて，悪いかを言うことができる」by remembering and forgetting ← ＜前置詞 + 動名詞＞ イ「何かが悪いと信じると，それは決して良いものには転じない」turn into「～になる，変わる」 ウ「何かで頭が痛くなると，それは良い兆候だと信じるべきだ」should「～した方が良い，すべき

である，たぶん～だ，のはずだ」 positive「前向きの，積極的な，肯定的な」

重要 〔問7〕 ア「最良の友人と見た映画は，1週間前に食べた昼食より覚えづらい」(×)第1段落で，Do you still remember what you ate for lunch a week ago ? ～ If you don't remember them, don't worry.／you will not forget the movie you watched with your best friend, ～ と述べられているので，不適。the movie▼you watched／the lunch▼you ate ← <先行詞(+ 目的格の関係代名詞)+ 主語 + 動詞>「主語が動詞する先行詞」目的格の関係代名詞の省略　best「最も良い[良く]」good／well の最上級　harder ← hard「形容詞；かたい，難しい，熱心な，つらい，／副詞；熱心に，激しく」の比較級　Do you still remember what you ate for lunch ～ ? ← 疑問文(What did you eat ～ ?)が他の文に組み込まれる[間接疑問文]と，<疑問詞 + 主語 + 動詞>の語順になる。 イ「脳はどの情報を蓄えるかを選択して，その情報を海馬へ送る」(×)第2段落第4文に The information it receives is put in the hippocampus, and after that the brain selects the information to keep. とあり，海馬へ送られた後に，情報が選択されるので，不可。which information to select ← <疑問詞 which + 名詞 + 不定詞[to + 原形]>「どの名詞を～するか」 the information▼it receives ← 目的格の関係代名詞の省略　is put ← 受動態<be動詞 + 過去分詞>「～される」 ウ「最初に会った人物があなたの名前をしばしば呼んだら，彼の脳が多すぎる情報を処理しようとしていることを意味する」(×)名前を呼ぶことに関しては，第2段落最後から第2文に when you meet a person for the first time, it is a good idea to call his or her name often. とあり，「連呼すると名前が覚えやすい」と述べているのに過ぎないので，不適。someone▼you first met ← <先行詞(+ 目的格の関係代名詞)+ 主語 + 動詞>「主語が動詞する先行詞」目的格の関係代名詞の省略　is trying ← <be動詞 + 現在分詞[-ing]>進行形　for the first time「初めて」 エ「過去10年間にわたり，科学者は記憶が形作るために使われる記憶道具箱を発見した」(×)第4段落第3文に For a long time, scientists have known that our brain has a memory tool box and that it is used to form memories. とあり，記憶を形成するために使われる記憶道具箱の発見は近年10年間に起こったことではない。have discovered／have known ← <have[has]+ 過去分詞>現在完了　a memory tool box which is used ← 主格の関係代名詞 that／受動態<be動詞 + 過去分詞>「～される，されている」 to form memories ← 不定詞の副詞的用法(目的)「～するために」 オ「小魚の実験を通して，科学者は，物事を忘れるために使われる別の記憶道具箱があることを発見した」(○)第4段落第4・5文(over the past ten years or so, scientist did experiments on small fish ～. They also found that their brain has a different memory tool box for forgetting in the same area.)に一致。through「前置詞；～を通り抜けて，の間ずっと，の至る所を，で・を通じて(手段・方法)，を終えて」 another tool box used to forget ～ ← <名詞 + 過去分詞 + 他の語句>「～された名詞」過去分詞の形容詞的用法　A or so「Aか，そこいら」「実験する」do[carry out]an experiment　for forgetting ← <前置詞 + 動名詞[-ing]>　カ「現在，我々は情報化時代に生きているので，我々の脳は過去ほど，はげしく作動する必要はない」(×)第5段落最後の2文(Now we are living in an information age. We get more information than in the past, so our brain is busier now to survive in this modern sea of information.)に不一致。<have + to + 原形>の否定形「～する必要がない」 <as + 原級 + as + B>の否定形「Bほど～でない」 in the past「過去において」 are living ← <be動詞 + 現在分詞[-ing]>進行形　more「もっと(多くの)」many／much の比較級　～, so …「～である，だから[それで]…」 busier ← busy「忙しい」の比較級　キ「どの記憶を保存する必要があるかを決定するよりも，生きるために飲食するのに，より多くの時間を要する」(×)第6段落第8・9文(When you eat and drink to survive, these actions only take a short time. However, when the brain removes unnecessary information and keeps the important information to survive, it takes a longer time.)に不一致。more「もっと(多くの)」many／much の比較級　is needed ← 受動態<be動詞 + 過去分詞>「～される，されている」 longer ← long「長い」の比較級　ク「悪い記憶を忘れたい際には，悪感情を抱かせた物事を時には覚えておく必要がある」(○)第7段落第1・3・6・7文(visiting the same memory many times makes the memory stronger.／It will help you forget some bad memories.／When you talk with someone about them, you have to bring back the bad memories and this is not easy. However, this remembering may lead to forgetting them.)に一致。things that make you feel ～ ← 主格の関係代名詞 that／<make + O + 原形>「Oに～させる」 visiting ← 動名詞[-ing]「～すること」 makes the memory stronger ← make O C「OをCの状態にする」 stronger ← strong「強い」の比較級　help you forget ← <help + O + 原形>「Oが～することを手助けする」 <have[has]+ to + 原形>「～しなければならない，に違いない」 bring back「返す，思い出させる」 may「～してもよい，かもしれない」 lead to「～につながる」

やや難 4 （条件英作文）

「留学生とどのように過ごすか」を議論する際に，どのようなやり方が適しているかを，調査結果を踏まえて，50語程度の英語でまとめる条件英作文。

(解答例訳)(例1)顔を見て，皆の意見をまとめることができる指導者がいるので，タイプAがこの議題を論じるにはより良いと思う。調査によると，生徒間で多くの異なった意見があるので，誰かが決定しなければならない。そこで，討論をした後に，何が重要かを，指導者が決定することが可能である。／(例2)互いの顔を見ることで，より自由に自身の意見を生徒が表明する手助けになるので，タイプBがこの議題を論じるにはより良いと思う。調査によると，生徒間で多くの異なった意見があるので，開かれた議論が必要である。タイプBによって，決定する前に，これらの意見をより注意深く聞き，生徒が協力することが可能となる。

★ワンポイントアドバイス★

2〔問6〕と3〔問7〕の内容一致問題を取り上げる。いずれも本文が長いので，注意が必要である。該当箇所をすばやく見つけるには，長文を正確に速く読む能力が肝要で，そのためには日頃からの長文読解演習は欠かせない。

＜国語解答＞

1 (1) しゅっぱん　(2) き(る)　(3) まゆつばもの　(4) かんじゃく　(5) さいおう

2 (1) 会心　(2) 望外　(3) 不退転　(4) 一陽来復　(5) 採否

3 〔問1〕 イ　〔問2〕 (例) 作品展や陶芸家仲間との情報交換の機会を意識的に避けてきたことが，陶芸家としての自分に不足しているものと向き合い解決を目指していくことをより困難にしたということ。　〔問3〕 ア　〔問4〕 エ　〔問5〕 イ　〔問6〕 ア・カ

4 〔問1〕 ウ　〔問2〕 固有性　〔問3〕 エ　〔問4〕 ウ　〔問5〕 イ
〔問6〕 (例) 今や，日常生活にAIは不可欠な存在だ。特に医学において，例えば乳がんの

早期検出や画像診断支援など重大な病の見逃しの減少に寄与している。最近ではワクチン開発など創薬分野でもめざましい結果を出している。

AIは人間の知能と同等の機能をもつシステムで，ディープラーニングによるデータ分析能力はすばらしい。AIには導き出された答えの根拠がわからないといったブラックボックス問題などの解決すべき大きな課題もあるが，今後の更なる技術的進歩をかんがみ，人の暮らしを支援し豊かにするためのAIとの共存を目指すべきだ。

5 〔問1〕 エ　〔問2〕 ウ　〔問3〕 恋ひてか寝らむ　〔問4〕 イ　〔問5〕 ウ

○配点○

1 各2点×5　2 各2点×5　3 〔問2〕 8点　他　各4点×5(〔問6〕完答)
4 〔問6〕 12点　他　各4点×5　5 各4点×5　計100点

＜国語解説＞

1 (知識問題―漢字の読み書き)

(1) 「出帆」は，船が港を出ること。
(2) 「斬る」は，ここでは鋭く批判するという意味。
(3) 「眉唾物」は，真偽が疑わしいもののこと。
(4) 「閑寂」は，静かで落ち着いている様子。
(5) 「人間万事塞翁が馬」で，不運に思えたことが幸運につながったり，その逆になったりと，人生の幸不幸は容易に判断できないということ。

2 (知識問題―漢字の読み書き)

(1) 「会心」は，心にかなうこと。
(2) 「望外」は，望んだ以上であるということ。
(3) 「不退転」は，強く信念を持つこと。
(4) 「一陽来復」は，悪いことが続き，ようやくよいことが起こりそうになること。
(5) 「採否」は，採用か不採用かということ。

3 (小説―情景・心情，内容吟味)

〔問1〕 「使う者が望んだ形を作る。自分のイメージを形にする」という自分のやり方に「疑問はなかった筈」だが，「俺には芯がない」「俺にはあんな熱がない」という思いが自身を蝕むように感じてきているのだから，イが正解。

〔問2〕 ここでの「出口」とは，問1の内容である「自分の裡からの声」とどう向き合い，解決させるかということ。「同業者の作品展からも足が遠の」き，「情報交換をするような場」からも逃げ続け，「孤高を貫くこと」が周囲にスタンスだと認められてしまっているために，自分自身の中の蟠りが解決に向かわないことを表現しているのである。

〔問3〕 後の場面から，光義は動物の姿を「見る者に全ての印象を委ねるような，どこか空虚な眼差し」だと感じたとわかる。それが「印象的」だったために，「思わず」感想を「口に出した」のである。

〔問4〕 直後で，光義は「レンガ造りの庁舎」や，個展で見た絵のことを思い浮かべ，「自分が新しい作風を作ること」が「怖いのかもしれない」と語っている。「几帳面に並べられ」ながらも「芸術に近いレンガ建造物」や「自分の中にある声に導かれて描いた動物達の表現」の，「いずれでもない」自分が痛感され，食欲を失うほどになっているのだとわかる。

〔問5〕　芳美は光義に対し，「好きにやるしかないじゃない」と言い，「ほのかな怒り」を光義に感じさせている。自分の今後に迷い，食欲を失っている光義に，ピラフを食べるよう促すという行為から，前に進むよう伝えようとしていることが読み取れる。

重要 〔問6〕　三人称で語りながらも，光義の心情を追った描き方をしているので，アは正解。光義は食欲をなくしていたが，芳美に「好きにやるしかない」と言われ，決意するようにピラフを口に運んでいる。その食事以来，「自分のための作業を試み続けてい」て，前に進むきっかけがその食事だったのだから，カも適切だとわかる。

4　（論説文―内容吟味，作文）

〔問1〕　ここでの「逆説的」とは，矛盾があるという意味。「自らの判断を正当化する」という，自分自身で判断をすることであるのに，「正当性の根源を外部の他者」に従わせなければならないので，「逆説的」なのである。

〔問2〕　第五段落で，「客観的判断にたどり着」くには，「一人ひとりの固有性を取り除き，判断根拠における主体の役割を透明に」する必要があると述べられている。

〔問3〕「データ収集から判断までを一貫して行う汎用AIは，その個々の判断過程において一切人の手が介在しないという意味において，完全に客観的である」と述べられているので，エが正解。

〔問4〕「民主的平等性」という「啓蒙主義的な理念」に従えば，「客観性の希求は，判断を一部の特権階級から引き剥がし，合理的理性を共有するすべての人類に根付かせるはず」なのに，深層モデルの判断は，「現実社会における差別やバイアスをそのまま反映」してしまっている。「差別構造を『客観性』の名のもとに固定化してしまう可能性」もあるため，「真逆」なのである。

〔問5〕「深層学習開発の基盤」には「数学的理論」があるので，利用によって「諸科学の合理化はますます進む」うえに，モデルがもたらす「科学的発見」は「ある種の啓示としてもたらされる」と述べられている。一方で，深層学習による「技術を用いて得られた事柄の理解を合意するとは限らない」のだから，イの内容が説明として合う。

重要 〔問6〕　身近なところでAIが利用されているものが何かをまず考える。具体的なものを挙げ，そこからAIについての自分の意見をまとめよう。

5　（論説文，和歌―大意・要旨，内容吟味，品詞・用法）

基本 〔問1〕　傍線部とエは，総じて，一般的にという意味。

〔問2〕　花は，「心の深層を証すものにちがいない」ので，大伴家持の歌でも石川啄木の歌でも，花のある「風景は心の深層とひびき合って，われわれの目をとどめさせる」ものになっているのである。

〔問3〕　夜に「花びらをとじる」のは，貌花。よって，貌花を歌った「東国の農民たちが愛誦した歌」から探す。「花びらをとじる」様子から「思慕の心を胸中に秘めてまなこをとじる」様子を連想しているのだから，「恋ひてか寝らむ」の部分があたるとわかる。

〔問4〕「卯の花」と「うし」が結びついていたり，「三枝」を「幸く」と解釈していたり，「ユリ」に「後」ということばをしのばせていたりしたという例が挙げられていることに注目する。このように，和歌の中で「花がことばとして存在していた」ということを，傍線部のように表現しているのである。

〔問5〕　三枝について，その音から「幸き草」と解釈し，「すくすくと伸びた枝の様子」と合わせて，万葉人に「幸わいを感じさせた」と説明されているので，ウが正解。

★ワンポイントアドバイス★

小説は，登場人物の動作や発言などに注目して読もう。論説文は，文章の展開を意識しながら要点をつかんでいくことが大切。作文問題は，文章の内容を把握し，具体例を挙げ，自分の考えにつなげよう。

大切なことはメモしておこうネ！

都立日比谷高等学校

2023年度

★★★★★★★★★★★★★★★★★★★★★★★★

入　試　問　題

●くわしい解説……35ページ

＜数学＞

時間50分　満点100点

【注意】答えに根号が含まれるときは，**根号を付けたまま，分母に根号を含まない形で表しなさい。**また，**根号の中を最も小さい自然数にしなさい。**

1　次の各問に答えよ。

〔問1〕　$\left(\dfrac{\sqrt{2}+1}{\sqrt{3}}-\dfrac{\sqrt{24}-\sqrt{3}}{3}\right)\times(\sqrt{2}+1)$　を計算せよ。

〔問2〕　二次方程式$x^2-5x+6=0$の2つの解の和が，xについての二次方程式$x^2-2ax+a^2-1=0$の解の1つになっているとき，aの値を全て求めよ。

〔問3〕　一次関数$y=px+q$ ($p<0$)におけるxの変域が$-7\leqq x\leqq 5$のときのyの変域と，一次関数$y=x-3$におけるxの変域が$-1\leqq x\leqq 5$のときのyの変域が一致するとき，定数p，qの値を求めよ。

〔問4〕　1から7までの数字を1つずつ書いた7枚のカード1，2，3，4，5，6，7が入った袋がある。

この袋からAさんが1枚のカードを取り出し，その取り出したカードを戻さずに，残りの6枚のカードからBさんが1枚のカードを取り出すとき，2人が取り出した2枚のカードに書いてある数の和から2を引いた数が素数になる確率を求めよ。

ただし，どのカードが取り出されることも同様に確からしいものとする。

〔問5〕　右の図で，点A，点Oは直線ℓ上にある異なる点，直線mは線分OAと交わる直線で，点Bは直線m上にある点である。

点Pは，点Aで直線ℓに，点Bで2点B，Oを通る直線nに，それぞれ接する円の中心である。

解答欄に示した図をもとにして，点Bと点Pをそれぞれ1つ，定規とコンパスを用いて作図によって求め，点Bと点Pの位置を示す文字B，Pも書け。

ただし，作図に用いた線は消さないでおくこと。

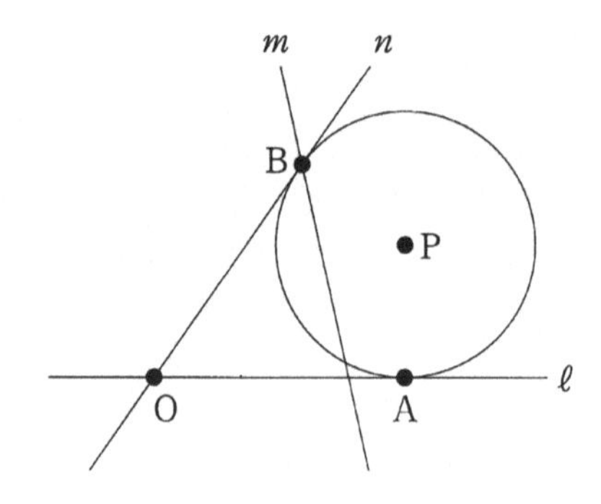

2　右の**図1**で，点Oは原点，曲線fは関数$y=x^2$のグラフ，曲線gは関数$y=\frac{1}{4}x^2$のグラフを表している。

曲線f上にありx座標が負の数である点をA，曲線g上にあり，x座標が正の数で，y座標が点Aのy座標よりも小さい点をBとする。

点Oから点(1，0)までの距離，および点Oから点(0，1)までの距離をそれぞれ1cmとして，次の各問に答えよ。

図1

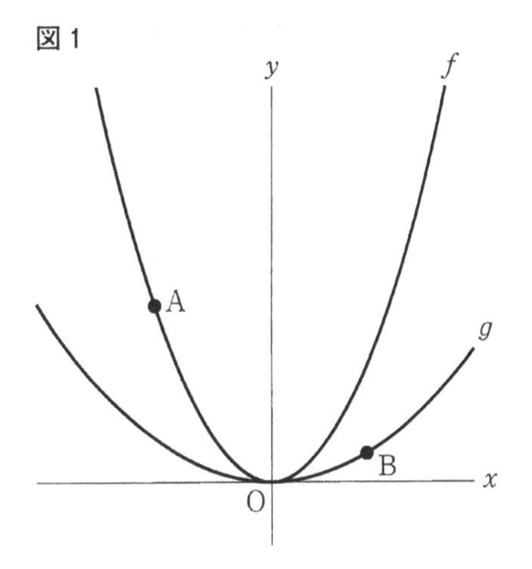

〔問1〕　2点A，Bを通る直線を引き，x軸との交点をCとした場合を考える。

点Bのx座標が$\frac{4}{3}$，AB：BC＝21：4のとき，点Aの座標を求めよ。

〔問2〕　右の**図2**は，**図1**において，点Bを通りx軸に平行な直線mを引き，直線m上にありx座標が負の数である点をDとし，2点A，Dを通る直線nを引いた場合を表している。

次の(1)，(2)に答えよ。

図2

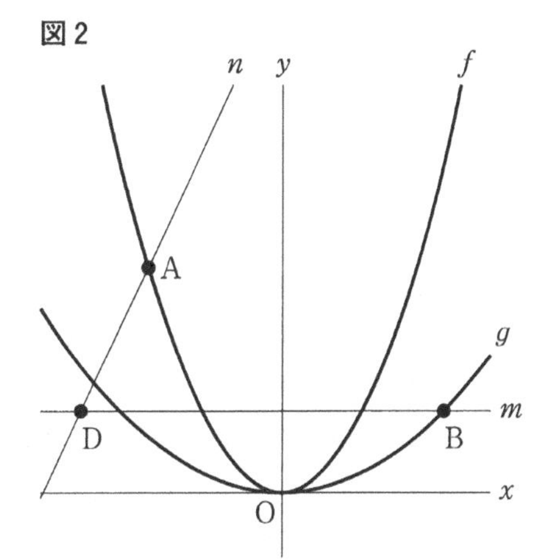

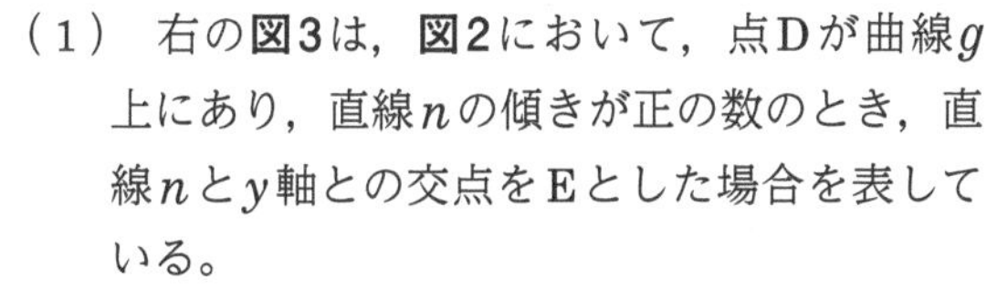

(1)　右の**図3**は，**図2**において，点Dが曲線g上にあり，直線nの傾きが正の数のとき，直線nとy軸との交点をEとした場合を表している。

2点B，Eを通る直線を引いた場合を考える。

直線BEの傾きが-2，DA：AE＝1：3のとき，点Bのx座標を求めよ。

ただし，答えだけでなく，答えを求める過程が分かるように，途中の式や計算なども書け。

図3

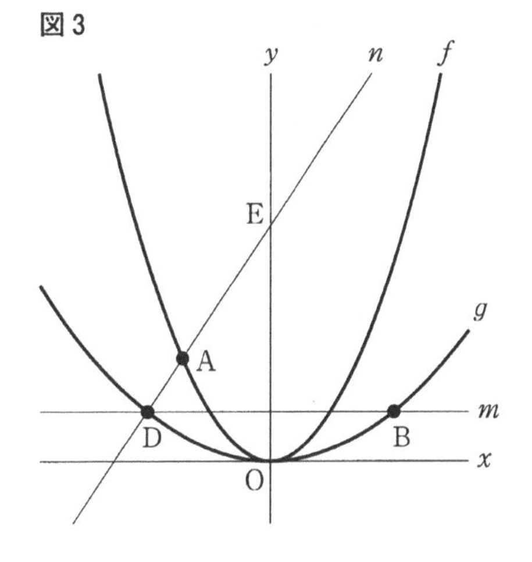

（２）　右の**図4**は，**図2**において，直線nがy軸に平行なとき，曲線fと直線mとの交点のうち，x座標が正の数である点をFとした場合を表している。

$\mathrm{BF}=\dfrac{1}{2}\mathrm{cm}$，AD＝2cm のとき，2点A，F を通る直線の式を求めよ。

図4

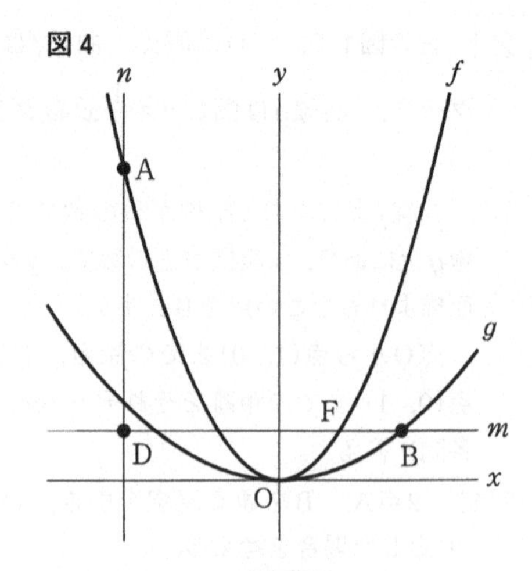

3　右の図で，点Oは線分ABを直径とする円の中心である。

点Cは，円Oの周上にあり，点A，点Bのいずれにも一致しない点，点Dは，点Cを含まない$\overset{\frown}{\mathrm{AB}}$上にある点で，点Aと点C，点Aと点Dをそれぞれ結び，2∠BAC＝∠BADである。

点Cと点Dを結び，線分ABと線分CDとの交点をEとする。

∠BADの二等分線を引き，点Aを含まない$\overset{\frown}{\mathrm{BD}}$との交点をFとし，線分AFと線分CDとの交点をGとする。

次の各問に答えよ。

〔問1〕　∠ACD＝50°のとき，∠BACの大きさは何度か。

〔問2〕　次の（１），（２）に答えよ。

（１）　△ADG≡△AEGであることを証明せよ。

（２）　AO＝5cm，AD＝8cmのとき，AG：GFを最も簡単な整数の比で表せ。

4　右の**図1**に示した立体は，∠AOB＝90°の△AOBを辺AOを軸として180°回転させてできた立体であり，回転後に，点Bが移動した点をCとする。

点Dは$\overset{\frown}{\mathrm{BC}}$上にある点で，点B，点Cのいずれにも一致しない。

頂点Aと点Dを結ぶ。

図1

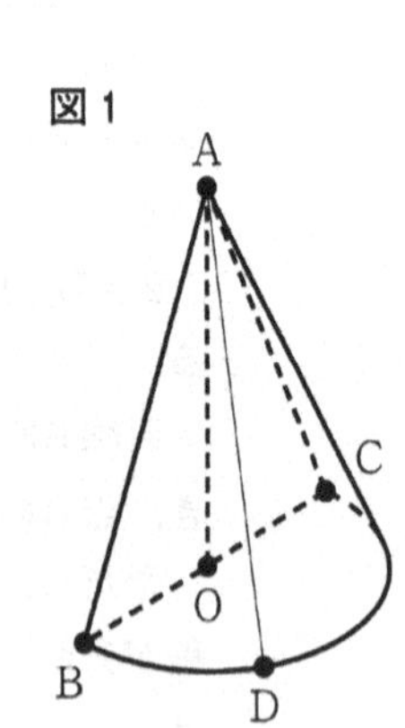

右の**図2**に示した立体E－FGHは，FG＝FH，平面FGH⊥平面EGHの四面体である。

また，**図1**の△ABCと**図2**の△EGHにおいて，△ABC≡△EGHである。

右の**図3**に示した立体は，**図1**の立体の面ABCと**図2**の立体の面EGHとを，頂点Aに頂点Eが，点Bに頂点Gが，点Cに頂点Hが，それぞれ一致し，頂点Fが直線BCに関して点Dと反対側にあるように重ね合わせた立体であり，4点B，D，C，Fは同一平面上にある。

頂点Fと点Oを結ぶ。

次の各問に答えよ。

図2

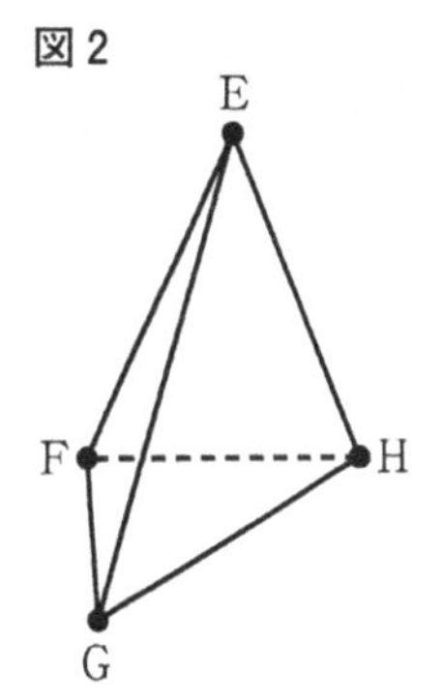

図3

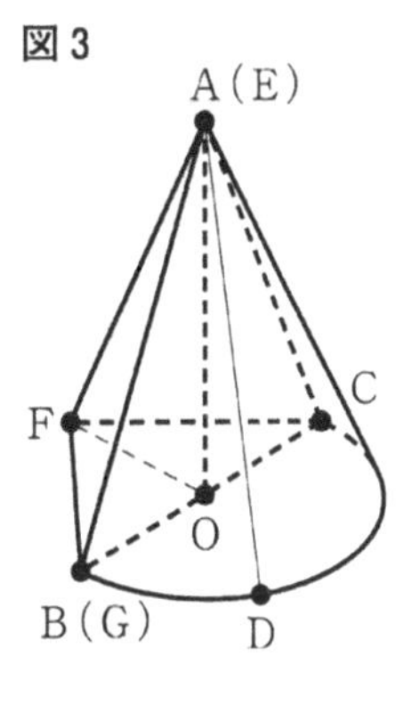

〔問1〕　**図3**において，点Dと点Oを通る直線DOが辺BFに平行なとき，直線DOと辺CFとの交点をIとし，頂点Aと点Iを結んだ場合を考える。

AO＝6cm，BO＝4cm，FO＝3cm のとき，△ADIの面積は何cm^2か。

〔問2〕　**図3**において，点Dと頂点Fを結び，線分DF上に点Oがあるとき，線分AD上の点をJとし，頂点Fと点Jを結んだ場合を考える。

AO＝6cm，BC＝9cm，FO＝$\dfrac{5}{2}$cm，DJ＝1cmのとき，

線分FJの長さは何cmか。

ただし，答えだけでなく，答えを求める過程が分かるように，途中の式や計算なども書け。

〔問3〕　**図3**において，点Bと点D，点Cと点Dをそれぞれ結んだ場合を考える。

△BCFが一辺の長さ6cmの正三角形，AF：FO＝3：1，$\overset{\frown}{\mathrm{BD}}:\overset{\frown}{\mathrm{DC}}=2:1$のとき，五面体A－BDCFの体積は何$\mathrm{cm}^3$か。

<英語>　時間　50分　　満点　100点

1　リスニングテスト(**放送**による**指示**に従って答えなさい。)

〔**問題A**〕　次の**ア**～**エ**の中から適するものをそれぞれ**一つずつ**選びなさい。

<対話文1>

ア　To have a birthday party.
イ　To write a birthday card for her.
ウ　To make some tea.
エ　To bring a cake.

<対話文2>

ア　He was giving water to flowers.
イ　He was doing his homework.
ウ　He was eating lunch.
エ　He was reading some history books.

<対話文3>

ア　He got there by train.
イ　He took a bus to get there.
ウ　He got there by bike.
エ　He walked there.

〔**問題B**〕　<Question 1> では，下の**ア**～**エ**の中から適するものを**一つ**選びなさい。
<Question 2> では，質問に対する答えを英語で書きなさい。

<Question 1>

ア　Studying English.
イ　Students' smiles.
ウ　Sports festivals.
エ　Students' songs.

<Question 2>

(15秒程度，答えを書く時間があります。)

2　次の対話の文章を読んで，あとの各問に答えなさい。
(*印の付いている単語・語句には，本文のあとに〔**注**〕がある。)

Four high school students, Koki, Aya, Sakura, and Mark are in the classroom. Mark is an exchange student from America.

Koki　:　It's lunch time!
Aya　:　I woke up late and only had time to make an *onigiri*.
Sakura　:　You're going to be hungry.

Mark : Aya, do you want my chicken? Well, its not actually chicken, though.

Aya : What do you mean?

Mark : It's made from *soy *protein. Maybe you have heard of soy meat, or plant-based meat.

Sakura : Oh, I've seen those kinds of products in convenience stores.

Koki : My favorite fast food restaurant started selling soy burgers a little while ago.

Aya : But I thought those products were for people who didn't eat meat.

Mark : Maybe (1)that was the case before, but now there are people who choose to eat meat *alternatives for various reasons, such as for their health, for the environment, to protect animals or as a solution to food problems.

Sakura : I didn't know meat alternatives had so many good points! I want to know more about them.

Koki : Hey, why dont we do our presentation for English class on meat alternatives?

Aya : Good idea!

Mark : Then let's get together after school tomorrow. Each of us can do some research and we can share what we found out.

The next day, the four students are in the classroom after school and they are talking about their presentation for English class.

Sakura : So who wants to start?

Mark : I'll go first. My family started eating meat alternatives about a year ago, after my parents saw a TV program on environmental problems.

Koki : How does eating meat alternatives affect the environment?

Mark : Did you know that farm animals, especially cows, have a very big influence on the environment? According to *the United Nations, they produce about 15% of the *greenhouse gases in the world. That means they produce more greenhouse gases than all our cars, trains, and airplanes put together.

Koki : Really? That's a lot! We have to do something about that.

Mark : Scientists are working hard and they have thought of various ways, such as feeding cows with *seaweed. By doing so, methane, one of the greenhouse gases that cows produce, has decreased greatly.

Koki : I'm glad to hear that!

Mark : But the problem is not just about greenhouse gases. To grow animals, you need lots of water and lots of *land. Also, you need a large amount of water and (2)【① food ② eat ③ land ④ they ⑤ the ⑥ grow ⑦ to ⑧ that】. We are already using half of the world's *habitable land for farming. And we've destroyed so much of our forests.

Sakura : And the situation will get worse.

Koki : Why is that?

Sakura : It is said that the world's population will increase and that there will be 2 billion more people 30 years later. To provide meat for so many people, we need more land for farming. The size of land we need is about the size of Australia.

Koki : Where are we going to find so much land?

Mark : Exactly. So the United Nations has said that we need to eat less meat, instead of producing more. My parents felt that we needed to do something about it.

Koki : I don't think I can live without meat.

Mark : We thought so, too. Then, when we went to the supermarket, we found meat alternatives next to beef and chicken. We decided to give it a try and made every Wednesday "Meat Alternative Day." On other days, we ate animal meat.

Aya : That's a great idea!

Mark : Now we eat meat alternatives more often. It may not make a big difference, but we thought it was better than doing nothing.

Koki : Can I share what I found out?

Sakura : Sure.

Koki : I knew nothing about meat alternatives, so I gathered information to know what they actually are. You can *divide meat alternatives into two groups, plant-based meat and *cultivated meat.

Sakura : What's the difference?

Koki : Plant-based meat is meat made from plants, such as soy, *wheat, or *peas. Various *ingredients are often added to make it taste and look like real meat. The other type, cultivated meat, is protein grown from animal *cells.

Aya : Meat made from animal cells? Does it taste good?

Koki : Actually, I heard that it tastes like animal meat because it is made from animal cells. But you need a high level of technology to make this kind of meat. You also need a lot of money to make it, so it will take a few more years before we can buy it in Japan.

Mark : If it is hard to make it, we should just eat [(3)-a], right?

Koki : That's a good point. But there are people who want products that are similar to real meat. Also, you don't need to grow a lot of plants, like soy, to make the meat.

Sakura : So that means we can reduce the water and land we use!

Koki : That's right. It's also good because most of the soy we use in Japan is from other countries. We use a lot of energy when we bring in things from foreign countries.

Sakura : It may also increase Japan's *food self-sufficiency rate. If the technology for cultivated meat develops, we won't have to depend on other countries so much.

Koki : Maybe for that reason, Singapore became the first country in the world to allow [(3)-b]. Over 90% of the food they eat comes from foreign countries.

Mark : It sounds like meat alternatives can be the solution to so many of our problems!

Aya : Exactly. Although there are so many good points to eating meat alternatives, Sakura and I didn't know very much about them.

Sakura : So, we wanted to know how common meat alternatives are in Japan. In a survey done last year, only 20% of people had the experience of eating them. It also showed that more than 60% of people knew about them, but never tried them.

Mark : Why was that?

Aya : Because many people thought that they wouldn't taste good.

Sakura : And also many people didn't know what they were made from. They thought plant based meat products may not be healthy because you use various ingredients to make them.

Koki : But they are healthier than [(3)-c], right?

Aya : It is true that they are healthy, but you have to be careful because some of them can be high in *sodium or *lack vitamins that animal meat provides, like vitamin B_{12}.

Mark : My parents said that they always check the ingredients. In America, we had various plant-based meat products, so they chose the ones that were healthy.

Koki : Do many people eat meat alternatives in the U.S.?

Mark : According to a survey, 22% eat plant-based meat daily, and 20% eat it every week. People choose to buy it for health, for the environment, and just because they like the taste.

Sakura : That's very different from the situation in Japan.

Koki : Maybe it is related to the food that Japanese people eat. We eat meat, but we also eat fish.

Aya : Not only that. We have many other foods which include protein, such as *tofu* and *natto*.

Mark : Maybe Japanese people don't feel that they need an alternative for meat or protein because they already have various other things to eat.

Sakura : That may be true. But the food Japanese people eat is changing and we eat more meat than before. Also, the amount of meat people eat is increasing around the world. So I think we need to make a change.

Koki : You're right. I know I will continue to eat animal meat, but after knowing about (4)<u>the facts</u> we shared with each other, I will certainly eat meat alternatives too. Actually, I'm going to try the soy burger at my favorite fast food restaurant when I go there next time!

Sakura : I want to have a "Meat Alternative Day" at home like Mark. I will talk to my parents about it.

Aya ： Choosing what we eat is important for our health, but maybe we also have to choose for the environment and for the future.

Mark ： Eating meat alternatives is not the perfect solution, but I believe that small things add up to make a big difference. I hope people will think about the food they eat after (5)our presentation!

〔注〕
soy 大豆 　protein たんぱく質
alternative 代替品 　the United Nations 国際連合
greenhouse gas 温室効果ガス 　seaweed 海藻
land 土地 　habitable 住むのに適した
divide ～ into … ～を…に分ける 　cultivated meat 培養肉
wheat 小麦 　pea エンドウ豆
ingredient 材料 　cell 細胞
food self-sufficiency rate 食料自給率 　sodium ナトリウム
lack 不足している

〔問1〕 (1)that was the case beforeの説明として，最も適切なものは次の中ではどれか。

ア Some convenience stores started selling meat alternatives a little while ago.

イ A fast food restaurant started selling meat alternatives a little while ago.

ウ People who didn't eat meat chose meat alternatives a little while ago.

エ All meat alternatives were made from soy protein a little while ago.

〔問2〕 (2)【① food ② eat ③ land ④ they ⑤ the ⑥ grow ⑦ to ⑧ that】とあるが，会話の流れに合うように，【 】内の単語を正しく並べかえたとき，①～⑧の中で**1番目**と**3番目**と**5番目**にくるものの組み合わせとして最も適切なものは，次の**ア**～**カ**の中ではどれか。

	1番目		3番目		5番目
ア	③	－	④	－	⑦
イ	③	－	⑥	－	①
ウ	⑤	－	④	－	⑧
エ	⑤	－	⑧	－	⑥
オ	⑦	－	⑤	－	④
カ	⑦	－	⑤	－	⑧

〔問3〕 会話の流れに合うように，本文中の空所 (3)-a ～ (3)-c の中に英語を入れるとき，最も適切な組み合わせは，次の**ア**～**カ**の中ではどれか。

	(3)-a	(3)-b	(3)-c
ア	animal meat	plant-based meat	cultivated meat
イ	animal meat	cultivated meat	plant-based meat
ウ	plant-based meat	animal meat	cultivated meat
エ	plant-based meat	cultivated meat	animal meat
オ	cultivated meat	animal meat	plant-based meat
カ	cultivated meat	plant-based meat	animal meat

〔問4〕 (4)the factsとあるが，本文の内容と合っているものは，次のグラフの中ではどれか。

ア

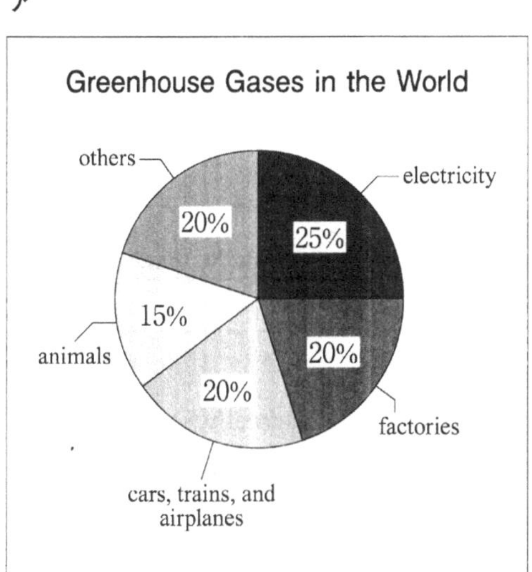

イ

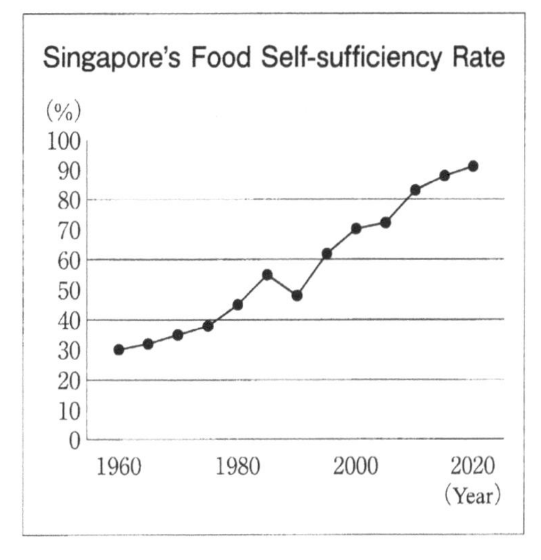

ウ

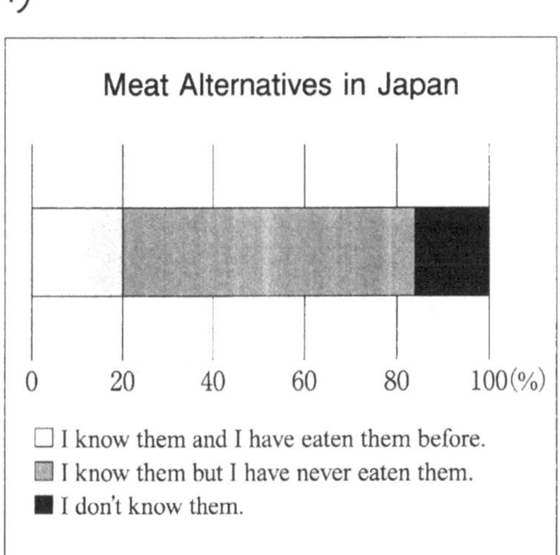

エ

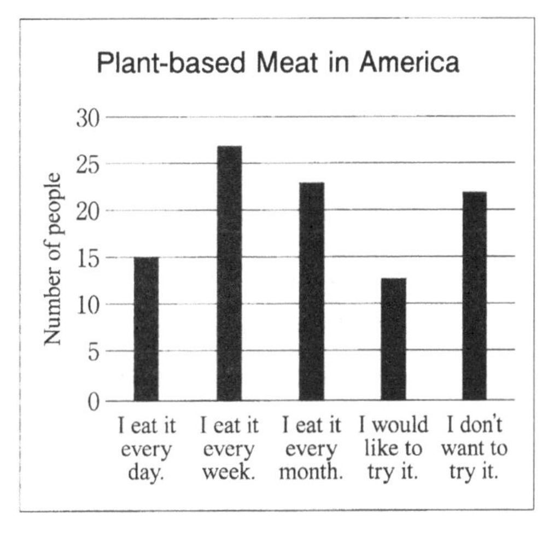

〔問5〕 (5)our presentationとあるが，次の**スライド**はKoki, Aya, Sakura, Markが後日行ったプレゼンテーションの目次である。本文の内容を踏まえて，下のプレゼンテーションの**原稿**の空所［　　　］に**30語以上の英語**を自分で考えて書きなさい。

英文は**二つ以上**にしてもよい。なお，「,」「.」「!」「?」などは語数に含めないものとする。また，I'llのような「'」を使った語やe-mailのような「-」で結ばれた語はそれぞれ1語と扱うこととする。

スライド

1. What are meat alternatives?
   (a) plant-based meat
   (b) cultivated meat

2. Why is eating meat alternatives good?
   (a) the environment
   (b) food problems
   (c) health

3. Final Message

原稿

Hi, I'm Aya. I'm going to explain why eating meat alternatives can be a solution to food problems. I will introduce one of the reasons.

［　　　　　　　　　　　　　　　　　　］

Thank you. Next, Mark will explain another reason.

〔問6〕 本文の内容と合っているものを，次の**ア～ク**の中から**二つ**選びなさい。

ア To prepare for the presentation, the students decided to bring and share meat alternatives that they found.

イ If we feed cows with seaweed, they will not have a negative influence on the environment.

ウ If the world's population increases, we will need to use half of the worlds habitable land for farming.

エ　To make more meat, the United Nations is thinking of ways to reduce the amount of methane that cows produce.

オ　Singapore is similar to Japan because both countries depend on foreign countries for food.

カ　You have to be careful when you buy plant-based meat products because sometimes they don't have things you need for your health.

キ　Sakura is going to ask her parents to have "Meat Alternative Day" at Mark's house every week.

ク　Sakura feels that Japanese people have various ways to get protein, so we don't have to think about eating meat alternatives.

3　次の文章を読んで，あとの各問に答えなさい。
（*印の付いている単語・語句には，本文のあとに〔**注**〕がある。）

One day, I was in front of a door. I held the handle on the door and pulled it. The door wouldn't open. What's wrong with this door? I carefully looked at the handle on the door before me and I saw the word "PUSH" just above the handle. Really? The shape of the handle is telling me to hold and pull. Who would push a door with a handle of this shape? I had this experience a few years ago, and recently I met this handle again. This time, however, in a book on design.

According to the book, this kind of door is called a "Norman Door." A Norman Door sends the wrong message to the users because it is developed without thinking about the people who use it. As a result, the design of this door fails. On the other hand, a successful design can send messages that it *intends. After learning this, I started to think about the *intentions of designs in things around me.

There are many interesting designs all around you. Do you remember how the *hallway in your elementary school looked? Maybe the hallway had a line in the center of the floor. Why? The reason is very simple. If there is a line in the center, people walking in the same direction will walk on the same side, so people won't walk into each other. Because the line works as it is intended, this is a successful design. Let me share a different example of a hallway design. If everything in a building, from walls to floors, is in just one color, it's hard to understand where the floor ends or when you have to make a turn. However, (1)<u>a small change in color</u> can solve this problem. If you paint both sides of the hallway floor in a different color, you can easily understand the space around you. The difference is clear if you compare it with one painted all in one color. These examples tell you how design can be helpful in making your daily lives safer and simpler.

Design is not only about the way something looks. It is also about encouraging people to do things. In modern society, people often go for "comfortable" and "convenient," and that is not a bad thing itself. However, sometimes you should choose an action that is not the most comfortable for you. Here design can be very helpful. One such situation is in train stations. Passengers make long lines at escalators in stations, and getting out of the station takes a long time. This is a common problem in busy stations in big cities. If more people use the stairs, this problem will be gone. (2) To find the way to encourage people to use stairs, an experiment was done in one station. Two *routes painted in two different colors were created on the stairs. ア Each color showed a different place to visit on weekends and passengers could choose between them. イ Passengers expressed their opinions by walking on the routes in different colors. ウ During the one-week experiment, the station counted the number of people who walked on each route and showed the results in the station. エ Because of this, workers at the station had to clean up the stairs early in the morning. オ On average, 1,342 more passengers used the stairs in a day. People changed to using the stairs because climbing the stairs became a fun way to express themselves. In a similar experiment done in a different station, the *effect lasted for several weeks even after the experiment ended. This means that asking questions had the intended effect. In the end, [(3)] because it becomes natural for them to use the stairs.

Another is in a national park. How many of you will pay money to use a restroom in national parks? *Oze* National Park collects money to cover the costs of restrooms. Visitors are asked to put 100 yen into the box in front of the restrooms to use them. A few years ago, the amount the park actually collected was only 24 yen *per person. This meant three out of four users did not pay. To improve the situation, they tried a few things. First, they let users have "the fun of choosing." Two collecting boxes, one with the picture of *Oze* in summer and the other in autumn, were put in front of the restrooms. Users could choose their favorite season by putting 100-yen coins. The average went up to 31.7 yen. Then the park put a poster of a little girl's eyes, and it also (4) did the trick. The average amount increased to 34 yen per person. "Maybe people were worried about the eyes of other people, especially of children. They knew they should do their best to keep the park beautiful for children," a worker in *Oze* said.

Both experiments in the station and the park used design to encourage good *behavior. However, are designs always friendly to us? On the train, you will find many design ideas that are used for a comfortable passenger experience. One of them is bars *separating seats into two or three parts. Because of the bars, passengers sit close to each other, so the largest number of passengers can sit. However, depending on the situation, they can be really *annoying for users. How do you feel when the bars are between you and your friend? Space for two adults is enough for a mother and her two little kids. But what will the mother do if the bar comes between two open seats? The mother will certainly let her kids sit and she will keep standing.

You can find a different example in benches in *public spaces. Some have *armrests in the middle so people cannot *lie on them, or sit in the middle and have them all to themselves. Others have *curved or very narrow seats, so people won't stay there for long. Now you may easily find an open bench, but you can't relax on it. From these examples, you can tell that both the bars on trains and the armrests of benches have the same problem. Although [(5)]

There is an interesting story from an airport. Passengers were angry about the long waiting time before they received their suitcases after their flight. To solve this situation, the airport moved the *baggage claim [(6)-a]. You may think this is a bad way to solve the problem and that the passengers became more angry. Actually, they were happy about the new baggage claim! Why was that? The airport staff got more time to do their job, so by the time passengers arrived at the new baggage claim, their suitcases were ready for pick-up. Certainly, it seems good for both the airport and the passengers, but should the passengers really be happy about this? Because of this change, the *distance passengers needed to walk became [(6)-b].

You have learned what design is and what successful designs can do. Each design has its own intention behind it, and it is somehow trying to influence you. When a design doesn't work as it is intended, you will have difficulties. Sometimes, it may not be comfortable for you because a design could have a negative influence on you. Most of the time, however, design is intended to create a better environment for everyone, and it can be really helpful and useful. The world is full of designs. If you know how design influences you, that leads you to a better understanding of the things happening around you, and you can see the world in a new way.

〔注〕
intend　意図する　　intention　意図
hallway　廊下　　route　ルート
effect　効果　　per ～　～につき
behavior　行動　　separate　分ける
annoying　いらだたしい　　public　公共の
armrest　ひじ掛け　　lie　横になる
curved　湾曲した　　baggage claim　手荷物受取所
distance　距離

〔問1〕 (1)a small change in colorを表す図として，最も適切なものは次の中ではどれか。

ア

イ

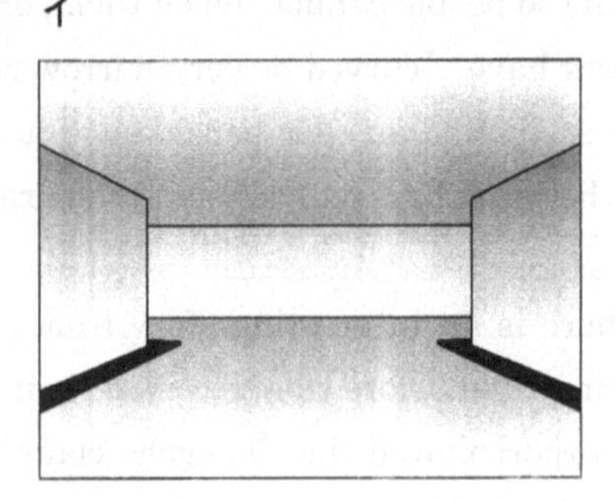

ウ

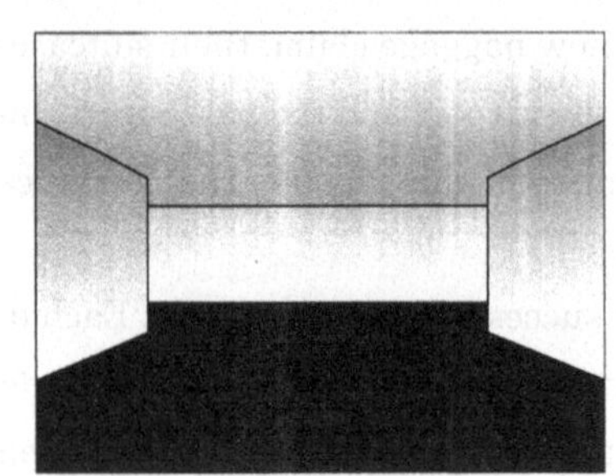

エ

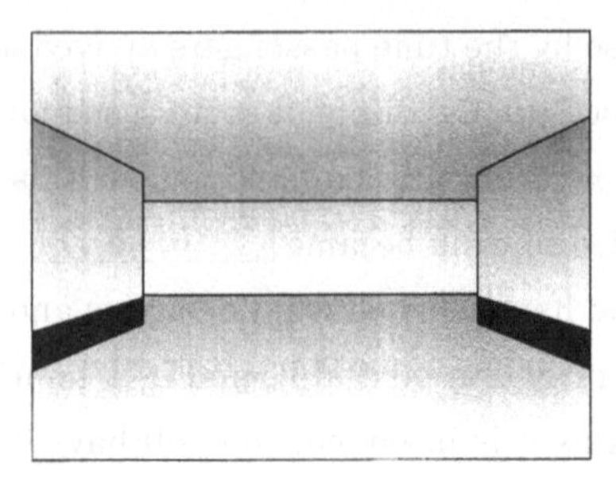

〔問2〕 (2)［　　］の中のまとまりをよくするために取り除いた方がよい文は，下線部**ア**～**オ**の中ではどれか。

〔問3〕 空所［　(3)　］に入るものとして，最も適切なものは次の中ではどれか。

ア people use the stairs only when they like the questions
イ people get bored with answering questions
ウ people don't have any more ideas for questions
エ people take the stairs even without the questions

〔問4〕 (4)did the trickの内容として，最も適切なものは次の中ではどれか。

ア had the effect the park workers wanted
イ performed magic to collect more money
ウ saw a huge increase in the number of visitors
エ watched how much each user put into the box

〔問5〕 文章の流れに合うように，本文中の空所［　(5)　］に**15語以上の英語**を書きなさい。

英文は**二つ以上**にしてもよい。なお，「,」「.」「!」「?」などは語数に含めないものとする。また，I'llのような「'」を使った語やe-mailのような「-」で結ばれた語はそれぞれ1語と扱うこととする。

〔問6〕 文章の流れに合うように，本文中の空所［　(6)-a　］と［　(6)-b　］に英語を入れるとき，最も適切な組み合わせは，次の**ア**～**エ**の中ではどれか。

	(6)-a	(6)-b
ア	closer	longer
イ	closer	shorter
ウ	far away	longer
エ	far away	shorter

〔問7〕 本文の内容と合っているものを，次の**ア**～**ク**の中から**二つ**選びなさい。

ア When the writer saw a Norman Door, she thought people would know how to open it.

イ You can think a design is successful when it can tell its users what it wants them to do.

ウ A line on the hallway floor is an example of a good design because people walk on the side they like.

エ Design is not useful when you want people to do things that are not comfortable for them.

オ *Oze* National Park tried the same system as the station but the amount of money they collected from users didn't increase.

カ Having bars separating seats on the train is always good for passengers because they let more passengers have a seat.

キ Because of the new designs, you can relax on the benches but it's difficult to find one that is open.

ク The writer thinks that if you understand the messages of designs, you will understand what is happening around you better.

4 Hibiya中学校では，9月の文化祭で，すべてのクラスが演劇を行うことになっている。あなたのクラスが上演するのは**資料1**のどちらの案がよいか，**資料1**と**資料2**からそれぞれ根拠を挙げて，**50語以上の英語**で説明しなさい。

英文は**二つ以上**にしてもよい。なお，「,」「.」「!」「?」などは語数に含めないものとする。また，I'llのような「'」を使った語やe-mailのような「-」で結ばれた語はそれぞれ1語と扱うこととする。

資料1：Plans

	A案	B案
演目	ミュージカル(musical)	劇(play)
内容	歴史上の出来事を題材とした悲劇	中学生が主人公のコメディ
キャストの数	15人	8人
台本	既成	オリジナル
その他	様々な衣装が必要	大道具が多い

資料2：Survey in Class

〔質問〕 あなたは文化祭で何を最も重視しますか？

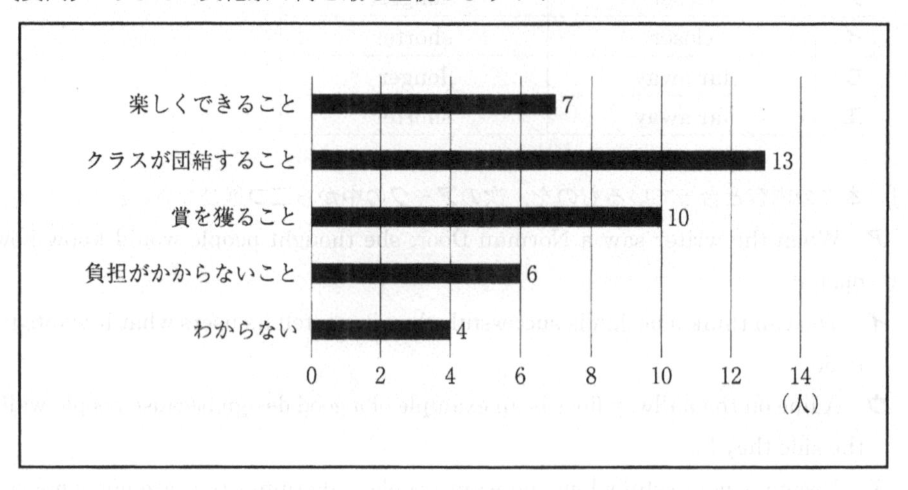

ようとする境地。

エ　仏教の無常観に基づく透徹したまなざしで世界を見つめ、既に外見の華やかさを失った自然の現象にさえ、時の移ろいとともに再び訪れるはずの豊かな美を感じ取ろうとする境地。

〔問5〕　本文の内容を説明したものとして最も適切なのは、次のうちではどれか。

ア　「冷え」たる句に価値を置く心敬は、華やかな美や豊かな風情(ふぜい)を否定したわけではなく、花紅葉の「暖かい姿」は氷の「冷え寒き」美しさを引き立てる役割を負っているという主張を展開した。

イ　「冷え」は中世に至って特に主張され心敬も重視した美意識を表す言葉だが、これは極彩色の濃絵よりも色彩のない水墨画で表しうるイメージに価値を置く美意識だった。

ウ　「うつくし」で表される平安の王朝時代から続く伝統美は、仏教の無常観が人々に浸透した中世において輝きを失い、「冷え」で表される美意識へと置換されていった。

エ　「うつくし」の美意識に基づいて制作された濃絵は「いろどり巧み」であることだけが重視され、構図や題材などその他のことは問題とされることがなかった。

〔問1〕 (1)ばかりと同じ意味・用法のものを、次の各文の――を付けた「ばかり」のうちから選べ。

ア　買ったばかりの自転車に乗る。
イ　とび上がらんばかりに喜んだ。
ウ　寝坊したばかりに遅刻した。
エ　自分のことばかり話している。

〔問2〕 (2)当人にとっては嘘ではないのである。とあるが、その理由を説明したものとして最も適切なのは、次のうちではどれか。

ア　何を美しいとするかは「本意」として定められているのであり、歌人ではなくとも、それと異なる感性や美意識で自然を捉えることは逸脱として厳しく戒められるものだったから。
イ　和歌の伝統によって定められた「本意」が、人々の美意識や感性の規範となり、和歌を知る人は現実においてもその規範に基づいて自然を見つめ美を捉えようとしたから。
ウ　「本意」は和歌の詠み方を強く規制するものであり、実際にはそのように見えたり感じたりするわけでもないのに、歌人はその規制に従って歌を詠むことが求められたから。
エ　和歌の伝統として継承された「本意」は、千変万化する自然の中で誰もが美と感じるものだけを定めたものなので、和歌を知らない人でも自然と感得できる普遍性をもっていたから。

〔問3〕 (3)心敬の見方は、伝統的な和歌世界のそれと、いささかずれているのではあるまいか。とあるが、心敬の見方がどのような点で伝統的な和歌世界の見方と異なっているかを説明したものとして最も適切なのは、次のうちではどれか。

ア　心敬は伝統的な和歌世界のものの見方を継承しながらも、現象としての美しさよりもすべてが常ではないことを教える自然の姿に、より深い味わいを見出した点で異なるということ。
イ　心敬は和歌の様々な伝統を継承しつつも美意識の規範となる「本意」の考えには懐疑的で、固定化された見方にとらわれずものごとの存在のしくみを捉えるべきだとした点で異なるということ。
ウ　心敬は自然のどのような現象や姿を美とするのかという伝統的な見方をそのまま受け入れながらも、その奥に美とは相容れないものごとの真実が隠されていることを鋭く見抜いた点で異なるということ。
エ　心敬は「本意」の伝統は踏まえつつも、何を美とするかという点については踏襲せず、伝統的な美の規範を浅薄で意味のないものとして退けた点で異なるということ。

〔問4〕 (4)心敬は、無常観に立って世界の真の相貌を見ようとする。とあるが、心敬の境地を説明したものとして最も適切なのは、次のうちではどれか。

ア　仏道に精進する者として無常観に立って世界を見つめ、この世は永遠でないが故にすべてのものが等しく美しいと感じ、滅びゆくものごとの様相に深い情趣を感じる境地。
イ　生滅流転する万象の変化を見つめ、花紅葉の美しさを月並みで平凡なものとして否定し、美しさが失われた後のものごとの真実の姿に感動を覚える境地。
ウ　自己の死が常に眼の前に待ち構えていることを意識しつつ、万象の絶えざる変化の相を眺め、移ろいゆくものに「あはれ」を感受しによって、存在が相として我々に出逢(であ)うということの秘密を我々に洩(もら)しているように思われる。

(4)心敬は、無常観に立って世界の真の相貌を見ようとする。「山深き木の下路」という言葉から心敬が思い泛(うか)べるイメージは、「すごく」ならざるを得ない。それは、絵に表そうとすれば、金箔を用いた濃絵によっては表し得ず、水墨画によってなら表しうるようなイメージである。このようなイメージのもつ「心」を言葉で表そうとすれば、それは自(おの)ずと「心言葉少(すくな)く、寒くやせたる句」となるであろう。すなわち、「冷え」たる句である。

中世に二つの美意識があった。仮にこれを「うつくし」と「冷え」と呼ぶとすれば、「うつくし」は花紅葉に代表される伝統的な優美であり、「冷え」は氷に代表される、中世に至って特に主張された美である。この二つの美意識の対置は、歌・能・茶・画の諸芸道に、又自然について語られている。連歌(れんが)において殊にこれを論じたのは心敬であり、彼は句の姿から「太り暖かなる」句と「寒くやせたる」句とを対置する。この違いは、前者が「詞(ことば)にて心をよまんとする」のに対し、後者が「心をもととして詞を取捨する」という制作方式の違いに由来する。そしてこの方式の違いは、前者が姿の「いろどり巧み」なる状態を「*幽玄」とするのに対し、後者が「心の艶(えん)」なる状態を「幽玄」とするのに由来する。しかし、心敬の考える「艶」は、*定家(ていか)の「妖艶」と同じものではない。

心敬の言う「心の艶」とは、自己の死を意識しつつ生きる者の、ある透明な心境である。それは、万象が無常であると見えてくるような、そして無常であるが故に「あはれ」と見えてくるような境地である。このような作者が、自己の思いを詠み出そうとすれば、「無常・述懐」の歌とならざるを得ない。自然の風物を詠もうとすれば、美しいが皮相な現象ではなく、去来する万象の基本構造を見据えざるを得ない。この時、花紅葉さえも、その「うつくし」さの故ではなく、雨に落ち風に散るがゆえに、心に沁(し)みるものと見えるのである。この時、世界の相貌は、「冷え」ているがゆえに「艶」なるものとして立現れるのである。

(尼ヶ崎彬「花鳥の使」(一部改変)による)

[注]　心敬(しんけい)――室町時代の歌人・連歌師(れんがし)。
すごく侍(はべ)る――「すごく」は寂寥(せきりょう)感や殺風景な様子を表す。「侍る」は丁寧語。
藤原俊成(ふじわらのしゅんぜい)――平安時代後期から鎌倉時代初期の歌人。
猥雑(わいざつ)――ごたごたと入り乱れていること。
隈(くま)なき――かげりがない。
有明(ありあけ)の月――夜が明けかけてもまだ空に残っている月。
大たち――大きな太い刀。
しろつくり――銀で装飾をした器具。
鶏(とり)うつほ――鶏うつぼ。矢を入れておく筒状の容器で、筒の上部を鶏の羽で覆ったもの。
好士(こうし)――風流人。
所までを――句までを。
色とりはくたみ――色どり箔彩(はくだみ)。金銀箔などで彩色すること。
見えすと也(なり)――見えないということだ。
「幽玄」――中世の美的理念。
定家(ていか)――藤原定家。鎌倉時代初期の歌人。

花は人の理解の及ばぬ理法によって偶然に生じ、人の願いを無視して自ら衰亡してゆく。花だけではない。この世に永遠の存在（常住）というものはなく、全てが偶然に現れ、消えてゆく。そして自己という存在も、又例外ではない。自身の知らぬ理由によってこの世に生れ、生の意味を知ることなく死んでゆかねばならない。すなわち生死輪廻の中にある。この輪廻を断って生死を超えることが仏法の目的であるが、歌道もまたこれと別の道ではない、と心敬は考える。修業の心構えを問われて、無常に思いを致すことを勧めつつ、彼はこのように述べる。

「我のみならず、万象の上の来たりし方去れる所こそ、尋ねきはめたく侍れ。」［自分だけではない、この世のあらゆる現象や事象はどうして生じどうして去っていくのか、探し究めたいものである。］

このような構えをもって自然に向えば、自然の「本意」は、現象として最も美しい時ではなく、むしろ存在のしくみそのものを我々に示唆する時に見出されるであろう。花であれば満開の時よりも散しおれたる姿であり、月ならば*隈なき満月よりも*有明の月である。要するに自然は、心を奪い包みこむような、暖かい姿（花紅葉）として現れる時ではなく、冷え寒きもの（氷）として現れる時、その背後にある、「万象の上の来たりし方去れる所」へと人の思いを誘うことによって、その「本意」を実現しているのである。

心敬にとって、世界は、透徹した眼を以て見るならば、冷え寒き姿をしているものであって、これが美しく暖く見えるとしても、それは非本来的な一時の外見にすぎない。

この世界の暖い姿と冷い姿との関係は、極彩色の大和絵（はくだみ、すなわち金箔を用いた濃絵）と中国の水墨画（墨絵から物）との関係に当たると考えてもよい。

「ちかき世の風雅も、*大たち、*しろつくり、*鶏うつほのみとみえ侍り、自他の*好士面白奇特の*所までを、きゝ得見しり侍る哉、*色とりはくたみのみにて、さらに一ふしの墨絵から物は*見えすと也。」

近頃の風雅は華美や珍奇の趣向を誇示することらしい、言わば極彩色の濃絵ばかりで水墨画が見当たらない、と心敬は嘆いているのである。

濃絵の画家に、花紅葉に対する新しい眼は必要ではない。花紅葉を散りばめる際、形と色の配置がもたらす効果の計算に巧みでさえあればよい。金箔や色彩の鮮烈は、確かに我々の感性を撃ち、我々を酔わせるであろう。

しかし、水墨画家に色という武器はない。彼は、山水（即ち自然）とはいかなるものかについての把握がなければ、筆を下すことができないであろう。現実の山水の相は様々だが、墨絵に表されるものは、その内の一相ではなく、言わば現実諸相の原型であるような山水の相貌である。我々は、何もない空間に山水という存在が立現れてくるのに立会うのである。秀れた水墨画は、その冷え寒き姿は花の、紅葉には紅葉の「本意」がある。一般に歌は、その題材の「本意」を表すべきものとされる。従って、「春の曙(あけぼの)」を淋(さび)しいと詠(よ)み、「秋の夕暮(ゆうぐれ)」を楽しいと詠む歌は、（たとえ作者の実体験であろうと）「本意」に非(あら)ずとして却(しりぞ)けられたのである。

この「本意」は、和歌の伝統によって定められ、人々に自然の見方を教える規範となっている、という自覚が歌人にあったことは、留意しておかねばならない。＊藤原俊成(ふじわらのしゅんぜい)は『古来風体抄(こらいふうていしょう)』で「もとのこころ（本意）」について次のように記している。

「春の花をたづね、秋の紅葉を見ても、歌といふものなからましかば、色をも香をも知る人もなく、何をかはもとのこゝろともすべき。」〔春の花を尋ね、秋の紅葉を見ても、もし歌というものがなかったとしたならば、花の色も香りもといったような本来的な美に気づく人もなく、いったい、何を美の本性として考えることができようか。〕

歌人が花紅葉の美を歌に詠む時、人々は初めてそのような美の存在に目を開く。そして歌に詠まれた美が、その花や紅葉の「本意」として人々の共通の美意識となってゆく、ということである。古今集以来の和歌の伝統は、数多くの「本意」を紡(つむ)ぎ出し、相互に連関して、「本意」の体系とでも言うべきものを作り出した。これを一口に、和歌世界、と呼んでもよい。この世界を構成する各項は、月や花など、現実世界と同じものだが、それらのもつ意味は、磨き抜かれ研ぎ澄まされて、現実離れのした美と感動とを伴っている。現実の秋の夕暮は、和歌世界の秋の夕暮ほど涙を誘うものではありえない。

しかし和歌を知る人は、和歌世界を現実世界に投影し、その「本意」を現実の内に見出(みいだ)そうとするであろう。この時「秋の夕暮」は物悲しく見えるであろうし、後日人に語る時には「涙を催した」とさえ言うかもしれない。そしてこれは、(2)当人にとっては嘘(うそ)ではないのである。秋の夕べは物悲しくあるべきだと思う人にとって、記憶の中で実際の秋の夕べが涙を誘うほど物悲しいものになったとしても不思議ではない。（この和歌世界の自然観は、今なお我々日本人にその影響を残している。例えば「月見」「花見」について語る時、――その実態は＊猥雑(わいざつ)な酒宴であるとしても――何かしら自然の精華に触れる行為のようにそれを語らないであろうか。）

もちろん心敬も、この和歌世界の物の見方を受継(うけつ)いでいる。彼が月を見、花を見る時には、常に和歌の伝統によって示された「本意」が見え隠れしていたであろう。しかし「山深き木の下路」の「本意」を「心細く」でもなく「淋しく」でもなく、「すごく侍る」とした(3)心敬の見方は、伝統的な和歌世界のそれと、いささかずれているのではあるまいか。つまり、仏法の教える本当の無常観の何たるかを知っていたこの天台僧の眼(め)には、「自然」の本意はやや異なった味わいを持っていたように思えるのである。

例えば、「雨に落ち風に散らずば花も見じ」〔雨に落ち風に散らないならば花も見まい〕と詠む。心敬とて、人を誘い酔わせるような桜の美しさを知らぬはずはない。しかし、自然は無常の象徴として立現れる時こそ感動的である、というのが心敬の見方なのである。

成するが、近代的な地図はそうしたあり方を是正し、人類が世界像を共有化するために作製されたものである。

イ　中世の神話的な表象に満ちた世界図が客観性に欠けるものであったのと同じく、近代的な地図も直接には見ることのできない世界を捉えたものであり客観性に欠けるものと考えるべきだ。

ウ　近代的な地図は科学的な技術と知見に基づいて作製されたものだが、地図が示す空間像はありのままの世界の姿なのではなく、世界についての一つの解釈であり作られた像と考えるべきだ。

エ　私たちは近代的な地図が示す空間像が客観的な事実であることを頭では理解するものの実感としては受け入れず、体験に即した空間像をもとに国家や世界全体を捉えようとする傾向が強い。

〔問6〕　本文では近代的な地図によって人類に共通する世界像が形成されたことが述べられているが、世界規模で共通化に向かって変化しつつあるものが多くある中で、他との違いや個別性を保っていることがらも少なくない。他との違いや個別性を保っているものの具体例を挙げ、そのよさや問題点などについて、次の〔**条件**〕1～5に従って**二百五十字以内**で書け。

〔**条件**〕
1　、や。や「などのほか、書き出しや改行の際の空欄もそれぞれ字数に数えること。
2　二段落構成にして、第一段落の終わりで改行すること。
3　第一段落では、あなた自身が経験したことや見聞など、具体的な事例を挙げること。
4　第二段落では、3で挙げた具体例について、あなたが考えたことを記述すること。
5　二つの段落が論理的につながり、全体として一つの文章として完結するように書くこと。

5

次の文章を読んで、あとの各問に答えよ。なお、〔　〕内は現代語訳である。（＊印の付いている言葉には、本文のあとに〔**注**〕がある。）

作者がある題材にどのような「心」を着想するかは、彼がどのような世界観の下にその題材を思い描いたかによる。

たとえば＊心敬(しんけい)は、「山深き木の下路(したみち)は＊すごく侍(はべ)るべく哉(かな)」と語る。実際に心敬は山路を何度も歩いていたであろうし、その印象は決して「すごく侍る」(1)ばかりでなく、ある時は明るく、ある時は暖(あたた)かく、ある時は陰湿にと、様々の相貌を見せることを知っていたであろう。しかし心敬にとって、「山深き木の下路」は「すごく侍る」べきものであった。現実の様々な経験を棚上げして、「山深き木の下路」をそのあるべき姿において心中に喚(よ)び起こせば、心敬にとって、それは「すごく侍る」ものでしかなかったのである。つまり心敬にとって、〈すごさ〉がこの題材の「本意」である。

歌論用語としての「本意」とは、ある題材が最も美しく、或(あるい)は最も感動的に立現(たちあらわ)れる時の、人々に訴えかける意味、と考えてよいであろう。すなわち、美的感動という観点から見た場合の、それぞれの事象が、人に対して持つ、本来の意味、ということである。花にまれ、人のあり方を制限する条件となるということ。

イ　世界が地図によって可視化されることではじめて、文化の違う人々とのコミュニケーションも可能となり、他者との関係が多様性と豊かさを増してくるということ。

ウ　地図は単に世界の概念やイメージを表現するだけではなく、そうした概念やイメージを媒介とした人々の多様なコミュニケーションや、社会的な諸活動を創り出す基盤となるものだということ。

エ　地図はただ地理的な情報を表したものではなく、人々が他者と関わる上で必要とされる有益な情報も記載されたものなので、日常生活を営む上で役立つものだということ。

〔問3〕(3)地図という表現が「世界というテクスト」を読み解く仕方には、幾つものタイプが存在する。とあるが、様々なタイプの地図が作られてきたということが意味することを説明したものとして最も適切なのは、次のうちではどれか。

ア　世界の中に自分たちの社会を位置づける志向性や方法は地域や文化・文明ごとに様々で、人々が生きる世界も多様なものだったということ。

イ　近代化される前は人々が現代人よりも深いまなざしで世界を見つめ、豊かなイメージで自分たちの生きる社会を捉えていたということ。

ウ　自分たちの帰属する社会をどのように位置づけるかは地域や文化・文明ごとに自由であり、客観的で正しい社会の位置づけは困難だったこと。

エ　近代以前には様々な地図が存在したが、それらは自分たちの社会を意味づけるだけで外部の世界への志向性には欠けるものだったこと。

〔問4〕(4)「近代」というプロジェクトは、五〇〇年の時をかけて世界を一枚の地図に描き上げ、世界の側をそれにそっくり似せて作り上げていったのである。とあるが、近代的な地図が近代的世界の形成に果たした役割を説明したものとして最も適切なのは、次のうちではどれか。

ア　正確な測量術によって世界の全域が捉えられ表現された近代的な地図は、人々が同一の価値観のもとに世界を見つめ、手を携えて困難な課題に向かうことを可能にした。

イ　近代的な地図は、それまで存在した世界についての様々な了解の仕方を否定し人々に普遍的な世界像を提示するとともに、世界を近代的な価値が重視される均質的な世界へと変貌させる役割を担(にな)った。

ウ　地域に根ざした様々な地図をもとに作製された近代的な地図は、それまでに存在した前近代の種々の世界観を包括的に統合し、近代社会に必要とされる普遍的な世界像を形成する働きをした。

エ　近代的な地図は、管轄権が重んじられる社会が成立したことを受けて国や自治体の区分が明示された様式となったが、それは共同体ごとの文化や歴史の違いを際立(きわだ)たせ著しく拡大する結果をもたらした。

〔問5〕　本文における筆者の主張を説明したものとして最も適切なのは、次のうちではどれか。

ア　人はそれぞれが日常生活の実態や実感に即した世界像を個々に形

地図の上以外では見たことがないにもかかわらず、「客観的な事実」として受け入れている。

　私たちはかならずしもつねに近代的な地図のように世界を見ているわけではないが、国家や地域、世界全体を思考する場合には通常、近代的な地図が描き出す像をイメージし、それを概念的な枠組みとして思考している。また、地方自治体から国家、企業、そして様々な国際機構にいたるまで、そうした地図が描き出す「空間としての社会」を「事実」として前提し、それが描き出す世界了解の構造のなかで様々な活動を行い、そこに多様な社会的事実を織り出しているのである。

　近代に先立つ時代において、地球上に生きる人間は、人類すべてに共通する世界の像などもつことがなかった。それ以前には――そしてある部分では今日までも――、地球上の様々な地域、様々な文化や文明に暮らす人びとの間には、それぞれに異なる世界了解の仕方があり、そこでは様々な様式をもった地図が作られてきた。近代的な地図は、そのような土着の世界像や前‐近代の文明の世界像を局所的（ローカル）なものとして排除し、自らを唯一の普遍的な世界了解と世界表現の様式としていったのである。

（若林幹夫「地図の想像力」（一部改変）による）

〔注〕位格――地位、格式。
言説――言語表現。
テクスト――多様な解釈ができるもの。
位相――ある特定の位置、状態、段階。
曼陀羅（まんだら）――諸仏を網羅し描いた図。
ボルヘス＝ボードリヤールの挿話の皇帝と地図師の夢想した世界――世界の方が逆に、地図を模倣し始めるという寓話（ぐうわ）（たとえ話）。

〔問1〕(1)その言表を通じて「社会」や「世間」を制作している。とあるが、筆者が「制作」という言葉を用いる理由を説明したものとして最も適切なのは、次のうちではどれか。

ア　あらかじめ「社会」や「世間」が存在するのではなく、言葉によって人々の認識の世界に「社会」や「世間」という概念が形成され、それらが社会的事実として存在するようになると考えるから。

イ　「社会」や「世間」といった言葉はその言葉に対応する具体物が存在しない抽象的な言葉なので、使う人によって用法もニュアンスも異なり、共通する意味領域を確定することが困難だと考えるから。

ウ　仮に「社会」や「世間」という言葉がなくとも、「社会」や「世間」は人が身を置き生を営む現実として存在するのであり、言葉はその現実を理解するための道具に過ぎないと考えるから。

エ　「社会」や「世間」という概念は、どこまでがその概念に含まれるのか境界が曖昧であるため、言語使用の場で絶えずその言葉の使用について妥当性が検証される必要があると考えるから。

〔問2〕(2)そして地図のもつこの厚みのなかに、私たちは「世界」や「社会」を見、その「世界」や「社会」のなかで自己と他者との関係を織り成してゆくのである。とあるが、これを説明したものとして最も適切なのは、次のうちではどれか。

ア　世界は人と人の関わりによって形成されたものなので、地図によって表された空間像には必然的に人と人の関わりの歴史が織り込な深さ」、「世界への意志」や「数量性」は、人間が世界と関わり、それを了解し、人間にとっての世界をイメージや概念として制作する際に取りうる異なる志向性を示しており、それらは人間の社会が自らを了解するあり方の異なる形態に対応していた。

水平的な広がりを志向する社会と垂直的な深さを志向する社会とでは、世界の中で自らを位置づけ、意味づける仕方の傾向性が異なっている。広大な世界に対する強固な、そして過剰な意志をもつ社会もあれば、狭い領域の内部の濃密で直接的な意味の世界に充足し、その外部への想像力の発動に禁忌を課すような社会も存在する。神話のような説話的な構造によって世界を読み解く社会や、*曼陀羅のような象徴的宇宙の内部に自らを位置づける社会もあれば、数量化された平面へと世界を還元してゆく社会も存在する。社会が異なれば、そこで思考され、生きられる世界も異なるのである。

私たちが自明なものとし、あるいは客観的なものと考える私たちにとっての世界――「近代的世界」――は、このような世界制作の可能なあり方のなかからある時現れ、それに導かれた社会的な実践の広がりとともに、「普遍的」な世界像として広がっていった。ヨーロッパで成立した近代的な地図は、近代的世界の成立とともに地球表面上のすみずみまでを描き尽くし、かつ、そのすみずみまで近代的な統治権力の管轄権にしたがって分割し尽くしていった。そのような地図を手に入れる過程で、人間は、世界をその地図とそっくりな形で裁ち直し、それに社会的な厚みを与え、自らの営みをその形に合わせて作り上げていったのである。近代的世界とはこの意味で、*ボルヘス＝ボードリヤールの挿話の皇帝と地図師の夢想した世界であるかのようだ。(4)「近代」というプロジェクトは、五〇〇年の時をかけて世界を一枚の地図に描き上げ、世界の側をそれにそっくり似せて作り上げていったのである。

実際には私たちは、かならずしもつねに近代的で科学的な地図が表現するような仕方で、自らが生活する世界を了解しているわけではない。心理学で言うところの「メンタル・マップ」――人びとが心のなかに抱く像としての地図――や、人びとが心理的に抱く地理的経験から「地理」という現象を捉えなおそうとする現象学的地理学、あるいはまた地形的な距離ではなく人びとが移動や活動に要する「時間距離」に注目することによって地理的経験を捉えなおそうとする時間地理学等が明らかにしているように、私たちが個体的に経験する地理的経験や、それらの経験を他者に対して表現する様式は、近代的で科学的な地図が表現する「客観的」な世界とは異なっている。厳密な意味での近代的な世界像――科学化された測量と地図作製術にもとづく世界像――の制作や解釈は、専門的な地図製作者集団や地図学者たち、地理学者たちに委ねられており、それ以外の人びとは、これらの「専門家たち」が作り上げた世界像や解釈に依存しつつ、日常的にはそれとは異なる世界像をもまた生きているというのが普通である。

けれども、ちょうど中世ヨーロッパの人びとが自らはパラダイスや天使をかならずしも見たことがなかったにもかかわらず、自分たちの日常的な経験と神話的な表象に満ちた世界図とを両立させてきたように、私たちもまた近代地図的な経験とは異なる私たち自身の世界経験の土台として、実際にはそのような「像」としての世界をティを与え、空間としてのイメージや概念を与える。それが像として表象されることによって、表象された「像」の対象が「事実」あるいは「真実」としての位格*を与えられる。

（中略）

けれども社会的世界の制作における想像力の介在という問題は、地図にのみ関わることではない。神話であれ、社会理論であれ、あるいは文学的な言説*であれ、それらはどれも、個々の人びとの局所的な経験がその内部に位置づけられる「見えない全体」としての「世界というテクスト*」を、局所的な視点とは異なる視点から捉えようとする言説的な実践である。

たとえば私たちは、一枚の地図が表現する世界の広がりに関して、神話、社会理論、散文的文学、韻文的文学、さらには映像、絵画などの様々な記号表現によって、異なるテクストを編み、そこに異なる意味の「世界」を制作することができる。私たちが日常用いる言語もまた、「世界というテクスト」を読み取り、そこに固有の実定性を与える言説である。日常的な言語使用の中で、「社会」や「世間」といった言葉を用いる時、私たちは直接には見ることも経験することもできない社会の「全域性」を言表し、(1)その言表を通じて「社会」や「世間」を制作している。そして地図もまた、「世界というテクスト」を読み解こうとするそうした試みの一つの可能なあり方として、世界を空間的な像として読み解くのである。

けれども、地図をめぐる考察が指し示すもう一つの重要な点は、それがたんに想像力に関わるのではなく、想像力と人間の社会的実践とが交わる平面をなしているということ、したがって想像力が地図的表現を通じて制作する世界に対して人間が働きかけ、行為し、関係を形成してゆくことによって、人間にとっての世界がまさに社会的現実であり社会的事実であるものとして生み出されてゆくということだ。地図には社会的な厚みがある。(2)そして地図のもつこの厚みのなかに、私たちは「世界」や「社会」を見、その「世界」や「社会」のなかで自己と他者との関係を織り成してゆくのである。

世界や社会の全域を可視化する地図的な視点には他者とのコミュニケーションが内在している。それは私たちが世界や社会を生きる時、不可避的にそのような他者たちとの関係を生きるということである。そうした他者たちのすべてがかならずしも私たちの前に眼（め）に見える形で現れるわけではないが、ほとんどは想像的に了解されるそうした他者たちとの潜在的なコミュニケーションの場を生きることが、私たちが世界や社会を生きるということなのだ。地図は――そして世界を読み解き、世界を制作する地図以外のテクスト＝言説もまた――、人びとが世界や社会と関わるそのような関係の場のなかに置かれており、そうした関係のなかで世界や社会が読まれ、了解され、語られ、それらの事柄を通じて人びとは世界や社会に対して働きかける。私たちにとっての社会的経験は、それゆえ、つねに・すでに想像的で超越的な位相*に成立するリアリティを孕（はら）んでいるのである。

「地図」を媒介にして人びとが世界や社会と関わり、世界や社会を制作してゆくあり方は、歴史的・社会的に一様ではない。(3)地図という表現が「世界というテクスト」を読み解く仕方には、幾つものタイプが存在する。それらが志向する「水平的な広がり」や「垂直的ち。

エ　「うらやましいことです。」という言葉を自分に対する皮肉と感じ反論したものの、永徳の様子からそれが実は本音であることを理解し、永徳の苦しい心中を想像し同情する気持ち。

〔問4〕 (4)春屋和尚が苦笑している。とあるが、その理由を説明したものとして最も適切なのは、次のうちではどれか。

ア　許可を得ないまま勝手に作画した行為は絵師として認められるものではないが、厳しく罰したところで襖が元に戻るわけではなく、今となっては新しく描かれた絵の価値を認めるしかないと感じたから。

イ　結果として絵は驚くほどの出来ばえのものであり感心するが、描くことができない状態を理解しながらも無理やりに実行しようとする強引で横暴な態度に対しては、受け入れがたい気持ちを感じたから。

ウ　わずか一日で三十六面の襖に絵を描くという行為は絵師として並外れた才能があることの証であり、その絵の出来も見事なものだが、親しい間柄とはいえ礼を欠いた点に不快を感じたから。

エ　留守のときに許可なく絵を描くという行為にあきれるものの、絵の出来ばえのすばらしさにそれを叱ることさえできず、むしろ長谷川の作画への意欲と力量を認めざるを得ないと感じたから。

〔問5〕 (5)その蝉の声さえ、襖にしみ込みそうだ。とあるが、この表現について説明したものとして最も適切なのは、次のうちではどれか。

ア　外から聞こえる蝉の声が、単調に陥りがちな山水画の世界に現実のリアリティを加える重要な要素となっていることを表している。

イ　襖絵が外のうるさい蝉の声を忘れるほど心に迫るものであり、見る者を現実と隔たった風情の世界に引き込む力をもっていることを表している。

ウ　蝉の声が襖絵の中に入り込み、見る者の前に襖絵の視覚の世界と現実の聴覚の世界が重ねられた幻想的な世界が生まれたことを表している。

エ　外の蝉の声の創り出す躍動感と襖絵の静寂な世界が調和し、静と動が融合した不思議な趣の世界が現出したことを表している。

〔問6〕 (6)それだけいうのが精一杯だった。とあるが、このときの永徳の気持ちを**八十字以内**で書け。

4　次の文章を読んで、あとの各問に答えよ。（*印の付いている言葉には、本文のあとに〔注〕がある。）

地図と社会をめぐる考察が私たちに指し示す最も重要なことの一つは、私たちが生き、経験する世界の表れにおける人間の想像力の介在である。地図は、私たちが生きる世界の空間的な形状を目に見える形で示す表現だが、そのような表現が成立すること自体にすでに、見えない全域を空間的な像として可視化する人間の想像力が介在している。

現実に私たちが今属している「国家」であれ「自治体」であれ、私たちはそれを実際に目にすることはできない。そうした社会的存在の現実性のすべてを地図が支えているのではないが、地図はそのような「全体を見ることのできない社会」に「像」としてのリアリ石田三成（いしだみつなり）――安土桃山時代の武将。
檀越（だんおつ）――寺院に経済的な支援をする人。
塔頭（たっちゅう）――寺院のこと。
雲母（きら）――光沢を出すための粉。

〔問1〕(1)法堂の前に立ち、腹に力を込めて基壇の石段を上がった。とあるが、この様子を説明したものとして最も適切なのは、次のうちではどれか。

ア　長谷川が高い世評を得ていることに心穏やかでないものを感じつつ、冷静に対面するために気持ちを落ち着かせながら歩を進めている様子。

イ　長谷川がすでに作画に取り組んでいることを知り、一刻も早くその絵が見たいと気がせくのを懸命に抑えつつ、一歩ずつ歩を進めている様子。

ウ　長谷川と会うことは気が進まないが、実力の程を確認することが必要だと考え、億劫（おっくう）になる気持ちに鞭（むち）打って歩を進めている様子。

エ　長谷川の絵を見るために通り道を変え法堂に行くことに気持ちの上で抵抗を感じるが、見ようと心を定めて歩を進めている様子。

〔問2〕(2)じつに楽しそうに絵を描いている。とあるが、この情景を見た永徳の気持ちを説明したものとして最も適切なのは、次のうちではどれか。

ア　狩野一門の制作現場の雰囲気との違いに驚くとともに、己を厳しく律して作画に努めたが故に失ってしまったものに気付き、長谷川一門の楽しそうな様子にうらやましささえも感じる気持ち。

イ　楽しそうに絵を描く長谷川一門の人々の姿は作画についての常識に反するものなのに否定することができず、長谷川一門が絵の世界に新風をもたらすことを思い恐れる気持ち。

ウ　与えられた仕事をただ淡々とこなす狩野一門の制作現場との違いを目の当（ま）たりにして、「楽しさ」という絵を描くことに本質的に伴うものの存在に気付き、これからの己のあり方に目を開かれる気持ち。

エ　師弟の隔てのない長谷川一門の人々の様子にうらやましささえ感じ、自分だけでなく弟子たちの気持ちも追い込んで絵の完成度を極めようとしてきたこれまでの自己のあり方に疑いを抱く気持ち。

〔問3〕(3)口元を結び、沈黙したままでいると、長谷川が深くうなずいた。とあるが、このときの長谷川の気持ちを説明したものとして最も適切なのは、次のうちではどれか。

ア　「なかなか楽しそうに絵をお描きになる。」という言葉を意外に感じるとともに、自分の問いに即答することのできない様子を見て、永徳が絵を描く喜びさえ見失ってしまったことを理解し、気の毒に思う気持ち。

イ　「なかなか楽しそうに絵をお描きになる。」という言葉が自分への素直な賛辞であることを理解したものの、永徳の様子から心の内に複雑な感情を抱いていることを感じ取り、慎重に対応しようと構える気持ち。

ウ　「うらやましいことです。」という言葉を不思議に感じるとともに、返答に窮した様子から、永徳が名門を率いる重圧の中で仕事をしていることを感じ取り、永徳の心中を察し思いやろうとする気持永徳は唾を呑み込んだ。この男がどんな絵を描いたか、喉がひりつくほど見てみたい。しかし、見たがっていると思われるのは癪にさわる。

「狩野殿は天瑞寺のお仕事でお忙しかろう。ご迷惑なことじゃ。」

春屋和尚が口にすると、信春がうなずいた。ていねいに頭を下げて行こうとする。

永徳は、思い切って喉から声をしぼり出した。

「目の果報に拝見させていただけますか。」

言われた長谷川の顔が輝いた。

「ぜひどうぞ。」

すぐそこの三玄院まで、長谷川が先に立って歩いた。

――絵を見たい。

というのは、それだけでひとつの評価であろう。描いた絵師は、できるだけ多くの人に見てほしい。見てもらい、褒めてもらいたい。

三玄院方丈の書院に入ると、永徳は入口のそばに坐った。縁側の障子以外の、三方の襖に絵が描いてある。

ひたひたと魂に迫ってくる絵であった。

庭では、油蟬がやかましく鳴いている。(5)その蟬の声さえ、襖にしみ込みそうだ。

襖の唐紙には、和尚が言っていたように五七の桐紋が、銀色の雲*母でびっしりと刷ってある。その桐紋を雪に見立てたのだろう。控えめな筆と構図で山水図が描き上げてある。

近景には松や孤舟、遠景には山岳や楼閣を、あっさり、さりげなく描いている。桐紋が唐紙の全体に刷ってあるので、そのほうが効果的だ。じっと見ていると、雪となった桐紋が降りしきる閑寂の音さえ聴こえてくる。

しばらく眺めたあとで、長谷川が両手をついて平伏し、永徳にたずねた。

「いかがでございましょうか。」

永徳は喉が苦しかった。

(6)「悪くない。」

それだけいうのが精一杯だった。

（山本兼一「花鳥の夢」による）

〔注〕
狩野永徳――安土桃山時代の絵師。
長谷川信春――安土桃山時代から江戸時代初期の絵師。
三門――寺院の門の形式の一つ。
普請場――建築現場。
番匠――木造建築に関わる職人。
法堂――説法を行う建物。
須彌壇――仏像を安置する場所。
あたりを取っている――大まかな線を描いて位置取りをしている。
虚心坦懐――なんのわだかまりもなく心が素直であること。
春屋宗園――安土桃山時代の僧。
手燭――ろうそくを立てる台で、持ち歩きができるように柄をつけたもの。
神韻縹渺――芸術作品の奥深く味わいのある趣。
坊の方丈――僧の住まいの部屋。
桐紋――桐の葉や花の図柄。特に五七の桐紋は高貴な紋。

三門の天井画を描いております。」
「なかなか楽しそうに絵をお描きになる。うらやましいことです。」
素直な気持ちで口にした。永徳もむかしは絵を描くのが楽しくて仕方がなかったのだ。それがいつから、自分を追い込む苦行になってしまったのか。
「狩野様は、絵をお描きになるのが、楽しくはないのですか。」
真正面からたずねられて、永徳は返答に窮した。
(3)口元を結び、沈黙したままでいると、長谷川が深くうなずいた。
「狩野一門を率いておられるお立場。思うままにお描きになれぬこともございましょう。」
「そなたとて、一門の弟子を率いているではないか。」
弟子たちを見回していうと、長谷川が声を立てて笑った。
「わたくしの一門など、風が吹けば舞い飛ぶ木の葉も同然。狩野一門の大きさ、重さとはまるでちがっております。」
そんな話をしていると、永徳のわきに僧侶が立ち、本尊に向かって合掌してから堂内に入った。*春屋宗園であった。長谷川信春に声をかけた。
(4)「いやはや、そなたは、あきれ返った男だ。」
春屋和尚が苦笑している。
「ご覧いただきましたか。」
「昨日は他出しておって、夜になって帰った。小坊主におしえられ、*手燭の光で見て息を呑んだぞ。*神韻縹渺とは、まさにあの山水の世界だ。」
「されば、お怒りにはなりませんか。」
「怒ったところで、あの絵が消えるわけではない。」
なんの話か分からぬままに聞いていると、春屋和尚が永徳に気付いて会釈した。
「この男は、とんでもない絵師ですぞ。」
「さて、どのようにとんでもないのでしょうか。」
「わしの*坊の方丈の襖に、かねて絵を描きたいと願っておったのだがな、*桐紋をたくさん散らした襖ゆえ、絵など描けるはずがない。それで断っていたのだが、昨日、わしの留守を幸いに、この男、たった一日で三十六面の襖に絵を描きおった。あきれたかぎりじゃわい。」
春屋和尚の坊は、法堂の西にある三玄院である。つい三年ほど前に、*石田三成らが*檀越となって開いた*塔頭だ。
「桐紋の襖に絵……。」
言われても、永徳にはすぐに想像がつかなかった。
「昨日は、描き上げて早々に退出しましたので、じつは、ゆっくり眺めておりません。いまから改めて見せていただいてよろしいでしょうか。」
長谷川信春が悪びれずにたずねた。
「かまわぬよ。」
「ありがとうございます。」
弟子たちを引き連れ、春屋和尚とともに法堂から出てきた。
永徳に会釈をして石段を下りてから、ふり返った。
「ご迷惑でなければ、拙作、ご覧いただけませんか。」
「いや……。」

きな思い切りが必要だった。

(1)法堂の前に立ち、腹に力を込めて基壇の石段を上がった。

堂内正面の*須彌壇(しゅみだん)に、釈迦如来(しゃかにょらい)が祀(まつ)ってある。その手前に人がいるが、まずは本尊(ほんぞん)に手を合わせた。

広い法堂内の敷き瓦の床に、大きな板が置いてある。すでに黄土色の下塗りが終わって、ちょうど*あたりを取っているところだ。板の上に立って、下を向きながら長い棒をゆっくり動かしている男がいる。長谷川信春である。

棒の先に柳の炭がついている。信春がゆるりと歩きながら、あたりを取っていく。まわりに弟子が七、八人立って師匠の仕事を見守っている。だれも、入口の前に立っている永徳には気付かない。参拝に来て、そのまま絵の作業を眺めている者は多いのかもしれない。法堂の内から見れば逆光で、永徳の顔は暗くしか見えないから、誰か分からないだろう。

長谷川信春は無心に線を引いている。まだ線が少なくて、どんな絵を描こうとしているのかは分からない。

線を引きながら、長谷川がなにか戯(ざ)れ言(ごと)を言ったらしく、弟子たちが笑った。

弟子の一人がなにか言い返し、師匠と弟子たちがともに笑った。

(2)じつに楽しそうに絵を描いている。

――笑いながらやっている。

信じられない光景だった。

永徳の画室や出先の仕事場では、絵を描きながら話をするなどということは一切ない。永徳が弟子になにかを命じる以外には、ことばを発する者はいない。ときに、絵の具の皿を落としたりして音を立てる者がいると、押し殺した声で詫(わ)びをいう。永徳が絵を描くときは、いつも森閑として、筆が紙を走る音が聴こえるだけだ。

絵を描くのは、厳しい修行と同じである。身を慎んで*虚心坦懐(きょしんたんかい)に絵と向き合ってこそ、神の力を得た線が引けるのだ。戯れ言をいうなどとんでもない。

いつもそうなのか、長谷川はまたなにかを言って、弟子たちを笑わせた。

――不謹慎な。

とは思わなかった。むしろ、そういう絵の描き方もあるのかと驚いている。

絵を描くとき、永徳はおのれを崖の端に追い詰める気持ちになる。炭や筆を必死で握り、高い崖から死にもの狂いで飛び下りる覚悟で線を引く。そうしなければ、ただ一本の線さえ思い切って引けない。つい呼吸が荒くなりがちなのを、いつも抑えながら描いている。

――楽しく描いてもいいのか。

そのことに、目から鱗(うろこ)が落ちた気分で立ち尽くしていた。

ふと顔を上げた長谷川信春が、入口に立っている永徳に気付いた。

「狩野様ではございませぬか。……ずっとそこにおられたのですか。」

「ああ、御本尊にお参りさせていただこうと思うてな。」

「それはお邪魔をして申し訳ありません。ここをお借りしまして、

＜国語＞

時間　五〇分　満点　一〇〇点

【注意】 答えは**特別の指示**のあるもののほかは、各問の**ア・イ・ウ・エ**のうちから、最も適切なものをそれぞれ**一つずつ**選んで、その記号を書きなさい。また、答えに字数制限がある場合には、**、や。や「などもそれぞれ一字と数えなさい。**

1 次の各文の――を付けた漢字の読みがなを書け。

(1) 素早く釣り糸を繰る。
(2) 一国の宰相を務める。
(3) 汎用性の高いデザイン。
(4) 町の素封家として知られる。
(5) 白砂青松の景観。

2 次の各文の――を付けたかたかなの部分に当たる漢字を楷書で書け。

(1) 参拝者がリクゾクとつめかける。
(2) カンケンにとらわれず、視野を広くもつ。
(3) 学問の発展にシする論文。
(4) 都市計画をサクテイする。
(5) 提案のコッシを述べる。

3 次の文章を読んで、あとの各問に答えよ。（＊印の付いている言葉には、本文のあとに〔注〕がある。）

＊狩野永徳(かのうえいとく)は、狩野一門を率いて寺院や屋敷の襖(ふすま)や天井などに絵を描いている画家である。永徳は、一門から破門された＊長谷川(はせがわ)信春(のぶはる)が、大徳寺(だいとくじ)の＊三門の天井画の制作を依頼されたことを知り、気になって仕方がなかった。

三門の左右のわきには、楼閣に登る階段が取り付けられた。屋根と壁がつくらしい。これが左右に控えれば、たいそう立派な門になるだろう。

夏の盛りに屋根が葺(ふ)き上がった。これから壁を塗って、天井板を張る段取りだろう。

長谷川信春は、もう絵にかかっているはずだ。

ある朝、三門の＊普請場(ふしんば)わきを通ったとき、＊番匠の頭(かしら)にたずねた。

「そろそろ天井板を張るだろう。絵師の長谷川は、どこで絵を描くのだね。」

「＊法堂(はっとう)でございます。もう、かかっておられます。」

なるほど、法堂なら内部が広いから、大きな天井板を置く場所がある。床は敷(し)き瓦(がわら)だから、作業もやりやすい。法要がない時期をたしかめて借りたのだろう。

法堂は、三門のむこうにある。毎日、朝と夕方、わきを通っていた。たしかに人の気配があったが、こちらも修理でもしているのかと思っていた。

いつもは法堂のわきの石畳を通って天瑞寺(てんずいじ)に行くのだが、今朝は、弟子たちを先に行かせ、思い切って法堂の正面にまわってみた。ほんの数十歩、いつもの道から踏み込むだけだが、永徳には大

2023 年 度

解　答　と　解　説

《2023年度の配点は解答欄に掲載してあります。》

＜数学解答＞

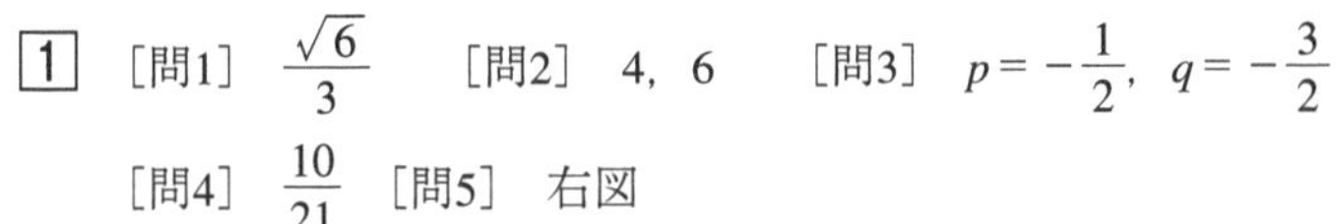

1　[問1]　$\dfrac{\sqrt{6}}{3}$　[問2]　4，6　[問3]　$p=-\dfrac{1}{2}$，$q=-\dfrac{3}{2}$

[問4]　$\dfrac{10}{21}$　[問5]　右図

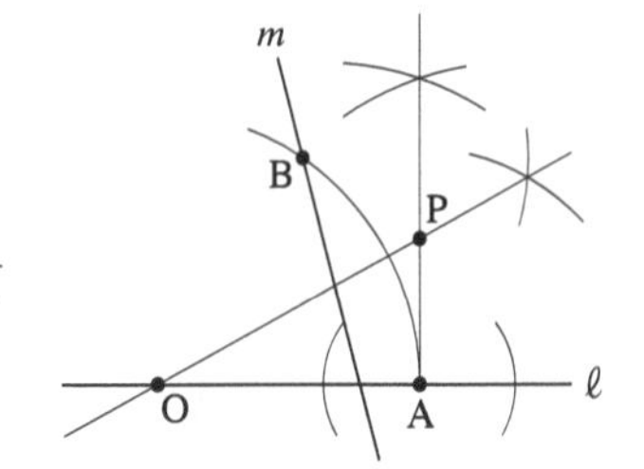

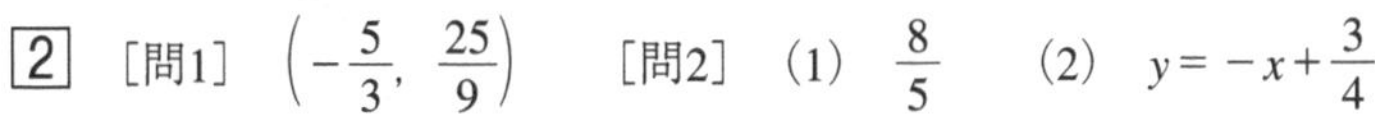

2　[問1]　$\left(-\dfrac{5}{3},\ \dfrac{25}{9}\right)$　[問2]　(1)　$\dfrac{8}{5}$　(2)　$y=-x+\dfrac{3}{4}$

3　[問1]　20(度)　[問2]　(1)　解説参照

(2)　AG：GF＝4：1

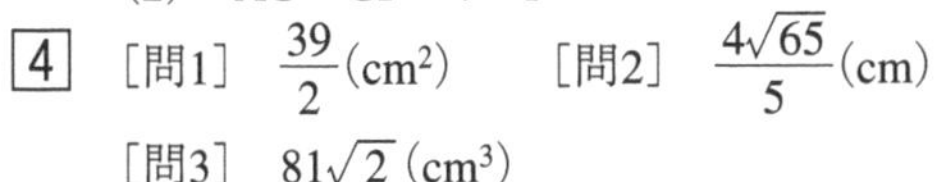

4　[問1]　$\dfrac{39}{2}$(cm^2)　[問2]　$\dfrac{4\sqrt{65}}{5}$(cm)

[問3]　$81\sqrt{2}$(cm^3)

○配点○

1　各5点×5　2　〔問1〕　7点　〔問2〕　(1)　10点　(2)　8点

3　〔問1〕　7点　〔問2〕　(1)　10点　(2)　8点

4　〔問1〕　7点　〔問2〕　10点　〔問3〕　8点　計100点

＜数学解説＞

1　(平方根の計算，二次方程式，一次関数の変域，確率，作図)

基本　[問1]　$\left(\dfrac{\sqrt{6}+\sqrt{3}-2\sqrt{6}+\sqrt{3}}{3}\right)\times(\sqrt{2}+1)=\dfrac{2\sqrt{3}-\sqrt{6}}{3}\times(\sqrt{2}+1)=\dfrac{\sqrt{6}}{3}\times(\sqrt{2}-1)(\sqrt{2}+1)=\dfrac{\sqrt{6}}{3}$

重要　[問2]　$x^2-5x+6=0$，$(x-2)(x-3)=0$，$x=2$，3　よって2つの解の和は，$2+3=5$となるから，二次方程式$x^2-2ax+a^2-1=0$は$x=5$を解に持つ。代入して，$5^2-2a\times5+a^2-1=0$，$a^2-10a+24=0$，$(a-4)(a-6)=0$，$a=4$，6

重要　[問3]　一次関数$y=x-3$においてxの変域が$-1\leqq x\leqq5$のとき，yの変域が$-4\leqq y\leqq2$(…①)　また$y=px+q$においてxの変域が$-7\leqq x\leqq5$のとき，$p<0$だから，yの変域が$5p+q\leqq y\leqq-7p+q$(…②)　①，②が一致するから，$5p+q=-4$(…③)，$-7p+q=2$(…④)　③－④をして，$12p=-6$，$p=-\dfrac{1}{2}$　③に代入し，$5\times\left(-\dfrac{1}{2}\right)+q=-4$，$q=-\dfrac{3}{2}$

[問4]　Aさんが取り出すカードをa，Bさんが取り出すカードをbとすると，和が4のとき素数2となり，$(a,\ b)=(1,\ 3)$，$(3,\ 1)$　和が5のとき素数3となり，(1，4)，(2，3)，(3，2)，(4，1)　和が7のとき素数5となり，(1，6)，(2，5)，(3，4)，(4，3)，(5，2)，(6，1)　和が9のとき素数7となり，(2，7)，(3，6)，(4，5)，(5，4)，(6，3)，(7，2)　和が13のとき素数11となり，(6，7)，(7，6)　以上20通りある。2人が順に取り出すとき，すべての取り出し方は$7\times6=42$(通り)だから，$\dfrac{20}{42}=\dfrac{10}{21}$

［問5］（着眼点）OAを半径とする円を描き点Bをとる。点Pは∠BOAの二等分線と，点Aを通りℓと垂直な直線の交点である。

2（放物線と直線の式，放物線と交わる直線と線分の比）

重要 ［問1］点Bは関数$y=\frac{1}{4}x^2$上の点だから，y座標は，$\frac{1}{4}\times\left(\frac{4}{3}\right)^2=\frac{4}{9}$　ここで点Cのy座標は0で，AB：BC＝21：4だから，AC：BC＝25：4　よって，点Aのy座標は，$\left(\frac{4}{9}-0\right)\times\frac{25}{4}=\frac{25}{9}$　点Aは関数$y=x^2$上の点だから，代入して$\frac{25}{9}=x^2$，$x<0$より，$x=-\frac{5}{3}$　$A\left(-\frac{5}{3},\ \frac{25}{9}\right)$

［問2］(1)（途中の式や計算）（例）点Bの座標を$\left(t,\ \frac{1}{4}t^2\right)(t>0)$とすると，点Dの座標は$\left(-t,\ \frac{1}{4}t^2\right)$　点Aから直線mに垂線を引き，交点をH，y軸と直線mとの交点を点Gとする。AH//EGであるからDH：DG＝DA：DE＝1：4より，点Aのx座標は$-\frac{3}{4}t$　よって，点Aの座標は$\left(-\frac{3}{4}t,\ \frac{9}{16}t^2\right)$　また，AH//EGであるから，AH：EG＝DA：DEより，$\left(\frac{9}{16}t^2-\frac{1}{4}t^2\right)$：EG＝1：4　よって，$EG=4\left(\frac{9}{16}t^2-\frac{1}{4}t^2\right)=\frac{5}{4}t^2$　さらに，2点B，Eを通る直線の傾きが-2であるから，EG＝2BG　ゆえに，$\frac{5}{4}t^2=2t$　よって，$5t^2-8t=0$，$t(5t-8)=0$　$t>0$より，$t=\frac{8}{5}$となる。よって，点Bのx座標は$\frac{8}{5}$となる。

やや難 (2)　点Fの座標を$(t,\ t^2)(t>0)$とすると，点Bの座標は$\left(t+\frac{1}{2},\ \frac{1}{4}\left(t+\frac{1}{2}\right)^2\right)$　ここで，$t^2=\frac{1}{4}\left(t+\frac{1}{2}\right)^2$，$4t^2=\left(t+\frac{1}{2}\right)^2$，$4t^2=t^2+t+\frac{1}{4}$，$12t^2-4t-1=0$　$t>0$より，$t=\frac{1}{2}$　よって，$F\left(\frac{1}{2},\ \frac{1}{4}\right)$　つまり点Dのy座標は$\frac{1}{4}$だから，点Aのy座標は，$\frac{1}{4}+2=\frac{9}{4}$　点Aは関数$y=x^2$上の点だから，x座標は，$\frac{9}{4}=x^2$，点Aのx座標は負の数だから，$x=-\frac{3}{2}$

よって，$A\left(-\frac{3}{2},\ \frac{9}{4}\right)$　このことから2点A，Fを通る直線の傾きは，$\dfrac{\frac{1}{4}-\frac{9}{4}}{\frac{1}{2}-\left(-\frac{3}{2}\right)}=-1$　直線の式を$y=-x+k$として，点Fを通るから，$\frac{1}{4}=-\frac{1}{2}+k$，$k=\frac{3}{4}$　よって，求める直線の式は，$y=-x+\frac{3}{4}$

3（円周角の定理，円周角を利用した合同の証明，平行線と比の定理）

基本 ［問1］$\overset{\frown}{AD}$に対する円周角に等しいので，∠ABD＝∠ACD＝50°　半円の弧に対する円周角より，∠ADB＝90°　よって，∠BAD＝180°－(∠ABD＋∠ADB)＝180°－(50°＋90°)＝40°　$\angle BAC=\frac{1}{2}\angle BAD=\frac{1}{2}\times 40°=20°$

［問2］(1)（証明）（例）△ADGと△AEGにおいて，AG＝AG（共通）…①　∠BADの二等分線より，∠DAF＝∠BAF　よって，$\angle DAG=\angle EAG=\frac{1}{2}\angle BAD$…②　2∠BAC＝∠BADより，$\angle BAC=\frac{1}{2}\angle BAD$　よって，∠DAG＝∠BAC　また，点Bと点Dを結び，$\overset{\frown}{BC}$に対する円周角に等しいから∠BAC＝∠BDC　よって，∠DAG＝∠BDC　半円の弧に対する円周角より，∠ADB＝90°

$\angle ADB=\angle ADG+\angle BDC=\angle ADG+\angle DAG$　△ADGにおいて，$\angle AGD=180^\circ-(\angle ADG+\angle DAG)=180^\circ-\angle ADB=90^\circ$　$\angle AGE=180^\circ-\angle AGD=90^\circ$　よって，$\angle AGD=\angle AGE$…③　①，②，③より，1組の辺とその間の角がそれぞれ等しいから，$\triangle ADG\equiv\triangle AEG$

重要　(2)　(1)③より$\angle AGE=90^\circ$（…④）　また半円の弧に対する円周角より，$\angle AFB=90^\circ$（…⑤）　④，⑤より，EG//BF　よって，平行線と比の定理より，AG：GF＝AE：EB(…⑥)　(1)より，合同な三角形の対応する辺の長さは等しいから，$AE=AD=8$　$EB=AB-AE=2AO-AE=2\times5-8=2$　よって，⑥より，AG：GF＝8：2＝4：1

4　(三平方の定理，中点連結定理，平行線と線分の比，三角形の特別角，四角すいの体積)

［問1］　FB＝FC，BO＝CO，FO共通より，$\triangle FBO\equiv\triangle FCO$，よって，$\angle FOB=\angle FOC=90^\circ$　△FBOで三平方の定理より，$FB=\sqrt{BO^2+FO^2}=\sqrt{4^2+3^2}=5$　△FBCにおいて，CO＝OB，DO//BFから中点連結定理より，$IO=\frac{1}{2}FB=\frac{1}{2}\times5=\frac{5}{2}$　これより$DI=DO+IO=4+\frac{5}{2}=\frac{13}{2}$　面FGH⊥AOだから，DI⊥AOでもあり，$\triangle ADI=\frac{1}{2}\times DI\times AO=\frac{1}{2}\times\frac{13}{2}\times6=\frac{39}{2}$(cm²)

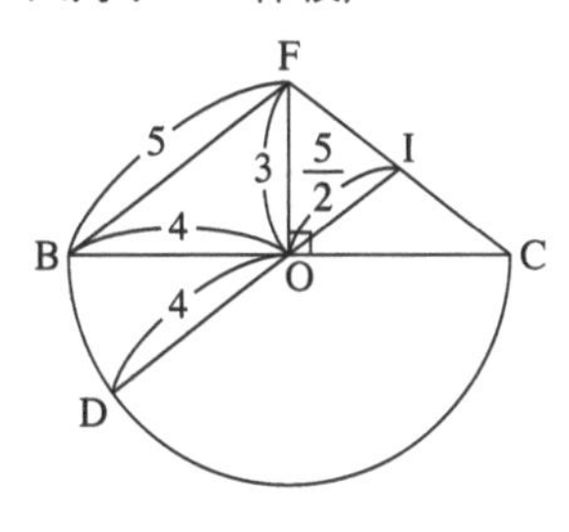

やや難　［問2］　(途中の式や計算)(例)$DO=\frac{1}{2}BC=\frac{9}{2}$　△ADOにおいて三平方の定理より，$AD^2=AO^2+DO^2=6^2+\left(\frac{9}{2}\right)^2=\frac{225}{4}$　AD＞0より，$AD=\frac{15}{2}$　点Jから線分DOに垂線を引き，交点をKとする　△DOAと△DKJにおいて，AO//JKより，DO：DK＝DA：DJ　$\frac{9}{2}:DK=\frac{15}{2}:1$　よって，$DK=\frac{3}{5}$　$FK=DF-DK=(DO+FO)-DK=\left(\frac{9}{2}+\frac{5}{2}\right)-\frac{3}{5}=\frac{32}{5}$　また，AO//JKより，DA：DJ＝AO：JK　$\frac{15}{2}:1=6:JK$　よって，$JK=\frac{4}{5}$　△FJKにおいて三平方の定理より，$FJ^2=FK^2+JK^2=\left(\frac{32}{5}\right)^2+\left(\frac{4}{5}\right)^2=\left(\frac{4}{5}\right)^2\times(8^2+1)=\left(\frac{4}{5}\right)^2\times65$　FJ＞0より$FJ=\frac{4\sqrt{65}}{5}$(cm)

やや難　［問3］　AF：FO＝3：1だから，FO＝aとすると，AF＝3a　$\angle AOF=90^\circ$だから，△AOFで三平方の定理より，$AO=\sqrt{AF^2-FO^2}=\sqrt{(3a)^2-a^2}=2\sqrt{2}a$　ここで$FO=\frac{\sqrt{3}}{2}BC=\frac{\sqrt{3}}{2}\times6=3\sqrt{3}$(＝$a$)だから，$AO=2\sqrt{2}a=2\sqrt{2}\times3\sqrt{3}=6\sqrt{6}$　また，$\overset{\frown}{BD}:\overset{\frown}{DC}=2:1$だから，$\angle BOD:\angle COD=2:1=120^\circ:60^\circ$　円周角の定理より$\angle BCD=\frac{1}{2}\angle BOD=60^\circ$　よって△ODCは，$OC=\frac{1}{2}BC=3$，$\angle COD=\angle OCD=60^\circ$だから1辺が3の正三角形。ここで線分OCの中点をLとすれば，$\angle CLD=90^\circ$だから，$LD=\frac{\sqrt{3}}{2}CD=\frac{\sqrt{3}}{2}\times3=\frac{3\sqrt{3}}{2}$　求める体積は，四角形BDCFを底面とし高さAOの四角錐だから，$\frac{1}{3}\times$(△BCD

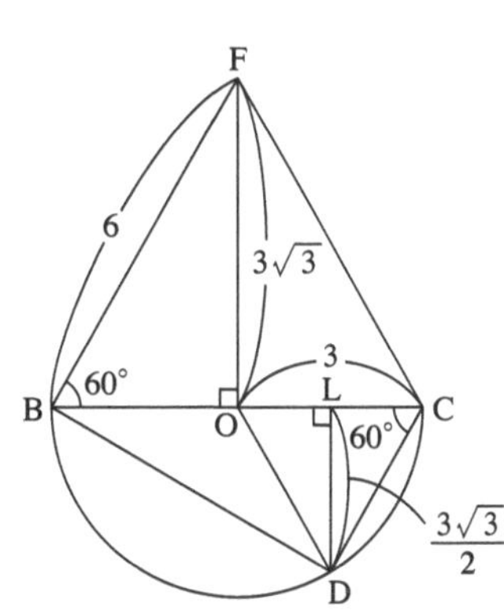

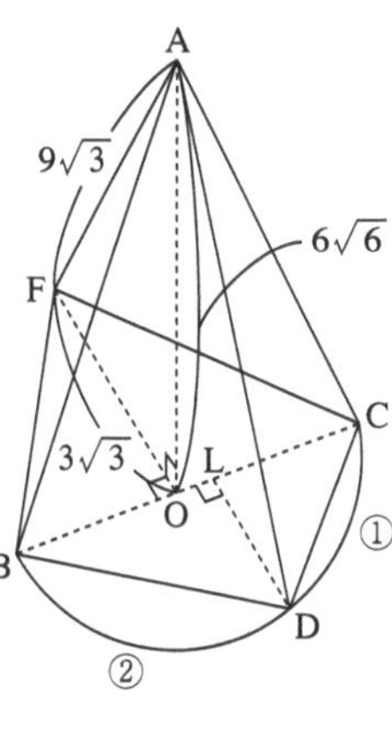

$+\triangle BCF)\times AO=\frac{1}{3}\times\frac{1}{2}\times BC\times(DL+FO)\times AO=\frac{1}{3}\times\frac{1}{2}\times 6\times\left(\frac{3\sqrt{3}}{2}+3\sqrt{3}\right)\times 6\sqrt{6}=81\sqrt{2}\,(cm^3)$

★ワンポイントアドバイス★

1〔問2〕では一方は右下がりの直線，〔問5〕ではAO＝ABにはならないことに注意しよう。2〔問1〕ではAC：AB＝25：4を利用する，〔問2〕では問題文の読み違いをしないこと。3の証明では，∠ADB＝90°の根拠を必ず書こう。4〔問2〕の記述では，どのように長さを求めたのか採点者にわかるように記述しよう。

＜英語解答＞

1　〔問題A〕　＜対話文1＞　ア　＜対話文2＞　エ　＜対話文3＞　ウ
〔問題B〕　＜Question 1＞　イ
＜Question 2＞　To visit other countries.

2　〔問1〕　ウ　〔問2〕　イ　〔問3〕　エ　〔問4〕　ウ
〔問5〕　There are some countries that have low food self-sufficiency rates. If they produce cultivated meat and the people in those countries eat it, they won't have to depend on other countries very much. (33 words)
〔問6〕　オ　カ

3　〔問1〕　イ　〔問2〕　エ　〔問3〕　エ　〔問4〕　ア
〔問5〕　(Although) both designs are intended for a good environment, they will have negative influences on the users. (16 words)
〔問6〕　ウ　〔問7〕　イ　ク

4　I think our class should do the musical. The survey shows that many students want to work together as a class. To do so, everyone should have something to do. The musical includes many characters and we need many students to prepare the clothes. We will be a better class by creating a good musical together. (56 words)

○配点○

1　各4点×5
2　〔問5〕　10点　他　各4点×6
3　〔問5〕　6点　他　各4点×7
4　12点　　合計100点

＜英語解説＞

1　(リスニングテスト)

放送台本の和訳は，令和5年度都立共通問題36ページに掲載。

2 (会話文問題：語句解釈，内容吟味，語句整序，語句補充・選択，自由・条件作文，要旨把握，関係代名詞，動名詞，受動態，不定詞，助動詞，比較，進行形，現在完了，前置詞，接続詞)

4人の高校生，コウキ，アヤ，サクラ，そして，マークが教室にいる。マークはアメリカからの交換留学生だ。

コウキ(以下K)：昼食の時間です。／アヤ(以下A)：私は起きるのが遅くて，おにぎりを1つ作る時間しかなかったのです。／サクラ(以下S)：あなたはお腹がすくでしょうね。／マーク(以下M)：アヤ，僕の鶏肉を欲しいですか？　あの，実は，これは鶏肉ではないのですが。／A：どういうことですか？／M：大豆のたんぱく質からできているのです。おそらく，大豆ミート，植物由来の肉について，聞いたことがあるでしょう。／S：あっ，コンビニエンスストアで，それらの種類の製品を見かけたことがあります。／K：私のお気に入りのファーストフードレストランで，少し前に，大豆バーガーを売り始めました。／A：でも，それらの製品は，肉を食べない人々のためのもの，と私は考えていました。／M：おそらく，(1)それは以前の状況でしたが，今では，自己の健康や環境のため，動物を保護するため，あるいは，食品問題の解決法として，といったようなさまざまな理由により，肉の代替品を食べることを選択する人々がいます。／S：代替肉に，そんなに多くの利点があることは知りませんでした。代替肉についてもっと知りたいと思います。／K：ねえ，代替肉に関して，英語の授業で発表をするのはいかがですか。／A：良い考えですね。／M：それでは，明日の放課後，集まりましょう。私達の各々(おのおの)が調査をして，見つけ出したことを分かち合うことができます。

翌日，放課後，4人の生徒が教室にいて，英語の授業に対する彼らの発表について話し合っています。

S：それでは，誰から始めますか？／M：まず，私から話し始めます。私の両親が環境問題に関するテレビ番組を見てから，私の家族はおよそ1年前に代替肉を食べ始めました。／K：代替肉を食べることは，どのように環境に影響するのですか？／M：農場の動物，特に，牛が環境に大きな影響を及ぼすということを知っていましたか？　国際連合によると，牛は世界の温室効果ガスの約15%を生み出しています。そのことは，車，電車，飛行機を全て合わせたものよりも，牛の方がより多くの温室効果ガスを排出していることを意味します。／K：本当ですか。それは多いですね！　そのことに関して，私達は何かしなければなりませんね。／M：科学者達は懸命に努力しており，牛に海藻を与えるなど，様々な方法を考えてきました。そうすることで，牛が生み出す温室効果ガスの1つであるメタンは，非常に減少してきています。／K：それは喜ばしいですね。／M：でも，問題は単に温室効果ガスに関するものだけとは限りません。動物を飼育するには，多くの水と土地が必要です。同様に，動物が食べる食物を栽培するために，多量の水と土地も必要です。全世界における住むのに適した土地の半分を，私達は耕作のために既に使っています。そして，森林の非常に多くを私達は破壊してきました。／S：そして，状況はさらに悪化するのでしょう。／K；それはなぜですか。／S：世界人口は増加して，30年後にはさらに20億人の人々が加わると言われています。それほど多くの人々に対して肉を供給するために，耕作用にさらに多くの土地が必要となります。私達が必要な土地のサイズは，およそオーストラリアの大きさなのです。／K：どこで私達はそのような多くの土地を探すのでしょうか(そのような多くの土地を探すことは無理です)。／M：まさしくその通りです。そこで，もっと増産する代わりに，肉を食べる量を減らす必要がある，と国際連合は主張しています。そのことに関して私達は何かをする必要がある，と私の両親は感じたのです。／K：肉がなければ，私は生きていけないと思います。／M：私達もそのように思っていました。そんな時，スーパーマーケットへ行った際に，牛肉や鶏肉の隣に，肉の代替品を見つけたのです。私達はそれを試してみることにして，毎週水曜日を“代替肉の日”にしたのです。他の日には，私達は動物の肉を食べていました。／A：それは良い考えですね。／M：今では，私達は代替肉をより頻繁に食べています。そんなことでは，大きな違いにならないかもしれませんが，何もしないよりは良い，と私達は考えました。／K：私が見つけたことを共有しても良いですか？／S：もちろんです。／K：私は代替肉に関して何も知らなかったので，それらが実際に何なのかを知るために，情報を収集しました。代替肉は2つのグループに分類できます。植物由来の肉と培養肉です。／S：その違いは何ですか。／K：植物由来の肉は，大豆，小麦，エンドウ豆のような植物から作られています。本当の肉のような味や見た目になるように，しばしばさまざまな材料が加えられています。もう一方の種類である培養肉は，動物の細胞から育てられたたんぱく質です。／A：動物の細胞から作られた肉ですか？　美味しいのですか？／K：実際，動物の細胞から作られているので，動物の肉のような味がするそうです。でも，このような種類の肉を作るには，高度な技術が必要となってきます。それを作るには多くのお金も必要なので，日本で培養肉を買うことができるまでには，あと数年かかるでしょう。／M：それを作ることが難しいのなら，単に(3)-a植物由来の肉を食べるべきである，ということですか？／K：それは良い指摘ですね。でも，本当の肉に似た製品を欲しがっている人々がいます。また，そういった肉を作るには，大豆のような多くの植物を栽培する必要がありません。／S：ということは，私達が使う水や土地を減らすことができるということですね！／K：その通りです。日本で使われている大豆のほとんどが他の国に由来しているという点からも，(そのような肉は)良いと言えます。外国から商品を持ち込む際には，多くのエネルギーを使いますからね。／S：それはまた日本の食料自給率を上げることになるかもしれません。もし培養肉に対する技術が発達すれば，それほど他の国々に依存する必要はありません。／K：おそらくそのような理由故に，シンガポールは(3)-b培養肉を認めた世界で最初の国になったのでしょう。彼らが食べる食料の90％以上が，外国から輸入されています。／M：代替肉は私達の非常に多くの問題に対する解決策になりうるように思えます。／A：その通りです。代替肉を食べることにはとても多くの利点がありますが，サクラと私は代替肉について詳しくありませんでした。／S：そこで，私達は日本で代替肉がいかに普及しているかを知りたかったのです。昨年実施された調査では，人々の20％しか代替肉を食べた経験がありませんでした。また，その調査によると，人々の60％以上がその存在は知ってはいるが，1度も食べたことはありませんでした。／M：それはなぜでしょうか？／A：多くの人々が美味しくないと思ったからです。／S：そして，また，多くの人々はそれらが何からできているかを知りませんでした。植物由来の肉製品を作るためには，さまざまな原料が使用されているので，それが健康的でないかもしれない，と彼らは思ったのです。／K：でも，それらは(3)-c動物の肉よりも健康的なのでしょう？／A：健康的なのは事実ですが，商品によりナトリウムの濃度が高くなる可能性があり，動物が与えてくれる，例えばビタミン$_{12}$のようなビタミンが不足しうるので，注意しなければなりません。／M：私の両親は常に原料を確認していると言っていました。アメリカでは，さまざまな植物由来の肉製品があったので，健康的なものを彼らは選んでいました。／K：アメリカでは，多くの人々が代替肉を食べているのですか？／M：調査によると，22％が植物由来の肉を日々食べており，20％が毎週食べています。健康や環境のために，そして，単にその味が好きだからという理由で，人々はそれを購入することを選択しています。／S：日本の状況とは非常に異なっていますね。／K：おそらくそのことは日本の人々が食べる食品と関連しているのでしょう。私達は肉を食べますが，魚も食べます。／A：それだけではありません。日本には豆腐や納豆のようなたんぱく質を含む多くの他の食品が存在しています。／M：すでにさまざまな他の食品が存在しているので，おそらく多くの日本人は，肉やたんぱく質に対する代替品が必要であるとは，感じていないのでしょう。／S：そのことは本当かもしれません。でも，日本人が食べる食品は変化していて，私達は以前よりも多くの肉を食べるようになっています。また，人々が食べる肉の量は世界中で増加しています。そこで，私達は変わる必要がある，と私は感じています。／K：その通りです。私が動物の肉を食べ続けるだろということはわかっていますが，私達が互いに共有した(4)事実を知ったからには，私はきっと代替肉も食べることになるでしょう。実際に，次回行った時には，私の好きなファーストフードレストランで大豆バーガーを食べてみようと思います。／S：私はマークのように家で"代替肉の日"を設けたいと思います。そのことについて両親に話そうと思います。／A：私達が何を食べるかを選ぶことは，私達の健康にとって重要ですが，おそらく，環境や将来のためにも，私達は選択しなければなりません。／M：代替肉を食べることは完全な解決策ではありませんが，小さなことが積み重なって，大きな違いとなる，と私は信じています。(5)私達の発表の後に，人々が口にする食べ物について考えてくれることを願っています。

基本　〔問1〕　A：でも，それらの製品［植物由来の肉］は，肉を食べない人々のためのもの，と思っていた。／M：おそらく，(1)それは以前の状況だった～　下線部(1)の以前の状況とは，直前のアヤの言葉を指す。従って，正解は，ウ「少し前には，肉を食べなかった人々が代替肉を選んだ」。people who didn't eat ← ＜先行詞（人）＋主格の関係代名詞 who＋動詞＞「動詞する先行詞」　ア「少し前に，いくつかのコンビニエンスストアが代替肉を売り始めた」started selling ← 動名詞＜原形＋-ing＞「～すること」　イ「少し前に，1軒のファーストフードレストランが代替肉を売り始めた」　エ「少し前には，全ての代替肉は大豆たんぱくから作られていた」were made ← ＜be動詞＋過去分詞＞「～される，されている」　受動態

重要　〔問2〕　(Also, you need a large amount of water and) land to grow the food that they eat (.)「また，動物が食べる食物を栽培するために，多量の水と土地が必要です」a large amount of「多量の～」to grow「育てるために」不定詞の目的（「～するために」）を表す副詞的用法　the food that they eat ← ＜先行詞＋目的格の関係代名詞 that＋主語＋動詞＞「主語が動詞する先行詞」

やや難　〔問3〕　animal meat「動物の肉」，plant-based meat「植物由来の肉」，cultivated meat「培養肉」　(3)-a「それ［培養肉］を作ることが難しいのなら，(3)-aだけを食べるべきだ」空所には，plant-based meat「植物由来の肉」が当てはまる。it is hard to make ～ ← ＜It is＋形容詞＋不定詞＞「～［不定詞］するのは…［形容詞］である」should「～すべきである，するはずだ」　(3)-b　S：「もし培養肉に対する技術が発達すれば，それほど他の国々に依存する必要はないだろう」→ K：「おそらくそのような理由故に，シンガポールは(3)-bを認めた世界で最初の国になったのだろう。彼らが食べる食料の90％以上が，外国から輸入されている」以上の文脈より，空所には，cultivated meat「培養肉」が当てはまる。＜have＋不定詞の否定形＞「～する必要がない」depend on「～に依存する」the food▼they eat ← 目的格の関係代名詞の省略＜先行詞（＋目的格の関係代名詞）＋主語＋動詞＞「主語が動詞する先行詞」(3)-c　But they［plant-based meat products］are healthier than (3)-c, right ? という文脈より，空所には，animal meat が当てはまる。healthier ← healthy「健康的」の比較級

基本　〔問4〕　下線部(4)を含む文は，K：「私が動物の肉を食べ続けるだろということはわかっているが，互いに共有した(4)事実を知ったからには，私はきっと代替肉も食べることになるだろう」の意。コウキの日本での代替肉に対する関わりについて述べられているので，正解は資料のタイトルが Meat Alternatives in Japan であるウ。

〔問5〕（全訳―解答例含む）

<スライド>
1.代替肉とは何か。
(a)植物由来の肉／(b)培養肉
2.代替肉を食べることの利点。
(a)環境／(b)食糧問題／(c)健康
3.最後のメッセージ

<原稿>
こんにちは，私はアヤです。なぜ代替肉を食べることが食糧問題に対する解決策になりうるか，その理由を説明しようと思います。いくつかある理由の1つを紹介しましょう。／食料自給率が低い国がいくつかあります。培養肉が作られ，それらの国々の人々がそれを食べれば，彼らは他国にそれほど依存する必要がなくなるでしょう。／ありがとうございます。次に，マークが別の理由を説明します。

代替肉を食べることが食糧問題の解決策になるという理由を30語以上の英語で書く自由・条件英作文。

〔問6〕 ア「発表の準備をするために，生徒は彼らが見つけた代替肉を持ってきて，分かち合うことを決定した」(×)記述ナシ。meat alternatives that they found ← <先行詞＋目的格の関係代名詞 that＋主語＋動詞>「主語が動詞する先行詞」 イ「私達が牛に海藻を与えたならば，それらは環境に悪影響を与えないだろう」(×)マークは，「牛に海藻を与えると，牛が作り出す温室効果ガスの1つであるメタンが多いに減少するだろう，と述べているが，環境に悪影響を与えない，とは言っていない(Scientists are working hard and they have thought of various ways, such as feeding cows with seaweed. By doing so, methane, one of the greenhouse gases that cows produce, has decreased greatly.)。are working ← 進行形<be動詞＋現在分詞[原形＋-ing]> have thought／ has decreased ← 現在完了<have＋過去分詞> such as feeding cows「牛に食べ物を与えるような」／by doing so「そうすることで」← <前置詞＋動名詞[原形＋-ng]> the greenhouse gases that cows produce「牛が生み出す温室効果ガス」← <先行詞＋目的格の関係代名詞 that＋主語＋動詞>「主語が動詞する先行詞」 ウ「もし世界人口が増加すれば，世界における住むのに適した土地の半分を耕作のために使う必要があるだろう」(×)マークが We are already using half of the world's habitable land for farming.(現状で耕作のために世界の住むべき土地の半分を使っている)と述べているので，不適。for farming ← <前置詞＋動名詞>　are using ← <be動詞＋現在分詞[原形＋-ing]>進行形「～しているところだ」 エ「より多くの肉をつくるために，国際連合は牛が生み出すメタンの量を減少させる方法を考えている」(×)メタンガスに関しては，マークが Scientists are working hard and they have thought of various ways, such as feeding cows with seaweed. By doing so, methane, one of the greenhouse gases that cows produce, has decreased greatly. と述べているのみなので，不適。more ← many／much の比較級「より多い[多く]」 is thinking／are working ← <be動詞＋現在分詞[原形＋-ing]>進行形「～しているところだ」 have thought／has decreased ← 現在完了<have[has]＋過去分詞> by doing so「そうする

ことで」← ＜前置詞＋動名詞＞ methane[the greenhouse gases] that cows produce「牛が生み出すメタン[温室効果ガス]」← ＜先行詞＋目的格の関係代名詞 that＋主語＋動詞＞「主語が動詞する先行詞」 オ「両国とも食べ物を外国に依存しているので，シンガポールは日本に似ている」(○)K：most of the soy we use in Japan is from other countries.／K：Singapore became ～．Over 90% of the food they eat comes from foreign countries. 等の記述に一致。similar to「～に似ている」depend on「～に依存している」the soy▼we use「私達が使う大豆」／the food▼they eat「彼らが食べる食べ物」← ＜先行詞(＋目的格の関係代名詞)＋主語＋動詞＞「主語が動詞する先行詞」目的格の関係代名詞の省略　カ「時々，健康に必要なものを含んでいないので，植物由来の肉を購入する際には，注意しなければならない」(○)A：you have to be careful because some of them[plant-based meat products] can be high in sodium or lack vitamins that animal meat provides, like B_{12}. に一致。＜have＋不定詞＞「～しなければならない，にちがいない」things▼you need ← ＜先行詞(＋目的格の関係代名詞)＋主語＋動詞＞「主語が動詞する先行詞」目的格の関係代名詞の省略vitamins that animal meat provides「動物の肉が与えるビタミン」← ＜先行詞＋目的格の関係代名詞 that＋主語＋動詞＞「主語が動詞する先行詞」 キ「毎週マークの家で，“代替肉の日”を実施することを，サクラは彼女の両親に尋ねようと思っている」(×)サクラが述べているのは“代替肉日”を自宅で儲けたいということなので，不適(サクラの最後の発言参照：I want to have “Meat Alternative Day” at home like Mark. I will talk to my parents about it.)。＜be動詞＋going＋不定詞＞「～するつもりだ，することになる」 ク「日本人にはたんぱく質を得るのにさまざまな方法があるので，代替肉を食べることについて考える必要はない，とサクラは考えている」(×)選択肢クのように考えているのはマークなので，不適。マークの最後から第2番目のせりふを参照のこと(Maybe Japanese people don't feel that they need an alternative for meat or protein because they already have various other things to eat,)。～ , so …「～である，それで…」＜have＋不定詞[to＋原形]の否定形＞「～する必要はない」about eating ← ＜前置詞＋動名詞[原形＋-ing]＞ various ways to get protein／other things to eat「他の食べ物」← 不定詞の形容詞的用法＜名詞＋不定詞[to＋原形]＞「～するための，すべき名詞」

3 (長文読解問題・論説文：内容吟味，語句解釈，条件英作文，語句補充・選択，要旨把握，不定詞，間接疑問文，前置詞，動名詞，関係代名詞，助動詞，比較，分詞，接続詞，進行形，受動態)

(全訳)　ある日，私はあるドアの前にいた。私はそのドアの把手(とって)を握り，それを引いた。ドアは開こうとしなかった。このドアにはどこかに不具合があるのだろうか。私の前のドアの把手を注意深く見ると，把手のすぐ上部の“押す”という語が目に入った。本当か？　把手の形状は，私に握って引くことを告げている。このような形の把手の付いたドアを一体誰が押すだろうか(誰も押さないだろう)。私がこの経験したのは数年前だったが，最近，私はこの把手に再び遭遇した。しかしながら，今回は，デザインの本の紙面上である。

その本によると，こういった種類のドアは“ノーマンドア”と呼ばれる。ノーマンドアは使い手に誤ったメッセージを届ける。使い手を考慮せずに開発されたからである。その結果，このドアの設計は機能していない。一方，成功した図案は，それが意図したメッセージを届けることが可能となる。このことを知り，周囲にある事物における図案の意図に関して，私は考え始めた。

あなたの周囲には多くの興味深い図案が存在している。あなたの小学校における廊下がどのような形状をしていたかを覚えているだろうか。おそらく廊下には，床の中央に1本の線があったことだろう。なぜだろうか。その理由は単純である。中央に1本の線があれば，同じ方向を歩いている人々は同じ側を歩くことになるので，互いにうっかりぶつかることがない。この線は意図された通りに機能しているので，成功した図案と言える。廊下の図案の異なった例を紹介しよう。壁から床まで建物内のすべてが単一の色に彩られていたら，どこで床が終り，いつ曲がらなければならないかを理解することが難しいだろう。でも，(1)色を少し変えるだけで，この問題は解消できる。廊下の床の両側を違う色で塗れば，簡単に周囲の空間を把握することができる。その場合とすべてが単色で塗られたものとを比較すれば，その差は明らかである。これらの例は，日常をより安全に，扱いやすくしようとする時に，いかに図案が役に立つか，ということを示している。

図案は単に事物の見え方に関与しているだけではない。人々に物事を行うことを励ますことにも関係している。現代社会では，人々はしばしば"快適"で，"便利"なことを追い求めるが，そのこと自体は悪いことではない。しかし，時には，自分にとって最も心地が良いとは言えない行動を選択しなければならない。そんな際に，図案が非常に役に立つのである。1つのそのような状況が電車の駅構内に見受けられる。乗客が駅のエスカレーターで長い列をつくり，駅から脱するのに長い時間を要する。このことは，大都市の混雑した駅で良く見かける問題である。仮により多くの人々が階段を使えば，この問題は解消されるだろう。人々に階段を使うことを促す方法を見つけるために，1つの実験がある駅で実施された。2色の異なった色に彩色された2つのルートが階段に設置された。ア各色は週末に訪れる異なった場所を示し，乗客が選択することを可能にした。イ乗客は違う色のルートを歩くことで，自分の意見を表明した。ウ1週間の実験期間中に，駅は各ルートを歩く人々の数を数えて，その結果を駅で公表した。オ平均して，1日で以前より多くの1,342名の乗客が階段を使った。階段を上ることが自己表現をする楽しい方法になったので，人々は階段を使うように変化したのである。違う駅で実施された似た実験では，実験が終了した後でさえも，その効果は数週間続いた。このことは，問いかけることで意図された効果が発揮された，ということを示している。最終的には，階段を使うことが自然になり，(3)問いかけがなくとも，人々は階段を使うようになる。

別の例がある国立公園にある。国立公園内の洗面所を利用するのに，あなた方の何名がお金を払うだろうか。尾瀬国立公園では，洗面所の費用をまかなうためにお金を集めている。訪問者は洗面所を使用するのに，トイレの前方に置かれた箱に100円入れることになっている。数年前には，その公園が実際に集めた額は，一人当たりわずか24円だった。このことは，4名の利用者中3名がお金を支払わなかったことを意味していた。状況を改善するために，いくつかのことが試された。まず，利用者が"選択の楽しさ"を体験できるようにした。2つの集金箱，1つは夏の尾瀬の写真が付いたもので，もう1つは秋のものが，洗面所の前に置かれた。利用者は100円硬貨を入れることで，好きな季節を選択することができた。平均は31.7円まで上昇した。さらに，公園は幼い少女の目のポスターを掲示して，そのこともまた(4)成果を上げた。平均金額は一人当たり34円まで増えた。「おそらく人々は他人の目，特に子供の目を気にしたのでしょう。子供達のために，公園をきれいに維持するように最善を尽くすべきだということが彼らにはわかっていたのですね」と尾瀬で働く1人の従業員が話してくれた。

駅と公園における両方の実験は，図案を使って良い行動を促したものだった。だが，図案は常に我々に対して好都合なのだろうか。電車を探せば，乗客の快適な乗車体験のために使用されている多くの図案が見つかるだろう。その1つが座席を2つ，あるいは3つの部分に分けている手すりだ。手すりのおかげで，乗客は互いに詰めて座るので，最大人数の乗客が座ることが可能となる。でも，状況次第では，手すりは利用者にとって，実にいらだたしいものとなる。あなたと友人の間に手すりがきた場合には，あなたはどう感じるだろうか。大人2人分の空間は，1人の母親と彼女の幼い子供2人に対して十分に広い。でも，2つの空いた座席の間に手すりがある場合には，その母親はどうするだろうか。母親はきっと彼女の子供達を座らせて，彼女自身は立ち続けるだろう。

公共の空間にあるベンチには，異なった例を見出せるだろう。ベンチによっては，真ん中にひじ掛けがあるので，人々はその上で横になったり，真ん中に座って，全てを独り占めしたりすることができない。別のベンチでは，湾曲した，あるいは，非常に狭い座部となっており，人々はそこに長時間留まることはないだろう。さて，あなたは簡単に空いたベンチを見つけるかもしれないが，そこでくつろぐことはできない。これらの例より，電車の手すりとベンチのひじ掛けの両方には，同等の問題が存在している，と言えるだろう。(5)両方の図案は良い環境に利するように意図されているが，利用者に対して，思わしくない影響を及ぼすだろう。

ある空港には興味深い話がある。搭乗後，自らの荷物を受け取るまでに長い時間を待つことに，乗客が腹を立てていた。この問題を解決するために，空港は手荷物受取所を(6)-a遠くへと移動した。これは問題を解決するには誤った方法であり，乗客はもっと怒った，とあなたは思うかもしれない。実際には，彼らは新しい荷物受け取り所について満足だった。それはなぜだったのか。自分らの仕事をするのに，空港従業員にはより多くの時間が確保されたので，乗客が新しい手荷物受取所に到着する時間までには，彼らのスーツケースの受け取りの準備が整っていたからである。確かに，このことは，空港と乗客の双方にとって良いことのように思えるが，本当に乗客はこのことを喜ぶべきなのだろうか。この変更で，乗客が歩かなければならない距離が，(6)-b長くなったのである。

図案とは何か，そして，上首尾の図案が何をなしうるのか，ということがおわかりだろう。各図案にはその背後に独自の意図が存在し，どうにかそれはあなたに影響を与えようとしている。意図された通りに図案が機能しなければ，あなたは困るだろう。時には，図案が期待に反する影響をあなたに与えることがあり，それはあなたにとって快適でないかもしれない。だが，ほとんどの場合には，図案はすべての人々にとってより良い環境を作り出すように意図され，それは本当に助けになり，役に立つ。世の中は図案で満ちている。いかに図案があなたに影響を与えるかを知れば，そのことで，周囲に起こっている物事をより良く理解することになり，新しい方法で世の中を見ることができるだろう。

基本　〔問1〕「壁から床までの建物内のすべてが単一の色で彩られていたら，どこで床が終り，いつ曲がらなければならないかを理解することが難しいだろう。でも，(1)色を少し変えれば，この問題は解消できる」以上から，壁，床，天井の色が少しだけ変わっているものを選ぶこと。it's hard to understand where the floor ends or when you have to make a turn ←　＜It is＋形容詞＋不定詞[to＋原形]＞「～［不定詞］するのは…［形容詞］である」／疑問文(Where does the floor end ?／When do you have to make a turn ?)が他の文に組み込まれる[間接疑問文]と，＜疑問詞＋主語＋動詞＞の語順になる。

基本　〔問2〕「ウ1週間の実験期間中に，駅は各ルートを歩く人々の数を数えて，その結果を駅で公表した。エこれゆえに，駅の従業員は朝早く，階段をきれいにしなければならなかった。オ平均して，1日で以前より多くの1,342名の乗客が階段を使った」以上より，エが取り除いた方がよい文と判断される。by walking「歩くことにより」← ＜前置詞＋動名詞＞　people who walked「歩いた人々」← ＜先行詞(人)＋主格の関係代名詞 who＋動詞＞「動詞する先行詞」＜because of＋名詞相当語句＞「～だから」had to clean up ← ＜have＋不定詞[to＋原形]＞「～しなければならない，にちがいない」の過去形　more ← many／much の比較級「もっと多く(の)」

やや難　〔問3〕「違う駅で実施された似た実験では，実験が終了した後でさえも，その効果は数週間続いた。このことは，問いかけることで意図された効果が発揮された，ということを示している。最終的には，階段を使うことが自然になり，(3)問いかけがなくとも，人々は階段を使うようになる」a similar experiment done in ～／the intended effect ← 過去分詞の形容詞的用法<名詞＋過去分詞＋他の語句>／<単独の過去分詞＋名詞>「～された名詞」asking questions ← 動名詞<原形＋-ing>「～すること」ア「質問を気に入ったときだけ，人々は階段を使う」 イ「人々は質問に答えることにうんざりする」bored with doing「～することに退屈して」 ウ「人々は質問に対していかなる考えも持ち合わせていない」

やや難 〔問4〕 後続文で，洗面所でお金を支払うようになった人が増えている，と記されている点から考えること。正解は，ア「公園の従業員が望んだ効果が得られた」。ちなみに，do the trick で「目的を達成する」の意味となる。the effect▼the park workers wanted ← <先行詞(＋目的格の関係代名詞)＋主語＋動詞>目的格の関係代名詞の省略「主語が動詞する先行詞」 イ「より多くのお金を集めるために魔法をかけた」more ← many／much の比較級「もっと多く(の)」 イ「訪問者の数において急激な増加が見受けられた」訪問者数ではなくて，集金額が増加したということ。 エ「各利用者が箱にいくら入れたかを見た」watched how much each user put into the box ← 疑問文(How much did each user put into the box ?)が他の文に組み込まれる[間接疑問文]と，<疑問詞＋主語＋動詞>の語順になる。

やや難 〔問5〕「これらの例より，電車の手すりとベンチのひじ掛けの両方には，同等の問題が存在している，と言える。(5)両方の図案は良い環境に利するように意図されているが，利用者に対して，思わしくない影響を及ぼすだろう」与えられている語と文脈から，「～だけれども，両方の図案とも問題を抱えている」という内容の英文を15語以上で書くこと。although「～だけれども」have negative influences on「～に対して思わしくない影響が及ぶ」

重要 〔問6〕 (6)-a 「搭乗後，自らの荷物を受け取るまでに長い時間を待つことに，乗客が腹を立てていた。この問題を解決するために，空港は手荷物受取所を (6)-a 移動した。これは問題を解決するには誤った方法であり，乗客はもっと怒った，とあなたは思うかもしれない」正解はfar away「遠くへ」。may「～かもしれない，してもよい」more ← many／much の比較級「もっと多く(の)」 (6)-b 手荷物受取所が遠くに移動したので，歩行距離がより長く[longer]なったのである。the distance▼passengers needed to walk「乗客が歩かなければならない距離」← <先行詞(＋目的格の関係代名詞)＋主語＋動詞>目的格の関係代名詞の省略「主語が動詞する先行詞」longer ← long「長い」の比較級

やや難 〔問7〕 ア「作者がノーマンドアを見た時に，人々にはそれの開け方がわかるだろう，と彼女は思った」(×)ノーマンドアに関して，第1段落第2・3文 I held the handle on the door and pulled it. The door wouldn't open.／第1段落第7・8文 The shape of the handle is telling me to hold and pull. Who would push a door with a handle of this shape ?／第2段落第2文 A Norman Door sends the wrong message to the users because it is developed without thinking about the people who use it. と述べられているので，不適。how to open ← <how＋不定詞[to＋原形]>「～する方法，いかに～するか」is telling ← 現在進行形「～しているところだ」<be動詞＋現在分詞[原形＋-ing]> Who would push ～ ? 形は疑問文だが，反語的表現で，意味は否定なので注意。is developed ← <be動詞＋過去分詞>受動態 without thinking「考えずに」← <前置詞＋動名詞> the people who use ← 主格の関係代名詞 who イ「図案が利用者に対して何を行って欲しいかを伝えることができれば，成功であると思っても良い」(○)第2段落第4文 ～ a successful design can send messages that it intends. に一致。it can tell its users what it wants them to do ← 疑問文(What does it want them to do ?)が他の文に組み込まれる[間接疑問文]と，<疑問詞＋主語＋動詞>の語順になる。 messages that it intends「それが意図しているメッセージ」← ＜先行詞＋目的格の関係代名詞 that＋主語＋動詞＞「主語が動詞する先行詞」 ウ「人々が好きな側を歩行するので，廊下の床の1本線は良い図案の1つの例である」(×)機能する廊下の中央線に関しては，第3段落第6文で If there is a line in the center, people walking in the same direction will walk on the same side, so people won' t walk into each other. と書かれているので，不適。the side▼they like ← 目的格の関係代名詞の省略＜先行詞(＋目的格の関係代名詞)＋主語＋動詞＞「主語が動詞する先行詞」 people walking in「～を歩いている人々」← ＜名詞＋現在分詞＋他の語句＞「～している名詞」現在分詞の形容詞的用法　～, so …「～である，それで…」walk into「～にぶつかる」each other「互いに」 エ「快適でないことを人々にしてもらいたい時に，図案は役立たない」(×)第4段落第4・5文に sometimes you should choose an action that is not the most comfortable for you. Here design can be helpful. とあるので，不適。things that are not comfortable ～ ← 主格の関係代名詞 that　should「～すべきである，のはずだ」an action that is not the most comfortable ← 主格の関係代名詞 that／most comfortable ← comfortable「快適な」の最上級　オ「尾瀬国立公園は駅と同じシステムを試したが，利用者から彼らが集めた金額は増えなかった」双方ともに選択肢を利用者に与えたという点では共通しているが，全く同じシステムが利用されたわけではなく，集金額も増えているので，不適。(第4段落&第5段落参照) money▼they collected ← ＜先行詞(＋目的格の関係代名詞)＋主語＋動詞＞目的格の関係代名詞の省略「主語が動詞する先行詞」 カ「電車に座席を分ける手すりを設けることは，常に乗客の利益になる。より多くの乗客に席が確保されるからである」(×)電車で座席を分ける手すりに関しては，第6段落第6文に depending on the situation, they can be really annoying for users. とあり，以降でその例が挙げられているので，不適。having bars ← 動名詞＜原形＋-ing＞「～すること」bars separating seats ← ＜名詞＋現在分詞＋他の語句＞「～している名詞」現在分詞の形容詞的用法　more ← many／much の比較級「より多く(の)」depending on「～次第で」 キ「新しい図案に故に，ベンチでくつろげるが，空いているベンチを見つけるのは難しい」(×)第7段落第4文に Now you may easily find an open bench, but you can't relax on it. と記されているので，不適。＜because of＋名詞相当語句＞「～のせいで」it is difficult to find one that is open ← ＜It is ＋形容詞＋不定詞[to＋原形]＞「～ [不定詞]することは…[形容詞]である」／＜先行詞＋主格の関係代名詞 that＋動詞＞「動詞する先行詞」may「～かもしれない，してもよい」 ク「図案のメッセージを理解できれば，周囲で何が起きているかより良くわかる，と作者は考えている」(○)最終文(If you know how design influences you, that leads you to a better understanding of the things happening around you, ～)に一致。you will understand what is happening around you better／If you know how design influences you, ～ ← 疑問文(What is happening around you ?／How does design influence you ?)が他の文に組み込まれる[間接疑問文]と，＜疑問詞＋主語＋動詞＞の語順になる(What is happening ～ ? は主語の位置に疑問詞が来ているので，元から＜疑問詞＋動詞＞の語順になっている)。is happening ← 現在進行形＜be動詞＋現在分詞[原形＋-ing]＞ better ← good／wellの比較級「より良い[良く]」the things happening around you「あなたの周囲に起こっている物事」← ＜名詞＋現在分詞＋他の語句＞「～している名詞」現在分詞の形容詞的用法

やや難 4 (自由・条件英作文)

(解答例全訳)「私達のクラスはミュージカルをするべきだと私は考える。調査によると，多くの

生徒がクラスとして一緒に協力することを望んでいる。そうするためには，全ての人に対して，することが割り当てられるべきである。ミュージカルは多くの配役を含み，衣装を用意するためには，多くの生徒が必要である。良いミュージカルを一緒に作り出すことで，私達はより良いクラスになるだろう」2案のうち，どちらの演劇が良いかを，資料を基に根拠を掲げ，50語以上の英語でまとめる自由・条件英作文。

★ワンポイントアドバイス★

大問2〔問6〕と大問3〔問7〕の内容一致問題を取り上げる。いずれも本文が長いので，難解である。該当箇所をすばやく見つけるには，長文を正確に速く読む能力が肝要で，そのためには日頃からの長文読解演習は欠かせない。

＜国語解答＞

1　(1)　く(る)　(2)　さいしょう　(3)　はんよう　(4)　そほうか　(5)　せいしょう

2　(1)　陸続　(2)　管見　(3)　資(する)　(4)　策定　(5)　骨子

3　〔問1〕　エ　〔問2〕　ア　〔問3〕　ウ　〔問4〕　エ　〔問5〕　イ

〔問6〕（例）見事な襖絵を見て，長谷川の絵師としての才能を認めざるを得ないと思うものの，狩野一門の頭領としてのプライドから，そのことを素直に認めることには抵抗を感じる気持ち。

4　〔問1〕　ア　〔問2〕　ウ　〔問3〕　ア　〔問4〕　イ　〔問5〕　ウ

〔問6〕（例）桂離宮を見た時，自然の風情そのものと思われた庭が，実は人為を感じさせぬ形で整えられたものであることに気づき驚いた。幾何学的に配置され樹木も円錐形に整えられた西洋庭園との違いを感じ，日本人の自然観や文化の特質性がここに残されていると思った。

グローバル化の進展とともに，工業製品などの規格は統一化され，食文化や衣服など様々なものの均質化が進んでいる。共通化は社会に「便利さ」という恩恵をもたらすが，共通化の流れにあらがって残る個別性こそが，生活や文化の「豊かさ」の源にあるものではないだろうか。

5　〔問1〕　エ　〔問2〕　イ　〔問3〕　ア　〔問4〕　ウ　〔問5〕　イ

○配点○

1　各2点×5

2　各2点×5

3　〔問6〕　8点　他　各4点×5

4　〔問6〕　12点　他　各4点×5

5　各4点×5　計100点

＜国語解説＞

1 （知識問題―漢字の読み書き）

(1) 「繰る」は，ひもや糸などを引いてまとめること。
(2) 「宰相」は，首相のこと。
(3) 「汎用」は，さまざまな方面に広く用いるという意味。
(4) 「素封家」は，大金持ち，富豪のこと。
(5) 「白砂青松」で，「はくしゃせいしょう」と読む。白い砂と青い松という美しい海岸の風景のこと。

2 （知識問題―漢字の読み書き）

(1) 「陸続」は，次々に続くこと。
(2) 「管見」は，狭い視野のこと。
(3) 「資する」は，役に立つ，助けになるという意味。
(4) 「策定」は，計画をして決めること。
(5) 「骨子」は，主要な部分のこと。

3 （小説―情景・心情，内容吟味）

〔問1〕 長谷川が絵を描いている法堂に行くことは，「ほんの数十歩，いつもの道から踏み込むだけ」なのに，「永徳には大きな思い切りが必要」なことだった。ここから，永徳には長谷川の絵を見るのに，そうとうな覚悟が必要なのだとわかる。そのため，法堂の石段を上がる際にも「腹に力を込め」なければならないほどだったのである。

〔問2〕 笑いながら描いている様子を見て，永徳は「楽しく描いてもいいのか」と驚いている。また，かつては自分も「絵を描くのが楽しくて仕方がなかった」のに，今では「自分を追い込む苦行になって」いたことに思い至り，「うらやましいことです」と長谷川に素直な気持ちを伝えている。

〔問3〕 直後で長谷川は，自分とは大きさや重さがまるで異なる狩野一門を率いる永徳を気づかうようなことを言っている。

〔問4〕 長谷川は，和尚の「留守を幸いに」，「たった一日で三十六面の襖に絵を描き」あげた。その絵について，和尚は「息を呑んだ」ほどで「山水の世界」だと，高く評価している。そのために，怒っていないのかと聞く長谷川に対し，「怒ったところで，あの絵が消えるわけではない」と言っているのである。

〔問5〕 長谷川の絵は，「ひたひたと魂に迫ってくる」ようで，「じっと見ていると，雪となった桐紋が降りしきる閑寂の音さえ聴こえてくる」と感じさせるものである。よって，絵が「やかましく鳴いている」蟬の声を忘れるほどの「閑寂の音」を心に迫らせるものだということを表現しているとわかる。

重要 〔問6〕 永徳は，長谷川の襖絵を見てみたいと思ったものの，「絵を見たい」と思われることは「それだけでひとつの評価」になることから，「見たがっていると思われるのは癪にさわる」ので，一度は誘いを断ろうとした。この様子から，永徳には長谷川の才能を認めたくない気持ちがあることが読み取れる。しかし，実際に長谷川の絵を見て，「ひたひたと魂に迫ってくる絵」だと，才能の高さを確かに感じている。それでもやはり認めたくない気持ちがあるので，「悪くない」ということしか言えなかったのである。

4 （論説文―大意・要旨，内容吟味，作文）

〔問1〕 前に，「日常用いる言語」は，「『世界というテクスト』を読み取り，そこに固有の実定性を与える言説」だと説明されている。「世界というテクスト」の中から「社会」や「世間」と表現できる概念を言葉にすることで，「社会」や「世間」が形成されるのである。

〔問2〕 地図は，「想像力と人間の社会的実践とが交わる平面をなしている」ために「想像力が地図的表現を通じて制作する世界に対して人間が働きかけ，行為し，関係を形成してゆく」ものだと直前にある。そして，そこに内在する「他者とのコミュニケーション」は，「私たちが世界や社会を生きる時，不可避的」なものである。

〔問3〕 次の段落で，「幾つものタイプ」の例が具体的に挙げられている。「水平な広がりを志向する」ものや，「垂直的な深さを志向する」もの，「神話のような説話的な構造」のものなどさまざまで，そのようであるのは「社会が異なれば，そこで思考され，生きられる世界も異なる」ためだと説明されている。

〔問4〕 「近代的な地図」は，「地球表面上のすみずみまで描き尽くし」て，「『普遍的』な世界像として」「近代的世界」を広げたと述べられている。それまでは「歴史的・社会的に一様ではない」ものであった地図が，均質的なものを示したことで，世界そのものも均質的になったのである。

重要 〔問5〕 最後から五段落目の内容とウが一致する。

やや難 〔問6〕 世界規模で共通化されているものと，それとの違いや個別性を保っているものを比較して書く。自身の経験や見聞から具体的なものを挙げ，どのような点で個別性が保たれていると言えるのかなどを詳しく説明できるとよい。

5 （論説文，和歌，古文―大意・要旨，内容吟味，品詞・用法）

基本 〔問1〕 傍線部とエは，限定の意味を表す。

〔問2〕 「『本意』は，和歌の伝統によって定められ，人々に自然の見方を教える規範となっている」ため，「秋の夕べは物悲しくあるべきだと」いう考えが無意識のうちにあり，「記憶の中で実際の秋の夕べが涙を誘うほど物悲しいものになったとしても不思議ではない」のである。この「自然観は，今なお我々日本人にその影響を残している」ほどなので，傍線部のように言えるのである。

〔問3〕 次の段落で心敬の詠んだ和歌を部分的に挙げて説明している。心敬も，桜の本意である「人を誘い酔わせるような」美しさは知っていたはずなのだが，心敬は「自然は無常の象徴として立現れる時こそ感動的である」という見方をしていたとのである。

〔問4〕 心敬は，「自己の死を意識しつつ生きる者の，ある透明な心境」である，「万象が無常であると見えてくるよう」で，また「無常であるが故に『あはれ』と見えてくるような境地」を「心の艶」としている。

〔問5〕 「『冷え』は氷に代表される，中世に至って特に主張された美」で，心敬にとって，「冷え」は「『艶』なるものとして立現れる」ものだと述べられている。また，心敬は，「極彩色の濃絵ばかりで水墨画が見当たらない」と嘆いているのだから，イが正解。

★ワンポイントアドバイス★

小説は，登場人物の動作や発言などに注目して読もう。論説文は，文章の展開を意識しながら要点をつかんでいくことが大切。作文問題は，文章の内容を把握し，体験を具体例としながら自分の考えにつなげよう。

都立日比谷高等学校

2022年度

★★★★★★★★★★★★★★★★★★★★★★★★

入　試　問　題

2022年度

●くわしい解説……37ページ

＜数学＞

時間 50 分　満点 100 点

【注意】答えに根号が含まれるときは，根号を付けたまま，分母に根号を含まない形で表しなさい。
また，根号の中を最も小さい自然数にしなさい。

1　次の各問に答えよ。

〔問1〕　$(\sqrt{3}+\sqrt{2})^2-(\sqrt{3}-\sqrt{2})^2+\frac{1}{\sqrt{3}}\times\frac{1}{\sqrt{2}}$ を計算せよ。

〔問2〕　二次方程式　$(2x-6)^2+4x(x-3)=0$ を解け。

〔問3〕　一次関数 $y=ax+4$ において，x の変域が $-3\leqq x\leqq 6$ のとき，y の変域は $2\leqq y\leqq 5$ である。　定数 a の値を求めよ。

〔問4〕　1 枚の硬貨を投げるとき，表が出たら得点 1，裏が出たら得点 2 とする。
この硬貨を 3 回投げ，1 回目の得点を a，2 回目の得点を b，3 回目の得点を c とするとき，$b=ac$ となる確率を求めよ。
ただし，硬貨の表と裏の出ることは同様に確からしいものとする。

〔問5〕　右の図で，点 O は線分 AB を直径とする半円の中心である。
点 C は線分 OA 上にあり，$\overset{\frown}{AB}$上の点を P とする。
解答欄に示した図をもとにして，$\angle$ CPB = 30°となる点 P を，定規とコンパスを用いて作図によって求め，点 P の位置を示す文字 P も書け。
ただし，作図に用いた線は消さないでおくこと。

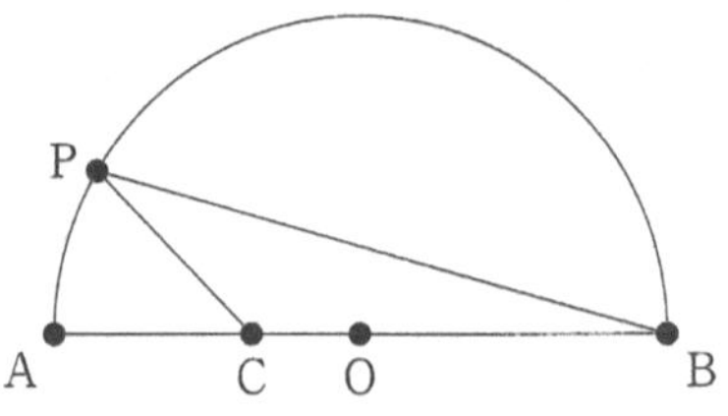

2

右の図で，点Oは原点，曲線fは$y=x^2$のグラフ，曲線gは$y=ax^2$$(a>1)$のグラフを表している。

点Aは曲線f上にあり，x座標はp　$(p<0)$である。

点Aを通りx軸に平行な直線を引き，曲線fとの交点のうち，点Aと異なる点をBとする。

点Bを通りy軸に平行な直線を引き，曲線gとの交点をCとする。

点Aを通りy軸に平行な直線を引き，曲線gとの交点をDとする。

2点C，Dを通る直線を引き，曲線fとの交点のうち，x座標が負の数である点をE，x座標が正の数である点をFとする。

点Oから点（1，0）までの距離，および点Oから点（0，1）までの距離をそれぞれ1cmとして，次の各問に答えよ。

〔問1〕　$a=2$のとき，点Fの座標をpを用いて表せ。

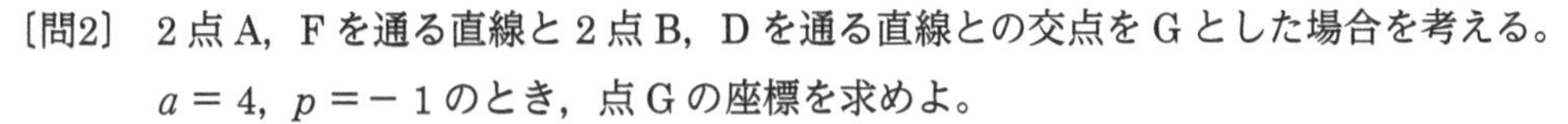

〔問2〕　2点A，Fを通る直線と2点B，Dを通る直線との交点をGとした場合を考える。
$a=4$，$p=-1$のとき，点Gの座標を求めよ。
ただし，答えだけでなく，答えを求める過程が分かるように，途中の式や計算なども書け。

〔問3〕　点Aと点C，点Aと点O，点Cと点Oをそれぞれ結んだ場合を考える。
$p=-2$のとき，$\triangle$AOCの面積は何cm^{2}か。aを用いた式で表せ。

3 右の図1で，点Oは線分ABを直径とする半円の中心である。

点Cは$\overset{\frown}{AB}$上にある点で，点A，点Bのいずれにも一致しない。

点Dは$\overset{\frown}{AC}$上にある点で$\overset{\frown}{AD}=\overset{\frown}{DC}$である。

点Aと点C，点Dと点O，点Cと点Oをそれぞれ結ぶ。

図1

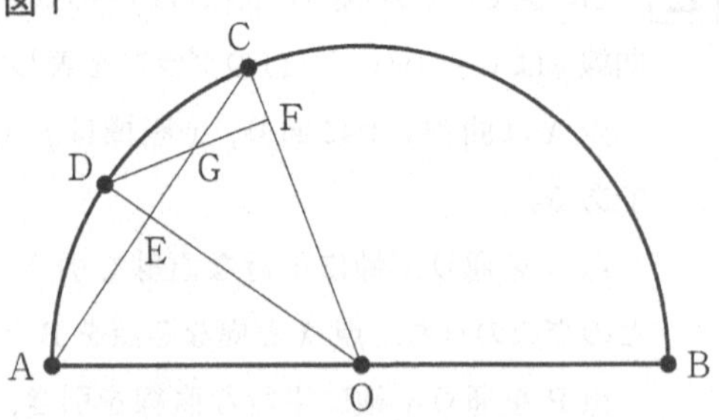

線分ACと線分DOとの交点をE,点Dから線分COに垂線を引き,線分COとの交点をF,線分DFと線分ACとの交点をGとする。

次の各問に答えよ。

〔問1〕 点Bと点Dを結んだ場合を考える。

$\angle$AOC ＝ 88°のとき，$\angle$ODBの大きさは何度か。

〔問2〕 右の図2は，図1において，点Bと点Cを結んだ場合を表している。

△ABC ∽△DGEであることを証明せよ。

図2

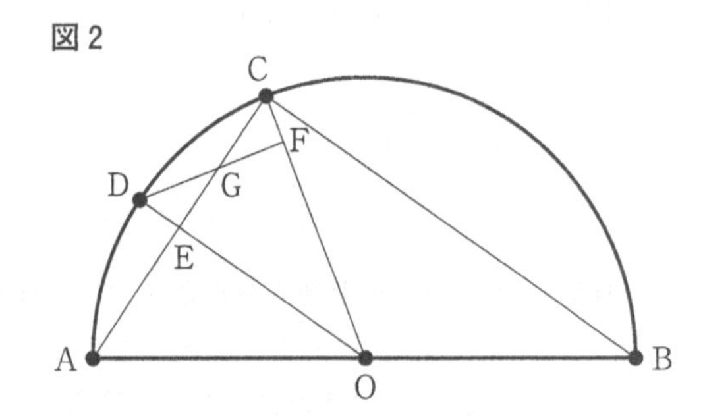

〔問3〕 AO ＝ 6cm，DE ＝ 4cmのとき，線分DGの長さと線分GFの長さの比DG：GFを最も簡単な整数の比で表せ。

4 右の図1に示した立体A－BCDEは，底面BCDEがひし形で，AC＝AE＝BC＝8cm，AB＝ADの四角すいである。

四角形BCDEの対角線BD，CEを引き，交点をOとし，頂点Aと点Oを結んだとき，∠AOB＝90°である。

四角形BCDEの面積を$S\text{cm}^2$とする。

次の各問に答えよ。

図1

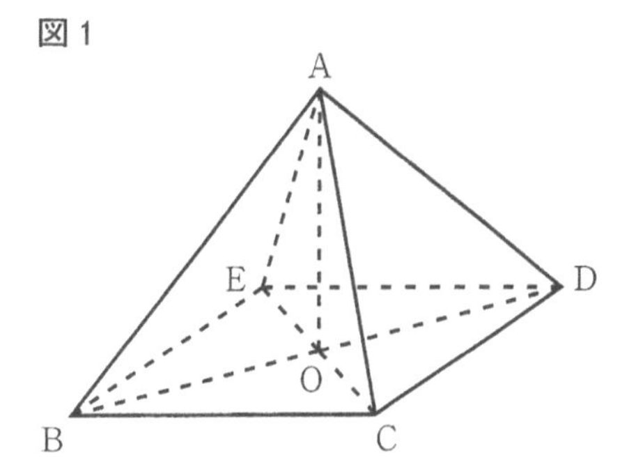

〔問1〕　右の図2は，図1において，頂点Eから辺ACに垂線を引き，辺ACとの交点をHとした場合を表している。

線分EHの長さは何cmか。Sを用いた式で表せ。

図2

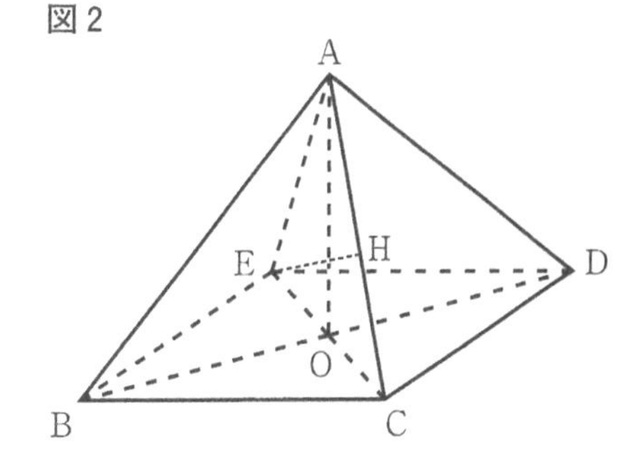

〔問2〕 右の図3は，図1において，辺AB上の点をPとし，点Pと頂点C，点Pと頂点D，点Pと頂点Eをそれぞれ結んだ場合を表している。

次の（1），（2）に答えよ。

図3

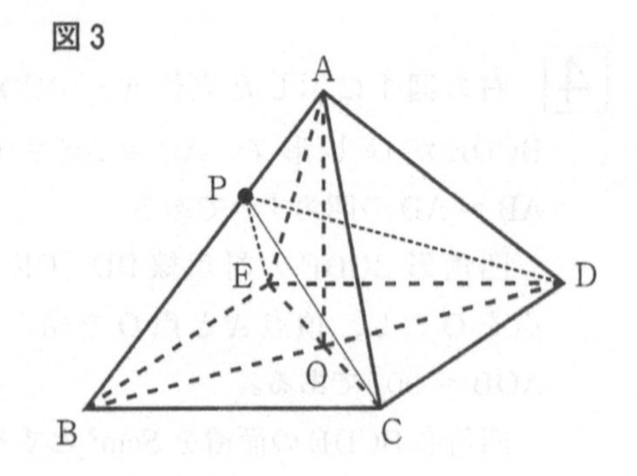

（1） AP：PB = 1：2，BD = 12cm のとき，立体P − BCDEの体積は何 cm^3 か。

ただし，答えだけでなく，答えを求める過程が分かるように，途中の式や計算なども書け。

（2） AP：PB = 1：1のとき，△CEPの面積は何 cm^2 か。S を用いた式で表せ。

<英語>

時間　50分　　満点　100点

※リスニングテストの音声は弊社HPにアクセスの上，
音声データをダウンロードしてご利用ください。

1　リスニングテスト（放送による指示に従って答えなさい。）

〔問題A〕　次のア～エの中から適するものをそれぞれ一つずつ選びなさい。

<対話文1>

ア　This afternoon.
イ　This morning.
ウ　Tomorrow morning.
エ　This evening.

<対話文2>

ア　To the teacher's room.
イ　To the music room.
ウ　To the library.
エ　To the art room.

<対話文3>

ア　One hundred years old.
イ　Ninety-nine years old.
ウ　Seventy-two years old.
エ　Sixty years old.

〔問題B〕　< Question1 >では，下のア～エの中から適するものを一つ選びなさい。
< Question2 >では，質問に対する答えを英語で書きなさい。

< Question1 >

ア　Walking.
イ　Swimming.
ウ　Basketball.
エ　Skiing.

< Question2 >

（15秒程度，答えを書く時間があります。）

2 次の対話の文章を読んで，あとの各問に答えなさい。
(＊印のついている単語・語句には，本文のあとに〔注〕がある。)

*Rina, Hana, Yuta, and Oliver are in the classroom after school. Oliver is a student from *Norway. Hana is sitting in her seat by herself and she looks like she has something on her mind.*

Rina : What's wrong, Hana?

Hana : I was thinking about my group science project. Things aren't going well.

Yuta : You're the leader of the project, right?

Hana : Yeah, we have to make a presentation in two weeks but we aren't ready at all.

Oliver : I often see you getting together after school, so I thought it was going well.

Hana : We often get together, but only a few members express their opinions. Yesterday, some didn't even come to the meeting because they said they had other things to do! I don't think that everyone is serious about the project.

Rina : Being the leader is hard, right?

Hana : I sometimes think to myself, I want our group to be like a *flock of *pigeons.

Yuta : What?

Hana : (1)<u>A flock of pigeons.</u> You've seen pigeons flying in the sky, right? I'm always surprised when I see a big group of pigeons suddenly turn in the same *direction at the same time.

Oliver : Why do you want to be like them?

Hana : I want everyone in my group to be able to do things together as one team. I want to know how the leader of the flock can make the other pigeons follow along.

Rina : Is there actually a leader? I thought they were just doing the same thing that the pigeon next to them is doing.

Hana : People thought so before. But according to scientists, pigeons change direction by following the leader, and not any member of the flock.

Oliver : I've heard about that from my grandpa. He loves bird watching.

Yuta : How did they find that out?

Hana : By putting tiny GPSs on pigeons and checking where they are every 0.2 *seconds.

Yuta : How do pigeons decide who the leader is?

Oliver : I heard that the fastest pigeon is usually the leader. However, my grandpa told me an interesting fact. Sometimes slower pigeons also lead the flock, so in that case, the leader is not the same even during one flight.

Rina : Really? That's surprising. I thought that in the animal world, usually the strongest *male becomes the leader.

Yuta : I thought so , too. But sometimes that is not true. For example, elephants. I saw a TV program last week and it said that the leader is the oldest *female. By the way, have you heard of the expression, "to have a memory like an elephant"?

Hana : Never. What does it mean?

Yuta : It means that if you have a memory like an elephant, [(2)]. In the program, they talked about an elephant leader that saved her group from a *drought because she had a good memory. In her group, many of the elephants survived, but in a different group, almost half of them lost their lives.

Rina : What was the difference between them?

Yuta : Both groups had a leader that had a lot of experience. However, the second group had a younger leader that did not experience the *previous drought 35 years ago. According to researchers, the first group was able to survive because of the leader's memory about the previous drought.

Oliver : (3)<u>That sounds similar</u> to *killer whale leaders. I often went to see killer whales in Norway.

Rina : You can see them in Norway?

Oliver : Yeah, especially in the winter season. Hey, did you know that for killer whales, living with their [(4)-a] is the key to a long life? According to research, when young killer whales lost a [(4)-b], their lives were *more likely to be in danger.

Yuta : Why not [(4)-c]?

Oliver : You see, male killer whales usually live until they are 35 years old, but females often live until they are 60.

Rina : I can't believe that there is such a big difference!

Oliver : They live longer, so they have more experience and know where they can find food.

Hana : So for some animals, it is important to follow the one that has the *knowledge to help them live longer.

Oliver : That's right.

Yuta : And there are *chimpanzees. Even the smallest one can become the leader.

Hana : Really? How?

Yuta : Some use their *strength, but others use their brain to climb to the top.

Hana : And how do they do that?

Yuta : When chimpanzees want to become leaders, they think about others instead of themselves and then take action. For example, they share their food easily. And after they become leaders, when other chimpanzees are having a fight, they support the one that doesn't have a chance of winning.

Rina : Why do they do that?

Yuta : They do that to get supporters. When other chimpanzees see such *behavior, they feel safe and show respect to the leader.

Oliver : Chimpanzees are so smart!

Hana : Now I know why things weren't going well with the science project.

Oliver : You do?

Hana : The reason is me. I'm not a good leadre.

Rina : Oh, don't say that. You're always working so hard.

Hana : Talking about the behavior of animal leaders has given me some hints about how to become a good leader.

Yuta : Like what?

Hana : From chimpanzees, I learned that if I want to become a good leader, [(5)]. By doing so, we can build good *relationships and learn to trust each other.

Yuta : Was there anything else you learned?

Hana : Leaders with a lot of knowledge can make good decisions for the group.

Oliver : Like elephants and killer whales?

Hana : Yes. As you know, I don't have the experience that those leaders have, but it's OK because I can *make up for that.

Yuta : How?

Hana : With the help of my group members. We humans are able to communicate with language, so we can share our knowledge that we got through experience.

Yuta : That's true! Was there anything you learned from pigeons?

Hana : I learned that sometimes a different member of the group can lead the group. The important thing is to reach the goal as a team.

Oliver : Everyone is an important part of the group and we should all share the *responsibility.

Hana : You're right! Thank you. I think our science presentation is going to go well.

Rina : I'm so happy to hear that!

Hana : There are a lot of things that I can do to become a good leader, but (6)I think the first thing to do is to get to know my group members better.

Oliver : That sounds like a good place to start!

Yuta : Good luck with your science project!

〔注〕

Norway　ノルウェー	flock　群れ	pigeon　ハト
direction　方向	second　秒	male　雄
female　雌	drought　干ばつ	previous　以前の
killer whale　シャチ	more likely to ~　より~しそうな	
knowledge　知識	chimpanzee　チンパンジー	
strength　力	behavior　行動	relationship　関係
make up for~　~を補う	responsibility　責任	

〔問1〕 (1)A flock of pigeons. とあるが，Hana が会話を通して理解したこととして，最も適切なものは次の中ではどれか。

ア Only the fastest pigeon can become the leader of the flock.
イ The leader of the flock checks where they are every 0.2 seconds.
ウ The leader of the flock may change during one flight.
エ Pigeons fly together in flocks by watching the pigeon next to them.

〔問2〕 会話の流れに合うように，本文中の空所［　(2)　］に英語を入れるとき，最も適切なものは次の中ではどれか。

ア elephants give you a lot of good memories
イ elephants remind you of good times
ウ you like things from the past like elephants
エ you are good at remembering things like elephants

〔問3〕 (3)That sounds similar とあるが，次の〔質問〕に対する答えとして，本文の内容と合う最も適切なものは下の中ではどれか。

〔質問〕According to the passage, how are elephants and killer whales similar?

ア It is hard to find them in nature during the winter.
イ The leader of the group has a lot of experience.
ウ Males can hunt so they live longer than females.
エ The leader of the group is the strongest female.

〔問4〕 会話の流れに合うように，本文中の空所 (4)-a ～ (4)-c の中に英語を入れるとき，最も適切な組み合わせは次のア～エの中ではどれか。

	(4)−a	(4)−b	(4)−c
ア	grandmothers	grandfather	grandmothers
イ	grandmothers	grandmother	grandfathers
ウ	grandfather	grandfather	grandmothers
エ	grandfather	grandmother	grandfathers

〔問5〕 会話の流れに合うように，本文中の空所 (5) に入る発言を15語以上の英語で書きなさい。英文は二つ以上にしてもよい。なお，「,」「.」「!」「?」などは語数に含めないものとする。また，I'll のような「'」を使った語や e-mail のような「-」で結ばれた語はそれぞれ1語と扱うこととする。

〔問6〕 (6)I think the first thing to do is to get to know my group members better. とあるが，そのために Hana がとる行動として，最も適切なものは次の中ではどれか。

ア She will spend the day together with her group members outside of school and develop a good relationship.

イ She will read books about animals in the library and learn more about how to become a good leader.

ウ She will stop depending on her group members too much and show them that she is the leader.

エ She will put information about her science project on the Internet and tell her group members about it

〔問7〕 本文の内容と合っているものを，次のア～クの中から二つ選びなさい。

ア Hana feels that things are not going well in the science project though everyone comes to all the meetings.

イ Many elephants did not survive in one of the groups because they experienced the previous drought.

ウ Hana is like killer whale leaders because she has the knowledge to make good decisions for the group.

エ Chimpanzees that want to become leaders think about themselves instead of others and share food.

オ　The behavior of chimpanzee leaders affects their group members, so it is important for them to support their members.

カ　Hana learned from pigeons that leaders need to show their power by leading the flock all the time.

キ　After talking with her friends, Hana realized everyone should share the responsibility, so she will make someone else the leader.

ク　Hana learned many things from animals and thought she could be a better leader than before.

3　次の文章を読んで，あとの各問に答えなさい。
（＊印の付いている単語・語句には，本文のあとに〔注〕がある。）

"Hello, this is Anderson."

Jaden's dad was just leaving his office when he got a phone call from Mr.Anderson, Jaden's basketball coach. Instead of driving home, he hurried to the school to see his son. He felt *uneasy though Mr.Anderson said there's no need to worry. He just tried to *focus on driving.

When he arrived at the school, Jaden was sitting on a bench and Mr.Anderson was standing by him. Mr.Anderson explained what happened during practice to Jaden's dad. Jaden and his teammate Eric both jumped at the ball, and they *bumped into each other in the air. Jaden didn't want to fall on Eric, and instead landed on his own ankle.

"The team doctor says it's nothing serious, "Mr.Anderson said," but he recommends that Jaden should not practice until it gets better, maybe for about two weeks."

Jaden was biting his lip.

"It's only two weeks, son," he tried to cheer him up, but it wasn't successful.

"You don't understand! *The semi-finals of *the state championship are in two weeks and I can't practice all that time. [　　(1)　　]"

Mr.Anderson didn't know what to say. All he knew was it was very difficult to win the next game without Jaden, the best player on the team. The team practiced hard to win the championship, but now it wasn't going to happen.

If he wasn't going to play in the state championship, (2)<u>what was school for?</u> Jaden stopped listening in class. He stopped talking about school at home. He even stopped going to basketball practice. Ben and Eric, his teammates, called him several times, but he didn't answer them.

A few days later, he was sitting on the bench in a park. He knew his friends were practicing now. The park had a small basketball court, and *as usual, there were some kids playing basketball. The kids in front of him missed a lot of *shots, but they all looked really happy. "Look at the ball more carefuly!" "Nice!" "Ahh. . . not yet!" He was saying those things about each of their plays without realizing it. The next moment, he was standing by the kids and speaking to them.

"Hey, I can show you how to be better at those shots!"

"Can you?"

The kids stopped playing.

"But how?" said one of the kids looking at the *bandage on Jaden's ankle.

"Give me the ball."

The ball was passed to him. When Jaden threw it, it flew in a beautiful *arc into the *hoop. Suddenly, their eyes began to shine and smiles were all over their faces. When it was time to go home, they asked Jaden to come back the next day. Jaden agreed. He didn't have any plans for tomorrow, or for the day after.

The next morning, he was surprised that he was looking forward to seeing the kids after school. When school was over, he went to the park as soon as possible and taught them many things： where to look, how to hold the ball, when to let it go. It was amazing that they improved so quickly. (3)【①they　②the same　③could　④who　⑤were　⑥realize　⑦Kids　⑧playing】a few days ago? Later that night, he remembered that the kids looked so excited when they learned new skills. He felt happy he could help them. Then an idea came to him： maybe this is something I can do for my team.

The next day after school, Jaden went to the park to find the kids. [(4)-ア] He told them he had something very important to do, but he promised to teach them again soon. The kids understood him. Then he went back to school for practice. [(4)-イ]

"I'm sorry Mr.Anderson. I'm so sorry, everyone, that I didn't come to practice."

Mr.Anderson looked *relieved that he came back. [(4)-ウ] But his teammates didn't look happy. Jaden thought they had a good reason to feel that way. [(4)-エ]

"I realized I can help the team in some way, even with this ankle."

It would take some time, but he believed that they would trust him again. During practice, he just watched his teammates carefully and gave them advice. Mr.Anderson looked very happy to see that. He never thought that Jaden would support them. For Jaden, being the best player on the team was the only thing he wanted. But now he was helping his team and he was an important part of the team. From that day, he came to practice every day and tried to support his team.

On the day of the semi-finals, though Jaden didn't actually practice for two weeks, Mr.Anderson told him that he should play for just a few minutes. He thought for a while, and said no.

His teammates realized that he wasn't in his uniform and looked at each other with a *puzzled look. At last, Ben took the courage to ask the very difficult question.

"Jaden, does your ankle still hurt? You said you'd be better in two weeks."

"Oh, my ankle is fine. I just thought that it's better without me because I haven't actually played with you for a while, and teamwork is important, right?"

During the game, Jaden cheered loudly from the bench. First, his team was leading, and then the other team *caught up. They *went back and forth. Finally, they only had one minute on the clock. His team was two points behind. Just before the *buzzer, Eric got the ball. He was standing behind the three-point line. He jumped and let the ball go. The ball flew in a perfect arc into the hoop. It was the winning shot.

Jaden jumped out of his seat. They won! All the boys were laughing and giving each other *high-fives.

When Jaden was waiting for the team at the bus back to school, Eric and Ben came out and ran to him. After celebrating their win with each other, Eric said, "We really wanted to play with you in *the finals, so we all kept running and didn't give up!"

"I ran and ran until I couldn't run anymore!" said Ben too.

A big smile appeared on Jaden's face.

"I believed you would win!"

"Maybe we depended too much on you and stopped making an effort," answered Ben.

"We couldn't win without you, Jaden. I made that winning shot thanks to your advice!" said Eric.

"This whole experience taught me something important too," said Jaden, "I'm sure that we will be a better team in the finals!"

The three boys were very excited.

That night, when Jaden told his mom about the win, she just kept quiet.

He stopped. "Is something wrong, Mom?"

"No," answered his mom. "I was just thinking how much you wanted to play and share the win with your teammates."

"Oh, you don't understand, Mom," Jaden said with the biggest smile of his life. "Though I didn't play today, (5)<u>this win is a big win for me!</u>"

〔注〕

uneasy　落ち着かない	focus on~　～に集中する
bump into~　～にぶつかる	the semi-finals　準決勝
the state championship　州選手権	as usual　普段通り
shot　シュート	bandage　包帯
arc　弧	hoop　バスケットボールのゴール
relieved　ほっとした	puzzled look　困惑した表情
catch up　追いつく	go back and forth　一進一退する
buzzer　ブザー	high-five　ハイタッチ
the finals　決勝	

〔問1〕 会話の流れに合うように，本文中の空所 (1) に英文を入れるとき，最も適切なものは次の中ではどれか。

ア　So I won't give up playing.
イ　Then I won't be ready to play.
ウ　But I will give up playing.
エ　And I will be ready to play.

〔問2〕 (2)what was school for? の意味を表すものとして，最も適切なものは次の中ではどれか。

ア　He didn't understand what he could do for the school.
イ　He was thinking about how to go to school.
ウ　He didn't know why he should go to school.
エ　He was wondering when to go back to school.

〔問3〕 (3)【①they　②the same　③could　④who　⑤were　⑥realize　⑦Kids　⑧playing】a few days ago? の語句を，前後の内容とのつながりを考えて並べかえ，正しい文を作るとき，①～⑧の中で１番目，４番目，７番目にくる選択肢の組み合わせとして正しいものは，次のア～カの中ではどれか。なお，文頭にくる語も小文字になっている。

	１番目		４番目		７番目
ア	③	－	②	－	⑤
イ	③	－	④	－	⑦
ウ	④	－	①	－	⑦
エ	④	－	⑦	－	⑥
オ	⑤	－	②	－	③
カ	⑤	－	⑧	－	①

〔問4〕 次の文が入る場所として最も適切な箇所は，本文中の［(4)-ア］～［(4)-エ］の中ではどれか。

He didn't tell them why he didn't come or answer the calls.

〔問5〕 (5)this win is a big win for me！とあるが，以下は Jaden が書いた「練習ノート」の内容である。物語の内容を踏まえて，文章の流れに合うように［　　］の中に，書き出しに続けて 30 語以上の英語を書きなさい。

英文は二つ以上にしてもよい。なお，「，」「．」「！」「？」などは語数に含めないものとする。また，I'll のような「'」を使った語や e-mail のような「-」で結ばれた語はそれぞれ１語と扱うこととする。

My Big Win

Today, our team had the state championship semi-finals. We won! I didn't play, but this win means more than just a win to me.

I feel this way because...

This is something I learned through this experience, and I'm a different person because of it. Now I am really excited to play with my teammates in the finals next week!

〔問6〕 本文の内容と合っているものを，次のア～クの中から二つ選びなさい。

ア Eric and Jaden both jumped at the same ball, and Eric stepped on Jaden's foot when he landed.

イ Jaden did not take part in the semi-finals because he though this ankle was not good enough to play.

ウ By spending time with the kids in the park, Jaden realized that he could help his team in some way.

エ After Jaden said sorry to the teammates, they soon accepted it because they understood how he felt.

オ Mr.Anderson thought Jaden changed a lot and became a good player, so he made Jaden play in the game.

カ Eric thought they were able to win the semi-finals because the teammates depended on Jaden so much.

キ Eric and Ben tried their best because they wanted to play in the championship with Jaden one more time.

ク Jaden's mom was quiet while Jaden was talking to her because she knew why he didn't play in the game.

4　Hibiya 市では，市民が余暇を過ごすための新しい公共施設の建設を計画している。

資料１を参考にして，**資料２**にイラストで示された施設の「良い点」と「問題となる点」を**一つずつ**あげ，それぞれの理由を，合わせて**50語以上の英語**で説明しなさい。

英文は**二つ以上**にしてもよい。なお，「，」「．」「！」「？」などは語数に含めないものとする。また，I'll のような「 ' 」を使った語や e-mail のような「 - 」で結ばれた語はそれぞれ１語と扱うこととする。

資料1：Chart

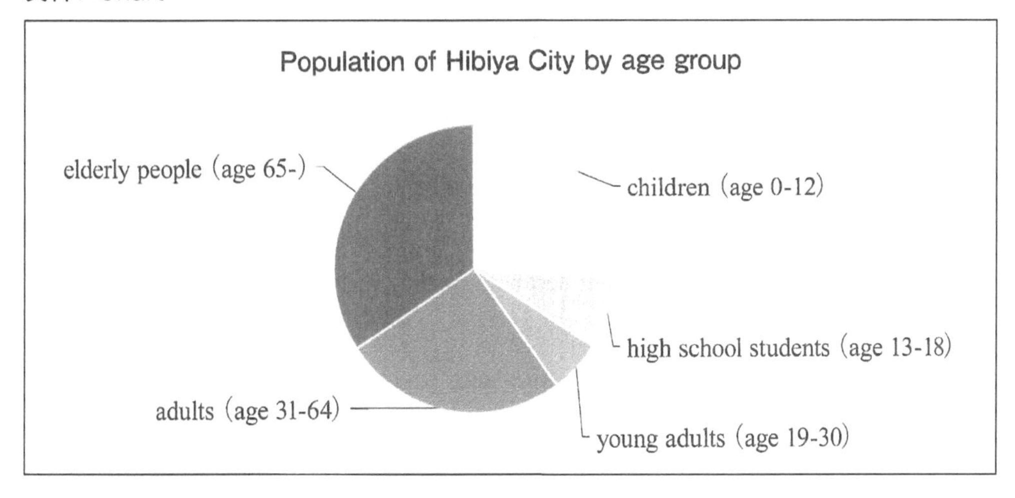

資料2：Plan

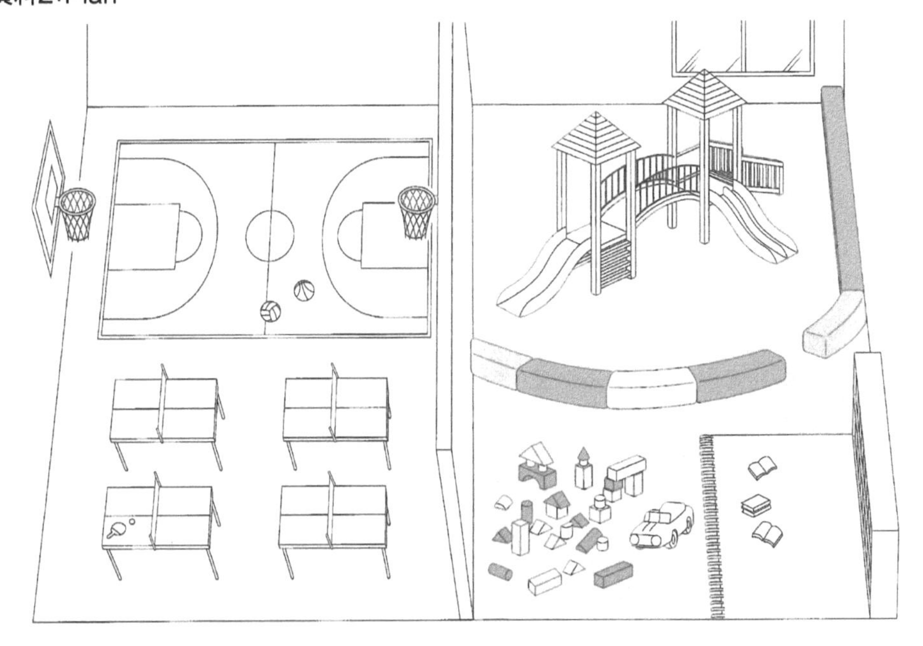

から。

エ　芭蕉が文人としての自己を否定し、厳しい旅の中で宗教者としての自己を極めようとしたのに対し、蕪村は文人としてのあり方を誇りとして風雅の道を究めようとしたから。

〔問5〕　本文のA・Bは漢詩を書き下したものだが、その説明として最も適切なのは、次のうちではどれか。

ア　漢詩Aでは、「何ぞ能く爾るや」という表現によって、隠者の好む山奥ではなく人里を選んだのはなぜかということを作者が自問する体裁がとられている。

イ　漢詩Aでは、巷が文人のかくれ家となり人里近くに住みながらも世俗から離れた境地を楽しむための条件が、「心遠ければ」という言葉で表現されている。

ウ　漢詩Bでは、「但だ人語の響くを聞く」という言葉によって、深山の静寂が突然現れた人々の声によって破られてしまうことを惜しむ心情が描かれている。

エ　漢詩Bでは、文人の好んだ深林も外部世界とのつながりをもつものであることが、「返景深林に入りて」という言葉によって象徴的に表現されている。

ものとして最も適切なのは、次のうちではどれか。

ア　限られた空間だが周囲の大自然とつながる道を設けることで、現実を超えた理想的な世界への思いを羽ばたかせることができる空間。

イ　限られた小さな庭に過ぎないが、想像力によってその向こうにはるかに広がる自然の世界を創造し風情（ふぜい）を楽しむことができる空間。

ウ　俗世から隔絶された土地に自然の美を再現した庭を造営し、その空間だけで完結した自然美を堪能（たんのう）することができる空間。

エ　趣向を凝らし豊かな風情を備えた庭園を造り散策することで、現実の束縛から解放された自由を味わうことができる空間。

〔問2〕(2)どうも両者の区別がはっきりしていない。とあるが、これを説明したものとして最も適切なのは、次のうちではどれか。

ア　隠者が完全に俗を断ち切ってひたすら宗教の道に救いを求めるのではなく、俗世間とのつながりを残したまま暮らし、風雅の道を求める文人の精神性も兼ね備えていたということ。

イ　隠者と文人は求道を選ぶか風雅の道を選ぶかで生き方が異なるものなのに、隠者も文人のように風雅を重んじるあまり、修行に励むことがなかったということ。

ウ　隠者がきっぱりと俗世を切り捨てて山奥に住まうのではなく、文人たちと同じく人里に住み、人々との日常的なつながりを大切にしながら宗教者としての精進に励んだということ。

エ　隠者が修行によって宗教者としての高みに達しようとするのではなく、人々から文人としての教養と才覚を評価されることをなにより重視したということ。

〔問3〕(3)しのぐと同じ意味・用法のものを、次の各文の＝＝をつけた「しのぐ」のうちから選べ。

ア　前作をしのぐ秀逸な作品。

イ　雲をしのぐほどの高さの山。

ウ　その場をしのぐとっさの機転。

エ　プロの選手をしのぐ実力の持ち主。

〔問4〕(4)これこそが、正真正銘の「第三の道」である。とあるが、この理由を説明したものとして最も適切なのは、次のうちではどれか。

ア　芭蕉が旅することで求道に徹したのに対し、蕪村は宗教の道への強い思いをもちながらも実現することができず、その断ち切れない思いを詠むことで、文人として大成することができたから。

イ　芭蕉が俗世を捨てて旅に出たのに対し、蕪村は求道の旅に憧れつつも断念し、空想によって創られた狭い世界に閉じこもることで現実のしがらみにとらわれた苦しい思いから逃れようとしたから。

ウ　芭蕉が旅する中で求道とともに風雅の道を求めたのに対し、蕪村は俗世にとどまったまま、想像力と見立てによって夢のような世界を紡（つむ）ぎ出す文人としてのあり方を貫いたそうと思えば、いとも容易に引きかえすことができ、第三の道をたどることができるのだ。

それは、「一たびは仏籬祖室の扉に入らむとせしも、たどりなき風雲に身を責め、花鳥に情を労して」「ある時は仏門にはいって僧侶になろうかと思いもしたけれど、ただゆくえ定めぬ旅の風雲に身を苦しめ、花鳥風月に心を費やして」ついに一筋の道につながった芭蕉の道そのままではないか。

だが、芭蕉は第三の道を歩みながらも、つねにそれを*求道的な第一の道に重ねあわせつつ、ひたぶるに旅を続けた。それに比べ、蕪村はどうだろう。彼もまた、芭蕉のような生き方を*渇仰しながらも、「家にのみありて浮世のわざに苦しみ」ながら、第一の道をきっぱり捨てて、第三の道を行く。

「此道や行人なしに秋の暮」と芭蕉は「一筋」を吟じた。だが、蕪村は「門を出れば我も行人秋のくれ」と詠む。そう。(4)これこそが、正真正銘の「第三の道」である。芭蕉が「此道や行人なしに」と誇らかに詠んだ秋の暮れ、蕪村も、ふと、わが家を立ち出てみる。むろん、そのまま求道の旅に出られるわけもない。けれど、一歩、門を出れば、自分もまた「行人」のように見立てられるではないか、というのだから。そして、ここから蕪村の世界が夢のように広がっていくのである。

むろん、その道は「十歩に尽て」しまう。しかし、その先には、蓼の花の咲き乱れる野が、どこまでもつづいているのだ。

（森本哲郎『月は東に―蕪村の夢　漱石の幻―』による）

〔注〕蕪村――与謝蕪村。江戸時代の俳人。
幽居――俗世間を離れた物静かな住居。
蔣詡――漢の文人。
陶淵明――魏晋南北朝時代の詩人。
三逕――三径に同じ。
『聯珠詩格』――元の作詩法の書。
逍遥――ぶらぶらと歩くこと。散歩。
別乾坤――別天地。
冒頭の蕪村の句――「三径の十歩に尽て蓼の花」の句をさす。
陋巷――狭くて汚い路地。または、貧しくてうらぶれた町。
隠棲――俗世を避けて静かに暮らすこと。
ホイジンガ――オランダの歴史家。
「ほとゝぎす自由自在にきく里は酒屋へ三里豆腐やへ二里」――花鳥風月を楽しめる風流な土地は、酒屋からも豆腐屋からも遠く離れた場所であるということ。
彼岸――悟りの境地。
輞川――輞水という川がある土地の名。
求道――仏法への正しい道を求めること。
渇仰――強くあこがれること。

〔問1〕(1)「三逕」は、まことによく文人の世界を象徴している。とあるが、「三逕」という空間について説明した

而も車馬の喧しきなし
君に問う何ぞ能く爾るやと
心遠ければ地自ら偏なり

庵を結んだのは、けっして人里離れた場所ではなく、巷のなかである。けれど車馬の騒音はきこえない。どうしてそうなのか、と人は問うが、なに、かんたんなことだ。心が俗から遠く離れていれば、まわりもおのずから、そんなふうに俗に遠ざかるのさ、というのである。

唐の詩人、王維にしてもそうだ。彼は長安の都の東南にある*輞川のほとりに別荘を設け、世を逃れ住んだのだが、その「輞川荘」も人跡まれな場所ではなかった。あたりはひっそりとしているようでいながら、人の話し声が聞こえてくる。

彼は、こう、うたう。

B　空山人を見ず　〔静まりかえった山の中に人影はない。〕
但だ人語の響くを聞く　〔わずかに人の声が聞こえるだけである。〕
返景深林に入りて　〔夕日の光が深い林の中に差し込み、〕
復た青苔の上を照らす　〔緑の苔を色鮮やかに照らし出している。〕

（中略）

東洋において、隠者と文人との区別がさだかでないのは、おそらく、第一の道、すなわち現世を否定して*彼岸に生きようとする宗教者の道が、西洋ほど徹底的ではなく、その道が、いつしか第三の道に通じているという点にあるのではなかろうか。つまり、この二径は平行しているのではなく、あたかも武蔵野の道のように相別れ、相通じているのだ。

一直線にいずれかへ通じているような道を、日本人はけっして好まなかった。そう考えると、明治の文人、国木田独歩が記した『武蔵野』の一節は、期せずしてホイジンガが説いた人生の三つの道の日本的なあり方を示しているように思えてならない。

彼はこう書いている。

――されば君若し、一の小径を往き、忽ち三条に分る丶処に出たなら困るに及ばない、君の杖を立て丶其倒れた方に往き玉へ。或は其路が君を小さな林に導く。林の中ごろに到て又た二つに分れたら、其小なる路を撰んで見玉へ。或は其路が君を妙な処に導く。これは林の奥の古い墓地で苔むす墓が四つ五つ並で其前に少し計りの空地があつて、其横の方に女郎花など咲て居ることもあらう。頭の上の梢で小鳥が鳴て居たら君の幸福である。すぐ引きかへして左の路を進んで見玉へ。忽ち林が尽て君の前に見わたしの広い野が開ける。

このように、日本では、彼岸へ至る宗教的な道は、いたるところで文人の道、風雅の道と交わっており、もし引きかえ

三逕初めて開きしは是れ蔣詡
再び三逕を開けるは淵明に有り
誠斎奄有す三三逕
一逕に花開けば一逕に行く

三逕を初めて開いたのは蔣詡だが、それに倣って陶淵明もまた、園田の居に三つの小道をしつらえた。だが、わたし誠斎は、わが庭に三三逕、すなわち九逕をつくった。そして、一逕に花が咲くと、その小道を*逍遥する——というわけである。

　彼はその九つの径に九種の花木を植え、「三三逕」と呼んで、それぞれの小道を歩むのを、このうえなく愉しんだのだった。

　こうした(1)「三逕」は、まことによく文人の世界を象徴している。庭は狭くともよい。わずか十歩で尽きてしまうほどでもかまわない。その庭に三つの径さえつくれば、そこに*別乾坤が、おのずと生まれるではないか。

　*冒頭の蕪村の句は、そうした文人のユートピアをそのまま描いている。十歩に尽きる彼の狭い庭、そのすぐ先は、もう野原で、蓼の花が咲き乱れている、というのだ。

　しかし、そのような幽居、わび住まいは、かならずしも人里離れた場所である必要はない。*陋巷のなかでも充分に成立する。いや、むしろ巷こそが文人のかくれ家なのである。文人は隠者ではなく、どんな巷にあっても、そこに別天地を創造し、別乾坤を想像し得る人間だからである。文人とは、芭蕉流にいえば、高く悟りて俗に帰る、そういう人士のことであり、蕪村ふうにいうなら、俗を離れて俗を用いる、そのような生き方を選ぶ人間なのだ。

　じっさい、そうではないか。人里を遠く離れて*隠棲してしまったら、どうして俗に帰ったり、俗を用いたりすることができよう。隠者が、*ホイジンガのいう第一の道を歩む人であるのに対して、文人は第三の道をえらぶ人間であり、だから彼らにとっては、「三径」をしつらえた庭だけでこと足りるのである。

　このように、隠者と文人とは、もともと、その生き方を異にするのだが、日本では、(2)どうも両者の区別がはっきりしていない。たとえば、中世の隠者たちは俗世をきらって山中に庵を結び、そこで念仏や読経に明け暮れたのだが、さりとて、中世ヨーロッパの修道者のように、俗をいっさい断ち切ったわけではなかった。

　たしかに草庵は雨露を(3)しのぐだけの粗末なものではあったが、けっして人里を遠く離れたものではなく、むしろ都に近かった。江戸の狂歌にもあるように、「*ほとゝぎす自由自在にきく里は酒屋へ三里豆腐や二里」では、あまりに不便だし、淋しすぎる。つまり、人里への距離が文人であるか、隠者であるかをきめた、といってもよかろう。

　そんなわけで、文人の園は、やはり淵明の詩境となる。淵明の庵はつぎのような場所だったのであるから。

A　廬を結んで人境に在り

〔問5〕(5)自己の相対化の始まりである。とあるが、「自己の相対化」とはどのようなあり方をいうのか、八十字以内で書け。

〔問6〕一つの「伝統」のなかで当然のこととして受け入れられていることが、他の伝統との比較のなかで、初めて「当然」なことではなく、「一つの選択」である、ということが理解される。とあるが、このような体験がもつ意味や価値について、次の〔条件〕1～5に従って二百五十字以内で書け。

〔条件〕
1　、や。や「などのほか、書き出しや改行の際の空欄もそれぞれ字数に数えること。
2　二段落構成にして、第一段落の終わりで改行すること。
3　第一段落では、あなた自身が経験したことや見聞など、具体的な事例を挙げること。
4　第二段落では、3で挙げた具体例について、あなたが考えたことを記述すること。
5　二つの段落が論理的につながり、全体として一つの文章として完結するように書くこと。

5

次の文章は、「三径の十歩(じっぽ)に尽(つき)て蓼(たで)の花」という*蕪村(ぶそん)の句をもとに書かれたものである。なお、〔　〕内は現代語訳である。これを読んで、あとの各問に答えよ。（*印の付いている言葉には、本文のあとに〔注〕がある。）

文人の境とは、どういう世界なのか。

たとえば、「三径」のささやかな幽居*である。「三径」というのは、三筋の小さな道のことである。前漢の*蔣詡(しょうく)は官を辞して幽居に引きこもったとき、その庭に三筋の小道をつくった。荊棘門(けいきょくもん)を塞(ふさ)ぎ、八重葎(やえむぐら)茂るにまかせた庭につけられたその三筋の小道を、彼は心を許した友と連れ立って歩んだという。この故事から「三径」は隠者の庵(いおり)を意味するようになった。

蔣詡とおなじように役人生活を投げうって園田の居に帰った*陶淵明(とうえんめい)は、「帰去来の辞(ききょらいのじ)」のなかで、「*三逕荒に就けども、松　菊猶存す(しょうきくなほそんす)」とうたった。わが庭の三径は荒れ果ててしまっているが、それでも自分の愛する松と菊は、まだ残っている、というのである。

おそらく、この「帰去来の辞」からであろう、三逕とは、松の道、菊の道、竹の道、といわれるようになった。それに対して、三径とは、門に通じる道、裏口へ行く道、そして、井戸への道、とする説もあるようだが、それではあまりに散文的のような気がする。「三逕」は、やはり三筋の道それぞれに好きな樹木や草花が植えられているほうが風雅でいい。

たとえば『*聯珠詩格(れんじゅしかく)』には、「三三逕」と題した宋(そう)の詩人、楊誠斎(ようせいさい)のつぎのような詩が見える。

二つの英語表現を使い分けることによってファイヤアーベントが示そうとした考えを説明したものとして最も適切なのは、次のうちではどれか。

ア　自分たちの共同体の伝統に固執すること自体は許されるが、それを絶対化して他の伝統を否定することは許されないという考え。

イ　すべての共同体に共通する価値体系を構築し、そのもとで伝統の多元性を保証していくべきだという考え。

ウ　共同体にはそれぞれ固有の歴史や文化があり価値体系も異なるので、共通点や違いを比較し確認することは意味がないという考え。

エ　豊かな文化を築くためには自分たちの共同体の伝統に固執せず、他の伝統を積極的に取り入れるべきだという考え。

〔問3〕(3)しかし、そこには三つの要素が加わることを忘れるべきではない。とあるが、その理由として最も適切なものは、次のうちではどれか。

ア　自分が生まれ育った共同体の規矩は存在の碁盤とさえいえるものだが、人として成長するためには、新たなものの見方を学び規矩にとらわれない生き方をしていくことが必要とされるから。

イ　共同体の規矩は固定化された不変のものではなく、他の共同体との交渉を通して絶え間なく解体と再構築を繰り返す流動的で定まった形のないものと考えるべきだから。

ウ　共同体の規矩なしに社会的な存在としての人間は存在しえないが、人はそれに縛られているだけの存在ではなく、その時の状況に合わせて規矩自体を自由自在に作り変えていく存在だから。

エ　共同体の規矩は人の生を規定する強力な枠組みとなるものだが、それは多様化、多元化しうるものであるとともに、個人が意志的に別の規矩を選択していくことにも可能性が開かれているから。

〔問4〕(4)しかし、次のような例は、この可能性には当てはまらないように思われる。とあるが、本文で述べられている「次のような例」の説明として最も適切なものは、次のうちではどれか。

ア　自分たちとは異なる文化伝統の存在を予期していたにもかかわらず、想定を超えたものであったことに驚きを感じ、そのことが異なる文化伝統についての深い理解に発展しうる例。

イ　自分たちとは異なる文化伝統の存在を簡単に予期しえたはずなのに、予期できなかったこと自体が大きな意味をもち、そのことが自己のあり方についての認識を深める契機にもなりうる例。

ウ　自分たちとは異なる文化伝統の存在を予期できなかったばかりではなく、その存在を前にしても認識すらできず、異文化理解の機会として生かすことができなかった例。

エ　自分たちとは異なる文化伝統の存在を予期することが不可能だっただけに、それを目の当たりにした時に強いショックを感じ、そのことが自身の属する文化伝統の良さを理解することに結びついた例。

いうことが理解される。それは、少なくとも私自身の経験に照らしても、ある種のショックを与える出来事である。それが「当然」であればあるほど、あるいは「当然」であるとの意識さえ自らのなかにないとき、そのショックはより大きくなる。

そうした体験は、自らが多くの伝統のなかの一つを選んで（たとえ、自らの意志による選択ではなかったとはいえ）生きている、ということの自覚の発生であり、自己の無自覚的な構造のなかでの「当然」なことが、一つの選択の結果であることの認識を通じての、(5)自己の相対化の始まりである。このような経験を積み重ねることによって、人間は、自らの伝統を相対化し、場合によっては、それを捨てて、他の選択肢をあらためて意図的に選択することも可能になる。

「寛容」とは、こうした事態に対して与えられた言葉ではあるまいか。第一に、自己が一つの選択肢としての、ある伝統に依拠していることを自覚することができ、それに基づいて、第二には、伝統に関して他の選択肢の可能性を認め、かつそれに依拠する他者の存在を認め、また、その可能性を自ら検討できる、という二つの能力を有するとき、その個人、あるいは共同体は、「寛容」であると定義できるのではないか。

（村上陽一郎『文明の死／文化の再生』による）

〔注〕　ファイヤアーベント——オーストリア出身の哲学者。
ノモス——習慣、規則、法律などさまざまな制度の総称。
規矩——基準とするもの。手本。規則。

〔問1〕　(1)このことを弁えないで、あたかもすべての伝統を平等に評価できるような、「純粋客観的観察者」の立場があるかのように振る舞う近代主義者や科学主義者に対して、反省を促す、という点で、この主張は極めて有効である。とあるが、どのような点で「反省を促す」のか。それを説明したものとして最も適切なのは、次のうちではどれか。

ア　自分たちとは異なる共同体の固有性や様々な特性について、客観的に見つめ評価する必要性があることを認識できずにいる点。

イ　自分たちの帰属する共同体の文化や伝統を高く評価するあまり、他の共同体の文化伝統の方が優れていることを理解できずにいる点。

ウ　自分たちが判断の拠り所としている価値基準は、自分たちだけでなく西欧近代社会全体に共通するものだと誤認している点。

エ　自分たちが属す共同体の価値観やものの見方を普遍的なものと考え、特定の枠組みから他の文化を見つめていることに無自覚である点。

〔問2〕　(2)ファイヤアーベントは、英語における《the tradition》と《a tradition》を使い分ける。とあるが、配され、統御されているとは限らない。むしろ、もしそうであれば、すでに述べたような多元化へのエネルギーが働く。第二には、通常如何なる共同体も、完全に孤立しているわけではない。隣接する、あるいは場合によっては遠方の、他の共同体との接触によって、ノモスは常に複数化する傾向にある。第三に、ヒトは第一義的なノモスを選択することはできないが、しかし同時に人間は、学習された新たなノモスを、自ら選択することができる。

この第三の点は、人間にとってとくに重要なものである。世にカルチャー・ショックという言葉がある。通常、ある文化伝統に帰属している人間が、別の文化伝統に出会ったときに起こる現象として理解されている。それはそうには違いないが、しかし、自分の帰属する伝統とは異なる文化伝統があることは、当然知識としては理解されているはずである。その理解に基づけば、自分たちの行動様式やパターンとは異なるものにそこで出会う可能性もまた、当然予期しているはずであろう。にも拘らず異文化に出会ったときに何故ショックを受けるのだろうか。予期を遥かに超えた違いにぶつかったときにそれが起こる、というのも一つの可能性であろう。(4)しかし、次のような例は、この可能性には当てはまらないように思われる。

アメリカで予め日本のことについて相当の知識を蓄えて来日した日本文化研究者がいた。彼女がある雑誌のインタヴューに答えているのだが、日本に来てカルチャー・ショックを受けたのは、日本の古代神話を読んでいて、日本では太陽が女性として扱われていることに気付いたときであった、と言う。これは考えてみると、いささか奇妙な話である。太陽が女性であることに驚いた以上は、自分たちは、太陽の性は男性であると考えていたはずである。そして自分たちが太陽を男性と考えているのなら、地球上のどこかには、太陽を女性と考える文化伝統がある、ということは、ごく単純に明白ではないか。その予想がつけば、日本でそのことを発見したとしても、それは、欧米では家に入るとき靴を脱ぐ必要はないが、日本ではそれが求められる、といった事柄と全く同じで、別段ショックを受けるには当たらないではないか。

この疑問に答えることは、私には重要に思われる。推測に過ぎないが、彼女がショックを受けたのは、日本では太陽の性は女性である、という事実を知ったからではない。その事実の認識とともに、自分たちが太陽の性として男性を「選択し」ていたという事実に気付いたからではないか。太陽の性を選択するのであれば、当然男性と女性という二つの選択肢があることは、ほとんど自明である。しかし、自分たちが、あるいは自分が、太陽を男性として「選択」している、という意識が、彼女のなかになかったことが、問題の核心ではないか。ある判断が、自分にはそれと意識されない、その意味では無前提的な前提に基づいた選択によって行われている、ということに気付かされたとき、人はある種のショックを受けるのではないか。一つの「伝統」のなかで当然のこととして受け入れられていることが、他の伝統との比較のなかで、初めて「当然」なことではなく、「一つの選択」である、とトの主張の一つは、人間は、自らの帰属する伝統以外のものに対したときには、常に「観察者」であらざるを得ない、というところにある。「観察者」は、自らの帰属する伝統の枠組みを働かせて、他の伝統を観察する、という宿命を免れない。(1)このことを弁えないで、あたかもすべての伝統を平等に評価できるような、「純粋客観的観察者」の立場があるかのように振る舞う近代主義者や科学主義者に対して、反省を促す、という点で、この主張は極めて有効である。言い換えれば、「西欧近代」の価値的枠組みが、あるいは「科学」の唱えるところが、純粋に人類普遍であって、他の如何なる伝統も、これに比べて劣るところが多い、という判断が、しばしば彼らによってなされるが、ファイヤアーベントの立場からすれば、それはまさしく彼らが帰属する「西欧近代」や「科学」の伝統のなかで共有される価値的枠組みに依拠した判断である、つまりは「単なる自己合理化」の行いである、という結論を導き出すことができるからである。

伝統に絡むファイヤアーベントのもう一つの論点は、英語表現によって見事に実体化されるものである。(2)ファイヤアーベントは、英語における《the tradition》と《a tradition》を使い分ける。ある共同体のなかで、ある伝統が「一つの伝統」《a tradition》として働いている間は、それが如何なるものであっても、許容されなければならない。しかし、それが一旦「唯一の伝統」《the tradition》となったり、あるいはそうなろうとしたとき、共同体の成員は、それを拒否することができる。

純粋な「観察者」の目で、諸伝統の間に優劣を付けることができない、言い換えれば、価値判断には常に何らかの伝統の価値体系が関与する、という価値多元主義の立場をとる限り、ある伝統の存在を、他の伝統の立場から拒否することは不可能である。拒否できるとすれば、それが一つの共同体のなかで、他のすべての伝統の可能性を抹殺して、唯一絶対の伝統であることを主張したとき、つまりそれが《the tradition》であることを主張したとき、如何なる伝統に帰属する人間も、声を上げて「ノー」と言える。多元主義、あるいは相対主義において、伝統同士の優劣の争いは、決着をつけるための論理的な手段がない。この方法は、一方において、伝統の多元性を保証するという意味で「寛容」に繋がり、他方において、ある特定の伝統が、複数のなかの一つとして、つまりは《a tradition》として存在する限り、それに人間が固執することを保証することになる。それによって、多元主義が破られ、共同体が、唯一の伝統に絶対的に統御された場合への、合理的な反論を形造ることも可能になる。

共同体の持つ「*規矩」によって、ヒトは人間になるという前提からすれば、共同体内部に、複数の多元的なノモスが存在すること自体が奇妙なことにならないだろうか。たしかに、ヒトが生まれたときに、彼・彼女は、自らの育つ共同体のノモスを選択することはできない。それは、そのヒトにとって決定的であり、絶対的である。(3)しかし、そこには三つの要素が加わることを忘れるべきではない。第一に、共同体の規模にもよるが、小さな共同体でさえ、唯一のノモスによって支くのが正しいということ。

〔問5〕 (5)尚吾は、雨が上がったことを傘の下から出した掌で確かめるように、そう思った。とあるが、これを説明したものとして最も適切なのは、次のうちではどれか。

ア　鐘ヶ江の話を聞き、平静を装った鐘ヶ江が時代の流れに敗北した無念の気持ちを隠していることを理解したということ。

イ　鐘ヶ江から直接話を聞くことで、予想していたことが現実になるという確証を得ることができたということ。

ウ　鐘ヶ江から映画界を退く決意を固めたことを伝えられ、指導者でもあり目標でもあった人物を失う寂しさを感じたということ。

エ　鐘ヶ江の話を聞き、確信はもてないものの鐘ヶ江が今後どうしようとしているのかを感じ取ることはできたということ。

〔問6〕 本文の内容を説明したものとして最も適切なのは、次のうちではどれか。

ア　鐘ヶ江は「心の問題」に焦点を当て映画制作にとって大切なものは何かを尚吾に語っているが、そこには後輩に対する思いとともに自身の心を見つめ確認しようとする気持ちを見ることができる。

イ　鐘ヶ江の言葉には断定的で激しい言葉が含まれているが、そこには自身の考えに確信をもつことができず、強く表現することでなんとか自分自身を納得させようとする不安な気持ちを見ることができる。

ウ　鐘ヶ江は尚吾が祖父と過ごした過去の体験の価値までを否定しているが、そこには育ててくれた人物の考えから脱却し、一人前の自立した制作者となってほしいという気持ちを見ることができる。

エ　鐘ヶ江の言葉は自身の頑なさといたらなさを責める厳しい表現に満ちているが、そこには自分と同じ愚かな失敗を繰り返さないでほしいという尚吾に対するあたたかな励ましの気持ちを見ることができる。

4

次の文章を読んで、あとの各問に答えよ。（*印の付いている言葉には、本文のあとに〔注〕がある。）

*ファイヤアーベントは、人間が共同体から受ける*ノモス的な枠組みを「伝統」という言葉で表現している。哺乳動物としての人間はもともと、共同体のなかで育てられる。つまり、何らかの共同体に帰属することによって、人間はヒトから人間になる。言い換えれば、ヒトが人間になるためには、共同体の成員同士で、明示的、暗黙的に共有されているノモスを身につけなければならない。

そのことを前提にしながら、ファイヤアーベントは、伝統に対する人間の関わり方として、二つの場合を区別する。その一つは、今述べたように「帰属者」という形式である。ある伝統に帰属者として関わる、というのが一つの方途である。それに対して、ファイヤアーベントは、「観察者」という、もう一つの伝統への関わり方を指摘する。ファイヤアーベンのとして最も適切なのは、次のうちではどれか。

ア　社会の変化に合わせて映画制作の速度を上げることを心掛けてきたが、速度を上げることで映画の質を下げてしまった自分の浅はかさを情けないことだと感じている。

イ　世に自分の作品がどのように評価されるのかを意識するあまり、作り手としての自分の考えや感性を突き詰めていくことが十分ではなかった自身の甘さを恥ずかしく思っている。

ウ　鐘ヶ江がオリジナルの脚本を認めてくれなかったことに不満を感じてきたが、映画監督としての将来を考えてくれた上での判断だったことを知り鐘ヶ江の深い配慮に驚いている。

エ　鐘ヶ江のいう「心」の問題が他人(ひと)ごとではなく自分自身の課題なのだということに気づき、映画の鑑賞者一人一人の「心」に響くものを届けようとする気持ちが希薄だったことを反省している。

〔問3〕 (3)防音設備が整っている編集室には、針の音がするような時計は置かれていない。とあるが、この表現について説明したものとして最も適切なのは、次のうちではどれか。

ア　針の音がする時計があったならその音が大きく聞こえるだろうと暗示することで、二人のいる空間の静寂を印象的に表現している。

イ　静かな空間に響く時計の音を想起させることで、息詰まるような緊張感の中で会話が進められていることを効果的に表現している。

ウ　時計の音さえしないことを描くことで、二人が防音設備までも備えた理想的な映画制作の場にいることを強調して表現している。

エ　外部から隔てられた密室空間を描くことで、二人が現実的な問題を忘れて映画について語り合っていることを印象深く表現している。

〔問4〕 (4)でも、質や価値を測る物差しなんて、一番変わりやすい。とあるが、このことを通して鐘ヶ江が尚吾に伝えようとした内容を説明したものとして最も適切なのは、次のうちではどれか。

ア　作品の価値は人々の評価とは関わりないものなので、時代を越える良質の作品を創作するためには、鑑賞者の評価に左右されない信念をもつことが大切だということ。

イ　世の価値観や判断基準は定まったものではなく常に変化し続けるものなので、一つの事にこだわるべきではなく、柔軟に世の変化に合わせて自分自身の考え方を変えていくべきだということ。

ウ　質や価値を評価する基準は時代や社会状況とともに変わらざるをえないものだが、だからこそ自分の心を見つめ、映画の作り手として譲ることができないものは何かをつかむことが必要だということ。

エ　尊敬する人物の言葉に耳を傾けることは必要だが、その人物の判断や考えはあてにできるものでも役立つものでもないので、自分が体験の中でつかんだものだけを信じていえるようになってくるはずだから。」

真っ暗な画面に浮かび上がる自分の顔に語り掛けるように、鐘ヶ江は続ける。

「そうすれば、どんなことが起きても、自分の価値観を揺るがすような世の中の変化があっても、ここにこだわって何の意味があるのか、なんて迷わなくなる。逆に、ここはこだわらなくていい、と、捨てるものも選べる。だから。」

鐘ヶ江は再び、その顔を尚吾のほうに向けた。

「これからも沢山映画を観て、沢山撮りなさい。この部屋を出た一秒後から始まる時間で、できるだけ沢山のものを積み上げて、私の言葉でなくそちらのほうを信じなさい。」

鐘ヶ江の二つの瞳に、自分が映っている。

「そうすれば、いつか寂しいなんて子どもみたいな理由で次の時代に踏み出せない自分を、心の底からは嗤(わら)わないで済むかもしれないから。」

閉じていくつもりなのかもしれない。

(5)尚吾は、雨が上がったことを傘の下から出した掌(てのひら)で確かめるように、そう思った。

このまま業績が伸びなければ、鐘ヶ江は、監督業を閉じていくつもりなのかもしれない。

当の鐘ヶ江は、不意に腕時計に視線を落とすと、「おお、そろそろ行かないと。」と大袈裟(おおげさ)に目を見開いている。

（朝井リョウ『スター』による）

〔注〕ハガキ——祖父に連れられて通ったなじみの映画館からの、休館を告げるハガキ。
浅沼(あさぬま)——尚吾が勤務する会社の同僚。

〔問1〕(1)鐘ヶ江のかすかに揺れる低い声は、触れればポロポロと崩れてしまいそうだ。とあるが、ここでの鐘ヶ江の心情を説明したものとして最も適切なのは、次のうちではどれか。

ア　時代の流れは抗しがたいものであることは理解するものの、世間の人々が正当に映画の価値を理解せず、単に娯楽のためのメディアの一つと考え始めていることにいらだちを感じている。

イ　映画の良し悪しを決める尺度が時代の流れの中で変わってしまい、長年映画監督として積み上げてきた実績や評価が崩れ落ちていくことに寂しさを感じている。

ウ　これから自分がどうするかについて気持ちの整理がつきかけてはいるものの、映画をめぐる状況の変化が映画作りの大切な部分を失わせてしまうことに強い不安を感じている。

エ　映画は本来映画館という空間の中で鑑賞してこそすばらしいものなのに、人々がそのことを理解せず、多くの映画館が経営の困難を抱えてしまっている現状に激しい憤(いきどお)りを感じている。

〔問2〕(2)尚吾は一瞬で、自分の顔の温度が上がったのがわかった。とあるが、ここでの尚吾の心情を説明したもと言っていたね。よく名画座に連れて行ってもらったと。」
「はい。」尚吾は頷く。「口酸っぱく、質のいいものに触れろ、と言われてきました。実際、祖父が色んな名作を観に行かせてくれたおかげで、自分が今ここにいると思っています。」
「そのおじいさんの言うことを信じていたのは、何故だ?」
いつの間にか鐘ヶ江は、組んでいた脚をほどき、こちらを見ている。
「おじいさんの言葉に価値があると信じて疑わなかったのは、何故?」
二つの足の裏がしっかりと地に着いた状態で、再び、そう尋ねられる。
そんなの。尚吾は唾を飲み込む。
そんなの、もう――
「わからない。そうだよな。それは当然のことだと思う。そういう理由を考えずに生きているときに聞いた言葉だったから、としか言いようがないよな。」
鐘ヶ江は言葉を切ると、また、脚を組んだ。
「そういうものなんだ。自分が信じ続けているものだって、元を辿れば質も価値もどれくらいのものなのか、本当のところはわからない。でも。」
鐘ヶ江は、先ほどまで観ていたモニターへ向き直る。
「君が、おじいさんと沢山の映画を観た時間は確かに存在する。それは絶対に変わらない本当のことなんだ。」
右隣には、尊敬する人。目の前には、様々な映像が写し出される場所。
尚吾は思う。今の状況はまるで、祖父と名画座に通っていたころのようだ、と。
「沢山の映画を観る中で、君は、自分はどんなものが好きなのか、どんなものを素晴らしいと思うのか、どんなものを苦々しく思うのか、心で色んなことを感じ、自分の感性を積み上げたはずだ。」
鐘ヶ江は、コーヒーの入った紙コップに手を添える。だけどやっぱり、持ち上げるわけではない。
「今となっては、君のおじいさんの言葉が本当だったかどうかはわからない。おじいさんが君に観せた映画たちが本当に良質なものばかりだったかどうかもわからない。だけど、君がおじいさんの言葉をきっかけとして沢山の映画を観て過ごした時間は、紛れもなく本当なんだ。」
鐘ヶ江は、編集室のモニターを見つめたまま、
「だから、とにかく沢山撮りなさい。」
と、呟いた。
「私はもう古い人間だ。劇場以外での公開を固辞するなんて、もう自分で自分が嫌になるよ。どこまで昔の考え方なんだとうんざりするね。だから君は。」
編集室のモニター画面は、もう、ブラックアウトしている。
「私の言葉を信じるのではなくて、私の言葉をきっかけに始まった自分の時間を信じなさい。その時間で積み上げた感性を信じなさい。」
鐘ヶ江は今、黒い画面に映る自分の顔を見ている。
「沢山撮りながら、色んなことを考えながら、自分の心が見

は次の新作を待てなくなって、作り手も自分の心や感性を把握する過程を待てなくなって、作品を世に放ったところですぐに結果が出ないと不安になって……どんどん待てないものが増えていく。客足、リターン、適した公開時期、そのうち。」

鐘ヶ江が唾を飲み込む。

「最終的に、自分を待てなくなる。すぐに評価されない自分自身を信じてあげられなくなって、作品の中身以外のところで認められようとし始める。」

(3)防音設備が整っている編集室には、針の音がするような時計は置かれていない。

「受け手が作品に触れやすくなるならば、その分、作り手は表現を磨くべきだ。自分自身の見栄えや、自分がどう見えるかというところに心を砕くべきではない。どんな立場、背景の人にも簡単に届くようになるからこそ、どんな意図の下その表現を選び取ったのか説明できるほど考え尽くすくらいがちょうどいい。それは多方面に配慮して品行方正なものを作れっていうことじゃない。どんな状況であれ、作り手は、自分の感性を自分で把握する作業を怠ってはいけないということだ。」

雑音のない空間の中にいると、まるで時が止まっているように感じられる。

「作品を提供する速度と自分を把握する時間が反比例していくなんて、そんなの本来はおかしいはずなんだ。どれだけ今はそういう時代じゃないって言われようと、それをおかしいと思う気持ちは譲れない。」

鐘ヶ江はそう言うと、

「話がズレたかな。」

再び、声の調子を軽い雰囲気に戻した。そのまま、「ジジィだなーって感じか？」と笑い、脚を組む。

「思い出の場所がなくなって寂しい、ごちゃごちゃ言ったけどとにかく映画館以外で上映したくない……完全にわがままジジィだよ。どんな情報でも外に出していったほうがいいような今、俺の考えが古くて話にならないなんてこと、わかってるんだ。」

そんなことないです、と言ってみたものの、

「でも、心の問題なんだから、仕方ないんだ。」

鐘ヶ江は、特にその中身を口に含むでもなく、コーヒーの入った紙コップを一度持ち上げ、また置いた。

「この三十年間で、本当に何もかもが変わった。これからの変化はもっと目まぐるしいだろう。君はその中で、この先何十年と撮り続けることになる。」

何十年、という言葉が、時計の針の音もない静寂の底に落ちる。

「さっきの言葉、嬉しかったよ。」

鐘ヶ江作品はどこで公開されても質や価値は変わらない――尚吾は、思い当たる節を反芻する。

「(4)でも、質や価値を測る物差しなんて、一番変わりやすい。」

鐘ヶ江の口から発せられた、一番、という言葉が、さらなる底へと落ちていく。

「例えば君は、おじいさんの影響で映画を観るようになった

心の問題、という、先ほども聞いた言葉が、純度の高い密室空間にぽんと浮かび上がる。
「いつだって、作品の向こう側には人がいるんだ。その人だけの心を大切に抱えた人間がいる。」
映画館への影響だけじゃない、と、鐘ヶ江の表情が強張る。
「いつでもどこでも作品を楽しめる環境がもっと浸透すれば、受け手が作品を欲する頻度は上がる。そうすると、作品がこの世界を循環する速度が上がる。だけど、だからといって、一つ一つの作品を完成させる速度も上げられるわけじゃない。」
上げられない速度があることは、今回の制作で、この身をもって実感した。鐘ヶ江の話に、尚吾は心から頷く。
「だけどいつの間にか、作り手側もその速度に呑み込まれていく。作り方が変わっていく。自分も知らないうちに。」
鐘ヶ江の瞳に、一瞬、翳が差す。
「さっきも言ったように、作品の向こう側にはいつだって人がいて、心がある。だけどそれは、作品を受け取る側だけじゃなくて作り出す側にもいえることだ。こちら側にも人がいて、心がある。そのことを忘れて、受け手の変化に順応することを優先していたら、全員で速度を上げ続ける波に呑み込まれることになる。」
(1)<u>鐘ヶ江のかすかに揺れる低い声は、触れればポロポロと崩れてしまいそうだ。</u>
「波はいつだって生まれている。作品を取り巻く環境はどんどん変わる。時代と共に、映画の良し悪しを決める物差しすら、何もかもが容赦なく変わっていく。」
内容より制作過程の新しさが評価され、完成度より社会を反映しているかが問われる――身に覚えのある例が、いくつも、尚吾の脳内を流れていく。
「その中で、変わらないように努力することができるものは。」
鐘ヶ江はそこまで言うと、誰に対してということもなく、一度だけ頷いた。
「心。自分の感性。それしかないんだ。」
心。何度も聞いた言葉なのに、聞くたび新鮮に響く不思議な言葉。
「君は、世間の風向きに合わせて書くものを変える傾向がある。それが君自身の変化によるものなのかただ世間に合わせているだけなのか判断するためにはもう少し時間と数が必要だと思ったから、オリジナルの脚本にはOKを出さなかった。世間の風潮が変わり続ける中でも、君の中にある譲れないものを見極めて、それを理解するまで待つ時間が必要だと思った。」
(2)<u>尚吾は一瞬で、自分の顔の温度が上がったのがわかった。</u>初雪の日に、誰もいないオフィスで＊浅沼に言われたことが蘇る。すべて図星だった。
「待つ。ただそれだけのことが、俺たちは、どんどん下手になっている。」
尚吾の赤面に構うことなく、鐘ヶ江は話し続ける。
「いつでもどこでも作品を楽しめる環境が浸透して、受け手

＜国語＞

時間五〇分　満点一〇〇点

【注意】答えは特別の指示のあるもののほかは、各問のア・イ・ウ・エのうちから、最も適切なものをそれぞれ一つずつ選んで、その記号を書きなさい。また、答えに字数制限がある場合には、、や。や「などもそれぞれ一字と数えなさい。

1

次の各文の――を付けた漢字の読みがなを書け。

(1) 人格の陶冶を重視する教育。
(2) 篤実な人柄で慕われる。
(3) 蓋然性が高い仮説。
(4) 意匠を凝らした作品。
(5) 恣意的な解釈を排除する。

2

次の各文の――を付けたかたかなの部分に当たる漢字を楷書で書け。

(1) 改革案をグシンする
(2) 受賞は長年の努力のショサンである。
(3) 選手のキョシュウに注目が集まる。
(4) 説明を聞いてトクシンがいく。
(5) 彼は常に泰然ジジャクとしている。

3

次の文章を読んで、あとの各問に答えよ。（*印の付いている言葉には、本文のあとに〔注〕がある。）

映画好きの祖父の影響もあり、学生時代から映画制作に携わってきた主人公（尚吾（しょうご））は、著名な映画監督である鐘ヶ江（かねがえ）のもとで映画制作の仕事をしている。しかし、映画の配給、配信と享受方法が多様化する中で、映画館での上映にこだわる鐘ヶ江の映画制作はしだいに苦境に陥っていく。

「社内の人間がどれだけもどかしく思っているかも、有料配信を許可すれば立て直せる何かがあるということも頭ではわかってるんだ。」

確かに、実家から*ハガキが転送されてきていたのに。映画を全く観（み）に行かなくなったにも拘（かかわ）らず、現状を報（しら）せてくれていたのに。

気にしていなかった。心が反応していなかった。

「だけど。」

音が、尚吾の耳に戻ってくる。

「さっきの君の話じゃないけど、どれだけ環境が変わっても、心は動いてくれないんだ。映画館が潰（つぶ）れるのが寂しい。俺はただずっと、そう思ってる。」

鐘ヶ江が、どこか清々（すがすが）しい表情で続ける。

「ものを創って世に送り出すっていうのは、結局は、心の問題なんだと思う。」

2022年度

解答と解説

《2022年度の配点は解答欄に掲載してあります。》

＜数学解答＞

1　〔問1〕 $\dfrac{25\sqrt{6}}{6}$　〔問2〕 $x=3,\ \dfrac{3}{2}$

〔問3〕 $a=-\dfrac{1}{3}$　〔問4〕 $\dfrac{3}{8}$　〔問5〕 右図

2　〔問1〕 $(-\sqrt{2}p,\ 2p^2)$

〔問2〕 $\left(\dfrac{1}{5},\ \dfrac{11}{5}\right)$(途中の式や計算は解説参照)

〔問3〕 $4a+4\text{cm}^2$

3　〔問1〕 22度　〔問2〕 解説参照

〔問3〕 DG：GF＝3：1

4　〔問1〕 $\dfrac{1}{8}S\text{cm}$　〔問2〕 (1) $32\sqrt{7}\,\text{cm}^3$(途中の式や計算は解説参照)　(2) $\dfrac{\sqrt{2}}{4}S\text{cm}^2$

○配点○

1　各5点×5　2　〔問1〕 7点　〔問2〕 10点　〔問3〕 8点

3　〔問1〕 7点　〔問2〕 10点　〔問3〕 8点

4　〔問1〕 7点　〔問2〕 (1) 10点　〔問2〕 (2) 8点　計100点

＜数学解説＞

1　(数・式の計算，平方根，二次方程式，一次関数，確率，作図)

〔問1〕 $\sqrt{3}+\sqrt{2}=M$，$\sqrt{3}-\sqrt{2}=N$とおくと，乗法公式$(a+b)(a-b)=a^2-b^2$より，$(\sqrt{3}+\sqrt{2})^2-(\sqrt{3}-\sqrt{2})^2=M^2-N^2=(M+N)(M-N)=\{(\sqrt{3}+\sqrt{2})+(\sqrt{3}-\sqrt{2})\}\{(\sqrt{3}+\sqrt{2})-(\sqrt{3}-\sqrt{2})\}=2\sqrt{3}\times2\sqrt{2}=4\sqrt{6}$，$\dfrac{1}{\sqrt{3}}\times\dfrac{1}{\sqrt{2}}=\dfrac{\sqrt{3}}{3}\times\dfrac{\sqrt{2}}{2}=\dfrac{\sqrt{6}}{6}$だから，$(\sqrt{3}+\sqrt{2})^2-(\sqrt{3}-\sqrt{2})^2+\dfrac{1}{\sqrt{3}}\times\dfrac{1}{\sqrt{2}}=4\sqrt{6}+\dfrac{\sqrt{6}}{6}=\left(4+\dfrac{1}{6}\right)\sqrt{6}=\dfrac{25\sqrt{6}}{6}$

〔問2〕 $(2x-6)^2=\{2(x-3)\}^2=4(x-3)^2$だから，$(2x-6)^2+4x(x-3)=0$より，$4(x-3)^2+4x(x-3)=0$　両辺を4で割って，$(x-3)^2+x(x-3)=0$　$x-3=M$とおくと，$M^2+xM=0$　$M(M+x)=0$　$(x-3)\{(x-3)+x\}=0$　$(x-3)(2x-3)=0$　よって，$x=3,\ x=\dfrac{3}{2}$

〔問3〕 xの変域が$-3\leqq x\leqq6$のとき，yの変域が$2\leqq y\leqq5$であるから，$y=ax+4$のグラフが右上がりの直線であるとき，2点$(-3,\ 2)$，$(6,\ 5)$を通る。このとき，$a=\dfrac{5-2}{6-(-3)}=\dfrac{1}{3}$だから，$y=\dfrac{1}{3}x+b$とおいて，$(-3,\ 2)$を代入すると，$2=\dfrac{1}{3}\times(-3)+b$　$b=3$　これは問題に適さない。$y=ax+4$のグラフが右下がりの直線であるとき，2点$(-3,\ 5)$，$(6,\ 2)$を通る。このとき，$a=\dfrac{2-5}{6-(-3)}=-\dfrac{1}{3}$だから，$y=-\dfrac{1}{3}x+c$とおいて，$(-3,\ 5)$を代入すると，$5=-\dfrac{1}{3}\times(-3)+c$　$c=4$　これは問題に適するから，$a=-\dfrac{1}{3}$である。

〔問4〕 1枚の硬貨を3回投げるとき，表と裏の出方は全部で$2\times2\times2=8$(通り)。ここで，acの値として考えられるのは，$ac=1\times1=1$，$1\times2=2$，$2\times1=2$，$2\times2=4$の4通り。このうち，$b=ac$となるのは，$1=1\times1$，$2=1\times2$，$2=2\times1$，つまり，(1回目，2回目，3回目)＝(表，表，表)，(表，裏，裏)，(裏，裏，表)の3通りだから，求める確率は$\frac{3}{8}$

基本　〔問5〕 (着眼点)△DCBが線分CBを1辺とする正三角形となるように直線ABの上側に点Dをとり，点Dを中心として，点B，Cを通る円を描き，$\overset{\frown}{AB}$との交点をPとすると，$\overset{\frown}{CB}$に対する中心角と円周角の関係から，$\angle CPB=\frac{1}{2}\angle CDB=\frac{1}{2}\times60^\circ=30^\circ$となる。　(作図手順)次の①～②の手順で作図する。　① 点C，Bをそれぞれ中心として，交わるように半径CBの円を描き，その交点をDとする。　② 点Dを中心として，点B，Cを通る円を描き，$\overset{\frown}{AB}$との交点をPとする。(ただし，解答用紙には点Dの表記は不要である。)

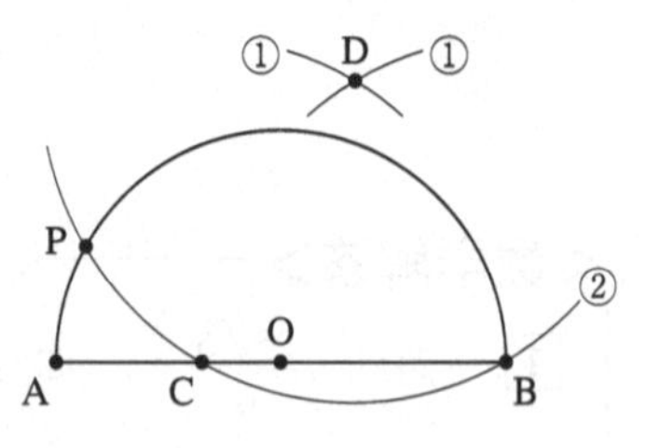

2 (図形と関数・グラフ)

〔問1〕 点Aのx座標が$p\,(p<0)$であるとき，$A(p,\ p^2)$　これより，放物線がy軸に関して線対称であることを考慮すると，$B(-p,\ p^2)$，$C(-p,\ 2p^2)$。ここで，点Fのx座標を$f\,(f>0)$とすると，$F(f,\ f^2)$　また，点Fのy座標は点Cのy座標と等しいから，$f^2=2p^2$　両辺をp^2で割って，$\frac{f^2}{p^2}=2$　$\left(\frac{f}{p}\right)^2=2$　ここで，$p<0$，$f>0$だから$\frac{f}{p}<0$より，$\frac{f}{p}=-\sqrt{2}$　$f=-\sqrt{2}p$　よって，$F(-\sqrt{2}p,\ 2p^2)$である。

重要　〔問2〕 (途中の式や計算)(例)$A(-1,\ 1)$，$F(2,\ 4)$より　直線AFの傾きは$\frac{4-1}{2-(-1)}=1$　直線AFの方程式を$y=x+m$とすると，点$A(-1,\ 1)$を通るから　$1=-1+m$　$m=2$　よって直線AFの方程式は　$y=x+2$…①　一方，$B(1,\ 1)$，$D(-1,\ 4)$より　直線BDの傾きは$\frac{4-1}{-1-1}=-\frac{3}{2}$　直線BDの方程式を$y=-\frac{3}{2}x+n$とすると，点$B(1,\ 1)$を通るから　$1=-\frac{3}{2}+n$　$n=\frac{5}{2}$　よって，直線BDの方程式は　$y=-\frac{3}{2}x+\frac{5}{2}$…②　①，②より　$x+2=-\frac{3}{2}x+\frac{5}{2}$　$x=\frac{1}{5}$　①より　$y=\frac{1}{5}+2=\frac{11}{5}$　よって　$G\left(\frac{1}{5},\ \frac{11}{5}\right)$

〔問3〕 $A(-2,\ 4)$，$C(2,\ 4a)$より　直線ACの傾きは$\frac{4a-4}{2-(-2)}=a-1$　直線ACの方程式を$y=(a-1)x+m$とすると，点$A(-2,\ 4)$を通るから　$4=(a-1)\times(-2)+m$　$m=2a+2$　よって直線ACの方程式は　$y=(a-1)x+(2a+2)$　これより，直線ACとy軸との交点をPとすると，$P(0,\ 2a+2)$　以上より，$\triangle AOC=\triangle AOP+\triangle COP=\frac{1}{2}\times OP\times$(点Aの$x$座標の絶対値)$+\frac{1}{2}\times OP\times$(点Cの$x$座標の絶対値)$=\frac{1}{2}\times(2a+2)\times2+\frac{1}{2}\times(2a+2)\times2=(4a+4)\text{cm}^2$

3 (平面図形，円の性質，角度，相似の証明，線分の長さの比)

基本　〔問1〕 中心角の大きさは弧の長さに比例するから，$\angle AOD=\angle AOC\times\frac{\overset{\frown}{AD}}{\overset{\frown}{AC}}=88^\circ\times\frac{1}{1+1}=44^\circ$　$\overset{\frown}{AD}$に対する中心角と円周角の関係と，△OBDがOB＝ODの二等辺三角形であることから，$\angle ODB=\angle ABD=\frac{1}{2}\angle AOD=\frac{1}{2}\times44^\circ=22^\circ$

重要　〔問2〕 (証明)(例)半円の弧に対する円周角は90°だから　$\angle ACB=90^\circ$　$\overset{\frown}{AD}=\overset{\frown}{DC}$より　$\angle AOD=\angle COD$　二等辺三角形の頂角の二等分線は底辺を垂直に2等分するから　$\angle DEG=90^\circ$

よって，$\angle ACB = \angle DEG$…①　$\overset{\frown}{AC}$に対する中心角は円周角の2倍だから　$\angle COD = \frac{1}{2}\angle COA = \angle CBA$　$\angle FOD = \angle CBA$…②　一方，△DFOと△DEGにおいて　$\angle DFO = \angle DEG = 90°$　$\angle FDO = \angle EDG$(共通)　$\angle FOD = 180° - \angle DFO - \angle FDO$　$\angle EGD = 180° - \angle DEG - \angle EDG$　よって，$\angle FOD = \angle EGD$…③　②，③より，$\angle CBA = \angle EGD$…④　①，④より，2組の角がそれぞれ等しいから　$\triangle ABC \backsim \triangle DGE$

やや難　〔問3〕〔問2〕より，$\angle AOD = \angle CBA$　同位角が等しいからDO//CB　平行線と線分の比の定理を用いると，$EO : CB = AO : AB = 1 : 2$　$CB = 2EO = 2(DO - DE) = 2(AO - DE) = 2(6-4) = 4$(cm)　△ABCに三平方の定理を用いると，$AC = \sqrt{AB^2 - CB^2} = \sqrt{12^2 - 4^2} = 8\sqrt{2}$(cm)　$\triangle ABC \backsim \triangle DOF \backsim \triangle DGE$より，$DG = DE \times \frac{AB}{AC} = 4 \times \frac{12}{8\sqrt{2}} = 3\sqrt{2}$(cm)　$DF = DO \times \frac{AC}{AB} = 6 \times \frac{8\sqrt{2}}{12} = 4\sqrt{2}$(cm)　以上より，$DG : GF = DG : (DF - DG) = 3\sqrt{2} : (4\sqrt{2} - 3\sqrt{2}) = 3 : 1$

4 (空間図形，線分の長さ，面積，体積)

〔問1〕△ACEと△BCEにおいて　仮定より　$BC = AC = AE$　四角形BCDEはひし形だから　$BC = BE$　よって　$AC = AE = BC = BE$　辺CEが共通より，3組の辺がそれぞれ等しいので　$\triangle ACE \equiv \triangle BCE$　よって，$\triangle ACE = \triangle BCE = \frac{1}{2}$(ひし形BCDE)$= \frac{1}{2}S$(cm²)　△ACEの底辺を辺ACと考えると，高さは線分EHだから，$\triangle ACE = \frac{1}{2} \times AC \times EH = \frac{1}{2}S$　$EH = \frac{S}{AC} = \frac{1}{8}S$(cm)

やや難　〔問2〕(1)（途中の式や計算）(例)$BO = \frac{1}{2}BD = 6$　△ACEと△BCEにおいて　仮定より　$BC = AC = AE$　四角形BCDEはひし形だから　$BC = BE$　よって　$AC = AE = BC = BE$　辺CEが共通より，3組の辺がそれぞれ等しいので　$\triangle ACE \equiv \triangle BCE$…①　△ACOと△BCOにおいて　仮定より　$AC = BC$

①より　$\angle ACO = \angle BCO$　辺COが共通より　2組の辺とその間の角がそれぞれ等しいので　$\triangle ACO \equiv \triangle BCO$　よって　$AO = BO = 6$　点Pから直線BDに垂線を引き，直線BDとの交点をQとすると，$\angle PQB = 90°$であり，$\angle AOB = 90°$より　PQ//AO　$AP : BP = 1 : 2$より　$PQ : AO = BP : AB = 2 : 3$　よって　$PQ = \frac{2}{3}AO = 4$　△BCOに三平方の定理を用いて　$BC^2 = CO^2 + BO^2$　$8^2 = CO^2 + 6^2$　$CO > 0$より$CO = 2\sqrt{7}$　よって　$S = 12 \times 2\sqrt{7} \times \frac{1}{2} \times 2 = 24\sqrt{7}$　したがって，体積Vは　$V = \frac{1}{3} \times PQ \times S = 32\sqrt{7}$(cm³)

(2)　$AO = BO$，$\angle AOB = 90°$より，△ABOは直角二等辺三角形で，3辺の比は$1 : 1 : \sqrt{2}$だから，$AB = \sqrt{2}AO$　$AP : PB = 1 : 1$より，点Pは辺ABの中点だから，AB⊥△CEP　これより，立体ABCEは△CEPに関して対称な立体となり，(立体A－BCDEの体積)＝(立体PBCEの体積)×4　$\frac{1}{3} \times S \times AO = \left(\frac{1}{3} \times \triangle CEP \times PB\right) \times 4$　$\triangle CEP = \frac{AO}{4PB}S = \frac{AO}{2AB}S = \frac{AO}{2 \times \sqrt{2}AO}S = \frac{\sqrt{2}}{4}S$(cm²)　(補足説明)　AB⊥△CEPの証明　△ACPと△BCPにおいて　$AC = BC$　$AP = BP$　CP共通より，3組の辺がそれぞれ等しいので　$\triangle ACP \equiv \triangle BCP$　よって，$\angle APC = \angle BPC = 90°$より，CP⊥AB…①　同様にして，EP⊥AB…②　①，②より，AB⊥△CEP

★ワンポイントアドバイス★

2〔問2〕は，直線AFの方程式と直線BDの方程式の連立方程式を導くことがポイントである。4〔問1〕は，$\triangle ACE \equiv \triangle BCE$であることに気付くことがポイントである。

＜英語解答＞

1　〔問題A〕　＜対話文1＞　ア　　＜対話文2＞　ウ　　＜対話文3＞　イ
〔問題B〕　＜Question 1＞　エ
＜Question 2＞　They are interesting.

2　〔問1〕　ウ　〔問2〕　エ　〔問3〕　イ　〔問4〕　イ
〔問5〕　I should think about my group members more and do things to get their support.（15 words）
〔問6〕　ア　〔問7〕　オ，ク

3　〔問1〕　イ　〔問2〕　ウ　〔問3〕　ウ　〔問4〕　(4)－エ
〔問5〕　(I feel this way because)I realized there is always something that I can do for my team. I gave my teammates advice and they became better players. Before, I was only thinking about myself, but now I know that teamwork is important.（38 words）
〔問6〕　ウ，キ

4　The chart shows that there are many children and elderly people in Hibiya City. This plan is great for children because small children can play in the kids' play area and older children can enjoy sports or books. However, although the population of elderly people is larger, this plan is not attractive to them. Only those who like sports can have fun.（62 words）

○配点○
1　各4点×5
2　〔問5〕　6点　　他　各4点×7
3　〔問5〕　10点　　他　各4点×6
4　12点　　　計100点

＜英語解説＞

1　（リスニングテスト）
放送台本の和訳は，令和4年度都立共通問題36ページに掲載。

2　（会話文問題：語句解釈，内容吟味，語句補充・選択，条件英作文，要旨把握，比較，助動詞，動名詞，現在完了，不定詞，間接疑問文，進行形，関係代名詞）
（全訳）　リナ，ハナ，ユウタ，そして，オリヴァーは放課後，教室にいる。オリヴァーはノルウェーからの学生だ。ハナはひとりで席に座っていて，何か心に引っかかっているようである。
リナ（以下R）：ハナ，どうしたの？／ハナ（以下H）：私は自分のグループでの理科のプロジェクトについて考えていたの。物事が上手くいっていないわ。／ユウタ（以下Y）：君はプロジェクトのリーダーだよね。／H：ええ，2週間で発表しなければならないけれど，全く準備ができていない。／オリヴァー（以下O）：放課後，君たちが集まっているのをしばしば見かけたので，上手くいっているのだと思っていたよ。／H：私たちはしばしば集まっているけれど，意見を述べる人はほんのわずかだわ。昨日は，ミーティングにさえ来なかった人もいた。他にやることがあると言って！　みんながプロジェクトに対して真剣だとは思わないわ。／R：リーダーであることは大変よね。／H：時には，私たちのグループはハトの群れのようであって欲しいと考えることもあるわ。／Y：何だって？／H：(1)ハトの群れ。空を飛ぶハトの群れを見たことがあるでしょう？　ハトの大集団が突然同時に同じ方向へ向きを変えるのを見て，いつも驚くの。／O：なぜハトのようになりたいの？／H：私は私のグループの誰もが，ひとつのチームとして，物事を一緒にできるようになって欲しいからよ。どのようにして，群れのリーダーが他のハトがついてくるようにさせることができるのか，知りたいの。／R：本当にリーダーがいるのかしら？　自分の隣のハトがしているのと同じことを単にしているだけだと思っていたわ。／H：人々は，以前はそのように思っていた。でも，科学者たちによると，集団の(いかなる)メンバーではなくて，リーダーに従って，ハトは向きを変えているのよ。／O：僕は祖父からそのことを聞いたことがある。彼は鳥を見るのが好きなのさ。／Y：彼らはどうやってそのことを見つけたのかなあ？／H：小さなGPSをハトに取り付けて，0.2秒ごとにハトのいる場所を確認することで(，わかったのだよ)。／Y：ハトは，どうやって誰が指導者になるのかを決定するのかなあ？／O：最も速いハトが通常は指導者になるそうだよ。でも，僕の祖父は興味深いことを話してくれた。時には，遅いハトが群れを導くこともあるので，その場合には，ひとつの飛行においてさえ，指導者が同じでないことがあるのさ。／R：本当に？　それは驚きね。動物の世界では，通常，最も強い雄がリーダーになると思っていたわ。／Y：僕もそう考えていた。でも，時にはそうではないのだね。例えば，象。先週，あるテレビ番組を見たのだけれど，そこでは，リーダーは最年長の雌だと言っていたよ。ところで，“象のような記憶を持つ”という表現を聞いたことがあるかい？／H：いいえ。それってどういう意味かしら？／Y：もし象のような記憶があるのならば，(2)象のように物事を覚えるのが巧みである，ということを意味するのさ。番組では，優れた記憶を有していたので，彼女の集団を干ばつから救ったある象のリーダーについて述べられていた。彼女の集団では，象の多くが生き残ったが，別の集団では，ほぼ半数が命を失ったそうだよ。／R：それらの違いって何だったのかしら！／Y：両方の集団には，経験豊富な指導者がいた。でも，2番目の集団には，以前の35年前の干ばつを経験していない，より年少の指導者がいた。研究者によると，最初の集団は，以前の干ばつに関する指導者の記憶のおかげで，助かることができたとのことだよ。／O：それは，シャチのリーダーに(3)似ているようだね。ノルウェーでは，よくシャチを見に出かけたよ。／R：ノルウェーではシャチが見られるの？／O：うん，特に，冬季にはね。ところで，シャチにとっては，(4)－aおばあちゃんと暮らすことが長寿の鍵となることを知っていたかい？　研究によると，若いシャチが(4)－bおばあちゃんを失った場合には，その生命はより危険な状態に陥りそうになる。／Y：なぜ(4)－cおじいちゃんではないの？／O：いいかい，雄のシャチは通常35歳まで生きるけれど，雌はしばしば60歳まで生きる。／R：そのような大きな差があることが信じられないわ！／O：雌の方が長く生きるので，より経験が豊富で，どこで食べ物を見つけることができるのかを知っているというわけなのさ。／H：だから，ある動物にとっては，より長く生きる手助けとなる知識を有しているものに従うことが大切なのね。／O：その通り。／Y：そして，チンパンジーがいる。最も小さなものでさえ，指導者になれるのだよ。／H：本当に？　どうやって？／Y：力を使うものがいるけれども，頂点に上り詰めるために，頭脳を使うものもいる。／H：そして，どうやってそれをするのかしら？／Y：チンパンジーがリーダーになりたい時には，自分自身の代わりに，他者について考え，行動する。例えば，彼らは容易に自分らの食べ物を分かち合う。そして，リーダーになった後に，他のチンパンジーがけんかしている時には，勝つ見込みがないものを支援する。／R：なぜそうするの？／Y：支持者を得るために，そうするのさ。そのようなふるまいを他のチンパンジーが見ると，安心できて，指導者へ尊敬の念を示すのさ。／O：チンパンジーはとても賢いね！／H：さて，理科のプロジェクトが上手くいかない理由がわかったわ。／O：わかったの？／H：理由は私よ。私が良い指導者でないからだわ。／R：あっ，そんなこと言わないで。あなたは常に頑張っているわ。／H：動物のリーダーのふるまいについて話をすることで，いかにして良い指導者になるかについて，いくつかのヒントを得たわ。／Y：例えば？／H:チンパンジーからは，もし良い指導者になりたければ，(5)自分の集団の構成員についてもっと考えて，彼らの支援を得ることをするべきだ，ということを学んだの。そうすることで，良好な関係を築き，互いに信頼することを学ぶことができるわ。／Y：他に君が学んだことはあるかい？／H：多くの知識を有する指導者が，集団にとって適切な決定を下すことができる，ということだわ。／O：象やシャチのように，だね？／H：ええ。わかっていると思うけれど，それらのリーダーが有していた経験が私には足りないけれど，補うことができるので，平気ね。／Y：どうやって？／H：私のグループのメンバーの手助けによってよ。私たち人間は，言語によって，意思疎通ができるので，経験を通して得た知識を分かち合うことができるわ。／Y：それは本当だね！　ハトから学んだことはある？／H：時には，集団の異なった構成員が，集団を導くことができる，ということを学んだわ。重要なのは，チームとして，目標に到達することね。／O：個人一人一人が集団の重要な構成員で，私たちはみんなで責任を分かち合うべきだね。／H：その通り！　ありがとう。私たちの理科の発表は上手くいくと思うわ。／R：それを聞いてよかった！／H：良い指導者になるにはできることが沢山あるけれど，(6)最初にするべきことは，私の集団のメンバーをもっとよく知るようになることだわ。／O：そのことは，開始するにはちょうど良いように感じるね！／Y：君の理科のプロジェクトが上手くいきますように願っているよ！

基本　〔問1〕 ア「最も速いハトのみが集団の主導者になれる」(×)オリヴァーの祖父の話によると，遅いハトが集団を導くことがある，と述べられているので，不可。fastest「最も速い」← fast の最上級　slower「より遅い」← slow の比較級　イ「群れのリーダーが毎0.2秒ごとにどこにいるのか確認する」(×)どこにいるかの確認は学者がしたことなので，不適。　ウ「群れのリーダーがひとつの飛行の間に交代するかもしれない」(○)オリヴァーの the leader is not the same even during one flight に一致。may「～かもしれない／してもよい」 エ「隣のハトを見ることで，ハトは集団で一緒に飛ぶ」(×)選択肢エと同じ趣旨のリナの発言に対して，ハナが否定している(People thought so before.　But ～ pigeon change direction by following the leader, and not any member of the flock)。<前置詞＋動名詞>

基本　〔問2〕「Y：“象のような記憶を持つ”という表現を聞いたことがあるかい？／H：いいえ。それってどういう意味かしら。／Y：もし象のような記憶があるのならば，(2)エ象のように物事を覚えるのが巧みである，ということを意味するのさ。番組では，優れた記憶を有していたので，彼女の集団を干ばつから救ったある象のリーダーについて述べられていた」<be動詞＋good at>「～するのが上手い」 have you heard of「～ついて聞いたことがあるか」現在完了<have[has]＋過去分詞>経験　他の選択肢は次の通り。ア「象はあなたに多くの良い記憶を与える」 イ「象はあなたに楽しかった時を思い起こさせる」remind A of B「AにBを思い出させる[気づかせる]」 ウ「象のように過去からのものを好む」

基本　〔問3〕〔質問〕「この文章によると，象とシャチはどのように似通っているか」本文から，象とシャチの例で似通っている点を読み取る。正解は，イ「集団の指導者には多くの経験がある」。他の選択肢は次の通り。ア「冬季，自然でそれらを見つけるのは困難である」(×)オリヴァーが，ノルウェーでは冬季にシャチを見かける，とは述べているが，選択肢Aのような内容の言及はない。<It is＋形容詞＋to不定詞>「～［不定詞］するのは…［形容詞］である」 ウ「雌より長生きするので，雄は狩猟できる」(×)言及ナシ。特に，シャチは雌の方が長生きすると述べられているので，不適。so[that]「～するために」 longer「より長い」← long の比較級　エ「集団のリーダーは最も強い雌である」(×)テレビ番組で，最年長の雌の象の例は取り上げられていたが，選択肢エの内容に関して，象とシャチの共通の事象として，言及されていない。strongest「最

も強い」← strong の最上級　oldest「最年長の」← old の最上級

やや難　〔問4〕「O：シャチにとっては，(4)－aおばあちゃんと暮らすことが長寿の鍵となることを知っていたかい？　研究によると，若いシャチが(4)－bおばあちゃんを失った場合には，その生命はより危険な状態に陥りそうになる。／Y：なぜ(4)－cおじいちゃんではないの？／O：いいかい，雄のシャチは通常35歳まで生きるけれど，雌はしばしば60歳まで生きる。～雌の方が長く生きるので，より経験が豊富で，どこで食べ物を見つけることができるのかを知っているのさ」know where they can find food ← Where can they find food ? 間接疑問文(疑問文が他の文に組み込まれた形)<疑問詞＋主語＋動詞>の語順になる。

やや難　〔問5〕「チンパンジーから，もし良い指導者になりたいのならば，［(5)］ということを学んだ」(模範解の訳)「自分の集団の構成員についてもっと考えて，支援を得るためにものごとをするべきだ」ユウタの以下のせりふを参考にすること。When chimpanzees want to become leaders, they think about others instead of themselves and then take action／after they become leaders, when other chimpanzees are having a fight, they support the one that doesn't have a chance of winning. ～ They do that to get supporter. When other chimpanzees see such behavior, they feel safe and show respect to the leader.

基本　〔問6〕(6)「最初にするべきことは，私の集団のメンバーをもっとよく知るようになることだと思う」the first thing to do ← 不定詞の形容詞的用法<名詞＋to不定詞>「～するための[するべき]名詞」<get＋to不定詞>「～するようになる」better ← good／wellの比較級「よりよい[よく]」正解は，ア「学校外で，集団の構成員と一緒に一日過ごし，良い関係を築くだろう」。他の選択肢は次の通りだが，いずれも，他のメンバーについてよりよく知るために行う行為に該当しない。イ「図書館で動物について本を読み，良い指導者になる方法についてもっと学ぶだろう」<how＋to不定詞>「～する方法」more ← many／muchの比較級「もっと(多数の／多量の)」　ウ「彼女の集団の構成員に依存しすぎることを止めて，彼女が指導者であることを彼らに示すだろう」　<stop＋動名詞>「～することを止める」<depend on>「～にたよる，あてにする，信頼する，しだいである」　エ「彼女の理科のプロジェクトについてインターネット上に情報を載せて，そのことについて，彼女の集団の構成員に告げるだろう」

重要　〔問7〕　ア「みんながすべての会合に参加しているにもかかわらず，理科のプロジェクトにおいて物事が上手くいっていない，とハナは感じている」(×)ハナは some didn't even come to the meeting と述べているので，不適。are not going well ← 進行形<be動詞＋-ing>「～しているところだ」　イ「前回の干ばつを経験したので，グループの一方で，多くの象が生き残らなかった」(×)前回の干ばつを経験したリーダーが干ばつから多くの象を救ったので，不適。　ウ「集団に対して良い決定を下す知識を持ち合わせているので，ハナはシャチのリーダーのようだった」ハナは I don't have the experience that those leaders have と述べているので，不可。<先行詞＋目的格の関係代名詞 that＋主語＋動詞>「～［主語］…［動詞］する先行詞」　エ「リーダーになりたいチンパンジーは他者の代わりに自分自身について考えて，食べ物を分かち合う」ユウタが When chimpanzees want to become leaders, they think about others instead of themselves と述べているので，不適。Chimpanzees that want to become ← <先行詞＋主格の関係代名詞 that ＋主語＋動詞>「～［動詞］する先行詞」instead of「～の代わりに」　オ「チンパンジーのリーダーのふるまいは，彼らのグループの構成員に影響を与えるので，彼らの構成員を支援することが重要だ」(○)ユウタは以下のように述べている。after they become leaders, when other chimpanzees are having a fight, they support the one that doesn't have a chance of winning. ～ They do that to get supporter. When other chimpanzees see such behavior, they feel safe and show respect to the leader. <It is＋形容詞＋for＋S＋to不定詞>「Sにとって～［不定詞］することは…［形容詞］だ」 カ「指導者は常に群れを導くことにより，彼らの力を示す必要があるということを，ハナはハトから，学んだ」(×)言及ナシ。by leading ← <前置詞＋動名詞>　キ「友達と話した後に，全員が責任を分かち合うべきだとハナは実感したので，彼女は他の人を指導者にするだろう」(×)言及ナシ。after talking ← <前置詞＋動名詞>　should「～すべきである」make A B「AをBにする」ク「ハナは多くのことを動物から学び，以前よりもより良い指導者になることができると考えた」(○)ハナはさまざまな動物の話を聞いて最後に There are a lot of things that I can do to become a good leader と前向きに発言しているので，一致していると判断できる。← <先行詞＋目的格の関係代名詞 that＋主語＋動詞>「～［主語］が…［動詞］する先行詞」better ← good／wellの比較級「よりよい［よく］」

3　(長文読解問題・物語：語句補充・選択，語句解釈，語句整序，自由・条件英作文，内容吟味，要旨把握，接続詞，間接疑問文，助動詞，不定詞，分詞，前置詞，動名詞，関係代名詞，比較，進行形)

(全訳)「もしもし，こちらはアンダーソンです」

ジェイデンの父がちょうど彼の会社から出ようとした時に，ジェイデンのバスケットボールのコーチ，アンダーソン氏からの電話を受けた。車で自宅へ向かう代わりに，彼の息子に会うために，学校へと急いだ。アンダーソン氏は心配する必要はないと言ったが，彼は落ち着かなかった。彼はただ運転に集中しようとした。

学校に着くと，ジェイデンはベンチに座っており，アンダーソン氏が彼のそばに立っていた。アンダーソン氏が練習中に何が起きたのか，ジェイデンの父に説明をした。ジェイデンと彼のチームメイトのエリックが，共にボールに向かって跳躍し，空中で互いにぶつかってしまったのである。ジェイデンはエリックの上に落下することを避けて，代わりに自身の足首の上に着地してしまったのである。

「チームドクターは深刻なものではない，と言っています」とアンダーソン氏は述べた。「だけれども，良くなるまで，おそらく約2週間は練習を行うべきではない，と彼は勧告しています」

ジェイデンは唇をかみしめていた。

「たった2週間だ，息子よ」彼は元気づけようとしたが，上手くいかなかった。

「わかっていないね！　州選手権の準決勝が2週間後にあり，ずっと僕は練習ができない。(1)それじゃあ，プレーする準備ができないよ」

アンダーソン氏は何と言ったらよいかわからなかった。彼がわかっていることは，チームのもっとも優れた選手であるジェイデンがいなければ，次の試合に勝つのは非常に困難である，ということだった。選手権に勝つために，チームは懸命に練習してきたが，今や，そのことが現実に起きそうもなかった。

もし彼が州選手権でプレーしないのであれば，(2)学校は何のためにあるのだろう？ジェイデンは授業中に集中して聞くことを止めてしまった。家で学校のことを話すことを止めた。彼はバスケットボールの練習に行くことすら，止めてしまった。彼のチームメイトであるベンとエリックは，数回にわたり彼に電話したが，彼が出ることはなかった。

数日後，彼は公園でベンチに座っていた。その時，彼の友人が練習をしているということが，彼にはわかっていた。公園には小さなバスケットボールコートがあり，普段通り，バスケットボールをしている何人かの子供たちがいた。彼の目の前の子供たちは多くのシュートを外したが，みんなとても楽しそうだった。「もっと注意深くボールを見て！」,「素晴らしい！」,「あっ…まだ！」知らず知らずのうちに，各プレーについて，彼はこのような言葉を発していた。次の瞬間，彼は子供たちのそばに立ち，彼らに話しかけた。

「ねえ，これらのシュートがいかにすればより良くなるか，そのやり方を見せることができると思うよ！」

「できますか？」

子供たちはプレーすることを止めた。

「でも，どうやって？」ジェイデンの足首の包帯を見ていた子供たちのひとりが言った。

「ボールを貸して」

ボールが彼に渡った。ジェイデンがそれを放ると，それは美しい弧を描いてバスケットボールのゴールの中へと飛び込んでいった。突然，彼らの目が輝き出し，顔中に笑みが広がった。帰宅する時間になると，ジェイデンに次の日も戻って来てくれないか，彼らが尋ねた。ジェイデンは同意した。彼には，明日，あるいは，その次の日も予定がなかった。

次の日の朝，放課後，あの子供たちと会うことを楽しみにしていることに，彼自身，驚いた。学校が終わると，できるだけ急いで彼は公園へ行き，彼らに多くのことを教えた：どこを見るか，どのようにボールを保持するか，いつそれを放すか。彼らは非常に急激に上達したのは驚くべきことだった。(3)彼らは数日前に遊んでいた同じ子供たちである，と誰が認識できたであろうか？その晩遅く，新しい技術を学んだ際に，子供たちがとても興奮しているように見えたことを，彼は思い出した。彼らを手助けできて，彼はうれしかった。その時，ある考えが彼に思い浮かんだ：このことは，おそらく私がチームのためにできることであると。

翌日の放課後，ジェイデンは子供たちを探しに公園へ向かった。自分にはしなければならないとても重要なことがあることを彼たちに告げて，すぐに再び彼らに教えることを約束した。子供たちは彼の言うことを理解した。そして，彼は練習のために学校へ戻った。

「アンダーソン・コーチ，ごめんなさい。練習に来なくて，皆，ごめんなさい」

アンダーソン氏は彼が戻って来て，ほっとした様子だった。でも，彼のチームメイトはうれしそうでなかった。彼らがそのように感じるのには当然だ，とジェイデンは思った。(4)－エ彼はなぜ練習にこなかったのか，電話に答えなかったのか，彼らに告げなかったからである。

「足首がこの状態でも，あるやり方で，チームを助けることが可能であることがわかったのだよ」

時間はかかるだろうが，彼のことを彼らが再び信用してくれるであろう，と彼は信じていた。練習中，彼はただチームメイトを注意深く注視して，彼らに助言を与えた。それを見て，アンダーソン氏は非常に満足をしている様子だった。ジェイデンが彼らのことを支えてくれるとは，彼は思ってもいなかった。ジェイデンにとっては，チームの最高の選手であることが，彼が望んでいた唯一のことであった。でも，今では，彼はチームを手助けして，彼はチームの重要な一員だった。その日以来，彼は毎日練習に来て，チームを支えようとした。

準決勝の日，ジェイデンは実質2週間練習をしなかったが，アンダーソン氏は彼に数分間だけ出場するべきだと告げた。彼はしばらく考えてから，断った。

彼のチームメイトは，ジェイデンがユニフォームを着ていないことに気づき，互いに困惑した表情で見つめ合った。ついに，ベンが勇気を出して，非常に難しい質問をした。

「ジェイデン，君の足首はまだ痛いのかい？　2週間で良くなると言っていたよね」

「ああ，僕の足首は平気だよ。僕がいない方が良いと思っただけさ。実際，しばらくの間，君たちとプレーしていないし，チームワークは重要だろう？」

試合の間，ジェイデンはベンチから大声で声援を送った。最初，彼のチームはリードしたが，相手チームが追いついた。一進一退だった。ついに，時計で残り1分のみとなった。彼のチームは2点負けていた。ブザーが鳴る直前に，エリックがボールを奪った。彼は3ポイントラインの背後に立っていた。彼は飛び跳ねて，ボールを放った。ボールは完ぺきな弧を描いて，ゴールの中に飛び込んだ。勝利を決定づけるシュートだった。

ジェイデンは椅子から飛び上がった。彼らは勝利したのである！　全ての少年たちが笑い，互いにハイタッチをした。

ジェイデンが学校へ戻るバスのところでチームを待っていると，エリックとベンが出て来て，彼の元に走り寄った。互いに勝利を祝福すると，エリックは「僕らは本当に決勝で君とプレーしたかったので，走り続けて，あきらめなかったよ！」と言った。

「これ以上走れないところまで，走りに走ったよ！」ベンも言った。

大きな笑みがジェイデンの顔に広がった。

「君らが勝つことを信じていたよ！」

「おそらく僕らは君に依存し過ぎていて，努力することを止めてしまっていた」とベンは答えた。

「ジェイデン，君がいなければ勝てなかった。君の助言のおかげで，勝利へのシュートが打てたよ！」とエリックは言った。

「この全ての体験が僕に何か重要なことを教えてくれた」とジェイデンは言った。「決勝ではきっと僕らはより良いチームになっているね！」

3人の少年たちはとても興奮していた。

その晩，ジェイデンが彼の母親に勝利のことを告げると，彼女は黙ったままだった。

彼は話すのを止めた。「お母さん，どうかしたの？」

「いいえ」と彼の母親は答えた。「いかにあなたが出場したくて，勝利をチームメイトと分かち合いたかったか，私はただ考えていただけよ」

「あっ，お母さんは，わかっていないね」ジェイデンはこれまでにないくらい，大きく微笑みながら言った。「今日は出場しなかったけれど，(5)この勝利は僕にとっては大きな勝利だよ！」

基本　〔問1〕「わかっていないよ！　州選手権の準決勝が2週間後にあり，ずっと僕は練習ができない。(1)イ「それでは，プレーする準備ができないよ」他の選択肢は次の通り。ア「だから，僕はプレーすることをあきらめない」～. So…「～だ。だから[それで]…」give up「あきらめる」　ウ「でも，僕はプレーすることをあきらめるよ」　エ「そして，僕はプレーする準備ができるだろう」

基本　〔問2〕「もし彼が州選手権でプレーしないのであれば，(2)学校は何のためにあるのだろう」自暴自棄になり，反語的に，学校へ行く意義がない，ということを吐露している点に注目。正解は，ウ「なぜ学校へ行くべきかわからなかった」he didn't know why he should go to school. ← Why should he go to school ? 間接疑問文(疑問文が他の文に組み込まれた形)＜疑問詞＋主語＋動詞＞の語順になる。should「～すべきである，するはずだ」他の選択肢は次の通り。ア「学校のために何をすることができるか彼は理解していなかった」understand what he could do for the school ← 間接疑問文(疑問文が他の文に組み込まれた形)＜疑問詞＋主語＋動詞＞の語順になる。イ「彼は学校への行き方について考えていた」＜how＋to不定詞＞「～する方法」　エ「いつか学校へ戻ったらいいか，彼は思いを巡らせていた」＜when＋to不定詞＞「いつ～するか」

重要　〔問3〕 Who could realize they were the same kids playing(a few days ago ?)「彼らは数日前に遊んでいた同じ少年たちだと誰が認識できただろうか(いや，誰も認識できなかっただろう)」形は疑問文だが，反語的意味となっているので注意。＜名詞＋現在分詞[原形＋ -ing]＋他の語句＞「～している名詞」現在分詞の形容詞的用法

基本　〔問4〕「でも，彼のチームメイトはうれしそうでなかった。彼らがそのように感じるのには当然だとジェイデンは思った。(4)－エ彼はなぜ練習にこなかったのか，電話に出なかったのか，彼らに告げなかった(からである)」tell them why he didn't come or answer the calls ← 間接疑問文(疑問文が他の文に組み込まれた形)<疑問詞＋主語＋動詞>の語順になる。

やや難　〔問5〕(全訳)「私の大きな勝利／今日，私たちのチームは，州選手権の準決勝の試合に臨んだ。私たちは勝った！　私はプレーしなかったが，この勝利は，単なる一勝以上の意味がある。／このように感じたのは(模範解)チームのために私ができる何かが常に存在していることに，気づいたからである。私はチームメイトへ助言を与えて，彼らはより良い選手になった。以前は，私は自分自身のことしか考えなかったが，今は，チームワークが重要であることがわかっている。／これは私がこの経験から学んだことであり，それゆえに，私は異なった人間となっている。今は，来週の決勝で，チームメイトとプレーできることに本当にワクワクしている」 ジェイデンの立場に立ち，単なる一勝以上の重みがあるという理由を考えて，30語以上の英語で表す条件英作文。

重要　〔問6〕ア「エリックとジェイデンは共に同じボールに飛びつき，着陸の際に，エリックはジェイデンの足を踏んだ」(×)Jaden didn't want to fall on Eric, and instead landed on his own ankle.(第3段落最終文)とあるので，不一致。　イ「ジェイデンが準決勝に参加しなかったのは，彼の足首がプレーするには十分に良くなっていないと彼が判断したから」(×)ベンの「まだ足首が痛いのか」という質問(第25段落)に対して，ジェイデンは「足首は良いが，しばらく一緒に練習していないので，自分が参加しない方が良いだろうし，チームワークは大切だと考えた」(第26段落)と答えている。take part in「～に参加する」<形容詞・副詞＋enough＋to不定詞>「～［不定詞］するには十分に…［形容詞・副詞］」without「～なしで」　ウ「公園で子供たちと時間を過ごすことで，ジェイデンはある方法で彼のチームを手助けできることに気づいた」(○)第17(Then an idea came to him : maybe this is something ▼ I can do for my team.)・18・22段落に一致。<先行詞(＋目的格の関係代名詞)＋主語＋動詞>目的格の関係代名詞の省略　by spending ← <前置詞＋動名詞>　エ「ジェイデンがチームメイトに謝った後に，彼らはすぐにそれを受け入れた。というのは，彼がどのように感じたかを彼らは理解したから」(×)ジェイデンが謝罪した後のチームメイトの反応は，his teammates didn't look happy.(第20段落)とあるので，不可。they understood how he felt ← How did he feel? 間接疑問文(疑問文が他の文に組み込まれた形)<疑問詞＋主語＋動詞>の語順になる。　オ「アンダーソン氏はジェイデンが大いに変わって，良い選手になったと感じたので，試合にジェイデンを出場させた」(×)試合に出なかったので(Mr. Anderson told him that he should play for just a few minutes. He thought for a while, and said no. 第23段落)，不可。～, so…「～である，だから…」<make＋人＋原形>「人に～［原形］させる」　カ「チームメイトがジェイデンにとても依存しているので，準決勝で勝つことができた，とエリックは思った」(×)依存に関しては，第33段落で，「ジェイデンに依存し過ぎていて，努力することをやめてしまった」とベンが，述べているのみなので，不適。<be動詞＋able＋to不定詞> ＝ can「～できる」depend on「～にたよる，あてにする，しだいである」<stop＋動名詞>「～することを止める」make an effort「努力する」　キ「ジェイデンともう一回選手権でプレーしたかったので，エリックとベンは最善を尽くした」(○)第29・30段落に一致。more ← many／much の比較級「もっと(多数の／多量の)」～, so「～である，それで［だから］…だ」 keep – ing「～し続ける」not ～ anymore「もはや～でない」　ク「彼が試合に出場しなかった理由が，ジェイデンの母にはわかっていたので，彼が彼女に話しかけている間に，彼女は黙っていた」ジェイデンの母親は彼が出場しなかった理由がわからなかったので，I was just thinking how much you wanted to play and share the win with your teammates.（最後から第2段落目）と発言している。was talking ← <be動詞＋-ing>進行形「～しているところだ」she knew why he didn't play in the game／I was just thinking how much you wanted to play and share the win ～ ← 間接疑問文（疑問文が他に組み込まれた形）<疑問詞＋主語＋動詞>の語順

4 （条件・条件英作文）

やや難 （模範解答全訳）「図表は日比谷市に，多くの子供たちと年配者がいることを示している。この計画は，子供たちにとっては素晴らしい。というのは，子供達の遊び場では，幼い子供達が遊ぶことができ，年長の子供達はスポーツや読書を楽しむことができる。でも，年配者の人口の方が多いが，この計画は彼らにとっては魅力的でない。スポーツを好む者のみが，楽しむことができる」資料を読み解き，指示に従って，50語以上の英文にまとめる自由・条件英作文問題。

★ワンポイントアドバイス★

会話文問題〔問2〕・〔問4〕と長文読解問題〔問1〕・〔問4〕の語句補充・選択問題，および，文挿入問題に関しては，まず，空所の前後の文章をよく読んで，文脈を把握したうえで，選択肢の中から適切なものを慎重に選ぶこと。

＜国語解答＞

1 (1) とうや　(2) とくじつ　(3) がいぜん　(4) いしょう　(5) しい

2 (1) 具申　(2) 所産　(3) 去就　(4) 得心　(5) 自若

3 〔問1〕 ウ　〔問2〕 イ　〔問3〕 ア　〔問4〕 ウ　〔問5〕 エ　〔問6〕 ア

4 〔問1〕 エ　〔問2〕 ア　〔問3〕 エ　〔問4〕 イ

〔問5〕（例） 自分が拠り所とする価値観やものの見方がすべての文化に当てはまるものではないことを理解し，自己を絶対化せず，他の共同体の価値体系や判断を認めていこうとするあり方。

〔問6〕（例） 海外からの旅行者が，日本では電車が時間通り来るので驚いたという話を聞いたことがある。日本では時間厳守が重視されるが，世界全体ではむしろ例外的なものだという。

　自分たちの価値観やものの見方を当然だと思うことは，異なる文化だけでなく，自身についての認識を妨げる面もある。だから，自分たちの「当たり前」を疑い，別の見方の可能性を探ることも必要だ。厳密な時間規律は他に誇れるものだが，実は私たちが必要以上に時間に縛られているという面もあるのかもしれない。時には，良さの裏面で失われるものにも目を向けたい。

5 〔問1〕 イ　〔問2〕 ア　〔問3〕 ウ　〔問4〕 ウ　〔問5〕 イ

○配点○

1 各2点×5　2 各2点×5　3 各4点×6

4 〔問5〕 8点　〔問6〕 12点　他 各4点×4　5 各4点×5　計100点

＜国語解説＞

1 （知識問題―漢字の読み書き）

(1) 「陶冶」は，持って生まれた性質や才能を理想的に育て上げること。
(2) 「篤実」は，情があって誠実であるという意味。
(3) 「蓋然」は，ある程度は確実であるという意味。
(4) 「意匠」は，工夫，デザイン，趣向。
(5) 「恣意」は，自分勝手であるということ。

2 （知識問題―漢字の読み書き）

(1) 「具申」は，詳しく述べるという意味。
(2) 「所産」は，何かの結果として生み出されたもののこと。
(3) 「去就」は，進退，今後の身の処置のこと。
(4) 「得心」は，承知する，納得するという意味。
(5) 「泰然自若」で，落ち着いていて動じない様子のこと。

3 （小説―情景・心情，内容吟味）

〔問1〕「いつでもどこでも作品を楽しめる」という配信方法が浸透すると「作品がこの世界を循環する速度が上がる」が，「作品を完成させる速度も上げられるわけじゃない」ので，「受け手の変化に順応することを優先」すると，作り手側が「波に呑み込まれることになる」と，鐘ヶ江は話している。映画の見方が変化することで，作り手によからぬ変化が生じてしまうことを不安に思う様子を，「ポロポロと崩れてしまいそうだ」というもろさを感じられる比喩で表現しているのである。

〔問2〕 尚吾の「顔の温度が上がった」のは，尚吾には「世間の風向きに合わせて書くものを変える傾向がある」ため，尚吾自身の中の「譲れないものを見極めて，それを理解するまで待つ時間が必要」だったと鐘ヶ江に指摘されたためである。世間の評価を気にするばかり，自分の感性をないがしろにしてしまっているという自分自身を恥ずかしく感じたのだと読み取れる。

〔問3〕「針の音がするような時計」すらないということから，ほんの些細な音さえもその空間にはなく，静寂に包まれていることが想像できる。

重要 〔問4〕 鐘ヶ江は，「作品を取り巻く環境」や「世間の風潮」，「質や価値を測る物差し」は「変わりやすい」が，「変わらないように努力することができるもの」は「心」や「自分の感性」だと考えている。「自分の心が見えるように」なれば，「どんなことが起きても，自分の価値観を揺るがすような世の中の変化があっても」「迷わなくなる」とも伝えているのだから，ウが正解。

〔問5〕 傘の下から手を出すのは，雨が上がったかどうかを確認するためだ。鐘ヶ江が「監督業を閉じていくつもりなの」だろうということを感じ取った尚吾の気持ちを，雨が上がったという推測を確かなものにする行為にたとえているのである。

〔問6〕 鐘ヶ江は自分の思うことを明確に語っていて，「自身の考えに確信をもつことができず」にいる様子は読み取れないので，イは合わない。尚吾が祖父と映画を見た時間は確かに存在する「絶対に変わらない本当のこと」だと鐘ヶ江は話しているのだから，尚吾の過去の体験の価値を否定しているとあるウも不適切。鐘ヶ江の言葉が「厳しい表現に満ちている」とは言えないので，エも合わない。

4 （論説文―内容吟味，作文）

〔問1〕「このこと」が指す内容は，「他の伝統を観察する」とき「自らの帰属する伝統の枠組み」が必ず働いているということ。自分が属する共同体の伝統の枠組みから離れて考えることは不可能なのに，そのことに気づかずに「すべての伝統を平等に評価できる」と考えていることに対して反省を促しているのである。

〔問2〕 二つの英語表現の違いについては，「《a tradition》として存在する限り，それに人間が固執することを保証する」が，「《the tradition》であることを主張したとき，如何なる伝統に帰属する人間も，声を上げて『ノー』と言える」と説明されている。

〔問3〕「三つの要素」とは，「唯一のノモスによって支配され」るわけでもなく，「多元化へのエネルギーが働く」ということ，「ノモスは常に複数化する傾向にある」こと，「学習された新たなノモスを，自ら選択することができる」ということ。この内容に合うのはエ。

〔問4〕「次のような例」とは，アメリカの日本文化研究者が，「日本では太陽が女性として扱われていることに気付いた」ことでカルチャー・ショックを受けたという事例のこと。筆者は，「自分が，太陽を男性として『選択』している，という意識」がこの研究者自身のなかになかったことが「問題の核心」と捉え，このような経験が「自己の相対化の始まり」になると考えている。

やや難　〔問5〕「相対化」なのだから，自分とは異なる他者が関係しているということである。自分の属する共同体の中の伝統だけが絶対的なものだとは捉えず，「伝統に関して他の選択肢の可能性」や，「それに依拠する他者の存在」を認めることが，「『寛容』であると定義できる」「自己の相対化の始まり」だと筆者は考えているのである。

重要　〔問6〕 日本では「当然」とされているが，外国ではそうではないということや，地域で異なる伝統や文化などはさまざまにある。自分の「当然」が他の国や地域で通じなかったという経験や，聞いたことのある事例を挙げ，そこから考えたことを本文の内容を参考にしながら書くとよい。

5 （論説文，俳句，漢文・漢詩―内容吟味，語句の意味）

〔問1〕「庭に三つの径さえつくれば，そこに別乾坤が，おのずと生まれる」し，蕪村の句は「文人のユートピアをそのまま描いている」と述べられている。「庭は狭くとも」，その向こうには理想的な別世界が広がっていると文人たちは考えてきたということだ。

〔問2〕 隠者たちは「山中に庵を結び，そこで念仏や読経に明け暮れた」ものの，「現世を否定して彼岸に生きようとする宗教者の道」は，文人の選ぶ「第三の道に通じている」ため，区別がはっきりしていないのである。

基本　〔問3〕 傍線部とウは，防いで耐えるという意味。他は，追い抜く，勝るという意味。

〔問4〕 芭蕉は「『一筋』を吟じた」が，蕪村は芭蕉のように「求道の旅に出られるわけもない」という違いがある。蕪村は，求道の旅に出られはしないものの，「『行人』のように見立てられる」と考えて，自分の世界を夢のように広げたのだから，ウが正解。

〔問5〕 漢詩Aの「心遠ければ」の部分について，直後で「心が俗から遠く離れていれば，まわりもおのずから，そんなふうに俗から遠ざかる」という意味だと説明されている。文人の庵を結ぶ場所が人里離れた場所でなくても，「心遠ければ」自然と世俗から離れられるということである。

★ワンポイントアドバイス★

小説は，登場人物の表情や表現の特徴などに注目して読もう。論説文は，文章の展開を意識しながら要点をつかんでいくことが大切。作文問題は，文章の内容を把握し，体験をもとに自分の考えにつなげよう。

都立日比谷高等学校

2021年度

★★★★★★★★★★★★★★★★★★★★★★★★

入 試 問 題

●くわしい解説……35ページ

＜数学＞

時間50分　満点100点

【注意】答えに根号が含(ふく)まれるときは，根号を付けたまま，分母に根号を含まない形で表しなさい。
また，根号の中を最も小さい自然数にしなさい。

1　次の各問に答えよ。

〔問1〕 $\left(\dfrac{1}{\sqrt{3}}+\dfrac{1}{\sqrt{6}}\right)(\sqrt{54}-5\sqrt{3})+2+\dfrac{\sqrt{2}}{6}$ を計算せよ。

〔問2〕 二次方程式　$7x(x-3)=(x+2)(x-5)$ を解け。

〔問3〕 一次関数 $y=-3x+p$ について，x の変域が $-2 \leqq x \leqq 5$ のとき y の変域が $q \leqq y \leqq 8$ である。　定数 p，q の値(あたい)を求めよ。

〔問4〕 1，2，3，4，5の数字が1つずつ書かれた同じ大きさの5枚のカード[1]，[2]，[3]，[4]，[5]が入っている袋Aと，1，2，3，4，5，6の数字が1つずつ書かれた同じ大きさの6枚のカード[1]，[2]，[3]，[4]，[5]，[6]が入っている袋Bがある。
　2つの袋A，Bから同時にそれぞれ1枚のカードを取り出し，袋Aから取り出したカードに書かれた数を a，袋Bから取り出したカードに書かれた数を b とするとき，a と $3b$ の最大公約数が1となる確率を求めよ。
　ただし，2つの袋A，Bそれぞれにおいて，どのカードが取り出されることも同様に確からしいものとする。

〔問5〕 右の図で，△ABCは鋭角三角形である。
　点Pは辺BC上，点Qは辺AC上にそれぞれあり，∠APB＝∠CPQとなる点である。
　解答欄(かいとうらん)に示した図をもとにして，辺AC上にあり，∠APB＝∠CPQとなる点Qを，定規とコンパスを用いて作図によって求め，点Qの位置を示す文字Qも書け。
　ただし，作図に用いた線は消さないでおくこと。

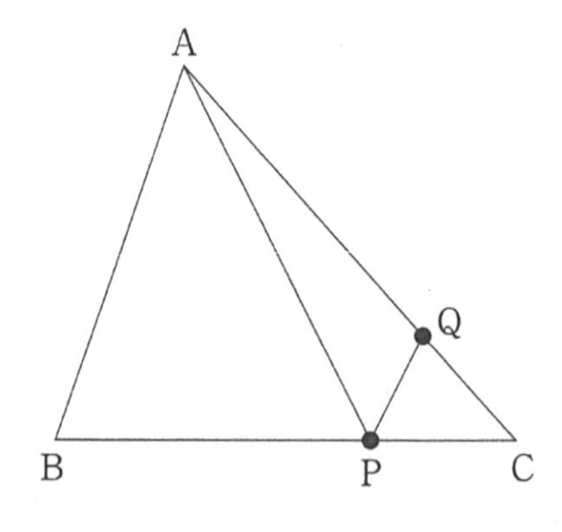

2 右の図で，点Oは原点，曲線fは関数$y=x^2$のグラフを表している。

2点A，Bは，ともに曲線f上にあり，点Aのx座標は負の数，点Bのx座標は正の数である。

2点A，Bを通る直線をℓとし，直線ℓの傾きは正の数である。

点Aを通りx軸に平行に引いた直線と，点Bを通りy軸に平行に引いた直線との交点をCとする。

点Oから点(1，0)までの距離，および点Oから点(0，1)までの距離をそれぞれ1cmとして，次の各問に答えよ。

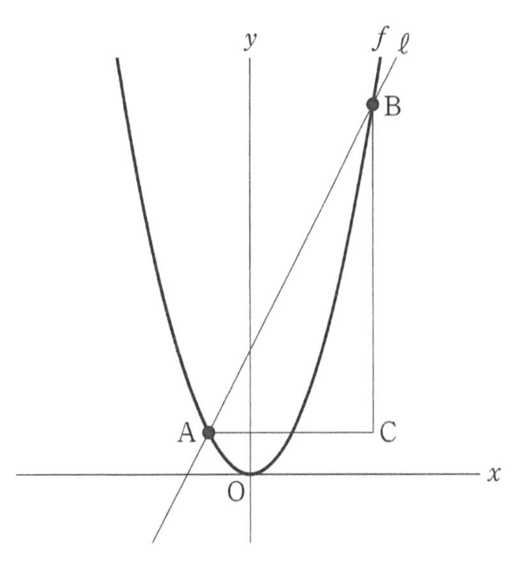

〔問1〕 直線ℓとy軸との交点をD，線分ACとy軸との交点をEとした場合を考える。
点Aのx座標が-2，BC：DE＝5：1のとき，点Bの座標を求めよ。

〔問2〕 直線ℓの傾きが2であり，△ABCの面積が25cm^2のとき，直線ℓの式を求めよ。
ただし，答えだけでなく，答えを求める過程がわかるように，途中の式や計算なども書け。

〔問3〕 線分ACの中点を曲線fが通り，AC＝BCとなるとき，点Aの座標を求めよ。

3 右の図1で，点Oは線分ABを直径とする円の中心である。

円Oの周上にあり，点A，点Bのいずれにも一致しない点をCとする。

点Cと点Oを結んだ直線OCと円Oとの交点のうち，点Cと異なるものをDとする。

点Aを含まない$\overset{\frown}{BC}$上にある点をEとする。

点Dと点Eを結んだ線分DEと，線分ABとの交点をFとする。

次の各問に答えよ。

図1

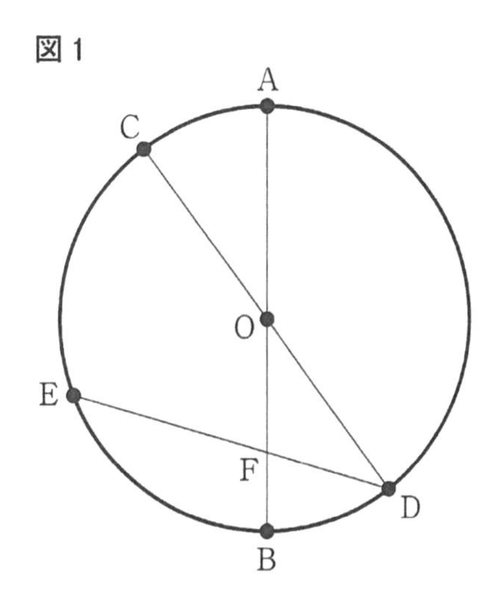

〔問1〕 点Aと点C，点Cと点Eをそれぞれ結んだ場合を考える。
$\angle OAC = 72°$，$\angle BFE = 113°$のとき，$\angle DCE$の大きさは何度か。

〔問2〕 右の図2は，図1において，$\overset{\frown}{CE} = 2\overset{\frown}{AC}$とし，点G，点Hはそれぞれ線分OA，線分OD上にあり，AG＝OHとなるような点で，点Bと点Hを結んだ線分BHをHの方向に延ばした直線上にあり，円Oの外部にあり，$\angle HIG = \angle AOC$となるような点をI，点Gと点Iを結んだ直線GIと線分OCとの交点をJとし，線分BIと線分DEとの交点をKとした場合を表している。
次の（1），（2）に答えよ。

図2

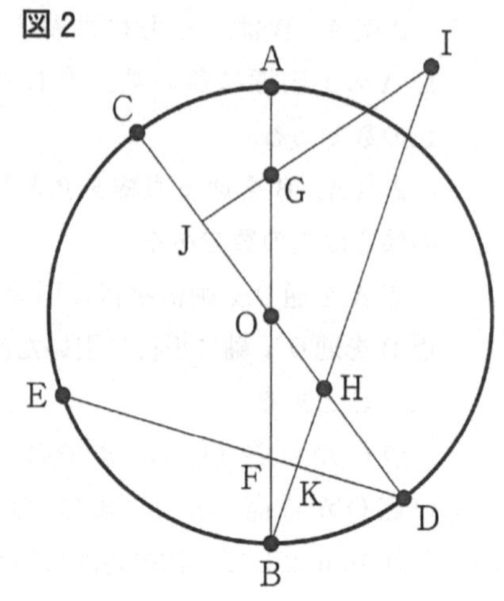

（1） $\triangle OGJ \equiv \triangle DHK$であることを証明せよ。

（2） OH：DH＝2：5，DH：DK＝3：2のとき，線分CJの長さと線分OHの長さの比CJ：OHを最も簡単な整数の比で表せ。

4 右の図1において，立体ABCD－EFGHはAE＝10cmの直方体である。
辺FGをGの方向に延ばした直線上にある点をI，辺EHをHの方向に延ばした直線上にある点をJとし，点Iと点Jを結んだ線分IJは辺GHに平行である。
次の各問に答えよ。

図1

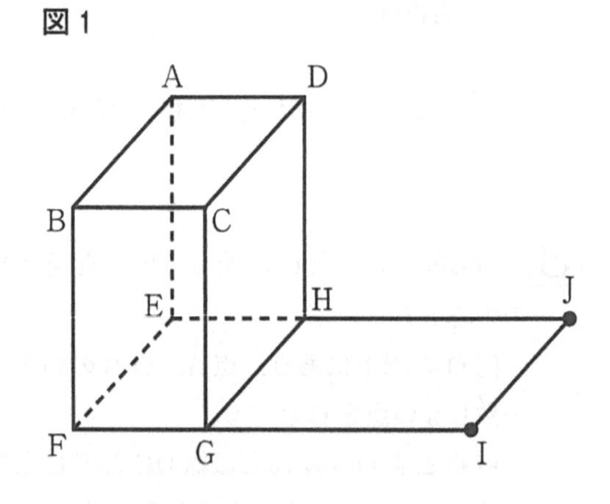

〔問1〕　右の図2は，図1において，頂点Aと点Jを結んだ線分AJと辺DHとの交点をK，辺CG上にある点をLとし，頂点Aと点L，点Jと点L，頂点Eと点Iをそれぞれ結んだ場合を表している。

AB = 10cm，EI = 16cm，CL = DKのとき，△AJLの面積は何cm^2か。

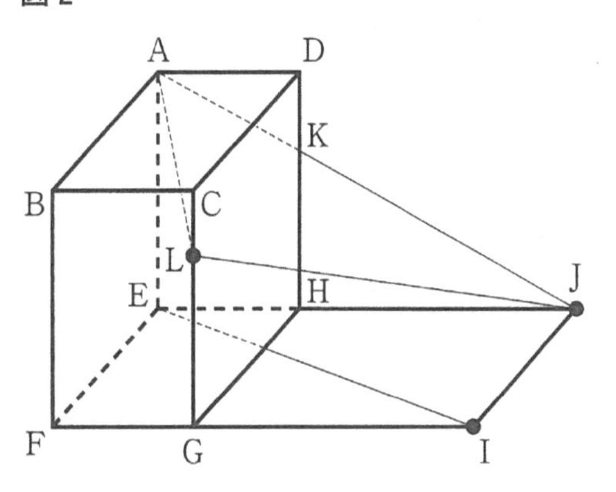

〔問2〕　右の図3は，図1において，辺FBをBの方向に延ばした直線上にある点をMとし，点Jと点Mを結んだ直線JMが辺CDと交わる場合を表している。

AB = 10cm，EH = 5cm，GI = 15cmのとき，線分FMの長さは何cmか。

ただし，答えだけでなく，答えを求める過程がわかるように，途中の式や計算なども書け。

図 3

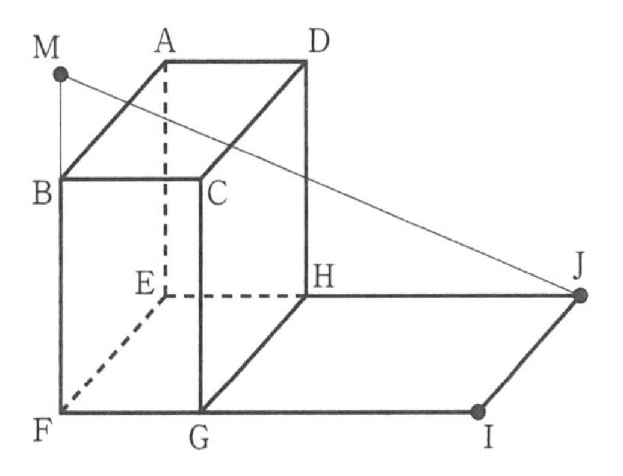

〔問3〕　右の図4は，図1において，辺IJ上にある点をPとし，頂点Aと頂点C，頂点Aと点P，頂点Cと点P，頂点Eと頂点G，頂点Eと点P，頂点Gと点Pをそれぞれ結んだ場合を表している。

∠EGF =∠GPI = 60°，BC = IP = 5cmのとき，立体P − ACGEの体積は何cm^3か。

図 4

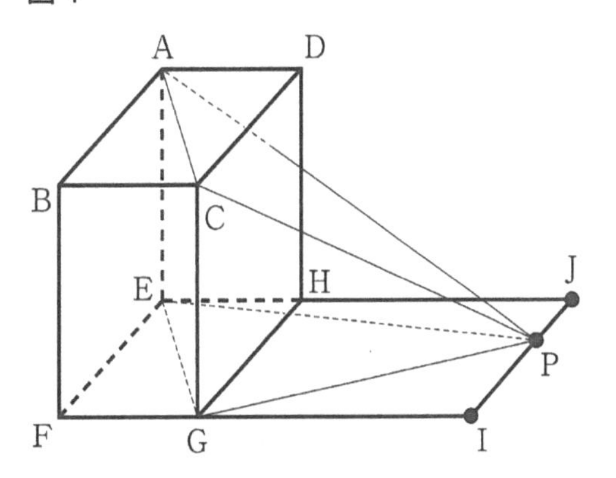

<英語>

時間 50分 満点 100点

※リスニングテストの音声は弊社HPにアクセスの上，
音声データをダウンロードしてご利用ください。

1 リスニングテスト（放送による指示に従って答えなさい。）

〔問題A〕 次のア～エの中から適するものをそれぞれ一つずつ選びなさい。

<対話文1>

ア On the highest floor of a building.
イ At a temple.
ウ At their school.
エ On the seventh floor of a building.

<対話文2>

ア To see Mr. Smith.
イ To return a dictionary.
ウ To borrow a book.
エ To help Taro.

<対話文3>

ア At eleven fifteen.
イ At eleven twenty.
ウ At eleven thirty.
エ At eleven fifty-five.

〔問題B〕 <Question1>では，下のア～エの中から適するものを一つ選びなさい。
<Question2>では，質問に対する答えを英語で書きなさい。

<Question1>

ア For six years.
イ For three years.
ウ For two years.
エ For one year.

<Question2>

（15秒程度，答えを書く時間があります。）

2

次の対話の文章を読んで，あとの各問に答えなさい。
(＊印のついている単語には，本文のあとに〔注〕がある。)

Takeru, Reiko, Cathy, and Koji are high school students. Cathy is from Australia. They are in the same class. They are talking about the homework for earth science after school.

Takeru : What should we do our research about? Do you have any ideas?

Reiko : How about sand? Cathy, I remember you showed us some beautiful pictures of your city. Can I see them again?

Cathy : Sure, Reiko. Here you are. This is a beach near my house.

Reiko : Thanks. Look at these pictures. It's beautiful white sand.

Cathy : I heard that you also have white sand beaches in Japan. I saw them on TV before I came to Japan.

Koji : You mean Okinawa? I've never been there, but yes, Okinawa is famous for its white sand beaches. But around here, the beaches have black sand.

Reiko : I wonder why some beaches have white sand like this and others black.

Cathy : [(1)-a] That's interesting.

Reiko : Takeru, what do you think about doing our research about sand?

Takeru : Yeah, sounds interesting. OK, first, let's look for information at home and then we'll talk about it tomorrow.

The next day in the PC room.

Takeru : OK, everybody is here. Who wants to start?

Koji : Well, I did my research about the colors of sand because I'm interested in it. Around the world, there is sand of many different colors. White, black, red, pink and even green.

Cathy : Pink and green? Amazing.

Koji : I'll explain white sand. Some white sand beaches are made in a different way from most beaches. They are actually broken pieces of *coral. Also, there are some fish with strong teeth and they eat food on the coral but at the same time, they eat the coral itself, too. The fish cannot *digest the coral so the *grains of coral come out of their bodies as white sand.

Cathy : Wow. I didn't know that fish played an important part in making white sand.

Reiko : How about black sand beaches? How are they made?

Koji : They are made from pieces of rock from *volcanoes.

Cathy : Does Japan have many volcanoes?

Koji : Yes, Japan has more than 100 volcanoes, so there are many black sand beaches in Japan.

Cathy : Um..., can anyone tell me the difference between a rock and sand?

Takeru : I can. The difference is the size. If the *diameter is between 2mm and 0.06mm, it is called sand.

Koji : So when a rock becomes smaller, it becomes sand, right? How long does it take?

Takeru : It's hard to say. It takes a long, long time. By the way, I found out something interesting about sand.

Koji : What is it?

Takeru : Some sand dunes make sound.

Reiko : Sand dunes?

Cathy : Do you have them in Japan?

Takeru : Yes. One of the most famous sand dunes in Japan is in Tottori.

Cathy : We also have some beautiful sand dunes in Australia. But what do you mean some sand dunes make sound?

Takeru : When you walk on the sand or *slide down the sand dunes, you can hear some sounds.

Cathy : What kind of sounds?

Koji : Do all sand dunes and beaches make sound?

Takeru : One question at a time! Well, Cathy, they make different kinds of sound depending on the size and the speed of the sand grains. Some make *squeaking sounds and some make low, long sounds like a Japanese drum. And Koji, [(2)]. You see, clean sand is the key.

Koji : What do you mean?

Takeru : Clean sand is needed to make sound. When clean, round grains of sand *rub against each other, it makes a sound. When you wash a glass cup and rub it with your finger, it makes a squeaking sound. [(1)-b]

Koji : How many sand dunes and beaches make sound in Japan?

Takeru : In Japan, we only have singing beaches. About 50 years ago, there were about 60 beaches, but now there are about 20.

Cathy : Why?

Takeru	:	Because of environmental reasons. Now, the sand is not so clean anymore.
Cathy	:	It's so sad to know that there are less singing sand beaches.
Reiko	:	I agree. This is one of the problems about sand, and actually, I've found another one.
Koji	:	Another one? There's more?
Reiko	:	Did you know that sand is an important *resource in our daily lives?
Takeru	:	Are you serious? I don't use any sand. Of course, when I was little, I used to play with my sister at the park and make sand balls.
Reiko	:	A sand ball? [(1)-c] I made lots of them. I really enjoyed it. Anyway, during my research I read (3)<u>a United Nations report</u>.
Koji	:	There's a United Nations report on sand?
Takeru	:	What did it say?
Reiko	:	It said that sand is the second most used natural resource on earth after fresh water.
Koji	:	I know that water is important for people all over the world. Water is used for drinking, cooking, washing, and growing plants. But what do we use sand for?
Reiko	:	You see, sand is necessary for *concrete.
Cathy	:	And you need concrete to build houses, buildings, roads, bridges and things like that.
Reiko	:	Not only that. Sand is used to make PC screens, glasses, smartphones, *toothpaste and many other things.
Takeru	:	I didn't know that sand was used in so many things.
Cathy	:	I also read that United Nations report. It said that around the world, each person uses about 18kg of sand every day.
Takeru	:	That's a lot!
Koji	:	I understand that we use sand a lot but I still don't get what the problem is.
Reiko	:	The problem is that people all over the world use too much sand, so there is not enough sand.
Takeru	:	But there are sand dunes and * deserts all over the world, so I think there is a lot of sand.
Reiko	:	I thought so too. But only some types of sand can be used in the *construction *industry.
Koji	:	Do you mean that you cannot use desert sand for construction?
Reiko	:	That's right.
Takeru	:	Why?

Reiko : Because the grains of sand in deserts are too small.

Takeru : Then, where do people get sand for construction?

Cathy : It is usually taken from *quarries. However, people took so much sand from these areas that the sand is almost gone. Now, people are taking more sand from seas and rivers.

Koji : Is it OK to do that?

Reiko : [(1)-d] For one thing, it influences the beaches themselves.

Takeru : In what way?

Reiko : When you take sand from sea floors, sand on the beaches slides into the ocean. Because of this, we are losing our beautiful beaches. Also, it influences living things, such as animals and birds.

Cathy : If we lose the beaches, what will happen to them?

Reiko : [(4)]

Koji : That's too bad.

Cathy : People are beginning to realize the sand problem, so they are trying to do something about it.

Reiko : Right. Some people came up with the idea to make sand from glass bottles.

Koji : How?

Reiko : They made a sand machine. When people put a bottle in the machine, the machine breaks the bottle and it becomes sand.

Koji : What? Why?

Reiko : Because a glass bottle is originally made from sand. You can say it's recycling.

Cathy : Many scientists are trying to think of things to use other than sand, such as *ash. They are also thinking of other ways to recycle concrete.

Takeru : I've learned a lot today. Many people talk about the importance of water, trees, and clean air, but nobody says, "Save sand." What should we do about problems like this?

Reiko : I really feel that the earth's resources are limited. I think it is important to think about the environment.

Koji : I agree, and we should pay more attention to the problems around the world.

Cathy : We have to make the world a better place for our future.

Takeru : That's right. Let's share this in class tomorrow.

〔注〕 coral　サンゴ　　digest　消化する　　grain　粒（つぶ）　　volcano　火山
diameter　直径　　slide　滑る　　squeak　きしむ　　rub　こする

resource　資源	concrete　コンクリート	toothpaste　歯磨き粉
desert　砂漠（さばく）	construction　建設	industry　産業
quarry　石切り場	ash　灰	

〔問1〕　会話の流れに合うように，本文中の空所 (1)-a ～ (1)-d の中に，英文を入れるとき，最も適切なものを次のア～クの中からそれぞれ一つずつ選びなさい。ただし，同じものは二度使えません。

ア　It's like that.
イ　I hope so.
ウ　That's not true.
エ　But I know how it works.
オ　I remember that.
カ　Of course it is.
キ　I have never thought about that.
ク　Of course not.

〔問2〕　会話の流れに合うように，本文中の空所 (2) に英語を入れるとき，最も適切なものは次の中ではどれか。

ア　I don't know the answer
イ　the answer is the same
ウ　the answer is no
エ　the answer is yes

〔問3〕　(3) a United Nations report の内容として，最も適切なものは次の中ではどれか。

ア　There are many black sand beaches in Japan, because Japan has more than 100 volcanoes.
イ　People all over the world use more fresh water than sand as a natural resource.
ウ　Both fresh water and sand are used for the same purpose but people use fresh water more.
エ　Everyone in the world can only use 18kg of sand a day because we are using too much sand.

〔問4〕　会話の流れに合うように，本文中の空所 (4) に入る発言を自分で考えて 15

語以上の英語で書きなさい。英文は二つ以上にしてもよい。なお,「,」「.」「!」「?」などは語数に含めないものとする。また, I'll のような「'」を使った語や e-mail のような「-」で結ばれた語はそれぞれ1語と扱うこととする。

〔問5〕 次の〔質問〕に対する答えとして, 本文の内容と合う最も適切なものは下の中ではどれか。

〔質問〕Why is it important to save sand?

ア Because there were about 20 beaches 50 years ago, but now there are about 60 beaches.

イ Because we need sand to make concrete and things in our daily lives, but there is not enough sand.

ウ Because there are not enough sand dunes and deserts all over the world.

エ Because glass bottles are originally made from sand and we need sand to use sand machines.

〔問6〕 本文の内容と合っているものを, 次のア～クの中から二つ選びなさい。

ア Cathy lives close to a white sand beach in Australia and she has visited some white sand beaches in Japan.

イ Reiko is interested in the white color of sand in Australia, so she asked Koji to do some research about it.

ウ Takeru, Reiko, Cathy, and Koji looked for information about sand in the PC room together before going home.

エ Some white sand beaches are made from broken pieces of coral, and some kinds of fish play an important part in making white sand.

オ There is a clear difference between a rock and sand, and the difference is the color and the diameter.

カ In some beaches and sand dunes, people can hear sound when they rub sand on a clean glass cup.

キ We cannot use desert sand for construction because the grains of sand in deserts are too large.

ク Some people think that the sand problem is serious, and many scientists are trying to think of using other things instead of sand.

3 次の文章を読んで，あとの各問に答えなさい。
（＊印の付いている単語・語句には，本文のあとに〔注〕がある。）

Just imagine. You have just arrived at the nearest station from your school. It starts raining suddenly. You realize you forgot to bring your umbrella. If you wait here until it stops raining, you'll be late for school! So you decide to go to school in the rain. Then a question comes to mind. "I don't want to get wet. Is it better to walk in the rain, or run?" Maybe some people have thought about this question, but how many of you have tried to find out the answer?

You can find questions like this in your daily life. To find out an answer, you need to make a *hypothesis and *prove that it is right. First, you collect information about your question by reading books. Then, you make a hypothesis from the information. Next, you collect more information and do some *experiments to check the hypothesis. Of course, your first hypothesis is often wrong. [(1)-a] In this way, you will be able to make a better hypothesis and get closer to the answer.

It sounds like a difficult *process, but you usually follow these steps in your daily life without knowing it. For example, imagine you want to get better grades in math. First, you should check how long you study math for in a week. You find out that the time for studying math is shorter than for other subjects. So your hypothesis goes like this.

(2) [① You find out their way of studying math is different from yours. ② So you decide that time spent studying is not important and that you may get better grades for a different reason. ③ If you study math for a longer time, your grades will be higher. ④ However, though you do that, your grade doesn't get better. ⑤ In your class, some students are good at math, and you ask them how they study it.]

First, they try solving the problem. If they cannot answer the question, they look at the answer and try to understand how to solve it. Next, they try to answer the same question one more time. If they can't answer it again, they try to know what they do not understand by checking the answer. They repeat this process until they are able to answer the question by themselves. Here you realize that, until now, you have just written the answers to questions in your notebook before you have understood how to solve them. (3) <u>So you think that if you change how you study math, your grades will get better.</u> In this way, you can get closer to your goal.

One scientist said, "Humans are weak, so we often give up when we try to do something. [(1)-b]" In the past, *light bulbs didn't work for a long time, so the scientist decided to make better light bulbs. He thought about what to use for the *filament of the light bulbs, and tried almost everything. He even tried using *cotton thread and his friend's *beard! Of course, they burned easily and didn't work at all. One day, he found a *folding fan and used the bamboo of it for the filament. (4)【① to ② was ③ working for ④ kept ⑤ that ⑥ about ⑦ the light ⑧ he ⑨ surprised ⑩ learn】 two hundred hours. After about six thousand tries, he finally found the right one. When his friend asked him, "Why were you able to keep trying though you *failed so many times?" He answered, "I have not failed. I have just found that six thousand things don't work well."

Even now, scientists are trying to find the answer to many questions. Have you ever wondered why *zebras have *stripes? Scientists have worked on this question for over 150 years. They had a lot of ideas, but they couldn't find a way to prove it. However, some scientists have recently found out that *horseflies can't *land on zebras. When horseflies try to land on horses, they slow down before landing. [(1)-c] The scientists thought that this happens because of the stripes and they have done some experiments to prove that their hypothesis is right. They covered the bodies of some horses in coats with zebra stripes, and they learned that horseflies only landed on the parts without the coats. They found out that horseflies can see the horse but can't see the stripes until they get close to them. Because of that, they lose their *sense of distance and fail to slow down. Scientists are still working on this question, but maybe the zebras have stripes to protect them from horseflies. Now farmers are actually using this finding to keep horseflies away from their animals.

(5)Another scientist made *lithium-ion batteries and won the Nobel Prize. He was able to do so because he not only kept studying but also thought about the needs of society. When he was in elementary school, his teacher introduced him to an old book about science. The book taught him many things, such as why *candles burn. After that, he became interested in science and at university he decided to study *petrochemistry, a popular subject at that time. A university teacher there said it is important to learn *the fundamentals to come up with a unique idea. Later he realized the most important thing is to be *curious about everything and think about "why." After graduating from university, he started working at a company. He did a lot of research and experienced a lot of difficulties. For example, in the first 10 years working at the company, he came up with three ideas but they were not successful. In addition, even after making the lithium-ion battery, it was many years until people started using it. People were afraid that it was not safe so they didn't want to use it at first. However, he never gave up. After working on lithium-ion batteries for about 40 years, he finally won the Nobel

Prize for improving the lives of many people.

From these stories we learn that it is important to be interested in something and to keep trying to reach your goals without giving up. So, the next time a question like the one about the rain comes to mind, what will you do? Here are two choices: you stop thinking about the question or you keep wondering and try to find the answer. The decision is yours.

〔注〕 hypothesis　仮説　　prove　証明する　　experiment　実験
process　過程　　light bulb　電球　　filament　フィラメント
cotton thread　木綿糸(もめんいと)　　beard　あごひげ　　folding fan　扇子
fail　失敗する　　zebra　シマウマ　　stripe　しま模様
horsefly　アブ　　land　着地する　　sense of distance　距離感(きょりかん)
lithium-ion battery　リチウムイオン電池　　candle　ろうそく
petrochemistry　石油化学　　the fundamentals　基本
curious　好奇心がある

〔問1〕 本文の流れに合うように，(1)-a ～ (1)-c に次の①～⑥の英文を入れるとき，最も適切な組み合わせは，下のア～カの中ではどれか。

① But you should not give up and should do the same question one more time.
② But you can learn something from it and you can make another one.
③ When they try to land on a zebra, they slow down in the same way.
④ You have to be strong when you decide to give up your dream.
⑤ The best way to be successful is to always try one more time.
⑥ But when they go near a zebra, they don't slow down at all.

	(1)-a	(1)-b	(1)-c
ア	①	②	③
イ	①	⑤	⑥
ウ	②	④	③
エ	②	⑤	⑥
オ	④	①	③
カ	④	②	⑥

〔問2〕 (2) の①～⑤の文を，本文の流れに合うように，正しく並べかえたとき，2番目と4番目にくるものの組み合わせとして最も適切なものは，次のア～カの中ではどれか。

	2番目	4番目
ア	①	③
イ	②	④
ウ	②	⑤
エ	④	①
オ	④	⑤
カ	⑤	④

〔問3〕 (3)So you think that if you change how you study math, your grades will get better. とあるが，あなたがこれまでにやり方を変えたことでうまくいったことと，その結果について具体的に30語以上の英語で書きなさい。ただし，本文に出てきた方法は除く。英文は二つ以上にしてもよい。なお，「,」「.」「!」「?」などは語数に含めないものとする。また，I'll のような「'」を使った語や e-mail のような「-」で結ばれた語はそれぞれ1語と扱うこととする。

〔問4〕 (4)【① to ② was ③ working for ④ kept ⑤ that ⑥ about ⑦ the light ⑧ he ⑨ surprised ⑩ learn】とあるが，本文の流れに合うように，【　　　】内の単語・語句を正しく並べかえたとき，①～⑩の中で2番目と5番目と8番目にくるものの組み合わせとして最も適切なものは，次のア～カの中ではどれか。なお，文頭にくる語も小文字になっている。

	2番目	5番目	8番目
ア	②	⑧	①
イ	②	⑩	④
ウ	②	⑩	⑤
エ	④	⑤	①
オ	④	⑧	⑩
カ	④	⑩	②

〔問5〕 (5)Another scientist に関する説明として，最も適切なものは次の中ではどれか。

ア The scientist came up with the idea of making the lithium-ion battery soon after he started working at the company.

イ The university teacher said that the most important thing is to be interested in everything.

ウ People didn't use the lithium-ion battery for a long time because they were worried about using it.

エ The scientist became interested in science because a university teacher said that petrochemistry was a popular subject.

〔問6〕 本文の内容と合っているものを，次のア～クの中から二つ選びなさい。

ア　Many people have thought about the question about the rain and have tried to find out the answer.

イ　Before you make a hypothesis, you have to gather a lot of information and do many experiments.

ウ　Only scientists can make a hypothesis to find out answers to questions because you have to follow some difficult steps.

エ　The light bulb only worked for a short period, so the scientist wanted to think of a way to change the situation.

オ　The scientist tried using cotton thread and his friend's beard, and he found that they worked better than bamboo.

カ　Some scientists did experiments on horses and realized that horseflies cannot see the stripes from far away.

キ　People are hoping that one day they can think of a way to use the idea of zebra stripes on other animals.

ク　The scientist won the Nobel Prize because he worked on lithium-ion batteries without thinking about people's needs.

4　次のイラストに描かれた状況を説明したうえで，それについてあなたの考えを50語以上の英語で書きなさい。英文は二つ以上にしてもよい。なお，「,」「.」「!」「?」などは語数に含(ふく)めないものとする。また，I'llのような「'」を使った語やe-mailのような「-」で結ばれた語はそれぞれ1語と扱うこととする。

〔問3〕(3)修辞・(4)認識(にんしき)とあるが、その関係を説明した筆者の考え方として最も適切なものは、次のうちではどれか。

ア　自然と人間の行動が一体であるという認識が、その認識から生まれた言葉を駆使(くし)した修辞を使うことで、さらに深められている。

イ　自然と人間行為の双方に通じる言葉を修辞に用いながら詠むことで、作者の内面を自然の情景として暗示的に認識させている。

ウ　自然と人間の認識を一体にする言葉を修辞として用いることで、伝統的な和歌の世界に描かれた認識へとそれとなく導いている。

エ　自然と人間が一体であるという伝統的な見方に基づいた修辞を用いることで、重層性を持った、情趣(じょうしゅ)豊かな認識へと導いている。

〔問4〕本文中の二首の和歌の内容を説明したものとして最も適切なものは、次のうちではどれか。

ア　藤原兼輔の和歌は、狭野弟上娘子の和歌と同じ初句で読み出し、同じ別れの思いを詠みながらも、印象や趣向を対比的にして様々な別れの形や心情があることを示している。

イ　藤原兼輔の和歌は、狭野弟上娘子の和歌の情感や情景や表現の趣向を引き継いで別れの思いを詠んでいるが、そこに詠まれた激情を奥に隠して、静かに詠み上げられている。

ウ　狭野弟上娘子の和歌は、非現実的な比喩を使用して、別れの激情を詠んでいるが、それは現実の風景に情感を寄せるという反転した形で藤原兼輔の和歌に引き継がれている。

エ　狭野弟上娘子の和歌は、別れという伝統的な主題を、率直(そっちょく)な激情とともに詠んでいるが、藤原兼輔の和歌では洗練された表現によって複雑な心情の吐露(とろ)として歌われている。

〔問5〕(5)「行ってらっしゃい、お慕(した)いしています」とあるが、この思いを筆者が読み取ったと思われる部分を、本文中の和歌から**十字以内**で抜き出して書け。

白嶺」と書いて「こしのしらね」と呼ばれ、のち「しらやま」と変わり、現在に至る。

縁語――和歌の修辞法の一つ。関連の深い語を合わせ、用いることで、内容に深みを持たせる技法。

狭野弟上娘子（さののおとがみのおとめ）――奈良時代の女流歌人。

東尋坊（とうじんぼう）――福井県にある崖の名勝。

本歌――古歌を元に和歌を作った場合のそのもとの歌。

措辞（そじ）――詩歌・文章における言葉の言い回しや配置。

劫火（ごうか）――全世界を焼き尽くすという猛火。もとは仏教用語。

〔問1〕(1)和歌は世界を見ない。とあるが、どういうことか。これを説明したものとして最も適切なものは、次のうちではどれか。

ア　和歌は、視覚的に捉えた景色を読み手と共有しようとするのではなく、その景色の中で感じた感覚と個人的な思いを歌の中に具象化して表現しようとしたものだということ。

イ　和歌は、視覚的に捉えた対象を客体として描写しようとするのではなく、目を閉じた時に五感や身体全体で感知される抽象的（ちゅうしょうてき）感覚を形象化しようとしているのだということ。

ウ　和歌は、視覚的に捉えた対象を客体として詠（よ）みあらわそうとするのではなく、捉えた対象への思いとともにそこにある自分も含（ふく）めた世界を詠もうとしているのだということ。

エ　和歌は、視覚的に捉えた現実の景色を描写して詠まれるのではなく、対象と一体化することで感じる微妙な感覚を具体的な事象に仮託（かたく）して表現しようとしたものだということ。

〔問2〕(2)穏（おだ）やかな温かさを感じる。とあるが、筆者がこのようにいう理由を説明したものとして最も適切なものは、次のうちではどれか。

ア　別れに際して、自己の感情を表に出さずに出発を見送り続けることで、去って行く「きみ」の未来の幸せを静かに心から願っている姿に、送る人の心の豊かさがあると感じさせてくれるから。

イ　別れに際して、去り行く「きみ」を待ち構える旅の厳しさに思いをはせて、降りしきる雪の中で門出をいつまでも見守ろうとする光景に、送る人の優（やさ）しさがあるのだと感じさせてくれるから。

ウ　別れに際して、両者が一切の事実を引き受け、白一面の無の世界に立ち向かうことができるのは、確かにそこにお互いを信じ合う気持ちが存在しているからなのだと感じさせてくれるから。

エ　別れに際して、「きみ」は去り行くしかないのだという運命を受け入れて、降りしきる雪の中で静かに見送り続けられるのは、確かにそこに魂の交流があるからだと感じさせてくれるから。

ある。万葉・狭野弟上娘子の方は、別れの悲しみが真夏の炎熱の赤のなかに動的にゆらめき、＊東尋坊（とうじんぼう）のようなそそり立つ絶壁（ぜっぺき）に悲しみの波はたたきつけられまた砕（くだ）ける。激しい情感である。

兼輔の方は、赤に対して白、動に対して静、夏に対して冬、海に対して山と、はなむけのなかに淋しさをにじませ、いつまでも思いを寄せるという静かな情愛である。兼輔の歌を読むとき、他方で狭野弟上娘子の歌をわたしは思い浮かべ、別れのさまざまな相、人を送り出し見送るさまざまな局面の、さまざまな思いを感じ取る。兼輔の歌が狭野弟上娘子の歌を＊本歌として取っているとは定義上言えないが、それでも、言葉と＊措辞（そじ）と主題を引き継ぎ、引き延ばし、加えている、と思える。一つの歌には、その歌が出現するまでの、歌の歴史と情感の歴史、言葉と感受の蓄積（ちくせき）があり、その歴史・伝統がわたしたちの感受性を育てている。

雪景色を見ると、わたしは兼輔の歌を思い、そうして飼っていた老犬がわたしの留守のうちにさまよい出て、何日も帰らなかったときのことを思い出す。捜（さが）しあぐねて数日後の朝、外は一面真っ白な雪景色に一変していた。朝日に照らし出された銀世界を眺め渡し、このどこかにわたしの愛犬がいるにちがいない、と目を凝らした。切ない思いで見渡しながらも、わが老犬はこの雪のなかに抱かれているのだと思ったとき、ともに過ごした者を見失った哀切の念や悲しみが、いつのまにか静かな思いになっていくのを感じた。「雪のまにまに」、去り行くままに、雪にまかせて、わたしも老犬もともにこの同じ自然のなかにいる、と思った。見失ったこと、見失った老犬、そのすべてを受けとめ、朝日に輝く雪一面の世界にわたしは立ちつくしていた。

和歌は、自然のうつろいとそこに織りなされる人々の有情の機微と結びついている。わたしの住む地にも雪が降り積もり白一面の世界を見渡すとき、この歌を思い、失ったいくつもの「跡」を追う。炎暑の夏にはまた、＊劫火（ごうか）に託（たく）するまでの激しい思いをよみがえらせるのである。

（篠田治美「和歌と日本語」による）

> あなたが行く越の国の、雪深い白山を、私は知らないけれども、あなたの足どりのとおりに、その雪のなか、跡をたずねて参りましょう。
>
> （「新潮日本古典集成　古今和歌集」による）

〔注〕
藤原兼輔（ふじわらのかねすけ）――平安時代の歌人。
掛詞（かけことば）――和歌の修辞法の一つ。同音異義を利用して、一語に複数の意味を持たせる技法。
枕詞（まくらことば）――和歌の修辞法の一つ。特定の言葉を導く前置きの表現。
序詞（じょことば）――和歌の修辞法の一つ。ある言葉を導き出す前置きの表現。
越（こし）――北陸地方の古称（こしょう）。越前（えちぜん）も同じ。
白山（はくさん）――石川県と岐阜県（ぎふけん）にまたがる山。かつては「越界が広がる。何にもない。あなたの行く先、行く道は、自分には分からない、知らない。あなたの姿がしだいに点景となって雪のなかに埋もれ、見えなくなる。それでもあなたの行く方向を、じっと目を凝らして見続けている。そんな光景が浮かぶ。

そうして、かけがえのない人を見送る淋しさとともに(2)穏やかな温かさを感じる。「きみ」の姿は景のなかに見出すことはできないが、「きみ」を懸命に見続ける人が雪景色のなかに立ち、白一面のなかに去り行く「きみ」を感じている。送る人と「きみ」とが、何にもない銀白色に包みこまれている。すべてが雪に覆われて何もない。あるのは、二人の魂のまじわりだけである。「雪のまにまに」、あなたの行くがままに、雪にまかせて見送る。あるがままに起こるがままに出来事を、人を、受けとめる。歌から浮かぶ景は、何もないただ真っ白な無。それでいて、その白一面の世界の中に魂が交流する。あるがままにあるとするその受動性が、わたしを穏やかな気持ちにする。

景と心は一つである。それが表れているのは、代表的には*掛詞である。「雪（ゆき）」は雪と行き、自然の相と人間の行動が表裏一体としてある。(3)修辞は単なる仕掛け、飾りではなく、ものの捉え方、(4)認識のありようそのものである。自然と人間が一体なのである。言葉がそうだから認識がそうなったのか、認識がそうだから言葉がそうなのか。日本語の同音異義語の多さは、景と心、自然と人間が一体としてあるという認識のありようにおいて生まれ、あるいは言葉がそれを育て、そのようにして世界はたち現れる。

この歌の場合、第二句「こしのしら山」は自然の景だが、同音反復で「しらねども」と、あっという間に「知らない」という人間の行為を引き出す。*枕詞、*序詞のような役割を果たしている。「きみ」が雪のなかを行ったかどうか、ではない。「きみ」は*越に赴任する、越ならば*白山である。そこで「しら山」を中心にして「しら」「雪」「跡」という縁のある語が引き出される。*縁語によってまた、自然と人間行為は重層的になる。

君が行く道の長手を繰り畳ね焼き滅ぼさむ天の火もがも
（万葉集 *狭野弟上娘子）

初句「きみが行く」の言葉から、わたしは即座にこの歌を連想する。

あなたが行く道の、その長い道のりをたぐり寄せて畳んで、焼き滅ぼしてしまう天の火が欲しい！というものだ。恋人の中臣宅守が流罪になって越前に行くとき、「行かないで！」「私は、行かせない！」と叫ぶ激しい愛の絶唱である。舞台は同じく越の国だが、炎熱の夏を思わせる。草木生い茂る道がそれゆえに一層真っ赤に燃え上がり、炎がゆらめき立ちのぼる。男女の間の引き裂かれる別れ、生死の際にあるぎりぎりの別れが、真っ赤な炎を背景に激しく詠われる。

兼輔の歌は真冬である。男同士の仕事上の派遣での抑制のきいたはなむけ、(5)「行ってらっしゃい、お慕いしています」で説明したものとして最も適切なものは、次のうちではどれか。

ア　「存在の偉大な連鎖」を裏付けているのは近代の西洋的世界観だから、様々な思想の入り乱れている現代の社会を論ずるには不十分なものになっているということ。

イ　「存在の偉大な連鎖」は、中世までの様々な事物を説明することは可能でも、多様に進化した現在の地球上の生物のありようを捉えているものではないということ。

ウ　現在の安定した生態系を保っている生物の多様性は、進化を一直線の上にあると考える「存在の偉大な連鎖」の発想からは、決して説明し得ないものだということ。

エ　現在の地球上の生態系は様々な分野で起きた「存在の偉大な連鎖」の結果の集合体であるので、単一の進化論で説明できるものではなくなってきているということ。

〔問5〕　本文では生物の多様性を評価しているが、生物に限らず、自分の身の回りで「多様性」が必要であると感じることがあるか。本文の全体の内容とあなた自身が経験したことなどを踏まえて、このことについてのあなたの考えを二百五十字以内で書け。なお、、や。や「などのほか、書き出しや改行の際の空欄（くうらん）もそれぞれ字数に数えること。

5　次の文章を読んで、あとの各問に答えよ。なお本文末の［　］で囲った文章は一首目の和歌の現代語訳である。（*印の付いている言葉には、本文のあとに〔注〕がある。）

(1)和歌は世界を見ない。「見る」のではなく、聞く、触れる、嗅（か）ぐ。視覚ではなく聴覚（ちょうかく）、触覚、嗅覚（きゅうかく）また味覚で世界を受けとめる。感受する人と感受されるモノが、主体と客体としてあるのではなく、感受するモノのなかに人がいる。人のなかにそれが入り込んでいる。

和歌は多く夕暮れや夜を詠（うた）い、薄明、薄暮（はくぼ）を好む。見えないものを身体で受けとめ、共振する。そのなかに住まい、包まれ抱かれる。絵の浮かぶ歌は多いが、それらもまた、こちらからあちらを見るという客観的な世界ではなく、そのなかに歌人が、人が、「私」がいる、と感じられる。人間が景色を見るのではなく、景色のなかに人間がいる。匂い、風、音などを感じるとき、身と世界が距離（きょり）をとって立つのではなく、一体としてある。

きみが行くこしのしら山しらねども雪のまにまに跡はたづねむ

(古今集（こきんしゅう）　*藤原兼輔（ふじわらのかねすけ）)

たとえばこの歌を読むと、わたしには目の前に真っ白な世

〔注〕 ダーウィン――十九世紀の自然科学者。
チェンバース――十九世紀の進化論の考察者。
スペンサー――十九世紀のジャーナリスト
『種の起源』――ダーウィンによる進化論についての著作。
『存在の偉大な連鎖』――中世から近代初期にかけてキリスト教を基礎にしたスコラ哲学の学者が、石ころから神まで、世界に存在するすべてのものを階級制度に組み込んだ考え方で、人間が生物のなかでは最上位にいる。

〔問1〕 (1)【図】の系統樹Aと系統樹Bは、同じ系統関係を表している。とあるが、二つの系統樹の違いは何か。これを説明したものとして最も適切なものは、次のうちではどれか。

ア　系統樹Aは、陸上生活にどの程度熟達しているかを基準にして作られたものであり、系統樹Bは、水中生活から段階を追って進化してきた流れが分かりやすいようアレンジして図式化したものである。

イ　系統樹Aは、脳の進化を中心にして、それと関係する要素を示して作られたものであり、系統樹Bは、「どこが分岐点か」という観点から進化の過程を時系列で理解できるように図式化したものである。

ウ　系統樹Aは、ダーウィン以前の進化論に基づいた自然選択の考え方で作られたものであり、系統樹Bは、ダーウィン以降の方向性選択の考え方を踏まえて捉え直された進化論を図式化したものである。

エ　系統樹Aは、人間が最も進化した生物であるというイメージを前提にして進化の流れを示したものであり、系統樹Bは、「陸上生活に適する」形での進化の流れが見えるように図式化したものである。

〔問2〕 (2)計算が得意な生物は、空腹に弱い生物だ。とあるが、この例は、どのようなことを伝えようとして持ち出された具体例か。これを説明したものとして**適切でない**ものは、次のうちではどれか。

ア　知性的な要素で優れる者は、本能的な要素では劣っていることが一般的であるということ。

イ　脳の発達がそのまま進化ではない、つまり人間が最も進化しているのではないということ。

ウ　進化は様々な要素で見られ、その要素ごとに適応した種は異なっているものだということ。

エ　人間が種として優れているというのは、一部の機能を基準にしただけのものだということ。

〔問3〕 (3)進化が進歩ではないとあるが、どのように違うというのか、**五十字以内**で説明せよ。

〔問4〕 (4)地球上の生物多様性は、「存在の偉大な連鎖」を超えたものなのだ。とあるが、どういうことか。これをいた。でも、*チェンバースも*スペンサーも、みんな進化は進歩だと思っていた。進化が進歩ではないことを、きちんと示したのは、ダーウィンが初めてなのだ。それではダーウィンは、なぜ進化は進歩でないと気づいたのだろう。

(3)進化が進歩ではないとダーウィンが気づいた理由は、生物が自然選択によって進化することを発見したからだ。ここで間違えやすいことは、自然選択を発見したのはダーウィンではないということだ。ダーウィンが発見したのは「自然選択」ではなくて「自然選択によって生物が進化すること」だ。

*『種の起源』が出版される前から、生物に自然選択が働いていることは常識だった。当時、進化に興味がある人なら、誰だって知っていた。それなのに、どうしてダーウィンが自然選択を発見したように誤解されているのだろうか。

実は、自然選択はおもに二種類に分けられる。安定化選択と方向性選択だ。

安定化選択とは、平均的な変異を持つ個体が、子どもを一番多く残す場合だ。たとえば、背が高過ぎたり、反対に背が低過ぎたりすると、病気になりやすく子どもを多く残せない場合などだ。この場合は、中ぐらいの背の個体が、子どもを一番多く残すことになる。つまり安定化選択は、生物を変化させないように働くのである。

一方、方向性選択は、極端な変異を持つ個体が、子どもを多く残す場合だ。たとえば、背が高い個体は、ライオンを早く見つけられるので逃げのびる確率が高く、子どもを多く残せる場合などだ。この場合は、背の高い個体が増えていくことになる。このように方向性選択は、生物を変化させるように働くのである。

ダーウィンが『種の起源』を出版する前から、安定化選択が存在することは広く知られていた。つまり当時は、自然選択は生物を進化させない力だと考えられていたのである。ところが、ダーウィンはそれに加えて、自然選択には生物を進化させる力もあると考えた。ダーウィンは、方向性選択を発見したのである。

方向性選択が働けば、生物は自動的に、ただ環境に適応するように進化する。たとえば気候が暑くなったり寒くなったりを繰り返すとしよう。その場合、生物は、暑さへの適応と寒さへの適応を、何度でも繰り返すことだろう。生物の進化に目的地はない。目の前の環境に、自動的に適応するだけなのだ。こういう進化なら明らかに進歩とは無関係なので、進化は進歩でないとダーウィンは気づいたのだろう。

地球には素晴らしい生物があふれている。小さな細菌から高さ一〇〇メートルを超す巨木、豊かな生態系をはぐくむ土壌を作る微生物、大海原を泳ぐクジラ、空を飛ぶ鳥、そして素晴らしい知能を持つ私たち。こんな多様な生物を方向性選択は作り上げることができるのだ。もしも進化が進歩だったり、世界が*「存在の偉大な連鎖」だったりしたら、つまり一直線の流れしかなかったら、これほどみごとな生物多様性は実現していなかっただろう。私たちが目にしている(4)地球上の生物多様性は、「存在の偉大な連鎖」を超えたものなのだ。

(更科功「若い読者に贈る美しい生物学講義」による)

もちろん、進化の最後に現れた種は、ヒトでもニワトリでもない。というか、コイもカエルもヒトもイヌもトカゲもニワトリも、すべて今生きている種だ。だから、みんな進化の最後に現れた種ともいえる。コイもカエルもヒトもイヌもトカゲもニワトリも、生命が誕生してからおよそ四十億年という同じ長さの時間を進化してきた生物なのだ。そして、陸上生活という点から見れば、この系統樹の中で一番優れた種はトカゲとニワトリなのである。

もしも「走るのが速い」ことを「優れた」というのなら、一番優れた生物はイヌだろう。「泳ぐのが速い」のはコイだろうし、「計算が速い」のはヒトだろう。何を「優れた」と考えるかによって、つまり何を「進歩」と考えるかによって、生物の順番は入れ替わるのだ。

さっきは「陸上生活に適した」ことを「優れた」と考えたが、「水中生活に適した」ことを「優れた」と考えれば、話は逆になる。トカゲは陸上生活に適した特徴が発達したが、それは水中生活に適した特徴が退化したことを意味する（ちなみに「退化」の反対は、「進化」ではなく「発達」である。生物の持つ構造が小さくなったり単純になったりするのが退化で、大きくなったり複雑になったりするのが発達だ。「退化」も「発達」も進化の一種である）。「水中生活に適した」ことを「優れた」と考えれば、もちろん一番優れた生物はコイになる。

いろいろと考えてみると、客観的に優れた生物というものは、いないことがわかる。陸上生活に優れた生物は、水中生活に劣った生物だ。走るのに優れた生物は、力に劣った生物だ。チーターのように速く走るためには、ライオンのような力強さは諦めなくてはならないのだ。

そして、(2)計算が得意な生物は、空腹に弱い生物だ。脳は大量のエネルギーを使う器官である。私たちヒトの脳は体重の二パーセントしかないにもかかわらず、体全体で消費するエネルギーの二〇〜二五パーセントも使ってしまう。大きな脳は、どんどんエネルギーを使うので、その分たくさん食べなくてはいけない。もしも飢饉が起きて農作物が取れなくなり、食べ物がなくなれば、脳が大きい人から死んでいくだろう。だから食糧事情が悪い場合は、脳が小さい方が「優れた」状態なのだ。

実際、人類の進化を見ると、脳は一直線に大きくなってきたわけではない。ネアンデルタール人は私たちヒトより脳が大きかったけれど、ネアンデルタール人は絶滅し、私たちヒトは生き残った。その私たちヒトも、最近一万年ぐらいは脳が小さくなるように進化している。これらの事実が意味することは、脳は大きければ良いわけではないということだ。

「ある条件で優れている」ということは「別の条件では劣っている」ということだ。したがって、あらゆる条件で優れた生物というものは、理論的にありえない。そして、あらゆる条件で優れた生物がいない以上、進化は進歩とはいえない。生物は、そのときどきの環境に適応するように進化するだけなのだ。

生物が進化すると考えた人は*ダーウィン以前にもたくさん

たからである。

しかし、陸に上がった両生類には、そういうことができない。陸上には水が少ないので、なかなかアンモニアを捨てられない。でも、アンモニアは有毒なので、あまり体の中に溜めておけない。そこで、とりあえずアンモニアを尿素に作り変えるように進化した。これが系統樹の中の一番下の黒い四角である。尿素も無毒ではないが、アンモニアよりは毒性が低いので、ある程度なら体の中に溜めておくことができるのだ。

それでも両生類は、水辺からあまり離れて生活することができない。その理由の一つは、卵が柔らかくて、すぐに乾燥してしまうからだ。だから、ほとんどのカエルは卵を水中に産む。水辺を離れて生活するためには、つまり、さらに陸上生活に適応するためには、卵が乾燥しない工夫をしなければならない。

その工夫を進化させた卵が羊膜卵である（真ん中の黒い四角）。羊膜卵とは、簡単にいうと、羊膜で作った袋の中に水を入れ、その中に胚（発生初期の子ども）を入れた卵である。袋の中の水に、子どもをボチャンと入れておけば、乾燥しないからだ。さらに卵の外側に殻を作って、乾燥しにくくしている。この羊膜卵を進化させた動物は羊膜類と呼ばれ、水辺から離れて生活することができるようになった。この初期の羊膜類から、爬虫類や哺乳類が進化した（間違えやすいが、爬虫類から哺乳類が進化したわけではない）。そしてさらに、爬虫類の一部から鳥類が進化したのである。

爬虫類や鳥類にいたる系統では、さらに陸上生活に適した特徴が進化した。尿素を、尿酸に作り変えるような進化が起きたのである（一番上の黒い四角）。

尿酸も尿素のように毒性が低い。でも尿酸には、その他にもいいことがある。尿酸は水に溶けにくいので、捨てるときにほとんど水を使わなくていいのだ。

陸上にすんでいる動物にとって、水を手に入れるのは大変なことである。だから、水はなるべく捨てたくない。それなのに、私たちは結構たくさんの尿を出して、水をたくさん捨てている。もったいない話である。一方、ニワトリやトカゲは、尿をあまり出さない。ニワトリやトカゲが、イヌみたいに大量の尿を出している姿を見た人はいないはずだ。それは、尿素を尿酸に変える能力を進化させたからである。

つまり、哺乳類は両生類より陸上生活に適応しているが、爬虫類と鳥類は哺乳類よりもさらに陸上生活に適応しているのである。

ところで(1)【図】の系統樹Ａと系統樹Ｂは、同じ系統関係を表している。しかし、見た目の印象はだいぶ違う。よく目にするのはＡのような系統樹だ。これだと、ヒトは進化の最後に現れた種で、一番優れた生物であるかのような印象を受ける。

しかし陸上生活への適応という意味では、Ｂのような系統樹の方がわかりやすい。トカゲやニワトリの方がヒトより陸上生活に適応しているからだ。系統樹Ｂを見ると、ニワトリが進化の最後に現れた種で、一番優れた生物であるかのような印象を受ける。

をすることの難しさを伝えている。

エ　自身の心の中を整理させるかたちを通して、主人公にこれまでの思いや状況を語らせ、今の思いをより鮮明に読者に感じ取らせている。

4

次の文章を読んで、あとの各問に答えよ。（*印の付いている言葉には、本文のあとに〔注〕がある。）

私たちの祖先は海にすんでいた。何億年も前の私たちの祖先は、魚だったのだ。その魚の一部が陸上に進出して、私たちに進化した。もちろん陸上に進出するためには、体のいろいろな部分を変化させなくてはならなかった。

【図】の系統樹Aは、脊椎動物から六種（魚類のコイ、両生類のカエル、爬虫類のトカゲ、鳥類のニワトリ、哺乳類のイヌとヒト）を選んで、それらの進化の道すじを示した系統樹である。陸上生活に適応する進化的変化はたくさん起きたが、その中の三つを黒い四角で示してある。

脊椎動物の体はたくさんのタンパク質でできている。そして古くなったタンパク質は分解されて体の外に捨てられる。タンパク質が分解されると、どうしてもできてしまうのがアンモニアである。

アンモニアは有害な物質なので、体の外に捨てなければならない。でも、昔はとくに困らなかった。私たちの祖先は魚類であり、海や川にすんでいたからだ。体の周りに大量の水があるので、アンモニアを捨てるために水がいくらでも使え

【図】

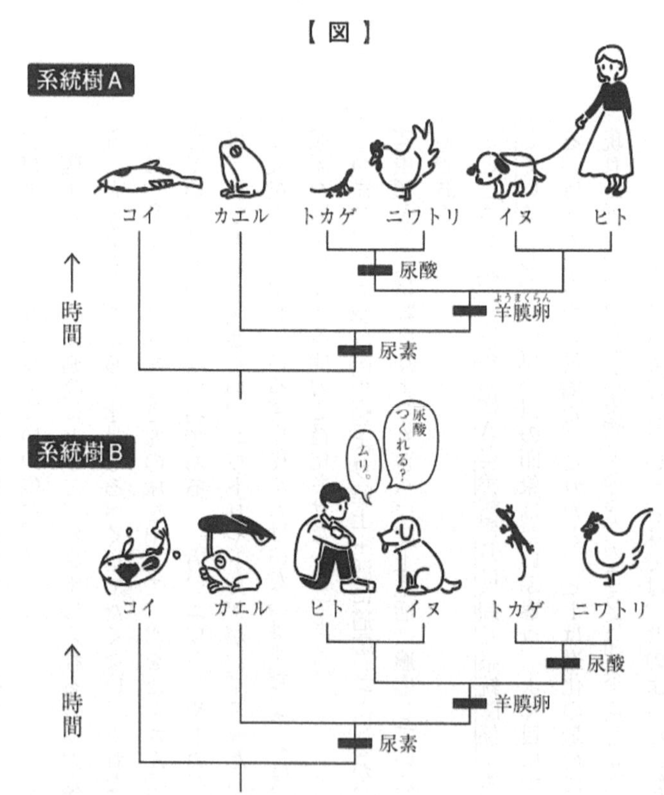

ウ　これまで経験したことのない世界に対する怖さを感じるとともに、正しい姿勢を維持して結果を残さなければという雑念が払えず、焦燥感に駆られている。

エ　これまで経験したことのない世界に対する怖さを感じながらも、目の前の標的が大きく迫ってくるように見え、自分の力で立ち向かえるのだと感じている。

〔問3〕(3)わかる。とあるが、この時の沙耶の思いを表現したものとして最も適切なのは、次のうちではどれか。

ア　監督が言うように、考えたことを自分の言葉にしていけば最終的には自分にもわかるということ。

イ　監督は既に推測している沙耶の答えを、沙耶自身に確認したがっているのがわかるということ。

ウ　監督の物の言い方から、監督が沙耶自身に成長を気付かせようとしているのがわかるということ。

エ　監督の質問に対して自分の答えが説明不足であるということは、沙耶自身にもわかるということ。

〔問4〕(4)真面目なんかじゃない。とあるが、そのように考えるときの沙耶の思いとはどのようなものか、七十字以内で説明せよ。

〔問5〕(5)ぼそぼそとしゃべっていた。とあるが、この時の沙耶の心情を説明したものとして最も適切なのは、次のうちではどれか。

ア　監督の質問を受けるうちに、自分の考えをしっかりと持っていたことに気付き、話したいという衝動に駆られて次々と本音が口から出てしまっていたという思い。

イ　自分の考えはまとまっていなかったはずなのに、監督の質問に答えていくうちに、自分の心の動きや今の思いをほとんどそのまま話してしまっていたという思い。

ウ　自分から話したいわけではなかったのに、監督の質問につられてしまって、語るつもりではなかった自分の中学時代のことまでも話してしまっていたという思い。

エ　監督にコミュニケーション能力の必要性を説かれ、自分の思っていたことや考えたことをまとめていくうちに、自然と話すことができてしまったという思い。

〔問6〕本文の表現や内容を説明したものとして最も適切なのは、次のうちではどれか。

ア　言葉の数が少ない監督に対し、主人公には発話と心の内で語らせており、対照的に描くことにより二人の性格の違いを明確にしている。

イ　未知の世界である射撃の試合に立ち向かう主人公の姿を淡々と描くことで、試合中の緊迫した臨場感を読者に味わわせようとしている。

ウ　主人公の言葉に「……」が多いのは、主人公と監督の話がかみ合っていないからで、世代を越えて話

「はい。」
「おまえは伸びるぞ。」
「え？」
「これから、どんどん強うなれる。オリンピック出場も夢じゃない。」
「はぁ？」
(6)我知らず顎を引いていた。
オリンピック？どうして、そこまで話が飛んじゃうの？冗談？だとしたら、あまり上等じゃないと思う。もうちょっと現実味のあるジョークでないと笑えない。

（あさのあつこ「アスリーツ」による）

〔注〕ライフル——射撃競技用のライフル銃のこと。
花奈——沙耶の中学時代からの同級生。二人でこの高校の射撃部に入るために猛勉強して一緒に入学し、入部した。
ジャケット——射撃競技用のジャケットで、硬くて、装着すると姿勢が定まりやすくなる。
トリガー——銃の引き金
ビームライフル——射撃競技用のライフル銃で、可視光線を発する光線銃。

〔問1〕(1)唇を結び顎を引いた。(6)我知らず顎を引いていた。とあるが、この沙耶のしぐさを通して、作者が表現しようとしたことの説明として最も適切なのは、次のうちではどれか。

ア　予想もしていなかったような質問や言葉に対し、すぐに答えられずためらって、答える気力をなくしている様子。
イ　思いもよらなかった質問や言葉を自分だけに投げかけられ、緊張しながらも、何とか落ち着こうとしている様子。
ウ　どう捉えていいのか分からない質問や言葉、状況に直面し、戸惑いながらも自分なりに受け止めようとする様子。
エ　どう答えていいのか分からない質問や言葉を言われたとき、閉口して、言葉選びに慎重になり身構えている様子。

〔問2〕(2)それで……怖かったです。とあるが、そのように感じた沙耶の心情の説明として最も適切なのは、次のうちではどれか。

ア　これまで経験したことのない世界に対する怖さを感じるとともに、久しぶりに試合前の感覚がよみがえったことで中学時代を思い出し、不安を感じている。
イ　これまで経験したことのない世界に対する怖さを感じながらも、あらゆる雑念がなくなって自分と標的だけしかないという、集中力の高まりを感じている。

知らぬ間に消えていた。
ただ、標的だけがある。
少し怖かった。
未知の世界が怖い。そして、昂ぶる。
知らない世界がここにある。
息を整え、標的に向かい合う。
重くて暑くて、身に着けたとたん自由が奪われるように感じた*ジャケットが、かちりと身体を支えてくれる。手のひらに伝わるライフルの重量も安定のための重石になってくれるようだ。ただ、構えが乱れれば、支えは脆く崩れてしまう。
そんな諸々が理論ではなく実感として、沙耶に迫ってきた。
沙耶は受け止める。
試合時間、三十分。その間、この安定を維持する。乱れず、崩れず、標的に挑み続ける。
ものすごく久しぶりだな。
最初の一射の後、沙耶は小さく息を吐き出した。
この感覚、久しぶりだ。
試合前の緊張感と昂ぶり、集中と弛緩のバランス、そして、恐れと興奮。
本当に久しぶりだ。久しく忘れていた。
一瞬、ほんの刹那、ハードルの並んだトラックが見えた。風が舞って、光が差す。競技場の風景は瞬き一つの間に霧散していった。
息を整える。
ライフルを構える。

二射、三射……。標的を見据え、*トリガーを引く。
やはり消えていく。
緊張も昂ぶりも久々だと震える心も、撃つたびに、トリガーに指をかけるたびに薄れて、消えていく。
沙耶とライフルと標的だけが残った。
「……陸上と射撃って、まるで違うのにとてもよく似ている。そんな風に感じて……。でも、陸上ではできなかったんです。」
「できなかった？」
「はい。あたし……中学のときに陸上部でハードルやってました。走るのも跳ぶのも好きでした。でも、試合のとき、ハードルだけを見ることができたかって言われると、ちょっと、よくわかりません。記録を伸ばさなきゃとか考えてたり、他の選手の調子が気になったり……、でも、今日はそんな風じゃなかったんです。まだ、*ビームライフルの試合がよくわかってないってのもあるとは思うんですけど……、思うんですけど、でも、あの……できたんです。他のこと考えないで、撃つことだけ考えられた気がして……。」
磯村監督はほとんど言葉を挟まず、時折、軽く頷きながら聞いていた。いつの間にか、心にあったこと、漠然と感じたこと、沙耶なりに考えたことをあらかた、(5)ぼそぼそとしゃべっていた。
「結城。」
しゃべり終えて口中の唾を呑み込んだとき、磯村監督に改めて呼ばれた。

「うん？」

「標的です。練習のときとは違って……、どう違うか上手く説明できないんですが、違ってて、(2)それで……怖かったです。」

「怖い、か。」

磯村監督の目が細められた。無意識なのだろう、唇を軽く舐める。その仕草が小学生の弟、直哉を思い起こさせる。似ているわけがないし似てもいないのだが、どことなく繋がってしまう。

「うん？結城、何がおかしい。」

「あ、いえ。何も……。」

「そうか。笑ったみたいじゃったがな。で、標的が怖いってのは、どういうことだ。もう少し、きちんと説明できるか。」

「できません。」

「即答か。結城、もう少し言語力を磨け。自分の思うたこと、考えたことを言葉にして他人に伝える。いわゆるコミュニケーション能力は、これからますます必要になるんじゃぞ。」

「……はい。」

「端からできないなんて一言で片づけるなや。できる限り、言葉にしてみぃ。その努力はこれから先、必ずおまえのためになる。」

磯村監督は完全に教師の物言いになっていた。まるで口頭試問を受けているようだ。でも、わかる。

監督は本気であたしの答えを聞きたがっている。

(3)わかる。

沙耶もそっと下唇を舐めてみた。

「あの……練習のときは、ちゃんと撃つ、正しく撃つみたいなことをずっと考えてました。あたし、入部するまでライフルに触ったこともなかったので、余計にちゃんと正しく覚えなきゃって考えてました。周りより遅れている分、がんばらなくちゃって……。」

真面目だなと評されるかもと思ったが、磯村監督は何も言わなかった。促すような首肯を一度したきりだった。

ほっとする。

(4)真面目なんかじゃない。真剣に射撃と取り組む覚悟ができたわけでもない。まだまだ中途半端だと、自分自身が一番、わかっている。

あたしは中途半端だ。

でも逃げたくない。

今度逃げたら、心底から自分を許せなくなる。

ハードルに背を向けた沙耶を、*花奈は射撃という未知の世界に導いてくれた。足を踏み入れた世界をどう進むかは、沙耶しだいだ。

花奈に報いなくっちゃ。

そんな力みがあった。真面目ではなく力みだ。それが……。

「試合になったら、いつの間にか消えてたか。」

にやっ。磯村監督が笑う。

「はい、消えてました。」

誰かのため。自分のため。何かのため。そんな〝ため〟は

〈国語〉

時間五〇分　満点一〇〇点

【注意】 答えは特別の指示のあるもののほかは、各問のア・イ・ウ・エのうちから、最も適切なものをそれぞれ**一つずつ**選んで、その記号を書きなさい。また、答えに字数制限がある場合には、、や。や「などもそれぞれ一字と数えなさい。

1

次の各文の――を付けた漢字の読みがなを書け。

(1) 定石通りに攻める。
(2) 多大な恩恵を被った結果だ。
(3) 彼に賛仰のまなざしを送っていた。
(4) 居丈高なふるまいをする。
(5) 手練手管を尽くして説得する。

2

次の各文の――を付けたかたかなの部分に当たる漢字を楷書で書け。

(1) 君の意見にイゾンはない。
(2) みんなで様々な対策をコウじる。
(3) ナマハンカな心構えでは決してうまくいかない。
(4) 自己中心的な人が増えていることはカンシンにたえない。
(5) ウゾウムゾウの連中の言うことは全く気にしなくていい。

3

次の文章を読んで、あとの各問に答えよ。（*印の付いている言葉には、本文のあとに〔注〕がある。）

練習試合が終わり、関谷第一の選手たちが引き上げた後、沙耶は磯村監督に呼ばれた。

「結城。」

「はい。」

「今日の結果に驚いとるか。」

「はい。」

正直に答える。

ものすごく驚いていた。

「まさか４００点台を出せるなんて、考えてもいませんでした。」

「じゃ、何を考えとった。」

「え？」

質問の意味が解せない。沙耶は、(1)唇を結び顎を引いた。

「あの試合中、*ライフルを構えて何を考えとったんだ。」

磯村監督はやや口調を緩め、問い直してきた。

それでも、すぐには答えられなかった。

「何を……。」

考えていただろうか。

「標的のこと、でしょうか。」

大切なことはメモしておこうネ！

2021 年 度

解 答 と 解 説

《2021年度の配点は解答欄に掲載してあります。》

＜数学解答＞

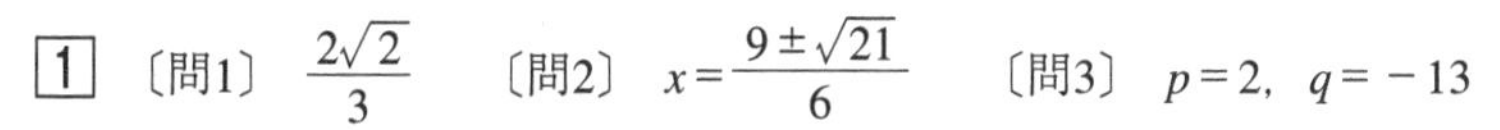

1 〔問1〕 $\frac{2\sqrt{2}}{3}$　〔問2〕 $x=\frac{9\pm\sqrt{21}}{6}$　〔問3〕 $p=2$, $q=-13$

〔問4〕 $\frac{17}{30}$　〔問5〕 右図

2 〔問1〕 (8, 64)

〔問2〕 $y=2x+\frac{21}{4}$(途中の式や計算は解説参照)

〔問3〕 $\left(-\frac{1}{2}, \frac{1}{4}\right)$

3 〔問1〕 59度　〔問2〕 (1) 解説参照　(2) CJ：OH＝11：6

4 〔問1〕 80cm^2　〔問2〕 $\frac{40}{3}$cm(途中の式や計算は解説参照)

〔問3〕 $\frac{1000}{3}$cm^3

○配点○

1 各5点×5(〔問3〕完答)　**2** 〔問1〕 7点　〔問2〕 10点　〔問3〕 8点

3 〔問1〕 7点　〔問2〕 (1) 10点　(2) 8点

4 〔問1〕 7点　〔問2〕 10点　〔問3〕 8点　計100点

＜数学解説＞

1 (数・式の計算，平方根，二次方程式，一次関数，確率，作図)

〔問1〕 分配法則を使って，$\left(\frac{1}{\sqrt{3}}+\frac{1}{\sqrt{6}}\right)(\sqrt{54}-5\sqrt{3})=\left(\frac{1}{\sqrt{3}}+\frac{1}{\sqrt{6}}\right)(3\sqrt{6}-5\sqrt{3})=\frac{1}{\sqrt{3}}\times3\sqrt{6}-\frac{1}{\sqrt{3}}\times5\sqrt{3}+\frac{1}{\sqrt{6}}\times3\sqrt{6}-\frac{1}{\sqrt{6}}\times5\sqrt{3}=\frac{\sqrt{2}}{2}-2$だから，$\left(\frac{1}{\sqrt{3}}+\frac{1}{\sqrt{6}}\right)(\sqrt{54}-5\sqrt{3})+2+\frac{\sqrt{2}}{6}=\frac{\sqrt{2}}{2}-2+2+\frac{\sqrt{2}}{6}=\frac{2\sqrt{2}}{3}$

〔問2〕 二次方程式$7x(x-3)=(x+2)(x-5)$　両辺を展開すると，$7x^2-21x=x^2-3x-10$　整理して，$3x^2-9x+5=0$　2次方程式の解の公式より，$x=\frac{-(-9)\pm\sqrt{(-9)^2-4\times3\times5}}{2\times3}=\frac{9\pm\sqrt{21}}{6}$

〔問3〕 一次関数$y=-3x+p$…①　のグラフは，傾きが-3で，負の値であることから，右下がりの直線であり，xの値が増加するときyの値は減少する。これより，xの変域が$-2\leqq x\leqq5$のときyの変域が$q\leqq y\leqq8$であることから，$x=-2$のとき最大値$y=8$であり，$x=5$のとき最小値$y=q$である。$x=-2$, $y=8$を①に代入して，$8=-3\times(-2)+p$　$p=2$　$x=5$, $y=q$を①に代入して，$q=-15+p$　これに，$p=2$を代入して，$q=-13$

〔問4〕 2つの袋A，Bから同時にそれぞれ1枚のカードを取り出すとき，すべての取り出し方は$5\times6=30$(通り)。このうち，袋Aから取り出したカードに書かれた数をa，袋Bから取り出したカードに書かれた数をbとするとき，aと$3b$の最大公約数が1となるのは，$3b$が3の倍数であることを考慮すると，aは3の倍数以外の数であり，かつaとbの最大公約数が1となればいいから，$(a, b)=(1, 1)$，$(1, 2)$，$(1, 3)$，$(1, 4)$，$(1, 5)$，$(1, 6)$，$(2, 1)$，$(2, 3)$，$(2, 5)$，$(4, 1)$，$(4, 3)$，$(4, 5)$，$(5, 1)$，$(5, 2)$，$(5, 3)$，$(5, 4)$，$(5, 6)$の17通り。よって，求める確率は$\frac{17}{30}$

基本　〔問5〕（着眼点）辺BCに関して，点Aと対称な点をDとすると，△APDは辺BCを対称の軸とする線対称な図形となり，∠APB＝∠DPB…㋐　また，直線DPと辺ACとの交点をQとすると，対頂角は等しいから，∠CPQ＝∠DPB…㋑　㋐，㋑より，∠APB＝∠CPQとなる。（作図手順）次の①～④の手順で作図する。　①　点Aを中心とした円を描き，辺BC上に交点をつくる。　②　①で作ったそれぞれの交点を中心として，半径の等しい円を描き，その交点と点Aを通る直線（点Aを通る辺BCの垂線）を引き，辺BCとの交点をHとする。　③　点Hを中心として，半径AHの円を描き，直線AHとの交点をDとする。　④　直線DPを引き，辺ACとの交点をQとする。（ただし，解答用紙には点D，Hの表記は不要である。）

2　（図形と関数・グラフ）

〔問1〕　BC//DEより，平行線と線分の比の定理を用いると，AC：AE＝BC：DE＝5：1より，AC＝AE×5＝2×5＝10　よって，点Bのx座標は，（点Aのx座標）＋AC＝$-2+10=8$　点Bは$y=x^2$上にあるから，そのy座標は$y=8^2=64$　よって，B(8, 64)

重要　〔問2〕（途中の式や計算）（例）AC＝t(cm)$(t>0)$とする。直線ℓの傾きが2であるから，BC＝2AC＝$2t$(cm)　よって，△ABC＝$\frac{1}{2}$AC×BC＝$\frac{1}{2}t\times 2t=t^2$　ゆえに　$t^2=25$　$t>0$より　$t=5$　よって　BC＝$2t=10$…①　ゆえに　A(u, u^2)とすると　C$(u+5, u^2)$，B$(u+5, (u+5)^2)$　よって　BC＝$(u+5)^2-u^2$　ゆえに①より　$(u+5)^2-u^2=10$　よって　$10u+25=10$　すなわち　$u=-\frac{3}{2}$　したがって　A$\left(-\frac{3}{2}, \frac{9}{4}\right)$　ゆえに，直線ℓの式は　$y=2x+\frac{21}{4}$となる。

〔問3〕　正の数vを用いて，A$(-v, v^2)$とする。線分ACの中点をFとすると，問題の条件より点Fは曲線f上にあるから，原点Oを頂点とする放物線がy軸に関して線対称であることを考慮するとF(v, v^2)　これより，点Bのx座標は，（点Aのx座標）＋2AF＝$-v+2\{v-(-v)\}=3v$　よって，B$(3v, 9v^2)$　これより，AC＝（点Bのx座標）－（点Aのx座標）＝$3v-(-v)=4v$，BC＝（点Bのy座標）－（点Aのy座標）＝$9v^2-v^2=8v^2$だから，AC＝BCとなるとき，$4v=8v^2$　vは正の数であるから，両辺をvで割って，$4=8v$
よって，$v=\frac{1}{2}$　点Aの座標はA$\left(-\frac{1}{2}, \frac{1}{4}\right)$

3　（平面図形，円の性質，角度，合同の証明，線分の長さの比）

基本　〔問1〕　△AOCがAO＝COの二等辺三角形であることと，内角と外角の関係から，∠COF＝2∠OAC＝2×72°＝144°　直径に対する円周角は90°だから，∠CEF＝90°　四角形CEFOの内角の和は360°だから，∠DCE＝360°－∠COF－∠CEF－∠EFO＝360°－∠COF－∠CEF－(180°－∠BFE)＝360°－144°－90°－(180°－113°)＝59°

〔問2〕

重要　(1)　（証明）（例）△OGJと△DHKにおいて　AG＝OH（仮定），OA＝OD（半径）より　OA－AG＝OD－OHすなわちOG＝DH…①　∠AOC＝2∠CDAすなわち∠JOG＝2∠CDA…②　$\overset{\frown}{CE}=2\overset{\frown}{AC}$

(仮定)より∠CDE＝2∠CDA…③　②，③より　∠JOG＝∠CDEすなわち∠JOG＝∠KDH…④　また，∠HIJ＝∠AOC(仮定)から∠JOG＝∠HIJと④より　∠HIJ＝∠KDH　さらに　∠IHJ＝∠DHK(対頂角)　よって，180°－(∠HIJ＋∠IHJ)＝180°－(∠KDH＋∠DHK)　ゆえに，∠IJH＝∠DKH　すなわち　∠GJO＝∠HKD…⑤　よって，④，⑤より，180°－(∠JOG＋∠GJO)＝180°－(∠KDH＋∠HKD)　すなわち　∠OGJ＝∠DHK…⑥　①，④，⑥より，1組の辺とその両端の角がそれぞれ等しいから，△OGJ≡△DHK

やや難　(2)　OH：DH＝2：5＝6：15…①　DH：DK＝3：2＝15：10…②　①，②より，OH：DH：DK＝6：15：10　よって，△OGJ≡△DHKと，OC＝ODを考慮すると，CJ：OH＝(OC－OJ)：OH＝(OD－DK)：OH＝{(OH＋DH)－DK}：OH＝{(6＋15)－10}：6＝11：6

4　(空間図形，線分の長さ，面積，体積)

〔問1〕　△AEJと△EFIにおいて　AE＝10cm…①　EF＝AB＝10cm…②　①，②より，AE＝EF…③　∠AEJ＝∠EFI＝90°…④　IJ//GH//EFより，四角形EFIJは長方形だから，EJ＝FI…⑤　③，④，⑤より，2組の辺とその間の角がそれぞれ等しいから，△AEJ≡△EFI　よって，AJ＝EI＝16cm　CL＝DKより，KL//CD…⑥　CD⊥平面AEHD…⑦　⑥，⑦より，KL⊥平面AEHDだから，KL⊥AJ

以上より，$\triangle AJL=\frac{1}{2}\times AJ\times KL=\frac{1}{2}\times AJ\times CD=\frac{1}{2}\times 16\times 10=80(\mathrm{cm}^2)$

〔問2〕　(途中の式や計算)(例)直線JMと直線CDとの交点をN，直線FJと直線GHとの交点をOとする。平面ABFE//平面DCGHより，直線BFと直線NOは平面FJMが平面ABFEと平面DCGHに交わってできる交線で，直線BFと直線NOは平面FJM上にあって交わらないから　BF//NO…①　また，平面ABCD//平面EFGHより，直線BNと直線FOは平面FJMが平面ABCDと平面EFGHに交わってできる交線で，直線BNと直線FOは平面FJM上にあって交わらないから　BN//FO…②　よって，2組の対辺が平行であるから，四角形BFONは平行四辺形である。また，直線BF⊥平面EFGHより∠BFO＝90°…③　ゆえに，①，②，③より，四角形BFONは長方形である。よって　∠NOF＝90°であるから　∠NOJ＝90°　また　NO＝BF＝10…④　よって　OG//JIと①より　MF：NO＝FJ：OJ＝FI：GI＝20：15＝4：3　ゆえに　④より　$FM=\frac{4}{3}NO=\frac{40}{3}(\mathrm{cm})$

やや難　〔問3〕　AE//CG…①　AC//EG…②　直線AE⊥平面EFGHより　∠AEG＝90°…③　①，②，③より，四角形ACGEは長方形である。辺EFを対称の軸として，点Gと対称な位置にある点をQとすると，EG＝EQ…④　∠GFQ＝2∠EFG＝2×90°＝180°…⑤　④，⑤より，△EGQは二等辺三角形であり，さらに，∠EGF＝60°であることから，△EGQは正三角形である。よって，EG＝2FG＝2BC＝2×5＝10(cm)　また，∠FEG＝60°÷2＝30°　△EGFと△GPIで，FG＝BC＝IP…⑥　∠EFG＝∠GIP＝90°…⑦　∠EGF＝∠GPI＝60°…⑧　⑥，⑦，⑧より，1組の辺とその両端の角がそれぞれ等しいから，△EGF≡△GPI　GP＝EG＝10cm　∠EGP＝180°－∠EGF－∠IGP＝180°－∠EGF－∠FEG＝180°－60°－30°＝90°…⑨　直線CG⊥平面EFGHより　∠CGP＝90°…⑩　⑨，⑩より，直線GP⊥平面ACGE　以上より，立体P-ACGEを底面が長方形ACGEで，高さがGPの四角錐と考えると，その体積は　$\frac{1}{3}\times AE\times EG\times GP=\frac{1}{3}\times 10\times 10\times 10=\frac{1000}{3}(\mathrm{cm}^3)$

★ワンポイントアドバイス★

2〔問2〕は，直線ℓの傾きと△ABCの面積から線分ACの長さを求めることがポイントである。3〔問2〕(2)は，OH：DH＝2：5とDH：DK＝3：2より，OH：DH：DKを求めることを考えてみよう。

＜英語解答＞

1 〔問題A〕 ＜対話文1＞ ア　＜対話文2＞ エ　＜対話文3＞ ウ
〔問題B〕 ＜Question 1＞ イ
＜Question 2＞ （例） To tell her about their school.

2 〔問1〕 (1)－a キ　(1)－b ア　(1)－c オ　(1)－d ク
〔問2〕 ウ　〔問3〕 イ
〔問4〕 （例） Many animals and birds will have to move to different places because they will lose places to live.
〔問5〕 イ　〔問6〕 エ，ク

3 〔問1〕 エ　〔問2〕 オ
〔問3〕 （例） I changed how I spend the weekend. I used to wake up late but now I wake up early in the morning and finish my homework before lunch. Now I have more free time.
〔問4〕 イ　〔問5〕 ウ　〔問6〕 エ，カ

4 （例） There are three students walking next to each other. There is a man behind them and he wants to pass them because he is in a hurry. The students should stay on one side so other people can get through. It is important to think about other people when you are in public places.

○配点○
1 各4点×5
2 〔問1〕 各2点×4　〔問4〕 6点　他 各4点×5
3 〔問3〕 10点　他 各4点×6
4 12点　計100点

＜英語解説＞

1 （リスニングテスト）
放送台本の和訳は，令和3年度都立共通問題35ページに掲載。

2 （会話文問題：文挿入・選択，語句補充・選択，語句解釈，内容吟味，条件英作文，要旨把握，現在完了，間接疑問文，受動態，分詞，助動詞，進行形，比較，不定詞，接続詞，動名詞，前置詞）

（全訳） ①*タケル，レイコ，キャシー，そして，コウジは高校生である。キャシーはオーストラリア出身だ。彼らは同じクラスに所属している。放課後，彼らは地学の宿題について話をしている。*／タケル(以下T)：僕らは何について調べるべきでしょうか。何か考えはありますか。／レイコ(以下R)：砂についてはどうかしら。キャシー，あなたの町の美しい写真を私たちに何枚か見せてくれたことを覚えています。もう一度見せてもらえますか。／キャシー(以下C)：もちろんです，レイコ。どうぞ。これは私の家の近くの海岸です。／R：ありがとう。皆，これらの写真を見てください。美しい白い砂ですね。／C：日本にも白い砂浜があるそうですね。来日する前にテレビで見ました。／コウジ(以下K)：沖縄のことですか？　僕はそこへ行ったことはありませんが，ええ，

沖縄は白い海浜で有名です。でも，この周辺では，浜辺の砂は黒いですね。／R：ある浜辺では，この写真のように砂が白くて，別の浜辺では，砂が黒いのはなぜかしら。／C：(1)－a キそのことについて考えたことはなかったわ。興味深いですね。／R：タケル，私たちは砂について調べてみるのは，どうかしら。／T：ええ，面白そうですね。わかりました，まず，自宅で情報を探してみてから，明日，このことについて僕たちで話し合いましょう。

②*翌日，コンピューター教室にて。*／T：さて，みんな揃っていますね。誰から始めましょうか。／K：あのー，僕は興味があったので，砂の色について調べてみました。世界中には，いろいろな異なった色の砂があります。白，黒，赤，ピンク，そして，緑色すら存在しているのです。／C：ピンクや緑色ですか？　驚きだわ。／K：白い砂について説明してみましょう。白い砂浜の中には，(他の)大半の砂浜とは違った方法で形成されているものがあります。なんと，白い砂はサンゴの壊れたかけらなのです。あるいは，強い歯をもっている魚がいて，サンゴの中にある食べ物を食べると同時に，その魚はサンゴ自体も食べてしまうのです。魚はサンゴまでは消化することができないので，サンゴの粒が，白い砂として体外へ放出されているわけですね。／C：へえー。白い砂が形成されるのに，魚が重要な役割を果たしているなんて，知りませんでした。／R：じゃあ，黒い砂浜は？　どのように作られているのでしょうか。／K：黒い海浜は，火山の岩の破片から作られています。／C：日本には多くの火山があるのですか。／K：ええ，日本には100以上の火山が存在しているので，多くの黒い砂浜があるのです。／C：なるほど…，誰か石と砂の違いを説明してくれませんか。／T：僕が説明します。その違いはその大きさにあるのです。直径が0.06ミリから2ミリまでは，砂と呼ばれています。／K：それじゃあ，石が小さくなれば，砂になるということですね。砂になるにはどのくらいかかるのでしょうか。／T：その質問に答えるのは難しいですね。とにかく，長い，長い時間を要するのは確かです。ところで，砂に関して興味深い発見をしました。／K：何ですか。／T：砂丘の中には，音が出るものがあるのです。／R：Sand dunes[砂丘]ですって？／C：砂丘は日本にあるのですか。／T：はい。日本で最も有名な砂丘の1つは，鳥取にあります。／C：オーストラリアにもいくつかの美しい砂丘があります。でも，砂丘が音を出すって，どういうことですか。／T：砂の上を歩いたり，砂丘を滑り降りたりすると，音が聞こえることがあるのです。／C：どのような類の音でしょうか。／K：すべての砂丘や海浜で，音がするということなのでしょうか。／T：1度に1つの質問にして下さい。えーと，キャシー，砂の粒子の大きさや(歩いたり，滑ったりする)速度によって，音の種類が異なってくるのです。きしむ音だったり，和太鼓のように低音で長い音だったりします。それから，コウジ，(2) ウ君への質問に対する答えは，‘いいえ’です[すべての砂丘や海浜が音を出すわけではありません]。当然ながら，きれいな砂が重要となってくるのです。／K:どういうことですか。／T：音が出るには，きれいな砂が必要なのです。(砂が)きれいだと，砂の丸い粒子が互いにこすれて，音が出るのです。ガラス製のコップを洗って，指でこすると，キーキー音がしますよね。(1)－b ア砂もこのことと同様なのです。／K：日本では，いくつの砂丘や海岸で，音が出るのでしょうか。／T：日本では，歌う海岸があるのみです。約50年前には，60か所の(音を出す)海岸が存在していましたが，現在では，だいたい20か所の海岸しかありません。／C：なぜですか。／T：環境的理由からです。現在，もはや砂がそれほどきれいでなくなっているのです。／C：歌う砂浜が減少していることを知るのは，とても嘆かわしいですね。／R：同感です。このことは，砂に関する問題の1つですが，実は，別の問題を発見しました。／K：別の問題ですか。もっとある？／R：私たちの日常生活において，砂は重要な資源である，ということを知っていましたか。／T：本気ですか。私は砂を一切使っていません。もちろん，幼い頃には，公園で妹[姉]と遊んで，砂団子を作ったものでしたけれど。／R：砂団子ですか？　(1)－c オ思い出しました。たくさん作りましたね。本当に楽しかったです。ともかく，調

べていく中で，(3)国際連合の報告書が目に入ったのです。／K：砂に関して，国際連合の報告書があるのですか。／T：それには何と書かれていたのですか。／R：報告書によると，真水に次いで，砂は地球上で2番目に多く利用されている天然資源だそうです。／K：水が世界中の人々にとって重要であることはわかります。水は，飲用，調理，洗濯，そして，植物を育てるのに使われています。でも，砂は何の用途に使われているのでしょうか。／R：砂はコンクリート（を作るの）に必要ですよね。／C：それから，家屋，建物，道路，橋，その他の同じようなものを建築するためには，コンクリートが必要となります。／R：それだけではないわ。砂は，コンピューターのスクリーン，コップ，スマートフォーン，歯磨き粉など，他の多くのものを作るために，使われています。／T：砂がそれほど多くのものに使われているとは，知りませんでした。／C：私も国連の報告書を読みました。世界中で，毎日，各自がおよそ18キログラムの砂を使っている，と書かれてありました。／T：すごい量！／K：砂が沢山使われていることは理解できましたが，何で問題なのかがわかりません。／R：問題なのは，世界中の人々が砂を使い過ぎてしまい，十分な砂がない，という点です。／T：でも，世界中には，砂丘や砂漠はあるから，十分に砂はあると思えるのですが。／R：私もそう思っていました。でも，特定の種類の砂のみが，建設業界で使用することが可能なのです。／K：砂漠の砂は，建物を建築する用途で使えないということですか。／R：その通りです。／T：なぜですか。／R：砂漠の砂の粒子が小さすぎるからです。／T：では，建築用の砂は，どこで入手しているのですか。／C：通常，石切り場から得ています。でも，これらの場所から，あまりにも多くの砂が採取されてしまうので，砂はほぼ底をついてしまっているのです。現在では，海や川から，より多くの砂が持ち出されています。／K：そんなことをして，平気なのでしょうか。／R：(1)－d クもちろん平気じゃあないわ。1つには，海岸自体に影響が及んでいます。／T：どんな風に？／R：海底から砂を採取すると，海岸の砂は海へと滑り落ちます。このことが原因となり，美しい海岸が消滅しているのです。また，動物や鳥といった生物にも影響を及ぼしています。／C：海岸がなくなると，生物はどうなるのでしょうか。／R：(4)生息場所を失えば，多くの動物や鳥は，他の場所へと移動しなければならないでしょう。／K：それは良くないですね。／C：砂の問題が人々に認識されるようになり，対応策が講じられるようになってきました。／R：ええ。ガラス瓶から砂を得る考えを思いつく人も出現したのですよ。／K：どうやって？／R：砂の機械を作ったのです。その機械に瓶を入れると，機械が瓶を粉砕して，砂となるのです。／K：えっ？なぜですか？／R：ガラス瓶は，元々砂から作られているのです。リサイクルと言っても良いでしょう。／C：多くの学者が，砂以外のもの，例えば，灰などに注目し始めています。彼らは，コンクリートをリサイクルする他の方法も模索しているのです。／T：今日は，実にさまざまなことを学びました。多くの人々が，水，木，そして，きれいな空気の重要性を指摘しますが，『砂を保護するように！』とは誰も言いません。このような問題に関して，私たちは何をするべきなのでしょうか。／R：地球の資源は限りがある，ということを私は痛感しています。環境について考えることが，重要なのではないでしょうか。／K：同感です。そして，世界中の諸問題に対して，もっと関心を寄せるべきでしょう。／C：私たちの将来にとって，世の中をより良い場所にしなければなりません。／T：その通りです。明日，授業で，この件を皆に知ってもらいましょう。

基本　〔問1〕 (1)－a　レイコ：「白い砂の浜辺と黒い砂の浜辺があるのはなぜか」→ キャシー：「(1)－a 興味深い」 選択肢の中から，文脈上当てはまるのは，キ「そのことについて考えたことがない」。have never thought「考えたことがない」← <have[has] + 過去分詞>現在完了（完了・経験・結果・継続） I wonder why some beaches have white sand ～ and others[other beaches]black(sand). 疑問文が他の文に組み込まれる（間接疑問文）と，<疑問詞 + 主語 + 動詞>の語順になる。 (1)－b　タケルは，「音が出るにはきれいな砂が必要だ」と述べた後に，類似例として，洗ったグラスのコップを指でこすった際に音が出ることを述べている点から考えること。正解は，ア it's like that.「きれいな砂が音を出すのは，洗ったグラスを指でこすると音が出るようなもの[のと同様]だ」。 前置詞 like「～のように[な]，に似た」 is needed ← <be動詞 + 過去分詞>「～される，されている」受動態 each other「互いに」 a squeaking sound「キーキーする音」← <現在分詞[原形 + -ing] + 名詞>「～する／している名詞」現在分詞の形容詞的用法 (1)－c タケル：「(日常生活で)一切砂を使っていない。幼いころ，泥団子を作っていたが」→ レイコ：「泥団子? (1)－c 沢山作って，楽しんだ」 以上のように，幼児期の回想場面なので，正解は，オ「そのことを思い出した」。 <used + 不定詞>「以前は～であった，以前はよく～したものだ」 lots of「多くの～」 (1)－d タケル：「建設用の砂はどこから入手するのか」→ キャシー：「石切り場から採取される。でも，あまりにも多くの砂が採取されるので，砂はほぼ消滅状態だ。現在，海や川から多くの砂が持ち出されている」→ コウジ：「それで，平気か?」→ レイコ：「(1)－d 1つには，海岸自体に影響を及ぼしている」 以上の文脈より，レイコは，海や川から砂を持ち出すのは良いことだとは思っていないことがわかる。正解は，ク Of course not「もちろん平気ではない」。 is taken 受動態 <be動詞 + 過去分詞>「～される，されている」 so ～ that…「とても～なので…」 is gone = has gone「なくなってしまっている」 are taking ← 進行形 <be動詞 + 現在分詞[原形 + -ing]>「～しているところだ」 他の選択肢は次の通り。イ「そうなることを望んでいる」 ウ「それは真実ではない」 エ「でも，それがどのように機能するかがわかる」But I know how it works.(← How does it work ?)疑問文が他の文に組み込まれる(間接疑問文)と，<疑問詞 + 主語 + 動詞>の語順になる。 カ「もちろん，そうだ」

基本 〔問2〕 空所(2)は，コウジの「すべての砂丘や海岸が音を出すのか」という質問に対する応答を選ぶ問題。空所(2)の直後で，「きれいな砂が決め手になる」と発言しており，砂がきれいでないと音が出ない，ということが読み取れるので，否定文のウ the answer is no「答えはいいえ(すべての砂丘や海岸が音を出すわけではない)」が正答である。他の選択肢は次の通りだが，否定の応答になっていないので，すべて不適。ア「答えがわからない」 イ「答えは同じ」 エ「答えはその通りである」

重要 〔問3〕 下線部(3)の次のレイコの発言に，It[The United Nations report]said that sand is the second most used natural resource on earth after fresh water. とあることに注目すること。正解は，イ「世界中の人々は，天然資源として，砂よりも真水の方を多く使っている」all over「～中」 more「より多い，より多く」many／muchの比較級 the second most ← <the + 序数[second, third…]+ 最上級>「2・3番目に(最も)～」 most「最も多い，より多く」many／muchの最上級 used natural resource ← <過去分詞 + 名詞>「～された・されている名詞」過去分詞の形容詞的用法 他の選択肢は次の通り。ア「日本には100以上の火山があるので，日本には多くの黒い砂浜がある」(×) 第2場面の4番目のコウジの発言と一致するが，国際連合のレポートに該当しない。<There + be動詞 + S + 場所>「Sが～にある／いる」 more than「～以上」 ～, so…「～，だから…」 ウ「真水も砂も両方共に同じ目的で使われるが，人々は真水の方をより多く使う」(×) 下線部が事実と異なる。 both A and B「AとBの両方」 are used ← <be動詞 + 過去分詞>「～される／されている」受動態 more「より多い，より多く」many／muchの比較級 エ「砂を使いすぎているので，世界中の誰もが1日にわずか18キロしか使えない」(×) キャシーも国連のレポートを読んでいて，It said that around the world, each person uses about 18kg of sand every day. と述べているが，それに対して，タケルが「それは多い！」と驚いているので，下線部の個所が本文とは不一致。<〜 + a day>「1日につき〜」too「〜もまた／あまりにも〜」

やや難　〔問4〕 レイコ：「海底から砂を採取すると，海岸の砂は海へと滑り落ちる。このことが原因で，美しい海岸が消滅している。動物や鳥といった生物にも影響を及ぼしている」→ キャシー：「海岸が失われれば，生物はどうなるのか」→ (4) → コウジ：「それは良くない」 海岸が失われることで，生物へ及ぶ悪影響を15語以上の英語で表す問題。模範解答，及び，和訳を参照。<because of + 名詞>「〜が理由で」 are losing ← <be動詞 + 現在分詞[原形 + -ing]> 進行形「〜しているところだ」 living things「生物」← <現在分詞[原形 + -ing]+ 名詞>「〜している名詞」

やや難　〔問5〕 質問：「砂を保全，節約するのはなぜ重要か」Why is it important to save sand ? it = to save sand　ア「50年前にはおよそ20海岸があったが，今はおよそ60の海岸があるので」(×) 第2場面の第9番目のタケルの発言で，「50年前は音が出る海岸が60か所あったが，現在は20か所に減少している」と述べられているので，不可。<There + be動詞 + S>「Sがある／いる」 イ「日常生活で物やコンクリートを作るのに砂が必要だが，十分な砂がないので」(○) 第2場面第7番目のレイコの発言に一致。to make「〜を作るために」不定詞[to + 原形]の目的「〜するために」を表す副詞的用法　ウ「世界中に十分な砂丘や砂漠がないので」(×) 砂浜や砂漠が多く存在していないことが，砂の確保が必要となる要因ではない。all over「〜中に」 エ「瓶は元々砂からできていて，砂の機械を使うために砂が必要だから」(×) 砂の機械を使って，瓶から砂を得るレイコの sand machineに関する説明(第2場面最後から3番目のレイコのせりふ)と一致しない。<A + be動詞 + made from B>「AはBから作られている」

重要　〔問6〕 ア「キャシーはオーストラリアで白い砂浜の近くに住んでいて，日本にあるいくつかの白い砂浜を訪れたことがある」(×) キャシーはオーストラリアからの留学生であり，日本の白い砂浜は来日前にテレビで見たことがあるだけ(第1場面第2番目のキャシーのせりふ)なので，不一致。has visited ← <have[has]+ 過去分詞> 現在完了(完了・結果・経験・継続) イ「レイコは，オーストラリアの砂の白い色に関心があるので，コウジにそれに関して調べるように依頼した」(×) レイコが興味を抱いたのは，オーストラリアの白い砂に対してだけではなく，かつ，砂に関して調べることを提案したのは，グループ全体に対してなので，不可(第1場面3・4番目のレイコのせりふ参照)。<be動詞 + interested in>「〜に興味がある」 〜, so…「〜，なので…」ask + 人 + 不定詞[to + 原形]「人に〜[不定詞]することを依頼する」 I wonder why some beaches have white sand 〜 (← Why do some beaches have white sand 〜 ?)疑問文が他の文に組み込まれる[間接疑問文]と，<疑問詞 + 主語 + 動詞>の語順になる。 about doing ← <前置詞 + 動名詞[原形 + -ing]> ウ「タケル，レイコ，キャシー，そして，コウジは，帰宅する前に，コンピューター教室で一緒に砂に関する情報を探した」(×) 第1場面の最後で，タケルが自宅で情報を探すことを提案しており，コンピューター教室へ集合したのは翌日である。look for「〜を探す」 before going home ← <前置詞 + 動名詞[原形 + -ing]> エ「サンゴの破片から成り立つ白い砂浜が存在しており，特定種の魚は，白い砂を作り出すのに重要な役割を果たしている」(○) 第2場面の第2番目のコウジのせりふに一致。are made from「〜から作られている」受動態 broken pieces「壊れた破片」← <過去分詞 + 名詞>「〜された／されている名詞」過去分詞の形容詞的用法 paly a part「役割を果たす」 in making「〜を作り出している時に」← <in + 動名詞[原形 + -ing]>「〜する時に」 〜 so …「〜だから／なので…」
　オ「石と砂には明確な違いが存在していて，その差は色と直径にある」(×) 石と砂の違いはサイズのみであり(第2場面第2番目のタケルの発言参照)，色は関係ない。<There + be動詞 +

S>「Sがある／「いる」 <A + be動詞 + called + B>「AはBと呼ばれている」 カ「海岸や砂丘の中には，その砂をきれいなガラス製のコップにこすりつけた際に，音が聞こえることがある」(×) ガラス製のコップが音を出すのは，きれいに洗った後に，指でこすったときである(第2場面タケルの8番目の発言)。 キ「砂漠の砂の粒子が大きすぎて，建設用に使えない」(×) 砂漠の砂は粒子が小さすぎて，建設用には不向きなのである。以下，参照。コウジ：「砂漠の砂は，建物を建築する用途で使えないのか」<(1)－dの2つ前のコウジのせりふ> → レイコ：「その通り」 → タケル：「なぜ？」 → レイコ：「砂漠の砂の粒子が小さすぎるから」(1)－dの1つ前のレイコのセリフを参照すること。 ク「砂の問題は深刻であると考える人たちがいて，多くの科学者が，砂の代わりに，他のものを使用することを考えようとしている」(○) 第2場面の最後から，2・3番目のキャシーの発言と一致している。are trying／are beginning／are thinking ← <be動詞 + 現在分詞[原形 + -ing]>「～しているところだ」進行形 think of using ← <前置詞 + 動名詞[原形 + -ing]><try + 不定詞[to + 原形]>「～しようとする[努力する]」 instead of「～の代わりに」 other than「～以外」 such as「～のような」

3 **(長文読解問題・論説文：文挿入・選択，文整序，条件英作文，語句整序，内容吟味，要旨把握，接続詞，助動詞，不定詞，比較，動名詞，現在完了，間接疑問文，接続詞，分詞，受動態，進行形)**

(全訳) ①ちょっと考えてみて欲しい。学校から最も近い駅にちょうど到着したとする。突然，雨が降り始めた。自分の傘を持ってくるのを忘れたことに気づく。雨が止むまでそこで待てば，学校に遅れてしまうだろう。そこで，雨の中を学校へ向かうことにする。そのとき，ある疑問がわきあがる。「私は濡れたくない。雨の中を歩いた方が良いのか，それとも，走った方が良いのだろうか」多分，こういった疑問を抱いたことがある人はいるだろう。だが，この文章を読んでいる人の中で，果たして何名の人が，その解答を見つけようとしたことがあるだろうか。

②日常生活で，このような疑問を抱くこともあるだろう。答えを探し出すためには，仮説をうち立てて，それが正しいことを証明する必要がある。まず，本を読むことで，その疑問に関する情報を集めることになる。それから，その情報から仮説をうち立てるのだ。次に，より多くの情報を集めて，仮説を確認するためにいくつかの実験をすることになる。もちろん，最初の仮説は間違っていることが多いだろう。(1)－a②でも，その間違いから何かを学ぶことは可能で，別の仮説を立てることができるだろう。このようにすれば，より良い仮説をうち立てることができて，答えにより近づくことが可能となるだろう。

③こういった過程は難しいものに思えるかもしれないが，通常，我々は知らず知らずに，日常生活でこのような段階をたどっているのである。例えば，数学で成績を向上させたいとする。まず，1週間にどのくらい数学を勉強しているかを確認するべきだ。他の教科に比べて，数学の勉強時間が短いことに気づいたとする。つまり，その際の仮説は以下のようになる。③もし数学をより長い時間勉強すれば，成績は上がる。④しかし，実際に実行に移してみても，成績は一向に上がらない。②そこで，勉強に割いた時間が重要なのではなくて，違うやり方で成績を上げることができるかもしれないという結論に至る。⑤クラスに数学が得意な生徒がいて，彼らの勉強法を尋ねてみる。①彼らの数学の勉強の仕方は，自分とは異なっていることが，明らかになる。最初に，彼らは実際に問題を解いてみる。彼らは問題に答えられないと，正解を見てから，解き方を理解しようとする。次に，もう1度同じ問題を答えようとする。再び解けなければ，正解を確認してから，何を理解していないのかを把握しようとする。彼らは自ら問題を答えることができるようになるまで，これらの過程を繰り返すのだ。ここであなたは自覚するだろう。今まで，解法を理解する前に，自

分のノートに問題の正解を単に書き留めていただけだったことを。(3)そういうわけで，数学の勉強法を変えることで，成績がより良くなるだろうという考えに至る。このようして，自身の目標に近づくことができるのだ。

④ある科学者の言葉である。「人間は弱いので，何かをしようとして，しばしばあきらめてしまう。(1)－b⑤成功する最良の方法は，常にもう1度挑戦してみることだ」以前，電球は長くもたなかったので，その科学者はより良い電球を作ろうと決意した。彼は電球のフィラメントに何を使えば良いかを考えて，ほぼ全ての材質を試してみた。彼は木綿糸や友人のひげを使うことすら試してみたのだ。もちろん，それらは簡単に燃え尽きてしまい，全く上手くいかなかった。ある日，彼は扇子を見つけて，その竹の部分をフィラメントに使ってみた。(4)明かりが約200時間点灯し続けたことがわかり，彼は驚愕する。約6,000回試行してみた後に，彼はようやく適切な素材を見つけたことになる。彼の友人が彼に尋ねた。「そんなに何回も失敗したにもかかわらず，なぜ君は挑戦し続けることができたの？」彼は答えた。「僕は失敗したことはない。6,000個の素材が上手くいかなかったことを，僕はたった今，発見しただけさ」

⑤現在でさえ，科学者たちは多くの疑問に対する答えを見つけ出そうしている。シマウマになぜ縞があるのかということを，今まで不思議に思ったことはないだろうか。150年以上にわたり，科学者たちはこの疑問に取り組んできた。諸説はあっても，それらを証明する方法を見つけることができないでいた。だが，最近，ある科学者たちが，アブはシマウマに着地できないことを突き止めた。アブが馬にとまろうとすると，着地前に減速する。(1)－c⑥だが，アブがシマウマに近づいても，速度を落とすことはない。例の縞が存在しているから，このようなことが起きるのだ，と科学者たちは考えて，彼らの仮説が正しいことを立証するために，いくつかの実験を実施した。シマウマの縞が付いた上着で馬の体の部分を覆うと，この上着で覆われていない箇所のみに，アブが着地することがわかった。アブは馬を視野でとらえても，接近するまで，この縞が見えないことが判明したのである。このことが原因で，アブは距離感を失い，減速できずにいるのだ。科学者はいまだにこの疑問に取り組んでいるが，おそらくアブから身を守るために，シマウマには縞が存在するのだろう。現在，自らの動物にアブを接近させないために，こうした成果を実際に活用している農民がいる。

⑥(5)別の科学者は，リチウムイオン電池を作って，ノーベル賞を受賞した。彼がそのことを達成できたのは，単に研究し続けただけではなくて，社会の必要性についても思いを寄せたからだ。彼が小学校だった頃，先生が彼に科学のある古い本を紹介してくれた。その本を通じて，ろうそくが燃焼する理由など，彼は多くのことを学んだ。その後，彼は科学に興味を持つようになり，当時，人気があった分野，石油化学を大学で学ぶことにした。大学ではある教師から，独自の考えが思い浮かぶためには，基本を学ぶことが重要である，ということを学んだ。後になり，最も重要なことは，すべてに好奇心を持ち，‘その理由’を考えことである，との思いに至った。大学を卒業してから，彼は会社で働き始めた。彼は，沢山の研究をして，多くの困難を経験した。例えば，会社で働いた最初の10年間に，彼は3つの考えを思いつくが，いずれも成功しなかった。さらに，リチウムイオン電池を完成させた後でさえも，人々がそれを使い始めるまでには，何年も経過することになった。リチウムイオン電池は安全ではない，と人々からは恐れられたために，当初，人々は使いたがらなかったのである。でも，彼は決してあきらめなかった。約40年間リチウムイオン電池の開発に携わった後に，多くの人々の生活を改善した功績により，ついにノーベル賞が授賞されたのである。

⑦これらの話より，物事に対して興味を抱き，目標を達成するために，あきらめずに努力し続けることが重要である，ということがわかる。では，前述の雨に関するような疑問がわきあがった

ら，あなたはどうするだろうか。以下の2つの選択肢が考えられる。疑問について考えることを止めてしまうか，あるいは，疑問を抱き続けて，答えを見つけ出そうとするか，のいずれかだ。それを決定するのは，あなたである。

やや難　〔問1〕 (1)－a「もちろん，最初の仮説は間違っていることが多い。(1)－a②<u>「でも[but]，そこから何かを学ぶことができるし，別のもの[仮説]を立てることが可能だ</u>。このようにして，より良い仮説を立てて，答えにより近づくことができるようになるだろう」 逆説の接接続詞 but「しかし」 one = ＜a[an]+ 単数名詞＞同じ種類のもののうちの1つ ＜will be able + 不定詞[to + 原形]＞「～できるだろう」(未来 + 可能) better「もっと良い／もっと良く」good／well の比較級 closer「より近く」close の比較級 (1)－b「ある科学者が『人間は弱いので，何かをしようとして，しばしばあきらめてしまう。(1)－b⑤<u>成功する最良の方法は，常にもう1度試みようとすることである</u>』と発言した」 the best way to be successful ← best「最も良い／最も良く」good・well の最上級／＜名詞 + 不定詞[to + 原形]＞不定詞の形容詞的用法「～するための／するべき名詞」 one more time「もう1回」 ～, so…「～，だから…」 give up「あきらめる」 ＜try + 不定詞[to + 原形]＞「～しようとする」 (1)－c「アブがシマウマに着地できないことが明らかになった。アブが馬にとまる時には，着地前に減速する。(1)－c⑥<u>だが[but]，アブはシマウマに近づいても，全く減速できないのだ</u>。このことが起きるのは，縞が存在しているからだと科学者は考えて，仮説が正しいことを立証するために実験を実施した。～おそらくアブから身を守るために，シマウマには縞があるのだろう」 but 逆説の接続詞「しかし」 not ～ at all「全く～ない」 ＜try + 不定詞[to + 原形]＞「～しようとする」 before landing ← ＜前置詞 + 動名詞[原形 + -ing]＞ ＜because of + 名詞＞「～が理由で」 have done ← 現在完了＜have[has]+ 過去分詞＞(完了・経験・結果・継続) 他の選択肢は以下の通り。①「でも，あきらめるべきではなく，もう1回同じ質問をするべきだ」should「<u>～するべきだ</u>／するはずだ」 one more time「もう1度」 ③「シマウマに着地しようとすると，同様のやり方で減速する」＜try + 不定詞[to + 原形]＞「～しようとする」 ④「夢をあきらめる決意をする時には，強くなければならない」＜have[has]+ 不定詞[to + 原形]＞「～しなければならない／に違いない」＜decide + 不定詞[to + 原形]＞「～する決意をする」 give up「あきらめる」

重要　〔問2〕「数学の成績を上げたい。1週間にどのくらい数学を勉強しているか確認すると，勉強時間が短いことに気づく。その際の仮説は以下のようになる」→ ③「より長い時間数学を勉強すれば，成績は上がる」→ ④「でも[However]，そうしても，成績は上がらない」→ ②「そこで[So]，勉強時間は重要なのではなくて，違う方法で成績を上げることができるかもしれない，という結論に至る」→ ⑤「クラスに数学が得意な生徒がいて，どのように勉強しているかを尋ねてみる」→ ①「彼らの数学の勉強の仕方が自分とは違うことが明らかになる」→「以下，数学の得意な生徒の勉強法の記述」 better「より良い／より良く」good／wellの比較級 should「<u>～すべきだ</u>／するはずだ」 check <u>how long you study ～</u>／ask them <u>how they study it</u> ← 疑問文が他の文に組み込まれる(間接疑問文)と，＜疑問詞 + 主語 + 動詞の語順＞になる。 shorter「より短い」⇔ longer「より長い」 higher「より高い」← 規則変化の比較級 ＜原形 + -er＞ like this「以下のように」this が後ろを指すことがあるので，注意。 though「～しても」 ＜～. So…＞「～だ。だから／そういうわけで…」time spent studying「勉強して過ごされた時間」← 過去分詞形容詞的用法 ＜名詞 + 過去分詞 + その他の語句＞「～される／されている名詞」 ＜spend +(in)-ing＞「～して過ごす」 ＜be動詞 + good at＞「～が得意だ」 ＜different from＞「～と異なった」

やや難　〔問3〕 下線部(3)の文意は，「そういうわけで，数学の勉強法を変えることで，成績がより良くなるだろうという考えに至る」。やり方を変えたことでうまくいったことと，その結果について30語以上の英語で答える条件英作文。（模範解答訳）「週末の過ごし方を変えた。以前は遅く起きていたが，今は朝早く起きて，昼食の前に宿題を終わらせている。今，自由な時間が増えた」 if you change how you study math (← How do you study math ?) 疑問文を他の文に組み込む［間接疑問文］と，<疑問詞 + 主語 + 動詞>の語順になる。

重要 〔問4〕 He was surprised to learn that the light kept working for about (two hundred hours.) <be動詞 + surprised>「驚いている」 <感情を表す語句 + 不定詞［to 原形］>「～［不定詞］して，ある感情がわきあがる」 keep + 現在分詞［原形 + -ing］「～し続ける」 work「勤めている／働く／勉強する／機能する，作動する／効果がある」

基本 〔問5〕 第6段落の内容に一致したものを選ぶこと。正解は，ウ「人々は使うことを恐れていたので，長い間，リチウムイオン電池を使うことはなかった」（最後から3・4番目の文に一致）。for a long time「長い間」 <be動詞 + worried about>「～を心配している」 about using／after maing ← <前置詞 + 動名詞［原形 + -ing］> ～ so…「～だから…」 at first「当初」 started using「使い始めた」← 動名詞［原形 + -ing］「～すること」 他の選択肢は次の通り。ア「会社に勤め始めてすぐに，リチウムイオン電池を作る考えを思いついた」（×） in the first 10 years working at the company, he came up with three different ideas but they were not successful（第10文）とあるので，不可。<名詞 + 現在分詞 + 他の語句>「～している名詞」現在分詞の形容詞的用法 come up with「を思いつく」 of making／started working ← 動名詞［原形 + -ing］「～すること」 started working「働き始めた」← 動名詞［原形 + -ing］「～すること」 イ「大学の先生が，最も重要なことはすべてに興味を持つことであると述べた」（×） すべてに興味をもつことが重要だと悟ったのは彼自身で，独自の考えを思いつくには，基礎を学ぶことの重要性を大学の先生は唱えたのである（第6・7文）。<It is［was］+ 形容詞 + 不定詞［to + 原形］>「～［不定詞］するのは…［形容詞］である」 most important「最も重要な」 エ「石油化学は人気のある科目だと大学の先生が言ったので，その科学者は科学に興味を持つようになった」（×） そもそも科学に興味をもつようになったのは，小学生だった頃に，先生から借りた科学の古い書物がきっかけだった（第3～5文）ので，不適。such as「～のような」 <interested in>「～に興味を抱いて」 <decide + 不定詞［to + 原形］>「～する決意をする」

重要 〔問6〕 ア「多くの人々が雨の問題について考え，その答えを見つけ出そうとしたことがある」（×） 第1段落最終文で，「おそらくはこういった疑問を抱いたことがある人はいるだろうが，どのくらいの人がその答えを見つけようとしたことがあるだろうか（いや，いないだろう）」と述べており，逆説の接続詞 but や後半の疑問文が文字通り返答を求めたものではなく，反語的に否定の意味を強めたものであることに注意して，考えること。have thought／have tried ← 現在完了 <have［has］+ 現在完了>（完了・経験・結果・継続） <try + 不定詞［to + 原形］>「～しようとする」 イ「仮説を立てる前に，多くの情報を集めて，多くの実験をしなければならない」（×） To find the answer, you need to make a hypothesis と仮説を立てることの必要性は述べられているが，仮説を立てる前に，情報収集や実験をしなければならない，とは書かれていない。<have［has］+ 不定詞［to + 原形］>「～しなければならない／に違いない」 ウ「難しい過程をたどらなければならないので，質問に対する答えを見つけるためには，科学者のみが仮説を立てることが可能だ」（×） 下線部が誤り（第3段落1文参照）to find out「～を探し出すために」← 不定詞［to + 原形］の目的を表す副詞的用法「～するために」 <have［has］+ 不定詞［to + 原形］>「～しなければならない／に違いない」 sound like「～のように思われる，らしい」 <without + 動名詞［原形 + -ing］>「～しないで」 エ「電球は短い期間しかつかなかったので，科学者はその状況を変える方法を考え出したいと願った」(○)　第4段落3文に一致。～, so…「～だ，それで／そのため／だから…」 better「より良い／より良く」good／wellの比較級　<want + 不定詞[to + 原形]>「～したい」 <decide + 不定詞[to + 原形]>「～することを決意する」　オ「科学者は木綿糸や友人の髭を使ってみて，竹より上手く機能することがわかった」(×)　木綿糸や髭をフィラメントとして使ってみたものの，they burned easily and didn't work at allと述べられており，上手くいかなかった(第4段落5・6文)。<try + 動名詞[原形 + -ing]>「試しに～してみる」 better「より良い／より良く」good／wellの比較級　カ「科学者は馬に対して実験を行い，アブは遠くから縞を見ることができない，ということに気づいた」(○)　第5段落最後から4文目に一致。from far away「遠くから」 <not ～ until…>「…まで～ない／…して初めて～だ」 get close to「～に接近する」 キ「いつか，シマウマの縞の発想を他の動物に応用する方法を考えだすことができれば良い，と人々は願っている」(×)　第5段落最終文で，縞がアブを寄せつけないという考えを，所有の家畜に応用している農民の例が紹介されているものの，縞の応用が人々の願いであるとは述べられていない。are hoping／are using ← <be動詞 + 現在分詞[原形 + -ng]>進行形「～しているところだ」 one day「(未来の)いつか／(過去の)ある日」 keep A from B「AをBから遠ざける」 ク「科学者は人々の需要や欲求を考慮せずに，リチウムイオン電池に取り掛かったので，ノーベル賞を受賞した」(×)　第6段落の2文に，社会の需要や欲求に目を向けたことが書かれているので，不一致。work on「～に従事する，手掛ける／に効果がある／に基づいて行動する」 without thinking ←<without + 動名詞[原形 + -ing]>「～しないで」 <be動詞 + able + 不定詞[to + 原形]>「～することができる」 not only A but also B「Aばかりでなく Bも同様に」

4　(条件英作文)

イラストの状況の説明と自分の考えを50語以上の英語でまとめる条件英作文。(模範解答和訳)「互いの隣同士を歩いている3人の学生がいる。彼らの背後には1人の男性がいて，彼は急いでいるので，通り越したいと思っている。他の人々が通り抜けることができるように，学生は片側に留まるべきだ。公共の場所にいる時には，他の人々について考えることが重要だ」

★ワンポイントアドバイス★

3〔問4〕は，本校では珍しい文法問題であり，確実に正解したい。語句整序問題では，文法・熟語などの知識を問われることになる。今回は，<keep + 現在分詞>や<感情を表す語 + 不定詞>等が解法のポイントとなった。

<国語解答>

1　(1)　じょうせき　(2)　こうむ(った)　(3)　さんぎょう　(4)　いたけだか
(5)　てれんてくだ

2　(1)　異存　(2)　講(じる)　(3)　生半可　(4)　寒心　(5)　有象無象

3　〔問1〕　ウ　〔問2〕　イ　〔問3〕　ア
〔問4〕　(例)　真剣に射撃に取り組む覚悟を決めたのではなく，この道に導いてくれた友人に報いたいという思いが力みとなり，それが真面目に見えただけだという思い。
〔問5〕　イ　〔問6〕　エ

4 〔問1〕 エ 〔問2〕 ア

〔問3〕 (例) 進化は，生物が環境に適応するための変化だが，それが必ずしも他より優れることにはならないということ。 〔問4〕 ウ

〔問5〕 (例) 私はサッカーを見るのもするのも好きだ。特にメッシが大好きだ。彼はサッカーの申し子としか言いようがない。しかし，サッカー部に入り，実際にやり始めて気付いた。メッシばかりいても駄目なのだ。

私のチームには，誰よりも足の速い者やドリブル抜群の者，ゆったり構えているようで一対一では絶対抜かれない者やいつでも冷静に適切な指示がしっかり出せる者，そんな皆がそろって初めて強いチームができる。

世の中も同じ。色々な人，生き物がいて，その時々で元気な人や生き物が替わっても元気な社会がいいのだ。

5 〔問1〕 ウ 〔問2〕 エ 〔問3〕 ア 〔問4〕 イ 〔問5〕 跡はたづねむ

○配点○

1 各2点×5 2 各2点×5 3 〔問4〕 8点 他 各4点×5

4 〔問3〕 8点 〔問5〕 12点 他 各4点×3 5 各4点×5 計100点

＜国語解説＞

1 (知識問題－漢字の読み書き)

(1) 「定石」は，最善の方法という意味。

(2) 音読みは「ヒ」。「被害」などの熟語がある。

(3) 「賛仰」は，あおぎしたうこと。

(4) 「居丈高」は，相手を見下すような態度のこと。

(5) 「手練手管」は，相手をだます手段のこと。

2 (知識問題－漢字の読み書き)

(1) 「異存」は，反対意見のこと。

(2) ここでの「講じる」は，問題を対処するための方法を考えるという意味。

(3) 「生半可」は，中途半端という意味。

(4) 「寒心」は，ぞっとする気持ちのこと。

(5) 「有象無象」は，取るに足りないくだらない人たちのこと。

3 (小説－情景・心情，内容吟味)

〔問1〕 「質問の意味が解せない」と思いながらも，その後自分が考えていたことを話しているのだから，アの「答える気力をなくしている様子」は合わない。「冗談？」と思っているくらいなのだから，イの「緊張しながらも，何とか落ち着こうとしている様子」ではない。「言葉選びに慎重」である様子は読み取れないので，エも合わない。

〔問2〕 試合のときの自分を振り返り，沙耶は練習のときに考えていたさまざまなことが「いつの間にか消えて」いて，「他のことを考えないで，撃つことだけ考えられた」状態だったと説明している。とてつもなく集中力が高まっていたということだ。

〔問3〕 沙耶が説明できないと言ったのに，監督が本気で自分の「答えを聞きたがっている」ことに沙耶は気づき，なんとか説明しようと話し出しているのだから，そうすることで自分の考えが

自分でもつかめるようになるということを理解していると読み取れる。

やや難　〔問4〕　直後にあるように，「真剣に射撃と取り組む覚悟ができたわけでもない」ため，「真面目なんかじゃない」と思っているのである。また，少し後にも「花奈に報いなくっちゃ」という「力みがあった」ので，真面目ではないと思っていたともあるので，その二点をまとめる。

〔問5〕　沙耶は試合中の自分のことを説明できないと思っていたが，監督の質問に答えるうちに「いつの間にか，心にあったこと，漠然と感じたこと，沙耶なりに考えたこと」をしゃべってしまっていたのである。

重要　〔問6〕　監督が沙耶に試合中の心中を語らせている場面である。沙耶自身は説明できないと思っていたが，言葉にすることで考えていたことが整理され，同時に読者には沙耶の思いが直接的に伝わる文章になっている。

4　(論説文－内容吟味，作文)

〔問1〕　Aは，ヒトが最も右側にあり，「ヒトは進化の最後に現れた種で，一番優れた生物であるかのような印象」になる。一方，ニワトリが最も右側にあるBは，ニワトリが「陸上生活への適応」において「一番優れた生物であるかのような印象」になると述べられている。

〔問2〕　傍線部を含む段落と次の段落の内容に注目する。「知性的な要素」や「本能的な要素」については述べられていないので，アが合わない。

重要　〔問3〕　生物は，「ただ環境に適応するように進化する」だけである。そのため，「あらゆる条件で優れた生物がいない」のだから，「進化は進歩とはいえない」のである。

〔問4〕　直前で，世界が「一直線の流れしか」ない「存在の偉大な連鎖」だったら，「生物多様性は実現していなかった」という筆者の考えがある。その内容と合うのはウ。

やや難　〔問5〕　生物以外の「多様性」は，人間の年齢や立場，出身などがそれぞれ異なることや，考え方や性格がさまざまであることなどが考えられる。自分の経験から，さまざまな人がいることによってどのような効果があるかなどを考え，まとめよう。

5　(論説文，和歌－内容吟味)

〔問1〕「聞く，触れる，嗅ぐ」ことを通し，「感受する人と感受されるモノ」が「主体と客体」という関係ではなく，「感受するモノのなかに人がいる」という世界を作り出すのが和歌なのだから，ウが正解。

〔問2〕　筆者は，兼輔の歌から「魂が交流する」のを感じている。そのことが筆者を「穏やかな気持ちに」しているのである。

重要　〔問3〕　ここでの修辞は掛詞のこと。兼輔の歌は，「雪」が掛詞で，「雪」と「行き」という「自然の相と人間の行動が表裏一体」になっている。また，認識とは「景と心，自然と人間が一体としてあるという認識」のこと。「日本語の同音異義語の多さ」によって可能な掛詞は，「自然と人間が一体としてあるという認識」から生まれたと考えられるのである。

〔問4〕　狭野弟上娘子の歌から筆者は「激しい情動」を感じている。一方，兼輔の歌からは対照的な「静かな情愛」を読み取っている。

〔問5〕「跡はたづねむ」は，「跡をたずねて参りましょう」という意味。歌中に作者の思いが込められているのは「参りましょう」という意志を表現しているこの部分である。

★ワンポイントアドバイス★

小説は，登場人物の心情や表現の特徴などに注目して読もう。論説文は，文章の展開を意識しながら要点をつかんでいくことが大切。作文問題は，文章の内容を把握し，見聞をもとに自分の考えにつなげよう。

都立日比谷高等学校

2020年度

★★★★★★★★★★★★★★★★★★★★★★★

入 試 問 題

●くわしい解説……37ページ

＜数学＞

時間　50分　　満点　100点

【注意】 答えに根号が含まれるときは，**根号を付けたまま，分母に根号を含まない形で表しなさい。**また，根号の中を最も小さい自然数にしなさい。

1　次の各問に答えよ。

〔問1〕 $\left(\dfrac{\sqrt{7}-\sqrt{12}}{\sqrt{2}}\right)\left(\dfrac{\sqrt{7}}{2}+\sqrt{3}\right)+\sqrt{18}$　を計算せよ。

〔問2〕 $\dfrac{(2x-6)^2}{4}-5x+15$　を因数分解せよ。

〔問3〕 aを定数とする。2直線$y=-x+a+3$, $y=4x+a-7$の交点を関数$y=x^2$のグラフが通るとき，aの値を求めよ。

〔問4〕 1から6までの目が出る大小1つずつのさいころを同時に1回投げる。
大きいさいころの出た目の数をa，小さいさいころの出た目の数をbとする。
$(a+b)$をaで割ったときの余りが1となる確率を求めよ。
ただし，大小2つのさいころはともに，1から6までのどの目が出ることも同様に確からしいものとする。

〔問5〕 右の図で，四角形ABCDは，AD//BCの台形である。
点Pは辺BC上の点，点Qは辺AD上の点で，四角形APCQはひし形である。
解答欄に示した図をもとにして，ひし形APCQを定規とコンパスを用いて作図し，頂点P，Qの位置を表す文字P，Qも書け。
ただし，作図に用いた線は消さないでおくこと。

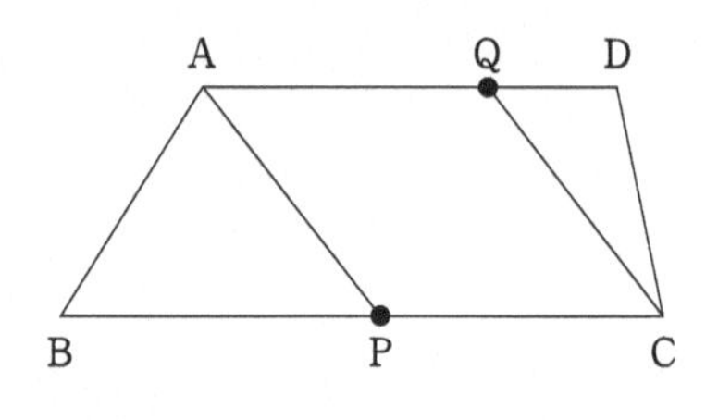

2 右の**図 1** で，点 O は原点，曲線 f は関数 $y=x^2$ のグラフを表している。

x 軸上にあり，x 座標が正の数である点を A とする。

点 A を通り，傾きが負の数である直線を ℓ とする。

直線 ℓ と曲線 f との交点のうち，x 座標が正の数である点を B，x 座標が負の数である点を C とする。

点Oから点(1, 0)までの距離，および点Oから点(0, 1)までの距離をそれぞれ 1cm として，次の各問に答えよ。

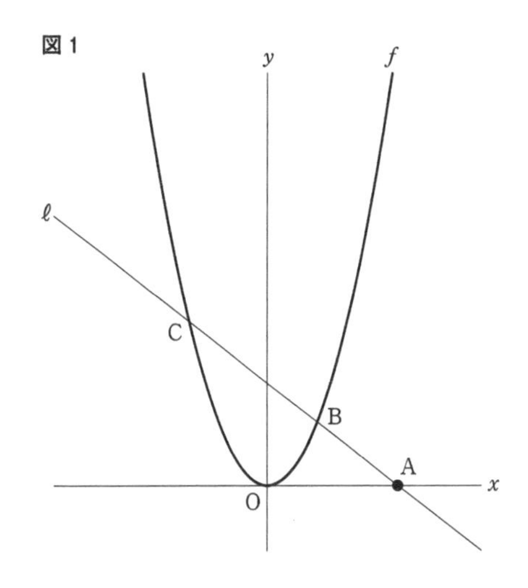

〔問 1〕 線分 AC と y 軸との交点を D，線分 OA の中点を E とし，2 点 D，E を通る直線の傾きが $-\dfrac{3}{2}$，点 B の x 座標が $\dfrac{5}{4}$ であるとき，直線 ℓ の式を求めよ。

〔問 2〕 右の**図 2** は，**図 1** において，点 C を通り，x 軸に平行な直線 m を引き，曲線 f との交点のうち，点 C と異なる点を F，y 軸との交点を G とし，2 点 B，G を通る直線 n を引き，曲線 f との交点のうち，点 B と異なる点を H とした場合を表している。

次の (1)，(2) に答えよ。

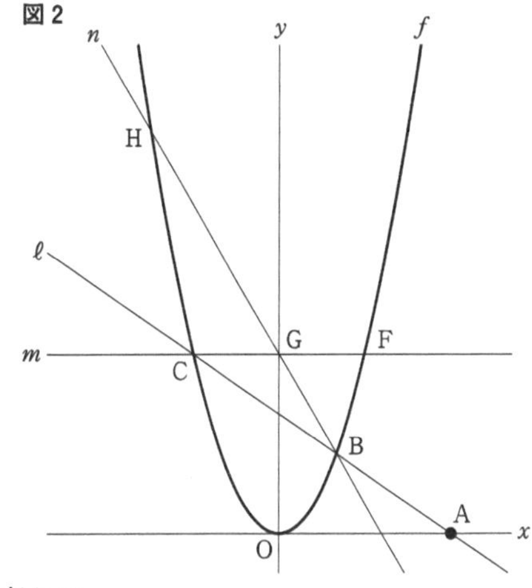

(1) 点 B と点 F，点 C と点 H をそれぞれ結んだ場合を考える。

△ BCH と△ BFG の面積の比が 13：4，直線 n の傾きが $-\dfrac{5}{3}$ のとき，点 B の x 座標を t として，t の値を求めよ。

ただし，答えだけでなく，答えを求める過程が分かるように，途中の式や計算なども書け。

(2) 右の図3は，図2において，直線nとx軸との交点をIとした場合を表している。

AB:BC＝4:5，AI＝$\frac{48}{35}$cm のとき，

直線nの傾きを求めよ。

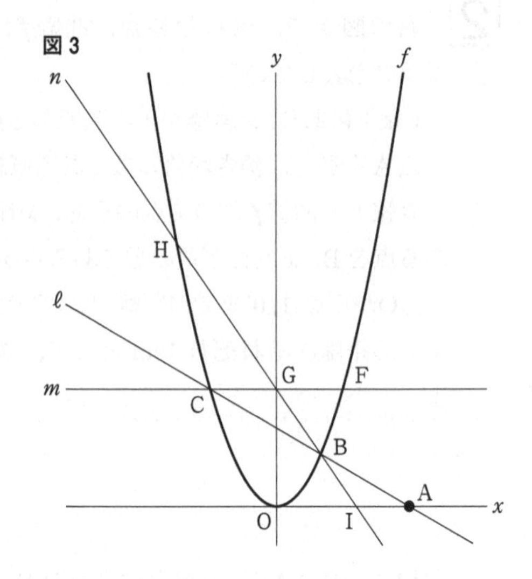

3 右の図1で，4点A，B，C，Dは，点Oを中心とする円の周上にある点で，A，D，B，Cの順に並んでおり，互いに一致しない。

点Aと点B，点Bと点D，点Cと点Dをそれぞれ結ぶ。

∠ABD＞∠CDBとする。

次の各問に答えよ。

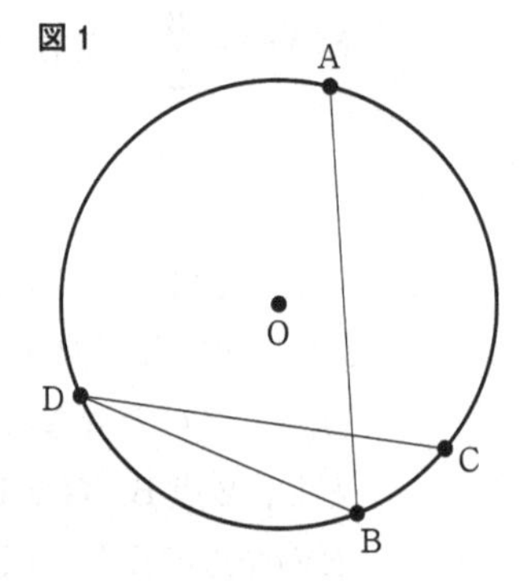

〔問1〕 AB＝DB，∠ABD＝60°，点Aを含まない$\overset{\frown}{BC}$と点Aを含まない$\overset{\frown}{BD}$の長さの比が$\overset{\frown}{BC}:\overset{\frown}{BD}=1:6$のとき，∠BDCの大きさを求めよ。

〔問2〕 右の図2は，図1において，点Cを通り直線BDに平行な直線を引き．円Oとの交点のうち，点Cと異なる点をEとし，点Cを含まない$\overset{\frown}{AE}$上に点Fを，点Bを含まない$\overset{\frown}{AC}$上に点Gを，それぞれ弧の両端と一致しないようにとり，点Aと点F，点Dと点F，点Cと点G，点Fと点Gをそれぞれ結び，線分CEと線分DFとの交点をH，線分ABと線分FGとの交点をIとした場合を表している。

AB//GCのとき．次の(1)，(2)に答えよ。

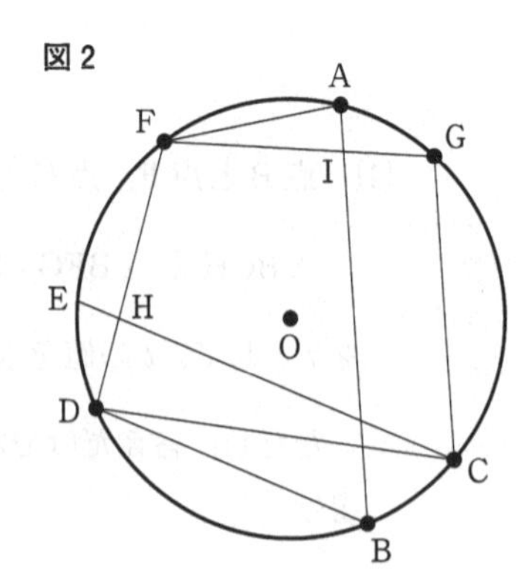

⑴　△HCD∽△AFIであることを証明せよ。

⑵　右の図3は，図2において，直線CEが点Oを通る場合を表している。

OC＝5cm，CD＝9cm，AB＝9cm，CE⊥DFのとき，線分FIの長さは何cmか。

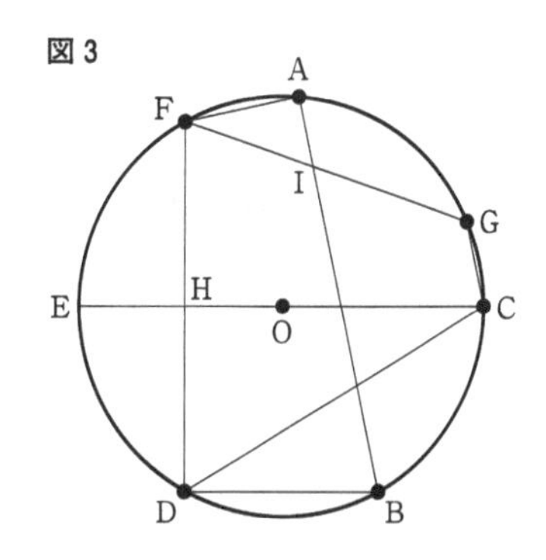

4　右の図1に示した立体OABCは，OA⊥OB，OB⊥OC，OC⊥OA，OA＝OB＝6cm，OC＝8cmの四面体である。

次の各問に答えよ。

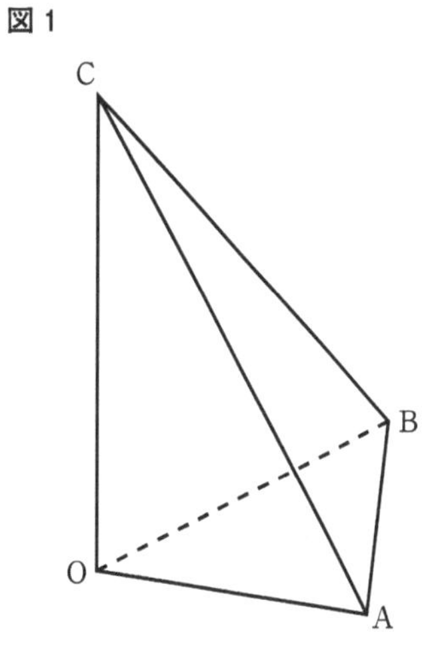

〔問1〕　辺ABの中点をDとし，頂点Cと点Dを結び，線分CDの中点をEとし，点Eから平面OABに垂直な直線を引き，平面OABとの交点をFとし，頂点Oと点Fを結んだ場合を考える。

線分OFの長さは何cmか。

〔問2〕　右の図2は，図1において，辺BC上にある点を点Gとし，頂点Oと点G，頂点Aと点Gをそれぞれ結んだ場合を表している。

△OAGの面積が最も小さくなる場合の面積は何cm^2か。

ただし，答えだけでなく，答えを求める過程が分かるように，途中の式や計算なども書け。

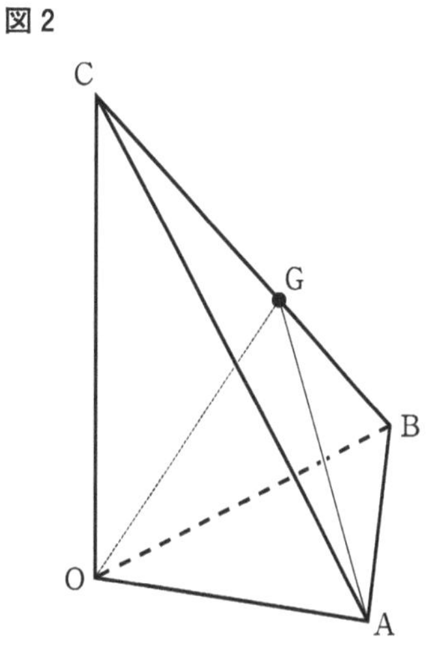

〔問3〕 右の**図3**は，**図1**において，辺OA上にある点をH，辺OB上にある点をIとした場合を表している。

OH = 2cm，OI = $\frac{5}{2}$cmのとき，点Hを通り辺OBに平行な直線と，点Iを通り辺OAに平行な直線との交点をJとする。

点Jを通り，辺OCに平行な直線と平面ABCとの交点をKとし，点Kと頂点O，点Kと頂点A，点Kと頂点B，点Kと頂点Cをそれぞれ結ぶ。

四面体KOABの体積をVcm^3，
四面体KOACの体積をWcm^{3}とする。

このときV：Wを最も簡単な整数の比で表せ。

図3

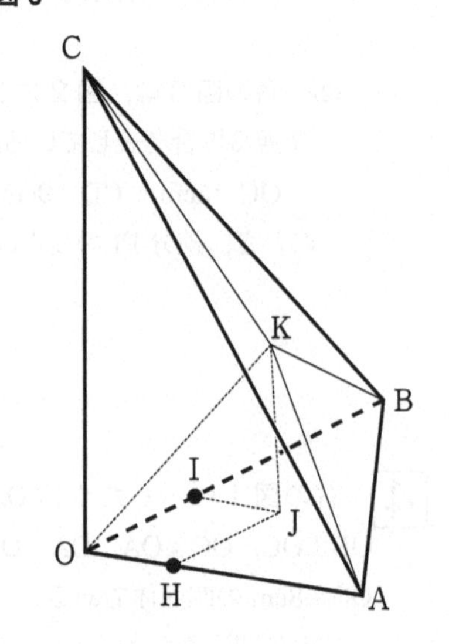

＜英語＞

時間　50分　　満点　100点

※リスニングテストの音声は弊社HPにアクセスの上，
音声データをダウンロードしてご利用ください。

1　リスニングテスト（放送による指示に従って答えなさい。）

〔問題A〕　次のア～エの中から適するものをそれぞれ一つずつ選びなさい。

＜対話文1＞

ア　Tomorrow.
イ　Next Monday.
ウ　Next Saturday.
エ　Next Sunday.

＜対話文2＞

ア　To call Ken later.
イ　To leave a message.
ウ　To do Bob's homework.
エ　To bring his math notebook.

＜対話文3＞

ア　Because David learned about *ukiyoe* pictures in an art class last weekend.
イ　Because David said some museums in his country had *ukiyoe*.
ウ　Because David didn't see *ukiyoe* in his country.
エ　Because David went to the city art museum in Japan last weekend.

〔問題B〕＜Question1＞では，下のア～エの中から適するものを一つ選びなさい。
＜Question2＞では，質問に対する答えを英語で書きなさい。

＜Question1＞

ア　In the gym.
イ　In the library.
ウ　In the lunch room.
エ　In front of their school.

＜Question2＞　(15秒程度，答えを書く時間があります。)

2 次の対話の文章を読んで，あとの各問に答えなさい。
(*印の付いている単語・語句には，本文のあとに〔注〕がある。)

Kate and Aoi became friends when Aoi joined a homestay program and stayed with Kate's family in London for two weeks last summer. This winter Kate visited Aoi's in Tokyo and they are planning to celebrate the beginning of the new year together.

On December 31.

Kate: So, what are we going to do tomorrow?

Aoi: On New Year's Day, we usually go to a shrine or a temple to pray. It is called *hatsumoude*, the first visit to a shrine or a temple to celebrate the beginning of the new year.

Kate: I see.

Aoi: There we will see many people in *kimonos*, traditional Japanese clothes. Kate, why don't you try putting on a *kimono*?

Kate: I'd love to, but I don't have any.

Aoi: Don't worry. I'm sure there is some place we can *rent a *kimono* from. I will check it out on the Internet. Here it is. This shop has low prices. The lowest is ¥5,000. Also, the shop will give us a 10% *discount with an online *reservation. It's open from 10 a.m. to 6 p.m., seven days a week through the year. It's only three stops from here by trAin. Oh, wAit. It says we need to make reservations three days before or earlier.

Kate: Then it's too [(A)]

Aoi: How about this shop? It still looks OK. The price starts at ¥7,000, but most of their plans come with a hAir set and *makeup.

Kate: That sounds good. Is this shop open until late at night?

Aoi: It's open from 9 a.m. to 6 p.m. every day.

Kate: So, on New Year's Day, we will have to get back there by then to return the *kimono*, right?

Aoi: Actually, it says we need to return it one hour before the closing time. Anyway we will not stay at the shrine that late, so it won't be a problem.

Kate: OK. Will you make a reservation for me?

Aoi: Of course. Oh, but wAit a minute. Are you sure? Maybe [(B)] Sometimes things look different in pictures.

Kate: That's true. Can we go to the *kimono* shop now?

Aoi: Yes, let's.

Kate: Great! I'm so excited!

At the kimono shop.

Kate: Wow! They are all so beautiful! How will I pick just one out?

Aoi: Let's ask the man over there. I'm sure he can help us.

Kate: OK. Excuse me?

Clerk: How can I help you, Miss?

Kate: I would like to wear a *kimono* for a visit to a shrine tomorrow, but there are so many *kimonos* here. I don't know which one will be good for me.

Clerk: I see. Actually, if you learn a little about Japanese *kimono* *patterns, it will help you to decide which one you should wear.

Aoi: *Kimono* patterns?

Clerk: In the old days, people chose different *kimonos* for different situations.

Kate: Really? I want to know more about it.

Aoi: Me, too.

Clerk: OK. Three patterns are popular these days. The *Komon*, the *Tsukesage* and the *Houmongi* patterns. Some people say that the *Komon* is the most *casual.

Aoi: Which ones are the *Komon*?

Clerk: Something like this. The *Komon* usually has one *repeating pattern that covers the whole *kimono*.

Kate: OK. How do they make this kind of pattern?

Clerk: They use a stencil. A stencil is a sheet with a pattern cut out of it. They place the sheet on a cloth and put some ink through the holes. The cut design will come out on the cloth.

Aoi: I see. I think this is cute!

Kate: I like it, too. But is it OK to wear that type of *kimono* for the New Year's first visit to a shrine? I mean, I'm afrAid it may be too casual.

Clerk: These days, not as many people care about its *formality as before. I'm sure the *Komon* is OK. But you may want to try something more *gorgeous.

Aoi: That's true. You've come all the way to Japan. You should wear something you would really like to show to your family and friends. Look, how about this one?

Kate: Wow. it's beautiful.

Aoi: Is this one the *Tsukesage* or the *Houmongi*?

Clerk: That is the *Tsukesage*. It is more *formal. It does not have a repeating pattern like the *Komon*, but it has designs that begin at the lower end of the cloth and go up to the top.

Kate: OK. How about the other type, *Hou*…?

Clerk: *Houmongi*. This is the most formal.

Aoi: Is that one the *Houmongi*?

Clerk: Yes, it is.

Kate: Hmm… It looks almost the same as the *Tsukesage* to me.

Clerk: I know. It is difficult to (C)<u>draw a clear line between the two</u>. Usually, the *Houmongi*
is much brighter and more colorful than the *Tsukesage*. Also, if you take a careful look, you can see that the pattern continues without a break at the *seams.

Kate: Wow… I can tell producing this type of *kimono* takes a lot of steps.

Aoi: Right.

Kate: By the way, I see many *kimonos* with the design of this bird.

Aoi: Oh, those are cranes, Kate.

Kate: So, this is a popular design for a *kimono*, right?

Clerk: Yes, it is. Actually, the patterns on Japanese *kimono* often have many meanings. Do you know why cranes are so popular?

Aoi: I'm not sure… Is it because they bring us something good?

Clerk: Yes. Since a long time ago, people have believed that cranes live for a thousand years and are a symbol of long life and good luck.

Kate: That's interesting. People choose a design to express their feelings or what is important in their life.

Clerk: It is also *related to seasons or events such as weddings and festivals.

Kate: Umm….I thought this one with red and yellow leaves may look good on me, but it looks like a design for fall. What kind of design would be good for this time of year?

Clerk: Well, bamboo, *pine trees and *plum blossoms are among winter *kimono* patterns. They all mean *wealth and luck for the New Year.

Aoi: How about colors? Do the colors have some meanings as well?

Clerk:　That is a very good question, Miss. Each color you see on a *kimono* carries some meaning related to our culture. For example, some people believed that a blue *kimono* would keep insects away. Can you guess why?

Aoi:　We have no idea.

Clerk:　This is because the blue color is made from a plant named *ai* or indigo, and indigos were used as a medicine for *bites.

Kate:　I see.

Clerk:　Colors also have romantic meanings. Purple, for example, means love that never changes.This is because the plant which is used to create the purple *dye has very long *roots.

Kate:　How sweet! But I still don't know what color is good for me…

Clerk:　Maybe the most popular color for a *kimono* is red. Its dye is made from *benibana* or safflower. Red is the symbol of being young and beautiful, so it's good for young women.

Kate:　I see. Oh, I think I've just found the perfect one for me. Look at this *Tsukesage*. It has a design of both pine trees and plum blossoms. And the red of these plum blossoms is so beautiful.

Aoi:　That's perfect. Now why don't we make a reservation? Would you like to have makeup, too, Kate?

Kate:　I'd love to. This *kimono* experience will be one of my best memories of Japan! I cannot wAit until tomorrow!

Aoi:　I'm glad you've found one you really like. Let's go home now. My mom is making dinner for us.

〔注〕 rent　借りる　discount　値引き　reservation　予約　makeup　化粧
pattern　模様　casual　ふだん着の，カジュアルな　repeating　繰り返す
formality　形式　gorgeous　豪華な　formal　形式ばった，フォーマルな
seam　縫い目　related to～　～に関係がある　pine　松　plum　梅
wealth　富　bite　(虫などの)刺し傷　dye　染料　root　根

〔問1〕 会話の流れに合うように，本文中の空所 (A) に英語を入れるとき，最も適切な語は次の中ではどれか。

ア expensive　イ late　ウ long　エ soon

〔問2〕 会話の内容に合うように，次のページ空所 [　　] に英語を入れるとき，最も適切なものは下の中ではどれか。

If Kate and Aoi rent a *kimono* at the second shop, ＿＿＿＿

ア　they have to go back to the shop by 5 p.m.
イ　they have to return it by 6 p.m.
ウ　they will have to pay ¥4,500 for it.
エ　they will have to pay ¥2,000 for a hAir set and makeup.

〔問3〕 会話の流れに合うように，本文中の空所 ［ (B) ］ に入る発言を自分で考えて**15語以上の英語**で書きなさい。解答欄には，直前の英語が示されているが，これは語数には含めない。英文は**二つ以上**にしてもよい。なお，「,」「.」「！」「？」などは語数に含めないものとする。また，I'llのような「'」を使った語やe-mailのような「-」で結ばれた語はそれぞれ1語と扱うこととする。

〔問4〕 (C)<u>draw a clear line between the two</u>.の説明として，最も適切なものは次の中ではどれか。

ア　choose the better *kimono* out of the two
イ　draw a simple pattern for both *kimonos*
ウ　print one strAight line on a *kimono*
エ　tell clearly which *kimono* is which

〔問5〕 次の〔質問〕に対する答えとして，本文の内容と合う最も適切なものは下の中ではどれか。

〔質問〕 Kate didn't choose the *kimono* with red and yellow leaves. Why?

ア　She didn't believe the *kimono* would bring good luck.
イ　She wanted to wear a *kimono* for young women.
ウ　The design of the *kimono* was for another season.
エ　The red and yellow *kimono* didn't look good on her.

〔問6〕 次の〔質問〕に対する答えとして，本文の内容と合う最も適切なものは次ページの中ではどれか。

〔質問〕 Which *kimono* is Kate going to wear?

〔問7〕 本文の内容と合っているものを 次のア～クの中から**二つ**選びなさい。

ア People in the past thought about the situation in choosing their *kimonos* and Kate thought it was interesting.

イ To make the *Komon*, people cut patterns out of a sheet, put some ink on the cut pieces, and print the design.

ウ Aoi thought Kate shouldn't choose the *Komon* because the clerk worried about its formality.

エ People can express their feelings clearly by choosing the *Tsukesage* with a popular color among them.

オ Kate and Aoi learned that cranes are a symbol of long life and good luck through the talk with the shop clerk.

カ The blue color is usually made from a plant named indigo because any blue *kimono* keeps insects away.

キ Kate decided on a red *kimono* because red is a symbol of love that never changes and she liked the idea.

ク Aoi made the reservation for Kate because they finally found a perfect *kimono* for everybody.

3 次の文章を読んで，あとの各問に答えなさい。
（＊印の付いている単語・語句には，本文のあとに〔注〕がある。）

Have you ever been to Hawaii? Hawaii is one of the most famous and popular tourist spots for Japanese people. Hawaii lies in the north-western area of *the Pacific Ocean and has a lot of islands. Maybe you have heard of *O'ahu island because famous Waikiki beach is there. If you are interested in the study of stars, you may know something about Big Island (Island of Hawaii). A big *telescope named *Subaru* is there. Many stars have been *discovered with it. Today, there are more than one million people living in Hawaii and about ten million people visit Hawaii every year. [(1) - a] The old islands in the north of the area were *formed about five million years ago and the new ones in the south were formed only 500,000 years ago. For a very long time, (2)【① lived／② no／③ on／④ or／⑤ people／⑥ there／⑦ were／⑧ who】 visited these islands. It is sAid that the first people who discovered Hawaii were*Polynesian people. Think of a big triangle in the Pacific Ocean.

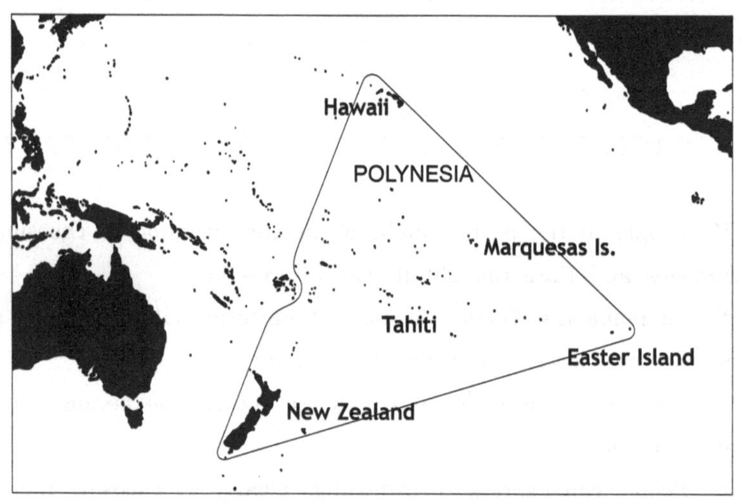

One corner is at New Zealand, another is at Easter Island, and the other is Hawaii. This big triangle is called Polynesia. Of course, most of this area is ocean, but the Polynesian culture covers an area *three times wider than Europe. [(1) - b] This is as far as the *distance between London and Beijing, the capital of China. So, it sounds very difficult to find such small islands in the middle of this big ocean. A study says that the first people who discovered Hawaii came from the islands of *Marquesas during the 5th century. They lived on the Marquesas Islands happily. However, they needed new land because their community grew large and their islands became too crowded. So, some of them decided to leave their home. They were very good at *sAiling because they often left their island to get fish for food. They had simple but very good *canoes. The canoes were made of two boats joined with a wood stage. Usually, three or four canoes traveled together and, in each canoe, there were more than fifteen people. The group of people were large enough to start new life in a new place. When they started their trip, they thought carefully about the course. They also knew so much about stars that they could tell which way to go even at night. In the dark, they made a loud sound to show where each other was. [(1) - c] To find new land, they looked for hints. If they found flying birds in the sky or *floating leaves on the sea, they were almost there.

In this way, Polynesian people first landed on the new world and they called the place Hawaii. The name Hawaii came from the word "HavAiki." In the Polynesian culture, there was a place that all people came from and would go back to after death. That was "HavAiki." Over the years, they spread out all over the mAin Hawaiian islands. Only a little is known about their customs and ways of life. However, we now know that they were the only people who lived there for several hundred years until *the Tahitians landed around the year 1000. For the next few centuries, each island was ruled by a different *chief. (3) [ア They opened schools and taught the Hawaiians how to speak English. イ One by one he started to rule each of the islands. ウ In the late 1700s, one chief, Chief Kamehameha, began to have power. エ Ten years after that, some people from America arrived in Hawaii. オ By 1810, he took control of all those islands and became the first Hawaiian king.] They also created a writing system for the Hawaiian language because there was no written language in Hawaii until then.

In 1860, a Japanese ship called the *Kanrin-maru* came to Hawaii. It was on the way to America. This was the very first time for Japanese people to meet Hawaiian people *officially. Before this, there were some Japanese people who lost their ships because of terrible weather and came to Hawaii. So, Hawaiian people already knew about Japanese people and had a good impression of them. At that time, Hawaii was inviting people from other countries as workers. When the king of Hawaii met the people on the *Kanrin-maru*, he wrote (4) a letter and asked them to give it to the leaders of Japan. On the ship, there were some famous people such as *Katsu Kaishu*, the captAin of the ship, and *Fukuzawa Yukichi*, his *follower, and *Nakahama Manjiro*, an *interpreter. For some reasons, *Manjiro* lived in America for many years when he was young, so he spoke English. When they returned to Japan, they handed the letter to the government. At that time, Japan was experiencing a great change. The Japanese leaders who received the letter were so busy that they didn't have enough time to think about what to do with the letter. However, in 1868, 153 Japanese people were sent to Hawaii to work in the *sugarcane fields. This was the beginning of Japanese people living in Hawaii. As many as 29,069 Japanese people moved to Hawaii by 1894, and almost 190,000 people followed over the next thirty years. *According to a report, in 1930, 42.7 % of all the people who lived in Hawaii were Japanese. Even today, more than 180,000 Japanese people live in Hawaii and they are the third largest group living there after white people and *Filipinos.

When the first Japanese people began their lives in Hawaii, they faced a lot of difficulties mAinly because they could not speak English. However, they worked not only with each other but also with local Hawaiians and other foreign people in Hawaii. Thanks to their efforts, little by little, Japanese people became members of the Hawaiian community. Now (5)you can see the fruits of their efforts in Hawaii. For example, you can see Japanese temples and shrines in Hawaii. If you need lunch for the day, you can buy *bento* or *musubi* at any supermarket. So, we can say some Japanese traditions have become part of Hawaiian culture. You can feel not only Japanese culture but also other foreign cultures mixed in the Hawaiian community. This is because many kinds of people have come to these islands through its history. So, Hawaii is one of the most wonderful places in the world. There, different kinds of people live together in peace. In Hawaii, you can enjoy more than just beautiful beaches.

〔注〕 the Pacific Ocean 太平洋　O'ahu island オアフ島　telescope 望遠鏡
discover 発見する　form 形成する　Polynesian ポリネシアの
three times wider 3倍広い　distance 距離　Marquesas マルケサス(地名)
sAiling 航海　canoe カヌー　float 漂う　the Tahitians タヒチ人
chief 首長　officially 公式に　follower 従者　interpreter 通訳者
sugarcane サトウキビ　according to～ ～によると　Filipino フィリピン人

〔問1〕 本文の流れに合うように，［(1)-a］～［(1)-c］に次の①～⑥の英文を入れるとき，最も適切な組み合わせは，下のア～カの中ではどれか。

① As you know, Europe is a wide area with many countries.
② Do you know how many people visited Hawaii in the past?
③ Do you know who discovered such small islands in the middle of the ocean?
④ For example, it is about 8,000 kilometers between Hawaii and New Zealand.
⑤ Thanks to these skills, they could travel such a long distance.
⑥ They were so brave and full of hope that they could get out of the triangle.

	(1)-a	(1)-b	(1)-c
ア	②	①	⑤
イ	②	④	⑤
ウ	②	⑤	⑥
エ	③	①	⑥
オ	③	④	⑤
カ	③	⑤	⑥

〔問2〕 (2)【① lived／② no／③ on／④ or／⑤ people／⑥ there／⑦ were／⑧ who】とあるが，本文の流れに合うように，【　】内の単語を正しく並べ替えたとき，①～⑧の中で**2番目**と**4番目**と**6番目**にくるものの組み合わせとして最も適切なものは，次の**ア**～**カ**の中ではどれか。

	2番目	4番目	6番目
ア	①	④	⑦
イ	①	⑥	②
ウ	⑤	①	⑦
エ	⑤	⑦	①
オ	⑦	⑤	①
カ	⑦	⑧	③

〔問３〕 (3) ［　　　］のア〜オの文を，本文の流れに合うように 最も適切な順に並べ替えたとき，**2番目**と**4番目**にくる文の記号を それぞれ書きなさい。

〔問４〕 (4) a letter とあるが，本文の内容を踏まえて下の空所［　　］に **25 語以上の英語**を書き，手紙を完成させなさい。英文は**二つ以上**にしてもよい。なお，「,」「.」「！」「？」などは語数に含めないものとする。また，I'll のような「'」を使った語や e-mail のような「-」で結ばれた語はそれぞれ 1 語と扱うこととする。

Dear Leaders of Japan,
I am very happy to meet Japanese people.

I am looking forward to your letter.

Best wishes,
King of Hawaii

〔問５〕 (5) you can see the fruits of their efforts in Hawaii.の説明として，**適切でないもの**は次の中ではどれか。

ア Japanese people have built up a new Hawaiian tradition all by themselves.

イ Japanese people have influenced Hawaiian culture and made it richer.

ウ Japanese people have spread their culture in Hawaii through its history.

エ Japanese people have worked very hard to live with other people in Hawaii.

〔問6〕 本文の内容と合っているものを 次の**ア**〜**ク**の中から**二つ**選びなさい。

ア The people who know about Big Island are very interested in the study of stars because they can see a lot of stars there.

イ According to a study, the first people to discover Hawaii came all the way from another corner of the Polynesian triangle.

ウ The people on the Marquesas Islands left Polynesia when there were too many people in their community.

エ In most cases, when people left the Marquesas Islands, more than 45 people traveled together to start a new life in a new world.

オ During the trip, people in the canoes made a big sound to tell they were getting close to new land.

カ When Polynesian people discovered the new land, they gave it the name that came from their own culture.

キ Before the *Kanrin-maru* visited Hawaii, sometimes Japanese people came to Hawaii to take care of the people in Hawaii.

ク In 1930, more than 40 % of Japanese people lived in Hawaii because a lot of people moved from Japan to Hawaii.

4 次のイラストに描かれた状況を説明したうえで，それについてのあなたの考えを**50語以上の英語**で書きなさい。ただし，左の人物が手にしているものは自動翻訳機である。英文は**二つ以上**にしてもよい。なお，「,」「.」「!」「?」などは語数に含めないものとする。また，I'llのような「'」を使った語やe-mailのような「-」で結ばれた語はそれぞれ1語と扱うこととする。

〔問5〕 次のそれぞれの和歌について説明したものとして最も適切なものは、次のうちではどれか。

ア　Aの歌において、「われのみ友はなきかと思へば」と強調することで、同じ孤独を抱える松を気心の知れた友として表現し、歌う対象としての松に人間そのものを見て同化しようとしている。

イ　Dの歌において、鴛鴦が自身の「かげ」を友とみなして孤独を乗り越えようとしていると表現することで、鴛鴦に感情移入し、自分もそうありたいと願う西行自身の姿が浮かび上がっている。

ウ　Eの歌において、飛ぶ雁は旅を続ける西行自身と近しい存在であるはずなのだが、ここでは「つらならで」と逸脱している雁を詠みこむことで、西行自身との対照性を鮮やかに表現している。

エ　Fの歌において、西行は歌う対象に自分を重ねようとはしないが、「おくゆかしくぞおもほゆる」と歌うことにより、外在的なものへも心を寄せていくもう一つの姿を思いがけず示している。

うこと。

エ　月に照らされる松を歌う為家の歌は、松を月に近づけることで、自分から離れた場所に置こうとしているということ。

〔問2〕 (2)西行が一方的な愛情を注ぐ存在とあるが、これはどういう存在か。これを説明したものとして最も適切なものは、次のうちではどれか。

ア　孤独を共有する友として呼び掛けながらも、西行自身が自分の孤独をより一層深めるようになるきっかけを与えるだけの存在。

イ　西行と同じように孤独であり、西行自身は強く感情移入し同化しようとするものの、さりげなくその同化を拒もうとする存在。

ウ　呼び掛けてきた西行に自身についての自覚を促す存在であるために、西行が興味と関心を抱き積極的に捉えようとする存在。

エ　感情のないものであるのに、孤独を抱える西行は、あたかも友人のようなものとして捉えつつ親しみを込めて呼び掛ける存在。

〔問3〕 (3)おぼつかないについて説明した次の文章の空欄にあてはまる適切な語を答えよ。ただし、この空欄に入る語は、Gの歌の現代語訳部分の空欄と同じ語である。

現代語「おぼつかない」の古語は「おぼつかなし」である。「おぼつかない」は、ここでは雁の飛翔が「うまくいきそうにない」という意味を持つ形容詞であるが、Gの歌の「おぼつかな」は「□なことだ」といった舟人への思いを表す意味として使われている。これは、「対象がおぼろで、つかみどころがない」というこの言葉の原義に、様々な意味合いが足されていったことを示している。

〔問4〕 次の和歌について説明した文章の空欄にあてはまる適切な語句を本文から**三十五字以内**で抜き出し、**最初の五字**を書け。

H　恋しさや思ひ弱るとながむればいとど心をくだく月影
（あの人を恋しく思う心が弱まるだろうかと思って月をながめていると、月はますます心を乱し、ものを思わせるよ。）

I　思へどもなほぞあやしき逢ふことのなかりし昔いかでへつらむ
（あなたに逢う前はどんな気持ちで過ごしていたか、いくら思い巡らしても一層不思議でなりませんよ。）
※Iの歌は村上天皇の歌である。

ともに恋歌であるが、西行によってつくられたのはHの歌である。本文の内容と照らし合わせると、Hの歌には□が現れており、Iの歌にはそれがないことがわかる。

しかしながら、単に＊奇をてらって詠んでいるのでないことは、「おくゆかしくぞおもほゆる」という表現にうかがえる。西行は、自己と異なった世界に、深い興味と関心を抱いているのである。このような興味や関心が進むと、

G　おぼつかな＊伊吹颪の風先に＊朝妻舟はあひやしぬらん
　（［　　］なことだ。伊吹颪の吹いて行く方向に、朝妻舟は出会ったのではなかろうか。）

のような、舟人を思いやるという発想がとられるが、しかし舟人の生業と自己の生とを重ね合わせようという試みは、ついになされない。これらの作品では、対象は終始外在的であって、作者もそれらを内に取り込もうとはしない。対象を歌うことを契機として、思念はいよいよ外へ向かう。視界も大きく開けてくるのである。「陸奥の」という歌は、そういう西行の浪漫的、行動的な一面がはしなくも告白されている作品であるといえる。

（久保田淳「西行　長明　兼好―草庵文学の系譜―」による）

〔注〕西行――平安末期の歌僧。
藤原為家――鎌倉中期の歌人。
白居易――中唐の詩人。
新楽府――民衆の詩を題に用いて作られた詩。
諷喩詩――遠回しな社会批判の詩。
見手――見る人。見物人。
捨象（する）――具体的な形や特徴を切り捨てる。
現在取り上げている作品群中――西行の「山家集」。
竿になり鉤になり――連れ立っていく雁の姿かたち。
しかるに――それなのに。
壺のいしぶみ――石碑。和歌などに詠まれる名所。
外の浜――陸奥湾沿岸を指す。和歌などに詠まれる名所。
奇をてら（う）――風変わりなことをして、人の関心を引く。
伊吹颪――冬季に吹く季節風。
朝妻舟――琵琶湖畔で航行された渡し船。

※和歌の現代語訳は「新潮日本古典集成」による。

〔問1〕(1)いうまでもなく、為家の歌では、遠い。とあるが、どういうことか。これを説明したものとして最も適切なものは、次のうちではどれか。

ア　一本松を歌う為家の歌は、視線を月に向かわせることで、孤独な松を見放して冷やかに扱おうとしているということ。

イ　淡々と物の配置を述べる為家の歌は、自分と松の間に距離を置くことで生じる美を提示しようとしているということ。

ウ　松を松として見る為家の歌は、遠くに立つ一本松を、自分とは無関係なものとして表現しようとしているとい

を注ぐ存在である。

為家の歌には、このような*見手の感情は入りこまない。あたかも、望遠鏡を通して見た風景のように、音のない静寂な風景がぽっかりと切り取られている。見る者の感情はすっかり*捨象されている。

この、対象への感情移入の強いことが、西行の和歌の特色の一つであることは、まず間違いないであろう。*現在取り上げている作品群中からなお例を拾うと、

D　番はねどうつればかげを友として鴛鴦住みけりな山川の水

（雌雄二羽そろってはいないが、山川に自分の影がうつるとそれを友として、仲よくおしどりは住んでいることだなあ。）

E　つらならで風に乱れて鳴く雁のしどろに声の聞こゆなるかな

（列をなすことなく、風のため乱れて鳴く雁の声が秩序なく聞こえてくるよ。）

という二首が見出される。これらはいずれもかなり特異な作であると思う。鴛鴦は番として詠まれてこそ、いかにも鴛鴦らしい。それなのに、西行はなぜ番放れた鴛鴦を歌うのか。そこに自らの姿を見ようとするからである。雁も、*竿になり鉤になり、仲間と連れ立って飛んでゆく姿こそふさわしい。*しかるに、仲間にはぐれ、風の中を(3)おぼつかない飛翔を続ける雁を歌うのは、そこに自身の境涯との相似を感じているからである。

これらの作品を通して知られる、西行の物を見る態度、聞く態度は、対象を自分に引きつけて見よう、聞こうとするそれである。対象に呼び掛け、対象を自己の内に取り込もうとする試みである。そして、それは結局不可能に終わるのだが、それを契機として、孤独な我への自覚は深まるのである。物を見る、あるいは聞くことによって、内へ内へととぐろを巻いてゆく思念――ここには、彼の恋歌のあるものに通ずる点が見出される。

しかしながら、西行は、内へ内へと巻き込む、自己完結的な思念に終始していたのであろうか。そう考えると説明がつかない作品は、この作品群中にも見出される。

F　陸奥のおくゆかしくぞおもほゆる*壺のいしぶみ*外の浜風

（陸奥の更に奥の方は、行ってよく知りたいと思われることだよ。壺の碑とか、外の浜の浜風とか。）

先に見てきた作品での対象と異なって、西行が自己との相似性を見出しうるようなものでは全くない。むしろ、西行とは余りにも遠い素材であり、存在である。それゆえ、彼はそれらの中に自己を見出そうというような愚挙には出ない。異質なものを異質なものとして、比較的客観的に歌っている。

われわれなりに整理し、理解するのは、容易なことではない。そこで、ここではその一部を見本として取り上げてみよう。

A　谷の間にひとりぞ松も立てりけるわれのみ友はなきかと思へば

(谷の間に松も、一本だけで立っているよ、友がいないのは自分ひとりかと思っていたのに。)

一本松、和歌的な表現に従えば、「一つ松」は、それを見る人にかなり強い印象を与えるものだ。西行から見れば二世代後輩に当たる*藤原為家(ふじわらのためいえ)は、次のような風景を描いてみせる。

B　浦遠き白洲(しらす)の末の一つ松また影もなく澄める月かな

(浦から遠い白洲の末に立つ一本松は、他には物陰がなく、それをくっきりと照らす月であることよ。)

*白居易(はくきょい)の*新楽府五十篇(しんがふごじっぺん)の中に、「澗底松(かんていまつ)」という詩がある。谷底の大木の松が人に知られないように、優れた人材が逆境に埋もれていることを歌った*諷喩詩(ふうゆし)である。この松も一つ松に違いない。

一つ松という自然の中の対象が、それを見る人によって、さまざまに見えてくるのだということは、明らかであろう。ある人はそれに人間そのものを見る。ある人はそれに時間を見る。ある人はやはり松として見る。その見方によって、対象たる一つ松と見る人との距離(物理的距離ではない、心理的距離である)は、顔を接するほどになったり、遠望するほどになったりする。(1)いうまでもなく、為家の歌では、遠い。

西行の歌に立ち戻ろう。西行は松をどう見るのか。彼は、「谷の間にひとり」ぽつねんと立つ松に、友のない自身の姿を見る。そして、あたかも影を友とするように、その松を友と見ようとする。彼には、やはり松を歌った次のような作があるのである。

C　わが園の岡辺に立てる一つ松を友と見つつも老いにけるかな

(我が庭の小高いところに立っている一本松を、友と見ながら年老いたことだな。)

すると、西行は松に自分の姿を見たことによって、松と同化できたのであろうか。松と西行との距離は零(ぜろ)になったのであろうか。

そうではないであろう。孤独な我を顧みた時、ふと同じような孤独な存在である谷間の一つ松に気付いたのだから、それから松に対する親近感が生じても、結果的には松は我の孤独さを自覚させる働きをしたにすぎないのである。西行にあっても、やはり松は松なのである。ただ、その松は、西行に呼び掛けられ、それが契機となって、そういう行為の意味を、西行自身に改めて考えさせる松なのである。非情な存在でありながら、有情なもののように、(2)西行が一方的な愛情ういうことか。これを説明したものとして最も適切なものは、次のうちではどれか。

ア　環境が全てデジタル情報によって構築されて、人の感覚に基づいた価値よりもデータとしての正しさが優先されているということ。

イ　社会のあり方が、人間の脳のあり方を意識して、あらゆる要素を関連づけて作られ、人の脳による支配が可能になったということ。

ウ　現実の環境が、コンピューター上の仮想空間において検証されたものを模範として作られ、現実感のないものになったということ。

エ　自分たちの身の回りの世界が、最も効率的に利用されるように、全ての物が意識的に作られ、配置されたものになったということ。

〔問4〕　(4)どんどん「感覚をそぎ落としている」ということとあるが、どういうことか。これを説明したものとして最も適切なものは、次のうちではどれか。

ア　個々が感覚を研ぎ澄まして個性的な状態を競い合うのではなく、互いに同じであることを前提にして、同じ環境同じ条件で自由に競い合い、それが平等に認められるのが都市空間のあり方だということ。

イ　同じ快適さを求める都市空間では、不快をもたらすさまざまな要素を排除していくから、与えられる刺激によってそれぞれの人に呼び起こされるべき感覚が発生しない状況を作り出しているということ。

ウ　現代の都市での生活は、システムを含めて全て計算され尽くしてできあがっているので、個人個人がそれぞれの感覚でどう感じとったかということは、ほとんど問題にもされなくなっているということ。

エ　現代社会は、科学の発達と高度な技術によって環境が整えられているので、それぞれの個人がどう感じるかという感覚は否定されて全体でどう評価されるかが問題とされるようになっているということ。

〔問5〕　(5)果たして「人間の情報化」の行き着く先に、人間が本当に求めている世界はあるのでしょうか。とあるが、このことについて、筆者の指摘する「人間の情報化」がどのようなものであるか、これに該当する具体的な例を示した上で、あなたの考えを**二百五十字以内**で書け。なお、**、や。や「などのほか、書き出しや改行の際の空欄もそれぞれ字数に数えること。**

5

次の文章を読んで、あとの各問に答えよ。（＊印の付いている言葉には、本文のあとに〔注〕がある。）

＊西行（さいぎょう）は、山里や旅路にあって、どのような自然を見、そこから何を感じ取っていたのか。この疑問に対しては、西行の全作品が回答であるという他ないが、その厖大（ぼうだい）な回答を、

いから持ってきていませんでした。するとその事務員は、「困りましたね。養老先生ってわかっているんですけどね……。」と言いました。私本人が目の前に立っているのに、相手が必要なのは書類、つまり情報ということです。

私は、「はて、相手が言っている本人ってなんだろう」と悩んでしまった。だったら、うちで飼っている猫が、私の身分証明証をくわえて行けば、それでいいのでしょうか……。

このときのことがずっと頭の中にひっかかっていて、数年考え続けていたのですが、あるとき、「最近の新入社員は、同じ部屋で働いているのに、メールで報告してきやがる」と言う上司がいました。私は、「あっ！」と気付きました。「本人はいらないんだ！」と。

つまり、現代社会における「本人」というのは「ノイズ」でしかないということです。情報化されず、コンピューターシステムに取り込むことができない、身体を伴う「本人」は不要なものになっている。

要するにデジタル化を追求すると、関係のないものはそぎ落とされた「データ」だけが必要とされるようになるのです。

しかし、意味のあるものだけに囲まれていると、いつの間にか、意味のないものの存在が許せなくなってしまうということを忘れてはいけません。

(5)果たして「人間の情報化」の行き着く先に、人間が本当に求めている世界はあるのでしょうか。私は、デジタル的な理性一辺倒の世界は、本来の人間には合わないと感じています。

（養老孟司「ＡＩ無脳論」による）

〔注〕ＡＩ――Artificial Intelligence の略。人工知能。
感覚所与――感覚としてあらかじめ与えられるもの。

〔問1〕(1)人間とは「意識＝理性」によって、「同じ」という概念を獲得した生き物です。それによって「等価交換」ができるようになり、言葉やお金、民主主義を生み出しました。とあるが、人間は「言葉」をどのようにして生み出したのか。**五十字以内**で書け。

〔問2〕(2)認知科学では「心の理論」と名付けています。とあるが、認知科学で、これを「心の」とするのはなぜか。その理由を説明したものとして最も適切なものは、次のうちではどれか。

ア　人間が、感覚ではなく、「心」といえるものを具体的な実在として初めて実感する理論であるから。

イ　肉体的な成長によるものではなく、表面的には出てこない「心」の成長についての理論であるから。

ウ　単なる理解ではなく、他の人の「心」を推察する能力を身に付ける過程についての理論であるから。

エ　同じ人間の一部でありながら、身体を支配する主体としての「心」の優位性を示す理論であるから。

〔問3〕(3)社会がほとんど脳そのものになったとあるが、ど姉ちゃんはどちらの箱を開ける?」と質問します。

すると、三歳児は人形がいまどちらに入っているかを知っているから「Bを開ける」と答える。三歳児にとっては、現在の自分の知識が全てであり、お姉ちゃんの頭の中がどうなっているかは考えないからです。

しかし、五歳児だと、「お姉ちゃんは、お母さんが人形をBに移したことを見ていなかったから、元のAに入ったままだと思っているだろう」ということで「Aを開ける」と正解するのです。

人間は成長するにつれて、「同じ」という概念を獲得し、相手の立場に立つことができるようになるというわけです。

私は、三十年前に『唯脳論』を書き、現代は脳の時代で「脳化社会」であると定義しました。脳化社会とは、脳の機能である「意識」が創り出す社会という意味で、情報化社会とは、(3)社会がほとんど脳そのものになったということです。

あらゆる人工物は、脳機能の表出、つまり脳の産物に他なりません。そこでは、植物や地面などの自然すら、人為的に配置されています。われわれは自然という現実を無視し、脳という御伽噺の世界に住むことになり、自然から自己を解放したと記しました。

この三十年で急速に進んだデジタル化によって、社会の「脳化」はますます鮮明になり、世界が究極的な理性主義になっています。理性・理論は、万国共通です。理性をもっとも牽引しているのはアメリカですが、これには必然的な理由があります。アメリカ社会というのは、多民族、多文化で構成されていますから、公の議論というのは、最終的に理性的にならざるを得ない。つまり、〝差異〟をともなったローカルルールは通用しません。

「理性」を突き詰めたのがコンピューターであり、その先にあるAIです。ゼロとイチだけでできたデジタル世界は、「同じ」の極致と言えます。

一方、わたしたちの身の回りの生活を見てみると、現代の都市というのは、「同じ」であることを突き詰め、(4)どんどん「感覚をそぎ落としている」ということがよくわかります。

オフィスを見れば、照明の明るさは変わらず、床は全部平面で同じ固さ。外の天気にも左右されることはありません。しかも、ゴキブリも出てこないし、蚊だってハエだって飛んでいない。つまり、無意味なものが一切ないのです。

同じものが追求される都市化された社会の影響は、人間の行動にもあらわれています。

たとえば、医療現場では、患者の血圧を測っていても、医者は相手の表情や様子を見るのではなく、カルテやパソコンの画面ばかり見ている。要するに医者は、患者という生身の人間ではなく、「人体に関する情報」を読み取っているだけです。

五、六年前、「人間の情報化」について考えるきっかけになった出来事がありました。

銀行に行って手続きをしようとしたら、事務員に「本人確認の書類はお持ちですか?」と聞かれたのです。私は運転免許証を持っていないし、健康保険証も病院に来たわけじゃなただ、これからAIが発達するにつれて、大きな問題が起きるとも思っています。コンピューターやAIが行っているデジタル処理のあり方が、これまで以上に「人間の存在」を大きく規定していくことは間違いありません。つまり、人間が「情報化」されていくのです。

人間の「情報化」とはどういうことか。人間の根本的な部分から説明していきたいと思います。

人間とAIの関係をみていくには、人間と動物の違いを考えることが有効です。

(1)人間とは「意識＝理性」によって、「同じ」という概念を獲得した生き物です。それによって「等価交換」ができるようになり、言葉やお金、民主主義を生み出しました。

反対に、動物は「同一である」ということが理解できません。「*感覚所与＝現実、事実」に依拠しているため、「同じ」とは対立する「差異」によって、物事の判断を行っています。

たとえば、〝同じ〟コップがここに二個あるとします。しかし、別々のものとして、違う場所にあるわけですから、動物にとっては、それは〝違う〟コップです。

それを人間が〝同じ〟と認識するのは、脳が「意識＝理性」によって判断しているからです。

「同じである」、つまり「a＝bゆえにb＝a」という「交換の法則」にまつわる有名な故事があります。「朝三暮四」という四字熟語は、〈宋（そう）の狙公（そこう）が、飼っていたサルに「トチの実を朝に三つ、夜には四つやる」と言ったら、サルが「少ない」と怒った。「では、朝に四つ、夜三つやろう」と言うと喜んだ〉という話です。

大きいほうの利益を先に得るということで、考えの浅い「短見」の例として挙げられますが、実は、動物には等価交換がわからないということを表していると言えます。

人間にとっては、どちらも「一日に七つ」で同じ数であっても、感覚を優先する動物にはイコールが理解できないということです。

しかし、実は生物学的に見ると、人間とチンパンジーの遺伝子は九八％同じです。

では、どこで両者の知能は分かれていくのか。

面白い研究があります。ある研究者が、自分の子どもと同じ頃に誕生したチンパンジーを探してきて、一緒に兄弟として育てました。そうすると、三歳くらいまではチンパンジーのほうがはるかに発育がよく、利口でした。ところが、三歳を過ぎて、四歳から五歳になってくると、ヒトはどんどん発育が進むのですが、チンパンジーは停滞しました。その頃にヒトとチンパンジーを分ける何かがあると言えます。

この分け隔てるものを、(2)認知科学では「心の理論」と名付けています。これは簡単な実験で確かめることができます。

三歳児と五歳児に舞台を見せておきます。舞台にはAとBの二つの箱を置いておく。そこへお姉ちゃんがやってきて、Aに人形を入れて、箱に蓋をしてからいなくなる。次にお母さんがやってきて、Aに入っている人形をBに移して、蓋をして、舞台からいなくなる。

次にお姉ちゃんが再登場し、このとき二人の子どもに「おを見据えて一つのことに取り組んでいこうと自分を励ます気持ち。

ウ　今は自分の意志が不明瞭でも、いずれアンモナイトが目の前に現れるように意志も明確になるはずだと期待する気持ち。

エ　自分の気持ちが分からないことを認めて、今はただ目の前のことに向かってとにかく行動していこうと決意する気持ち。

〔問6〕　本文の表現や内容を説明したものとして最も適切なものは、次のうちではどれか。

ア　本文全体において、朋樹の言葉の中に「……」や「――」を多用することで、朋樹がまだ自分自身の考えをきちんと確立しきれていない、精神的に幼い少年であることを強調している。

イ　本文の最後の場面では、「キンキンキン」という擬音語が繰り返し用いられており、まだ小学生の朋樹が何度も迷いながらも、自分自身の考えを巡らせている様子を効果的に示している。

ウ　この文章では、戸川に出会って成長していく朋樹の様子を描いていく中で、科学的な用語を印象的に用いることにより、自身の知らない世界に憧れる朋樹の心情を示唆的に表現している。

エ　この文章では、朋樹と戸川の会話場面において、現代っ子風の朋樹の口調と頑固な年配者風の戸川の言い回しとが、両者の心の距離の揺れを感じさせつつ物語を緩やかに進展させている。

4

次の文章を読んで、あとの各問に答えよ。(*印の付いている言葉には、本文のあとに〔注〕がある。)

最近、「*AIが人間を超える」とさかんに言われるようになりました。しかし、そうした議論には、与(くみ)しません。

もちろん、特定のジャンルで人間を超えることはあります。私が最初にAIに興味を持ったのは将棋がきっかけでしたが、将棋や囲碁はゲームですから、一定のアルゴリズム(計算方法)で処理ができる。だから、あらゆる手を吟味できるAIの処理能力を大きくして、高速化すれば、AIが人間を負かすのは当たり前です。

そもそも、人間はコンピューターやAIと勝負する必要はありません。たとえば、百メートル走をオートバイと競う人がいるでしょうか。同様に、計算に特化したAIと人間が計算で争ったところで、AIが勝つに決まっているんですから。

また、AIが生物のようになる可能性はあり得ません。もちろん、ンピューターの世界のなかでなら既に実現しているし可能ですが、物質の世界で分子から組み立てていくことはできません。なぜなら、人工的に作れた細胞はないからです。

さらに言うと、脳の観点から見れば、人間とAIは全くの別物です。ゼロとイチの二進法のアルゴリズムで動くAIが、人間の脳を本質的に超えるということはないでしょう。

ていたことを知って、戸川への関心が強くなっている。

〔問2〕(1)怯むような気持ちもあるが、この件について戸川本人の口からも何かを聞きたかった。とあるが、このときの朋樹の心情を説明したものとして最も適切なものは、次のうちではどれか。

ア　戸川からすれば怒りを覚える話かもしれないと思いながらも、展示室のパネルがはずされたことを教え、戸川の反応を知りたいという気持ち。

イ　戸川に怒られたらどうしようかと思いながらも、戸川のダム建設に対する思いを確認したうえで、自分の考えも伝えておきたいという気持ち。

ウ　戸川にとっては不愉快な話題であろうと思いながらも、戸川自身からもダム建設に関わる経緯を聞いて、自分なりに納得したいという気持ち。

エ　戸川に自分の身内の話をするのは気詰まりだと思いながらも、戸川と祖父との間で過去にどんなことがあったのか聞き出したいという気持ち。

〔問3〕(2)もはや質問という形でしか、思いを口にできなかった。とあるが、その理由を説明したものとして最も適切なものは、次のうちではどれか。

ア　アンモナイトの発掘に対する戸川の誠実な態度に触れて、どうしてそこまでして研究者としての信念を貫こうとしているのかという疑問を、本人に直接聞いて解決したいと思ったから。

イ　博物館で得た驚きを戸川に伝えたいと思いながらも、自分の心が何に反応してしまったのか分からず、戸川に問いかけることでそれがなんとなく見えてくるのではないかと思ったから。

ウ　標本収蔵庫での衝撃的な光景を思い出し、自分がアンモナイトの研究に対して興味がどんどん強くなっていることを戸川に伝えたいが、率直に伝えることにためらいを感じているから。

エ　博物館裏の倉庫での経験と、戸川のアンモナイトへの思いに影響されて、戸川に強く心がひかれていると感じながらも、それが本人に伝わることが照れくさくてごまかそうとしたから。

〔問4〕(3)ハンマーの音が止んだ途端、やかましいセミの声が谷間に鳴りわたる。とあるが、この表現は朋樹のどのような様子を表したものか。**六十字以内**で書け。

〔問5〕(4)ここへ来てわかったのは、ただ一つ。とあるが、ここでの朋樹の心情を説明したものとして最も適切なものは、次のうちではどれか。

ア　自分の本心を理解するには、一度立ち止まり何かに集中することが大切なのだと分かり、今を前向きにとらえる気持ち。

イ　結局自分の将来を決めることはできなかったが、将来キンキンキン。

「ていうか、僕は――。」

朋樹はハンマーを振り下ろしながら、ノジュールに向かって言った。

「アンモナイトがほんとにイカやタコの仲間なのかどうか、この目で確かめてやろうと思ってるだけです。」

次の瞬間、ハンマーがめり込むような手応えとともに、鈍い音が響いた。

（伊与原新「アンモナイトの探し方」による）

〔注〕アンモナイト――化石として発見される、オウムガイの類縁種。最大直径二メートルに及ぶものが有る。

このパネル――戸川が作成した〈富美別の化石産出地とユーホロダム〉という展示パネル。ダム建設によって化石産出地が失われてしまったことが記されている。

静謐――静かで落ち着いているさま。

バックパック――リュックサックの少し大型のもの。

うちのじいちゃん――朋樹の祖父。ダム建設に賛成していた。

環境アセスメント――埋立てや工事などが、自然環境にどのような影響を与えるかを事前に調査すること。

湛水――水田やダムなどに、水をいっぱいに満ちたたえること。

白亜紀後期チューロニアン期――中生代。約九千五百万年前から九千万年前。

露頭――岩石・鉱脈が地表に現れている所。

コンプリート――全てを完備すること。

ノジュール――堆積岩中の珪酸や炭酸塩が化石などを核として化学的な凝集を受けて形成された塊。

〔問1〕(A)から(B)までの朋樹の描写部分にうかがえる、朋樹の心情の変化を説明したものとして最も適切なものは、次のうちではどれか。

ア　それまでは戸川の博物館に対する思いがよく理解できなかったが、多くの学者が何十年にもわたって集め続けてきた大量のアンモナイトの化石を見て圧倒されている。

イ　それまでは博物館に標本収蔵庫があることを知らなかったが、ヨシエに案内されて、自分だけが大量のアンモナイトの化石をこっそりと見られたことに感動している。

ウ　それまでは博物館なんて古くさくて面白みがない場所だと思っていたが、驚くほど大量のアンモナイトの化石を目の当たりにして、博物館の魅力を感じはじめている。

エ　それまでは戸川が博物館を大切に思う理由が分からなかったが、実に多くの学者がアンモナイトの研究に関わっ

「そんなことは誰にもわからん。わからんからやるんだろうが。」戸川は渋い顔で言った。「やるのは誰でも構わんが、何年、何十年かけてでも散々やってみて、それでもダメなら、ここはダメということがわかる。そして、次の場所へいく。わかることではなく、わからないことを見つけていく作業の積み重ねだよ。」

戸川は地面のハンマーを二本拾い上げると、一本を朋樹の目の前に差し出した。

「科学に限らず、うまくいくことだけを選んでいけるほど、物事は単純ではない。まずは手を動かすことだ。」

コンビニ弁当をかきこむと、石を枕に寝そべる戸川を尻目に、崖へと戻る。

不発に終わった午前中とはうって変わって、掘り始めて五分もしないうちにハンマーが目当てのものを引っかけた。今までで一番の大物。ドッジボールのような*ノジュールだ。

両手で抱えて小石の上に据え、表面の土をはらう。その大きさと形からして、かなり手強そうだ。ゴーグルを装着し、ハンマーを握りしめた。

キンキンキン、キンキンキンキン。

ハンマーは勢いよく弾き返される。ノジュールには傷もつかない。手のマメが痛むが、もっと力を込める。

キンキンキンキン。あごをつたう汗が、ノジュールの上に落ちた。いったん手を止め、Tシャツの袖で顔をぬぐう。

(3)ハンマーの音が止んだ途端、やかましいセミの声が谷間に鳴りわたる。昨日スマホで調べてみた。エゾゼミというらしい。

北の空に目をやると、絵に描いたような入道雲が見えた。今日も夕立があるかもしれない。急がないと——。

キンキンキン、キンキンキンキン。

ノジュールをにらみつけ、声にならない言葉とともに、力いっぱい打ちつける。

わかんねーよ、何もかも。

志望校のことも、塾に行けるかどうかも、自分の本当の気持ちさえ。

(4)ここへ来てわかったのは、ただ一つ。このまま化石になってたまるかってことだ——。

時おり浮かぶそんな思いも、ハンマーを振り続けているとすぐに消え去る。代わって頭を埋めつくすのは、いずれ目の前に現れる、見事なアンモナイトの姿——。

キンキンキン、キンキンキンキン。

暑い——。頭からキャップをもぎ取って、放り出す。キンキンキンキン。腕がだるくなってきても、叩くリズムは緩めない。

戸川が近づいてくるのが視界の隅に見える。だが朋樹は、地面のキャップを拾おうとはしなかった。

「叩けるようになってきたじゃないか。」

そばで戸川が言ったが、顔も上げない。

キンキンキンキン。

「夢中だな。」戸川がにやりとする。

境アセスメントの報告書が私のもとに回ってきた。そこには〈地質〉の項目があって、こう書かれていた。〈アンモナイトの化石産出地が一部消失するが、*湛水（たんすい）区域外にも広く分布しており、影響は限定的である〉——。」

　戸川はそこで息をつき、眉間のしわを深くした。

「さすがに読む手が震えたよ。〈一部消失〉などという言葉で片付けられるようなことではない。中でも、*白亜紀（はくあき）後期チューロニアン期の*露頭にいたっては、一つ残らず水没してしまったんだからな。四百万年にわたる一つの地質時代を丸ごと消し去っておいて、〈影響は限定的〉。そんな言われ方されて私が黙っていたら、彼らに申しわけが立たんじゃないか。」

「彼らって——。」昨日見た光景が浮かぶ。「昔の研究者の人たちですか。」

　戸川はかぶりを振った。「その時代のアンモナイトたちに決まっているだろう。」

「ああ……。」朋樹は低くもらし、告げる。「昨日、倉庫の奥も見せてもらいました。化石がいっぱいしまってある。何ていうか……ヤバいですよね、あそこ。」

　あのとき感じた驚きを伝えたいのだが、気恥ずかしさもあって、素直に言葉にできない。

「だって、どの引き出し開けても、アンモナイトばっか。全種類*コンプリートしたいのかと思ったら、同じ種類のやつがメッチャあるし。」

　言葉じりを軽くしようと必死な朋樹を、戸川は黙って見つめている。

「それが『研究』ってやつなんですか？それとも、埋まってる化石は全部見つけ出してやろう、みたいな？だいたい、なんでみんな必死になってアンモナイトなんか——。」(2)もはや質問という形でしか、思いを口にできなかった。「仕事だからですか？でも戸川さん、もう博物館はとっくに辞めてるし。」

　数秒間を置いて、戸川はふんと鼻を鳴らした。おもむろに腰を上げながら言う。

「ただ単に、中毒みたいなものさ。」

「中毒？」

「土を触って地層を調べ、ハンマーを振るって化石を採り、記録をつけて考える。それを毎日のように続けてると、病みつきになるんだよ。単なる肉体労働ではないし、机に向かってうんうん唸（うな）っているのとも違う。頭と体を同時に使うってことが、人間という動物の性に合ってるのかもしれん。」

「楽しいんですか。」

「やってみれば、誰にでもわかる。疲れまでが心地いいんだから、不思議なもんだよ。一度その味を知ってしまうと、歳をとったからといって、家でじっとなどしておれん。幸い——。」

　戸川は体を反転させ、崖のほうを見渡した。

「やることはまだいくらでもあるからな。」

「いくらでもって……。」朋樹もそちらに顔を向ける。「いい場所はもう水没しちゃったんでしょ？それとも、ここは見込みがあるんですか？何かすごい発見がありそうとか。」

いよ。」
うなずく朋樹に、ヨシエはどこかしんみりした口調で続ける。
「こんなカタツムリのお化けみたいなもん、何が面白いのかわかんないけどさ。大勢の学者さんが人生を懸けてきたんだってことだけは、よくわかるよね。」

＊

まだ昼前だというのに、ぐんぐん気温が上がっている。朝の情報番組では、今日はこの夏一番の暑さになりそうだと言っていた。
ここへ来るまでに大汗をかいたので、川を渡る冷たさがいつもより心地よい。向こう岸にいる戸川は、道具をリュックサックから取り出しているところだった。彼もまだ着いたばかりらしい。
「今日は早いじゃないか。」戸川は朋樹を一瞥(いちべつ)して言った。
「早いんです。」朋樹もその横で＊バックパックを下ろす。
「念のために訊(き)くが、君は、家の人に行き先を伝えた上で、ここへ来てるんだろうな。」
「あー、昨日と今日は言ってません。」
「なんでだ。心配するじゃないか。」
「だから、化石が一個採れたら、もう来ません。ていうか、東京に帰ります。」
戸川が手を止めた。何か言いたげにこちらを見つめてくる。
「コンビニで弁当も買ってきたし、今日中にケリをつけようと思って。イージーな――。」と口走って、すぐ言い換える。「いい化石が出る場所がダムに沈んじゃったのなら、ここでやるしかないし。」
「パネルを見たのか。」
「あのヨシエさんて人が見せてくれました。」わずかにためらって、言い添える。「博物館の裏の建物で。」
「裏の建物？」戸川が白い眉を持ち上げた。
「町長さんが――展示室からはずせって言ったって。」
(1)怯(ひる)むような気持ちもあるが、この件について戸川本人の口からも何かを聞きたかった。
「まったく――。」意外なことに、戸川はあきれた顔をした。「あの小心者の言いそうなことだ。もういい加減、堂々としていればいいものを。」
「怒ってないんですか？」
「何にだ。町長にか。」
「だって、町長のせいで館長をやめることになったって、ヨシエさんが。普通、許せないでしょ。町長のことも……＊うちのじいちゃんのことも。」
「許すもくそもない。」戸川は静かに言って、その場にあぐらをかいた。
「化石の産出地を守りたいなどというのは、私のようなごく少数の人間のエゴだ。富美別の存続や、町の人々の暮らしとはとても比べられん。」
「だったらなんで――。」ダム建設反対に回ったのか――。
「君は＊環境アセスメントというのを知っているか。」
朋樹はうなずく。「何となくですけど。」
「私がまだ自分の行動を決めきれずにいたときのことだ。環よりも広い空間に、同じ形の木製の棚がずらりと並んでいる。高さは大人の背丈ほど。何列もの幅広の引き出しが、上から下までぎっしり詰まっている。棚が背中合わせになった細長い島は、部屋の奥まで十はあるだろう。静けさとも相まって、図書館の書庫を思わせるような雰囲気だ。

「ここは、標本収蔵庫なの。」ヨシエが言った。「戸川さんが言うにはね、博物館の本体は、むしろこっちなんだって。」

「これ全部、アンモナイトが入ってるんですか。」朋樹は中に一歩踏み入れた。

　ヨシエは棚のほうにあごをしゃくり、いたずらっぽく口角を上げる。「あたし、しばらくよそ見してるからさ。あ、標本に触ったりするのはダメだよ。」

　朋樹は一番手前の棚に歩み寄った。十段以上ある引き出しには、〈BA20031～〉などと書かれたラベルが付いている。胸の高さの引き出しを、試しに開けてみた。握りこぶし大のアンモナイト化石が十数個、それぞれふたのない紙箱に入った状態で隙間なく詰め込まれている。完全な形のものから欠片（かけら）まで、状態はさまざまだ。

　続けてその右どなりを開ける。やはり紙箱が並んでいるが、中のアンモナイトはどれもほんの三、四センチ。おかげで、箱の底に黄ばんだカードがしかれているのがよく見えた。青インクの手書き文字もあれば、タイプライターで印字されたものもある。英数字の試料番号の下に、アルファベットと片仮名の種名。地名と地層の情報らしき単語があとに続き、一番下に人名と年月日。化石が採れた場所と、採った人物だろう。

　順に見ていって気がついた。この引き出しのアンモナイトはすべて同じ種類で、〈デスモセラス〉とかいうらしい。ただし、採取地や採取者が標本ごとに違うのだ。つまり、同じアンモナイトをいろんな場所でいろんな人が何十年も集め続けていることになる。

「一九四九年て……。」朋樹は思わず声に出した。もはや茶色くなったカードにある採取年だ。

「昭和二十四年だね。」ヨシエがうしろから言って、自分で笑う。「余計わかんないか。あたしが生まれるちょうど十年前。歳がバレちゃうけど。」

　朋樹は引き出しをしまい、島の間をぬうようにして、部屋の奥へと進んだ。深海を思わせる*静謐（せいひつ）に包まれて、背の高い棚がただ延々と、整然と続く。

　どこで引き出しをのぞいても、螺旋状（らせんじょう）の化石ばかり。〈戸川康彦（やすひこ）〉と、館長の記名がある標本も一つ見つけた。島をいくつか過ぎると、棚のつくりが変わった。引き出しはなく、棚板に箱が置かれていて、その中にアンモナイトが入っている。どれも三、四十センチある大きなものだ。

　いったいいくつあるのだろう。朋樹は静かに息をついた。千や二千ではとてもきかない。一万か、あるいはもっと――。

(B)

　入ってきたドアのほうへ戻ると、ヨシエが腕組みをして言った。

「まあ、これだけの化石を集めるのは、並大抵のことじゃな

〈国語〉

時間 五〇分　満点 一〇〇点

【注意】答えは、**特別の指示**のあるもののほかは、各問の**ア・イ・ウ・エ**のうちから、最も適切なものをそれぞれ**一つずつ**選んで、その記号を書きなさい。また、答えに字数制限がある場合には、**、や。や「などもそれぞれ一字と数えなさい。**

1

次の各文の――を付けた漢字の読みがなを書け。

(1) 性懲りもなく挑戦し続けた。
(2) 彼女の挙措に強い感銘を受けた。
(3) 拙劣な政策に人々は驚きあきれた。
(4) 気にしていた仕事の進捗の具合を尋ねる。
(5) 自縄自縛に陥り、身動きが取れなくなってしまった。

2

次の各文の――を付けたかたかなの部分に当たる漢字を楷書で書け。

(1) おみくじを神社の木にユわえる。
(2) それは許しがたいハイシン行為だ。
(3) 彼女はイットウチを抜く秀才であった。
(4) 彼とはコンリンザイ話をしないことにした。
(5) あの方はまれに見るハクランキョウキの人である。

3

次の文章を読んで、あとの各問に答えよ。(*印の付いている言葉には、本文のあとに〔注〕がある。)

主人公の朋樹(ともき)はこの冬に中学受験を控えていたが、受験に関してさまざまに思い悩み、気分転換のために北海道富美別(とみべつ)町にある祖父母の家に一人でやってきた。そこで、町立自然博物館の元館長であり、*アンモナイトの研究をしている戸川(とがわ)に出会い、アンモナイトの発掘作業をすることになった。ある夕方、戸川に言われて気になっていた自然博物館に立ち寄った際、そこの職員であるヨシエに、戸川が作ったという展示パネルを見せてもらう。

「*このパネル――。」すすけた戸川の置き土産を見つめて、朋樹は言った。「なんでこんなところにあるんですか。」

「以前はちゃんと展示室の壁にかかってたの。でも、二年ぐらい前かねえ、町長にはずさせられたのよ。館のイベントに来賓で来た町長が、たまたまこのパネルを見つけて、怒っちゃってさ。戸川さんはもう何年も館に来てないから、知らないんだよね。」

展示室から撤去され、裏の物置(ものおき)に捨て置かれたパネル。それに戸川の姿が重なった。朋樹はパネルを見つめたまま、訊(たず)ねるともなく「でも――。」とつぶやく。

「なんでそんなに、ここが……。」この古くて面白みのない博物館が、大切なのか――。

ヨシエは、そんな本音を見透かしたかのような目で、「ちょっとおいで。」と手招きした。物置の奥にあるもう一つのドアに近づくと、それを押し開けて照明をつける。

(A)照らし出された光景に、朋樹は息をのんだ。展示室

2020年度

解答と解説

《2020年度の配点は解答欄に掲載してあります。》

＜数学解答＞

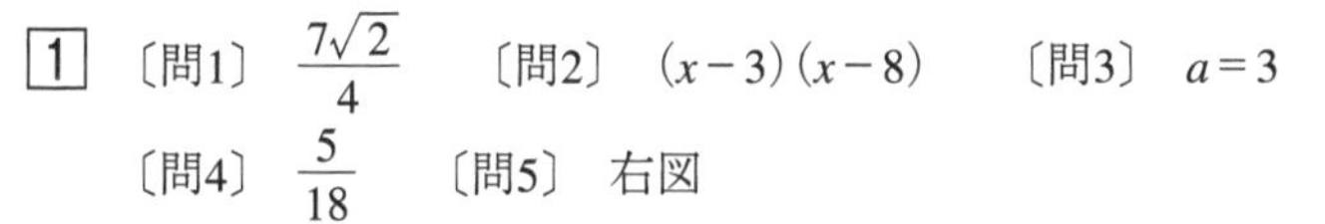

[1]　〔問1〕 $\dfrac{7\sqrt{2}}{4}$　〔問2〕 $(x-3)(x-8)$　〔問3〕 $a=3$

〔問4〕 $\dfrac{5}{18}$　〔問5〕 右図

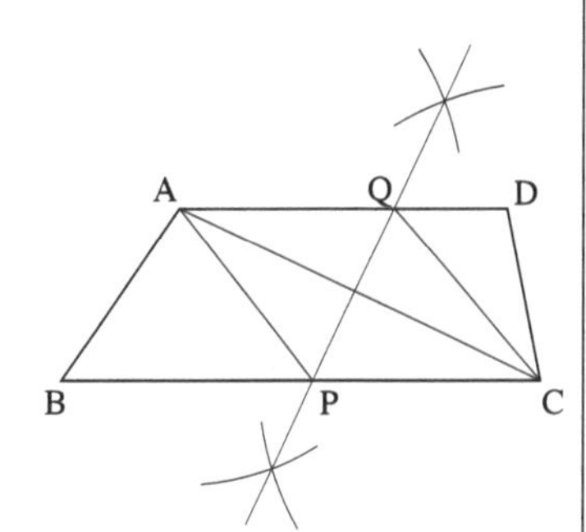

[2]　〔問1〕 $y=-\dfrac{3}{4}x+\dfrac{5}{2}$

〔問2〕 (1) $t=\dfrac{4}{3}$(途中の式や計算は解説参照)

(2) $-\dfrac{10}{7}$

[3]　〔問1〕 10度　〔問2〕 (1) 解説参照　(2) $\dfrac{10\sqrt{19}}{9}$cm

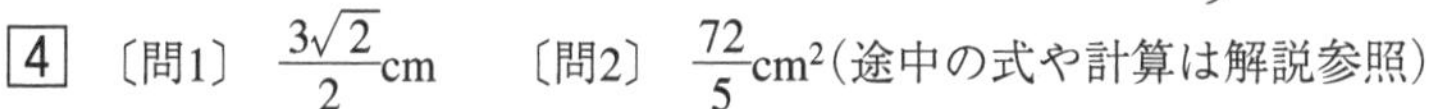

[4]　〔問1〕 $\dfrac{3\sqrt{2}}{2}$cm　〔問2〕 $\dfrac{72}{5}$cm²(途中の式や計算は解説参照)　〔問3〕 $V:W=3:5$

○配点○

[1] 各5点×5　[2] 〔問1〕 7点　〔問2〕 (1) 10点　(2) 8点

[3] 〔問1〕 7点　〔問2〕 (1) 10点　(2) 8点

[4] 〔問1〕 7点　〔問2〕 10点　〔問3〕 8点　計100点

＜数学解説＞

[1] (数・式の計算，平方根，因数分解，数の性質，確率，作図)

〔問1〕 $\left(\dfrac{\sqrt{7}-\sqrt{12}}{\sqrt{2}}\right)\left(\dfrac{\sqrt{7}}{2}+\sqrt{3}\right)=\left(\dfrac{\sqrt{7}-\sqrt{12}}{\sqrt{2}}\right)\left(\dfrac{\sqrt{7}+2\sqrt{3}}{2}\right)=\left(\dfrac{\sqrt{7}-\sqrt{12}}{\sqrt{2}}\right)\left(\dfrac{\sqrt{7}+\sqrt{12}}{2}\right)$

$=\dfrac{(\sqrt{7}-\sqrt{12})(\sqrt{7}+\sqrt{12})}{2\sqrt{2}}=\dfrac{(\sqrt{7})^2-(\sqrt{12})^2}{2\sqrt{2}}=\dfrac{7-12}{2\sqrt{2}}=-\dfrac{5}{2\sqrt{2}}=-\dfrac{5\times\sqrt{2}}{2\sqrt{2}\times\sqrt{2}}=-\dfrac{5\sqrt{2}}{4}$，

$\sqrt{18}=(\sqrt{2\times3^2})=3\sqrt{2}$　だから，$\left(\dfrac{\sqrt{7}-\sqrt{12}}{\sqrt{2}}\right)\left(\dfrac{\sqrt{7}}{2}+\sqrt{3}\right)+\sqrt{18}=-\dfrac{5\sqrt{2}}{4}+3\sqrt{2}=$

$\dfrac{-5\sqrt{2}+12\sqrt{2}}{4}=\dfrac{7\sqrt{2}}{4}$

〔問2〕 乗法公式$(a-b)^2=a^2-2ab+b^2$より，$\dfrac{(2x-6)^2}{4}=\dfrac{(2x)^2-2\times2x\times6+6^2}{4}=\dfrac{4x^2-24x+36}{4}$

$=x^2-6x+9$　だから，$\dfrac{(2x-6)^2}{4}-5x+15=x^2-6x+9-5x+15=x^2-11x+24$　たして-11，かけて$+24$になる2つの数は，$(-3)+(-8)=-11$，$(-3)\times(-8)=+24$より，-3と-8だから

$x^2-11x+24=\{x+(-3)\}\{x+(-8)\}=(x-3)(x-8)$

〔問3〕 直線$y=-x+a+3$…①　と，直線$y=4x+a-7$…②　の交点の座標は，①と②の連立方程式の解。②を①に代入して，$4x+a-7=-x+a+3$　$x=2$　これを①に代入して，$y=-2+a+3=a+1$　よって，①と②の交点の座標は$(2,\ a+1)$　関数$y=x^2$のグラフが点$(2,\ a+1)$を通るから，$a+1=2^2=4$　$a=3$

〔問4〕 大小1つずつのさいころを同時に1回投げるとき，全ての目の出方は　$6\times6=36$通り。このうち，大きいさいころの出た目の数をa，小さいさいころの出た目の数をbとするとき，$(a+b)$をaで割ったときの余りが1となるのは，$\frac{a+b}{a}=1+\frac{b}{a}$より，$b$を$a$で割ったときの余りが1となるときだから，(a, b)＝(2, 1)，(2, 3)，(2, 5)，(3, 1)，(3, 4)，(4, 1)，(4, 5)，(5, 1)，(5, 6)，(6, 1)の10通り。よって，求める確率は　$\frac{10}{36}=\frac{5}{18}$

基本　〔問5〕（着眼点）ひし形は対角線を対称の軸とする線対称な四角形であり，線対称な図形では，対応する点を結んだ線分は，対称の軸と垂直に交わり，その交点で2等分されるから，対角線PQは対角線ACの垂直二等分線となる。（作図手順）次の①～②の手順で作図する。　①　点A，Cをそれぞれ中心として，交わるように半径の等しい円を描き，その交点を通る直線（対角線ACの垂直二等分線）を引く。　②　対角線ACの垂直二等分線と辺BC，ADの交点をそれぞれP，Qとし，辺AP，CQを引く。

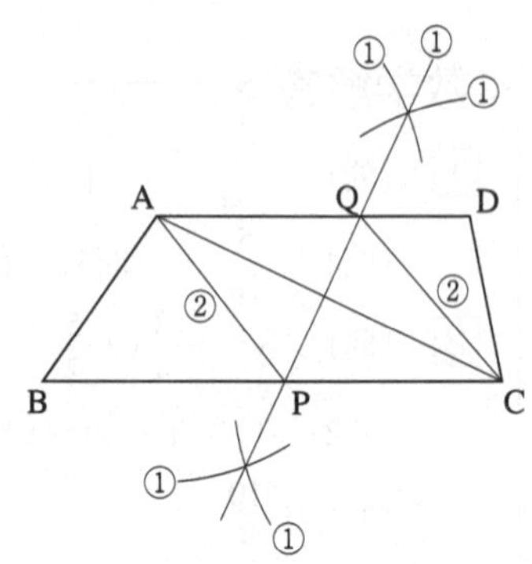

[2]（図形と関数・グラフ）

〔問1〕 点Bは$y=x^2$上にあるから，そのy座標は　$y=\left(\frac{5}{4}\right)^2=\frac{25}{16}$　よって，$B\left(\frac{5}{4},\ \frac{25}{16}\right)$　直線DEの傾きが$-\frac{3}{2}$であるから，$\frac{OD}{OE}=\frac{3}{2}$　よって，直線ℓの傾きは　$-\frac{OD}{OA}=-\frac{OD}{2OE}=-\frac{1}{2}\times\frac{OD}{OE}$ $=-\frac{1}{2}\times\frac{3}{2}=-\frac{3}{4}$　直線ℓの式を　$y=-\frac{3}{4}x+b$　とおくと，点Bを通るから，$\frac{25}{16}=-\frac{3}{4}\times\frac{5}{4}+b$　$b=\frac{5}{2}$　直線ℓの式は　$y=-\frac{3}{4}x+\frac{5}{2}$

〔問2〕

やや難　(1)（途中の式や計算）（例）　$\triangle BFG=4S$　とすると　$\triangle BCH=13S$　$\triangle BCG=\triangle BFG=4S$　よって　$\triangle CGH=\triangle BCH-\triangle BCG=13S-4S=9S$　点B，Hから直線mに引いた垂線との交点をそれぞれJ，Kとする。FG＝GCより　$\triangle CGH:\triangle FGB=HK:BJ$　よって　$HK:BJ=9:4$　△GHKと△GBJにおいて，対頂角は等しいので　$\angle HGK=\angle BGJ$…①　また　$\angle HKG=\angle BJG=90°$…②　①，②より，2組の角がそれぞれ等しいから　$\triangle GHK\backsim\triangle GBJ$　よって　$KG:JG=HK:BJ$　すなわち　$KG:JG=9:4$　ゆえに，点Hの座標は$\left(-\frac{9}{4}t,\ \frac{81}{16}t^2\right)$…③　直線$n$の傾きが$-\frac{5}{3}$，点Bの座標が$(t,\ t^2)$であるから，点Gの座標は$\left(0,\ t^2+\frac{5}{3}t\right)$　よって，点Hのy座標は　$\left(t^2+\frac{5}{3}t\right)+\frac{9}{4}t\times\frac{5}{3}$…④　となるから，③，④より　$\frac{81}{16}t^2=t^2+\frac{65}{12}t$　$t\left(\frac{65}{16}t-\frac{65}{12}\right)=0$　$t>0$より　$t=\frac{4}{3}$　となる。

重要　(2)　直線m//x軸だから，平行線と線分の比の定理より，$AI:CG=AB:BC=4:5$　$CG=AI\times\frac{5}{4}=\frac{48}{35}\times\frac{5}{4}=\frac{12}{7}$　よって，点Cのx座標は$\frac{12}{7}$　点Cは$y=x^2$上にあるから，そのy座標は　$y=\left(\frac{12}{7}\right)^2=\frac{144}{49}$　よって，$C\left(\frac{12}{7},\ \frac{144}{49}\right)$，$G\left(0,\ \frac{144}{49}\right)$　点Bから直線mとx軸へそれぞれ垂線BJ，BLを引く。直線m//x軸だから，平行線と線分の比の定理より，$BL:BJ=AB:BC=4:5$　$BL=JL\times\frac{4}{4+5}=\frac{144}{49}\times\frac{4}{9}=\frac{64}{49}$　よって，点Bのy座標は$\frac{64}{49}$　点Bは$y=x^2$上にあるから，そのx座標は　$\frac{64}{49}=x^2$　より，$x>0$であることから，$x=\sqrt{\frac{64}{49}}=\frac{8}{7}$　よって，$B\left(\frac{8}{7},\ \frac{64}{49}\right)$　以上より，直線nの傾きは，直

線BGの傾きと等しいから　$\left(\frac{64}{49}-\frac{144}{49}\right)\div\left(\frac{8}{7}-0\right)=-\frac{10}{7}$

3　(平面図形，角度，相似の証明，線分の長さ)

基本　〔問1〕　問題の条件より，△ABDはAB＝DBの二等辺三角形で，頂角の∠ABDが60°だから，正三角形である。よって，∠BAD＝60°　1つの円で，円周角の大きさは弧の長さに比例するから，∠BDC：∠BAD＝弧BC：弧BD＝1：6　∠BDC＝∠BAD×$\frac{1}{6}$＝60°×$\frac{1}{6}$＝10°

〔問2〕

(1)　(証明)　(例)　△HCDと△AFIにおいて　CH//BDより，平行線の錯角は等しいので　∠HCD＝∠BDC･･･①　点Aと点Cを結ぶ。弧BCに対する円周角は等しいので　∠BDC＝∠BAC･･･②　AB//GCより，平行線の錯角は等しいので　∠BAC＝∠GCA･･･③　弧AGに対する円周角は等しいので　∠GCA＝∠AFG　すなわち　∠GCA＝∠AFI･･･④　①～④より　∠HCD＝∠AFI･･･⑤　ここで，線分CGを，点Gの方向へ延長した直線上に点Jをとる。点Cと点F，点Dと点Gをそれぞれ結ぶ。弧CGに対する円周角は等しいので　∠CDG＝∠CFG　弧FGに対する円周角は等しいので　∠FDG＝∠FCG　よって　∠CDG＋∠FDG＝∠CFG＋∠FCG･･･⑥　∠FGJは△CFGの外角であるから　∠CFG＋∠FCG＝∠FGJ･･･⑦　一方，∠CDF＝∠CDG＋∠FDG･･･⑧　⑥，⑦，⑧より　∠CDF＝∠FGJ　すなわち　∠CDH＝∠FGJ･･･⑨　AB//GCより，平行線の同位角は等しいので　∠FGJ＝∠FIA･･･⑩　⑨，⑩より　∠CDH＝∠FIA･･･⑪　⑤，⑪より，2組の角がそれぞれ等しいから　△HCD∽△AFI

やや難　(2)　△HCDと△DCEにおいて　∠CHD＝90°(仮定)･･･①　∠CDE＝90°(直径に対する円周角)･･･②　①，②より，∠CHD＝∠CDE＝90°･･･③　∠HCD＝∠DCE(共通)･･･④　③，④より，2組の角がそれぞれ等しいから　△HCD∽△DCE　これと，前問(1)より，△HCD∽△DCE∽△AFIである。∠FAB＝∠FAI＝∠CHD＝90°だから，円周角の定理の逆より，線分BFは円Oの直径であり，BF＝CE＝10cmである。△ABFで三平方の定理を用いると，AF＝$\sqrt{BF^2-AB^2}=\sqrt{10^2-9^2}=\sqrt{19}$cm　以上より，FI：CE＝AF：CD　FI＝$\frac{CE\times AF}{CD}=\frac{10\times\sqrt{19}}{9}=\frac{10\sqrt{19}}{9}$cm

4　(空間図形，線分の長さ，切断面の面積，体積比)

〔問1〕　△OABはOA＝OBの直角二等辺三角形で，点Dは辺ABの中点だから，△OADもDO＝DAの直角二等辺三角形で，3辺の比は1：1：$\sqrt{2}$　よって，OD＝$\frac{OA}{\sqrt{2}}=\frac{6}{\sqrt{2}}=3\sqrt{2}$ cm　EF//OCだから，平行線と線分の比の定理より，OF：FD＝CE：ED＝1：1　よって，点Fは線分ODの中点だから，OF＝$\frac{OD}{2}=\frac{3\sqrt{2}}{2}$cm

〔問2〕(途中の式や計算)　(例)　OA⊥OB，OA⊥OCより　OA⊥平面OBC　よって　∠AOG＝90°　△OAGの底辺をOAとすると線分OGが高さである。△OAGの面積が最も小さくなるのは，線分OGの長さが最も短くなったときで，それはOG⊥BCのときである。△BOCと△BGOにおいて　∠BOC＝∠BGO＝90°　･･･①　∠CBO＝∠OBG(共通)･･･②　①，②より，2組の角がそれぞれ等しいから　△BOC∽△BGO　よって，BC：BO＝CO：OG　また　BC＝$\sqrt{8^2+6^2}$＝10　より　10：6＝8：OG　OG＝$\frac{24}{5}$　すなわち，△OAGの面積は　$6\times\frac{24}{5}\times\frac{1}{2}=\frac{72}{5}$(cm²)

重要　〔問3〕　右図で，直線OJと辺ABとの交点をPとする。また，辺OA上でPQ//HJとなる点Q，平面OAC上でKR//HJとなる点Rをそれぞれとる。OH：HJ＝OH：OI＝2：$\frac{5}{2}$＝4：5より，OQ＝$x$cmとすると，$PQ=OQ\times\frac{HJ}{OH}=x\times\frac{5}{4}=\frac{5}{4}x$cm　これより，△APQは直角二等辺三角形だから，AQ＝PQ＝$\frac{5}{4}x$cm　$OA=OQ+AQ=x+\frac{5}{4}x=\frac{9}{4}x$cm　これが6cmに等しいから，$\frac{9}{4}x=6$　$x=\frac{8}{3}$　よって，KJ：OC＝JP：OP＝HQ：OQ＝(OQ－OH)：OQ＝$\left(\frac{8}{3}-2\right):\frac{8}{3}=1:4$

$KJ=OC\times\frac{KJ}{OC}=8\times\frac{1}{4}=2$cm　以上より，$V:W=\left(\frac{1}{3}\times\triangle OAB\times KJ\right):\left(\frac{1}{3}\times\triangle OAC\times KR\right)=\left(\frac{1}{3}\times\frac{1}{2}\times6\times6\times2\right):\left(\frac{1}{3}\times\frac{1}{2}\times6\times8\times\frac{5}{2}\right)=(6\times2):\left(8\times\frac{5}{2}\right)=3:5$

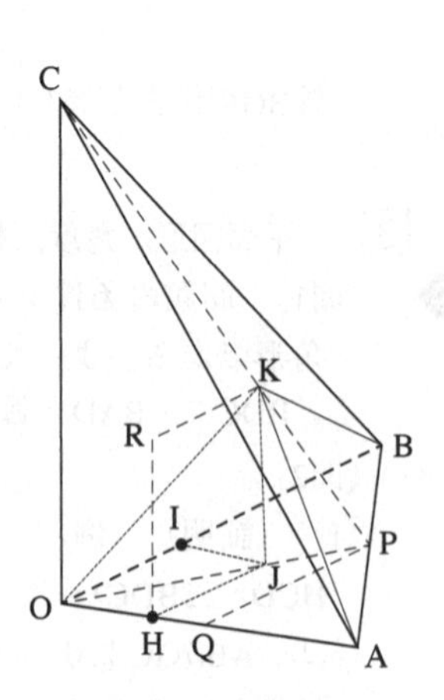

★ワンポイントアドバイス★

[2]〔問2〕(1)は，△CGHと△BCGの面積比から，点Hの座標をtを使って表すことがポイントである。[3]〔問2〕(2)は，三平方の定理を利用して，線分AFの長さを求めてみよう。

＜英語解答＞

[1]　〔問題A〕　＜対話文1＞　ウ　　＜対話文2＞　エ　　＜対話文3＞　イ
〔問題B〕　＜Question 1＞　ウ　　＜Question 2＞　They should tell a teacher.

[2]　〔問1〕　イ　　〔問2〕　ア
〔問3〕　(Maybe) you should go to the shop first and look at some kimonos before you make a reservation. (17 words)
〔問4〕　エ　　〔問5〕　ウ　　〔問6〕　イ　　〔問7〕　ア　オ

[3]　〔問1〕　オ　　〔問2〕　オ　　〔問3〕 2番目　イ　　4番目　エ
〔問4〕　I would really like to build a good relationship with you.
We need people who work for the sugarcane field. Could you send people for us ?
(26 words)
〔問5〕　ア　　〔問6〕　エ　カ

[4]　The boy is using a machine that puts Japanese into English. He wants to tell the girl that it's raining, but the machine doesn't work well. The girl doesn't understand what he means at all. It's important to try to speak without using machines for good communication. You should not be afraid of making mistakes.
(55 words)

○配点○

[1]　各4点×5
[2]　〔問3〕　6点　　〔問7〕　8点　　他　各4点×5
[3]　〔問4〕 10点　　〔問6〕　8点　　他　各4点×4
[4]　12点　　　計100点

＜英語解説＞

1 (リスニングテスト)

放送台本の和訳は，2020年度都立共通問題37ページに掲載。

2 (会話文問題：語句補充・選択，内容吟味，条件英作文，語句解釈，英問英答・選択，要旨把握，比較，助動詞，前置詞，動名詞，不定詞，現在完了，受動態，分詞，関係代名詞)

(和訳)この前の夏に，アオイがホームステイプログラムに参加して，ロンドン在中のケイトの家族宅に2週間滞在した時に，ケイトとアオイは友達になった。この冬に，ケイトは東京にいるアオイ宅を訪れて，新しい年の始まりを一緒に祝福しようと計画している。／12月31日／ケイト(以下K)：それで，明日，私たちは何をするの？／アオイ(以下A)：元旦には，通常，御祈りをするために神社や寺に行くのよ。それは初詣と呼ばれていて，新年の始まりを祝うための神社や寺への最初の訪問のことなの。／K：なるほど。／A：そこでは，伝統的な日本の服である着物を着た多くの人々の姿を見かけるでしょうね。ケイトあなたも着物を着てみてはどうかしら。／K：着てみたいわね，でも，私は着物を持っていないわ。／A：心配しなくて平気よ。きっと着物を借りることができる場所があるわ。インターネットで調べてみましょう。ああ，ここにあったわ。この店には安価なものもあるわね。一番安いのは5,000円からだわ。さらに，オンラインを利用した予約だと10%割引してくれるわね。午前10時から午後6時まで，年中，週7日間，開いているわ。電車でここからわずか3駅しか離れていない。あっ，ちょっと待って。3日以上前に予約をしなくてはいけないと書いてあるわ。／K：それでは，もうすでに(A)イ<u>遅い</u>ということね。／A：この店はどう？　まだ平気みたいよ。料金は7,000円からだけれども，プランのほとんどが整髪と化粧が含まれているわ。／K：それは，良さそうね。この店は夜遅くまで開いているのかしら。／A：毎日午前9時から午後6時まで開いているわ。／K：それでは，元旦には，その時刻までにそこへ戻って，着物を返却しなければならないということなのかしら。／A：実は，閉店時間の1時間前に返却する必要があると書いてあるわ。いずれにしても，そんなに遅くまでは神社に留まらないから，問題ないわね。／K：それでは，私のために予約をしてくれない？／A：もちろんよ。でも，チョット待って。平気かしら。多分，(B)<u>まず，店に行って，予約をする前にいくつかの着物を見るべきだわ</u>。写真だと，ものが違って見えることが時にはあるからね。／K：それは本当だわ。今，その着物店に行くことはできるかしら。／A：ええ，行きましょう。／K：素晴らしいわ！　ワクワクしてきた。

きもの店にて／K：うあ！　全部とても美しいわ！　一つだけをどうやって選ぶのかしら。／A：あそこに居る人に聞いてみましょう。きっと彼が助けてくれるわ。／K：わかったわ。すみません。／店員(以下C)：ご用件を承ります，学生さん。／K：明日，神社へ参拝に行くのに着物を着たいのですが，ここにはとても沢山の着物がありますね。私にどれが似合うのかわからないのです。／C：なるほど。実は，着物の模様について少し知識があると，どれを着ればよいかを決定する手助けとなるでしょう。／A：着物の模様ということですか？／C：昔は，異なった状況で，違う着物を人々は選択していました。／K：本当ですか？　もっとそのことについて知りたいです。／A：私も同感だわ。／C：わかりました。最近では，3つの模様に人気があります。小紋，付け下げ，それから，訪問着(の模様)です。小紋がもっとも形式ばらないと言う人がいますね。／A：小紋はどの模様なのですか。／C：このようなものです。小紋には，通常，着物全体を覆う繰り返された模様があるのです。／K：なるほど。このような種類の模様をどのようにして制作するのですか。／C：ステンシルが使われます。ステンシルとは，そこから模様の切り抜きをするシートのことです。そのシートを布の上に置き，切り抜かれた箇所から塗料を彩色するのです。切り抜いた模様が布に浮かび上がるわけです。／A：なるほど。これは可愛いですね！／K：私もそれが気に入

ったわ。でも，新年最初の神社への参拝に，このような種類の着物を着て行っても良いものなのかしら。略式すぎるのではないか，という意味なのですが。／C：最近では，以前ほど，形式にこだわる人は少なくなっていますね。きっと小紋でも平気かと思います。でも，もっと豪華なものをお試しになられたいかもしれませんね。／A：それは本当ね。はるばる日本まで来たのですもの。あなたが家族や友人に本当に見せたいものを着るべきだわ。見て，これはどうかなあ。／K：わあ，美しいわね。／A：これは付け下げ，それとも，訪問着のどちらですか。／C：それは，付け下げです。より儀礼的なものになります。小紋のように繰り返された模様がございませんが，布の下辺から始まり上端まで続く模様が描かれています。／K：わかりました。他の種類のホウ…，はどうなのかしら。／C：訪問着ですね。これがもっとも格式の高いものとなります。／A：あれが訪問着ですか。／C：はい，そうです。／K：そうね…，私には付け下げとほぼ同じにしか見えないわ。／C：そうなのです。2つの間に明らかな線引きをするのは難しいのです。通常，付け下げに比べて，訪問着にはもっと色彩豊かで，明るい色が用いられています。また，注意深くご覧になると，縫い目で途切れることなく，模様が続いていることがご確認いただけます。／K：わあ…，このような種類の着物を制作するには，多くの工程が必要なのでしょうね。／A：そうよね。／K：ところで，この鳥の模様が描かれた着物を多く見かけますね。／A：あっ，それらは鶴よ。／K：それでは，これは着物によく使われる模様なのかしら。／C：はい，そうです。実は，日本の着物の模様には，しばしば多くの意味が含まれています。なぜ鶴はそれほど人気があるか，ご存知ですか。／A：さて，どうでしょう…，幸運なことを私たちにもたらしてくれる，という理由かしら？／C：その通りです。はるか昔から，鶴は1,000年生きて，長寿と幸運の象徴だと信じられてきました。／K：それは興味深いわ。人々は，自らの感情や人生で重要なものを表現するような模様を選んでいるのですね。／C：結婚や祭事のような季節や行事にも関連しています。／K：そうなのですね…，赤と黄色の紅葉した葉が描かれたこの着物が私には似合うかもしれない，と思ったけれど，秋の模様のだわ。どのような種類の模様が一年のこの時期に良いのでしょうか。／C：そうですね，竹，松の木，梅の花は冬の着物に使われる柄に該当します。それらはすべて富や新年の幸運を意味しているのです。／A：色はどうかしら。色彩にも同様に何か意味がありますか。／C：学生さん，それは大変良い質問です。着物に見かける個々の色は，私たちの文化に関連した意味合いを含んでいます。例えば，青い着物は虫を寄せ付けない，と一部の人々には信じられていました。なぜだかおわかりですか。／A：見当もつかないわ。／C：と申しますのは，青色は，藍と呼ばれる植物，すなわち，インディゴから作られるもので，インディゴは刺し傷に対する薬として使われていたからです。／K：なるほど。／C：色彩には恋愛に関する意味も含まれています。例えば，紫は決して変わることのない愛を意味します。紫の染料を作り出すために使われている植物は，非常に長い根を有しているからです。／K：なんて甘美なのかしら！　でも，どの色が私に合うかがわからないのだけれど…。／C：おそらく着物で最も人気のある色は赤になろうかと思います。その染料は紅花から作られています。赤は若々しさと美しさの象徴です。ですから，若い女性にはうってつけです。／K：なるほど。あっ，私にぴったりなものを見つけたと思うわ。この付け下げを見て。松の木と梅の花の両方の模様が描かれているわ。そして，これらの梅の花の赤はとても綺麗ね。／A：完璧だわ。それでは，予約をすることにしましょうね。ケイト，あなたは化粧もしてもらいたいかしら。／K：お願いしたいわ。この着物の体験は，私にとって日本における最高の記憶の一つになるでしょうね。明日まで待ちきれないわ！／A：あなたが本当にお気に入りのものを見つけることができて，良かったわ。さあ，帰りましょう。母が私たちに夕食を作ってくれているわ。

基本 〔問1〕 二人は翌日の初詣(ケイトとアオイの最初のせりふ参照)で，レンタルの着物を借りる店を調べていて，3日以上前に予約が必要だということが判明した場面(空所(A)の前文参照)なので，

「それでは遅すぎ」という意味になるように，空所には late が当てはまる。too「〜もまた／あまりに〜すぎる」 <もの + say>「ものには〜と書かれている」〜 before or earlier「〜前，ないしは，それより前に，〜以上前に」 earlier「より早い」← early の比較級

基本 〔問2〕「もしケイトとアオイが２番目の店で着物を借りるとしたら［　　　　　］」
ア「彼女らは午後5時までに店に戻らなければならない」(○) アオイの第5・6番目のせりふで，店は午前9時から午後6時まで毎日開いていて，閉店時間[午後6時]の1時間前[午後5時]に着物を返却する必要がある，と述べているので，一致している。had + 不定詞「〜しなければならなかった」← <have[has]+ 不定詞[to + 原形]>「〜しなければならない／に違いない」 by「〜によって／のそばに／までに」 the closing time「閉店時間」 イ「午後6時までに返さなければならない」(×) 閉店時間午後6時の1時間前，すなわち，午後5時に返却する必要があるので，不適。 ウ「4,500円を払わなければならないだろう」(×) 2番目の店の値段は7,000円以上とあるので，不可。(アオイの4番目のせりふ)ちなみに，最初の店で一番値段が安いものは5,000円で，オンラインの予約で10%の値引きを受ければ，4500円で借りることができる。<will have + 不定詞[to + 原形]>「〜しなければならないだろう」 pay for「〜の代金を支払う」 エ「髪型を整えることや化粧をしてもらうのに，2,000円払わなければならないだろう」(×) ほとんどのプランに整髪と化粧が含まれている，と述べられており(アオイの4番目のせりふ)，追加料金が具体的にいくらかかるかという点に関する言及はないので，不適。most of「〜の大部分[大多数]」 come with A「Aがつきものだ」

やや難 〔問3〕 空所［(B)］の前後の論旨の展開は以下の通り。『ケイト：私のために予約をしてくれない？／アオイ：もちろんよ。でも，チョット待って。平気？ 多分，［(B)］写真だと違って見えることがあるからね。／ケイト：本当ね。今から着物店に行くことはできるかしら。／アオイ：ええ，行きましょう』 以上の文脈より，空所(B)には「予約する前に実物を見るために店に行った方が良い」という文意の英文が当てはまることになる。「その店に行った方が良い」You should go to the shop. should= must「〜すべきだ／のはずだ」「着物を見るために」to look at some kimonos ← 不定詞[to + 原形]の副詞的用法(目的)「〜するために」「予約する前に」before you make a reservation 内容が未来でも条件や時を表す節では現在形で表すので，注意。 <Will you + 原形 〜 ?>「〜しますか，してくれませんか」 Of course.「もちろん」Wait a minute[moment].「ちょっと待って」

やや難 〔問4〕 draw a[the]line で「境界をつける／差別を立てる／一線を画する」の意。ケイトの「訪問着が付け下げとほぼ同じに見える」という発言をうけて，It is difficult to (C)draw a line between the two. と述べているので，正解は，エ「どちらの着物がどちらかをはっきり言う」。<It is + 形容詞 + 不定詞[to + 原形]>「〜［不定詞］することは…［形容詞］である」 他の選択肢は次の通り。ア「2つからより良い着物を選ぶ」better「より良い[く]」← good／well の比較級 イ「両方の着物に対して簡潔な模様を描く」 ウ「着物に1本の直線をつける」

基本 〔問5〕〔質問〕「ケイトは赤と黄色の葉っぱが描かれた着物を選ばなかった。その理由は何か」ケイトは「赤と黄色の葉っぱの着物は似合うと思うが，秋の模様のように思う。どんな模様が一年のこの時期に良いのですか？」(ケイトの23番目の発言)と発言していることから考える。正解はウ「その着物の模様は別の季節にふさわしかった」。with「〜といっしょに／を持っている／の付いた／を使って／で」look like「〜のように見える」 他の選択肢は次の通り。ア「彼女はその着物は幸運をもたらさないだろうと思った」(×) would 過去の時点での未来を表す際に使う助動詞／イ「彼女は若い女性のための着物を着たかった」(×) いずれも着物を選択しなかった理由として言及なし。 エ「赤と黄色の着物は彼女に似合わなかった」(×) 正解ウの説明参照。

基本　〔問6〕〔質問〕「どの着物をケイトは着ることになるだろうか」<be動詞 + going + 不定詞[to + 原形]>「～するつもりだ／しそうだ」ケイトは選んだ着物について「この付け下げを見て。松の木と梅の花の両方の模様が付いている」(最後から2番目のケイトの発言)と述べている。また，付け下げと訪問着の違いに関して，定員は「付け下げに比べて，訪問着にはもっと色彩が豊かで，明るい色が用いられ，縫い目で途切れることなく，模様が続いている」と述べている(店員11番目のせりふ)ことから判断する。brighter「より明るい」← bright の比較級　more colorful「より色彩豊かな」← colorful の比較級　without「～なしで」

重要　〔問7〕 ア「過去の人々は着物を選ぶ際に状況を考慮したが，ケイトはそのことは興味深いと考えた」(○)　店員の3番目のせりふとケイトの応答内容に一致。in the past「過去に」 <in + 動名詞[原形 + -ing]>「～するときに」 イ「小紋を作るために，人々はシートから模様を切って，切り抜かれた片に染料を付けて，模様を付けた」(×)　小紋の模様付けは，ステンシルの切り抜かれた箇所から塗料を彩色する，と説明されている。(6番目の店員のせりふ)to make「～を作るために」← 不定詞[to + 原形]の副詞的用法(目的)「～するために」 the cut pieces ← 過去分詞の形容詞的用法<過去分詞 + 名詞>「～された名詞」 ウ「店員が形式的儀礼を心配していたので，ケイトは小紋を選ぶべきでない，とアオイは考えた」(×)　ケイトが初詣に小紋が略式過ぎるのではないか，と尋ねたところ(ケイトの15番目の発言)，店員は問題ない，と答えているので，不適。worry about「～を心配する」 shouldn't ← should not「～すべきでない」 I'm afraid「～でないかと思う」 too「(～も)また，あまりにも～すぎる」 these days「最近」 care about「～を気にする」 <A + not + as + 原級 + as + B>「AはBほど～でない」 care about「～を気にする，かまう，心配する」 I'm sure「～ということを確信している」 エ「数ある中から人気のある色の付け下げを選ぶことで，人々は感情をはっきりと表現することができる」(×)　付け下げと人気のある色，選択，感情表現を結びつけるような発言はない。 オ「店員との話を通じて，鶴は長寿や幸運の象徴であることを，ケイトとアオイは学んだ」(○)　13番目の店員のせりふと一致。have believed「信じてきた」← 現在完了 <have[has]+ 過去分詞>(完了・経験・継続・結果)　カ「どのような青色の着物でも虫を寄せ付けないので，青色は通常インディゴと名付けられた植物から作られる」(×)　青色の着物が虫を寄せ付けないという理由で，青色がインディゴからつくられるわけではない。ちなみに青い着物に関する店員の説明は以下の通り。「青い着物は虫を寄せ付けない，と一部の人々には信じられていた。青色は藍と呼ばれる植物，あるいは，インディゴから作られるもので，刺し傷に対する薬として使われた」(肯定文)any「どんな～も／どれでも／だれでも」 is made from「から作られている」 a plant named「～と名付けられた植物」← 過去分詞の形容詞的用法 <名詞 + 過去分詞 + 他の語句>「～された名詞」 keep A away「Aを遠ざける」 キ「ケイトは赤い着物に決めた。その理由は，赤は不変の愛の象徴で，彼女はその考えを気に入ったからだ」(×)　ケイトの選んだ着物は松の木と梅の花が描かれたもので(ケイトの最後から2番目の発言)，赤い着物とは言えない。また，不変の愛を表す色は purple「紫」である。(店員の最後から2番目の発言)love that never changes <先行詞 + 主格の関係代名詞 + 動詞>「動詞する先行詞」 ク「みんなにとって完璧な着物をついに見つけたので，アオイはケイトのために予約した」(×)　最後から2番目の発言で，自分にとって完璧な着物を見つけた，とケイトは発言している。one(前に述べられた数えられる名詞の代わりとして)「もの，1つ」

3 (長文読解問題・歴史：文挿入，語句整序，文整序，自由・条件英作文，語句解釈，要旨把握，内容吟味，間接疑問文，受動態，関係代名詞，比較，不定詞，分詞，前置詞，現在完了，進行

形，助動詞）
(和訳)　あなたはハワイへ行ったことがあるか。ハワイは日本人にとって，最も有名で人気のある観光地の一つだ。ハワイは太平洋の北西地域に位置し，多くの島々が存在する。有名なワイキキ海岸がその地にあるので，おそらくオアフ島に関しては耳にしたことがあるだろう。もし星の研究[学習]に興味があれば，ビッグ・アイランド(ハワイ島)について何かご存じかもしれない。そこにはスバルと名付けられた大望遠鏡が設置されている。多くの星が，この望遠鏡を通じて，これまで発見されてきたのである。

現在，ハワイには100万以上の人々が住んでいて，およそ1,000万人の人々が毎年ハワイを訪れている。(1)－a③海のど真ん中にあるそのような小さな島々を誰が発見したかご存知だろうか。その地域の北部に位置する古い島々は約500万年前に，南部にある新しい島々はわずか50万年前に形成された。非常に長い間，(2)これらの島々で暮らしたり，あるいは，訪れたりする人々は存在しなかった。ハワイを発見した最初の人々は，ポリネシアの人々だ，と言われている。太平洋に存在する大きな三角形を思い描いてみよう。一つの角がニュージーランドで，もう一つがイースター島，そして，残りの一つはハワイだ。この大きな三角形がポリネシアと呼ばれている。もちろん，この地域のほとんどが海洋だが，ポリネシア文化圏は，ヨーロッパより3倍広い範囲を占めている。(1)－b④例えば，ハワイとニュージーランド間はおよそ8,000キロメートルだ。これはロンドンと中国の首都，北京間の距離と同じくらい離れているのである。よって，このような大海の中央に位置するそのような小さな島々を発見するのは非常に難しいように思える。ある研究によると，ハワイを最初に発見したのは，5世紀で，マルケサス諸島出身の人々だという。彼らはマルケサス諸島に幸せに暮らしていた。しかし，彼らの地域社会が膨れ上がり，島々が手狭になって，彼らには新しい土地が必要となった。そこで，彼らの中には，故郷を離れることを決意する人たちが出現した。彼らは食料として魚を捕るために，島を離れることが多かったので，航海に非常に長けていた。彼らは簡易ではあるが，とても品質の良いカヌーを所有していた。そのカヌーは木製の足場で連結された2隻の小舟から作られていた。通常は3，4隻のカヌーが一緒に航海をして，各カヌーには15人以上の人々が乗船していた。新天地で新しい生活を始めるには，そのような集団の人々で十分だった。航海の開始時には，彼らは航路を注意深く選んだ。彼らは星についても知識を十分に有していたので，夜でさえも，どちらの方向へ進めばよいかを理解していた。暗闇では，互いにどこにいるかを知らせるために，大きな音を出した。(1)－c⑤これらの技能により，彼らにはそのような長距離を航海することが可能だったのである。新しい土地を見つけるために，彼らは手がかりを求めた。空に飛ぶ鳥，あるいは，波間に浮かぶ葉っぱを見つければ，もう少しで目的地だった。

このようにして，ポリネシア人たちは新世界へ最初に上陸して，その地をハワイと呼んだ。ハワイという名は“ハヴァイキ”という語に由来する。ポリネシア文化では，全ての人々がそこからやって来て，死後，そこへと戻る場所がある。それが“ハヴァイキ”だった。長い年月をかけて，彼らは主要なハワイ諸島全域へと浸透していった。彼らの習慣や生活様式に関しては，ほんの少ししか知られていない。だが，タヒチ人がおよそ紀元1,000年に上陸するまで，彼らが数百年間そこで暮らしていた唯一の人々であるということが，今日知られている。続く数世紀の間は，各島は異なった首長により統治された。(3)『ウ1700年代後半に，一人の首長であるカメハメハが権力を掌握し始めた。イ一つずつ，彼は各島を統治し出した。オ1810年までには，彼はそれらの全ての島々を配下に治めて，最初のハワイ王に就任した。エその10年後に，何名かのアメリカ人がハワイにたどり着いた。ア彼らは学校を開き，ハワイの人々に英会話を教えた』その時まで，ハワイには書き言葉が存在していなかったので，彼らはハワイ語に対する筆記体系を編み出した。

1860年に，咸臨丸と呼ばれた日本船がハワイにやって来た。アメリカへ向かう途中だったのである。日本人が公式にハワイの人々と会ったのは，これがまさしく初めてのことだった。この出来事以前には，何名かの日本人が悪天候で船を失い，ハワイにたどり着いていた。したがって，ハワイの人々はすでに日本人について知っていて，日本人に良い印象を抱いていた。当時，ハワイは労働者として他国から人々を招き入れていた。ハワイ王が咸臨丸の乗員に会ったときに，彼は(4)一通の手紙を書いて，日本の統治者たちにそれを持って行くように頼んだ。船上には，船長である勝海舟や彼の従者の福沢諭吉，そして，通訳の中浜万次郎のような有名な人たちがいた。ある理由で，若い頃に万次郎は何年間もの間，アメリカで暮らしていたので，英語を話すことが出来た。日本に帰国すると，彼らはその手紙を政府に持って行った。当時，日本は大転換期を迎えていた。その手紙を受け取った日本の指導者たちは，あまりにも忙しくて，その手紙をどうしたらよいかについて考える十分な時間を持ち合わせていなかった。だが，1886年に，153名の日本人がサトウキビ畑で働くためにハワイへ派遣された。これがハワイに在住する日本人の始まりだった。1894年までには，29,069名もの日本人がハワイへ移住して，次の30年間で，19万人に達しようかという人々が後に続いた。1930年のある報告書によると，ハワイに住むすべての人々の42.7%が日本人だった。現在でさえも，18万人以上の日本人がハワイに住んでいて，白人とフィリピン人に続いて，そこに暮らす3番目に大きな集団となっている。

最初の日本人がハワイで生活し始めた時に，主に英語が話せなかったという理由で，彼らは多くの困難に遭遇した。しかしながら，彼らは日本人同士ばかりではなくて，現地のハワイの人たちやハワイに住む他の外国人とも一緒に働いたのである。彼らの努力により，少しずつ日本人はハワイの地域社会の成員となっていった。今日，(5)ハワイにおける彼らの努力の成果を目の当たりにすることができる。たとえば，ハワイでは，日本の寺や神社を見ることができる。日替わりの昼食が食べたいならば，どのスーパーにおいても弁当やおにぎりを買うことも可能だ。したがって，日本の伝統がハワイの文化の一部になった，と言っても良い。ハワイの地域社会では，日本の文化だけではなくて，他の外国の文化も同様に混じり合っている，という印象を抱きうる。それは，歴史を通じて多様な人々がこれらの島々にやって来たからである。よって，ハワイは世界で最も素晴しい地の一つだ。そこでは，異なった類の人々が仲良く一緒に暮らしている。ハワイでは，美しい海岸だけではなく，それ以外のものも満喫することが可能だ。

基本　〔問1〕(1)－a　後続箇所で，ハワイ諸島の形成時期に続いて，ポリネシアの人々によりどのように発見され，移住が進んだのか，という過程が記されていることから考えること。正解は，ハワイ諸島の発見に言及した英文③「海のど真ん中にあるそのような小さな島々を誰が発見したかご存知か」。Do you know ～？に Who discovered such small islands ～？が挿入された間接疑問文。挿入箇所は＜疑問詞 + 主語 + 動詞＞の語順になるが，ここでは who が主語も兼ねているので，whoの次に動詞が来ている。It is said that「～と言われている」← 受動態 ＜be動詞 + 過去分詞＞　the first people who discovered「～を発見した最初の人々」← ＜先行詞(人) + who + 動詞＞「動詞している先行詞」主格の関係代名詞 who　(1)－b 「ポリネシア文化圏はヨーロッパより3倍広い」→ (1)－c →「これはロンドンと北京間の距離と同じくらい離れている」以上から，空所に④「例えば，ハワイとニュージーランド間はおよそ8,000キロメートルだ」を当てはめれば，＜ハワイとニュージーランド間の距離＞ ＝ ＜ロンドンと北京間の距離＞となり，文意が通じる。for example「例えば」 between A and B「AとBの間」 ＜A + X times + 比較級 + than + B＞「AはBのX倍～である」 ＜A + as + 原級 + as + B＞「AはBと同じくらい～だ」 (1)－c 「星の知識により，夜にどの方向へ進めば良いかを理解した。暗闇では音を出して相手に居場所を知らせた」→ (1)－c →「鳥や海に浮かぶ葉っぱを見つければ目的地が近いことがわかった」以上より，当時のミクロネシア地方の人々の航海術に関連した英文が当てはまることになる。したがって，正解は⑤「これらの技能により，彼らにはそのような長距離を航海することが可能だった」。thanks to「～のおかげで，せいで」 so ～ that…「とても～なので…だ」 <which + 不定詞[to + 原形]>「どちらに～したらよいか」 show where each other was ← 間接疑問文(疑問文が他の文に組み込まれた形)<疑問詞 + 主語 + 動詞>の語順になるので注意。 look for「～を探す」 flying birds「飛んでいる鳥」← 現在分詞の形容詞的用法 <現在分詞[原形 + -ing]+ 名詞>「～している名詞」他の選択肢は次の通り。①「ご存じの通り，ヨーロッパは多くの国が存在する広大な地域だ」as you know「知っての通り」 ②「過去に何名の人々がハワイを訪れたことがあるか知っているか」<how many + 複数名詞 ～？> 数を尋ねる表現 in the past「過去に」 ⑥「彼らはとても勇敢で希望に満ちていたので，その三角地帯から抜け出すことができた」so ～ that…「とても～なので…だ」 full of「～で一杯で」 get out of「～から抜け出す」

基本 〔問2〕 (For a very long time,)there were no people who lived on or(visited these islands.)<There + be動詞 + S + 場所>「Sが～にいる／ある」 people who lived ← 主格の関係代名詞 who に続く動詞が or の前後で lived と visited と2つあることに注意。<live + 前置詞 + 場所>「～に住む」 <visit + 場所>「場所を訪れる」← 前置詞の有無に注意。

重要 〔問3〕 以下要旨のみ記す。「個々の島は異なった首長に統治されていた」→ (3)ウ「1700年代後半，首長カメハメハが権力を握り始めた」 → イ「彼は一島ずつ統治し始めた」 → オ「1810年までには，彼は全島を支配して初代ハワイ王になった」 → エ「その10年後，アメリカ人がたどり着いた」 → ア「彼らは学校を開き，ハワイの人々に英会話を教えた」 <in the + 年号の複数形>「～年代」 one by one「一つずつ」 by「～のそばに／によって／までに」 take control of「～を管理する／支配する」 <how + 不定詞[to + 原形]>「～する方法」

やや難 〔問4〕手紙を受け取った日本の指導者の反応とそこから派生した出来事(後述)から手紙の内容を推測して25語以上の英文にまとめる問題。「手紙を受け取った日本の指導者たちは，対応を考える時間を持ち合わせていなかったが，1886年に153名の日本人がサトウキビ畑で働くためにハワイへ派遣されて，ハワイに在住する日本人の始まりとなった」(第4段落最後から4文～6文目)(和訳)親愛なる日本の指導者へ／私は日本の人々に会えて非常にうれしいです。(以下，模範解答和訳)私はあなたたちと良好な関係を築きたいと切に願っています。私たちにはサトウキビ畑で働く人々が必要です。私たちのために人々を派遣していただけませんか。／あなたたちからの手紙をお待ちしています。／ご多幸を祈っています。／ハワイ王 <be動詞 + looking forward to>「～を楽しみにしている」 (With)best wishes「ご多幸[成功]を祈ります」手紙の結びの言葉

基本 〔問5〕下線部(5)は「ハワイで彼らの努力の果実[成果]が見られる」の意。fruit「果実」は，「成果，結果」等の意味で使われることがある。下線部(5)の説明として適切でないものは，ア「日本人は全て自分らだけで新しいハワイの文化を築き上げてきた」。下線部(5)の2つ前の文で，現地のハワイの人たちや他の外国人との協働について言及されているので，不適。by oneself「ひとりで，独力で」 have built up「築き上げてきた」← 現在完了<have[has]+ 過去分詞>(完了，継続，経験，結果) not only A but also B「AばかりでなくてBもまた」 each other「互いに」 イ「日本人はハワイの文化に影響を与えて，それをより豊かにしてきた」／ウ「ハワイで，日本人は歴史を通じて，自らの文化を広めてきた」下線部(5)の後続箇所で，ハワイにおいて，寺社仏閣が見受けられて，スーパーで弁当やむすびが購入できるなどの説明や日本の伝統がハワイの文化の一部になった，と記載されているので，イ・ウ共に下線部(5)の説明としてふさわしい。have influenced「影響を与えてきた」 have spread「広めてきた」← 現在完了<have[has]+ 過去分詞>(完了・経験・継続・結果) make A B「AをBの状態にする」 richer

← rich の比較級　for example「例えば」 have become（現在完了） part of「～の一部」エ「日本人はハワイで他の人々と一緒に生活するために，非常に懸命に努力してきた」第5段落2・3文に，現地の人々や他の外国人たちと労苦を共にして，その努力のおかげで，ハワイの地域社会の構成員として認められてきた，という記述があるので，下線部(5)の説明に適している。have worked 現在完了＜have[has]＋過去分詞＞（完了・経験・継続・結果）語句等に関しては，アの解説参照。

重要　〔問6〕 ア「ハワイ島を知っている人々は，星の研究[学習]に非常に興味がある。というのは，そこで多くの星を見ることができるからだ」(×)　第1段落5文に「星に興味があれば，ビッグ・アイランド(ハワイ島)について知っているかもしれない」と記載されていて，条件と結論が逆。the people who know「～を知っている人々」主格の関係代名詞＜be動詞＋interested in＞「～に興味がある」 may「～してもよい／かもしれない」 イ「研究によると，ハワイを発見する最初の人々は，ポリネシア三角地帯の別の角からはるばるやって来た」(×)　ポリネシア三角地帯の3つの角は，本文(第2段落6・7文)と地図から，ハワイ，イースター島，ニュージーランドであることが確認できる。また，最初の発見者はマルケサスの人々であり(第2段落13文)，地図からマルケサスは三角地帯の角に位置してないことがわかる。according to「～によると」 the first people to discover ←不定詞の形容詞的用法＜名詞＋不定詞[to do]＞ all the way「はるばる／ずっと／完全に」 the first people who discovered「～を発見した最初の人々」先行詞が人の場合の主格の関係代名詞 who　ウ「彼らの地域社会に人が多すぎるので，マルケサス諸島の人々はポリネシア地域を去った」(×)　人口増で他の地に居住地を求めたのは事実だが((1)－b に後続する5・6文目)，移転先はポリネシア地域内のハワイ(第2段落6・7文)なので，不適。too「～もまた／あまりにも～(すぎる)」 crowded「混雑した」 エ「人々がマルケサス諸島を去る時に，新世界で新しい生活を始めるために，たいていは45人以上の人々が一緒に移動した」(○)　移動の人数に関しては， (1)－c より5文前に，3隻，4隻のカヌーが一緒に移動して，各カヌーに15人以上の人々が乗船していた，と記されており，最低でも，3隻×15人=45人なので，本文の記述に一致。in most cases「たいていは」 more than「～以上」 to start a new life「新生活を開始するために」不定詞の目的「～するために」を表す副詞的用法　オ「航海中に，新しい土地に近づいたことを告げるために，カヌーに乗船した人々は大きな音を立てた」(×)　大きな音を立てたのは，暗闇でも互いの位置を相手に知らせるため。((1)－c の直前の文参照)to tell「告げるために」不定詞[to＋原形]の副詞的用法(目的)「～するために」 they were getting close to「～に近づいている」← ＜be動詞＋現在分詞[原形＋-ing]＞　進行形「～しているところだ」 to show where each other was「互いにどこにいるのかを示すために」←間接疑問文(疑問文が他の文に組み込まれた形)の場合には，＜疑問詞＋主語＋動詞＞の語順になるので注意。　カ「ポリネシアの人々が新しい土地を発見した時に，自分ら自身の文化に由来する名前をつけた」(○)　第3段落最初の4文に一致。the name that came from ← ＜先行詞　＋主格の関係代名詞that＋動詞＞「動詞する先行詞」come from「～の出身である／に由来する」 land on「～に上陸する」 call A B「AをBと呼ぶ」 a place that all people came from and would go back to「すべての人々がそこからやって来て，そこへと戻る場所」←前置詞の目的語の位置に関係代名詞が置かれている場合。＜先行詞＋(目的格の関係代名詞)＋主語＋動詞＋前置詞＞この場合でも目的格の関係代名詞は省略可。＜先行詞＋前置詞＋関係代名詞(thatは不可)＋主語＋動詞＞ 前置詞＋関係代名詞の一体型も可能であるが，ここでは前置詞が 2つ[from／to]あるので避けられている。　キ「咸臨丸がハワイを訪れる前に，ハワイの人々を世話するために，日本人がハワイを訪れることがあった」(×)　咸臨丸以前の日本人の訪問理由は，悪天候で難破したことによる，と記されているので，不一致。(第4段落4文)to take care of「～を世話するために」不定詞[to + 原形]の副詞的用法(目的)「～するために」 some Japanese people who lost「～を失った日本人」主格の関係代名詞 <先行詞(人)+ who + 動詞>「～する先行詞」 <because of + 名詞>「～ゆえに」 ク「1930年に，多くの人々が日本からハワイへと移住したので，日本人の40%以上がハワイに住んでいた」(×) 第4段落最後から2文目に「1930年次，ハワイに住む人々の42.7%が日本人だった」と記されているので，不一致。more than「～以上」 a lot of「たくさんの」 all the people who lived 主格の関係代名詞

やや難 4 (文法問題：条件作文，進行形)

まず，状況を確認すること。男の子が，日本語で「雨が降ってきたよ」と自動翻訳機に向かって言うと，Candies are falling.「(スイーツの)飴が降ってきた」と誤った英文に置き換えられてしまい，それに対して，女の子が困惑をしている場面であることを，イラストと与えられている英語から把握すること。設問は，状況説明に自己の考えを添えて，50語以上の英語で表すといったもの。(模範解答の和訳)「少年は日本語を英語に置き換える機械を使っている。彼は雨が降っていることを女の子に伝えたいと願っているが，機械が上手く作動しない。彼が何を意味しているかが少女には全くわからない。上手く意思疎通を図るには，機械を使わずに話すことが重要だ。過ちを犯すのを恐れるべきでない」 現在の状況を表現するには，現在進行形を使う。<am[is／are]+ 現在分詞[原形 + -ing]>「～しているところだ」一方，自分の考えを述べるには現在形を使う。

★ワンポイントアドバイス★

大問2〔問6〕や大問3〔問6〕選択肢イは，本文の英語の理解とイラストや地図などの資料の判読など複数要素が組み合わさった融合問題である。資料を用いた問題の出題は増加傾向にあるので，要注意。

<国語解答>

1 (1) しょうこ(り)　(2) きょそ　(3) せつれつ　(4) しんちょく
(5) じじょうじばく

2 (1) 結(わえる)　(2) 背信　(3) 一頭地　(4) 金輪際　(5) 博覧強記

3 〔問1〕 ア　〔問2〕 ウ　〔問3〕 イ
〔問4〕 (例) アンモナイトの化石を採り出す作業に集中していたが，自分がハンマーを振り下ろすのをやめた途端に現実世界に引き戻された様子。　〔問5〕 エ　〔問6〕 エ

4 〔問1〕 (例) 人間は，「同じ」という概念を得て，同じものを指し示し，他者と交流できるように言葉を生み出した。　〔問2〕 ウ　〔問3〕 エ　〔問4〕 イ
〔問5〕 (例) 「人間の情報化」が進むことで，コミュニケーションにおける誤解が生じやすい世界になっていく。例えば，ＳＮＳなどにおける情報は，実際に発した言葉や態度の情報のみであって，生身の人間の表情や雰囲気が失われている。そして，その情報が過剰に表現されていくことで，実際に伝えたかったことや言葉の真意が伝わらずに誤解が生じ，様々な問題が引き起こされている。

このように，「人間の情報化」は人間同士の直接的なやりとりよりも誤解が生まれやすい。従って，人間が本当に求めている世界にはならないと考える。

[5] 〔問1〕 ウ　〔問2〕 ア　〔問3〕 気がかり[心配・不安]　〔問4〕 物を見る，
〔問5〕 エ

○配点○

[1] 各2点×5　[2] 各2点×5　[3] 〔問4〕 8点　他　各4点×5
[4] 〔問1〕 8点　〔問5〕 12点　他　各4点×3　[5] 各4点×5　計100点

＜国語解説＞

[1] （知識問題－漢字の読み書き）

(1) 「性懲りもなく」は，こりないでという意味。
(2) 「挙措」は，立ち居振る舞いのこと。
(3) 「拙劣」は，劣っていて程度が低いこと。
(4) 「進捗」は，ものごとがはかどること。
(5) 「自縄自縛」は，自分の言動によって自分自身が自由に振る舞えなくなるという意味。

[2] （知識問題－漢字の読み書き）

(1) 音読みは「ケツ」。「結果」などの熟語がある。
(2) 「背信」は，信頼などを裏切ること。
(3) 「一頭地を抜く」は，ほかより極めて優れているという意味。
(4) 「金輪際」は，後に打ち消しの語を伴って，絶対にという意味。
(5) 「博覧強記」は，広く書物を読み，多くのことを記憶していること。

[3] （小説－情景・心情，内容吟味）

〔問1〕 標本収蔵庫に入る前の朋樹は，「この古くて面白みのない博物館」は「なんでそんなに」大切なのかわからずにいる。しかし，標本収蔵庫に入ると，その様子に息をのんだり，大量のアンモナイトが「いったいいくつあるのだろう」と考えては「静かに息をついた」りして，「博物館の本体」である標本収蔵庫に圧倒されていることがわかる。

〔問2〕 続く会話から，朋樹は，戸川は町長やダム建設に賛成していた自分の祖父に対して怒っているのではないかと考えていたことが読み取れる。よって，アかウが正解になる。展示パネルを見た朋樹は，戸川にとってなぜ博物館が大切なのかという疑問を抱いている。その疑問に対する答えを得たいとパネルのことを話題に挙げたのだと考えられるので，「戸川の反応を知りたい」というアよりも，「戸川自身からもダム建設に関わる経緯」を聞きたいというウが合う。

〔問3〕 朋樹は，標本収蔵庫で「感じた驚きを伝えたい」と思いながらも，質問することでしか「思いを口にでき」ずにいるのだから，イが合う。

やや難 〔問4〕 「キンキンキン」とハンマーの音を鳴らしている朋樹は，キャップを拾おうともせず，戸川の声に顔も上げずにいて，作業に集中していることが読み取れる。「ハンマーの音が止んだ途端」に「やかましいセミの声」に気づいたというのも，作業に集中していたということを表している。

〔問5〕 「志望校のことも，塾に行けるかどうかも，自分の本当の気持ち」も朋樹はわからなくなっている。しかし，自分の状態がそのようであっても，「このまま化石になってたまるか」という思いがあるということだけはわかっているのである。ここでの「化石」は，固くなって動かなくなることという意味である。

重要 〔問6〕 朋樹の精神的な幼さは読み取れないので，アは合わない。「キンキンキン」とハンマーを鳴らしている場面では，もはや朋樹は迷っていないので，イも合わない。科学的な用語に触れ，知らない世界に憧れていく朋樹の姿を描いている文章でもないので，ウも合わない。朋樹と戸川の言葉遣いには世代の違いが顕著であるが，会話によって物語が進められているので，エが正解。

4 (論説文－内容吟味，作文)

〔問1〕 人間は，「別々のものとして，違う場所にある」同じコップでも，「同じ」だと判断できる。そのような能力があるため，「同じ」ものを指し示て，他者とそれを共有できるように，「同じ」ものを表す言葉を生み出せたのである。

〔問2〕 ヒトとチンパンジーを分け隔てているものは「心の理論」であることを確かめられるという実験では，三歳児は「お姉ちゃんの頭の中がどうなっているかは考えない」が，五歳児だと「相手の立場に立つことができる」という結果が示されている。つまり，「心の理論」とは，「他の人の『心』を推測する能力」に関する理論なのである。

〔問3〕 現代社会は，「自然という現実を無視し」，「脳の産物」である「人工物」で成り立っているため，そのことを「脳そのものになった」と表現しているのである。

重要 〔問4〕 都市空間は，「ゴキブリも出てこないし，蚊だってハエだって飛んでいない」ような不快感をもたらす要素が排除されている空間であるうえに，医療現場において「患者という生身の人間」を見ないなど，人間の感覚をいっさい必要としないようなものになっていると説明されている。

やや難 〔問5〕 筆者の考える「人間の情報化」とは，「コンピューターシステムに取り込むことができない」生身の人間そのものが不要になることだと考えていることをつかむ。そのことにあてはまる具体例を挙げ，自分の考えをまとめる。

5 (論説文，和歌－内容吟味，文脈把握，古文の口語訳)

〔問1〕 西行が「松に対する親近感を生じ」させているのに対し，為家は松のある風景を詠んでいるにすぎず，それは作者である為家と松は無関係なものとして表現されていることになる。

〔問2〕「孤独な我」と「同じような孤独な存在である谷間の一つ松」は，「我の孤独さを自覚させる働きをしたにすぎない」ものである。

基本 〔問3〕 Gの歌は，「朝妻舟は出会ったのではなかろうか」と「舟人を思いやる」気持ちが込められている。よって，「対象がおぼろで，つかみどころがない」という原義から派生した，「気がかりだ」という意味で用いられているとわかる。

重要 〔問4〕 Hの歌は月をながめることで，より乱れていく作者の気持ちが詠まれている。つまり，西行は「物を見る」などすることで「内へ内へととぐろを巻いてゆく思念」が現れるような歌を詠む傾向にあるのだ。

〔問5〕 西行の歌は「対象に呼び掛け，対象を自己の内に取り込もうとする」という特徴があるが，Fの歌は「西行が自己との相似性」を対象に見出していない例である。しかし，「おくゆかしくぞおもほゆる」という表現から「自己と異なった世界に，深い興味と関心を抱いている」ことがわかると述べられているのだから，エが正解。

★ワンポイントアドバイス★

小説は，登場人物の心情や表現の特徴などに注目して読もう。論説文は，文章の展開を意識しながら要点をつかんでいくことが大切。作文問題は，筆者の考えを把握し，それを自分の考えにつなげよう。

東京都公立高等学校

2024年度

★★★★★★★★★★★★★★★★★★★★★★★

共通問題（理科・社会）

2024年度

●くわしい解説……31ページ

＜理科＞

時間　50分　　満点　100点

1　次の各問に答えよ。

〔問1〕 水素と酸素が結び付いて水ができるときの化学変化を表したモデルとして適切なのは，下のア～エのうちではどれか。

ただし，矢印の左側は化学変化前の水素と酸素のモデルを表し，矢印の右側は化学変化後の水のモデルをそれぞれ表すものとする。また，●は水素原子１個を，○は酸素原子１個を表すものとする。

ア　●●　＋　○　→　●○●

イ　●　●　＋　○　→　●○●

ウ　●　●　●　●　＋　○○　→　●○●　●○●

エ　●●　●●　＋　○○　→　●○●　●○●

〔問2〕 図1のように，発泡ポリスチレンのコップの中の水に電熱線を入れた。電熱線に６Ｖの電圧を加えたところ，1.5Aの電流が流れた。このときの電熱線の抵抗の大きさと，電熱線に６Ｖの電圧を加え５分間電流を流したときの電力量とを組み合わせたものとして適切なのは，次の表のア～エのうちではどれか。

図1

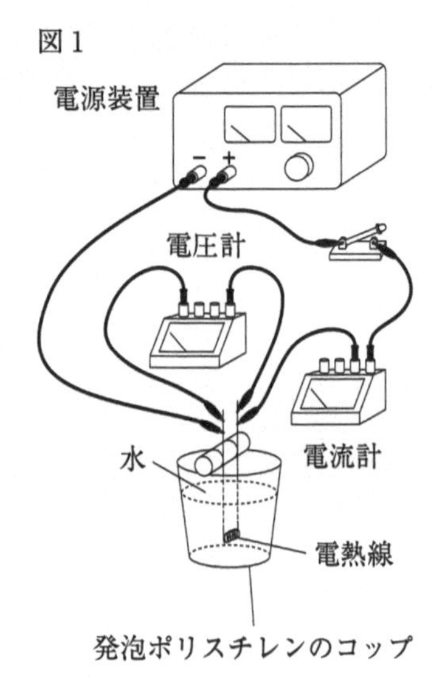

	電熱線の抵抗の大きさ〔Ω〕	電熱線に６Ｖの電圧を加え５分間電流を流したときの電力量〔J〕
ア	4	450
イ	4	2700
ウ	9	450
エ	9	2700

〔問3〕 次のＡ～Ｅの生物の仲間を，脊椎動物と無脊椎動物とに分類したものとして適切なのは，下の表のア～エのうちではどれか。

Ａ　昆虫類　　Ｂ　魚類　　Ｃ　両生類　　Ｄ　甲殻類　　Ｅ　鳥類

	脊椎動物	無脊椎動物
ア	Ａ，Ｃ，Ｄ	Ｂ，Ｅ
イ	Ａ，Ｄ	Ｂ，Ｃ，Ｅ
ウ	Ｂ，Ｃ，Ｅ	Ａ，Ｄ
エ	Ｂ，Ｅ	Ａ，Ｃ，Ｄ

〔問4〕 図2は，ヘリウム原子の構造を模式的に表したものである。原子核の性質と電子の性質について述べたものとして適切なのは，下のア～エのうちではどれか。

図2

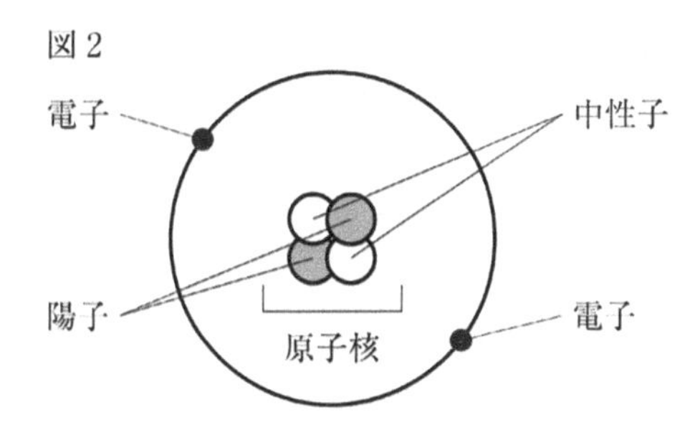

ア 原子核は，プラスの電気をもち，電子は，マイナスの電気をもつ。

イ 原子核は，マイナスの電気をもち，電子は，プラスの電気をもつ。

ウ 原子核と電子は，共にプラスの電気をもつ。

エ 原子核と電子は，共にマイナスの電気をもつ。

〔問5〕 表1は，ある日の午前9時の東京の気象観測の結果を記録したものである。また，表2は，風力と風速の関係を示した表の一部である。表1と表2から，表1の気象観測の結果を天気，風向，風力の記号で表したものとして適切なのは，下のア～エのうちではどれか。

表1

天気	風向	風速〔m/s〕
くもり	北東	3.0

表2

風力	風速〔m/s〕
0	0.3未満
1	0.3以上1.6未満
2	1.6以上3.4未満
3	3.4以上5.5未満
4	5.5以上8.0未満

ア　**イ**

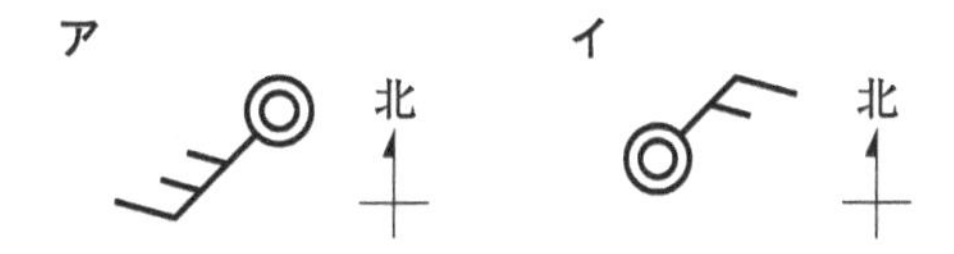

ウ

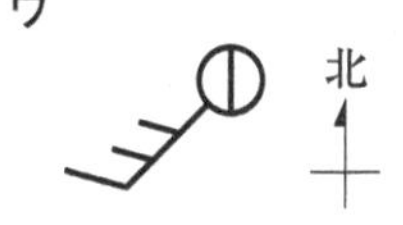

エ

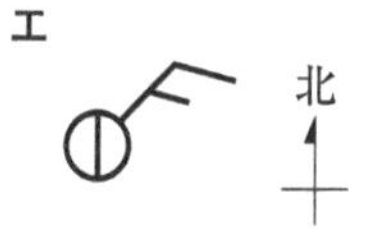

〔問6〕 ヒトのヘモグロビンの性質の説明として適切なのは，次のうちではどれか。

ア ヒトのヘモグロビンは，血液中の白血球に含まれ，酸素の少ないところでは酸素と結び付き，酸素の多いところでは酸素をはなす性質がある。

イ ヒトのヘモグロビンは，血液中の白血球に含まれ，酸素の多いところでは酸素と結び付き，酸素の少ないところでは酸素をはなす性質がある。

ウ ヒトのヘモグロビンは，血液中の赤血球に含まれ，酸素の少ないところでは酸素と結び付き，酸素の多いところでは酸素をはなす性質がある。

エ ヒトのヘモグロビンは，血液中の赤血球に含まれ，酸素の多いところでは酸素と結び付き，酸素の少ないところでは酸素をはなす性質がある。

2 生徒が，岩石に興味をもち，調べたことについて科学的に探究しようと考え，自由研究に取り組んだ。生徒が書いたレポートの一部を読み，次の各問に答えよ。

<レポート１>　身近な岩石に含まれる化石について

河原を歩いているときに様々な色や形の岩石があることに気付き，河原の岩石を観察したところ，貝の化石を見付けた。

身近な化石について興味をもち，調べたところ，建物に使われている石材に化石が含まれるものもあることを知った。そこで，化石が含まれているいくつかの石材を調べ，表１のようにまとめた。

表１

石材	含まれる化石
建物Ａの壁に使われている石材ａ	フズリナ
建物Ｂの壁に使われている石材ｂ	アンモナイト
建物Ｂの床に使われている石材ｃ	サンゴ

〔問１〕　<レポート１>から，化石について述べた次の文章の ① と ② にそれぞれ当てはまるものを組み合わせたものとして適切なのは，下の表の**ア**～**エ**のうちではどれか。

表１において，石材ａに含まれるフズリナの化石と石材ｂに含まれるアンモナイトの化石のうち，地質年代の古いものは ① である。また，石材ｃに含まれるサンゴの化石のように，その化石を含む地層が堆積した当時の環境を示す化石を ② という。

	①	②
ア	石材ａに含まれるフズリナの化石	示相化石
イ	石材ａに含まれるフズリナの化石	示準化石
ウ	石材ｂに含まれるアンモナイトの化石	示相化石
エ	石材ｂに含まれるアンモナイトの化石	示準化石

<レポート２>　金属を取り出せる岩石について

山を歩いているときに見付けた緑色の岩石について調べたところ，クジャク石というもので，この石から銅を得られることを知った。不純物を含まないクジャク石から銅を得る方法に興味をもち，具体的に調べたところ，クジャク石を加熱すると，酸化銅と二酸化炭素と水に分解され，得られた酸化銅に炭素の粉をよく混ぜ，加熱すると銅が得られることが分かった。

クジャク石に含まれる銅の割合を，実験と資料により確認することにした。

まず，不純物を含まない人工的に作られたクジャク石の粉0.20ｇを理科室で図１のように加熱し，完全に反応させ，0.13ｇの黒色の固体を得た。次に，銅の質量とその銅を加熱して得られる酸化銅の質量の関係を調べ，表２（次のページ）のような資料にまとめた。

図１

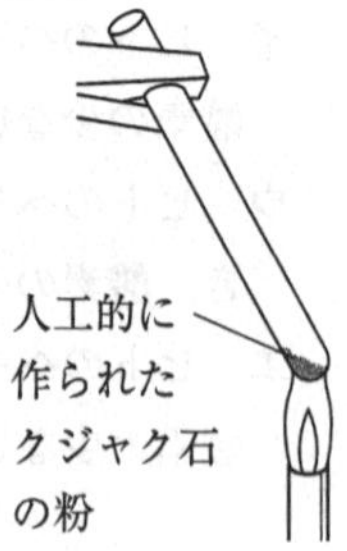

人工的に作られたクジャク石の粉

表2

銅の質量〔g〕	0.08	0.12	0.16	0.20	0.24	0.28
加熱して得られる酸化銅の質量〔g〕	0.10	0.15	0.20	0.25	0.30	0.35

〔問2〕　<レポート2>から，人工的に作られたクジャク石の粉0.20gに含まれる銅の割合として適切なのは，次のうちではどれか。

ア　20%　　**イ**　52%　　**ウ**　65%　　**エ**　80%

<レポート3>　石英について

山を歩いているときに見付けた無色透明な部分を含む岩石について調べたところ，無色透明な部分が石英であり，ガラスの原料として広く使われていることを知った。

ガラスを通る光の性質に興味をもち，調べるために，空気中で図2のように方眼紙の上に置いた直方体のガラスに光源装置から光を当てる実験を行った。光は，物質の境界面Q及び境界面Rで折れ曲がり，方眼紙に引いた直線Lを通り過ぎた。光の道筋と直線Lとの交点を点Pとした。なお，図2は真上から見た図であり，光源装置から出ている矢印（—▶—）は光の道筋と進む向きを示したものである。

図2

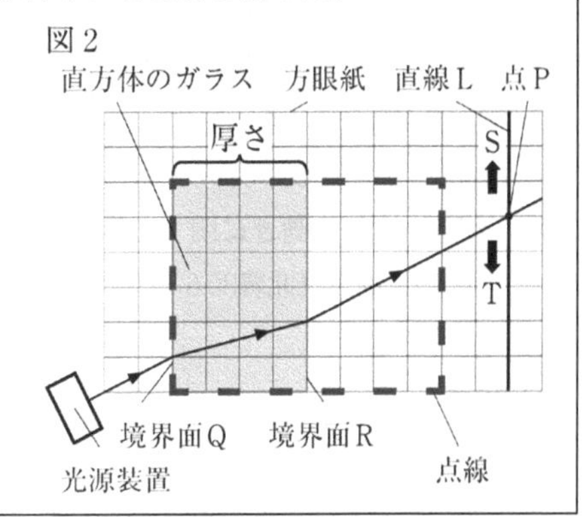

〔問3〕　<レポート3>から，図2の境界面Qと境界面Rのうち光源装置から出た光が通過するとき入射角より屈折角が大きくなる境界面と，厚さを2倍にした直方体のガラスに入れ替えて同じ実験をしたときの直線L上の点Pの位置の変化について述べたものとを組み合わせたものとして適切なのは，下の表の**ア**～**エ**のうちではどれか。

ただし，入れ替えた直方体のガラスは，<レポート3>の直方体のガラスの厚さのみを変え，点線（▬ ▬）の枠に合わせて設置するものとする。

	光源装置から出た光が通過するとき入射角より屈折角が大きくなる境界面	厚さを2倍にした直方体のガラスに入れ替えて同じ実験をしたときの直線L上の点Pの位置の変化について述べたもの
ア	境界面Q	点Pの位置は，Sの方向にずれる。
イ	境界面R	点Pの位置は，Sの方向にずれる。
ウ	境界面Q	点Pの位置は，Tの方向にずれる。
エ	境界面R	点Pの位置は，Tの方向にずれる。

<レポート4>　生物由来の岩石について

河原を歩いているときに見付けた岩石について調べたところ，その岩石は，海中の生物の死がいなどが堆積してできたチャートであることを知った。海中の生物について興味をもち，調べたところ，海中の生態系を構成する生物どうしは，食べたり食べられたりする関係でつながっていることが分かった。また，ある生態系を構成する生物どうしの数量的な関係は，図3のように，ピラミッドのような形で表すことができ，食べられる側の生物の数のほうが，食べる側の生物の数よりも多くなることも分かった。

図3

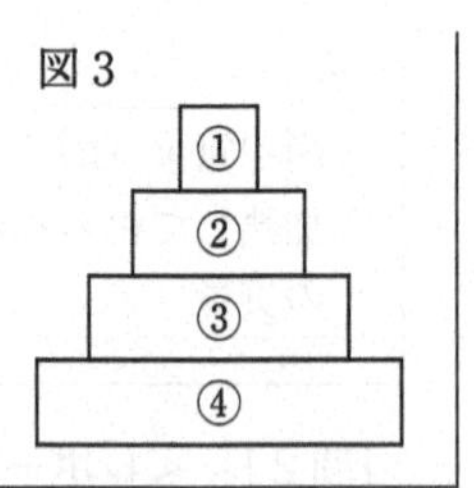

〔問4〕 生物どうしの数量的な関係を図3のように表すことができるモデル化した生態系Vについて，<資料>のことが分かっているとき，<レポート4>と<資料>から，生態系Vにおいて，図3の③に当てはまるものとして適切なのは，下の**ア**～**エ**のうちではどれか。

ただし，生態系Vにおいて，図3の①，②，③，④には，生物w，生物x，生物y，生物zのいずれかが，それぞれ別々に当てはまるものとする。

<資料>

生態系Vには，生物w，生物x，生物y，生物zがいる。生態系Vにおいて，生物wは生物xを食べ，生物xは生物yを食べ，生物yは生物zを食べる。

ア　生物w　　**イ**　生物x　　**ウ**　生物y　　**エ**　生物z

3　太陽と地球の動きに関する観察について，次の各問に答えよ。

東京のX地点（北緯35.6°）で，ある年の6月のある日に**<観察1>**を行ったところ，**<結果1>**のようになった。

<観察1>

(1) 図1のように，白い紙に，透明半球の縁と同じ大きさの円と，円の中心Oで垂直に交わる線分ACと線分BDをかいた。かいた円に合わせて透明半球をセロハンテープで白い紙に固定した。

(2) N極が黒く塗られた方位磁針を用いて点Cが北の方角に一致するよう線分ACを南北方向に合わせ，透明半球を日当たりのよい水平な場所に固定した。

図1

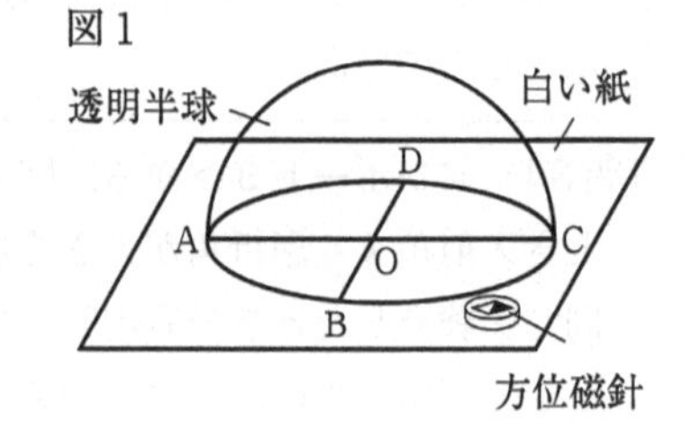

(3) 8時から16時までの間，2時間ごとに，油性ペンの先の影が円の中心Oと一致する透明半球上の位置に•印と観察した時刻を記録した。

(4) (3)で記録した•印を滑らかな線で結び，その線を透明半球の縁まで延ばして，東側で交わる点をE，西側で交わる点をFとした。

(5) (3)で2時間ごとに記録した透明半球上の•印の間隔をそれぞれ測定した。

<結果1>

(1) **<観察1>**の(3)と(4)の透明半球上の記録は図2のようになった。

(2) **<観察1>**の(5)では，2時間ごとに記録した透明半球上の•印の間隔はどれも5.2cmであった。

図2

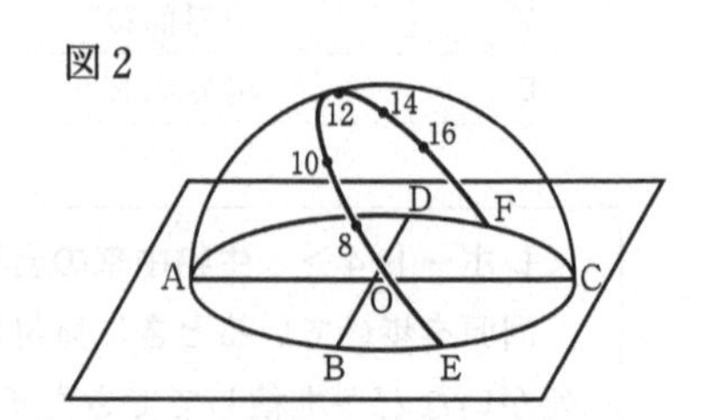

〔問1〕 <**結果1**>の(1)から，<**観察1**>の観測日の南中高度をRとしたとき，Rを示した模式図として適切なのは，下の**ア**～**エ**のうちではどれか。

ただし，下の**ア**～**エ**の図中の点Pは太陽が南中した時の透明半球上の太陽の位置を示している。

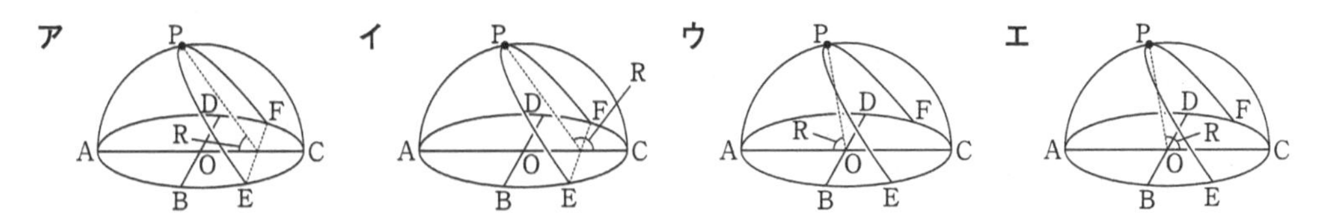

〔問2〕 <**結果1**>の(2)から，地球上での太陽の見かけ上の動く速さについてどのようなことが分かるか。「2時間ごとに記録した透明半球上の•印のそれぞれの間隔は，」に続く形で，理由も含めて簡単に書け。

〔問3〕 図3は，北極点の真上から見た地球を模式的に表したものである。点J，点K，点L，点Mは，それぞれ東京のX地点（北緯35.6°）の6時間ごとの位置を示しており，点Jは南中した太陽が見える位置である。地球の自転の向きについて述べた次の文章の［①］～［④］に，それぞれ当てはまるものを組み合わせたものとして適切なのは，後の表の**ア**～**エ**のうちではどれか。

図3

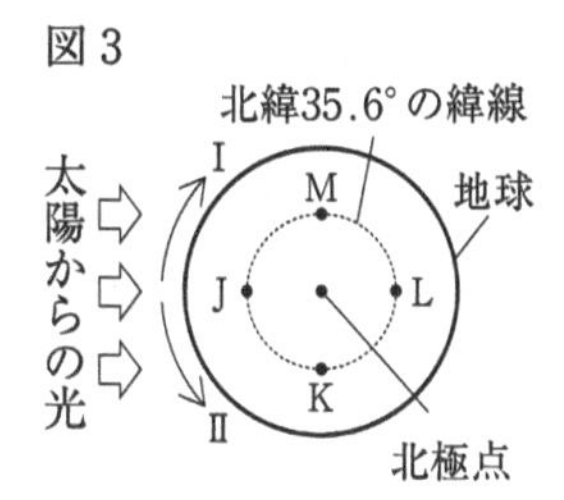

> <**結果1**>の(1)から，地球上では太陽は見かけ上，［①］に移動して見えることが分かる。また，図3において，東の空に太陽が見えるのは点［②］の位置であり，西の空に太陽が見えるのは点［③］の位置である。そのため地球は，［④］の方向に自転していると考えられる。

	①	②	③	④
ア	西の空から東の空	K	M	I
イ	東の空から西の空	K	M	Ⅱ
ウ	西の空から東の空	M	K	I
エ	東の空から西の空	M	K	Ⅱ

次に，東京のX地点（北緯35.6°）で，<**観察1**>を行った日と同じ年の9月のある日に<**観察2**>を行ったところ，<**結果2**>（次のページ）のようになった。

<**観察2**>

(1) <**観察1**>の(3)と(4)の結果を記録した図2（前のページ）のセロハンテープで白い紙に固定した透明半球を準備した。

(2) N極が黒く塗られた方位磁針を用いて点Cが北の方角に一致するよう線分ACを南北方向に合わせ，透明半球を日当たりのよい水平な場所に固定した。

(3) 8時から16時までの間，2時間ごとに，油性ペンの先の影が円の中心Oと一致する透明半球上の位置に▲印と観察した時刻を記録した。

(4)　(3)で記録した▲印を滑らかな線で結び，その線を透明半球の縁まで延ばした。

(5)　<**観察1**>と<**観察2**>で透明半球上にかいた曲線の長さをそれぞれ測定した。

<**結果2**>

(1)　<**観察2**>の(3)と(4)の透明半球上の記録は図4のようになった。

(2)　<**観察2**>の(5)では，<**観察1**>の(4)でかいた曲線の長さは約37.7cmで，<**観察2**>の(4)でかいた曲線の長さは約33.8cmであった。

図4

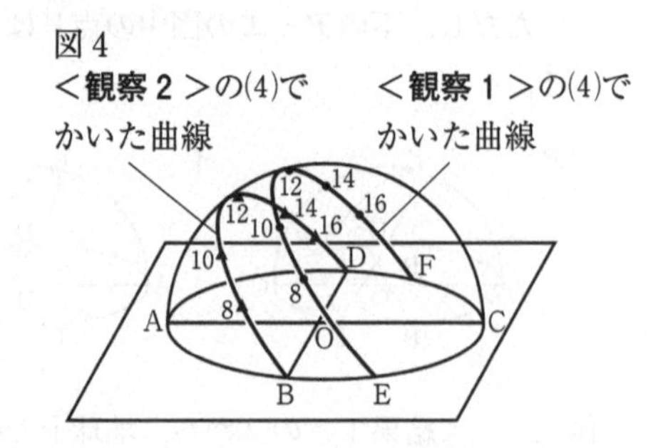

〔問4〕　図5は，<**観察1**>を行った日の地球を模式的に表したものである。図5のX地点は<**観察1**>を行った地点を示し，図5のY地点は北半球にあり，X地点より高緯度の地点を示している。<**結果2**>から分かることを次の①，②から一つ，図5のX地点とY地点における夜の長さを比較したとき夜の長さが長い地点を下の③，④から一つ，それぞれ選び，組み合わせたものとして適切なのは，下の**ア**～**エ**のうちではどれか。

図5

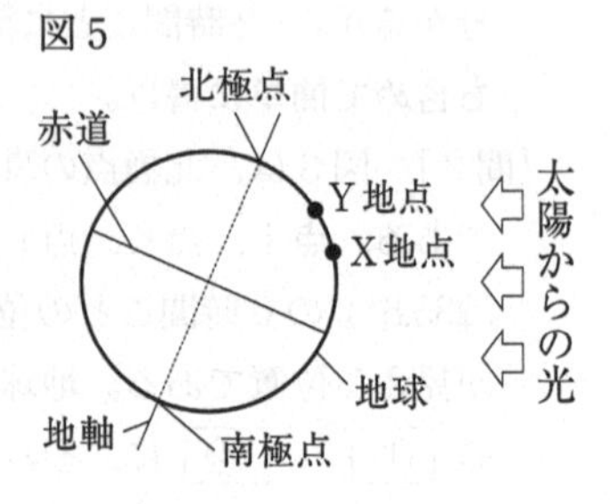

①　日の入りの位置は，<**観察1**>を行った日の方が<**観察2**>を行った日よりも北寄りで，昼の長さは<**観察1**>を行った日の方が<**観察2**>を行った日よりも長い。

②　日の入りの位置は，<**観察1**>を行った日の方が<**観察2**>を行った日よりも南寄りで，昼の長さは<**観察2**>を行った日の方が<**観察1**>を行った日よりも長い。

③　X地点

④　Y地点

ア　①，③　　**イ**　①，④　　**ウ**　②，③　　**エ**　②，④

4　植物の働きに関する実験について，次の各問に答えよ。

<**実験**>を行ったところ，<**結果**>のようになった。

<**実験**>

(1)　図1のように，2枚のペトリ皿に，同じ量の水と，同じ長さに切ったオオカナダモA，オオカナダモBを用意した。オオカナダモA，オオカナダモBの先端付近の葉をそれぞれ1枚切り取り，プレパラートを作り，顕微鏡で観察し，細胞内の様子を記録した。

図1

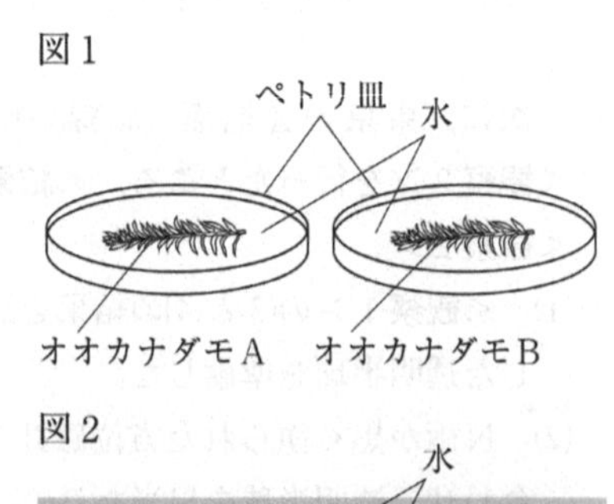

(2)　図2のように，オオカナダモA，オオカナダモBを，20℃の条件の下で，光が当たらない場所に2日間置いた。

図2

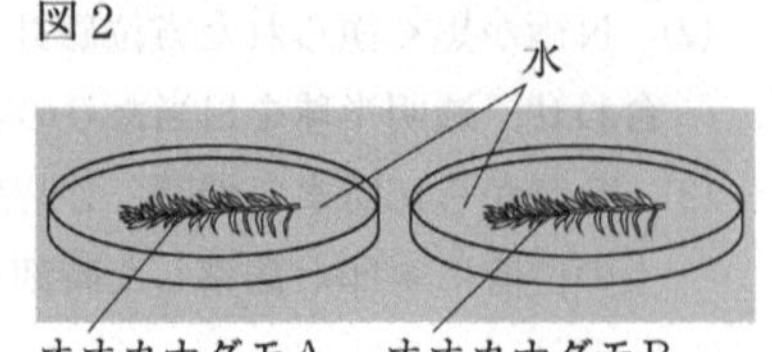

(3)　2日後，オオカナダモA，オオカナダモBの先端付近の葉をそれぞれ1枚切り取り，熱湯に浸した後，温

めたエタノールに入れ，脱色した。脱色した葉を水で洗った後，ヨウ素液を１滴落とし，プレパラートを作り，顕微鏡で観察し，細胞内の様子を記録した。

(4)　(2)で光が当たらない場所に２日間置いたオオカナダモＢの入ったペトリ皿をアルミニウムはくで覆い，ペトリ皿の内部に光が入らないようにした。

(5)　図３のように，20℃の条件の下で，(2)で光が当たらない場所に２日間置いたオオカナダモＡが入ったペトリ皿と，(4)でアルミニウムはくで覆ったペトリ皿を，光が十分に当たる場所に３日間置いた。

(6)　３日後，オオカナダモＡとオオカナダモＢの先端付近の葉をそれぞれ１枚切り取った。

図３

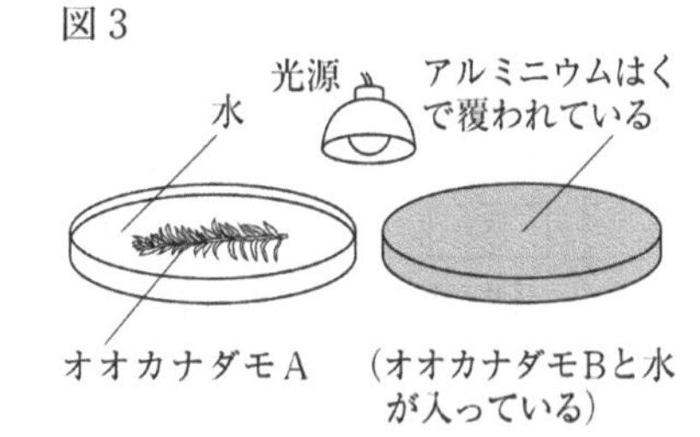

(7)　(6)で切り取った葉を熱湯に浸した後，温めたエタノールに入れ，脱色した。脱色した葉を水で洗った後，ヨウ素液を１滴落とし，プレパラートを作り，顕微鏡で観察し，細胞内の様子を記録した。

＜結果＞

(1)　＜**実験**＞の(1)のオオカナダモＡとオオカナダモＢの先端付近の葉の細胞内には，緑色の粒がそれぞれ多数観察された。

(2)　＜**実験**＞の(3)のオオカナダモの先端付近の葉の細胞内の様子の記録は，表１のようになった。

表１

オオカナダモＡの先端付近の葉の細胞内の様子	オオカナダモＢの先端付近の葉の細胞内の様子
＜**実験**＞の(1)で観察された緑色の粒と同じ形の粒は，透明であった。	＜**実験**＞の(1)で観察された緑色の粒と同じ形の粒は，透明であった。

(3)　＜**実験**＞の(7)のオオカナダモの先端付近の葉の細胞内の様子の記録は，表２のようになった。

表２

オオカナダモＡの先端付近の葉の細胞内の様子	オオカナダモＢの先端付近の葉の細胞内の様子
＜**実験**＞の(1)で観察された緑色の粒と同じ形の粒は，青紫色に染色されていた。	＜**実験**＞の(1)で観察された緑色の粒と同じ形の粒は，透明であった。

〔問１〕　＜**実験**＞の(1)でプレパラートを作り，顕微鏡で観察をする準備を行う際に，プレパラートと対物レンズを，最初に，できるだけ近づけるときの手順について述べたものと，対物レンズが20倍で接眼レンズが10倍である顕微鏡の倍率とを組み合わせたものとして適切なのは，次の表の**ア**～**エ**のうちではどれか。

	顕微鏡で観察をする準備を行う際に，プレパラートと対物レンズを，最初に，できるだけ近づけるときの手順	対物レンズが20倍で接眼レンズが10倍である顕微鏡の倍率
ア	接眼レンズをのぞきながら，調節ねじを回してプレパラートと対物レンズをできるだけ近づける。	200倍
イ	顕微鏡を横から見ながら，調節ねじを回してプレパラートと対物レンズをできるだけ近づける。	200倍
ウ	接眼レンズをのぞきながら，調節ねじを回してプレパラートと対物レンズをできるだけ近づける。	30倍
エ	顕微鏡を横から見ながら，調節ねじを回してプレパラートと対物レンズをできるだけ近づける。	30倍

〔問2〕　<実験>の(6)で葉を切り取ろうとした際に，オオカナダモAに気泡が付着していることに気付いた。このことに興味をもち，植物の働きによる気体の出入りについて調べ，<資料>にまとめた。

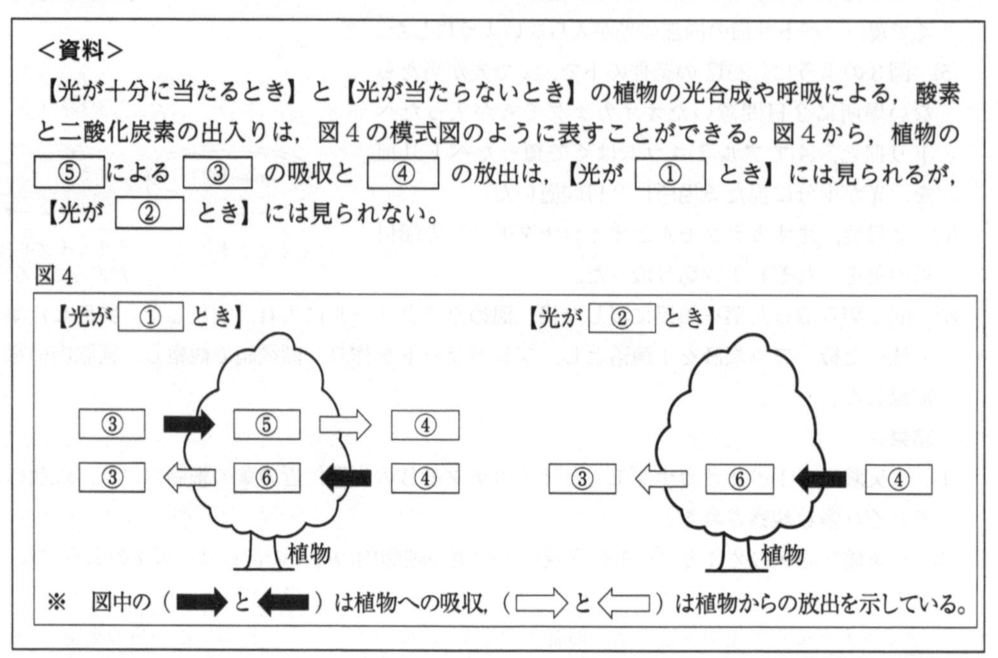

<資料>

【光が十分に当たるとき】と【光が当たらないとき】の植物の光合成や呼吸による，酸素と二酸化炭素の出入りは，図4の模式図のように表すことができる。図4から，植物の ⑤ による ③ の吸収と ④ の放出は，【光が ① とき】には見られるが，【光が ② とき】には見られない。

図4

※　図中の（➡と⬅）は植物への吸収，（⇨と⇦）は植物からの放出を示している。

<資料>の ① ～ ⑥ にそれぞれ当てはまるものを組み合わせたものとして適切なのは，次の表のア～エのうちではどれか。

	①	②	③	④	⑤	⑥
ア	十分に当たる	当たらない	二酸化炭素	酸素	光合成	呼吸
イ	十分に当たる	当たらない	酸素	二酸化炭素	呼吸	光合成
ウ	当たらない	十分に当たる	二酸化炭素	酸素	光合成	呼吸
エ	当たらない	十分に当たる	酸素	二酸化炭素	呼吸	光合成

〔問3〕　<結果>の(1)～(3)から分かることとして適切なのは，次のうちではどれか。

ア　光が十分に当たる場所では，オオカナダモの葉の核でデンプンが作られることが分かる。

イ　光が十分に当たる場所では，オオカナダモの葉の核でアミノ酸が作られることが分かる。

ウ　光が十分に当たる場所では，オオカナダモの葉の葉緑体でデンプンが作られることが分かる。

エ　光が十分に当たる場所では，オオカナダモの葉の葉緑体でアミノ酸が作られることが分かる。

5　水溶液に関する実験について，あとの各問に答えよ。

<実験1>を行ったところ，<結果1>（次のページ）のようになった。

<実験1>

(1)　ビーカーA，ビーカーB，ビーカーCにそれぞれ蒸留水（精製水）を入れた。

(2) ビーカーBに塩化ナトリウムを加えて溶かし，5％の塩化ナトリウム水溶液を作成した。ビーカーCに砂糖を加えて溶かし，5％の砂糖水を作成した。
(3) 図1のように実験装置を組み，ビーカーAの蒸留水，ビーカーBの水溶液，ビーカーCの水溶液に，それぞれ約3Vの電圧を加え，電流が流れるか調べた。

図1
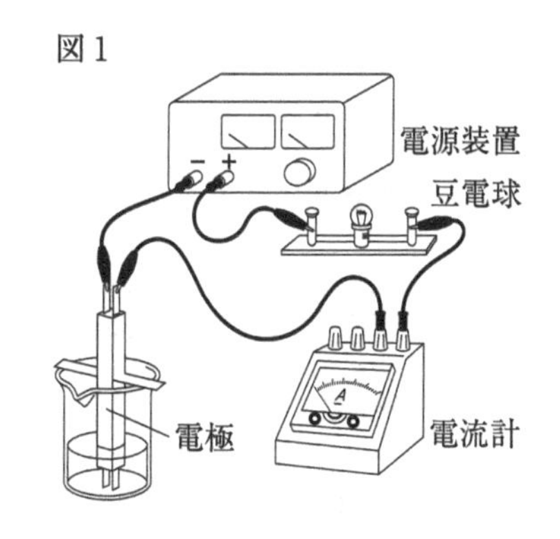

<**結果1**>

ビーカーA	ビーカーB	ビーカーC
電流が流れなかった。	電流が流れた。	電流が流れなかった。

〔問1〕 <**結果1**>から，ビーカーBの水溶液の溶質の説明と，ビーカーCの水溶液の溶質の説明とを組み合わせたものとして適切なのは，次の表の**ア**～**エ**のうちではどれか。

	ビーカーBの水溶液の溶質の説明	ビーカーCの水溶液の溶質の説明
ア	蒸留水に溶け，電離する。	蒸留水に溶け，電離する。
イ	蒸留水に溶け，電離する。	蒸留水に溶けるが，電離しない。
ウ	蒸留水に溶けるが，電離しない。	蒸留水に溶け，電離する。
エ	蒸留水に溶けるが，電離しない。	蒸留水に溶けるが，電離しない。

次に，<**実験2**>を行ったところ，<**結果2**>のようになった。

<**実験2**>

(1) 試験管A，試験管Bに，室温と同じ27℃の蒸留水（精製水）をそれぞれ5g（5㎤）入れた。次に，試験管Aに硝酸カリウム，試験管Bに塩化ナトリウムをそれぞれ3g加え，試験管をよくふり混ぜた。試験管A，試験管Bの中の様子をそれぞれ観察した。
(2) 図2のように，試験管A，試験管Bの中の様子をそれぞれ観察しながら，ときどき試験管を取り出し，ふり混ぜて，温度計が27℃から60℃を示すまで水溶液をゆっくり温めた。
(3) 加熱を止め，試験管A，試験管Bの中の様子をそれぞれ観察しながら，温度計が27℃を示すまで水溶液をゆっくり冷やした。
(4) 試験管A，試験管Bの中の様子をそれぞれ観察しながら，さらに温度計が20℃を示すまで水溶液をゆっくり冷やした。
(5) (4)の試験管Bの水溶液を1滴とり，スライドガラスの上で蒸発させた。

図2
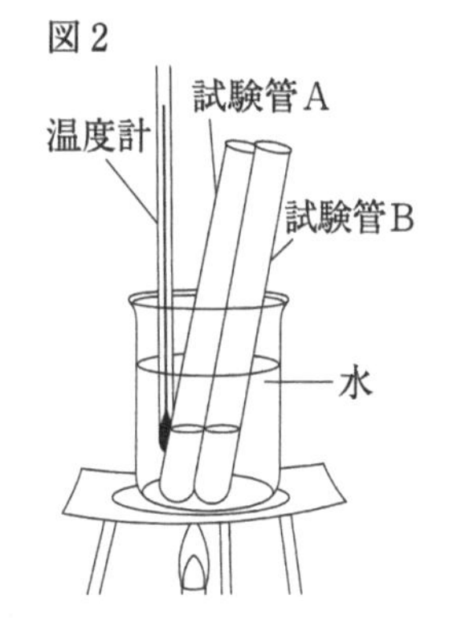

<**結果2**>

(1) <**実験2**>の(1)から<**実験2**>の(4)までの結果は次のページの表のようになった。

	試験管Aの中の様子	試験管Bの中の様子
<**実験２**>の(1)	溶け残った。	溶け残った。
<**実験２**>の(2)	温度計が約38℃を示したときに全て溶けた。	<**実験２**>の(1)の試験管Bの中の様子に比べ変化がなかった。
<**実験２**>の(3)	温度計が約38℃を示したときに結晶が現れ始めた。	<**実験２**>の(2)の試験管Bの中の様子に比べ変化がなかった。
<**実験２**>の(4)	結晶の量は，<**実験２**>の(3)の結果に比べ増加した。	<**実験２**>の(3)の試験管Bの中の様子に比べ変化がなかった。

(2)　<**実験２**>の(5)では，スライドガラスの上に白い固体が現れた。
さらに，硝酸カリウム，塩化ナトリウムの水に対する溶解度を図書館で調べ，<**資料**>を得た。

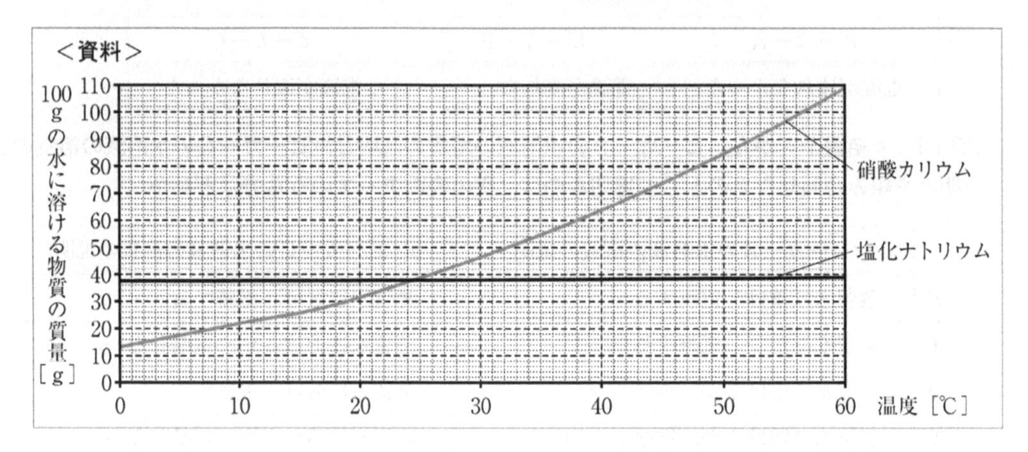

〔問２〕　<**結果２**>の(1)と<**資料**>から，温度計が60℃を示すまで温めたときの試験管Aの水溶液の温度と試験管Aの水溶液の質量パーセント濃度の変化との関係を模式的に示した図として適切なのは，次のうちではどれか。

ア

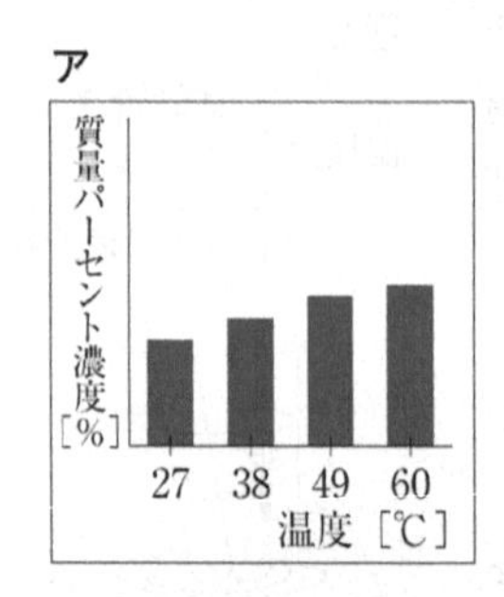

イ

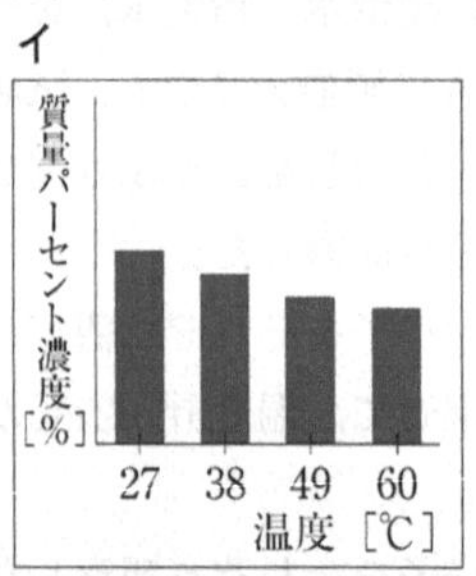

ウ

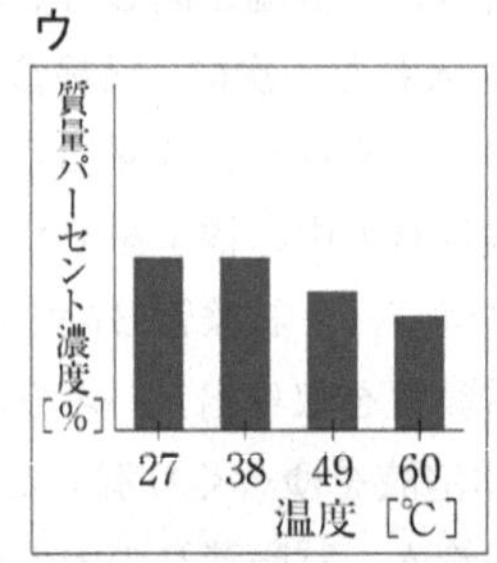

エ

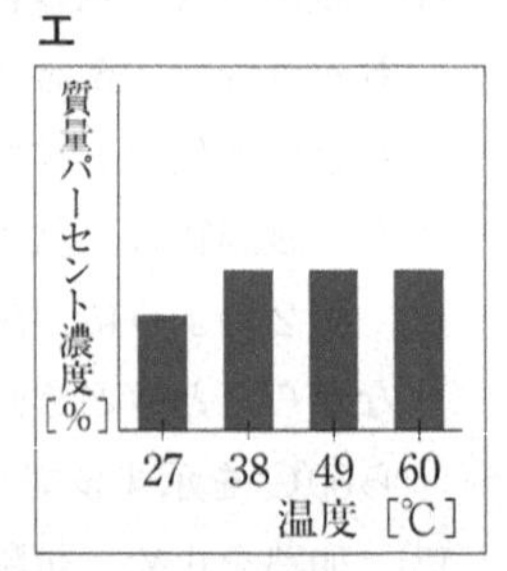

〔問３〕　<**結果２**>の(1)から，試験管Bの中の様子に変化がなかった理由を，温度の変化と溶解度の変化の関係に着目して，「<**資料**>から，」に続く形で，簡単に書け。

〔問４〕　<**結果２**>の(2)から，水溶液の溶媒を蒸発させると溶質が得られることが分かった。試験管Bの水溶液の温度が20℃のときと同じ濃度の塩化ナトリウム水溶液が0.35gあった場合，<**資料**>を用いて考えると，溶質を全て固体として取り出すために蒸発させる溶媒の質量として適切なのは，次のうちではどれか。

ア　約0.13g　　**イ**　約0.21g　　**ウ**　約0.25g　　**エ**　約0.35g

6 力学的エネルギーに関する実験について，次の各問に答えよ。
ただし，質量100gの物体に働く重力の大きさを１Ｎとする。
<**実験１**>を行ったところ，<**結果１**>のようになった。

<**実験１**>

(1) 図１のように，力学台車と滑車を合わせた質量600gの物体を糸でばねばかりにつるし，基準面で静止させ，ばねばかりに印を付けた。その後，ばねばかりをゆっくり一定の速さで水平面に対して垂直上向きに引き，物体を基準面から10cm持ち上げたとき，ばねばかりが示す力の大きさと，印が動いた距離と，移動にかかった時間を調べた。

図１

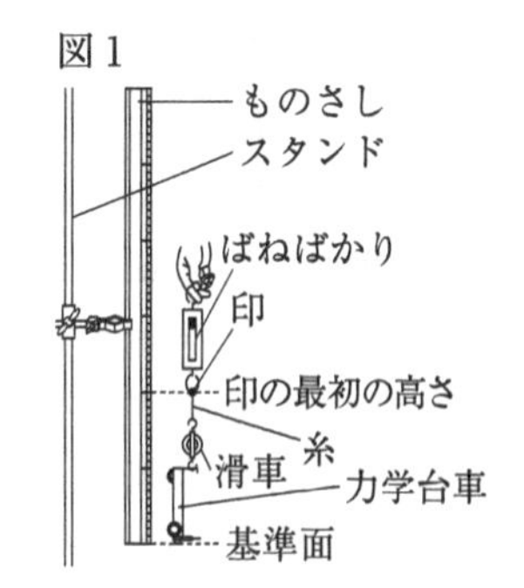

(2) 図２のように，(1)と同じ質量600gの物体を，一端を金属の棒に結び付けた糸でばねばかりにつるし，(1)と同じ高さの基準面で静止させ，ばねばかりに印を付けた。その後，ばねばかりをゆっくり一定の速さで水平面に対して垂直上向きに引き，物体を基準面から10cm持ち上げたとき，ばねばかりが示す力の大きさと，印が動いた距離と，移動にかかった時間を調べた。

図２

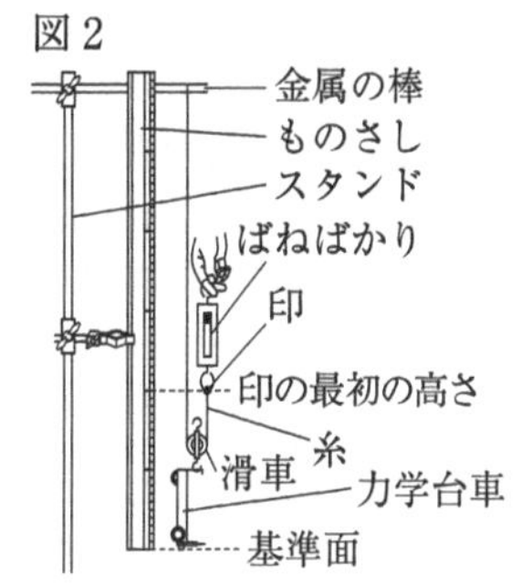

<**結果１**>

	ばねばかりが示す力の大きさ〔N〕	印が動いた距離〔cm〕	移動にかかった時間〔s〕
<**実験１**>の(1)	6	10	25
<**実験１**>の(2)	3	20	45

〔問１〕 <**結果１**>から，<**実験１**>の(1)で物体を基準面から10cm持ち上げたときに「ばねばかりが糸を引く力」がした仕事の大きさと，<**実験１**>の(2)で「ばねばかりが糸を引く力」を作用としたときの反作用とを組み合わせたものとして適切なのは，次の表の**ア**～**エ**のうちではどれか。

	「ばねばかりが糸を引く力」がした仕事の大きさ〔J〕	<**実験１**>の(2)で「ばねばかりが糸を引く力」を作用としたときの反作用
ア	0.6	力学台車と滑車を合わせた質量600gの物体に働く重力
イ	6	力学台車と滑車を合わせた質量600gの物体に働く重力
ウ	0.6	糸がばねばかりを引く力
エ	6	糸がばねばかりを引く力

次に，<**実験２**>を行ったところ，<**結果２**>のようになった。（次のページ）

＜実験２＞

(1)　図３のように，斜面の傾きを10°にし，記録テープを手で支え，力学台車の先端を点Aの位置にくるように静止させた。

(2)　記録テープから静かに手をはなし，力学台車が動き始めてから，点Bの位置にある車止めに当たる直前までの運動を，１秒間に一定間隔で50回打点する記録タイマーで記録テープに記録した。

図３

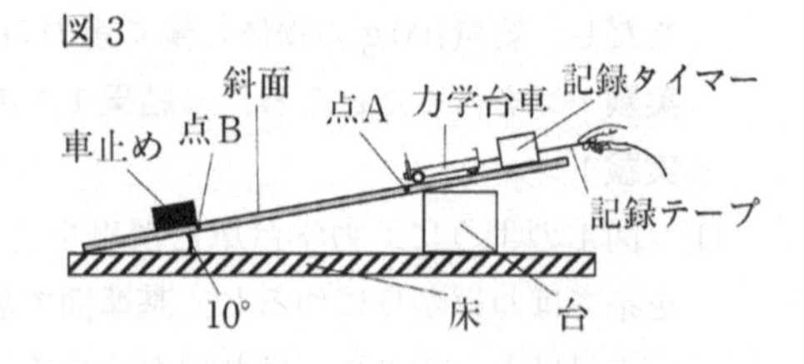

(3)　(2)で得た記録テープの，重なっている打点を用いずに，はっきり区別できる最初の打点を基準点とし，基準点から５打点間隔ごとに長さを測った。

(4)　(1)と同じ場所で，同じ実験器具を使い，斜面の傾きを20°に変えて同じ実験を行った。

＜結果２＞

図４　斜面の傾きが10°のときの記録テープ

図５　斜面の傾きが20°のときの記録テープ

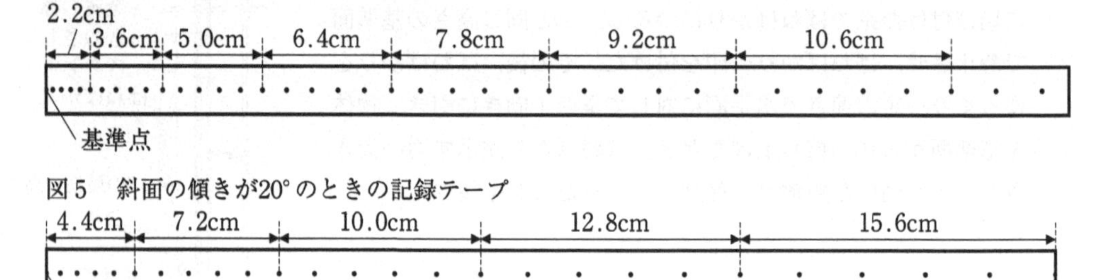

〔問２〕　＜結果２＞から，力学台車の平均の速さについて述べた次の文章の ① と ② にそれぞれ当てはまるものとして適切なのは，下のア～エのうちではどれか。

> ＜実験２＞の(2)で，斜面の傾きが10°のときの記録テープの基準点が打点されてから0.4秒経過するまでの力学台車の平均の速さをCとすると，Cは ① である。また，＜実験２＞の(4)で，斜面の傾きが20°のときの記録テープの基準点が打点されてから0.4秒経過するまでの力学台車の平均の速さをDとしたとき，CとDの比を最も簡単な整数の比で表すとC：D＝ ② となる。

	ア	イ	ウ	エ
①	16cm/s	32cm/s	43cm/s	64cm/s
②	1：1	1：2	2：1	14：15

〔問３〕　＜結果２＞から，＜実験２＞で斜面の傾きを10°から20°にしたとき，点Aから点Bの直前まで斜面を下る力学台車に働く重力の大きさと，力学台車に働く重力を斜面に平行な（沿った）方向と斜面に垂直な方向の二つの力に分解したときの斜面に平行な方向に分解した力の大きさとを述べたものとして適切なのは，次のうちではどれか。

ア　力学台車に働く重力の大きさは変わらず，斜面に平行な分力は大きくなる。

イ　力学台車に働く重力の大きさは大きくなり，斜面に平行な分力も大きくなる。

ウ　力学台車に働く重力の大きさは大きくなるが，斜面に平行な分力は変わらない。

エ　力学台車に働く重力の大きさは変わらず，斜面に平行な分力も変わらない。

〔問４〕　＜**実験１**＞の位置エネルギーと＜**実験２**＞の運動エネルギーの大きさについて述べた次の文章の ① と ② にそれぞれ当てはまるものを組み合わせたものとして適切なのは，下の表の**ア**～**エ**のうちではどれか。

> ＜**実験１**＞の⑴と⑵で，ばねばかりをゆっくり一定の速さで引きはじめてから25秒経過したときの力学台車の位置エネルギーの大きさを比較すると ① 。
>
> ＜**実験２**＞の⑵と⑷で，力学台車が点Ａから点Ｂの位置にある車止めに当たる直前まで下ったとき，力学台車のもつ運動エネルギーの大きさを比較すると ② 。

	①	②
ア	＜**実験１**＞の⑴と⑵で等しい	＜**実験２**＞の⑵と⑷で等しい
イ	＜**実験１**＞の⑴と⑵で等しい	＜**実験２**＞の⑷の方が大きい
ウ	＜**実験１**＞の⑴の方が大きい	＜**実験２**＞の⑵と⑷で等しい
エ	＜**実験１**＞の⑴の方が大きい	＜**実験２**＞の⑷の方が大きい

＜社会＞　時間　50分　満点　100点

1　次の各問に答えよ。

〔問１〕　次の地形図は，2017年の「国土地理院発行２万５千分の１地形図（取手(とりで)）」の一部を拡大して作成した地形図上に●で示したA点から，B～E点の順に，F点まで移動した経路を太線（━━）で示したものである。次のページのア～エの写真と文は，地形図上のB～E点の**いずれか**の地点の様子を示したものである。地形図上のB～E点のそれぞれに当てはまるのは，次のページのア～エのうちではどれか。

（編集の都合で90％に縮小してあります。）

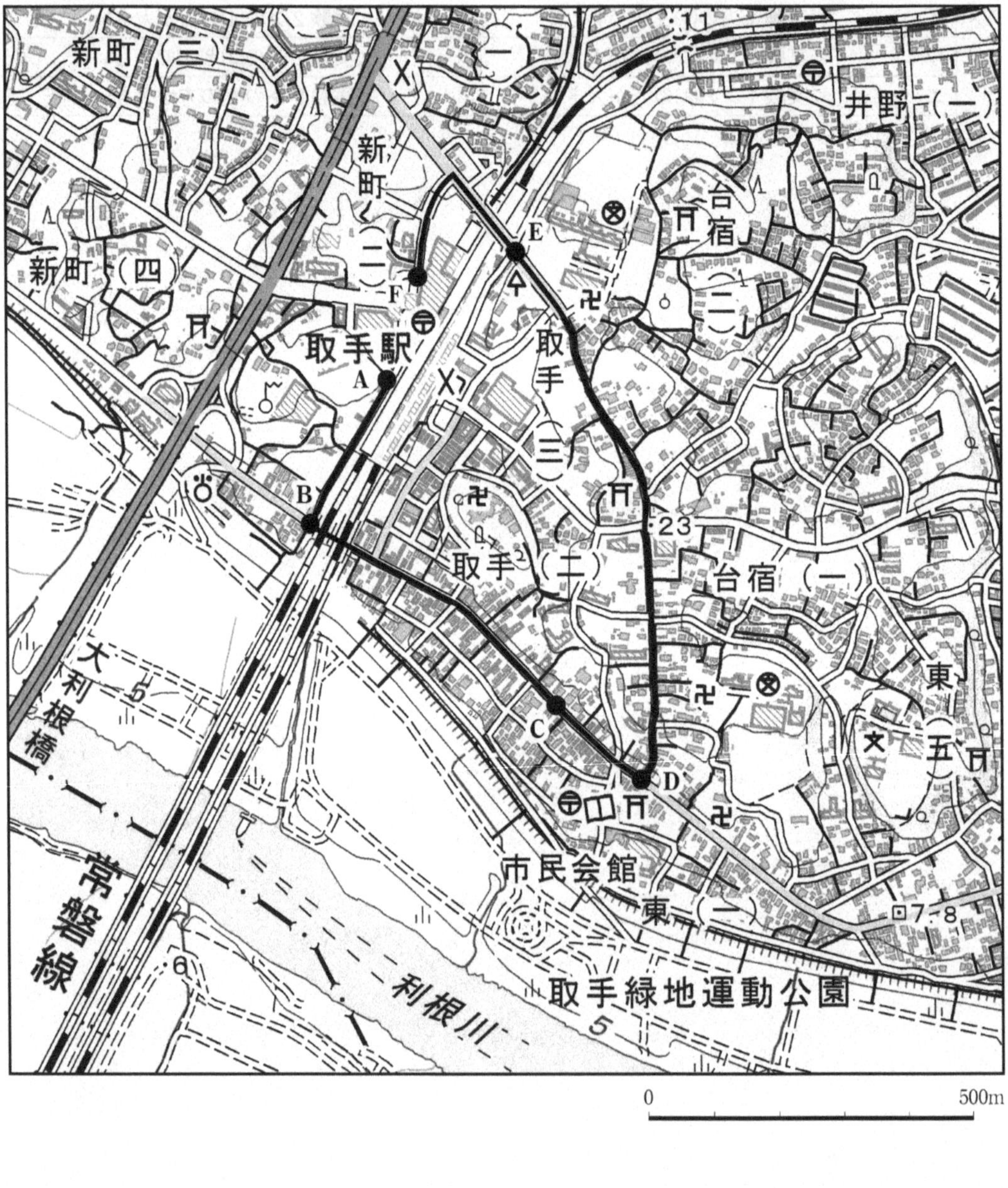

0　500m

ア

この地点から進行する方向を見ると，鉄道の線路の上に橋が架けられており，道路と鉄道が立体交差していた。

イ

この地点から進行する方向を見ると，道路の上に鉄道の線路が敷設（ふせつ）されており，道路と鉄道が立体交差していた。

ウ

丁字形（ていじけい）の交差点であるこの地点に立ち止まり，進行する方向を見ると，登り坂となっている道の両側に住宅が建ち並んでいた。

エ

直前の地点から約470m進んだこの地点に立ち止まり，北東の方向を見ると，宿場の面影を残す旧取手宿本陣表門（きゅうとりでしゅくほんじんおもてもん）があった。

〔問２〕　次の文で述べている決まりに当てはまるのは，下のア～エのうちのどれか。

戦国大名が，領国を支配することを目的に定めたもので，家臣が，勝手に他国から嫁や婿を取ることや他国へ娘を嫁に出すこと，国内に城を築くことなどを禁止した。

ア　御成敗式目（ごせいばいしきもく）　　イ　大宝律令（たいほうりつりょう）　　ウ　武家諸法度（ぶけしょはっと）　　エ　分国法（ぶんこくほう）

〔問３〕　次の文章で述べているものに当てはまるのは，下のア～エのうちのどれか。

衆議院の解散による衆議院議員の総選挙後に召集され，召集とともに内閣が総辞職するため，両議院において内閣総理大臣の指名が行われる。会期は，その都度，国会が決定し，２回まで延長することができる。

ア　常会　　イ　臨時会　　ウ　特別会　　エ　参議院の緊急集会

2　次の略地図を見て，あとの各問に答えよ。

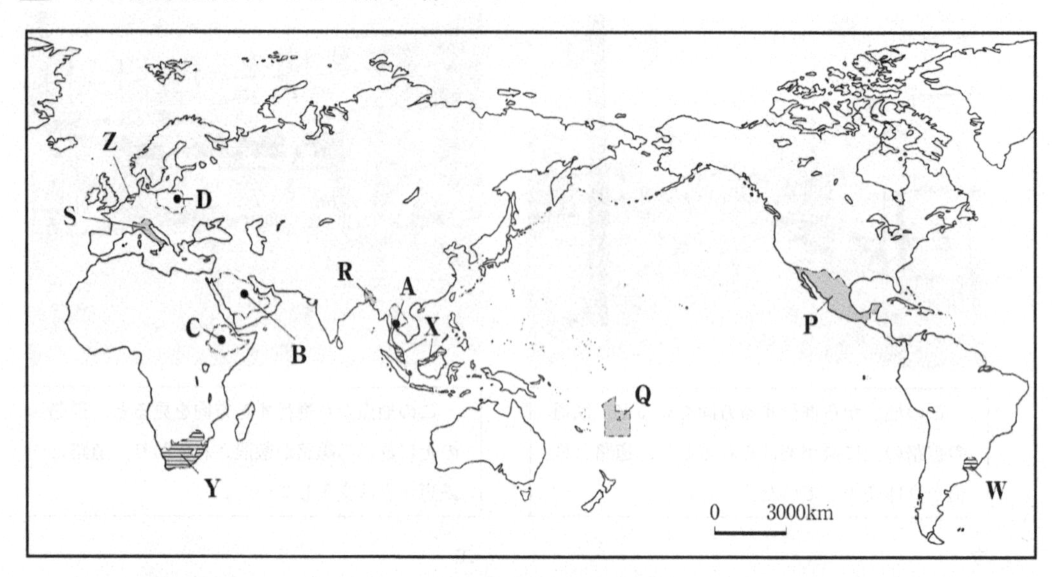

〔問１〕　略地図中のＡ～Ｄは，それぞれの国の首都の位置を示したものである。次のⅠの文章は，略地図中のＡ～Ｄのいずれかの首都を含む国の自然環境と農業についてまとめたものである。Ⅱのア～エのグラフは，略地図中のＡ～Ｄのいずれかの首都の，年平均気温と年降水量及び各月の平均気温と降水量を示したものである。Ⅰの文章で述べている国の首都に当てはまるのは，略地図中のＡ～Ｄのうちのどれか，また，その首都のグラフに当てはまるのは，Ⅱのア～エのうちのどれか。

Ⅰ

首都は標高約2350mに位置し，各月の平均気温の変化は年間を通して小さい。コーヒー豆の原産地とされており，2019年におけるコーヒー豆の生産量は世界第５位であり，輸出額に占める割合が高く，主要な収入源となっている。

Ⅱ

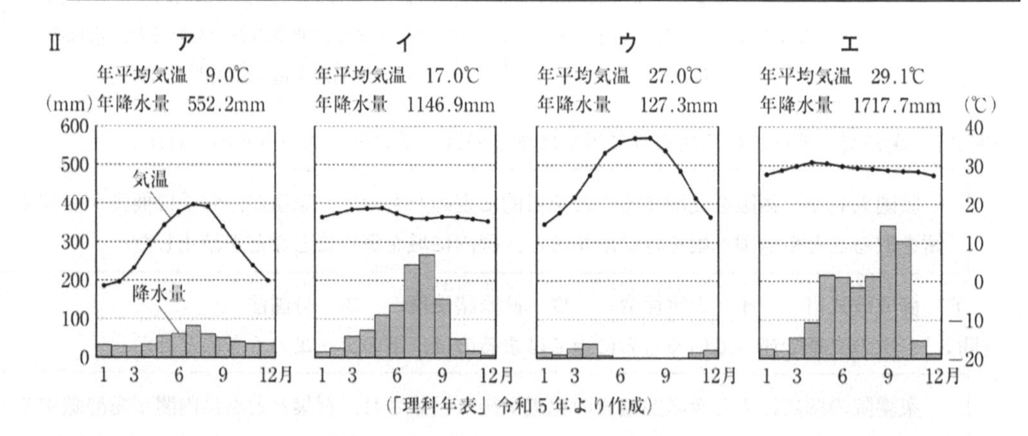

（「理科年表」令和５年より作成）

［問2］ 次の表のア～エは，前のページの略地図中に▒で示したP～Sのいずれかの国の，2019年における米，小麦，とうもろこしの生産量，農業と食文化の様子についてまとめたものである。略地図中のP～Sのそれぞれの国に当てはまるのは，次の表のア～エのうちではどれか。

	米（万t）	小麦（万t）	とうもろこし（万t）	農業と食文化の様子
ア	25	324	2723	○中央部の高原ではとうもろこしの栽培が行われ，北西部ではかんがい農業や牛の放牧が行われている。 ○とうもろこしが主食であり，とうもろこしの粉から作った生地を焼き，具材を挟んだ料理などが食べられている。
イ	149	674	628	○北部の平野では冬季に小麦の栽培が行われ，沿岸部では柑橘（かんきつ）類やオリーブなどの栽培が行われている。 ○小麦が主食であり，小麦粉から作った麺に様々なソースをあわせた料理などが食べられている。
ウ	0.6	－	0.1	○畑ではタロいもなどの栽培が行われ，海岸沿いの平野ではさとうきびなどの栽培が行われている。 ○タロいもが主食であり，バナナの葉に様々な食材と共にタロいもを包んで蒸した料理などが食べられている。
エ	5459	102	357	○河川が形成した低地では雨季の降水などを利用した稲作が行われ，北東部では茶の栽培が行われている。 ○米が主食であり，鶏やヤギの肉と共に牛乳から採れる油を使って米を炊き込んだ料理などが食べられている。

（注）－は，生産量が不明であることを示す。

（「データブック オブ・ザ・ワールド」2022年版などより作成）

［問3］ 次のⅠとⅡ（次のページ）の表のア～エは，略地図中に▤で示したW～Zのいずれかの国に当てはまる。Ⅰの表は，2001年と2019年における日本の輸入額，農産物の日本の主な輸入品目と輸入額を示したものである。Ⅱの表は，2001年と2019年における輸出額，輸出額が多い上位3位までの貿易相手国を示したものである。次のページのⅢの文章は，略地図中のW～Zのいずれかの国について述べたものである。Ⅲの文章で述べている国に当てはまるのは，略地図中のW～Zのうちのどれか，また，ⅠとⅡの表のア～エのうちのどれか。

Ⅰ

		日本の輸入額（百万円）	農産物の日本の主な輸入品目と輸入額（百万円）					
ア	2001年	226492	植物性原材料	18245	ココア	4019	野菜	3722
	2019年	343195	豚肉	17734	チーズ等	12517	植物性原材料	6841
イ	2001年	5538	羊毛	210	米	192	チーズ等	31
	2019年	3017	牛肉	1365	羊毛	400	果実	39
ウ	2001年	338374	とうもろこし	12069	果実	9960	砂糖	5680
	2019年	559098	果実	7904	植物性原材料	2205	野菜	2118
エ	2001年	1561324	パーム油	14952	植物性原材料	2110	天然ゴム	2055
	2019年	1926305	パーム油	36040	植物性原材料	15534	ココア	15390

（財務省「貿易統計」より作成）

Ⅱ

		輸出額(百万ドル)	輸出額が多い上位3位までの貿易相手国		
			1位	2位	3位
ア	2001年	169480	ドイツ	イギリス	ベルギー
	2019年	576785	ドイツ	ベルギー	フランス
イ	2001年	2058	ブラジル	アルゼンチン	アメリカ合衆国
	2019年	7680	中華人民共和国	ブラジル	アメリカ合衆国
ウ	2001年	27928	アメリカ合衆国	イギリス	ドイツ
	2019年	89396	中華人民共和国	ドイツ	アメリカ合衆国
エ	2001年	88005	アメリカ合衆国	シンガポール	日本
	2019年	240212	中華人民共和国	シンガポール	アメリカ合衆国

(国際連合「貿易統計年鑑」2020などより作成)

Ⅲ

この国では農業の機械化が進んでおり，沿岸部の砂丘では花や野菜が栽培され，ポルダーと呼ばれる干拓地では酪農が行われている。

2001年と比べて2019年では，日本の輸入額は2倍に届いてはいないが増加し，輸出額は3倍以上となっている。2019年の輸出額は日本に次ぎ世界第5位となっており，輸出額が多い上位3位までの貿易相手国は全て同じ地域の政治・経済統合体の加盟国となっている。

3 次の略地図を見て，あとの各問に答えよ。

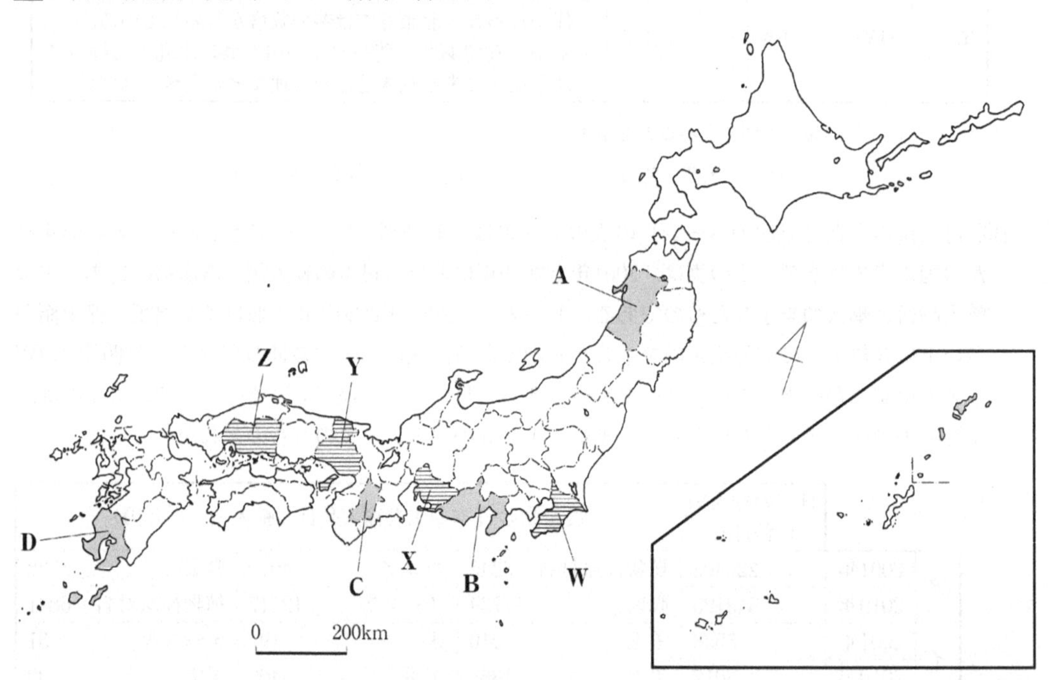

〔問1〕 次のページの表のア～エの文章は，略地図中に ▒ で示した，A～Dのいずれかの県の，自然環境と第一次産業の様子についてまとめたものである。A～Dのそれぞれの県に当てはまるのは，次の表のア～エのうちではどれか。

	自然環境と第一次産業の様子
ア	○南東側の県境付近に位置する山を水源とする河川は，上流部では渓谷を蛇行しながら北西方向に流れた後，流路を大きく変えて西流し，隣接する県を貫流して海に注いでいる。 ○南東部は，季節風の影響などにより国内有数の多雨地域であり，木材の生育に適していることから，古くから林業が営まれ，高品質な杉などが生産されていることが知られている。
イ	○北側の3000m級の山々が連なる山脈は，南北方向に走っており，東部の半島は，複数の火山が見られる山がちな地域であり，入り組んだ海岸線が見られる。 ○中西部にある台地は，明治時代以降に開拓され，日当たりと水はけがよいことから，国内有数の茶の生産量を誇っており，ブランド茶が生産されていることが知られている。
ウ	○南側の県境付近に位置する山を水源とする河川は，上流部や中流部では，南北方向に連なる山脈と山地の間に位置する盆地を貫流し，下流部では平野を形成して海に注いでいる。 ○南東部にある盆地は，夏に吹く北東の冷涼な風による冷害の影響を受けにくい地形の特徴などがあることから，稲作に適しており，銘柄米が生産されていることが知られている。
エ	○二つの半島に挟まれた湾の中に位置する島や北東側の県境に位置する火山などは，現在でも活動中であり，複数の離島があり，海岸線の距離は約2600kmとなっている。 ○水を通しやすい火山灰などが積もってできた台地が広範囲に分布していることから，牧畜が盛んであり，肉牛などの飼育頭数は国内有数であることが知られている。

［問２］　次のⅠの表の**ア**～**エ**は，略地図中に▤で示した**W**～**Z**の**いずれか**の県の，2020年における人口，県庁所在地の人口，他の都道府県への従業・通学者数，製造品出荷額等，製造品出荷額等に占める上位３位の品目と製造品出荷額等に占める割合を示したものである。次のⅡの文章は，Ⅰの表の**ア**～**エ**の**いずれか**の県の工業や人口の様子について述べたものである。Ⅱの文章で述べている県に当てはまるのは，Ⅰの**ア**～**エ**のうちのどれか，また，略地図中の**W**～**Z**のうちのどれか。

Ⅰ

	人口（万人）	県庁所在地の人口（万人）	他の都道府県への従業・通学者数（人）	製造品出荷額等（億円）	製造品出荷額等に占める上位３位の品目と製造品出荷額等に占める割合（％）
ア	628	97	797943	119770	石油・石炭製品(23.1)，化学(17.2)，食料品(13.3)
イ	280	120	26013	89103	輸送用機械(32.8)，鉄鋼(11.2)，生産用機械(9.7)
ウ	547	153	348388	153303	化学（13.6），鉄鋼（11.0），食料品（10.8）
エ	754	233	88668	441162	輸送用機械(53.0)，電気機械(7.7)，鉄鋼(4.9)

（2021年経済センサスなどより作成）

Ⅱ

○湾に面した沿岸部は，1950年代から埋め立て地などに，製油所，製鉄所や火力発電所などが建設されており，国内最大規模の石油コンビナートを有する工業地域となっている。
○中央部及び北西部に人口が集中しており，2020年における人口に占める他の都道府県への従業・通学者数の割合は，１割以上となっている。

〔問３〕　次の資料は，2019年に富山市が発表した「富山市都市マスタープラン」に示された，富山市が目指すコンパクトなまちづくりの基本的な考え方の一部をまとめたものである。資料から読み取れる，将来の富山市における日常生活に必要な機能の利用について，現状と比較し，自宅からの移動方法に着目して，簡単に述べよ。

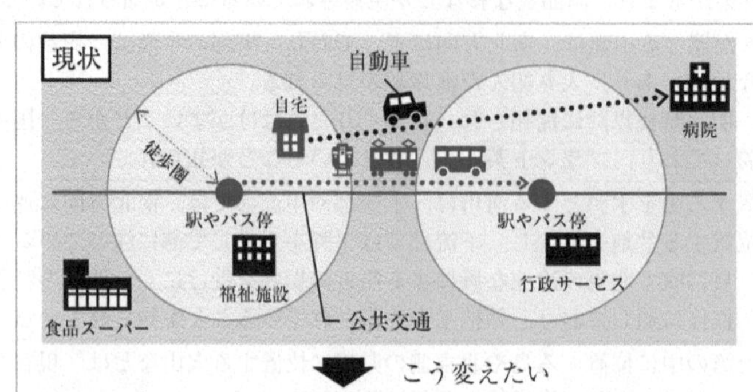

・公共交通のサービス水準が不十分で利用しにくい。
・駅やバス停を中心とした徒歩圏に日常生活に必要な機能がそろっていない。
・自動車を利用しないと生活しづらい。

こう変えたい

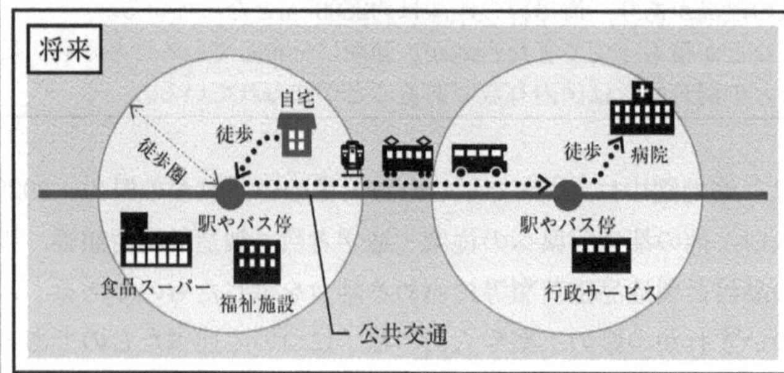

・公共交通のサービス水準が向上して利用しやすい。
・駅やバス停を中心とした徒歩圏に日常生活に必要な機能がそろっている。

（注）
・日常生活に必要な機能とは，行政サービス，福祉施設，病院，食品スーパーである。
・公共交通のサービス水準とは，鉄道・路面電車・バスの運行頻度などである。

（「富山市都市マスタープラン」より作成）

4　次の文章を読み，あとの各問に答えよ。

海上交通は，一度に大量の人や物を輸送することができることから，社会の発展のために重要な役割を果たしてきた。

古代から，各時代の権力者は，(1)周辺の国々へ使節を派遣し，政治制度や文化を取り入れたり，貿易により利益を得たりすることなどを通して，権力の基盤を固めてきた。時代が進むと，商人により，貨幣や多様な物資がもたらされ，堺（さかい）や博多（はかた）などの港が繁栄した。

江戸時代に入り，幕府は海外との貿易を制限するとともに，(2)国内の海上交通を整備し，全国的な規模で物資の輸送を行うようになった。開国後は，(3)諸外国との関わりの中で，産業が発展し，港湾の開発が進められた。

第二次世界大戦後，政府は，経済の復興を掲げ，海上交通の再建を目的に，造船業を支援した。(4)現在でも，外国との貿易の大部分は海上交通が担（にな）い，私たちの生活や産業の発展を支えている。

〔問1〕 (1)周辺の国々へ使節を派遣し，政治制度や文化を取り入れたり，貿易により利益を得たりすることなどを通して，権力の基盤を固めてきた。とあるが，次の**ア**～**エ**は，飛鳥時代から室町時代にかけて，権力者による海外との交流の様子などについて述べたものである。時期の古いものから順に記号を並べよ。

ア　混乱した政治を立て直すことを目的に，都を京都に移し，学問僧として唐へ派遣された最澄が帰国後に開いた密教を許可した。

イ　将軍を補佐する第五代執権として，有力な御家人を退けるとともに，国家が栄えることを願い，宋より来日した禅僧の蘭渓道隆を開山と定め，建長寺を建立した。

ウ　明へ使者を派遣し，明の皇帝から「日本国王」に任命され，勘合を用いて朝貢の形式で行う貿易を開始した。

エ　隋に派遣され，政治制度などについて学んだ留学生を国博士に登用し，大化の改新における政治制度の改革に取り組ませた。

〔問2〕 (2)国内の海上交通を整備し，全国的な規模で物資の輸送を行うようになった。とあるが，次のⅠの文章は，河村瑞賢が，1670年代に幕府に命じられた幕府の領地からの年貢米の輸送について，幕府に提案した内容の一部をまとめたものである。Ⅱの略地図は，Ⅰの文章で述べられている寄港地などの所在地を示したものである。ⅠとⅡの資料を活用し，河村瑞賢が幕府に提案した，幕府の領地からの年貢米の輸送について，輸送経路，寄港地の役割に着目して，簡単に述べよ。

Ⅰ
○陸奥国信夫郡（現在の福島県）などの幕府の領地の年貢米を積んだ船は，荒浜を出航したあと，平潟，那珂湊，銚子，小湊を寄港地とし，江戸に向かう。
○出羽国（現在の山形県）の幕府の領地の年貢米を積んだ船は，酒田を出航したあと，小木，福浦，柴山，温泉津，下関，大阪，大島，方座，安乗，下田を寄港地とし，江戸に向かう。
○寄港地には役人を置き，船の発着の日時や積荷の点検などを行う。

Ⅱ
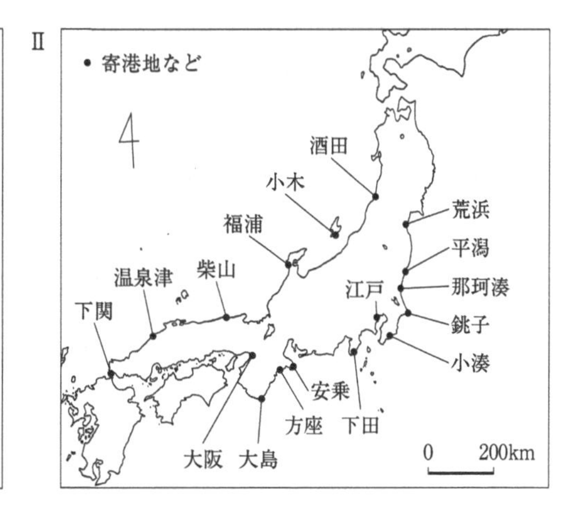

〔問3〕 (3)諸外国との関わりの中で，産業が発展し，港湾の開発が進められた。とあるが，次のページの略年表は，江戸時代から昭和時代にかけての，外交に関する主な出来事についてまとめたものである。略年表中の**A**～**D**のそれぞれの時期に当てはまるのは，後の**ア**～**エ**のうちではどれか。

ア　四日市港は，日英通商航海条約の調印により，治外法権が撤廃され，関税率の一部引き上げが可能になる中で，外国との貿易港として開港場に指定された。

イ　東京港は，関東大震災の復旧工事の一環として，関東大震災の2年後に日の出ふ頭が完成したことにより，大型船の接岸が可能となった。

ウ　函館港は，アメリカ合衆国との間に締結した和親条約により，捕鯨船への薪と水，食糧を補給する港として開港された。

エ　三角港は，西南戦争で荒廃した県内の産業を発展させることを目的に，オランダ人技術者の設計により造成され，西南戦争の10年後に開港された。

西暦	外交に関する主な出来事	
1842	●幕府が天保の薪水給与令を出し，異国船打ち払い令を緩和した。	A
1871	●政府が不平等条約改正の交渉などのために，岩倉使節団を欧米に派遣した。	B
1889	●大日本帝国憲法が制定され，近代的な政治制度が整えられた。	C
1911	●日米新通商航海条約の調印により，関税自主権の回復に成功した。	D
1928	●15か国が参加し，パリ不戦条約が調印された。	

〔問４〕　(4)現在でも，外国との貿易の大部分は海上交通が担い，私たちの生活や産業の発展を支えている。とあるが，次のグラフは，1950年から2000年までの，日本の海上貿易量（輸出）と海上貿易量（輸入）の推移を示したものである。グラフ中のA～Dのそれぞれの時期に当てはまるのは，後の**ア**～**エ**のうちではどれか。

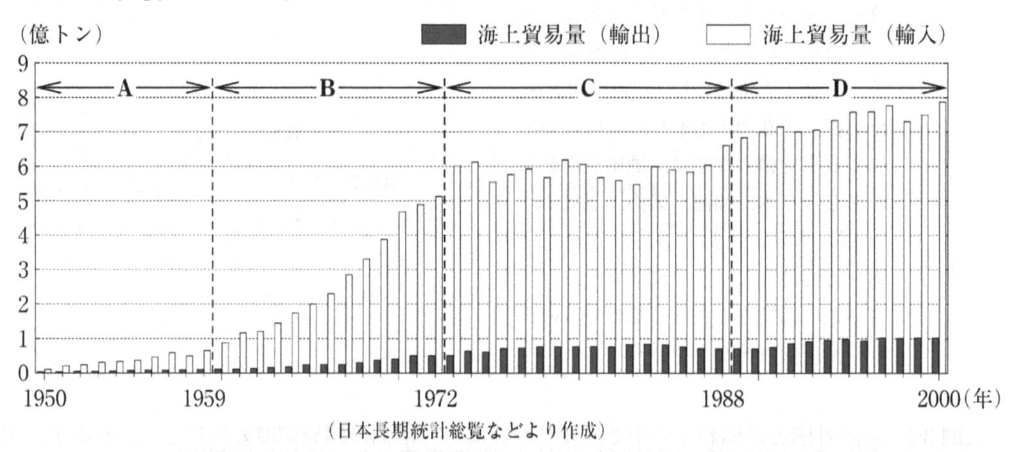

（日本長期統計総覧などより作成）

ア　サンフランシスコ平和条約（講和条約）を結び，国際社会に復帰する中で，海上貿易量は輸出・輸入ともに増加し，特に石油及び鉄鋼原料の需要の増加に伴い，海上貿易量（輸入）の増加が見られた。

イ　エネルギーの供給量において石油が石炭を上回り，海上輸送においてタンカーの大型化が進展する中で，日本初のコンテナ船が就航した他，この時期の最初の年と比較して最後の年では，海上貿易量（輸出）は約４倍に，海上貿易量（輸入）は約６倍に増加した。

ウ　冷たい戦争（冷戦）が終結するとともに，アジアにおいて経済発展を背景にした巨大な海運市場が形成される中で，海上貿易量は輸出・輸入ともに増加傾向にあったが，国内景気の後退や海外生産の増加を要因として，一時的に海上貿易量は輸出・輸入ともに減少が見られた。

エ　この時期の前半は二度にわたる石油価格の急激な上昇が，後半はアメリカ合衆国などとの貿易摩擦の問題がそれぞれ見られる中で，前半は海上貿易量（輸出）が増加し，後半は急速な円高により海上貿易量（輸入）は減少から増加傾向に転じた。

5　次の文章を読み，あとの各問に答えよ。

私たちは，家族，学校など様々な集団を形成しながら生活している。(1)一人一人が集団の中で個人として尊重されることが重要であり，日本国憲法においては，基本的人権が保障されている。

集団の中では，考え方の違いなどにより対立が生じた場合，多様な価値観をもつ人々が互いに受け入れられるよう，合意に至る努力をしている。例えば，国権の最高機関である(2)国会では，国の予算の使途や財源について合意を図るため，予算案が審議され，議決されている。

国際社会においても，(3)世界の国々が共存していくために条約を結ぶなど，合意に基づく国際協調を推進することが大切である。

今後も，よりよい社会の実現のために，(4)私たち一人一人が社会の課題に対して自らの考えをもち，他の人たちと協議するなど，社会に参画し，積極的に合意形成に努めることが求められている。

〔問1〕　(1)一人一人が集団の中で個人として尊重されることが重要であり，日本国憲法においては，基本的人権が保障されている。とあるが，基本的人権のうち，平等権を保障する日本国憲法の条文は，次の**ア**～**エ**のうちではどれか。

ア　すべて国民は，健康で文化的な最低限度の生活を営む権利を有する。

イ　すべて国民は，法の下に平等であつて，人種，信条，性別，社会的身分又は門地により，政治的，経済的又は社会的関係において，差別されない。

ウ　何人も，自己に不利益な供述を強要されない。

エ　何人も，裁判所において裁判を受ける権利を奪はれない。

〔問2〕　(2)国会では，国の予算の使途や財源について合意を図るため，予算案が審議され，議決されている。とあるが，次のページのⅠのグラフは，1989年度と2021年度における我が国の一般会計歳入額及び歳入項目別の割合を示したものである。Ⅰのグラフ中の**A**～**D**は，法人税，公債金，所得税，消費税の**いずれか**に当てはまる。次のページのⅡの文章は，Ⅰのグラフ中の**A**～**D**の**いずれか**について述べたものである。Ⅱの文章で述べている歳入項目に当てはまるのは，Ⅰの**A**～**D**のうちのどれか，また，その歳入項目について述べているのは，後の**ア**～**エ**のうちではどれか。

Ⅰ
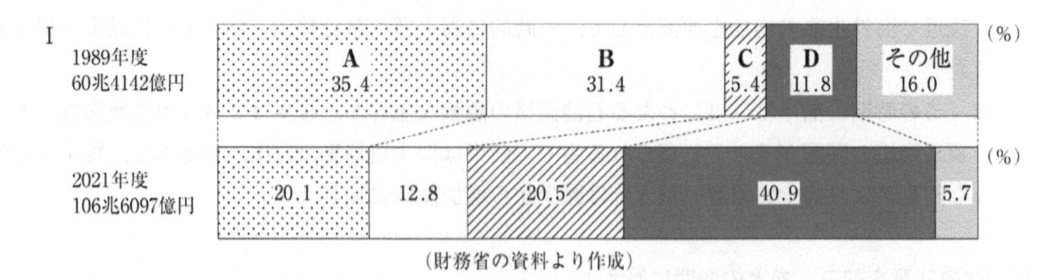

（財務省の資料より作成）

Ⅱ

> 間接税の一つであり，1989年に国民福祉の充実などに必要な歳入構造の安定化を図るために導入され，その後，段階的に税率が引き上げられた。2021年度の歳入額は20兆円を超え，1989年度に比べて６倍以上となっている。

ア　歳入の不足分を賄うため，借金により調達される収入で，元本の返済や利子の支払いなどにより負担が将来の世代に先送りされる。

イ　給料や商売の利益などに対して課され，主に勤労世代が負担し，税収が景気や人口構成の変化に左右されやすく，負担額は負担者の収入に応じて変化する。

ウ　商品の販売やサービスの提供に対して課され，勤労世代など特定の世代に負担が集中せず，税収が景気や人口構成の変化に左右されにくい。

エ　法人の企業活動により得られる所得に対して課され，税率は他の税とのバランスを図りながら，財政事情や経済情勢等を反映して決定される。

〔問３〕　(3)世界の国々が共存していくために条約を結ぶなど，合意に基づく国際協調を推進することが大切である。とあるが，次のⅠの文章は，ある国際的な合意について述べたものである。Ⅱの略年表は，1948年から2019年までの，国際社会における合意に関する主な出来事についてまとめたものである。Ⅰの国際的な合意が結ばれた時期に当てはまるのは，Ⅱの略年表中の**ア**～**エ**のうちではどれか。

Ⅰ

> 地球上の「誰一人取り残さない」ことをスローガンに掲げ，「質の高い教育をみんなに」などの17のゴールと169のターゲットで構成されている。持続可能でよりよい世界を目指し全ての国が取り組むべき国際目標として，国際連合において加盟国の全会一致で採択された。

Ⅱ

西暦	国際社会における合意に関する主な出来事	
1948	●世界人権宣言が採択された。	
		ア
1976	●国際連合において，児童権利宣言の20周年を記念して，1979年を国際児童年とすることが採択された。	
		イ
1990	●「気候変動に関する政府間パネル」により第一次評価報告書が発表された。	
		ウ
2001	●「極度の貧困と飢餓の撲滅」などを掲げたミレニアム開発目標が設定された。	
		エ
2019	●国際連合において，科学者グループによって起草された「持続可能な開発に関するグローバル・レポート2019」が発行された。	

〔問4〕 (4)私たち一人一人が社会の課題に対して自らの考えをもち，他の人たちと協議するなど，社会に参画し，積極的に合意形成に努めることが求められている。とあるが，次のⅠの文章は，2009年に法務省の法制審議会において取りまとめられた「民法の成年年齢の引下げについての最終報告書」の一部を分かりやすく書き改めたものである。Ⅱの表は，2014年から2018年までに改正された18歳，19歳に関する法律の成立年と主な改正点を示したものである。ⅠとⅡの資料を活用し，Ⅱの表で示された一連の法改正における，国の若年者に対する期待について，主な改正点に着目して，簡単に述べよ。

Ⅰ

○民法の成年年齢を20歳から18歳に引き下げることは，18歳，19歳の者を大人として扱い，社会への参加時期を早めることを意味する。
○18歳以上の者を，大人として処遇することは，若年者が将来の国づくりの中心であるという国としての強い決意を示すことにつながる。

Ⅱ

	成立年	主な改正点
憲法改正国民投票法の一部を改正する法律	2014	投票権年齢を満18歳以上とする。
公職選挙法等の一部を改正する法律	2015	選挙権年齢を満18歳以上とする。
民法の一部を改正する法律	2018	一人で有効な契約をすることができ，父母の親権に服さず自分の住む場所や，進学や就職などの進路について，自分の意思で決めることができるようになる成年年齢を満18歳以上とする。

6 次の文章を読み，あとの各問に答えよ。

国際社会では，人，物，お金や情報が，国境を越えて地球規模で移動するグローバル化が進んでいる。例えば，科学や文化などの面では，(1)これまでも多くの日本人が，研究などを目的に海外に移動し，滞在した国や地域，日本の発展に貢献してきた。また，経済の面では，(2)多くの企業が，世界規模で事業を展開するようになり，一企業の活動が世界的に影響を与えるようになってきた。

地球規模の課題は一層複雑になっており，課題解決のためには，(3)国際連合などにおける国際協調の推進が一層求められている。

〔問1〕 (1)これまでも多くの日本人が，研究などを目的に海外に移動し，滞在した国や地域，日本の発展に貢献してきた。とあるが，次のページの表の**ア**～**エ**は，次のページの略地図中に▒▒で示したA～D**のいずれか**の国に滞在した日本人の活動などについて述べたものである。略地図中のA～Dのそれぞれの国に当てはまるのは，後の表の**ア**～**エ**のうちではどれか。

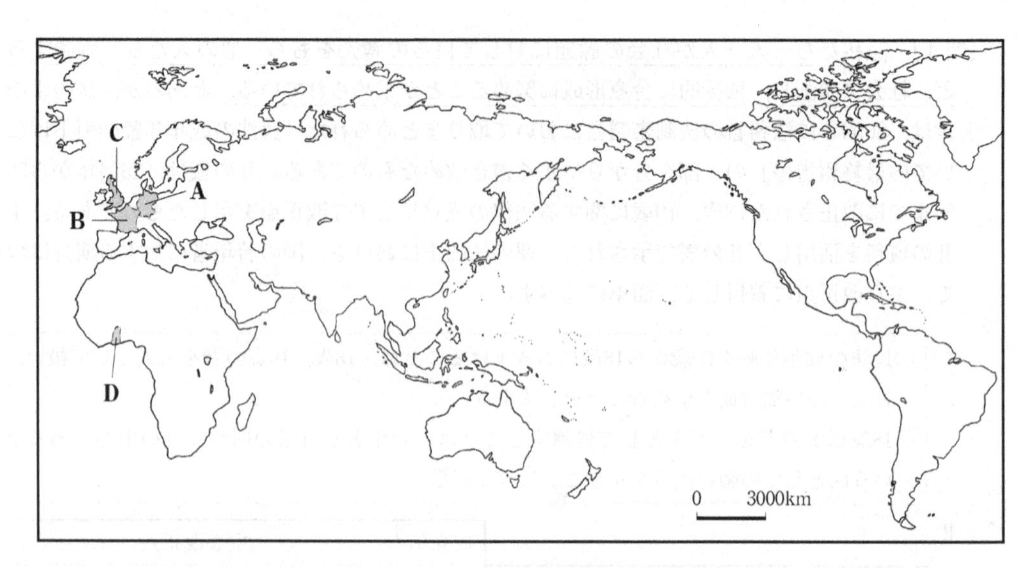

	日本人の活動など
ア	1789年に市民革命が起こったこの国に，1884年から1893年まで留学した黒田清輝(くろだせいき)は，途中から留学目的を洋画研究に変更し，ルーブル美術館で模写をするなどして，絵画の技法を学んだ。帰国後は，展覧会に作品を発表するとともに，後進の育成にも貢献した。
イ	1871年に統一されたこの国に，1884年から1888年まで留学した森鷗外(もりおうがい)は，コレラ菌などを発見したことで知られるコッホ博士などから細菌学を学んだ。帰国後は，この国を舞台とした小説を執筆するなど，文学者としても活躍した。
ウ	1902年に日本と同盟を結んだこの国に，1900年から1903年まで留学した夏目漱石(なつめそうせき)は，シェイクスピアの作品を観劇したり，研究者から英文学の個人指導を受けたりした。帰国後は，作家として多くの作品を発表し，文学者として活躍した。
エ	ギニア湾岸にあるこの国に，1927年から1928年まで滞在した野口英世(のぐちひでよ)は，この国を含めて熱帯地方などに広まっていた黄熱病(おうねつびょう)の原因を調査し，予防法や治療法の研究を行った。功績を記念し，1979年にこの国に野口記念医学研究所が設立された。

〔問2〕 (2)多くの企業が，世界規模で事業を展開するようになり，一企業の活動が世界的に影響を与えるようになってきた。とあるが，次のページのⅠの略年表は，1976年から2016年までの，国際会議に関する主な出来事についてまとめたものである。次のページのⅡの文は，Ⅰの略年表中の**ア**～**エのいずれか**の国際会議について述べたものである。Ⅱの文で述べている国際会議に当てはまるのは，Ⅰの略年表中の**ア**～**エ**のうちのどれか。

Ⅰ

西暦	国際会議に関する主な出来事
1976	●東南アジア諸国連合（ＡＳＥＡＮ）首脳会議がインドネシアで開催された。……………………ア
1993	●アジア太平洋経済協力（ＡＰＥＣ）首脳会議がアメリカ合衆国で開催された。…………………イ
1996	●世界貿易機関（ＷＴＯ）閣僚会議がシンガポールで開催された。
2008	●金融・世界経済に関する首脳会合（G20サミット）がアメリカ合衆国で開催された。…………ウ
2016	●主要国首脳会議（Ｇ７サミット）が日本で開催された。…………………………………………エ

Ⅱ

アメリカ合衆国に本社がある証券会社の経営破綻などを契機に発生した世界金融危機（世界同時不況，世界同時金融危機）と呼ばれる状況に対処するために，初めて参加国の首脳が集まる会議として開催された。

〔問３〕 (3)国際連合などにおける国際協調の推進が一層求められている。とあるが，次のⅠのグラフ中のア～エは，1945年から2020年までのアジア州，アフリカ州，ヨーロッパ州，南北アメリカ州の**いずれか**の州の国際連合加盟国数の推移を示したものである。Ⅱの文章は，Ⅰのグラフ中のア～エの**いずれか**の州について述べたものである。Ⅱの文章で述べている州に当てはまるのは，Ⅰのア～エのうちのどれか。

Ⅰ

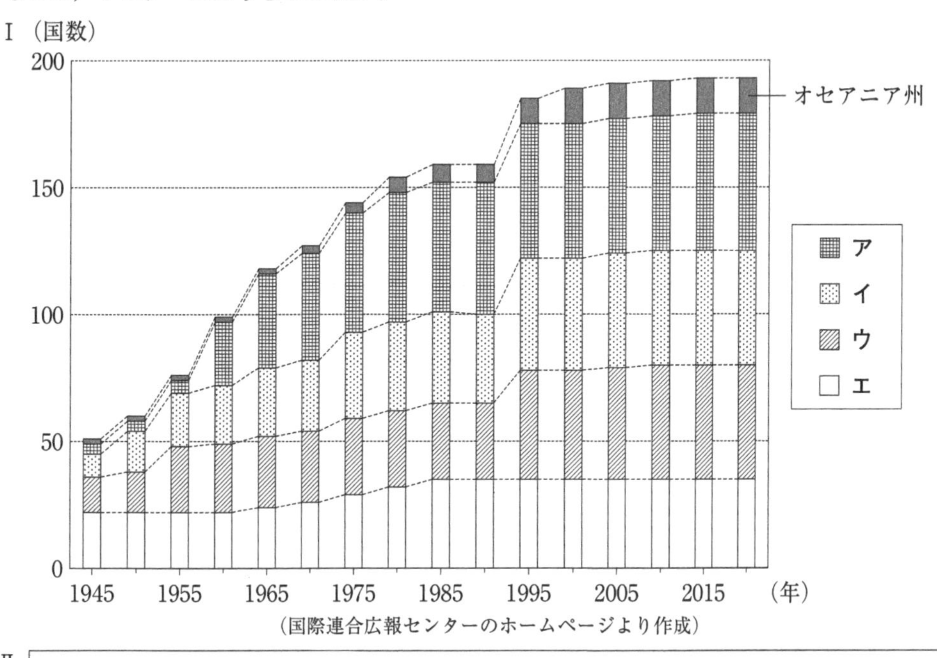

（国際連合広報センターのホームページより作成）

Ⅱ

○国際連合が設立された1945年において，一部の国を除き他国の植民地とされており，民族の分布を考慮しない直線的な境界線が引かれていた。
○国際連合総会で「植民地と人民に独立を付与する宣言」が採択された1960年に，多くの国が独立し，2020年では，50か国を超える国が国際連合に加盟している。

大切なことはメモしておこうネ！

2024年度

解答と解説

《2024年度の配点は解答用紙集に掲載してあります。》

<理科解答>

1 〔問1〕 エ　〔問2〕 イ　〔問3〕 ウ　〔問4〕 ア　〔問5〕 イ　〔問6〕 エ

2 〔問1〕 ア　〔問2〕 イ　〔問3〕 エ　〔問4〕 ウ

3 〔問1〕 ウ　〔問2〕 2時間ごとに記録した透明半球上の・印のそれぞれの間隔は，どれも等しいため，地球上での太陽の見かけ上の動く速さは一定であることが分かる。
〔問3〕 エ　〔問4〕 ア

4 〔問1〕 イ　〔問2〕 ア　〔問3〕 ウ

5 〔問1〕 イ　〔問2〕 エ　〔問3〕 <資料>から，塩化ナトリウムの溶解度は，温度によってほとんど変化しないものであるため。　〔問4〕 ウ

6 〔問1〕 ウ　〔問2〕 ① ウ　② イ　〔問3〕 ア　〔問4〕 エ

<理科解説>

1 (小問集合－物質の成り立ち，化学変化と物質の質量：質量保存の法則，電流：オームの法則・電力量，動物の特徴と分類，原子の成り立ちとイオン：原子の構造，気象要素の観測，動物の体のつくりとはたらき)

〔問1〕 水素，酸素，水は分子として存在する。また，質量保存の法則により，化学変化の前後で，原子の組み合わせは変化するが，原子の種類と数は変化しない。以上により，**水素2分子と酸素1分子が結びついて，水2分子ができるモデル**，エが正解である。

〔問2〕 **電熱線の抵抗の大きさ〔Ω〕＝$\frac{6〔V〕}{1.5〔A〕}$**＝4〔Ω〕である。**電力量〔J〕＝6〔V〕×1.5〔A〕×300〔s〕**＝9.0〔W〕×300〔s〕＝2700〔J〕である。

〔問3〕 **甲殻類はエビ・カニの仲間**であるため無脊椎動物である。よって，魚類，両生類，鳥類が脊椎動物であり，昆虫類と甲殻類が無脊椎動物である。

〔問4〕 原子核はプラスの電気をもつ陽子と，電気をもたない中性子からできているため，**原子核はプラスの電気**をもつ。**電子はマイナスの電気**をもち，ふつうの状態では**陽子の数と等しい。**

〔問5〕 くもりの**天気記号**は◎であり，風向が北東であるため矢は北東の向きにかく。表1より風速が3.0〔m/s〕であるため，表2より風力は2であり，矢ばねは2本である。よって，**天気図記号**はイである。

〔問6〕 ヒトの**ヘモグロビン**は，血液中の赤血球に含まれ，酸素の多いところでは酸素と結び付き，**酸素の少ないところでは酸素をはなす性質**がある。

2 (自由研究－身近な地形や地層・岩石の観察，地層の重なりと過去の様子，化学変化と物質の質量，化学変化：酸化と還元，光と音：光の屈折，自然界のつり合い)

〔問1〕 **フズリナは古生代の示準化石**であり，**アンモナイトは中生代の示準化石**であるため，地質年代の古いものは石材aに含まれるフズリナの化石である。石材cに含まれる**サンゴの化石**は，その化石を含む地層が堆積した当時の環境を示す**示相化石**である。

〔問2〕　不純物を含まないクジャク石の粉0.20gを加熱すると，酸化銅0.13gと二酸化炭素と水に分解される。**得られた酸化銅に炭素をよく混ぜ加熱すると，酸化銅が還元されて銅が得られるが，このときの銅の質量を求める。**表2より，**銅の質量〔g〕：加熱して得られる酸化銅の質量〔g〕＝4：5，**である。酸化銅0.13gに含まれる銅の質量をxgとすると，x〔g〕：0.13〔g〕＝4：5，x〔g〕＝0.104〔g〕，である。よって，クジャク石の粉0.20gに含まれる銅の割合は，**0.104〔g〕÷0.20〔g〕×100**＝52〔%〕，より，52%である。

〔問3〕　図2の境界面RをR_1とすると，光源装置から出た光が通過するとき**入射角より屈折角が大きくなる境界面は境界面R_1**である。厚さを2倍にした直方体のガラスを点線の枠に合わせて入れ替えた場合は，空気側からガラス側に入射して屈折した光を**厚さが2倍になった境界面R_2まで光の道筋をまっすぐ延長して，境界面R_2で屈折するように作図すると，**直線L上の点Pの位置はTの方向にずれる。

〔問4〕　生態系を構成する生物どうしの数量的な関係は，ピラミッドのような形で表すことができ，**食べられる側の生物の数の方が，食べる側の生物の数よりも多くなる。**生態系Vにおいて生物の数が少ないものから順に並べると，生物w＜x＜y＜z，であるため，図3の③はウの生物yである。

3　**(天体の動きと地球の自転・公転：透明半球を用いた太陽の日周経路の観察・北極側から見た地球の自転と太陽の方向に対する地上の方位の変化・地軸の傾きと季節の変化及び緯度の高低による夜の長さ)**

〔問1〕　太陽が天頂より南側で子午線(天頂と南北を結ぶ線)を通過するときの太陽の高度が**南中高度**である。高度は**観察者の位置(円の中心O)**で地平線から太陽までの角度で表す。

〔問2〕　2時間ごとに記録した透明半球上の・印のそれぞれの間隔は，どれも等しいため，地球上での**太陽の見かけ上の動く速さは一定**であることが分かる。

〔問3〕　地球上では太陽は見かけ上，①東から西に移動して見える。それは，**地球が北極側から見て反時計回り，**④図3では**Ⅱの方向に自転しているため**である。**東の空に太陽が見えるのは，**②点Mの位置であり，**西の空に太陽が見えるのは，**③点Kの位置である。

〔問4〕　<観察1>は夏至の頃であり，<観察2>は秋分の頃である。図4より，**日の入りの位置は，<観察1>を行った日の方が**<観察2>を行った日よりも**北寄り**である。<結果2>より，<観察1>の(4)でかいた曲線の長さの方が，<観察2>の(4)でかいた曲線の長さよりも長いため，**昼の長さは<観察1>を行った日の方が**<観察2>を行った日よりも**長い**。また，地球が公転面に対して23.4°傾けて公転していることにより，**図5は北極点が太陽の方向に傾いているため，夜の長さはX地点の方がY地点よりも長い。**

4　**(植物の体のつくりとはたらき：光合成の対照実験・光合成の条件，光の明るさと光合成量・呼吸量の関係，生物と細胞：顕微鏡操作)**

〔問1〕　顕微鏡で観察をする準備を行う際に，プレパラートと対物レンズを，最初に，できるだけ近づけるときの手順は，**顕微鏡を横から見ながら，**調節ねじを回してプレパラートと対物レンズを**できるだけ近づける。**対物レンズが20倍で接眼レンズが10倍である顕微鏡の倍率は，20×10＝200〔倍〕，である。

〔問2〕　植物は昼間など，光の当たるときだけ光合成を行うが，呼吸は光が当たるかどうかに関係なく，昼も夜も行われている。よって，左の図は，**光が①十分に当たる**ときであり，植物の**⑤光合成**による**③二酸化炭素**の吸収と**④酸素**の放出が見られるが，右の図の光が②当たらないときには見られない。左右の図に**共通**して見られる⑥**は呼吸**であり，④**酸素**の吸収と③**二酸化炭素**の放出が見られる。**光が強い日中は，光合成によって出入りする気体の量の方が呼吸によって出入りする量より多い**ため，光が当たると光合成だけが行われているように見える。

〔問3〕 オオカナダモAとオオカナダモBは**対照実験**を行うために用意されている。<結果>(1)では，オオカナダモの葉AとBの細胞内に緑色の**葉緑体**を観察できた。<結果>(2)では，表1から，オオカナダモの葉AとBがヨウ素液に反応しなかったことから，**光が当たらない場所に2日間置いたため**，オオカナダモの葉AとBが作っていた**デンプンはすべてなくなっていたことがわかる。**<実験>(5)で，オオカナダモAは光が十分に当たる場所に置き，オオカナダモBはそのペトリ皿を光が当たらないようにアルミはくで覆って，Aと同様に光が十分に当たる場所に置いた。3日後，<実験>(7)による<結果>(3)表2から，対照実験を行った結果，**光が十分当たる場所に置いたオオカナダモAの葉緑体にのみ，青紫色に染色されたヨウ素液への反応があらわれた**ことから，**光が十分に当たる場所では，オオカナダモの葉の葉緑体で，デンプンが作られる**ことが分かる。

5 **(水溶液：溶質と溶媒・飽和水溶液・溶解度曲線の温度変化にともなう水溶液の濃度の変化・溶質の取り出し，水溶液とイオン：電離・電解質と非電解質)**

〔問1〕 砂糖を水にとかすと，砂糖水ができる。この場合，砂糖のように，とけている物質を**溶質**，水のように，溶質をとかす液体を**溶媒**という。溶質が溶媒にとけた液全体を**溶液**という。溶媒が水である溶液を**水溶液**という。ビーカーBの水溶液の溶質である**塩化ナトリウムは電解質**であるため，蒸留水に溶け，電離する。ビーカーCの水溶液の溶質である**砂糖は非電解質**であるため，蒸留水に溶けるが，電離しない。

〔問2〕 **水100gに物質を溶かして飽和水溶液にしたとき，溶けた溶質の質量〔g〕の値を溶解度という。資料の溶解度曲線は，溶解度と温度との関係を表している。**<実験2>(1)では試験管Aに27℃の蒸留水5gと硝酸カリウム3gを入れたが，水溶液の温度による溶質の溶け方の変化について**溶解度曲線を用いて考察するには**，試験管Aには**27℃の蒸留水100g**を入れ，同じ濃度になるように**硝酸カリウム60g**を加えたとして考察する。**27℃のとき**の溶解度は41であるため，**溶け残る**と考察でき，<実験2>の(1)の結果と一致する。**溶解度が60になり，飽和の状態になるのは38℃**である。**27℃から38℃**までは硝酸カリウムが**溶ける質量は少しずつ増加する**ため，**質量パーセント濃度〔%〕は増加**し，**38℃で飽和**して**濃度**は**最大**になる。**38℃から60℃**まで**水溶液の温度が上昇しても質量パーセント濃度〔%〕は一定**である。

〔問3〕 試験管Bの水溶液の温度を27℃から60℃まで上昇させても，その後，27℃，20℃とゆっくり冷やしても，試験管の中の様子に変化がなかったのは，資料から，**塩化ナトリウムの溶解度は，温度によってほとんど変化しないものである**ためである。

〔問4〕 試験管Bの塩化ナトリウム水溶液の温度が**20℃のとき**，**溶解度**は**約38**であり，溶質である塩化ナトリウムの濃度は，**38〔g〕÷(100〔g〕+38〔g〕)×100≒28〔%〕**，である。水溶液0.35gのうち，**溶質の質量が28%**であるため，**溶媒である水の質量は72%**である。よって，**溶質を全て固体として取り出すために蒸発させる溶媒の質量は，0.35〔g〕×0.72**≒0.25〔g〕，より，約0.25gである。

6 **(力と物体の運動：斜面上での台車の運動，力のつり合いと合成・分解：斜面上の台車に働く力の分解と作用・反作用の法則，力学的エネルギー：位置エネルギーと運動エネルギー，仕事とエネルギー)**

〔問1〕 「ばねばかりが糸を引く力」がした**仕事の大きさ〔J〕=6〔N〕×0.1〔m〕**=0.6〔J〕である。**ば**

ねばかりが糸に引く力(作用)を加えると，同時に，ばねばかりは糸から大きさが同じで逆向きの引く力(反作用)を受ける。よって，「ばねばかりが糸を引く力」を作用としたときの反作用は，「糸がばねばかりを引く力」である。

〔問2〕 ① **記録タイマーは1秒間に50回打点するから，0.1秒間に5回打点する。**よって，0.4秒経過するまでの力学台車の平均の速さ〔cm/s〕$=\frac{2.2+3.6+5.0+6.4〔cm〕}{0.4〔s〕}=43$〔cm/s〕である。 ② 0.4秒経過するまでの力学台車の移動距離は，**斜面の傾き**が図4の**10°**では17.2cmであり**その速さをC，**図5の**20°**では34.4cmであり**その速さをD**としたとき，同じ時間でDの移動距離はCの2倍であったため，**CとDの比は1：2**である。

〔問3〕 斜面を下る力学台車に働く重力の大きさは変わらない。**斜面の傾きを大きくしていくほど，重力の斜面に平行な分力は大きくなり，**重力の斜面に垂直な分力は小さくなる。

〔問4〕 ① ばねばかりを引きはじめてから25秒経過したときの力学台車の位置エネルギーを比較する。<結果1>**<実験1>の(1)図1**では，力学台車は**基準面から10cmの高さ**であり，**<実験1>の(2)図2**では，糸を引く速さは，動滑車を使った場合は物体を引く力の大きさが半分になるためか，少し大きくなっているが，**25秒間で印が動いた距離は<実験1>の(1)とほぼ同じであると考えると，動滑車を用いたので物体は引いた距離の半分しか上がらないため，**力学台車は**基準面から約5cmの高さ**にしかならない。表のデータからは，一定の速さで45秒間引くと力学台車は基準面から10cmの高さになるので，25秒間では，$\frac{10〔cm〕\times 25〔s〕}{45〔s〕}\fallingdotseq 5.6$〔cm〕，と計算できる。よって，**力学台車の位置エネルギーの大きさは，<実験1>の(1)の方が大きい。** ② **運動エネルギーは**力学台車の速さが速いほど大きく，**〔問2〕から力学台車の速さは斜面の角度が大きい方が速いため，<実験2>の(4)の方が大きい。**

<社会解答>

1 〔問1〕 B イ C エ D ウ E ア 〔問2〕 エ 〔問3〕 ウ

2 〔問1〕 (略地図中のA～D) C (Ⅱのア～エ) イ 〔問2〕 P ア Q ウ R エ S イ 〔問3〕 (略地図中のW～Z) Z (ⅠとⅡのア～エ) ア

3 〔問1〕 A ウ B イ C ア D エ 〔問2〕 (Ⅰのア～エ) ア (略地図中のW～Z) W 〔問3〕 自動車を利用しなくても，公共交通を利用することで，日常生活に必要な機能が利用できる。

4 〔問1〕 エ→ア→イ→ウ 〔問2〕 太平洋のみを通る経路と，日本海と太平洋を通る経路で，寄港地では積荷の点検などを行い，江戸に輸送すること。 〔問3〕 A ウ B エ C ア D イ 〔問4〕 A ア B イ C エ D ウ

5 〔問1〕 イ 〔問2〕 (ⅠのA～D) C (ア～エ) ウ 〔問3〕 エ 〔問4〕 投票権年齢，選挙権年齢，成年年齢を満18歳以上とし，社会への参加時期を早め，若年者が将来の国づくりの中心として積極的な役割を果たすこと。

6 〔問1〕 A イ B ア C ウ D エ 〔問2〕 ウ 〔問3〕 ア

<社会解説>

1 (地理的分野─日本地理－地形図の見方，歴史的分野─日本史時代別－鎌倉時代から室町時代，─日本史テーマ別－法律史，公民的分野─国の政治の仕組み)

〔問1〕 B地点 地形図によれば，B地点からC地点に向かうと，すぐに鉄道との立体交差を通過す

る。B地点はイである。　C地点　C地点からD地点の長さは，地形図上では2cm弱である。この地形図の**縮尺**は，2万5千分の1である。それにより，実際の距離を計算すれば，2.0(cm)×25,000＝50,000(cm)＝約500(m)である。説明文の470mとほぼ合致する。C地点はエである。D地点　D地点は丁(てい)字形の交差点であり，進行する方向には道の両側に住宅地が見られる。D地点はウである。　E地点　E地点からF地点に向かうには，鉄道の上を道路が通る立体交差があるとの説明文があり，地形図と合致する。E地点はアである。

〔問2〕 **中世**から**近世**へ移り変わるころには，**下剋上**の風潮が強まり，実力のあるものが上の者を倒して**戦国大名**へとのし上がって行った。**戦国大名**が，自分の領国を治めるために制定したのが，**分国法**である。分国法の内容としては，家臣の統制など具体的なものが多い。家臣間の争いを禁じた**喧嘩両成敗**の規定が多くの分国法に見られる。分国法としては，今川氏の今川仮名目録，武田氏の甲州法度などが有名である。なお，アの**御成敗式目**は，1232年に鎌倉幕府によって定められたもの，イの**大宝律令**は，701年に朝廷によって定められたもの，ウの**武家諸法度**は江戸時代に幕府によって定められたものである。

〔問3〕 **日本国憲法**第54条によって定められる，**衆議院**の解散による衆議院議員総選挙後の30日以内に召集しなければならない国会を，**特別会**または**特別国会**という。特別国会が召集されると，日本国憲法第67条にあるように，「内閣総理大臣を，国会議員の中から国会の議決で，これを指名する。この指名は，他のすべての案件に先だって，これを行う。」ことになっている。

2 **(地理的分野―世界地理－気候・人々のくらし・産業・貿易)**

〔問1〕 まず，A～Dの国・都市を確定する。Aはタイの首都バンコク，Bはサウジアラビアの首都リャド，Cはエチオピアの首都アディスアベバ，Dはポーランドの首都ワルシャワである。Ⅰの文章は，「標高2350m」「コーヒーの生産量世界第5位」との記述から，エチオピアの首都アディスアベバだとわかる。解答はCである。アディスアベバは，**標高**2000m以上の高地にあるため，年間を通して最高気温25℃前後，最低気温15℃前後である。**降雨量**は**小雨季**(2月～5月)，**大雨季**(6月～9月)，**乾季**(10月～1月)に分かれるが，全体として降雨量は多くはない。Ⅱの中では，イの**雨温図**がアディスアベバを表している。

〔問2〕 まず，P～Sの国を確定する。Pはメキシコ，Qはフィジー，Rはバングラデシュ，Sはイタリアである。アは，「**とうもろこし**が主食であり，(中略)生地に具材を挟んだ料理などが食べられている。」(この料理はトルティーヤである)との記述からPのメキシコであるとわかる。イは，地中海性気候を生かした**農業**を行うSのイタリアについての説明であるとわかる。冬は気温10度前後で，雨が少なく，夏は気温が高く，雨がほとんど降らないのが，**地中海性気候**の特徴である。地中海沿岸部では，気候を生かして，夏は乾燥に強いオレンジやオリーブやぶどうなどの作物を栽培し，冬は北部を中心に小麦を栽培している。ウは，「**タロイモ**が主食であり」「バナナの葉に様々な食材と共にタロイモを包んで蒸した料理(以下略)」との記述から，Qのフィジーであるとわかる。エは，**雨季**の降水に依存して米を大量に生産し，米を主食とするところから，Rのバングラデシュであるとわかる。上記により，正しい組み合わせは，Pア・Qウ・Rエ・Sイとなる。

〔問3〕 まず，W～Zの国を確定する。Wはウルグアイ，Xはマレーシア，Yは南アフリカ共和国，Zはオランダである。Ⅲの文章の「ポルダー」とは，低湿地の干拓によって造成した土地のことを言い，普通はオランダやベルギーの干拓地のことを指す。したがって，Ⅲの文章で述べている国は，Zのオランダである。また，オランダは，2001年から2019年で輸出額は3倍以上となり，輸出額では世界第5位となっている。輸出相手国は**EU**加盟国が多くを占めている。Ⅰ表・Ⅱ表では，アである。

3 (地理的分野―日本地理－地形・農林水産業・気候・工業・交通)

〔問1〕 まず，A～Dの県を確定する。Aは秋田県，Bは静岡県，Cは奈良県，Dは鹿児島県である。次にア～エの県を確定する。アは，「国内有数の多雨地域」「古くから林業が営まれ，高品質な杉などが生産されている」等の文から，吉野杉の産地であるCの奈良県であるとわかる。イは，「北側の3000m級の山々」が**南アルプス**を指すところから，静岡県であるとわかる。また，「国内有数の茶の生産量」との記述からも，イが静岡県であるとわかる。ウは，文中の河川が秋田県の雄物川を指す。日本海側に位置するため，夏の「**やませ**」による冷害の影響を受けにくく，「あきたこまち」等の**銘柄米**が生産されていることから，秋田県であることがわかる。エは，二つの半島が大隅半島と薩摩半島であり，この二つの半島に囲まれているのが**活火山**の桜島である。**牧畜**が盛んであることからも，エが鹿児島県であることがわかる。上記により，正しい組み合わせは，Aウ・Bイ・Cア・Dエとなる。

〔問2〕 まず，W～Zの県を確定する。Wは千葉県，Xは愛知県，Yは兵庫県，Zは広島県である。ア～エのうち，人口に占める他の都道府県への従業・通学者の割合が1割以上となっているのは，アの千葉県である。また，国内最大規模の**石油コンビナート**を有するのは，京葉工業地域の千葉県である。Ⅱの文章に当てはまるのは，アである。千葉県は，上記で明らかなように，略地図中のW～Zのうち，Wに当たる。

〔問3〕 徒歩で利用できるところに，食品スーパー・福祉施設等の機能をそろえ，また，徒歩圏外のところでも，自動車でなく，電車やバスなどの**公共交通**を利用して，行政サービス・病院など日常生活に必要な機能が利用できるようになる。上記のような趣旨を簡潔にまとめて解答すればよい。

4 (歴史的分野―日本史時代別－古墳時代から平安時代・鎌倉時代から室町時代・安土桃山時代から江戸時代・明治時代から現代，―日本史テーマ別－文化史・政治史・経済史・外交史・社会史)

〔問1〕 ア **桓武天皇**が，混乱した政治を立て直すことを目的に，都を京都に移したのは，794年のことである。 イ **鎌倉幕府**の将軍を補佐する第五代**執権北条時頼**は，有力な御家人を退ける一方，**建長寺**を建立した。建長寺の建立は1253年である。 ウ **室町幕府**の三代将軍**足利義満**が明に使者を派遣し，**勘合貿易**を始めたのは1404年である。 エ **隋**から帰国した留学生を**国博士**とし，645年に始まる**大化改新**の改革に取り組ませたのは，**中大兄皇子**(のちの**天智天皇**)である。したがって，時代の古い順に並べると，エ→ア→イ→ウとなる。

〔問2〕 江戸前期の17世紀に，**河村瑞賢**は奥州荒浜から太平洋のみを通り江戸に至る**東回り航路**と，出羽酒田から日本海・瀬戸内海を通って，太平洋に出て江戸に至る**西回り航路**の両者を整えた。寄港地では積荷の点検などを行い，**年貢米**や各地の特産品を江戸に輸送することを実現した。以上の趣旨を簡潔にまとめて記せばよい。

〔問3〕 ア 四日市港は**日英通商航海条約**により，1899年に開港地に指定された。 イ 東京港では**関東大震災後**に復旧工事が行われ，震災の2年後の1925年に日の出ふ頭が完成した。 ウ 函館港は**日米和親条約**により1854年に開港され，薪・水・食糧の補給地となった。 エ 熊本の三角港は，**西南戦争**10年後の1887年にオランダ人技術者の設計により造成され，開港された。よって，略年表と照らし合わせれば，Aウ・Bエ・Cア・Dイとなる。

〔問4〕 ア 1951年に**サンフランシスコ平和条約**が結ばれ，特に海上貿易(輸入)の増加がみられた。 イ エネルギー源が**石炭**から**石油**へ転換する**エネルギー革命**が起こったのは1950年代以降である。 ウ 米ソ首脳が**マルタ島**で会談し，**冷戦終結**を宣言したのが，1989年のことであり，一時的に海上貿易量の減少がみられた。 エ 二度にわたる石油価格の急激な上昇とは，1973年の第一次石油危機と1979年の**第二次石油危機**のことを指す。この時期には海上貿易量の増加がみられた。したがって，正しい組み合わせは，Aア・Bイ・Cエ・Dウとなる。

5 **(公民的分野―基本的人権・財政・国際社会との関わり・民主主義)**

〔問1〕 アは，**日本国憲法**第25条の条文であり，**社会権**の中の**生存権**である。ウは，憲法第38条の条文であり，**自由権**の中の**身体の自由**である。エは，憲法第32条の条文であり，**請求権**である。残されたイが，憲法第14条に示された**平等権**である。

〔問2〕 ⅠのAは**法人税**，Bが**所得税**，Cが**消費税**，Dが**公債金**である。Ⅱの文章で説明されているのは消費税であり，Cである。また，ア・イ・ウ・エのうち，アは公債金，イは所得税，エは法人税についての説明である。消費税を正しく説明しているのは，ウである。消費税は，1989年に導入された。**3%→5%→8%→10%**と税率が変更されるにしたがって，税収が増えてきた。消費税は，年収が低いほど，税負担の割合が高いという**逆進性**がある。

〔問3〕 2015年にニューヨークで開催された「**国連持続可能な開発に関するサミット**」において採択された世界共通の17の目標が，**持続可能な開発目標(SDGs)**である。目標の例をあげれば「貧困をなくそう」「飢餓をゼロに」「質の高い教育をみんなに」「ジェンダー平等を実現しよう」「エネルギーをみんなに　そしてクリーンに」「気候変動に具体的な対策を」など，世界の様々な問題を根本的に解決し，すべての人たちにとってより良い世界をつくるために設定されたものである。時期はエである。

〔問4〕 **投票権年齢**，**選挙権年齢**，**成年年齢**をそれぞれ満20歳から満18歳以上へと引き下げることにより，政治・社会への参加時期を2年間早めることが実現されてきた。これにより，若年者自らが大人であることを自覚し，自分の考えを持ち，他者と協議し，社会に参画して積極的に合意形成に努め，若年者が将来の国づくりの中心として積極的な役割を果たすことが期待されている。上記のような趣旨のことを簡潔にまとめて解答すればよい。

6 **(歴史的分野―日本史時代別－明治時代から現代，―日本史テーマ別－文化史，―世界史－経済史・政治史)**

〔問1〕 はじめに，A～Dの国を確定する。Aはドイツ，Bはフランス，Cはイギリス，Dはガーナである。1789年に**市民革命**が起こったのはフランスであり，アの**黒田清輝**は1880年代から1890年代にかけてこの国に留学して，**洋画**を学んだ。1871年に統一されたのはドイツであり，イの**森鷗外**は1884年から1888年まで留学し，**細菌学**を学んだ。1902年に日本と**日英同盟**を結んだのはイギリスであり，ウの**夏目漱石**は1900年から1902年までイギリスに留学し，英文学を学んだ。現在のガーナにあたる西アフリカで，1927年から1928年にかけて，エの**野口英世**は**黄熱病**の研究に努めた。したがって，正しい組み合わせは，Aイ・Bア・Cウ・Dエである。

〔問2〕 2008年9月に，**アメリカ合衆国**の投資銀行である**リーマン・ブラザーズ**が破綻したことに端を発して，**リーマン・ショック**といわれる**世界金融危機**が発生した。日本でも大幅に景気が後退し，**実質経済成長率**はマイナスとなった。リーマンショックに対処するため，同年11月にワシントンで第一回**G20サミット**が開催された。このG20は，各国の**首脳**(大統領・首相・国王・国家主席等)のみが集まる初めての国際会議として開催された。正解はウである。

〔問3〕 19世紀までにヨーロッパ諸国により**植民地**とされていたアフリカ各地で，**第二次世界大戦**後に**独立運動**が活発になり，1960年前後に一斉に独立を達成した。特に1960年は，17か国が独立をし，「**アフリカの年**」といわれる。これらの独立をした国々が**国際連合**に加盟したために，1960年前後はアフリカ州の国々の加盟国数が急激に増えた。Ⅱの文章は，アフリカ州について述べている。Ⅰのグラフのうち，1960年前後に国連加盟国数が急激に増えているのはアであり，アフリカ州がアである。

2024年度英語　リスニングテスト

〔放送台本〕

これから，リスニングテストを行います。リスニングテストは，全て放送による指示で行います。リスニングテストの問題には，問題Aと問題Bの二つがあります。問題Aと，問題Bの<Question 1>では，質問に対する答えを選んで，その記号を答えなさい。問題Bの<Question 2>では，質問に対する答えを英語で書きなさい。英文とそのあとに出題される質問が，それぞれ全体を通して二回ずつ読まれます。問題用紙の余白にメモをとってもかまいません。答えは全て解答用紙に書きなさい。

〔問題A〕

問題Aは，英語による対話文を聞いて，英語の質問に答えるものです。ここで話される対話文は全部で三つあり，それぞれ質問が一つずつ出題されます。質問に対する答えを選んで，その記号を答えなさい。では，<対話文1>を始めます。

Tom: Satomi, I heard you love dogs.
Satomi: Yes, Tom. I have one dog. How about you?
Tom: I have two dogs. They make me happy every day.
Satomi: My dog makes me happy, too. Our friend, Rina also has dogs. I think she has three.
Tom: Oh, really?
Satomi: Yes. I have an idea. Let's take a walk with our dogs this Sunday. How about at four p.m.?
Tom: OK. Let's ask Rina, too. I can't wait for next Sunday.

Question: How many dogs does Tom have?
<対話文2 >を始めます。

John: Our grandfather will be here soon. How about cooking spaghetti for him, Mary?
Mary: That's a nice idea, John.
John: Good. We can use these tomatoes and onions. Do we need to buy anything?
Mary: We have a lot of vegetables. Oh, we don't have cheese.
John: OK. Let's buy some cheese at the supermarket.
Mary: Yes, let's.
John: Should we buy something to drink, too?
Mary: I bought some juice yesterday. So, we don't have to buy anything to drink.

Question: What will John and Mary buy at the supermarket?
<対話文3 >を始めます。

Jane:	Hi, Bob, what are you going to do this weekend?
Bob:	Hi, Jane. I'm going to go to the stadium to watch our school's baseball game on Sunday afternoon.
Jane:	Oh, really? I'm going to go to watch it with friends, too. Can we go to the stadium together?
Bob:	Sure. Let's meet at Momiji Station. When should we meet?
Jane:	The game will start at two p.m. Let's meet at one thirty at the station.
Bob:	Well, why don't we eat lunch near the station before then?
Jane:	That's good. How about at twelve?
Bob:	That's too early.
Jane:	OK. Let's meet at the station at one.
Bob:	Yes, let's do that.

Question: When will Jane and Bob meet at Momiji Station?
これで問題Aを終わり，問題Bに入ります。

〔英文の訳〕

〔問題A〕

＜対話文1＞

トム　：サトミ，あなたは犬が大好きだと聞きましたよ。
サトミ：はい，トム。私は犬を1匹飼っています。あなたは？
トム　：私は2匹飼っています。彼らは毎日私を幸せにしてくれます。
サトミ：私の犬も私を幸せにしてくれます。友達のリナも犬を飼っています。彼女は3匹飼っていると思います。
トム　：へえ，本当に？
サトミ：はい。考えがあります。この日曜日に一緒に犬を散歩しましょう。午後の4時はどうですか？
トム　：オーケー。リナにも聞きましょう。次の日曜日が待ちきれません。
質問：トムは何匹の犬を飼っていますか？
答え：イ　2匹。

＜対話文2＞

ジョン　：おじいちゃんがもうすぐここに来るよ。彼にスパゲッティを作るのはどうだろう，メアリー？
メアリー：それはいいアイディアね，ジョン。
ジョン　：いいね。このトマトと玉ねぎを使えるね。何か買う必要あるかな？
メアリー：野菜はたくさんあるね。ああ，チーズがないよ。
ジョン　：オーケー。スーパーでチーズを買おう。
メアリー：うん，そうしよう。
ジョン　：何か飲み物も買うべきかな？
メアリー：昨日ジュースを買ったよ。だから飲み物を買う必要はないよ。
質問：ジョンとメアリーはスーパーで何を買いますか？

答え：ウ　チーズ。

<対話文3>

ジェイン：こんにちは，ボブ。この週末は何をするつもりですか？

ボブ　　：こんにちは，ジェイン。日曜日の午後に学校の野球の試合を見にスタジアムに行くつもりです。

ジェイン：あら，本当？　私も友達と一緒に行くつもりです。一緒にスタジアムへ行ってもいいですか？

ボブ　　：もちろん。モミジ駅で会いましょう。いつ会いましょうか？

ジェイン：試合は午後2時に始まります。1時半に駅で会いましょう。

ボブ　　：ええと，その前に駅のそばでランチを食べるのはどうですか？

ジェイン：それはいいですね。12時はどうですか？

ボブ　　：それは早すぎます。

ジェイン：オーケー。じゃあ1時に駅で会いましょう。

ボブ　　：はい，そうしましょう。

質問：ジェインとボブはいつモミジ駅で会いますか？

答え：エ　1時。

〔放送台本〕

〔問題B〕

これから聞く英語は，ある動物園の来園者に向けた説明です。内容に注意して聞きなさい。あとから，英語による質問が二つ出題されます。<Question 1> では，質問に対する答えを選んで，その記号を答えなさい。<Question 2> では，質問に対する答えを英語で書きなさい。なお，<Question 2>のあとに，15 秒程度，答えを書く時間があります。では，始めます。

Good morning everyone. Welcome to Tokyo Chuo Zoo. We have special news for you. We have a new rabbit. It's two months old. It was in a different room before. But one week ago, we moved it. Now you can see it with other rabbits in "Rabbit House." You can see the rabbit from eleven a.m. Some rabbits are over one year old. They eat vegetables, but the new rabbit doesn't.

In our zoo, all the older rabbits have names. But the new one doesn't. We want you to give it a name. If you think of a good one, get some paper at the information center and write the name on it. Then put the paper into the post box there. Thank you.

<Question 1>　How old is the new rabbit?

<Question 2>　What does the zoo want people to do for the new rabbit?

〔英文の訳〕

〔問題B〕

みなさん，おはようございます。東京中央動物園へようこそ。みなさんに特別なニュースがあります。新しいウサギがいます。生後2か月のウサギです。以前は違う部屋にいました。しかし1週間前に移動しました。「ウサギハウス」で他のウサギと一緒にそのウサギを見ることができます。午前11時からそのウサギを見ることができます。1歳以上のウサギもいます。彼らは野菜を食べますが，その新しいウサギは食べません。

私たちの動物園では全ての年上のウサギには名前があります。しかしその新しいウサギには名前がありません。みなさんにそのウサギに名前をつけてもらいたいです。いい名前を思いついたら，インフォメーションセンターで紙をもらってそれに名前を書いてください。そしてそこにあるポストボックスに紙を入れてください。ありがとうございました。

質問1：新しいウサギは何歳ですか？

答え　：ア　生後2か月。

質問2：動物園は新しいウサギのために人々に何をしてもらいたいですか？

答え　：(例)それに名前をつけること。

大切なことはメモしておこうネ！

T.G

東京都公立高等学校

2023年度

★★★★★★★★★★★★★★★★★★★★★★★★★

共通問題(理科・社会)

●くわしい解説……29ページ

＜理科＞

時間　50分　　満点　100点

1　次の各問に答えよ。

〔問1〕　次のA～Fの生物を生産者と消費者とに分類したものとして適切なのは，下の表の**ア**～**エ**のうちではどれか。

A　エンドウ　　B　サツマイモ　　C　タカ　　D　ツツジ　　E　バッタ　　F　ミミズ

	生産者	消費者
ア	A，B，D	C，E，F
イ	A，D，F	B，C，E
ウ	A，B，E	C，D，F
エ	B，C，D	A，E，F

〔問2〕　図1の岩石Aと岩石Bのスケッチは，一方が玄武岩であり，もう一方が花こう岩である。岩石Aは岩石Bより全体的に白っぽく，岩石Bは岩石Aより全体的に黒っぽい色をしていた。岩石Aと岩石Bのうち玄武岩であるものと，玄武岩のでき方とを組み合わせたものとして適切なのは，下の表の**ア**～**エ**のうちではどれか。

図1

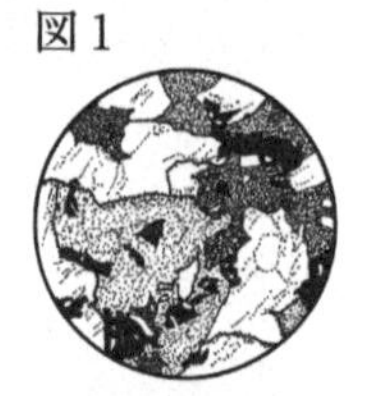

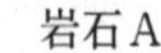

岩石A　　　岩石B

	玄武岩	玄武岩のでき方
ア	岩石A	マグマがゆっくりと冷えて固まってできた。
イ	岩石A	マグマが急激に冷えて固まってできた。
ウ	岩石B	マグマがゆっくりと冷えて固まってできた。
エ	岩石B	マグマが急激に冷えて固まってできた。

〔問3〕　図2のガスバーナーに点火し，適正な炎の大きさに調整したが，炎の色から空気が不足していることが分かった。炎の色を青色の適正な状態にする操作として適切なのは，あとの**ア**～**エ**のうちではどれか。

図2

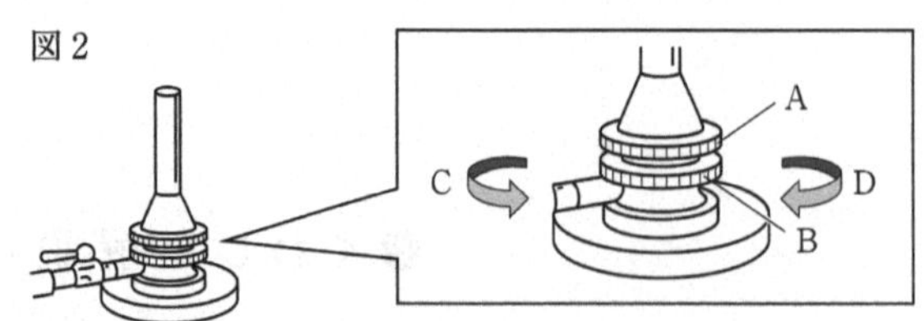

ア　Aのねじを押さえながら，Bのねじを Cの向きに回す。

イ　Aのねじを押さえながら，Bのねじを Dの向きに回す。

ウ　Bのねじを押さえながら，Aのねじを Cの向きに回す。

エ　Bのねじを押さえながら，Aのねじを Dの向きに回す。

〔問4〕 図3のように，凸レンズの二つの焦点を通る一直線上に，物体（光源付き），凸レンズ，スクリーンを置いた。

凸レンズの二つの焦点を通る一直線上で，スクリーンを矢印の向きに動かし，凸レンズに達する前にはっきりと像が映る位置に調整した。図3のA点，B点のうちはっきりと像が映るときのスクリーンの位置と，このときスクリーンに映った像の大きさについて述べたものとを組み合わせたものとして適切なのは，下の表の**ア**～**エ**のうちではどれか。

図3

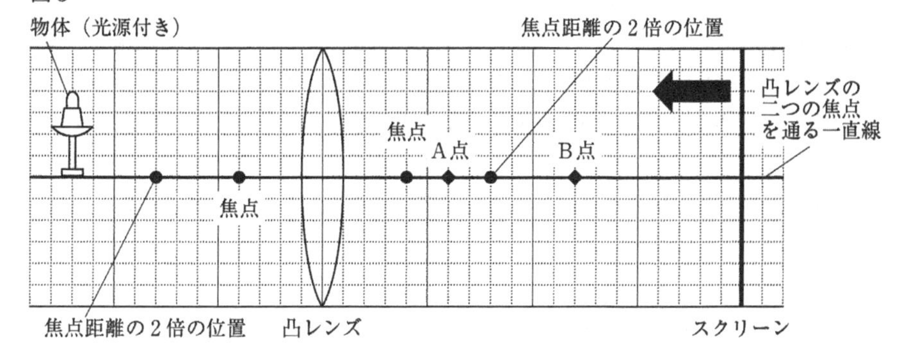

	スクリーンの位置	スクリーンに映った像の大きさについて述べたもの
ア	A点	物体の大きさと比べて，スクリーンに映った像の方が大きい。
イ	A点	物体の大きさと比べて，スクリーンに映った像の方が小さい。
ウ	B点	物体の大きさと比べて，スクリーンに映った像の方が大きい。
エ	B点	物体の大きさと比べて，スクリーンに映った像の方が小さい。

〔問5〕 次のA～Dの物質を化合物と単体とに分類したものとして適切なのは，次の表の**ア**～**エ**のうちではどれか。

A　二酸化炭素

B　水

C　アンモニア

D　酸素

	化合物	単体
ア	A，B，C	D
イ	A，B	C，D
ウ	C，D	A，B
エ	D	A，B，C

〔問6〕 図4はアブラナの花の各部分を外側にあるものからピンセットではがし，スケッチしたものである。図4のA～Dの名称を組み合わせたものとして適切なのは，次のページの表の**ア**～**エ**のうちではどれか。

図4

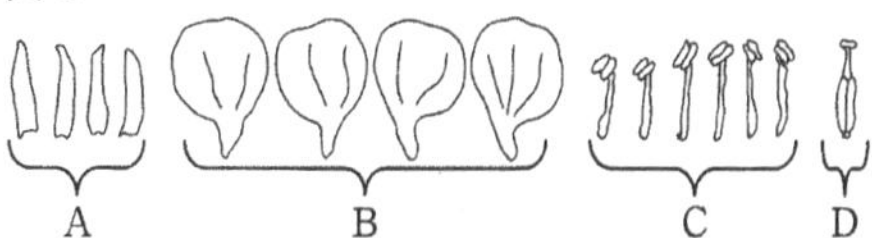

	A	B	C	D
ア	がく	花弁	めしべ	おしべ
イ	がく	花弁	おしべ	めしべ
ウ	花弁	がく	おしべ	めしべ
エ	花弁	がく	めしべ	おしべ

2 生徒が，南極や北極に関して科学的に探究しようと考え，自由研究に取り組んだ。生徒が書いたレポートの一部を読み，次の各問に答えよ。

<レポート１>　雪上車について

雪上での移動手段について調べたところ，南極用に設計され，−60℃でも使用できる雪上車があることが分かった。その雪上車に興味をもち，大きさが約40分の１の模型を作った。

図１のように，速さを調べるために模型に旗（◀）を付け，１ｍごとに目盛りをつけた７ｍの直線コースを走らせた。旗（◀）をスタート地点に合わせ，模型がスタート地点を出発してから旗（◀）が各目盛りを通過するまでの時間を記録し，表１にまとめた。

図１

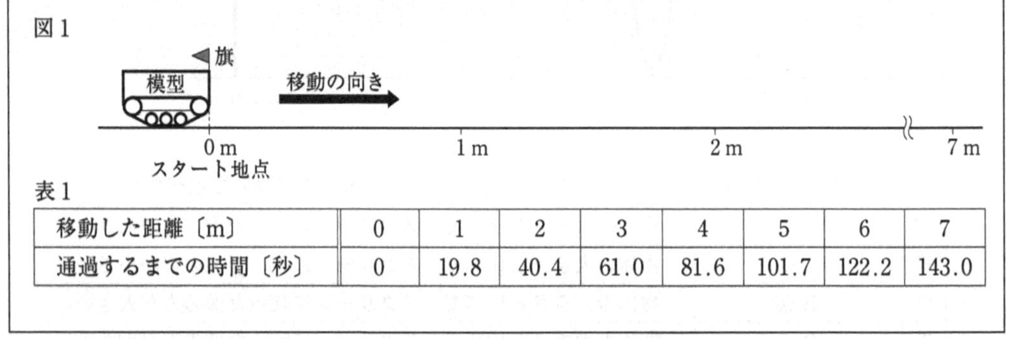

表１

移動した距離〔m〕	0	1	2	3	4	5	6	7
通過するまでの時間〔秒〕	0	19.8	40.4	61.0	81.6	101.7	122.2	143.0

〔問１〕　<レポート１>から，模型の旗（◀）が２ｍ地点を通過してから６ｍ地点を通過するまでの平均の速さを計算し，小数第三位を四捨五入したものとして適切なのは，次のうちではどれか。

ア　0.02m / s　　イ　0.05m / s　　ウ　0.17m / s　　エ　0.29m / s

<レポート２>　海氷について

北極圏の海氷について調べたところ，海水が凍ることで生じる海氷は，海面に浮いた状態で存在していることや，海水よりも塩分の濃度が低いことが分かった。海氷ができる過程に興味をもち，食塩水を用いて次のようなモデル実験を行った。

図２のように，３％の食塩水をコップに入れ，液面上部から冷却し凍らせた。凍った部分を取り出し，その表面を取り除き残った部分を二つに分けた。その一つを溶かし食塩の濃度を測定したところ，0.84％であった。また，もう一つを３％の食塩水に入れたところ浮いた。

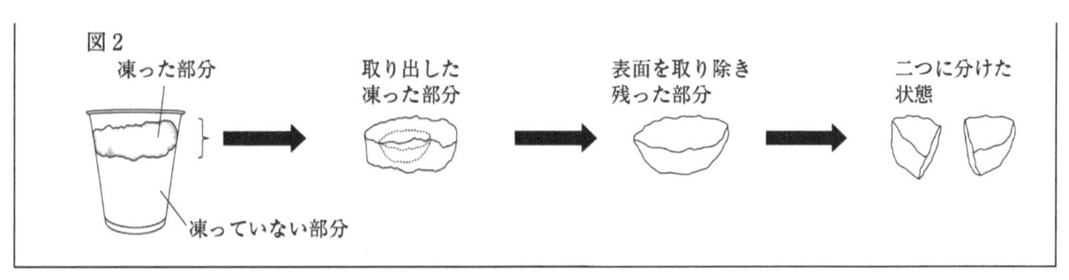

〔問2〕 **<レポート2>**から,「3％の食塩水100gに含まれる食塩の量」に対する「凍った部分の表面を取り除き残った部分100gに含まれる食塩の量」の割合として適切なのは，下の ① のアとイのうちではどれか。また,「3％の食塩水の密度」と「凍った部分の表面を取り除き残った部分の密度」を比べたときに，密度が大きいものとして適切なのは，下の ② のアとイのうちではどれか。ただし，凍った部分の表面を取り除き残った部分の食塩の濃度は均一であるものとする。

① **ア** 約13％　　**イ** 約28％

② **ア** 3％の食塩水　　**イ** 凍った部分の表面を取り除き残った部分

<レポート3>　生物の発生について

水族館で，南極海に生息している図3のようなナンキョクオキアミの発生に関する展示を見て，生物の発生に興味をもった。発生の観察に適した生物を探していると，近所の池で図4の模式図のようなカエル（ニホンアマガエル）の受精卵を見付けたので持ち帰り，発生の様子をルーペで継続して観察したところ，図5や図6の模式図のように，細胞分裂により細胞数が増えていく様子を観察することができた。なお，図5は細胞数が2個になった直後の胚(はい)を示しており，図6は細胞数が4個になった直後の胚を示している。

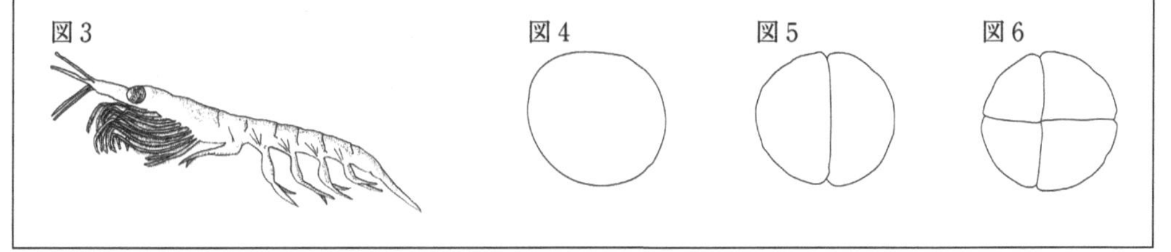

〔問3〕 **<レポート3>**の図4の受精卵の染色体の数を24本とした場合，図5及び図6の胚に含まれる合計の染色体の数として適切なのは，次の表の**ア**～**エ**のうちではどれか。

	図5の胚に含まれる合計の染色体の数	図6の胚に含まれる合計の染色体の数
ア	12本	6本
イ	12本	12本
ウ	48本	48本
エ	48本	96本

<レポート４>　北極付近での太陽の動きについて

北極付近での天体に関する現象について調べたところ，1日中太陽が沈まない現象が起きることが分かった。１日中太陽が沈まない日に北の空を撮影した連続写真には，図７のような様子が記録されていた。

地球の公転軌道を図８のように模式的に表した場合，図７のように記録された連続写真は，図８のAの位置に地球があるときに撮影されたことが分かった。

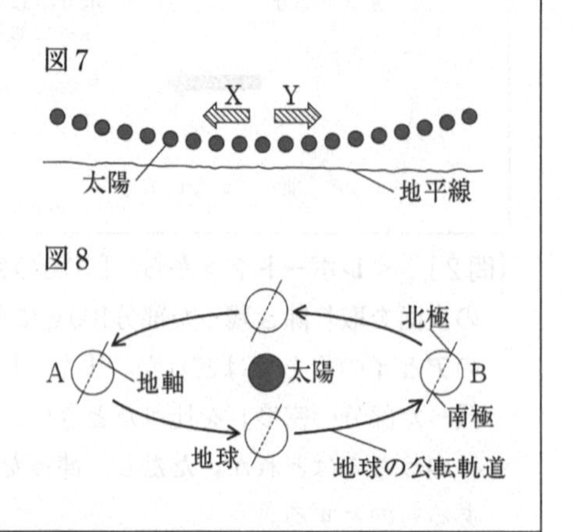

図７
図８

〔問４〕　**<レポート４>**から，図７のXとYのうち太陽が見かけ上動いた向きと，図８のAとBのうち日本で夏至となる地球の位置とを組み合わせたものとして適切なのは，次の表の**ア**～**エ**のうちではどれか。

	図７のXとYのうち太陽が見かけ上動いた向き	図８のAとBのうち日本で夏至となる地球の位置
ア	X	A
イ	X	B
ウ	Y	A
エ	Y	B

3　露点及び雲の発生に関する実験について，次の各問に答えよ。

<実験１>を行ったところ，次のページの**<結果１>**のようになった。

<実験１>

(1)　ある日の午前10時に，あらかじめ実験室の室温と同じ水温にしておいた水を金属製のコップの半分くらいまで入れ，温度計で金属製のコップ内の水温を測定した。

(2)　図１のように，金属製のコップの中に氷水を少しずつ加え，水温が一様になるようにガラス棒でかき混ぜながら，金属製のコップの表面の温度が少しずつ下がるようにした。

(3)　金属製のコップの表面に水滴が付き始めたときの金属製のコップ内の水温を測定した。

(4)　**<実験１>**の(1)～(3)の操作を同じ日の午後６時にも行った。

図１
温度計
ガラス棒
氷水
金属製のコップ

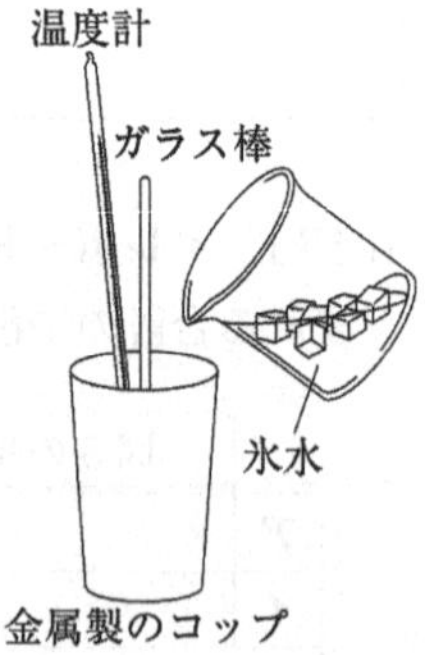

なお，この実験において，金属製のコップ内の水温とコップの表面付近の空気の温度は等しいものとし，同じ時刻における実験室内の湿度は均一であるものとする。

<結果１>

	午前10時	午後６時
<実験１>の⑴で測定した水温〔℃〕	17.0	17.0
<実験１>の⑶で測定した水温〔℃〕	16.2	12.8

〔問１〕　<実験１>の⑵で，金属製のコップの表面の温度が少しずつ下がるようにしたのはなぜか。簡単に書け。

〔問２〕　図２は，気温と飽和水蒸気量の関係をグラフに表したものである。

図２

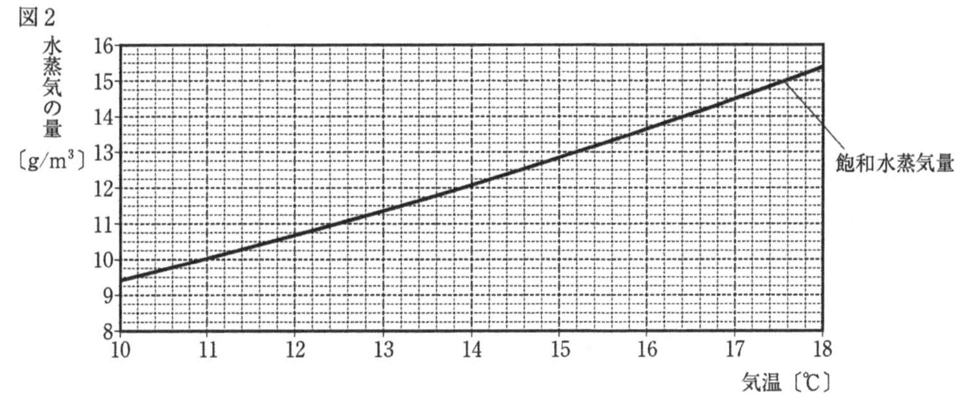

<結果１>から，午前10時の湿度として適切なのは，下の ① のアとイのうちではどれか。また，午前10時と午後６時の実験室内の空気のうち，１m³に含まれる水蒸気の量が多い空気として適切なのは，下の ② のアとイのうちではどれか。

①	ア　約76％	イ　約95％
②	ア　午前10時の実験室内の空気	イ　午後６時の実験室内の空気

次に<実験２>を行ったところ，次のページの<結果２>のようになった。

<実験２>

⑴　丸底フラスコの内部をぬるま湯でぬらし，線香のけむりを少量入れた。

⑵　図３のように，ピストンを押し込んだ状態の大型注射器とデジタル温度計を丸底フラスコに空気がもれないようにつなぎ，装置を組み立てた。

⑶　大型注射器のピストンをすばやく引き，すぐに丸底フラスコ内の様子と丸底フラスコ内の温度の変化を調べた。

⑷　<実験２>の⑶の直後，大型注射器のピストンを元の位置まですばやく押し込み，すぐに丸底フラスコ内の様子と丸底フラスコ内の温度の変化を調べた。

図３

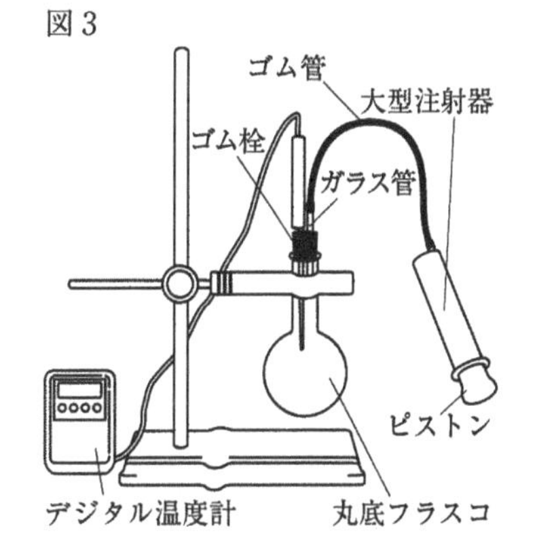

＜結果2＞

	＜実験2＞の(3)の結果	＜実験2＞の(4)の結果
丸底フラスコ内の様子	くもった。	くもりは消えた。
丸底フラスコ内の温度	26.9℃から26.7℃に変化した。	26.7℃から26.9℃に変化した。

〔問3〕 ＜結果2＞から分かることをまとめた次の文章の ① ～ ④ にそれぞれ当てはまるものとして適切なのは，下のアとイのうちではどれか。

ピストンをすばやく引くと，丸底フラスコ内の空気は ① し丸底フラスコ内の気圧は ② 。その結果，丸底フラスコ内の空気の温度が ③ ，丸底フラスコ内の ④ に変化した。

① ア 膨張　イ 収縮
② ア 上がる　イ 下がる
③ ア 上がり　イ 下がり
④ ア 水蒸気が水滴　イ 水滴が水蒸気

さらに，自然界で雲が生じる要因の一つである前線について調べ，＜資料＞を得た。

＜資料＞

次の文章は，日本のある場所で寒冷前線が通過したときの気象観測の記録について述べたものである。

午前6時から午前9時までの間に，雨が降り始めるとともに気温が急激に下がった。この間，風向は南寄りから北寄りに変わった。

〔問4〕 ＜資料＞から，通過した前線の説明と，前線付近で発達した雲の説明とを組み合わせたものとして適切なのは，次の表のア～エのうちではどれか。

	通過した前線の説明	前線付近で発達した雲の説明
ア	暖気が寒気の上をはい上がる。	広い範囲に長く雨を降らせる雲
イ	暖気が寒気の上をはい上がる。	短時間に強い雨を降らせる雲
ウ	寒気が暖気を押し上げる。	広い範囲に長く雨を降らせる雲
エ	寒気が暖気を押し上げる。	短時間に強い雨を降らせる雲

4 ヒトの体内の消化に関する実験について，次の各問に答えよ。
＜実験＞を行ったところ，＜結果＞のようになった。

＜実験＞

(1) 図1（次のページ）のように，試験管A，試験管B，試験管C，試験管Dに0.5%のデンプン溶液を5 cm^3ずつ入れた。また，試験管A，試験管Cには唾液を1 cm^3ずつ入れ，試験管B，試験管Dには水を1 cm^3ずつ入れた。

(2) 図2（次のページ）のように，試験管A，試験管B，試験管C，試験管Dを約40℃に保った水に10分間つけた。

(3)　図3のように，試験管A，試験管Bにヨウ素液を入れ，10分後，溶液の色の変化を観察した。

(4)　図4のように，試験管C，試験管Dにベネジクト液と沸騰石を入れ，その後，加熱し，1分後，溶液の色の変化を観察した。

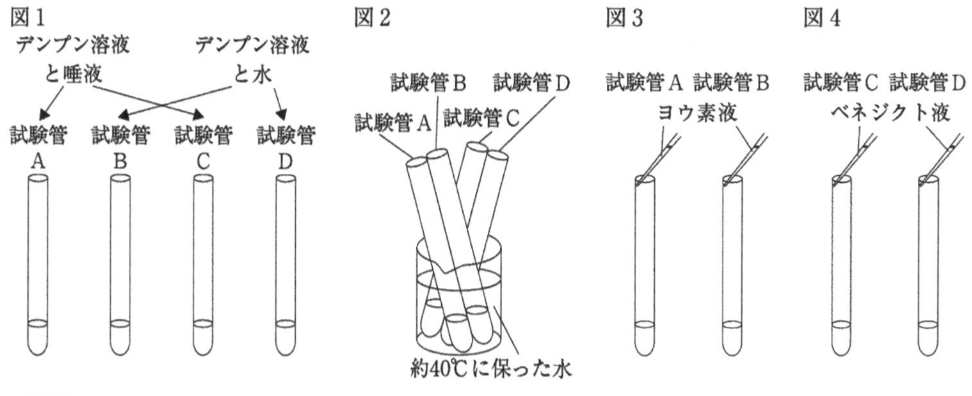

<結果>

	試験管A	試験管B	試験管C	試験管D
色の変化	変化しなかった。	青紫色になった。	赤褐色になった。	変化しなかった。

〔問1〕　**<結果>**から分かる唾液のはたらきについて述べたものとして適切なのは，次のうちではどれか。

ア　試験管Aと試験管Bの比較から，唾液にはデンプンをデンプンではないものにするはたらきがあることが分かり，試験管Cと試験管Dの比較から，唾液にはデンプンをアミノ酸にするはたらきがあることが分かる。

イ　試験管Aと試験管Dの比較から，唾液にはデンプンをデンプンではないものにするはたらきがあることが分かり，試験管Bと試験管Cの比較から，唾液にはデンプンをアミノ酸にするはたらきがあることが分かる。

ウ　試験管Aと試験管Bの比較から，唾液にはデンプンをデンプンではないものにするはたらきがあることが分かり，試験管Cと試験管Dの比較から，唾液にはデンプンをブドウ糖がいくつか結合した糖にするはたらきがあることが分かる。

エ　試験管Aと試験管Dの比較から，唾液にはデンプンをデンプンではないものにするはたらきがあることが分かり，試験管Bと試験管Cの比較から，唾液にはデンプンをブドウ糖がいくつか結合した糖にするはたらきがあることが分かる。

〔問2〕　消化酵素により分解されることで作られた，ブドウ糖，アミノ酸，脂肪酸，モノグリセリドが，ヒトの小腸の柔毛で吸収される様子について述べたものとして適切なのは，あとのうちではどれか。

ア　アミノ酸とモノグリセリドはヒトの小腸の柔毛で吸収されて毛細血管に入り，ブドウ糖と脂肪酸はヒトの小腸の柔毛で吸収された後に結合してリンパ管に入る。

イ　ブドウ糖と脂肪酸はヒトの小腸の柔毛で吸収されて毛細血管に入り，アミノ酸とモノグリセリドはヒトの小腸の柔毛で吸収された後に結合してリンパ管に入る。

ウ　脂肪酸とモノグリセリドはヒトの小腸の柔毛で吸収されて毛細血管に入り，ブドウ糖とアミノ酸はヒトの小腸の柔毛で吸収された後に結合してリンパ管に入る。

エ　ブドウ糖とアミノ酸はヒトの小腸の柔毛で吸収されて毛細血管に入り，脂肪酸とモノグリセリドはヒトの小腸の柔毛で吸収された後に結合してリンパ管に入る。

〔問３〕　図５は，ヒトの体内における血液の循環の経路を模式的に表したものである。図５のＡとＢの場所のうち，ヒトの小腸の毛細血管から吸収された栄養分の濃度が高い場所と，細胞に取り込まれた栄養分からエネルギーを取り出す際に使う物質とを組み合わせたものとして適切なのは，次の表のア～エのうちではどれか。

図５

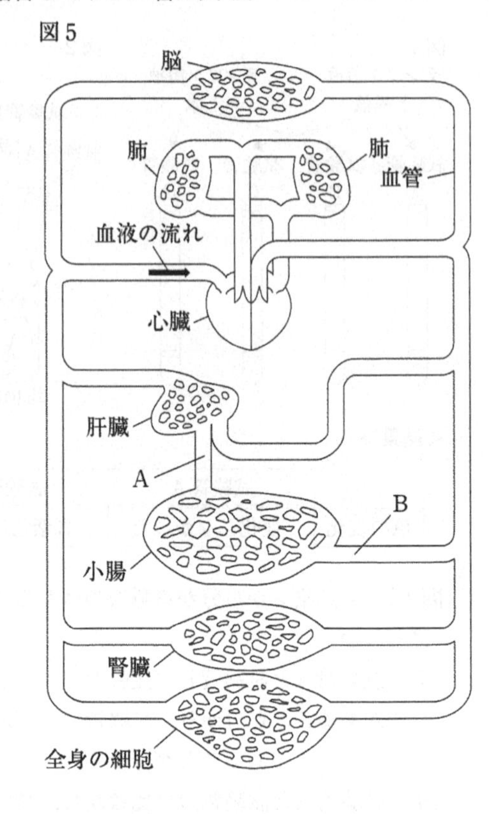

	栄養分の濃度が高い場所	栄養分からエネルギーを取り出す際に使う物質
ア	A	酸素
イ	A	二酸化炭素
ウ	B	酸素
エ	B	二酸化炭素

5　水溶液の実験について，次の各問に答えよ。

<実験１>を行ったところ，**<結果１>**のようになった。

<実験１>

(1)　図１のように，炭素棒，電源装置をつないで装置を作り，ビーカーの中に５％の塩化銅水溶液を入れ，3.5Vの電圧を加えて，３分間電流を流した。

電流を流している間に，電極Ａ，電極Ｂ付近の様子などを観察した。

(2)　**<実験１>**の(1)の後に，それぞれの電極を蒸留水（精製水）で洗い，電極の様子を観察した。

電極Ａに付着した物質をはがし，その物質を薬さじでこすった。

図１

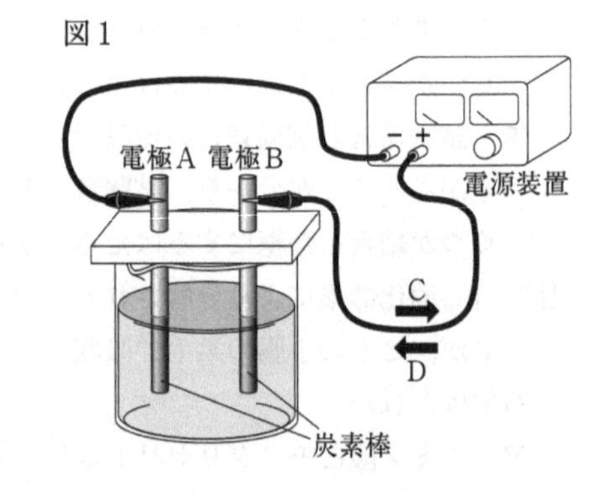

<結果１>

(1)　**<実験１>**の(1)では，電極Ａに物質が付着し，電極Ｂ付近から気体が発生し，刺激臭がした。

(2)　**<実験１>**の(2)では，電極Ａに赤い物質の付着が見られ，電極Ｂに変化は見られなかった。

その後，電極Aからはがした赤い物質を薬さじでこすると，金属光沢が見られた。

次に<**実験2**>を行ったところ，<**結果2**>のようになった。

<**実験2**>

(1)　図1のように，炭素棒，電源装置をつないで装置を作り，ビーカーの中に5％の水酸化ナトリウム水溶液を入れ，3.5Vの電圧を加えて，3分間電流を流した。

　電流を流している間に，電極Aとその付近，電極Bとその付近の様子を観察した。

(2)　<**実験2**>の(1)の後，それぞれの電極を蒸留水で洗い，電極の様子を観察した。

<**結果2**>

(1)　<**実験2**>の(1)では，電流を流している間に，電極A付近，電極B付近からそれぞれ気体が発生した。

(2)　<**実験2**>の(2)では，電極A，電極B共に変化は見られなかった。

〔問1〕　塩化銅が蒸留水に溶けて陽イオンと陰イオンに分かれた様子を表したモデルとして適切なのは，下の**ア**～**オ**のうちではどれか。

　ただし，モデルの●は陽イオン1個，○は陰イオン1個とする。

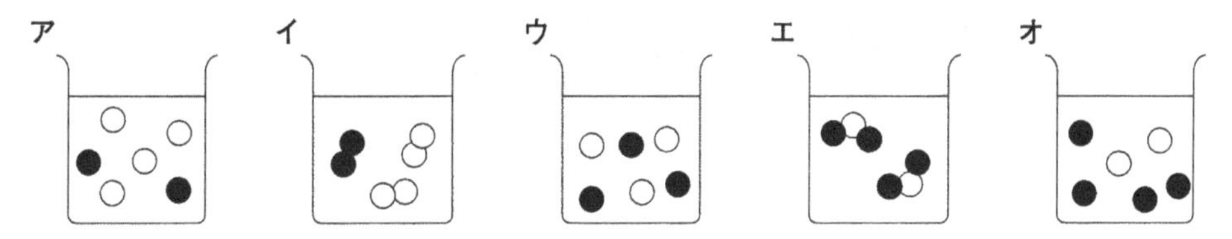

〔問2〕　<**結果1**>から，電極Aは陽極と陰極のどちらか，また，回路に流れる電流の向きはCとDのどちらかを組み合わせたものとして適切なのは，次の表の**ア**～**エ**のうちではどれか。

	電極A	回路に流れる電流の向き
ア	陽極	C
イ	陽極	D
ウ	陰極	C
エ	陰極	D

〔問3〕　<**結果1**>の(1)から，電極B付近で生成された物質が発生する仕組みを述べた次の文の［①］と［②］にそれぞれ当てはまるものを組み合わせたものとして適切なのは，下の表の**ア**～**エ**のうちではどれか。

> 塩化物イオンが電子を［①］，塩素原子になり，塩素原子が［②］，気体として発生した。

	①	②
ア	放出し（失い）	原子1個で
イ	放出し（失い）	2個結び付き，分子になり
ウ	受け取り	原子1個で
エ	受け取り	2個結び付き，分子になり

〔問4〕　<結果1>から，電流を流した時間と水溶液中の銅イオンの数の変化の関係を模式的に示した図として適切なのは，下の ① のア～ウのうちではどれか。また，<結果2>から，電流を流した時間と水溶液中のナトリウムイオンの数の変化の関係を模式的に示した図として適切なのは，下の ② のア～ウのうちではどれか。

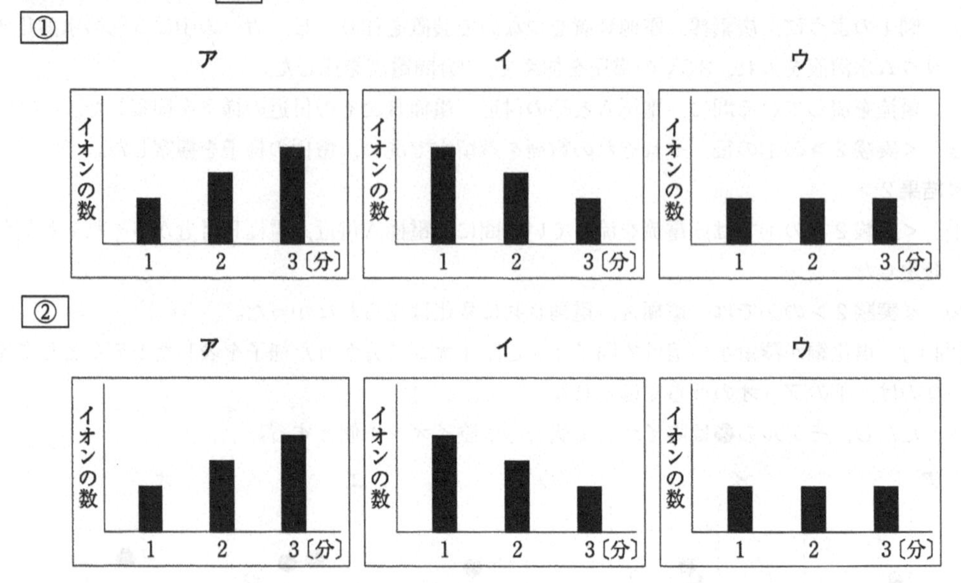

6　電流の実験について，次の各問に答えよ。

<実験>を行ったところ，次のページの<結果>のようになった。

<実験>

(1)　電気抵抗の大きさが5Ωの抵抗器Xと20Ωの抵抗器Y，電源装置，導線，スイッチ，端子，電流計，電圧計を用意した。

(2)　図1のように回路を作った。電圧計で測った電圧の大きさが1.0V，2.0V，3.0V，4.0V，5.0Vになるように電源装置の電圧を変え，回路を流れる電流の大きさを電流計で測定した。

(3)　図2のように回路を作った。電圧計で測った電圧の大きさが1.0V，2.0V，3.0V，4.0V，5.0Vになるように電源装置の電圧を変え，回路を流れる電流の大きさを電流計で測定した。

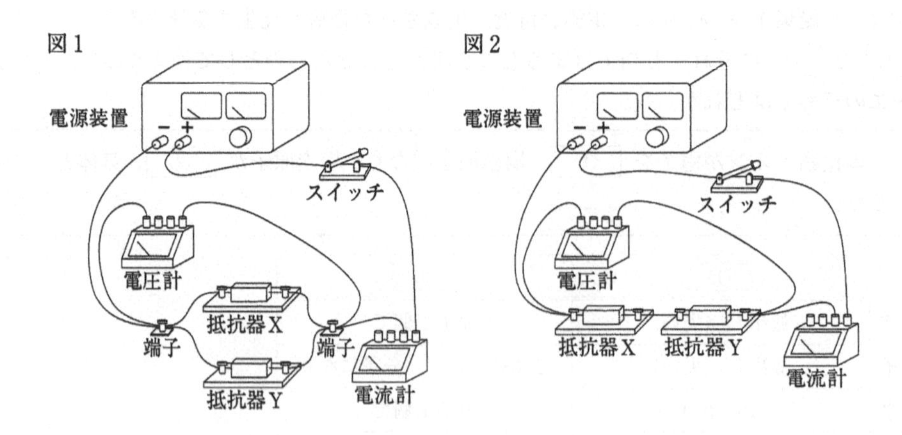

<結果>

<実験>の(2)と<実験>の(3)で測定した電圧と電流の関係をグラフに表したところ，図3のようになった。

図3

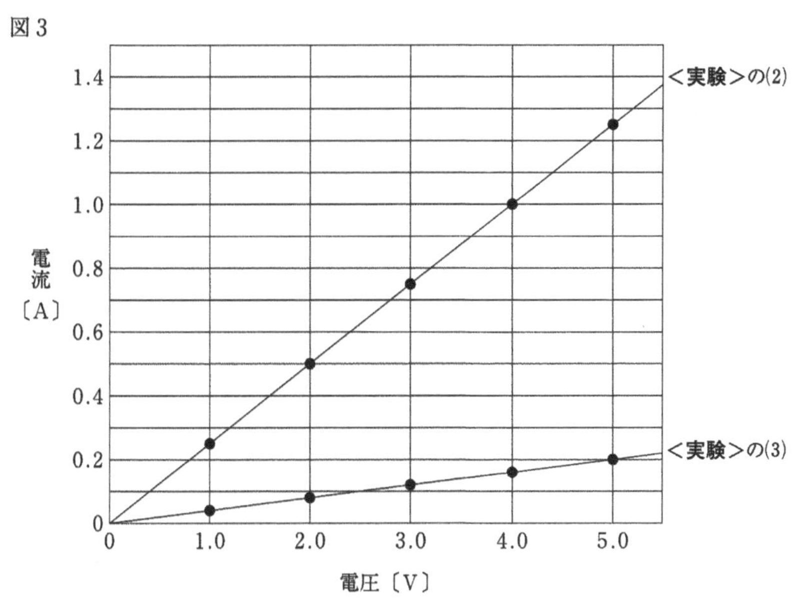

〔問1〕　<結果>から，図1の回路の抵抗器Xと抵抗器Yのうち，「電圧の大きさが等しいとき，流れる電流の大きさが大きい方の抵抗器」と，<結果>から，図1の回路と図2の回路のうち，「電圧の大きさが等しいとき，流れる電流の大きさが大きい方の回路」とを組み合わせたものとして適切なのは，次の表の**ア**～**エ**のうちではどれか。

	電圧の大きさが等しいとき，流れる電流の大きさが大きい方の抵抗器	電圧の大きさが等しいとき，流れる電流の大きさが大きい方の回路
ア	抵抗器X	図1の回路
イ	抵抗器X	図2の回路
ウ	抵抗器Y	図1の回路
エ	抵抗器Y	図2の回路

〔問2〕　<結果>から，次のA，B，Cの抵抗の値の関係を表したものとして適切なのは，下の**ア**～**カ**のうちではどれか。

A　抵抗器Xの抵抗の値

B　抵抗器Xと抵抗器Yを並列につないだ回路全体の抵抗の値

C　抵抗器Xと抵抗器Yを直列につないだ回路全体の抵抗の値

ア　A＜B＜C　　**イ**　A＜C＜B　　**ウ**　B＜A＜C

エ　B＜C＜A　　**オ**　C＜A＜B　　**カ**　C＜B＜A

〔問3〕　<結果>から，<実験>の(2)において抵抗器Xと抵抗器Yで消費される電力と，<実験>の(3)において抵抗器Xと抵抗器Yで消費される電力が等しいときの，図1の回路の抵抗器Xに加わる電圧の大きさをS，図2の回路の抵抗器Xに加わる電圧の大きさをTとしたときに，最も簡単な整数の比でS：Tを表したものとして適切なのは，次の**ア**～**オ**のうちではどれか。

ア 1：1 **イ** 1：2 **ウ** 2：1 **エ** 2：5 **オ** 4：1

〔問4〕 図2の回路の電力と電力量の関係について述べた次の文の □ に当てはまるものとして適切なのは，下の**ア**～**エ**のうちではどれか。

回路全体の電力を9Wとし，電圧を加え電流を2分間流したときの電力量と，回路全体の電力を4Wとし，電圧を加え電流を □ 間流したときの電力量は等しい。

ア 2分 **イ** 4分30秒 **ウ** 4分50秒 **エ** 7分

＜社会＞　時間　50分　　満点　100点

1　次の各問に答えよ。

〔問1〕　次の発表用資料は，地域調査を行った神奈川県鎌倉市の亀ヶ谷坂切通周辺の様子をまとめたものである。発表用資料中の＜地形図を基に作成したA点→B点→C点の順に進んだ道の傾斜を模式的に示した図＞に当てはまるのは，次のページのア～エのうちではどれか。

発表用資料

鎌倉の切通を調査する（亀ヶ谷坂切通班）

○調査日　　　　令和4年9月3日（土）　天候　晴れ
○集合場所・時間　北鎌倉駅・午前9時
○調査ルート　　＜亀ヶ谷坂切通周辺の地形図＞に示したA点→B点→C点の順に進んだ。

＜亀ヶ谷坂切通の位置＞

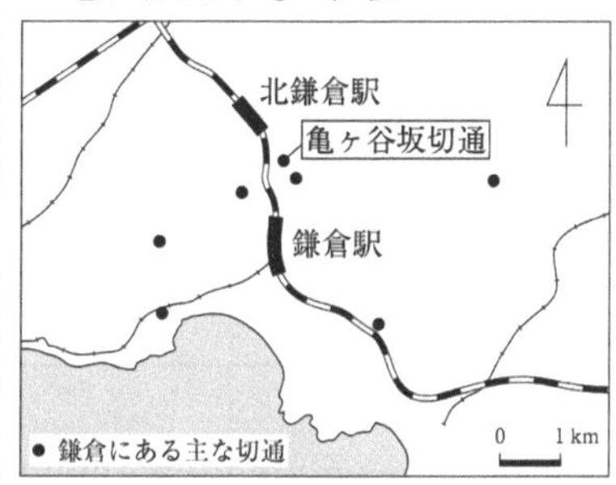

＜亀ヶ谷坂切通周辺の地形図＞

↖北鎌倉駅

東管領屋敷　黒小路　扇ガ谷　50　A　B　C

0　500m

（2016年の「国土地理院発行2万5千分の1地形図（鎌倉）」の一部を拡大して作成）

＜A点，B点，C点　それぞれの付近の様子＞

A点　亀ヶ谷坂切通の方向を示した案内板が設置されていた。

B点　切通と呼ばれる山を削って作られた道なので，地層を見ることができた。

C点　道の両側に住居が建ち並んでいた。

＜B点付近で撮影した写真＞

＜地形図を基に作成したA点→B点→C点の順に進んだ道の傾斜を模式的に示した図＞

<調査を終えて>
○切通は，谷を利用して作られた道で，削る部分を少なくする工夫をしていると感じた。
○道幅が狭かったり，坂道が急であったりしていて，守りが堅い鎌倉を実感することができた。
○徒歩や自転車で通る人が多く，現在でも生活道路として利用されていることが分かった。

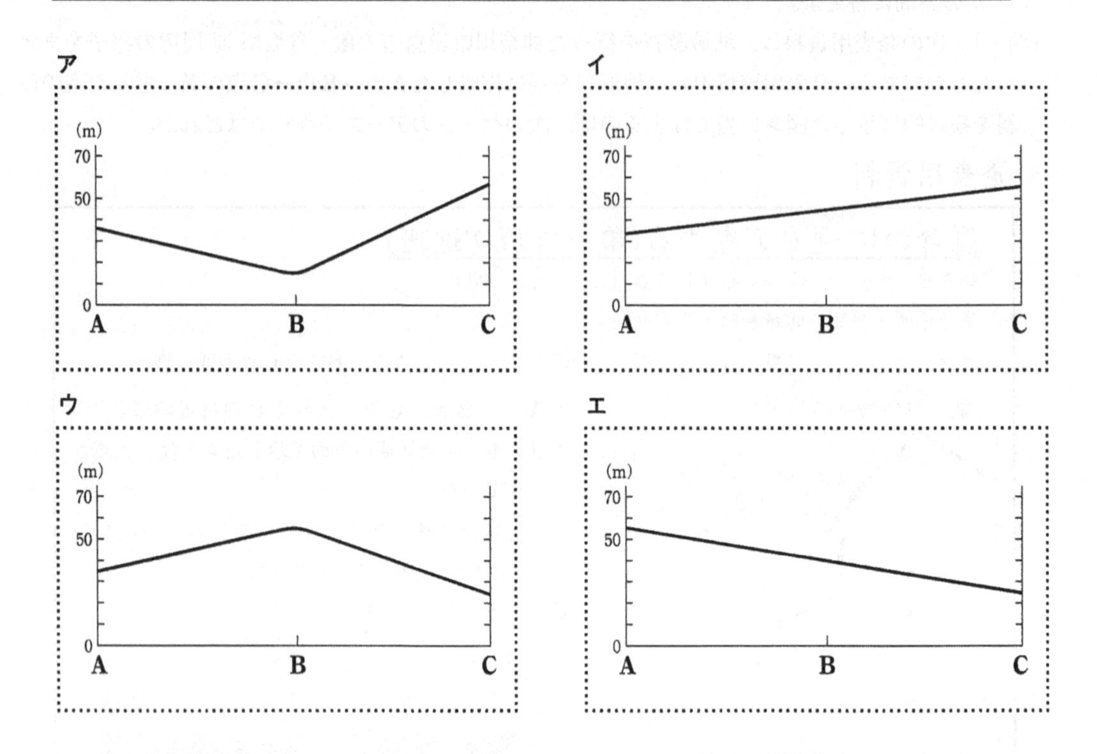

［問２］　次の文で述べている人物に当てはまるのは，下のア～エのうちのどれか。

大名や都市の豪商の気風を反映した壮大で豪華な文化が生み出される中で，堺（さかい）出身のこの人物は，全国統一を果たした武将に茶の湯の作法を指導するとともに，禅の影響を受けたわび茶を完成させた。

ア　喜多川歌麿（きたがわうたまろ）　**イ**　栄西（えいさい／ようさい）　**ウ**　尾形光琳（おがたこうりん）　**エ**　千利休（せんのりきゅう）

［問３］　2022年における国際連合の安全保障理事会を構成する国のうち，５か国の常任理事国を全て示しているのは，次のア～エのうちのどれか。

ア　中華人民共和国，フランス，ロシア連邦（ロシア），イギリス，アメリカ合衆国
イ　インド，フランス，ケニア，イギリス，アメリカ合衆国
ウ　中華人民共和国，ケニア，ノルウェー，ロシア連邦（ロシア），アメリカ合衆国
エ　ブラジル，インド，フランス，ノルウェー，ロシア連邦（ロシア）

2 次の略地図を見て，あとの各問に答えよ。

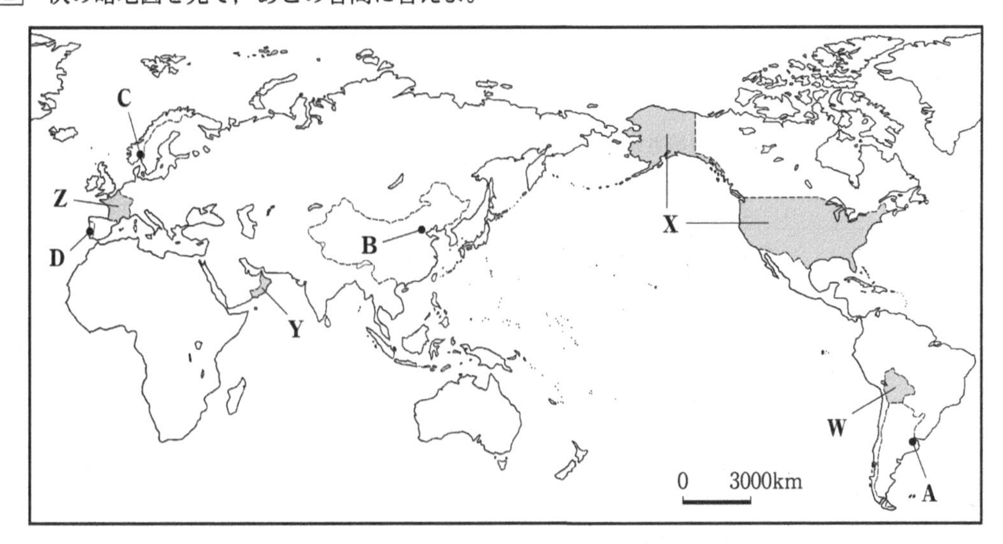

〔問１〕 次のⅠの文章は，略地図中にＡ～Ｄで示した**いずれか**の都市の商業などの様子についてまとめたものである。Ⅱの**ア**～**エ**のグラフは，略地図中のＡ～Ｄの**いずれか**の都市の，年平均気温と年降水量及び各月の平均気温と降水量を示したものである。Ⅰの文章で述べている都市に当てはまるのは，略地図中のＡ～Ｄのうちのどれか，また，その都市のグラフに当てはまるのは，Ⅱの**ア**～**エ**のうちのどれか。

Ⅰ

> 夏季は高温で乾燥し，冬季は温暖で湿潤となる気候を生かして，ぶどうやオリーブが栽培されている。国産のぶどうやオリーブは加工品として販売され，飲食店では塩漬けにされたタラをオリーブ油で調理した料理などが提供されている。

Ⅱ

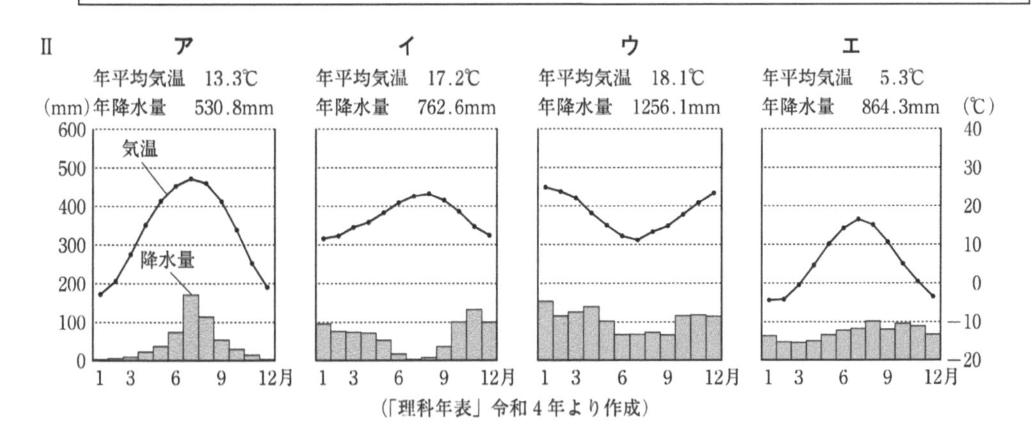

（「理科年表」令和４年より作成）

〔問２〕 次のページの表の**ア**～**エ**は，略地図中に で示したＷ～Ｚの**いずれか**の国の，2019年における一人当たりの国民総所得，小売業などの様子についてまとめたものである。略地図中のＷ～Ｚのそれぞれの国に当てはまるのは，次の表の**ア**～**エ**のうちではどれか。

	一人当たりの国民総所得（ドル）	小売業などの様子
ア	3520	○市場では，ポンチョや強い紫外線を防ぐ帽子，この地方が原産で傾斜地などで栽培された様々な種類のじゃがいもが販売されている。 ○キリスト教徒の割合が最も多く，先住民の伝統的な信仰との結び付きがあり，農耕儀礼などに用いる品々を扱う店舗が立ち並ぶ町並が見られる。
イ	42290	○キリスト教徒（カトリック）の割合が最も多く，基本的に日曜日は非労働日とされており，休業日としている店舗がある。 ○首都には，ガラス製のアーケードを備えた商店街（パサージュ）や，鞄や洋服などの世界的なブランド店の本店が立ち並ぶ町並が見られる。
ウ	65910	○高速道路（フリーウエー）が整備されており，道路沿いの巨大なショッピングセンターでは，大量の商品が陳列され，販売されている。 ○多民族国家を形成し，同じ出身地の移民が集まる地域にはそれぞれの国の料理を扱う飲食店や物産品を扱う店舗が立ち並ぶ町並が見られる。
エ	14150	○スークと呼ばれる伝統的な市場では，日用品に加えて，なつめやし，伝統衣装，香料などが販売されている。 ○イスラム教徒の割合が最も多く，断食が行われる期間は，日没後に営業を始める飲食店が立ち並ぶ町並が見られる。

（注）一人当たりの国民総所得とは，一つの国において新たに生み出された価値の総額を人口で割った数値のこと。

（「データブック オブ・ザ・ワールド」2022年版より作成）

〔問３〕　次のⅠの略地図は，2021年における東南アジア諸国連合（ＡＳＥＡＮ）加盟国の2001年と比較した日本からの輸出額の増加の様子を数値で示したものである。Ⅱの略地図は，2021年における東南アジア諸国連合（ＡＳＥＡＮ）加盟国の2001年と比較した進出日本企業の増加数を示したものである。次のページのⅢの文章で述べている国に当てはまるのは，次のページのア～エのうちのどれか。

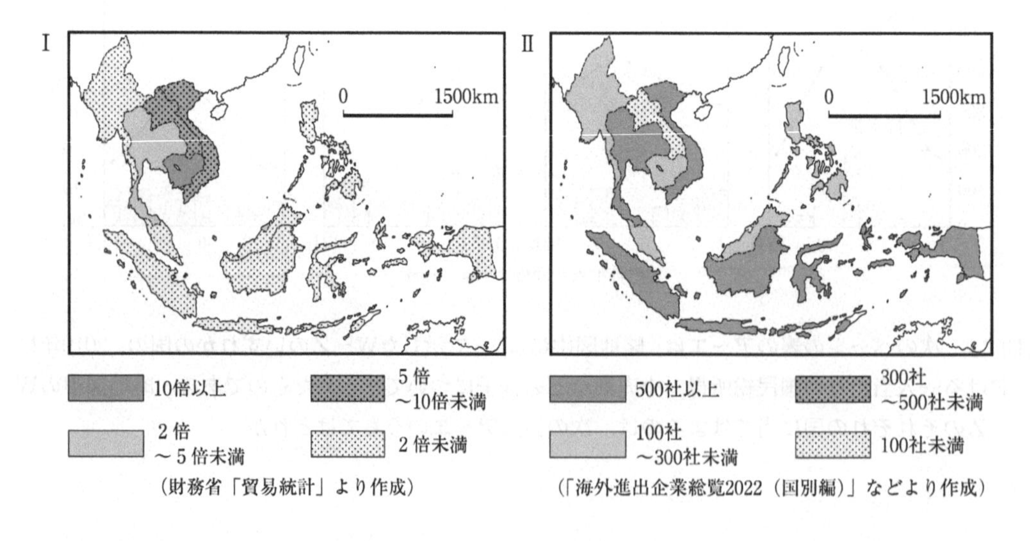

（財務省「貿易統計」より作成）

（「海外進出企業総覧2022（国別編）」などより作成）

Ⅲ

> 1945年の独立宣言後，国が南北に分離した時代を経て，1976年に統一された。国営企業中心の経済からの転換が図られ，現在では外国企業の進出や民間企業の設立が進んでいる。
> 2001年に約2164億円であった日本からの輸出額は，2021年には約２兆968億円となり，2001年に179社であった進出日本企業数は，2021年には1143社へと増加しており，日本との結び付きを強めている。首都の近郊には日系の自動車工場が見られ，最大の人口を有する南部の都市には，日系のコンビニエンスストアの出店が増加している。

ア　インドネシア　　**イ**　ベトナム　　**ウ**　ラオス　　**エ**　タイ

3　次の略地図を見て，あとの各問に答えよ。

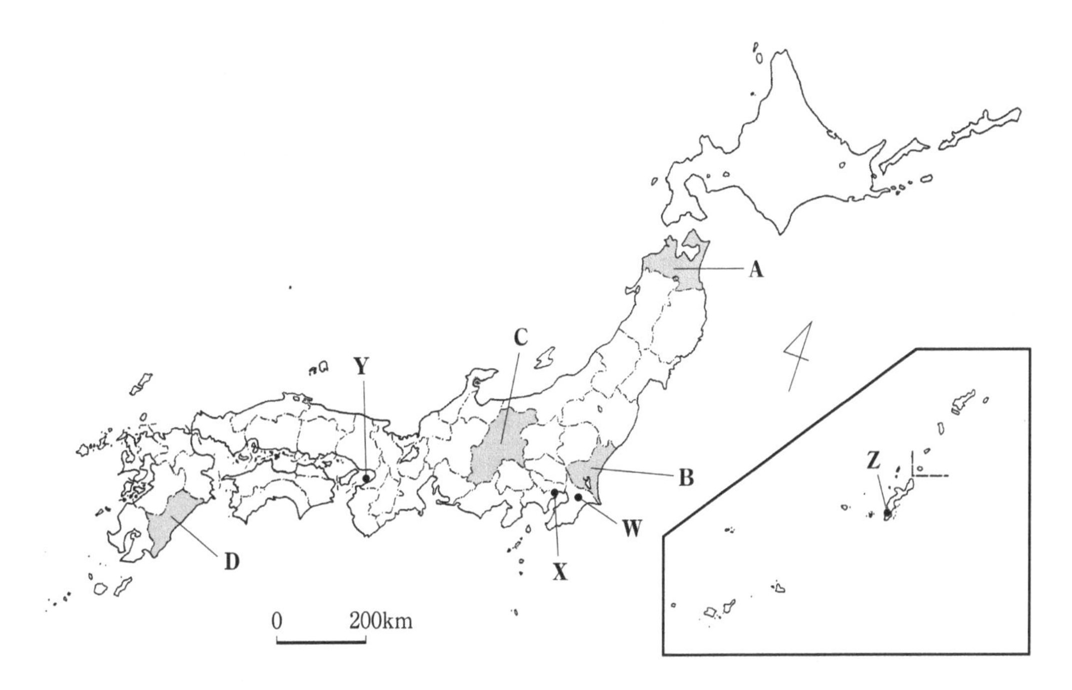

〔問１〕　次の表の**ア**～**エ**の文章は，略地図中に［　］で示した，A～Dの**いずれか**の県の，自然環境と農産物の東京への出荷の様子についてまとめたものである。A～Dのそれぞれの県に当てはまるのは，あとの表の**ア**～**エ**のうちではどれか。

	自然環境と農産物の東京への出荷の様子
ア	○平均標高は1132mで，山脈が南北方向に連なり，フォッサマグナなどの影響によって形成された盆地が複数見られる。 ○東部の高原で他県と比べ時期を遅らせて栽培されるレタスは，明け方に収穫後，その日の正午頃に出荷され，東京まで約５時間かけて主に保冷トラックで輸送されている。
イ	○平均標高は100mで，北西部には山地が位置し，中央部から南西部にかけては河川により形成された平野が見られ，砂丘が広がる南東部には，水はけのよい土壌が分布している。 ○南東部で施設栽培により年間を通して栽培されるピーマンは，明け方に収穫後，その日の午後に出荷され，東京まで約３時間かけてトラックで輸送されている。

ウ	○平均標高は402mで，北西部に山地が位置し，中央部から南部にかけて海岸線に沿って平野が広がっている。 ○平野で施設栽培により年間を通して栽培されるきゅうりは，明け方に収穫後，翌日に出荷され，東京まで１日以上かけてフェリーなどで輸送されている。
エ	○平均標高は226mで，西部には平野が広がり，中央部に位置する火山の南側には水深が深い湖が見られ，東部の平坦な地域は夏季に吹く北東の風の影響で冷涼となることがある。 ○病害虫の影響が少ない東部で栽培されるごぼうは，収穫され冷蔵庫で保管後，発送日の午前中に出荷され，東京まで約10時間かけてトラックで輸送されている。

（国土地理院の資料より作成）

〔問２〕　次の表の**ア**～**エ**は，前のページの略地図中に**W**～**Z**で示した成田国際空港，東京国際空港，関西国際空港，那覇空港の**いずれか**の空港の，2019年における国内線貨物取扱量，輸出額及び輸出額の上位３位の品目と輸出額に占める割合，輸入額及び輸入額の上位３位の品目と輸入額に占める割合を示したものである。略地図中の**X**の空港に当てはまるのは，次の表の**ア**～**エ**のうちのどれか。

	国内線貨物取扱量（t）	輸出額（億円） 輸入額（億円）	輸出額の上位３位の品目と輸出額に占める割合（％） 輸入額の上位３位の品目と輸入額に占める割合（％）
ア	14905	51872	電気機器（44.4），一般機械（17.8），精密機器類（6.4）
		39695	電気機器（32.3），医薬品（23.2），一般機械（11.6）
イ	204695	42	肉類及び同調製品（16.8），果実及び野菜（7.5），魚介類及び同調製品（4.4）
		104	輸送用機器（40.1），一般機械（15.9），その他の雑製品（11.3）
ウ	22724	105256	電気機器（23.7），一般機械（15.1），精密機器類（7.0）
		129560	電気機器（33.9），一般機械（17.4），医薬品（12.3）
エ	645432	3453	金属製品（7.5），電気機器（5.0），医薬品（4.2）
		12163	輸送用機器（32.3），電気機器（18.2），一般機械（11.8）

（国土交通省「令和２年空港管理状況調書」などより作成）

〔問３〕　次のⅠの資料は，国土交通省が推進しているモーダルシフトについて分かりやすくまとめたものである。Ⅱのグラフは，2020年度における，重量１ｔの貨物を１㎞輸送する際に，営業用貨物自動車及び鉄道から排出される二酸化炭素の排出量を示したものである。Ⅲの略地図は，2020年における貨物鉄道の路線，主な貨物ターミナル駅，七地方区分の境界を示したものである。Ⅰ～Ⅲの資料から読み取れる，⑴「国がモーダルシフトを推進する目的」と⑵「国がモーダルシフトを推進する上で前提となる，七地方区分に着目した貨物鉄道の路線の敷設（ふせつ）状況及び貨物ターミナル駅の設置状況」の二点について，それぞれ簡単に述べよ。

（Ⅰの資料，Ⅱのグラフ，Ⅲの略地図は次のページにあります。）

Ⅰ

○モーダルシフトとは，トラックなどの営業用貨物自動車で行われている貨物輸送を，貨物鉄道などの利用へと転換することをいう。転換拠点は，貨物ターミナル駅などである。

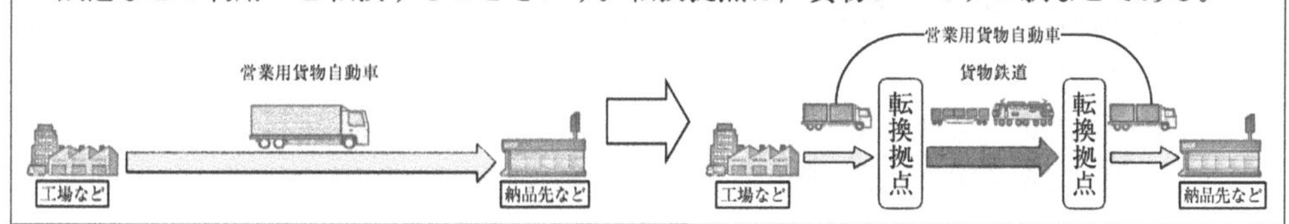

（国土交通省の資料より作成）

Ⅱ　Ⅲ

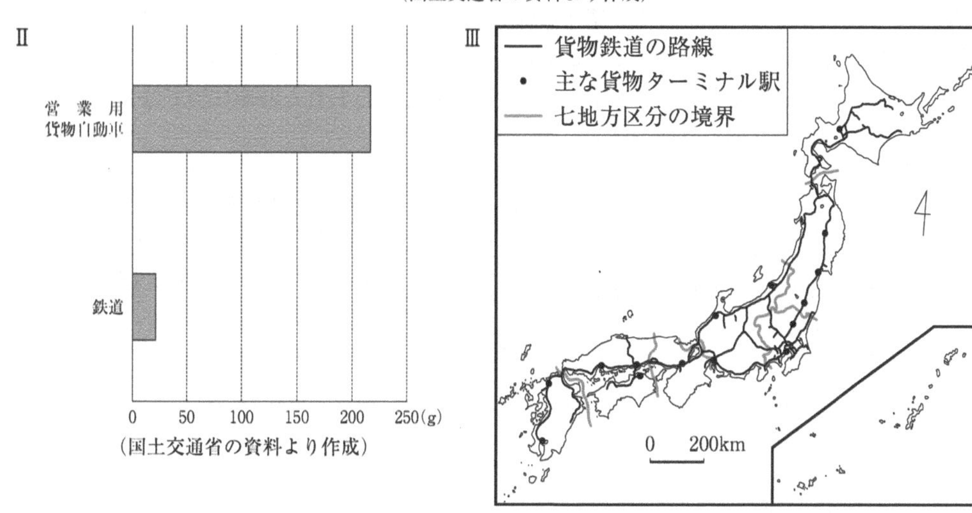

（国土交通省の資料より作成）　（国土交通省の資料などより作成）

4　次の文章を読み，あとの各問に答えよ。

私たちは，いつの時代も最新の知識に基づいて生産技術を向上させ，新たな技術を生み出すことで，社会を発展させてきた。

古代から，各時代の権力者は，(1)<u>統治を継続することなどを目的に，高度な技術を有する人材に組織の中で役割を与え，寺院などを築いてきた。</u>

中世から近世にかけて，農業においても新しい技術が導入されることで生産力が向上し，各地で特産物が生産されるようになった。また，(2)<u>財政再建を行う目的で，これまで培(つちか)ってきた技術を生かし，新田開発などの経済政策を実施してきた。</u>

近代以降は，政府により，(3)<u>欧米諸国に対抗するため，外国から技術を学んで工業化が進められた。</u>昭和時代以降は，(4)<u>飛躍的に進歩した技術を活用し，社会の変化に対応した新たな製品を作り出す企業が現れ，私たちの生活をより豊かにしてきた。</u>

〔問1〕　(1)<u>統治を継続することなどを目的に，高度な技術を有する人材に組織の中で役割を与え，寺院などを築いてきた。</u>とあるが，あとの**ア**～**エ**は，飛鳥(あすか)時代から室町時代にかけて，各時代の権力者が築いた寺院などについて述べたものである。時期の古いものから順に記号を並べよ。

ア　公家(くげ)の山荘を譲り受け，寝殿造(しんでんづくり)や禅宗様(ぜんしゅうよう)の様式を用いた三層からなる金閣(きんかく)を京都の北山(きたやま)に築いた。

イ　仏教の力により，社会の不安を取り除き，国家の安泰を目指して，3か年８回にわたる鋳造の末，銅製の大仏を奈良の東大寺(とうだいじ)に造立(ぞうりゅう)した。

ウ　仏教や儒教の考え方を取り入れ，役人の心構えを示すとともに，金堂(こんどう)などからなる法隆寺(ほうりゅうじ)を斑鳩(いかるが)に建立(こんりゅう)した。

エ　産出された金や交易によって得た財を利用し，金ぱく，象牙や宝石で装飾し，極楽浄土を表現した中尊寺金色堂(ちゅうそんじこんじきどう)を平泉(ひらいずみ)に建立した。

〔問２〕　(2)<u>財政再建を行う目的で，これまで培(つちか)ってきた技術を生かし，新田開発などの経済政策を実施してきた。</u>とあるが，次のⅠの略年表は，安土(あづち)・桃山(ももやま)時代から江戸時代にかけての，経済政策などに関する主な出来事についてまとめたものである。Ⅱの文章は，ある時期に行われた経済政策などについて述べたものである。Ⅱの経済政策などが行われた時期に当てはまるのは，Ⅰの略年表中の**ア**～**エ**の時期のうちではどれか。

Ⅰ

西暦	経済政策などに関する主な出来事	
1577	●織田信長(おだのぶなが)は，安土の城下を楽市とし，一切の役や負担を免除した。	
		ア
1619	●徳川秀忠(とくがわひでただ)は，大阪を幕府の直轄地とし，諸大名に大阪城の再建を命じた。	
		イ
1695	●徳川綱吉(とくがわつなよし)は，幕府の財政を補うため，貨幣の改鋳を命じた。	
		ウ
1778	●田沼意次(たぬまおきつぐ)は，長崎貿易の輸出品である俵物(たわらもの)の生産を奨励した。	
		エ
1841	●水野忠邦(みずのただくに)は，物価の上昇を抑えるため，株仲間(かぶなかま)の解散を命じた。	

Ⅱ

○新田開発を奨励し，開発に当たり商人に出資を促し，将軍と同じく，紀伊(きい)藩出身の役人に技術指導を担(にな)わせた。
○キリスト教に関係しない，漢文に翻訳された科学技術に関係する洋書の輸入制限を緩和した。

〔問３〕　(3)<u>欧米諸国に対抗するため，外国から技術を学んで工業化が進められた。</u>とあるが，次の**ア**～**ウ**は，明治時代に操業を開始した工場について述べたものである。略地図中のＡ～Ｃは，**ア**～**ウ**の**いずれか**の工場の所在地を示したものである。**ア**～**ウ**について，操業を開始した時期の古いものから順に記号を並べよ。また，略地図中のＢに当てはまるのは，次の**ア**～**ウ**のうちではどれか。

ア　実業家が発起人となり，イギリスの技術を導入し設立され，我が国における産業革命の契機となった民間の紡績会社で，綿糸の生産が開始された。

イ　国産生糸の増産や品質の向上を図ることを目的に設立された官営模範製糸場で，フランスの技術を導入し生糸の生産が開始された。

ウ　鉄鋼の増産を図ることを目的に設立された官営の製鉄所で，国内産の

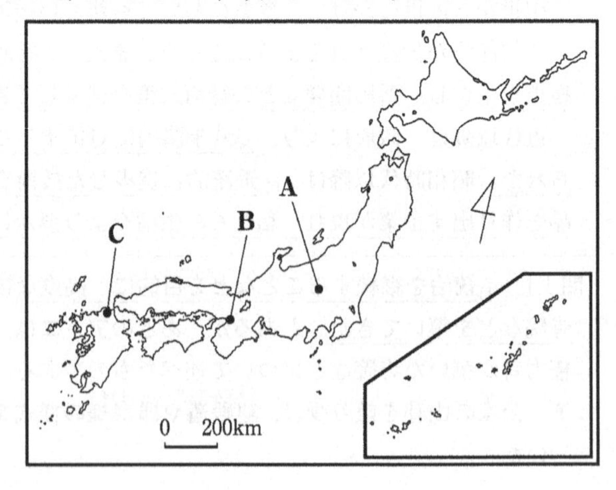

石炭と輸入された鉄鉱石を原材料に外国人技術者の援助を受けて鉄鋼の生産が開始された。

〔問４〕 (4)飛躍的に進歩した技術を活用し，社会の変化に対応した新たな製品を作り出す企業が現れ，私たちの生活をより豊かにしてきた。とあるが，次の略年表は，昭和時代から平成時代にかけて，東京に本社を置く企業の技術開発に関する主な出来事についてまとめたものである。略年表中のＡ～Ｄのそれぞれの時期に当てはまるのは，下のア～エのうちではどれか。

西暦	東京に本社を置く企業の技術開発に関する主な出来事	
1945	●造船会社により製造されたジェットエンジンを搭載した飛行機が，初飛行に成功した。	
1952	●顕微鏡・カメラ製造会社が，医師からの依頼を受け，日本初の胃カメラの実用化に成功した。	Ａ
1955	●通信機器会社が，小型軽量で持ち運び可能なトランジスタラジオを販売した。	
		Ｂ
1972	●計算機会社が，大規模集積回路を利用した電子式卓上計算機を開発した。	
		Ｃ
1989	●フィルム製造会社が，家電製造会社と共同開発したデジタルカメラを世界で初めて販売した。	
		Ｄ
2003	●建築会社が，独立行政法人と共同して，不整地歩行などを実現するロボットを開発した。	

ア　地価や株価が上がり続けるバブル経済が終わり，構造改革を迫られ，インターネットの普及が急速に進み，撮影した写真を送信できるカメラ付き携帯電話が初めて販売された。

イ　連合国軍最高司令官総司令部（ＧＨＱ）の指令に基づき日本政府による民主化政策が実施され，素材，機器，測定器に至る全てを国産化した移動無線機が初めて製作された。

ウ　石油危機により，省エネルギー化が進められ，運動用品等に利用されていた我が国の炭素素材が，航空機の部材として初めて使用された。

エ　政府により国民所得倍増計画が掲げられ，社会資本の拡充の一環として，速度を自動的に調整するシステムを導入した東海道新幹線が開業した。

5　次の文章を読み，あとの各問に答えよ。

企業は，私たちが消費している財（もの）やサービスを提供している。企業には，国や地方公共団体が経営する公企業と民間が経営する私企業がある。(1)私企業は，株式の発行や銀行からの融資などにより調達した資金で，生産に必要な土地，設備，労働力などを用意し，利潤を得ることを目的に生産活動を行っている。こうして得た財やサービスの価格は，需要量と供給量との関係で変動するものや，(2)政府や地方公共団体により料金の決定や改定が行われるものなどがある。

私企業は，自社の利潤を追求するだけでなく，(3)国や地方公共団体に税を納めることで，社会を支えている。また，社会貢献活動を行い，社会的責任を果たすことが求められている。

(4)日本経済が発展するためには，私企業の経済活動は欠かすことができず，今後，国内外からの信頼を一層高めていく必要がある。

〔問１〕 (1)私企業は，株式の発行や銀行からの融資などにより調達した資金で，生産に必要な土地，設備，労働力などを用意し，利潤を得ることを目的に生産活動を行っている。とあるが，経済活動の自由を保障する日本国憲法の条文は，次のア～エのうちではどれか。

ア　すべて国民は，法の下に平等であつて，人種，信条，性別，社会的身分又は門地により，政治的，経済的又は社会的関係において，差別されない。

イ　何人も，法律の定める手続によらなければ，その生命若しくは自由を奪はれ，又はその他の刑罰を科せられない。

ウ　すべて国民は，法律の定めるところにより，その能力に応じて，ひとしく教育を受ける権利を有する。

エ　何人も，公共の福祉に反しない限り，居住，移転及び職業選択の自由を有する。

〔問２〕　(2)政府や地方公共団体により料金の決定や改定が行われるものなどがある。とあるが，次の文章は，令和２年から令和３年にかけて，ある公共料金が改定されるまでの経過について示したものである。この文章で示している公共料金に当てはまるのは，下のア～エのうちではどれか。

○所管省庁の審議会分科会が公共料金の改定に関する審議を開始した。（令和２年３月16日）
○所管省庁の審議会分科会が審議会に公共料金の改定に関する審議の報告を行った。（令和２年12月23日）
○所管省庁の大臣が審議会に公共料金の改定に関する諮問を行った。（令和３年１月18日）
○所管省庁の審議会が公共料金の改定に関する答申を公表した。（令和３年１月18日）
○所管省庁の大臣が公共料金の改定に関する基準を告示した。（令和３年３月15日）

ア　鉄道運賃　　イ　介護報酬　　ウ　公営水道料金　　エ　郵便料金（手紙・はがきなど）

〔問３〕　(3)国や地方公共団体に税を納めることで，社会を支えている。とあるが，次の表は，企業の経済活動において，課税する主体が，国であるか，地方公共団体であるかを，国である場合は「国」，地方公共団体である場合は「地」で示そうとしたものである。表のAとBに入る記号を正しく組み合わせているのは，次のア～エのうちのどれか。

	課税する主体
企業が提供した財やサービスの売上金から経費を引いた利潤にかかる法人税	A
土地や建物にかかる固定資産税	B

	ア	イ	ウ	エ
A	地	地	国	国
B	国	地	地	国

〔問４〕　(4)日本経済が発展するためには，私企業の経済活動は欠かすことができず，今後，国内外からの信頼を一層高めていく必要がある。とあるが，次のページのⅠの文章は，2010年に開催された法制審議会会社法制部会第１回会議における資料の一部を分かりやすく書き改めたものである。次のページのⅡの文は，2014年に改正された会社法の一部を分かりやすく書き改めたもので

ある。Ⅲのグラフは，2010年から2020年までの東京証券取引所に上場する会社における，具体的な経営方針等を決定する取締役会に占める，会社と利害関係を有しない独立性を備えた社外取締役の人数別の会社数の割合を示したものである。Ⅰ～Ⅲの資料を活用し，2014年に改正された会社法によりもたらされた取締役会の変化について，社外取締役の役割及び取締役会における社外取締役の人数に着目して，簡単に述べよ。

Ⅰ

> ○現行の会社法では，外部の意見を取り入れる仕組を備える適正な企業統治を実現するシステムが担保されていない。
> ○我が国の上場会社等の企業統治については，内外の投資者等から強い懸念が示されている。

Ⅱ

> 　これまでの会社法では，社外取締役の要件は，自社又は子会社の出身者等でないことであったが，親会社の全ての取締役等，兄弟会社の業務執行取締役等，自社の取締役等及びその配偶者の近親者等でないことを追加する。

Ⅲ

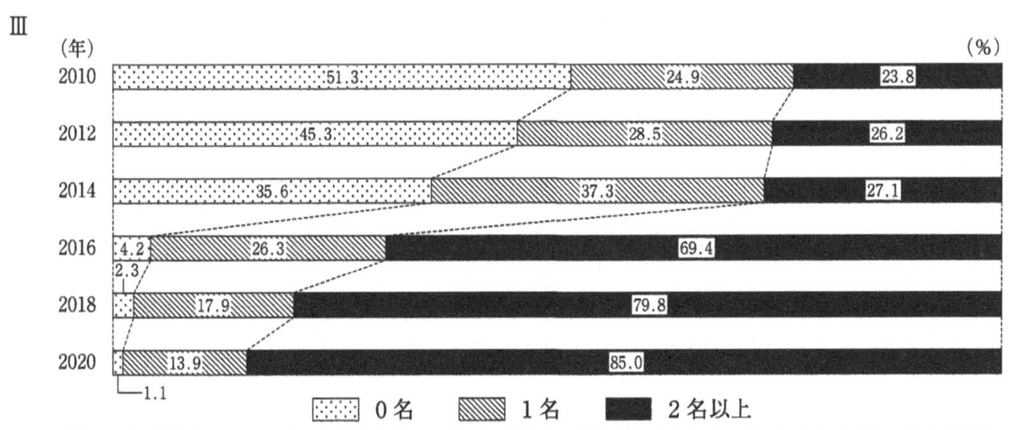

(注) 四捨五入をしているため，社外取締役の人数別の会社数の割合を合計したものは，100%にならない場合がある。

(東京証券取引所の資料より作成)

6 次の文章を読み，次のページの略地図を見て，あとの各問に答えよ。

> 　(1)1851年に開催された世界初の万国博覧会は，蒸気機関車などの最新技術が展示され，鉄道の発展のきっかけとなった。1928年には，国際博覧会条約が35か国により締結され，(2)テーマを明確にした国際博覧会が開催されるようになった。
> 　2025年に大阪において「いのち輝く未来社会のデザイン」をテーマとした万国博覧会の開催が予定されており，(3)我が国で最初の万国博覧会が大阪で開催された時代と比べ，社会の様子も大きく変化してきた。

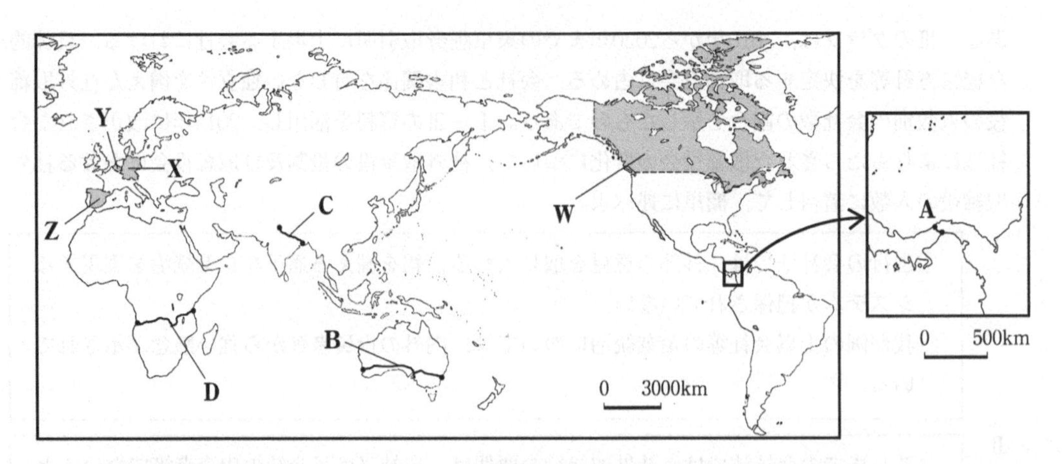

〔問1〕 (1)1851年に開催された世界初の万国博覧会は，蒸気機関車などの最新技術が展示され，鉄道の発展のきっかけとなった。とあるが，略地図中に•——•で示したＡ～Ｄは，世界各地の主な鉄道の路線を示したものである。次の表のア～エは，略地図中にＡ～Ｄで示したいずれかの鉄道の路線の様子についてまとめたものである。略地図中のＡ～Ｄのそれぞれの鉄道の路線に当てはまるのは，次の表のア～エのうちではどれか。

	鉄道の路線の様子
ア	植民地時代に建設された鉄道は，地域ごとにレールの幅が異なっていた。1901年の連邦国家成立後，一部の区間でレールの幅が統一され，州を越えての鉄道の乗り入れが可能となり，東西の州都を結ぶ鉄道として1970年に開業した。
イ	綿花の輸出や内陸部への支配の拡大を目的に建設が計画され，外国の支配に不満をもつ人々が起こした大反乱が鎮圧された９年後の1867年に，主要港湾都市と内陸都市を結ぶ鉄道として開通した。
ウ	二つの大洋をつなぎ，貿易上重要な役割を担う鉄道として，1855年に開業した。日本人技術者も建設に参加した国際運河が1914年に開通したことにより，貿易上の役割は低下したが，現在では観光資源としても活用されている。
エ	1929年に内陸部から西側の港へ銅を輸送する鉄道が開通した。この鉄道は内戦により使用できなくなり，1976年からは内陸部と東側の港とを結ぶ新たに作られた鉄道がこの地域の主要な銅の輸送路となった。2019年にこの二本の鉄道が結ばれ，大陸横断鉄道となった。

〔問2〕 (2)テーマを明確にした国際博覧会が開催されるようになった。とあるが，次のページのⅠの略年表は，1958年から2015年までの，国際博覧会に関する主な出来事についてまとめたものである。次のページのⅡの文章は，Ⅰの略年表中のＡ～Ｄのいずれかの国際博覧会とその開催国の環境問題について述べたものである。Ⅱの文章で述べている国際博覧会に当てはまるのは，Ⅰの略年表中のＡ～Ｄのうちのどれか，また，その開催国に当てはまるのは，略地図中に▇で示したＷ～Ｚのうちのどれか。

Ⅰ

西暦	国際博覧会に関する主な出来事
1958	●「科学文明とヒューマニズム」をテーマとした万国博覧会が開催された。……A
1967	●「人間とその世界」をテーマとした万国博覧会が開催された。……B
1974	●「汚染なき進歩」をテーマとした国際環境博覧会が開催された。
1988	●「技術時代のレジャー」をテーマとした国際レジャー博覧会が開催された。
1992	●「発見の時代」をテーマとした万国博覧会が開催された。……C
2000	●「人間・自然・技術」をテーマとした万国博覧会が開催された。……D
2015	●「地球に食料を，生命にエネルギーを」をテーマとした万国博覧会が開催された。

Ⅱ

この博覧会は，「環境と開発に関するリオ宣言」などに基づいたテーマが設定され，リオデジャネイロでの地球サミットから８年後に開催された。この当時，国境の一部となっている北流する国際河川の東側に位置する森林（シュヴァルツヴァルト）で生じた木々の立ち枯れは，偏西風などにより運ばれた有害物質による酸性雨が原因であると考えられていた。

〔問３〕 (3)我が国で最初の万国博覧会が大阪で開催された時代と比べ，社会の様子も大きく変化してきた。とあるが，次のⅠの**ア**～**エ**のグラフは，1950年，1970年，2000年，2020年の**いずれか**の我が国における人口ピラミッドを示したものである。次のページのⅡの文章で述べている年の人口ピラミッドに当てはまるのは，Ⅰの**ア**～**エ**のうちのどれか。

Ⅰ

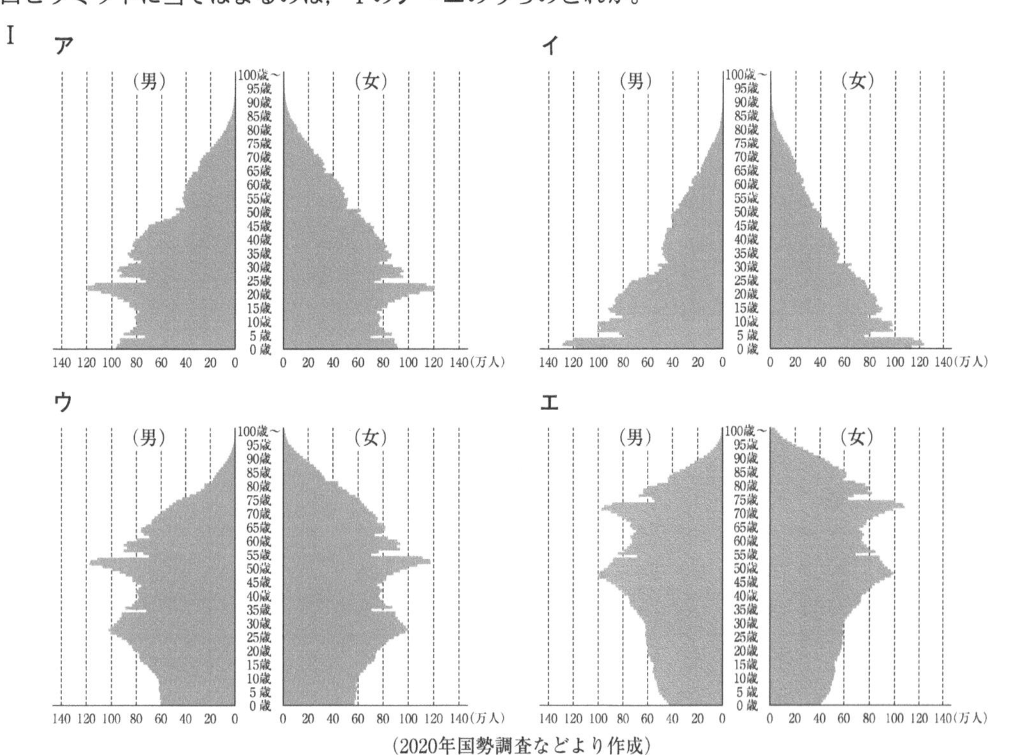

（2020年国勢調査などより作成）

Ⅱ

○我が国の人口が１億人を突破して３年後のこの年は，65歳以上の割合は７％を超え，高齢化社会の段階に入っている。
○地方から都市への人口移動が見られ，郊外にニュータウンが建設され，大阪では「人類の進歩と調和」をテーマに万国博覧会が開催された。

2023年度

解答と解説

《2023年度の配点は解答用紙集に掲載してあります。》

＜理科解答＞

1　〔問1〕ア　〔問2〕エ　〔問3〕ウ　〔問4〕イ　〔問5〕ア　〔問6〕イ
2　〔問1〕イ　〔問2〕①イ　②ア　〔問3〕エ　〔問4〕ウ
3　〔問1〕水滴が付き始める瞬間の温度を正確に読み取るため。　〔問2〕①イ　②ア
　〔問3〕①ア　②イ　③イ　④ア　〔問4〕エ
4　〔問1〕ウ　〔問2〕エ　〔問3〕ア
5　〔問1〕ア　〔問2〕エ　〔問3〕イ　〔問4〕①イ　②ウ
6　〔問1〕ア　〔問2〕ウ　〔問3〕ウ　〔問4〕イ

＜理科解説＞

1　(小問集合－自然界のつり合い，火山活動と火成岩：火山岩，身のまわりの物質とその性質：ガスバーナーの操作，光と音：凸レンズによってできる像，物質の成り立ち，植物の体のつくりとはたらき：花のつくり)

〔問1〕**生産者は光合成を行い，みずから有機物をつくり出すことができる生物**であり，消費者はほかの生物から有機物を得る生物である。よって，生産者は**葉緑体**があるエンドウ，サツマイモ，ツツジである。消費者はタカ，バッタ，ミミズである。

〔問2〕**玄武岩**はマグマが冷え固まって岩石になった火成岩であり，火成岩のうち，上昇したマグマが地表に近い地下や，溶岩のように地表にふき出て急激に冷えて固まってできた**火山岩**である。**斑状組織でカンラン石やキ石のような有色鉱物を多く含むため**，岩石は**黒っぽい**。

〔問3〕ガスバーナーに点火し，適正な炎の大きさに調整した後，**空気不足になっている炎を青色の適正な状態にする操作は，Bのガス調節ねじを押さえながら，Aの空気調節ねじだけをCの向きに回して少しずつ開き**，青色の安定した炎にする。

〔問4〕図3において，光の進み方を作図する。物体から光軸に平行に凸レンズに入った光は，屈折した後，反対側の焦点を通る。凸レンズの中心を通った光は，そのまま直進する。スクリーンの位置がA点にあると，2つの直線の交点がスクリーン上にくるため，はっきりと像が映る。作図から，物体の大きさと比べて，スクリーンに映った像の方が小さいことが分かる。

〔問5〕**単体は1種類の元素からできている物質であり，2種類以上の元素からできている物質が化合物である**。よって，A 二酸化炭素の化学式はCO_2，B 水の化学式はH_2O，C アンモニアの化学式はNH_3，D 酸素の化学式はO_2であるため，化合物はA，B，Cであり，単体はDである。

〔問6〕アブラナの花のつくりは，外側から，A がく，B 花弁，C おしべ，D めしべである。

2　(自由研究－力と物体の運動：平均の速さ，身のまわりの物質とその性質：密度，水溶液：濃度，力のつり合いと合成・分解：浮力，生物の成長と生殖：発生，天体の動きと地球の自転・公転：白夜の太陽の見かけの動き)

〔問1〕平均の速さ〔m/s〕$=\dfrac{6〔m〕-2〔m〕}{122.2〔s〕-40.4〔s〕}=0.048\cdots$〔m/s〕$\fallingdotseq 0.05$〔m/s〕である。

〔問2〕 (凍った部分の表面を取り除き残った部分100gに含まれる食塩の量)÷(3%の食塩水100gに含まれる食塩の量)×100=(100g×0.0084)÷(100g×0.03)×100=28，よって，28%である。食塩水の上部に浮いた凍った部分の表面を取り除き残った部分に含まれる食塩の量は，3%の食塩水の28%であるため，3%の食塩水の方が密度が大きいと言える。このことは，**食塩水を凍らせると，凍った部分が浮くのは，凍って密度が小さくなった部分にかかる重力より，凍った部分より密度が大きい食塩水からの水圧による浮力のほうが大きい**ことからもわかる。

〔問3〕 図4，5，6は，**カエルの受精卵が体細胞分裂により細胞の数をふやして胚になる過程**である。体細胞分裂であるため，**分裂を何回くり返しても，ひとつひとつの細胞の染色体の数は変わらない**。よって，図5の胚に含まれる細胞の和は2個であるため，合計の染色体の和は、24本×2=48本，である。同様にして，図6の胚に含まれる細胞の和は4個であるため，合計の染色体の和は、24本×4=96(本)，である。

〔問4〕 地軸を中心に太陽が北側へとまわってきたとき，図7の**北の空では，向かって右方向が東**であるため，**太陽は見かけ上，東方向に向かって上昇するように動く**。よって，太陽が見かけ上動いた向きはYである。日本で**夏至**となる地球の位置は，**北緯35°付近にある日本で太陽の南中高度が最も高く**，日の出と日の入りの位置が北寄りになり，日照時間が最も長くなるAである。

3 **(気象要素の観測：金属製のコップによる露点の測定実験と湿度の計算，天気の変化：雲の発生に関する実験と寒冷前線)**

〔問1〕 **金属製のコップの表面の温度が少しずつ下がるようにしたのは，「水滴が付き始める瞬間の温度を正確に読み取るため。」**である。

〔問2〕 午前10時に測定した水温は，同じ時刻の実験室の室温と等しいので，午前10時の実験室内の気温は17.0℃である。また，金属製のコップの表面に水滴がつき始めたときの金属製のコップ内の水温が露点であり，**この場合，露点16.2℃における飽和水蒸気量が，実際に午前10時の実験室内の1m³の空気に含まれる水蒸気の質量〔g/m³〕である**。よって，湿度〔%〕= $\frac{1\text{m}^3\text{の空気に含まれる水蒸気の質量〔g/m}^3\text{〕}}{\text{その空気と同じ気温での飽和水蒸気量〔g/m}^3\text{〕}}\times 100$，から，午前10時の湿度〔%〕= $\frac{13.8\text{〔g/m}^3\text{〕}}{14.5\text{〔g/m}^3\text{〕}}\times 100 \fallingdotseq 95.2$〔%〕である。午後6時も同じ気温であるため，露点が高いほうが1m³の空気に含まれる水蒸気の量が多いので，結果1の表から，午前10時の実験室内の空気である。

〔問3〕 <実験2>は雲を発生させる実験装置である。「ピストンをすばやく引くと，丸底フラスコ内の空気は**膨張**し，丸底フラスコ内の**気圧は下がる**。その結果，丸底フラスコ内の**空気の温度が下がり露点に達し**，丸底フラスコ内の**水蒸気が水滴に変化**した。」そのため，丸底フラスコ内はくもった。自然界では**雲**である。

〔問4〕 寒冷前線は，**寒気**が暖気の下にもぐりこみ，**暖気を押し上げながら進んでいく**。暖気が急激に上空高くに押し上げられ，強い上昇気流が生じて**積乱雲**が発達するため，**短時間に強い雨**が降り，**強い風**がふくことが多い。

4 **(動物の体のつくりとはたらき：消化の対照実験・柔毛での吸収・血液の循環・細胞の呼吸)**

〔問1〕 試験管AとBは，**ヨウ素液**との反応により，**唾液がデンプンをデンプンではないものに変えるはたらき**があるのか否か比較して調べる**対照実験**である。試験管CとDは，**ベネジクト液を加えて加熱する**ことにより，唾液にはデンプンをブドウ糖がいくつか結合した**糖に変えるはたらき**があるのか否か比較して調べる対照実験である。

〔問2〕 消化酵素により分解されることで作られた，**ブドウ糖とアミノ酸は**ヒトの小腸の**柔毛**で吸収されて**毛細血管**に入り，**脂肪酸とモノグリセリドは**ヒトの小腸の柔毛で吸収された後に**結合し**

てリンパ管に入る。

〔問3〕 心臓の左心室から送り出された血液はBの動脈を通って小腸の毛細血管に入る。毛細血管で栄養分を吸収し，**小腸から肝臓へと向かう血液が流れるA**の肝門脈を通って肝臓に運ばれる。よって，**栄養分の濃度が高い場所は，A**である。**細胞による呼吸**については，血液の成分である血しょうがしみ出て組織液となり，養分や酸素を細胞に届ける。からだを構成しているひとつひとつの細胞では，届いた**酸素を使い，養分からエネルギーが取り出される。このとき，二酸化炭素と水ができる。**

5 **(水溶液とイオン・原子の成り立ちとイオン：塩化銅の電気分解の仕組み・イオンの粒子モデル・化学式，物質の成り立ち：水の電気分解，気体の発生とその性質)**

〔問1〕 **<実験1>は塩化銅の電気分解**である。塩化銅が水に溶けて電離したようすを化学式を使って表すと，$CuCl_2 \rightarrow Cu^{2+} + 2Cl^-$，であり，陽イオンの数：陰イオンの数＝1：2，である。よって，モデルはアである。

〔問2〕 電極Aは，電源装置の－端子に接続しているので陰極である。また，実験結果から，**陽イオンとなっていた銅が付着していたことから，電極Aは，陰極**であると言える。回路に流れる**電流の向きは**，電源装置の**＋端子から出て－端子に入る向き**であると決められているので，Dである。

〔問3〕 陽極である電極B付近からは，**刺激臭がする気体である塩素**が生成された。塩素の気体が発生する仕組みは，「**塩化物イオンCl^-が，電子を放出し(失い)，塩素原子になり，塩素原子が2個結びつき，分子になり，気体として発生した。**」である。

〔問4〕 <結果1>は塩化銅の電気分解の結果であり，**銅イオンCu^{2+}は，陰極から電子を2個受けとり，銅原子Cuになり，陰極に金属となって付着するため**，電流を流した時間が長くなるほど，水溶液中の銅イオンの数は減少する。よって，グラフはイである。<結果2>は水の電気分解の結果であり，**5%の水酸化ナトリウム水溶液を加えたのは，電流が流れやすくするためであり，水酸化ナトリウムそのものは分解されない**ので，電流を流した時間が長くなっても，水溶液中のナトリウムイオンの数は変化しない。よって，グラフはウである。水の電気分解の化学反応式は，$2H_2O \rightarrow 2H_2 + O_2$，であり，**陰極**である電極A付近から発生した気体は**水素**で，**陽極**である電極Bから発生した気体は**酸素**である。

6 **(電流：電圧と電流と抵抗・電力・電力量)**

〔問1〕 オームの法則により，電流＝$\frac{電圧}{抵抗}$であるから，**電圧の大きさが等しいとき**，5Ωの抵抗器Xの方が，20Ωの抵抗器Yよりも大きい電流が流れる。また，<結果>図3のグラフから，電圧の大きさが等しいとき，<実験>の(2)図1の**並列回路の方が**，<実験>の(3)図2の**直列回路よりも大きい電流が流れる。**

〔問2〕 抵抗器Xと抵抗器Yを**並列**につないだ回路**全体の抵抗をRp**とすると，$\frac{1}{R_P[\Omega]} = \frac{1}{5[\Omega]} + \frac{1}{20[\Omega]}$より，$R_P[\Omega] = 4[\Omega]$である。抵抗器Xと抵抗器Yを**直列**につないだ回路全体の**抵抗をRs**とすると，$R_S[\Omega] = 5[\Omega] + 20[\Omega] = 25[\Omega]$である。抵抗Xは5Ωであるため，ウが適切である。

〔問3〕 **<結果>の図3グラフから，<実験>の(2)並列回路では2.0Vのとき0.5Aであり，電力〔W〕＝2.0〔V〕×0.5〔A〕＝1.0〔W〕である。<実験>の(3)直列回路では5.0Vのとき0.2Aであり，電力〔W〕＝5.0〔V〕×0.2〔A〕＝1.0〔W〕である。**このとき，抵抗器Xと抵抗器Yで消費される電力は1.0Wで等しい。図1の**並列回路では，各抵抗の両端の電圧は電源の電圧に等しいため**，抵抗器Xに加わる電圧の大きさSは，2.0Vである。図2の**直列回路を流れる電流の大きさはどこでも等し**

いため，抵抗器Xに加わる電圧の大きさTは，T〔V〕=0.2〔A〕×5〔Ω〕=1.0〔V〕である。よって，S：T=2：1である。

〔問4〕　回路全体の電力を9Wとし，電圧を加え電流を2分間流したときの**電力量〔J〕=9〔W〕×120〔s〕=1080〔J〕**である。回路全体の電力を4Wとし，電圧を加え電流をt秒間流したときの電力量1080〔J〕=4〔W〕×t〔s〕である。よって，t〔s〕=270〔s〕であるから，電流を4分30秒間流したときである。

＜社会解答＞

1　〔問1〕　ウ　〔問2〕　エ　〔問3〕　ア

2　〔問1〕　略地図中のA～D　D　Ⅱのア～エ　イ　〔問2〕　W　ア　X　ウ　Y　エ　Z　イ　〔問3〕　イ

3　〔問1〕　A　エ　B　イ　C　ア　D　ウ　〔問2〕　エ　〔問3〕　(1)　(目的)　貨物輸送で生じる二酸化炭素の排出量を減少させるため。　(2)　(敷設(ふせつ)状況及び設置状況)　全ての地方に貨物鉄道の路線と貨物ターミナル駅がある。

4　〔問1〕　ウ→イ→エ→ア　〔問2〕　ウ　〔問3〕　(時期)　イ→ア→ウ　(略地図)　ア　〔問4〕　A　イ　B　エ　C　ウ　D　ア

5　〔問1〕　エ　〔問2〕　イ　〔問3〕　ウ　〔問4〕　適正な企業統治を実現する役割をになう社外取締役の要件が追加され，取締役会に外部の意見がより反映されるよう，社外取締役を2名以上置く会社数の割合が増加した。

6　〔問1〕　A　ウ　B　ア　C　イ　D　エ
〔問2〕　Ⅰの略年表中のA～D　D　略地図中のW～Z　X　〔問3〕　ア

＜社会解説＞

1　**(地理的分野―日本地理－地形図の見方，歴史的分野―日本史時代別－安土桃山時代から江戸時代，―日本史テーマ別－文化史，公民的分野―国際社会との関わり)**

〔問1〕　縮尺2万5千分の1の**地形図**では，**等高線**は**標高**差10mごとに引かれている。等高線を手がかりに見ると，A地点は標高約40m，B地点は約60m，C地点は約30mである。したがって，ウの図が適当である。

〔問2〕　安土桃山時代の茶人で，**千家流**茶道の創始者であるのが**千利休**(せんのりきゅう)である。堺の出身で，幼少のころから**茶の湯**に親しみ，**武野紹鴎**(たけのじょうおう)に師事して茶の湯を学び，**わび茶**を大成させた。織田信長と豊臣秀吉に続けて仕えたが，最後は秀吉に切腹を命じられた。

〔問3〕　国際の平和と安全の維持について,主要な責任を有するのが，**国際連合**の**安全保障理事会**である。具体的には，紛争当事者に対して，紛争を平和的手段によって解決するよう要請したり，平和に対する脅威の存在を決定し，平和と安全の維持と回復のために勧告を行うこと，経済制裁などの非軍事的強制措置及び軍事的強制措置を決定すること等を，その主な権限とする。しかし，**アメリカ・イギリス・フランス・ロシア・中国**の5か国の**常任理事国**が1か国でも反対すると，決議ができないことになっている。常任理事国は**拒否権**を持っていることになる。なお，日本は10か国ある非常任理事国の一つである(2023年現在)。

2 (地理的分野―世界地理－都市・気候・人々のくらし・産業)

〔問1〕 まず，A～Dの国・都市を確定する。Aはアルゼンチンのブエノスアイレス，Bは中国の北京，Cはノルウェーのオスロ，Dはポルトガルのリスボンである。Ⅰの文章は，**地中海性気候**のポルトガルのリスボンについての説明である。夏は気温が30度近く，雨がほとんど降らず，冬は気温10度前後で，夏に比べて雨が多いのが，地中海性気候の特徴である。雨温図のイである。地中海沿岸部の，ポルトガル・スペイン・イタリア・ギリシャ等の国では，気候を生かして夏は乾燥に強いオレンジやオリーブやぶどうなどの作物を，冬は小麦を栽培している。

〔問2〕 まず，W～Zの国を確認する。Wはボリビア，Xはアメリカ合衆国，Yはオマーン，Zはフランスである。かつてスペインの植民地であり，「キリスト教徒の割合が最も多い」「この地方が原産で傾斜地などで栽培された様々な種類のじゃがいも」との記述から，アは，ボリビアである。「高速道路が整備され」「多民族国家を形成し」との一節から，また，**一人当たりの国民総所得**が最も多いウがアメリカ合衆国である。「代表的市場はスークと呼ばれる」「断食が行われる」の一節から，エは**イスラム教徒**の最も多いオマーンである。「**キリスト教徒(カトリック)**の信者の割合が最も多く」「日曜日は非労働日とされており休日とする店舗がある」という記述から，イはフランスである。よって正しい組み合わせは，Wア　Xウ　Yエ　Zイとなる。

〔問3〕 1967年に設立され，現在はタイ・インドネシア・ベトナム・フィリピン・マレーシア・ブルネイ・シンガポール・ラオス・ミャンマー・カンボジアの10か国から構成されているのが，**ASEAN**(東南アジア諸国連合)である。ASEANの中で，ベトナムは，独自の歴史を持っている。フランス・アメリカが援助する**資本主義**の南ベトナム共和国と，中国・ソ連が援助する**社会主義**のベトナム民主共和国(北ベトナム)が対立し，**ベトナム戦争**へと発展した。1964年には，アメリカが**北爆**を開始し，ベトナム戦争は本格化したが，最終的に北ベトナムが勝利し，1976年に**南北ベトナムが統一**された。こうして成立したベトナムは，中国や韓国と比べて，労働者の月額平均賃金が安価であり，生産コストを抑えられるために，ベトナムに進出する日本企業数が大幅に増加しているのである。

3 (地理的分野―日本地理－農林水産業・工業・貿易・交通)

〔問1〕 まず，A～Dの県名を確定する。Aは青森県，Bは茨城県，Cは長野県，Dは宮崎県である。次にア～エの都道府県を確定する。アは，「**フォッサマグナ**」「レタスの**抑制栽培**」等の語句から，長野県の説明であるとわかる。イは，「**施設栽培**により年間を通して栽培されるピーマン」「東京まで3時間」との記述から，**近郊農業**を行う茨城県であるとわかる。ウは，「**施設栽培**により年間を通して栽培されるきゅうり」「フェリーで1日以上」との記述から，宮崎県についての説明であるとわかる。エは，「ごぼうは(中略)東京まで約10時間かけてトラックで輸送」との記述から，青森県であるとわかる。青森県はごぼうの生産量全国第1位である。したがって正しい組み合わせは，Aがエの青森県，Bがイの茨城県，Cがアの長野県，Dがウの宮崎県となる。

〔問2〕 まず，W～Zの空港を確定する。Wは**成田国際空港**，Xは**東京国際空港**(羽田空港)，Yは**関西国際空港**，Zが**那覇空港**である。このうち輸出入額の一番小さいZが，空港規模の最も小さい那覇空港であり，表中のイである。日本で最大の輸出入のある空港はWの成田国際空港であり，表中のウである。関西国際空港は，医薬品の輸入が多いのが特徴であり，表中のアである。残るエが東京国際空港である。なお，東京国際空港では医薬品は輸出の第3位である。

〔問3〕 (1) 〔目的〕 **モーダルシフト**とは，トラック等の自動車で行われている貨物輸送を環境負荷の小さい鉄道や船舶の利用へと転換することをいい，それによって貨物輸送で生じる**温暖化**の原因となる**二酸化炭素**の排出量を減少させることを目的として行われる。上記のような趣旨を簡潔にまとめればよい。 (2) 〔敷設状況及び設置状況〕 七地方区分の全ての地方に，貨物鉄道の路線と貨物ターミナル駅があることを指摘し簡潔に述べればよい。「全ての地方」「貨物鉄道」「貨物ターミナル駅」の語句を必ず使うことに注意して解答する必要がある。

4 (歴史的分野―日本史時代別－古墳時代から平安時代・鎌倉時代から室町時代・安土桃山時代から江戸時代・明治時代から現代，―日本史テーマ別－文化史・政治史・技術史・経済史)

〔問1〕 ア **室町幕府**の3代将軍である**足利義満**は，**南北朝**を統一した後，1397年に**金閣**を建立した。金閣は1950年に放火により焼失し，現在の金閣は再建されたものである。 イ 奈良の**平城京**を中心にして8世紀に花開いた貴族文化・仏教文化を，**聖武天皇**のときの元号である「天平」から**天平文化**と呼ぶ。天平文化は，**遣唐使**を通じて盛唐の影響を強く受けていた。さらにシルクロードを通じて，国際色豊かな文化が花開いていた。一方，奈良時代の社会は疫病が流行り，大きな戦乱が起こるなど混乱していた。聖武天皇は，国家を守るという仏教の**鎮護国家**の働きに頼ろうとし，都に**東大寺**と**大仏**を，諸国に**国分寺**・国分尼寺を建立させた。大仏造立の詔は743年に出され，開眼供養は752年に行われた。 ウ **飛鳥時代**には，**聖徳太子**によって，603年に**冠位十二階の制**が定められ，604年には**憲法十七条**が定められた。また607年には**遣隋使**が派遣され，同年に**法隆寺**が建立された。 エ 12世紀に**奥州平泉**を本拠地とし，豊富だった金(きん)や馬を利用して勢力を築き上げ，**中尊寺金色堂**を建立したのは，**奥州藤原氏**である。奥州藤原氏は，1189年に源頼朝によって滅ぼされた。したがって時期の古い順に並べると，ウ→イ→エ→アとなる。

〔問2〕 資料Ⅱは，江戸幕府の8代将軍**徳川吉宗**が，**享保の改革**の際に行った1726年の**新田**検地条目と1720年の**洋書輸入の制限緩和**について述べている。よって，資料Ⅰのウの時期に該当する。

〔問3〕 (時期) ア 1882年に，**渋沢栄一**らの主唱で大阪に近代的設備を備えた**大阪紡績会社**(現在の東洋紡)が設立された。 イ **富岡製糸場**は，**殖産興業**政策の一環として，1872年に群馬県に建設された，日本で最初の**官営模範工場**である。フランス人技師が招かれ，全国から多くの**工女**を集めて操業を開始した。富岡製糸場は，2014年に**UNESCO**(国連教育科学文化機関)によって**世界遺産**に登録された。 ウ この製鉄所は，北九州に建設された官営の**八幡製鉄所**である。この製鉄所は中国から輸入される鉄鉱石を原料とし，近くの炭田から採掘される石炭を燃料として生産するのに適した場所として，北九州に建設された。操業は1901年に開始された。八幡製鉄所は，日本の鉄鋼の生産高の大部分を占めるようになり，13％強だった日本の鉄鋼の自給率を3倍近くまで高めた。したがって，操業を開始した時期の古い順に並べると，イ→ア→ウとなる。 (略地図) Bは大阪であり，大阪紡績会社について述べているアに該当する。

〔問4〕 Aの時期にあたるのは，イである。この時期の前半には日本を占領する**GHQ**(連合国最高司令官総司令部)によって**財閥解体**・**農地改革**など様々な日本民主化政策がとられていた。Bの時期にあたるのは，エである。1960年に**池田勇人内閣**は，実質国民総生産を10年以内に2倍にすることを目標とする**「国民所得倍増計画」**を閣議決定し，政策を実施した。また，この時期には東海道新幹線が開業した。Cの時期にあたるのは，ウである。1973年に第4次**中東戦争**を機に，**OPEC**(石油輸出国機構)の各国が石油価格を大幅に引き上げた。このことにより，世界経済全体が大きな混乱に陥ったことを，**石油危機**という。1979年には，第2次石油危機があった。Dにあたるのは，アである。土地や株式に対する投資が増大し，実際の価値以上に地価や株価が異常に高くなる現象を，**バブル経済**という。1986年末に始まったバブル経済が崩壊したのは，1991年である。バブル崩壊後は，景気が後退し，構造改革が進んだ。よって組み合わせは，Aイ・Bエ・Cウ・Dアである

5 **(公民的分野―基本的人権・財政・経済一般)**

〔問1〕 アは，**法の下の平等**を定めた**日本国憲法**第14条である。イは，**生命及び自由の保障**について定めた日本国憲法第31条である。ウは，**教育を受ける権利**について定めた日本国憲法第26条である。ア・イ・ウのどれも経済活動の自由とは関係がない。エが，日本国憲法第21条の，**居住・移転・職業選択の自由**であり，**経済活動の自由を保障**する条文である。これが経済活動の自由を保障した条文とは分かりにくいので注意が必要である。

〔問2〕 様々な料金の中で，その決定や変更に国会・政府・地方自治体が関わっているものを**公共料金**と呼ぶ。資料の診療報酬や介護報酬といった医療関連の公共料金は，所轄省庁の審議会・分科会での審議を経て，所轄省庁である厚生労働省の大臣が発議し，国が決定するものである。

〔問3〕 **法人税**は国税であり，**固定資産税**は**地方税**である。したがって，正しい組み合わせはウである。

〔問4〕 2014年に会社法が改正され，適正な**企業統治**を実現する役割をになう**社外取締役**の条件が追加された。これにより**取締役会**に外部の意見がより反映されるよう，社外取締役を2名以上置く会社数の割合が，2014年の20％台から2020年の80％台まで増加した。このような趣旨のことを簡潔にまとめればよい。

6 **(歴史的分野―世界史－政治史，公民的分野―公害・環境問題，地理的分野―日本地理－人口)**

〔問1〕 略地図上のAは，「国際運河が1914年に開通した」との記述から，パナマの鉄道だとわかる。ウの文章と合致する。略地図上のBは，「1901年に連邦国家が成立した」との記述から，オーストラリアの鉄道だとわかる。さらに「州を越え東西の州都を結ぶ鉄道が，1970年に開業した」との記述から，アの文章と合致する。略地図上のCは，「大反乱が鎮圧された9年後の1867年」との記述が，1857年に起こり翌年鎮圧された**インド大反乱**を指し，インドの鉄道だとわかる。文章のイと合致する。略地図上のDは，「2019年にこの2本の鉄道が結ばれ，大陸横断鉄道となった」に該当し，エの文章と合致する。よって組み合わせは，Aウ・Bア・Cイ・Dエとなる。

〔問2〕 1992年に，「**国連持続可能な開発会議**」がブラジルのリオデジャネイロで開催された。その8年後の2000年にドイツのハノーバーで，**万国博覧会**が開催された。当時のドイツでは，南西部の**シュバルツバルトの森**と呼ばれる地域で，強い酸を含む酸性雨の影響で多くの木々が突然枯れる現象が起こっていた。Ⅰの略年表のDである。また，ドイツの位置は略地図上のXである。

〔問3〕 Ⅱの文章は，大阪で万国博覧会が開催された年であるから，1970年である。1970年は**少子高齢化社会**の段階に入り，65歳以上の人口が7％を超えている。該当する**人口ピラミッド**は，アである。なお，人口ピラミッドのイは1950年，ウは2000年，エは2020年である。

2023年度英語 リスニングテスト

〔放送台本〕

これから，リスニングテストを行います。リスニングテストは，全て放送による指示で行います。リスニングテストの問題には，問題Aと問題Bの二つがあります。問題Aと，問題Bの＜Question1＞では，質問に対する答えを選んで，その記号を答えなさい。問題Bの＜Question2＞では，質問に対する答えを英語で書きなさい。英文とそのあとに出題される質問が，それぞれ全体を通して二回ずつ読まれます。問題用紙の余白にメモをとってもかまいません。答えは全て解答用紙に書きなさい。

〔問題A〕

問題Aは，英語による対話文を聞いて，英語の質問に答えるものです。ここで話される対話文は全部で三つあり，それぞれ質問が一つずつ出題されます。質問に対する答えを選んで，その記号を答えなさい。では，＜対話文1＞を始めます。

Meg: Hi, Taro. What did you do last Sunday?
Taro: Hi, Meg. I went to my grandmother's house to have a birthday party.
Meg: That's nice.
Taro: In the morning, I wrote a birthday card for her at home. Then I visited her and gave her the card. She looked happy. After that, she made some tea for me.
Meg: That sounds good.
Taro: In the evening, my sisters, mother, and father brought a cake for her.
Meg: Did you enjoy the party?
Taro: Yes, very much.

Question: Why did Taro go to his grandmother's house?

＜対話文2＞を始めます。

Satomi: Hi, John. I've been looking for you. Where were you?
John: I'm sorry, Satomi. I was very busy.
Satomi: I went to your classroom in the morning and during lunch time. What were you doing then?
John: Early in the morning, I gave water to flowers in the school garden. After that, I did my homework in my classroom.
Satomi: Oh, you did. How about during lunch time? I went to your room at one o'clock.
John: After I ate lunch, I went to the library. That was at about twelve fifty. I read some history books there for twenty minutes and came back to my room at one fifteen.

Question: What was John doing at one o'clock?

＜対話文3＞を始めます。

Jane:	Hi, Bob. I'm happy that I can come to the concert today.
Bob:	Hi, Jane. Yes. Me, too.
Jane:	How did you get here today?
Bob:	Why? I came by bike from home.
Jane:	This morning, I watched the weather news. I think it'll be rainy this afternoon.
Bob:	Oh, really? I'll have to go home by train and bus. What should I do with my bike?
Jane:	After the concert, I will keep it at my house. We can walk to my house.
Bob:	Thank you.
Jane:	You're welcome. And you can use my umbrella when you go back home from my house.

Question: How did Bob get to the concert from home today?

〔英文の訳〕

［問題A］

<対話文1>

メグ　：こんにちは，タロウ。この前の日曜日は何をしましたか。
タロウ：こんにちは，メグ。誕生会をするために祖母の家に行きました。
メグ　：それはいいですね。
タロウ：午前中，家で彼女への誕生日カードを書きました。そして彼女を訪れそのカードを彼女に渡しました。彼女は嬉しそうでした。その後私に紅茶をいれてくれました。
メグ　：いいですね。
タロウ：夜に姉[妹]たちと母，父が彼女にケーキを持ってきました。
メグ　：パーティーは楽しかったですか。
タロウ：はい，とても。
質問：タロウはなぜ彼の祖母の家に行きましたか。
答え：ア　誕生会をするため。

<対話文2>

サトミ：こんにちは，ジョン。あなたを探していたんです。どこにいたんですか。
ジョン：ごめんなさい，サトミ。とても忙しかったんです。
サトミ：午前中と昼食の時間にあなたの教室に行きました。そのときは何をしていたんですか。
ジョン：午前中の早い時間に学校の庭の花に水をあげました。そのあと教室で宿題をしました。
サトミ：ああ，そうだったんですね。昼食の時間はどうでしたか。1時にあなたの教室へ行きました。
ジョン：昼食を食べたあと図書館へ行きました。それが大体12時50分でした。そこで20分歴史の本をいくつか読んで1時15分に教室に戻りました。
質問：ジョンは1時に何をしていましたか。
答え：エ　彼は歴史の本をいくつか読んでいました。

<対話文3>

ジェイン：こんにちは，ボブ。今日はコンサートに来られてうれしいです。
ボブ　　：こんにちは，ジェイン。はい，僕もです。
ジェイン：今日はどうやってここに来ましたか。
ボブ　　：なんでですか？　家から自転車で来ました。
ジェイン：今朝天気予報を見ました。今日の午後は雨だと思います。
ボブ　　：え，本当ですか？　電車とバスで家に帰らなければならないでしょうね。自転車をどうしたらいいでしょうか。
ジェイン：コンサートのあとに私の家に置いておきますよ。私たちは家まで歩けます。
ボブ　　：ありがとうございます。
ジェイン：どういたしまして。そして私の家から帰るときには私のカサを使っていいですよ。
質問：今日ボブはどのようにして家からコンサートまで来ましたか。
答え：ウ　彼は自転車でそこに来ました。

〔放送台本〕

〔問題B〕

これから聞く英語は，外国人のEmily先生が，離任式で中学生に向けて行ったスピーチです。内容に注意して聞きなさい。あとから，英語による質問が二つ出題されます。<Question1>では，質問に対する答えを選んで，その記号を答えなさい。<Question2>では，質問に対する答えを英語で書きなさい。なお，<Question2>のあとに，15秒程度，答えを書く時間があります。では，始めます。

Hello, everyone. This will be my last day of work at this school. First, I want to say thank you very much for studying English with me. You often came to me and taught me Japanese just after I came here. Your smiles always made me happy. I hope you keep smiling when you study English.

I had many good experiences here. I ran with you in sports festivals, and I sang songs with your teachers in school festivals. I was especially moved when I listened to your songs.

After I go back to my country, I'll keep studying Japanese hard. I want you to visit other countries in the future. I think English will help you have good experiences there. Goodbye, everyone.

<Question1> What made Emily happy?
<Question2> What does Emily want the students to do in the future?

〔英文の訳〕

〔問題B〕

みなさん，こんにちは。今日が私のこの学校で働く最後の日です。まず，私と英語を勉強してくれて本当にありがとうと言いたいです。みなさんは私がここに来てすぐあと，よく私のところに来て日本語を教えてくれました。あなた方の笑顔はいつも私を幸せにしてくれました。みなさんが英語を勉強するときに笑顔でいられることを願っています。

私はここでたくさんのいい経験をしました。体育祭でみなさんと一緒に走り，学園祭では先生方と一緒に歌を歌いました。私はみなさんの歌を聞いたときに特に感動しました。

国に戻ったら日本語を一生懸命勉強し続けるつもりです。将来みなさんには他の国々を訪れて欲しいです。英語がそこでいい経験をするのを手助けしてくれると思います。みなさん，さようなら。

質問1：何がエミリーを幸せにしましたか。

答え　：イ　生徒たちの笑顔。

質問2：エミリーは生徒たちに将来何をしてもらいたいですか。

答え　：(例)他の国々を訪れること。

大切なことはメモしておこうネ！

東京都公立高等学校

2022年度

★★★★★★★★★★★★★★★★★★★★★★★

共通問題(理科・社会)

●くわしい解説……31ページ

＜理科＞

時間　50分　　満点　100点

1　次の各問に答えよ。

〔問１〕　図１は，質量を測定した木片に火をつけ，酸素で満たした集気びんＰに入れ，ふたをして燃焼させた後の様子を示したものである。図２は，質量を測定したスチールウールに火をつけ，酸素で満たした集気びんＱに入れ，ふたをして燃焼させた後の様子を示したものである。

燃焼させた後の木片と，燃焼させた後のスチールウールを取り出し質量を測定するとともに，それぞれの集気びんに石灰水を入れ，ふたをして振った。

燃焼させた後に質量が大きくなった物体と，石灰水が白くにごった集気びんとを組み合わせたものとして適切なのは，下の表のア～エのうちではどれか。

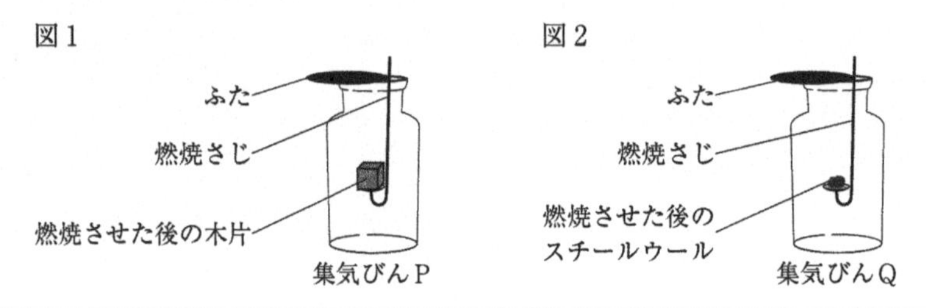

	燃焼させた後に質量が大きくなった物体	石灰水が白くにごった集気びん
ア	木片	集気びんＰ
イ	スチールウール	集気びんＰ
ウ	木片	集気びんＱ
エ	スチールウール	集気びんＱ

〔問２〕　図３は，ヒトの心臓を正面から見て，心臓から送り出された血液が流れる血管と心臓に戻ってくる血液が流れる血管を模式的に表したものである。また，図中の矢印（➡）は全身から右心房に戻る血液の流れを示している。

血管Ａ～血管Ｄのうち，動脈と，動脈血が流れる血管とを組み合わせたものとして適切なのは，次の表のア～エのうちではどれか。

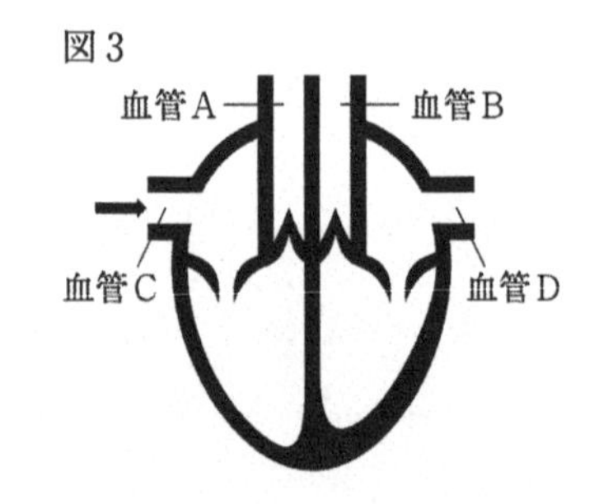

	動脈	動脈血が流れる血管
ア	血管Ａと血管Ｂ	血管Ｂと血管Ｄ
イ	血管Ａと血管Ｂ	血管Ａと血管Ｃ
ウ	血管Ｃと血管Ｄ	血管Ｂと血管Ｄ
エ	血管Ｃと血管Ｄ	血管Ａと血管Ｃ

〔問3〕　図4は，平らな底に「A」の文字が書かれた容器に水を入れた状態を模式的に表したものである。水中から空気中へ進む光の屈折に関する説明と，観察者と容器の位置を変えずに内側の「A」の文字の形が全て見えるようにするときに行う操作とを組み合わせたものとして適切なのは，下の表のア～エのうちではどれか。

図4

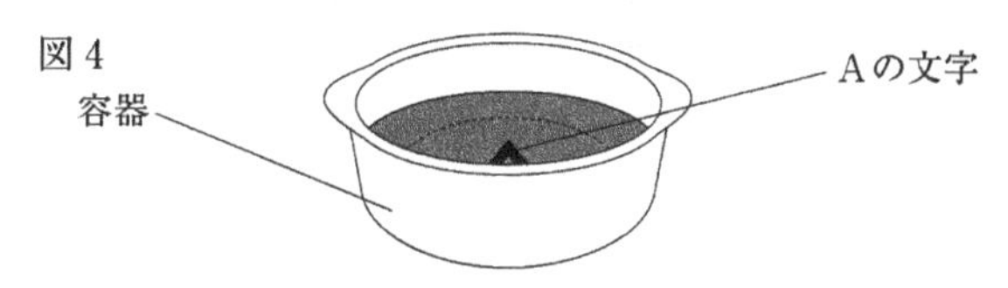

	水中から空気中へ進む光の屈折に関する説明	「A」の文字の形が全て見えるようにするときに行う操作
ア	屈折角より入射角の方が大きい。	容器の中の水の量を減らす。
イ	屈折角より入射角の方が大きい。	容器の中の水の量を増やす。
ウ	入射角より屈折角の方が大きい。	容器の中の水の量を減らす。
エ	入射角より屈折角の方が大きい。	容器の中の水の量を増やす。

〔問4〕　前線が形成されるときの暖気と寒気の動きを矢印（⇨）で模式的に表したものがA，Bである。温暖前線付近の暖気と寒気の動きを次のA，Bから一つ，できた直後の温暖前線付近の暖気と寒気を比較したときに，密度が小さいものを下のC，Dから一つ，それぞれ選び，組み合わせたものとして適切なのは，下のア～エのうちではどれか。

暖気と寒気の動き

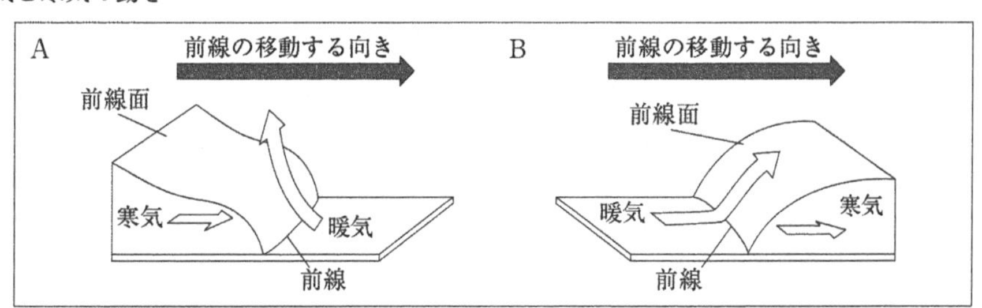

密度が小さいもの

C　暖気	D　寒気

ア　A，C　　**イ**　A，D　　**ウ**　B，C　　**エ**　B，D

〔問5〕　図5は，12Vの電源装置と1.2Ωの抵抗器A，2Ωの抵抗器B，3Ωの抵抗器Cをつないだ回路図である。この回路に電圧を加えたときの，回路上の点p，点q，点rを流れる電流の大きさを，それぞれP〔A〕，Q〔A〕，R〔A〕とした。このときP，Q，Rの関係を表したものとして適切なのは，次のうちではどれか。

図5

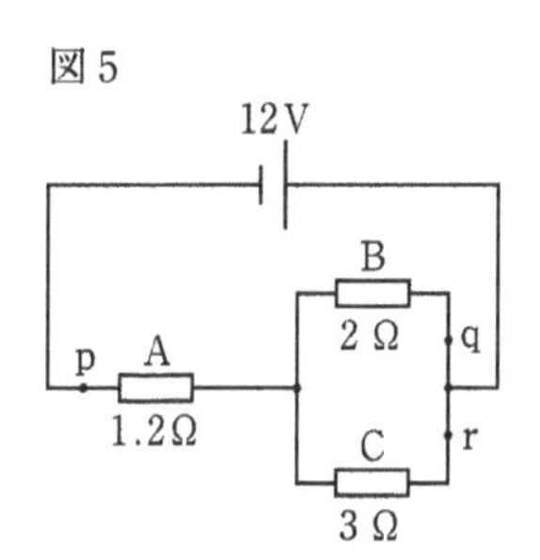

ア　P＜Q＜R　　**イ**　P＜R＜Q

ウ　Q＜R＜P　　**エ**　R＜Q＜P

2　生徒が，国際宇宙ステーションに興味をもち，科学的に探究しようと考え，自由研究に取り組んだ。生徒が書いたレポートの一部を読み，次の各問に答えよ。

<レポート1>　日食について

金環日食が観察された日の地球にできた月の影を，国際宇宙ステーションから撮影した画像が紹介されていた。

日食が生じるときの北極星側から見た太陽，月，地球の位置関係を模式的に示すと，図1のようになっていた。さらに，日本にある観測地点Aは，地球と月と太陽を一直線に結んだ線上に位置していた。

図1

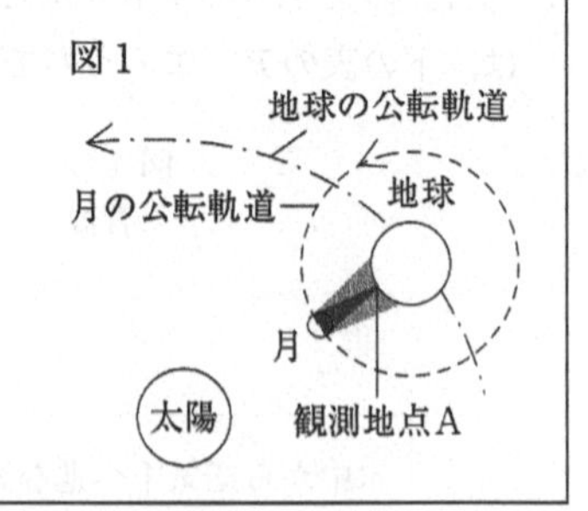

〔問1〕　<レポート1>から，図1の位置関係において，観測地点Aで月を観測したときに月が真南の空に位置する時刻と，この日から1週間後に観察できる月の見え方に最も近いものとを組み合わせたものとして適切なのは，次の表の**ア**～**エ**のうちではどれか。

	真南の空に位置する時刻	1週間後に観察できる月の見え方
ア	12時	上弦の月
イ	18時	上弦の月
ウ	12時	下弦の月
エ	18時	下弦の月

<レポート2>　国際宇宙ステーションでの飲料水の精製について

国際宇宙ステーション内の生活環境に関して調べたところ，2018年では，生活排水をタンクに一時的にため，蒸留や殺菌を行うことできれいな水にしていたことが紹介されていた。

蒸留により液体をきれいな水にすることに興味をもち，液体の混合物から水を分離するモデル実験を行った。図2のように，塩化ナトリウムを精製水（蒸留水）に溶かして5％の塩化ナトリウム水溶液を作り，実験装置で蒸留した。蒸留して出てきた液体が試験管に約1cmたまったところで蒸留を止めた。枝付きフラスコに残った水溶液Aと蒸留して出てきた液体Bをそれぞれ少量とり，蒸発させて観察し，結果を表1にまとめた。

図2

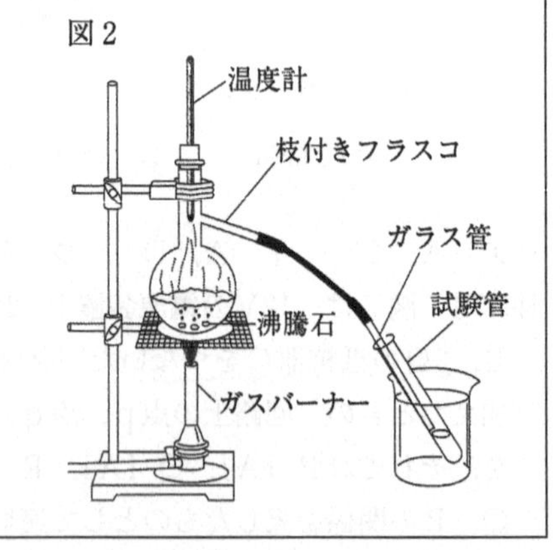

表1

蒸発させた液体	観察した結果
水溶液A	結晶が見られた。
液体B	結晶が見られなかった。

〔問2〕　<レポート2>から，結晶になった物質の分類と，水溶液Aの濃度について述べたものとを組み合わせたものとして適切なのは，次のページの表の**ア**～**エ**のうちではどれか。

	結晶になった物質の分類	水溶液Aの濃度
ア	混合物	5%より高い。
イ	化合物	5%より高い。
ウ	混合物	5%より低い。
エ	化合物	5%より低い。

<レポート3>　国際宇宙ステーションでの植物の栽培について

国際宇宙ステーションでは，宇宙でも効率よく成長する植物を探すため，図3のような装置の中で植物を発芽させ，実験を行っていることが紹介されていた。植物が光に向かって成長することから，装置の上側に光源を設置してあることが分かった。

植物の成長に興味をもち，植物を真上から観察すると，上下にある葉が互いに重ならないようにつき，成長していくことが分かった。

図3

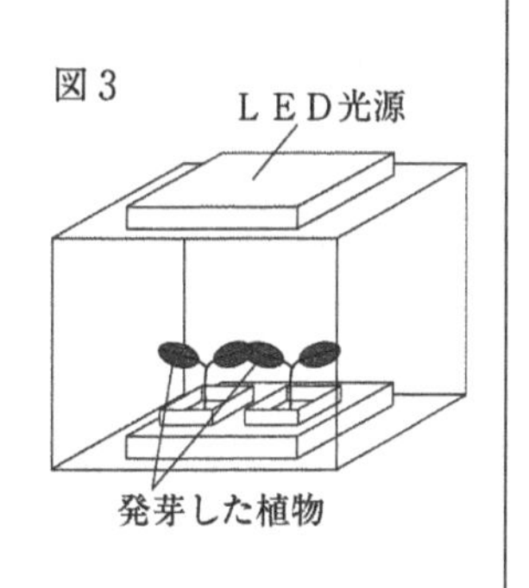

〔問3〕 **<レポート3>から，上下にある葉が互いに重ならないようにつく利点と，葉で光合成でつくられた養分（栄養分）が通る管の名称とを組み合わせたものとして適切なのは，次の表のア〜エのうちではどれか。**

	上下にある葉が互いに重ならないようにつく利点	光合成でつくられた養分（栄養分）が通る管の名称
ア	光が当たる面積が小さくなる。	道管
イ	光が当たる面積が小さくなる。	師管
ウ	光が当たる面積が大きくなる。	道管
エ	光が当たる面積が大きくなる。	師管

<レポート4>　月面での質量と重さの関係について

国際宇宙ステーション内では，見かけ上，物体に重力が働かない状態になるため，てんびんや地球上で使っている体重計では質量を測定できない。そのため，宇宙飛行士は質量を測る際に特別な装置で行っていることが紹介されていた。

地球上でなくても質量が測定できることに興味をもち調べたところ，重力が変化しても物体そのものの量は，地球上と変わらないということが分かった。

また，重力の大きさは場所によって変わり，月面では同じ質量の物体に働く重力の大きさが地球上と比べて約6分の1であることも分かった。

図4のような測定を月面で行った場合，質量300gの物体Aを上皿てんびんに載せたときにつり合う分銅の種類と，物体Aをはかりに載せたときの目盛りの値について考えた。

図4

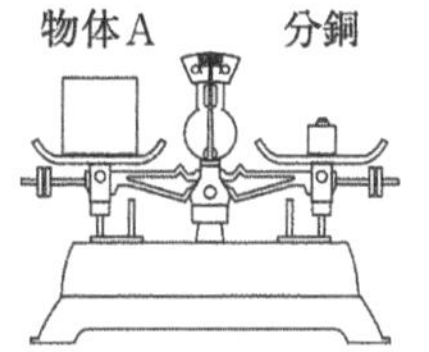

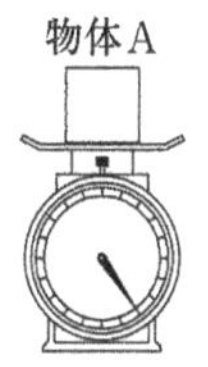

〔問４〕 **<レポート４>**から，図４のような測定を月面で行った場合，質量300ｇの物体Ａを上皿てんびんに載せたときにつり合う分銅の種類と，物体Ａをはかりに載せたときの目盛りの値とを組み合わせたものとして適切なのは，次の表の**ア**～**エ**のうちではどれか。

	上皿てんびんに載せたときにつり合う分銅の種類	はかりに載せたときの目盛りの値
ア	50gの分銅	約50g
イ	50gの分銅	約300g
ウ	300gの分銅	約50g
エ	300gの分銅	約300g

3　岩石や地層について，次の各問に答えよ。

<観察>を行ったところ，**<結果>**のようになった。

<観察>

図１は，岩石の観察を行った地域Ａと，ボーリング調査の記録が得られた地域Ｂとを示した地図である。

(1)　地域Ａでは，特徴的な岩石Ｐと岩石Ｑを採取後，ルーペで観察し，スケッチを行い特徴を記録した。

(2)　岩石Ｐと岩石Ｑの，それぞれの岩石の中に含まれているものを教科書や岩石に関する資料を用いて調べた。

(3)　地域ＢにあるＸ点とＹ点でのボーリング調査の記録と，この地域で起きた過去の堆積の様子についてインターネットで調べた。

なお，Ｘ点の標高は40.3m，Ｙ点の標高は36.8mである。

図１

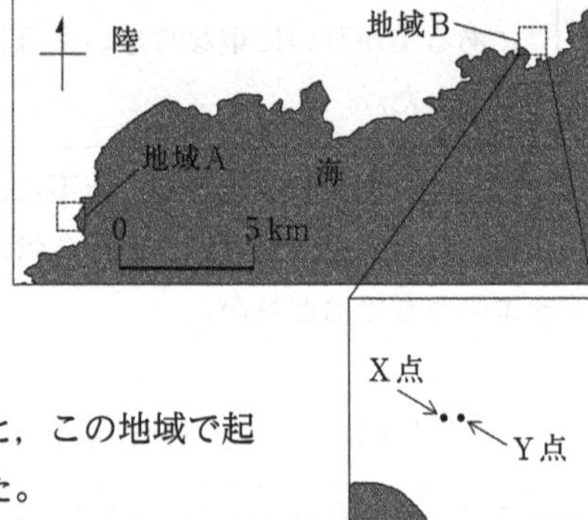

<結果>

(1)　**<観察>**の(1)と(2)を，表１のように，岩石Ｐと岩石Ｑについてまとめた。

表１	岩石Ｐ	岩石Ｑ
スケッチ		
特徴	全体的に黒っぽい色で，小さな鉱物の間に，やや大きな鉱物が散らばっていた。	全体的に灰色で，白く丸いものが多数散らばっていた。
教科書や資料から分かったこと	無色鉱物である長石や，有色鉱物である輝石（きせき）が含まれていた。	丸いものはフズリナの化石であった。

(2)　次のページの図２は**<観察>**の(3)で調べた地域ＢにあるＸ点とＹ点のそれぞれのボーリング調査の記録（柱状図）である。凝灰岩（ぎょうかいがん）の層は同じ時期に堆積している。また，地域Ｂの地層で

は上下の入れ替わりは起きていないことが分かった。

図2

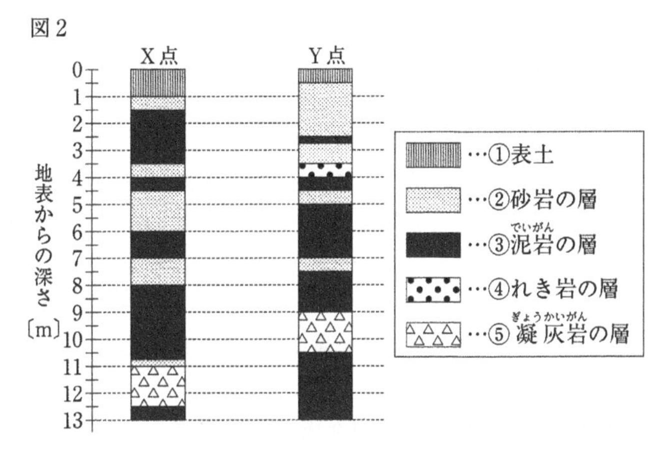

〔問1〕　<**結果**>の(1)の岩石Pと<**結果**>の(2)の④の層に含まれるれき岩の，それぞれのでき方と，れき岩を構成する粒の特徴とを組み合わせたものとして適切なのは，次の表の**ア**～**エ**のうちではどれか。

	岩石Pとれき岩のそれぞれのでき方	れき岩を構成する粒の特徴
ア	岩石Pは土砂が押し固められてできたもので，れき岩はマグマが冷えてできたものである。	角が取れて丸みを帯びた粒が多い。
イ	岩石Pは土砂が押し固められてできたもので，れき岩はマグマが冷えてできたものである。	角ばった粒が多い。
ウ	岩石Pはマグマが冷えてできたもので，れき岩は土砂が押し固められてできたものである。	角が取れて丸みを帯びた粒が多い。
エ	岩石Pはマグマが冷えてできたもので，れき岩は土砂が押し固められてできたものである。	角ばった粒が多い。

〔問2〕　<**結果**>の(1)で，岩石Qが堆積した地質年代に起きた出来事と，岩石Qが堆積した地質年代と同じ地質年代に生息していた生物とを組み合わせたものとして適切なのは，次の表の**ア**～**エ**のうちではどれか。

	岩石Qが堆積した地質年代に起きた出来事	同じ地質年代に生息していた生物
ア	魚類と両生類が出現した。	アンモナイト
イ	魚類と両生類が出現した。	三葉虫（サンヨウチュウ）
ウ	鳥類が出現した。	アンモナイト
エ	鳥類が出現した。	三葉虫（サンヨウチュウ）

〔問3〕　<**結果**>の(2)にある泥岩(でいがん)の層が堆積した時代の地域B周辺の環境について述べたものとして適切なのは，次の**ア**～**エ**のうちではどれか。

ア　流水で運搬され海に流れた土砂は，粒の小さなものから陸の近くに堆積する。このことから，泥岩の層が堆積した時代の地域B周辺は，河口から近い浅い海であったと考えられる。

イ　流水で運搬され海に流れた土砂は，粒の大きなものから陸の近くに堆積する。このことから，泥岩の層が堆積した時代の地域Ｂ周辺は，河口から近い浅い海であったと考えられる。

ウ　流水で運搬され海に流れた土砂は，粒の小さなものから陸の近くに堆積する。このことから，泥岩の層が堆積した時代の地域Ｂ周辺は，河口から遠い深い海であったと考えられる。

エ　流水で運搬され海に流れた土砂は，粒の大きなものから陸の近くに堆積する。このことから，泥岩の層が堆積した時代の地域Ｂ周辺は，河口から遠い深い海であったと考えられる。

〔問４〕　**＜結果＞**の(2)から，地域ＢのＸ点とＹ点の柱状図の比較から分かることについて述べた次の文の［　　］に当てはまるものとして適切なのは，下の**ア**～**エ**のうちではどれか。

Ｘ点の凝灰岩の層の標高は，Ｙ点の凝灰岩の層の標高より［　　　］なっている。

ア　1.5m高く　　**イ**　1.5m低く　　**ウ**　3.5m高く　　**エ**　3.5m低く

4　植物の花のつくりの観察と，遺伝の規則性を調べる実験について，次の各問に答えよ。
＜観察＞を行ったところ，**＜結果１＞**のようになった。

＜観察＞

(1)　メンデルの実験で用いられた品種と同じエンドウを校庭で育てた。

(2)　(1)から花を１個採取後，分解しセロハンテープに並べて貼り付けた。

(3)　(1)からさらに花をもう１個採取後，花の内側にある花弁が２枚合わさるように重なっている部分（図１の点線）をカッターナイフで切り，断面を観察して，スケッチした。

図１

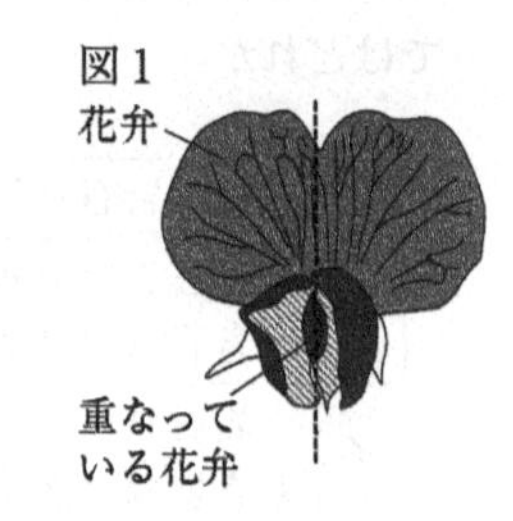

＜結果１＞

(1)　**＜観察＞**の(2)から，図２のようにエンドウの花弁は５枚あり，その１枚１枚が離れていた。

(2)　**＜観察＞**の(3)から，図３のように，おしべとめしべは内側の２枚の花弁で包まれていた。また，子房の中には，胚珠（はいしゅ）が見られた。

図２

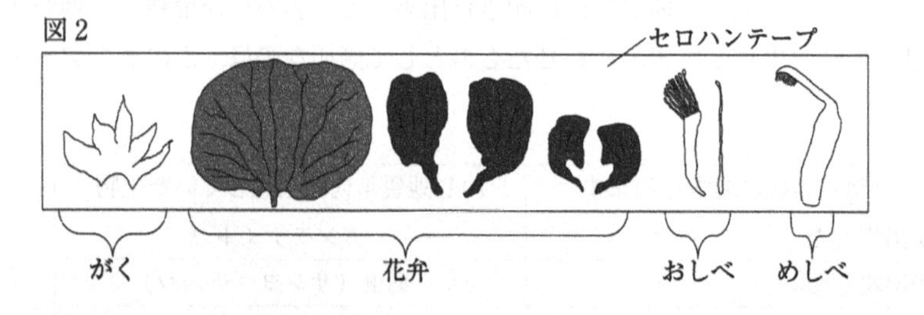

図３

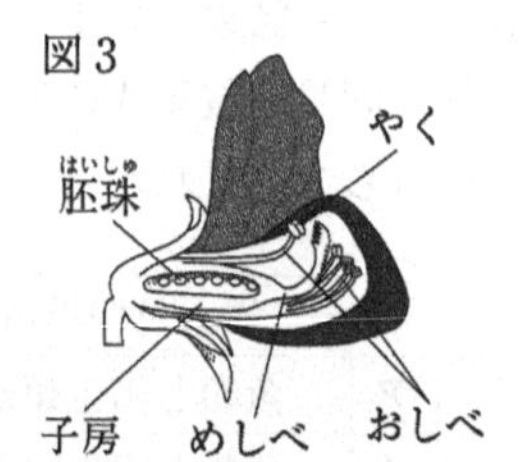

次に，**＜実験＞**を行ったところ，**＜結果２＞**のようになった。

＜実験＞

(1)　校庭で育てたエンドウには，草たけ（茎の長さ）の高い個体と低い個体がそれぞれあった。

(2)　草たけが高い個体を１本選び，エンドウが自家受粉し，受精後にできた種子を採取した。

(3)　草たけが低い個体を１本選び，エンドウが自家受粉し，受精後にできた種子を採取した。

(4)　(2)で採取した種子をまいて育て，成長したエンドウの草たけを調べた。

(5)　(3)で採取した種子をまいて育て，成長したエンドウの草たけを調べた。

(6)　(4)で調べたエンドウの花で，花粉がつくられる前に，やくを全て取り除いた。

(7)　(6)のエンドウの花の柱頭に，(5)で調べたエンドウの花のやくから採取した花粉を付け，受精した後にできた種子を採取した。

(8)　(7)で採取した種子をまいて育て，成長したエンドウの草たけを調べた。

＜結果２＞

(1)　**＜実験＞**の(4)から，全て草たけの高い個体（図４のＰ）であった。

(2)　**＜実験＞**の(5)から，全て草たけの低い個体（図４のＱ）であった。

(3)　**＜実験＞**の(8)から，全て草たけの高い個体（図４のＲ）であった。

図４　＜**実験**＞の模式図

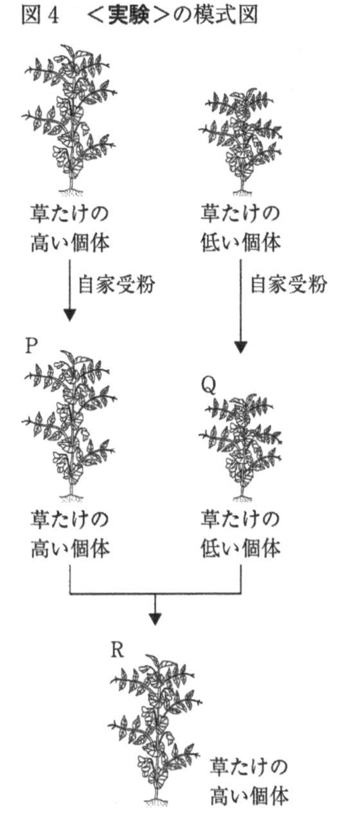

〔問１〕　**＜結果１＞**の(1)の花のつくりをもつ植物の子葉の枚数と，**＜結果１＞**の(2)のように胚珠が子房の中にある植物のなかまの名称とを組み合わせたものとして適切なのは，次の表の**ア**～**エ**のうちではどれか。

	子葉の枚数	胚珠が子房の中にある植物のなかまの名称
ア	１枚	被子植物
イ	１枚	裸子植物
ウ	２枚	被子植物
エ	２枚	裸子植物

〔問２〕　**＜実験＞**の(7)では，花粉から花粉管が伸長し，その中を移動する生殖細胞１個の染色体数は７本である。花粉管の中を移動する生殖細胞のうち１個と合体する細胞と，受精卵１個に含まれる染色体数とを組み合わせたものとして適切なのは，次の表の**ア**～**エ**のうちではどれか。

	花粉管の中を移動する生殖細胞のうち１個と合体する細胞	受精卵１個に含まれる染色体数
ア	卵	７本
イ	卵	14本
ウ	卵細胞	７本
エ	卵細胞	14本

〔問３〕　**＜結果２＞**の(3)の個体で，花粉がつくられる前にやくを全て取り除き，柱頭に**＜結果２＞**の(2)の個体のやくから採取した花粉を付け受精させ，種子を採取した。その種子をまいて育て，成長したエンドウの草たけを調べたときの結果として適切なのは，あとのうちではどれか。

ア　草たけの高い個体数と草たけの低い個体数のおよその比は１：１であった。
イ　草たけの高い個体数と草たけの低い個体数のおよその比は１：３であった。
ウ　全て草たけの高い個体であった。
エ　全て草たけの低い個体であった。

〔問４〕　メンデルが行ったエンドウの種子の形の遺伝に関する実験では，顕性形質の丸形と，潜性形質のしわ形があることが分かった。遺伝子の組み合わせが分からない丸形の種子を２個まき，育てた個体どうしをかけ合わせる**<モデル実験の結果>**から，**<考察>**をまとめた。

ただし，エンドウの種子が丸形になる遺伝子をA，しわ形になる遺伝子をaとし，子や孫の代で得られた種子は，遺伝の規則性のとおりに現れるものとする。

<モデル実験の結果>

(1)　親の代で，遺伝子の組み合わせが分からない丸形の種子を２個まき，育てた個体どうしをかけ合わせたところ，子の代では丸形の種子だけが得られた。

(2)　子の代として得られた丸形の種子を全てまき，育てた個体をそれぞれ自家受粉させたところ，孫の代として，丸形の種子だけが得られた個体と丸形・しわ形の種子が得られた個体の両方があった。

<考察>

<モデル実験の結果>の(1)で，子の代として得られた丸形の種子の遺伝子の組み合わせは，**<モデル実験の結果>**の(2)から，2種類あることが分かる。このことから，親の代としてまいた２個の丸形の種子の遺伝子の組み合わせを示すと［　　　］であることが分かる。

<考察>の［　　］に当てはまるものとして適切なのは，下の**ア**～**ウ**のうちではどれか。

ア　AAとAA　　**イ**　AaとAa　　**ウ**　AAとAa

5　イオンの性質を調べる実験について，次の各問に答えよ。

<実験１>を行ったところ，**<結果１>**のようになった。

<実験１>

(1)　図１のように，ビーカー①に硫酸亜鉛水溶液を入れ，亜鉛板Pを設置した。次に，ビーカー①に硫酸銅水溶液を入れたセロハンの袋を入れ，セロハンの袋の中に銅板Qを設置した。プロペラ付きモーターに亜鉛板Pと銅板Qを導線でつないだ後に金属板の表面の様子を観察した。

(2)　図２のように，簡易型電気分解装置に薄い水酸化ナトリウム水溶液を入れ，電極Rと電極Sを導線で電源装置につなぎ，電圧を加えて電流を流した後に電極の様子を観察した。

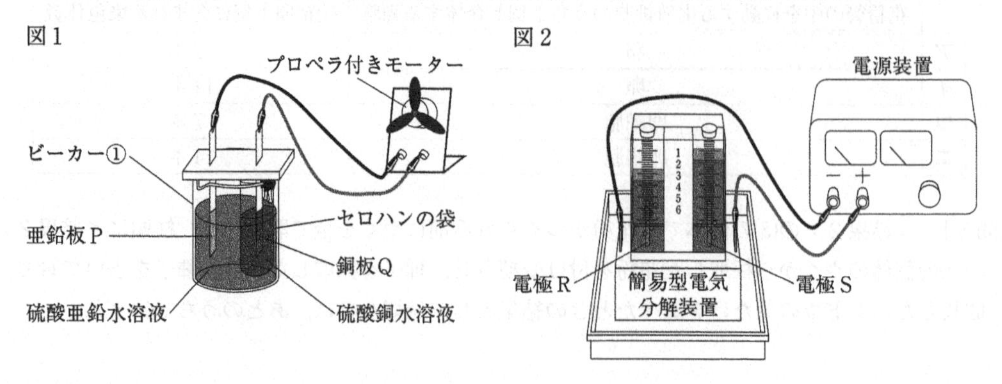

＜結果1＞

(1)　＜実験1＞の(1)でプロペラは回転した。亜鉛板Pは溶け，銅板Qには赤茶色の物質が付着した。

(2)　＜実験1＞の(2)で電極Rと電極Sからそれぞれ気体が発生した。

〔問1〕　＜結果1＞の(1)から，水溶液中の亜鉛板Pと銅板Qの表面で起こる化学変化について，亜鉛原子1個を●，亜鉛イオン1個を●$^{2+}$，銅原子1個を●，銅イオン1個を●$^{2+}$，電子1個を•というモデルで表したとき，亜鉛板Pの様子をA，Bから一つ，銅板Qの様子をC，Dから一つ，それぞれ選び，組み合わせたものとして適切なのは，下の**ア**～**エ**のうちではどれか。

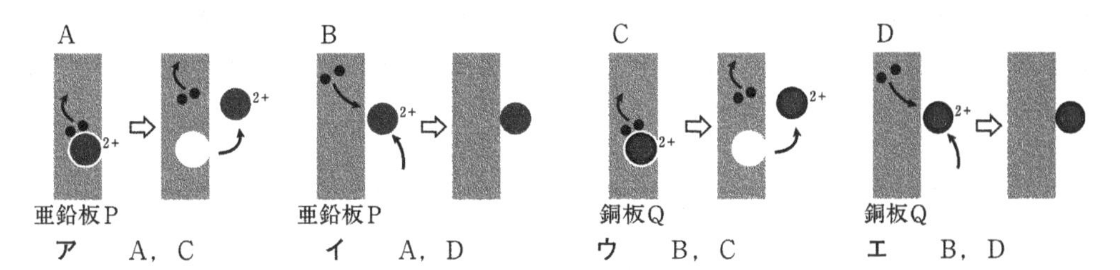

ア　A，C　　**イ**　A，D　　**ウ**　B，C　　**エ**　B，D

〔問2〕　＜結果1＞の(1)と(2)から，ビーカー①内の硫酸亜鉛水溶液と硫酸銅水溶液を合わせた水溶液中に含まれるZn^{2+}の数とCu^{2+}の数のそれぞれの増減と，電極Rと電極Sでそれぞれ発生する気体の性質とを組み合わせたものとして適切なのは，次の表の**ア**～**カ**のうちではどれか。

	合わせた水溶液に含まれるZn^{2+}の数	合わせた水溶液に含まれるCu^{2+}の数	電極Rで発生する気体の性質	電極Sで発生する気体の性質
ア	増える。	減る。	空気より軽い。	水に溶けにくい。
イ	増える。	増える。	空気より軽い。	水に溶けやすい。
ウ	増える。	減る。	空気より重い。	水に溶けにくい。
エ	減る。	増える。	空気より軽い。	水に溶けやすい。
オ	減る。	減る。	空気より重い。	水に溶けやすい。
カ	減る。	増える。	空気より重い。	水に溶けにくい。

次に，＜実験2＞を行ったところ，＜結果2＞のようになった。

＜実験2＞

(1)　ビーカー②に薄い塩酸を12cm^{3}入れ，BTB溶液を5滴加えてよく混ぜた。図3は，水溶液中の陽イオンを○，陰イオンを⊗というモデルで表したものである。

(2)　水酸化ナトリウム水溶液を10cm^{3}用意した。

(3)　(2)の水酸化ナトリウム水溶液をビーカー②に少しずつ加え，ガラス棒でかき混ぜ水溶液の様子を観察した。

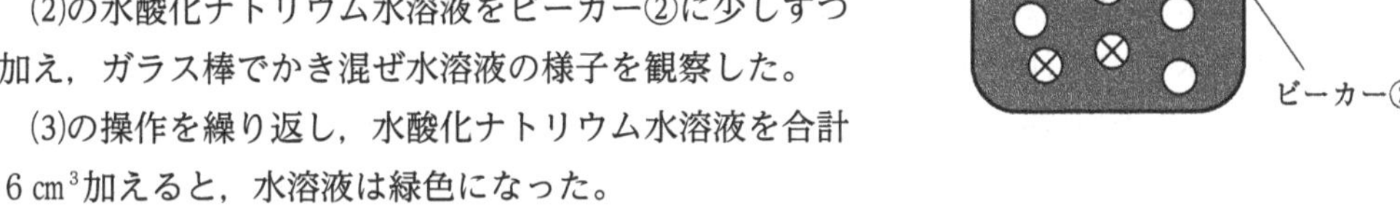

(4)　(3)の操作を繰り返し，水酸化ナトリウム水溶液を合計6cm^{3}加えると，水溶液は緑色になった。

(5)　緑色になった水溶液をスライドガラスに1滴取り，水を蒸発させた後，観察した。

＜結果2＞

スライドガラスには，塩化ナトリウムの結晶が見られた。

〔問3〕　<実験2>の(4)のビーカー②の水溶液中で起きた化学変化を下の点線で囲まれた<化学反応式>で表すとき，下線部にそれぞれ当てはまる化学式を一つずつ書け。

ただし，<化学反応式>において酸の性質をもつ物質の化学式は（酸）の上の＿＿に，アルカリの性質をもつ物質の化学式は（アルカリ）の上の＿＿に，塩は（塩）の上の＿＿に書くこと。

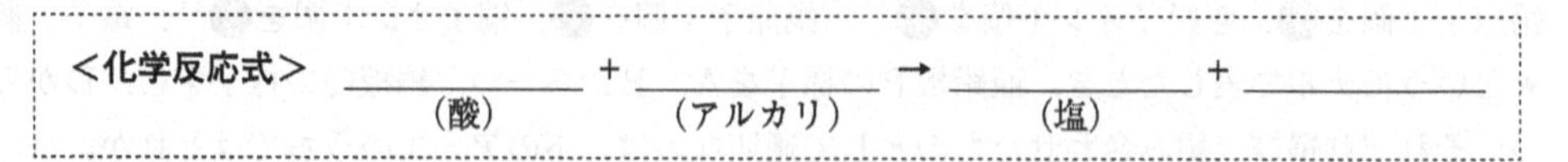

〔問4〕　<実験2>の(5)の後，<実験2>の(3)の操作を繰り返し，用意した水酸化ナトリウム水溶液を全て加えた。<実験2>の(1)のビーカー②に含まれるイオンの総数の変化を表したグラフとして適切なのは，次のうちではどれか。

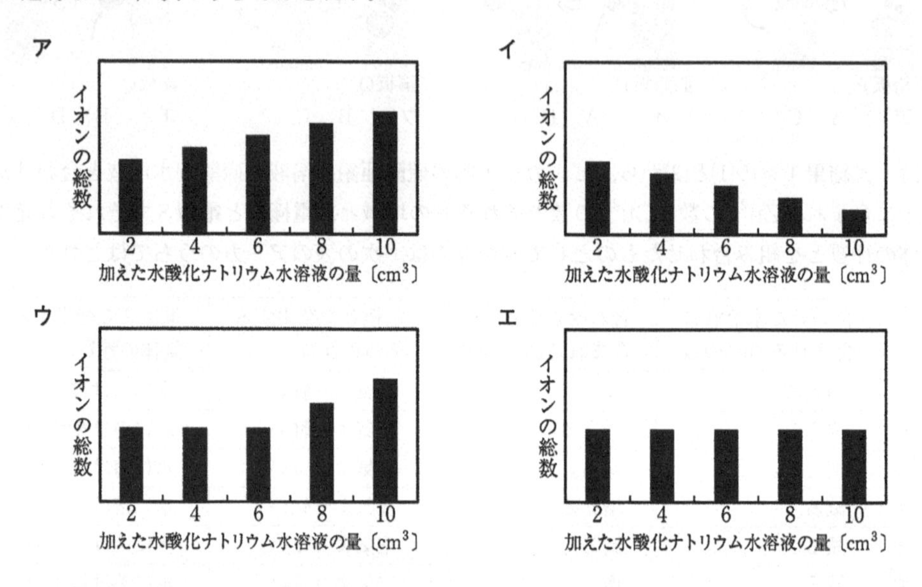

6　物体の運動に関する実験について，次の各問に答えよ。

<実験>を行ったところ，<結果>のようになった。

<実験>

(1)　形が異なるレールAとレールBを用意し，それぞれに目盛りを付け，次のページの図1のように水平な床に固定した。

(2)　レールA上の水平な部分から9㎝の高さの点aに小球を静かに置き，手を放して小球を転がし，小球がレールA上を運動する様子を，小球が最初に一瞬静止するまで，発光時間間隔0.1秒のストロボ写真で記録した。レールA上の水平な部分からの高さが4㎝となる点を点b，レールA上の水平な部分に達した点を点cとした。

(3)　(2)で使用した小球をレールB上の水平な部分から9㎝の高さの点dに静かに置き，(2)と同様の実験をレールB上で行った。レールB上の水平な部分からの高さが5.2㎝となる点を点e，レールB上の水平な部分に達した点を点fとした。

(4)　ストロボ写真に記録された結果から，小球がレールA上の点aから運動を始め，最初に一瞬静止するまでの0.1秒ごとの位置を模式的に表すと次のページの図2のようになった。さらに

0.1秒ごとに①から⑪まで，順に区間番号を付けた。

(5)　レールBについて，(4)と同様に模式的に表し，0.1秒ごとに①から⑪まで，順に区間番号を付けた。

(6)　レールAとレールBにおいて，①から⑪までの各区間における小球の移動距離を測定した。

図1

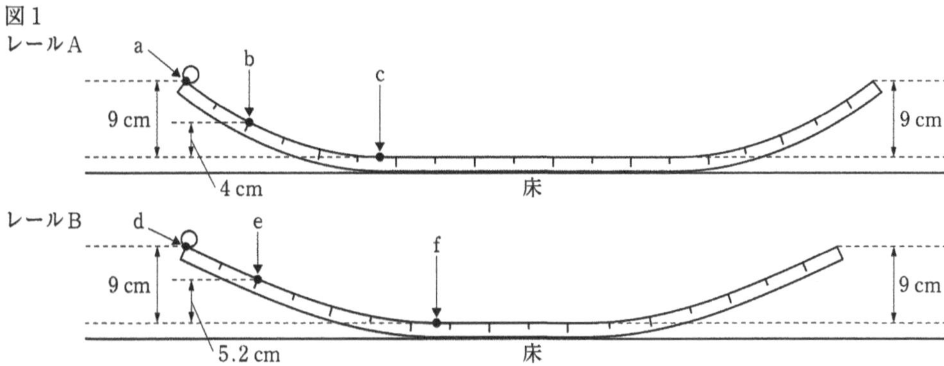

図2

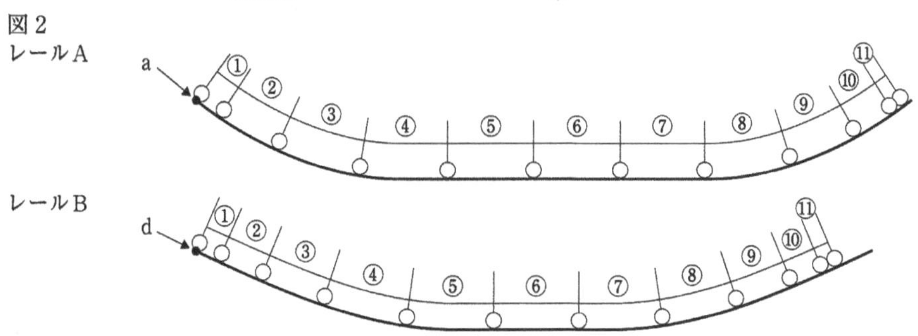

＜結果＞

区間番号	①	②	③	④	⑤	⑥	⑦	⑧	⑨	⑩	⑪
時間〔s〕	0~0.1	0.1~0.2	0.2~0.3	0.3~0.4	0.4~0.5	0.5~0.6	0.6~0.7	0.7~0.8	0.8~0.9	0.9~1.0	1.0~1.1
レールAにおける移動距離〔cm〕	3.6	7.9	10.4	10.9	10.9	10.9	10.8	10.6	9.0	5.6	1.7
レールBにおける移動距離〔cm〕	3.2	5.6	8.0	10.5	10.9	10.9	10.6	9.5	6.7	4.2	1.8

〔問1〕　＜結果＞から，レールA上の⑧から⑩までの小球の平均の速さとして適切なのは，次のうちではどれか。

ア　0.84m/s　　**イ**　0.95m/s　　**ウ**　1.01m/s　　**エ**　1.06m/s

〔問2〕　＜結果＞から，小球がレールB上の①から③まで運動しているとき，小球が運動する向きに働く力の大きさと小球の速さについて述べたものとして適切なのは，次のうちではどれか。

ア　力の大きさがほぼ一定であり，速さもほぼ一定である。

イ　力の大きさがほぼ一定であり，速さはほぼ一定の割合で増加する。

ウ　力の大きさがほぼ一定の割合で増加し，速さはほぼ一定である。

エ　力の大きさがほぼ一定の割合で増加し，速さもほぼ一定の割合で増加する。

〔問3〕　次のページの図3の矢印は，小球がレールB上の⑨から⑪までの斜面上にあるときの小球に働く重力を表したものである。小球が斜面上にあるとき，小球に働く重力の斜面に平行な分力と，斜面に垂直な分力を解答用紙の方眼を入れた図にそれぞれ矢印でかけ。

図3

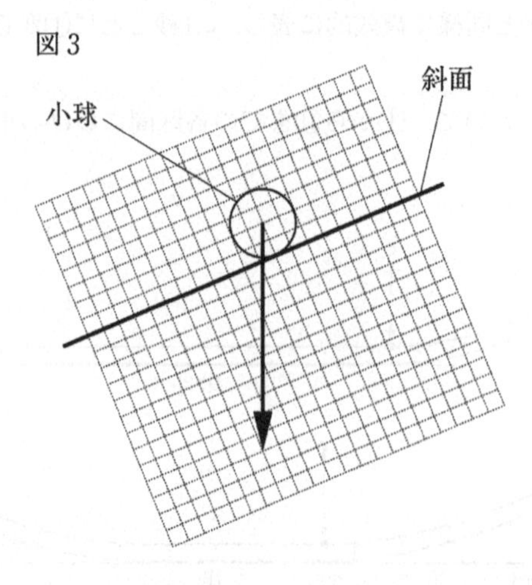

〔問4〕　<**実験**>の(2)，(3)において，点bと点eを小球がそれぞれ通過するときの小球がもつ運動エネルギーの大きさの関係について述べたものと，点cと点fを小球がそれぞれ通過するときの小球がもつ運動エネルギーの大きさの関係について述べたものとを組み合わせたものとして適切なのは，次の表の**ア**～**エ**のうちではどれか。

	点bと点eを小球がそれぞれ通過するときの小球がもつ運動エネルギーの大きさの関係	点cと点fを小球がそれぞれ通過するときの小球がもつ運動エネルギーの大きさの関係
ア	点bの方が大きい。	点fの方が大きい。
イ	点bの方が大きい。	ほぼ等しい。
ウ	ほぼ等しい。	点fの方が大きい。
エ	ほぼ等しい。	ほぼ等しい。

＜社会＞

時間　50分　　満点　100点

1　次の各問に答えよ。

〔問1〕　次の資料は，ある地域の様子を地域調査の発表用としてまとめたものの一部である。次のページのア～エの地形図は，「国土地理院発行2万5千分の1地形図」の一部を拡大して作成した地形図上に●で示したA点から，B点を経て，C点まで移動した経路を太線（━━）で示したものである。資料で示された地域に当てはまるのは，次のページのア～エのうちではどれか。

漁師町の痕跡を巡る

調査日　令和3年10月2日（土）　天候　晴れ

複数の文献等に共通した地域の特徴

○A点付近の様子

ベカ舟がつながれていた川，漁業を営む家，町役場

○B点付近の様子

にぎやかな商店街，細い路地

〔ベカ舟〕

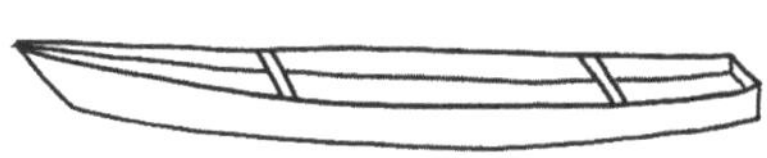

長さ約4.8m，幅約1.0m，高さ約0.6m

漁師町の痕跡を巡った様子

A点で川に架かる橋から東を見ると，漁業に使うベカ舟がつながれていた川が曲がっている様子が見えた。その橋を渡ると，水準点がある場所に旧町役場の跡の碑があった。南へ約50m歩いて南東に曲がった道路のB点では，明治時代初期の商家の建物や細い路地がいくつか見られた。川に並行した道路を約450m歩き，北東に曲がって川に架かる橋を渡り，少し歩いて北西に曲がって川に並行した道路を約250m直進し，曲がりくねった道を進み，東へ曲がると，学校の前のC点に着いた。

A点（漁業に使うベカ舟がつながれていた川）

B点（明治時代初期の商家の建物が見られる道路）

ア

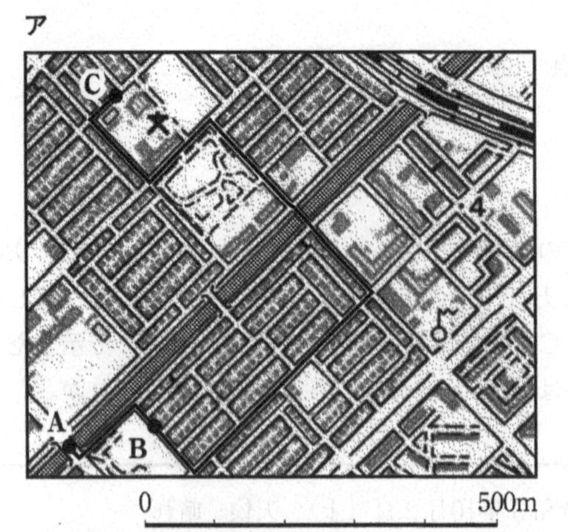

0　　　500m

（2019年の「国土地理院発行2万5千分の1地形図（千葉西部）」の一部を拡大して作成）

イ

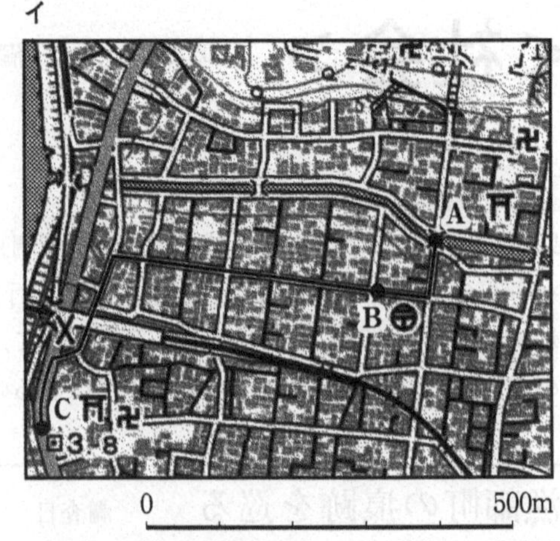

0　　　500m

（2019年の「国土地理院発行2万5千分の1地形図（船橋）」の一部を拡大して作成）

ウ

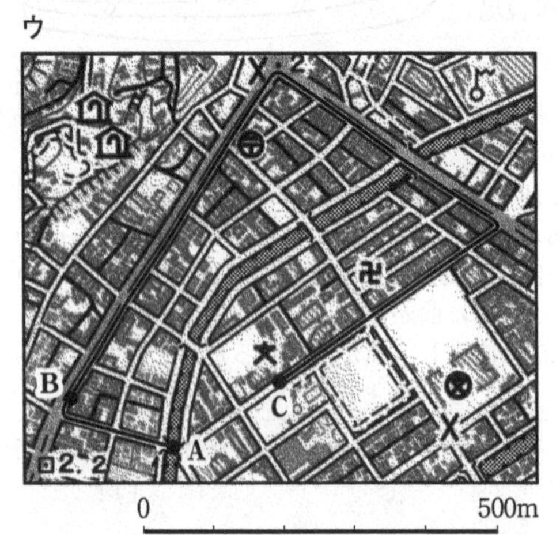

0　　　500m

（2020年の「国土地理院発行2万5千分の1地形図（横浜西部）」の一部を拡大して作成）

エ

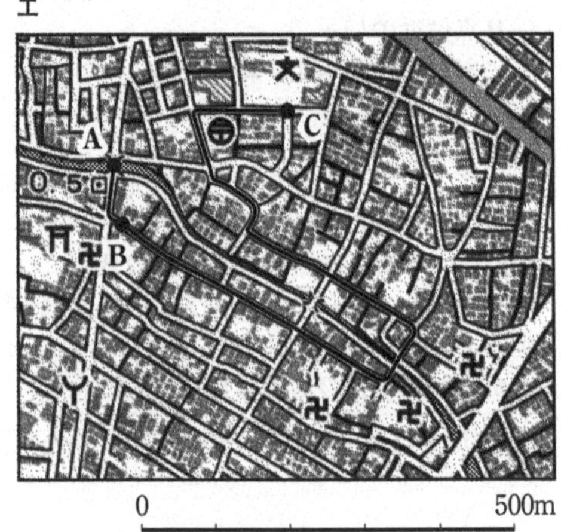

0　　　500m

（2015年の「国土地理院発行2万5千分の1地形図（浦安）」の一部を拡大して作成）

〔問2〕　次のページのⅠの略地図中の**ア**～**エ**は，世界遺産に登録されている我が国の主な歴史的文化財の所在地を示したものである。Ⅱの文章で述べている歴史的文化財の所在地に当てはまるのは，略地図中の**ア**～**エ**のうちのどれか。

Ⅰ

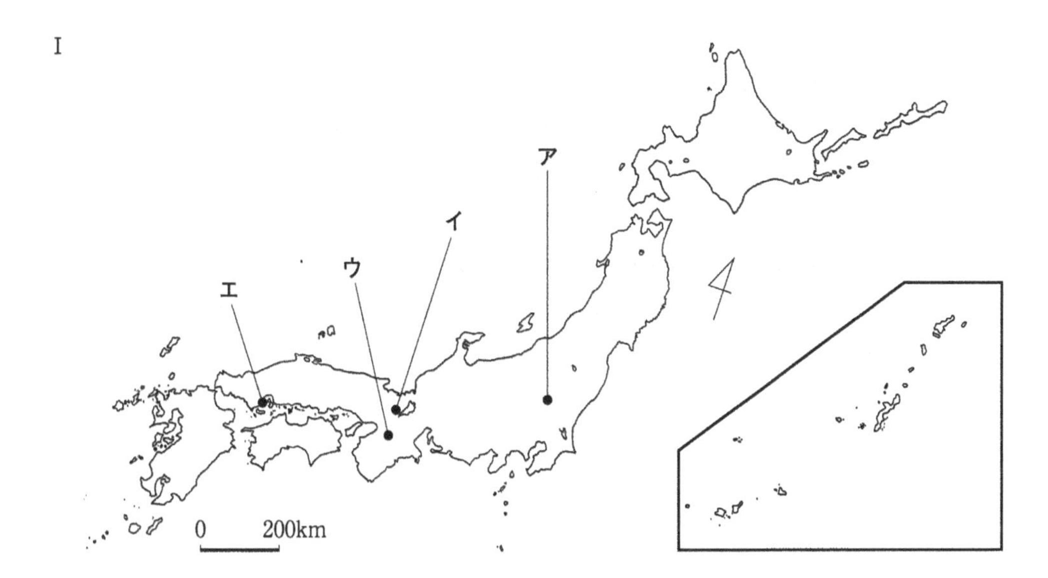

Ⅱ

鑑真によって伝えられた戒律を重んじる律宗の中心となる寺院は，中央に朱雀大路が通り，碁盤の目状に整備された都に建立された。金堂や講堂などが立ち並び，鑑真和上坐像が御影堂に納められており，1998年に世界遺産に登録された。

〔問3〕　次の文章で述べている司法機関に当てはまるのは，下の**ア**～**エ**のうちのどれか。

都府県に各1か所，北海道に4か所の合計50か所に設置され，開かれる裁判は，原則，第一審となり，民事裁判，行政裁判，刑事裁判を扱う。重大な犯罪に関わる刑事事件の第一審では，国民から選ばれた裁判員による裁判が行われる。

ア　地方裁判所　　**イ**　家庭裁判所　　**ウ**　高等裁判所　　**エ**　簡易裁判所

2　次の略地図を見て，あとの各問に答えよ。

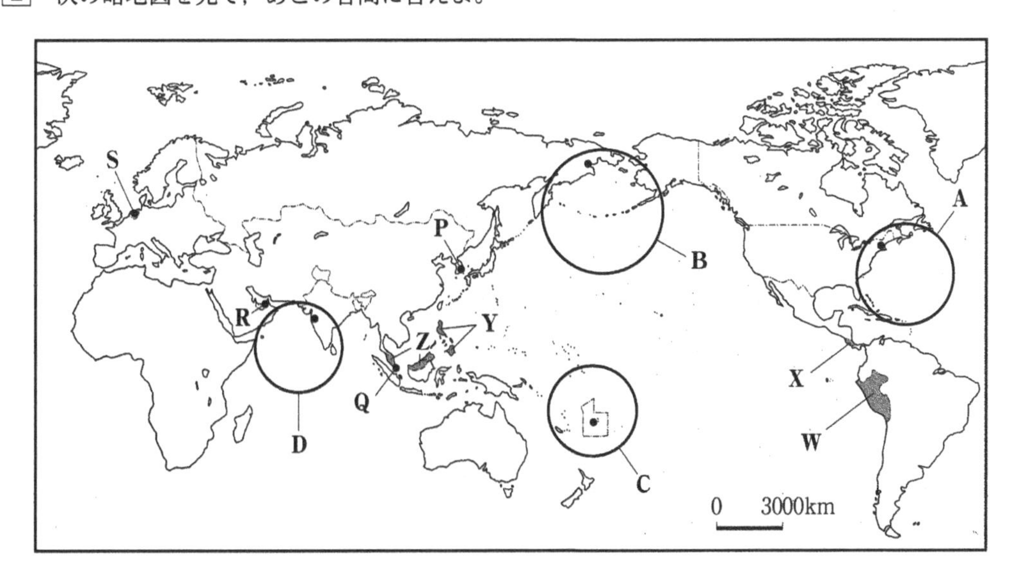

〔問1〕　次のⅠの文章は，略地図中に◯で示したA～Dの**いずれか**の範囲の海域と都市の様子についてまとめたものである。Ⅱの**ア**～**エ**のグラフは，略地図中のA～Dの**いずれか**の範囲内に●で示した都市の，年平均気温と年降水量及び各月の平均気温と降水量を示したものである。Ⅰの文章で述べている海域と都市に当てはまるのは，略地図中のA～Dのうちのどれか，また，その範囲内に位置する都市のグラフに当てはまるのは，Ⅱの**ア**～**エ**のうちのどれか。

Ⅰ

> イスラム商人が，往路は夏季に発生する南西の風とその風の影響による海流を，復路は冬季に発生する北東の風とその風の影響による海流を利用して，三角帆のダウ船で航海をしていた。●で示した都市では，季節風（モンスーン）による雨の到来を祝う文化が見られ，降水量が物価動向にも影響するため，気象局が「モンスーン入り」を発表している。

Ⅱ

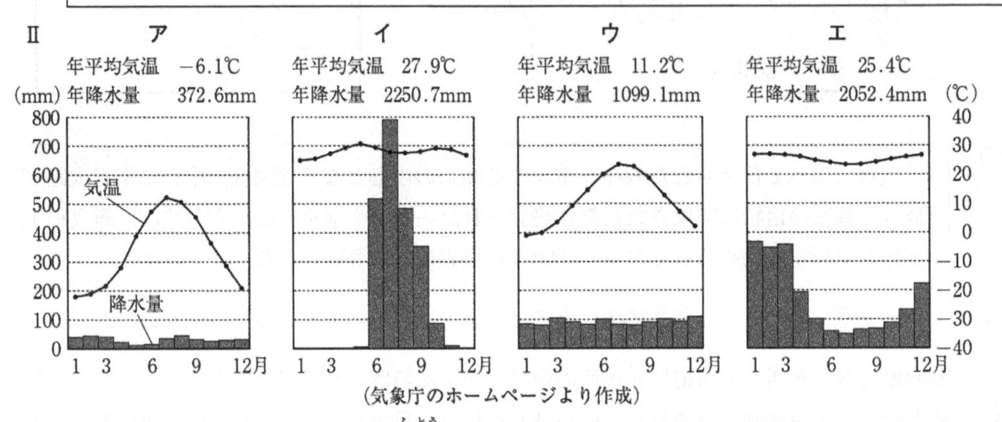

（気象庁のホームページより作成）

〔問2〕　次の表の**ア**～**エ**は，コンテナ埠頭（ふとう）が整備された港湾が位置する都市のうち，略地図中にP～Sで示した，釜山（プサン），シンガポール，ドバイ，ロッテルダムの**いずれか**の都市に位置する港湾の，2018年における総取扱貨物量と様子についてまとめたものである。略地図中のP～Sのそれぞれの都市に位置する港湾に当てはまるのは，次の表の**ア**～**エ**のうちではどれか。

	総取扱貨物量（百万t）	港湾の様子
ア	461	経済大国を最短距離で結ぶ大圏航路上付近に位置する利点を生かし，国際貨物の物流拠点となるべく，国家事業として港湾整備が進められ，2018年にはコンテナ取扱量は世界第6位となっている。
イ	174	石油の輸送路となる海峡付近に位置し，石油依存の経済からの脱却を図る一環として，この地域の物流を担（にな）う目的で港湾が整備され，2018年にはコンテナ取扱量は世界第10位となっている。
ウ	469	複数の国を流れる河川の河口に位置し，2020年では域内の国の人口の合計が約4億5000万人，国内総生産（GDP）の合計が約15兆2000億ドルの単一市場となる地域の中心的な貿易港で，2018年にはコンテナ取扱量は世界第11位となっている。
エ	630	人口密度約8000人/km^2を超える国の南部に位置し，地域の安定と発展を目的に1967年に5か国で設立され現在10か国が加盟する組織において，ハブ港としての役割を果たし，2018年にはコンテナ取扱量は世界第2位となっている。

（注）国内総生産とは，一つの国において新たに生み出された価値の総額を示した数値のことである。

（「データブック オブ・ザ・ワールド」2021年版などより作成）

〔問３〕　次のⅠとⅡの表の**ア～エ**は，略地図中に　　　で示したW～Zの**いずれか**の国に当てはまる。Ⅰの表は，1999年と2019年における日本の輸入総額，日本の主な輸入品目と輸入額を示したものである。Ⅱの表は，1999年と2019年における輸出総額，輸出額が多い上位３位までの貿易相手国を示したものである。Ⅲの文章は，略地図中のW～Zの**いずれか**の国について述べたものである。Ⅲの文章で述べている国に当てはまるのは，略地図中のW～Zのうちのどれか，また，ⅠとⅡの表の**ア～エ**のうちのどれか。

Ⅰ

		日本の輸入総額（億円）	日本の主な輸入品目と輸入額（億円）		
ア	1999年	12414	電気機器　3708	一般機械　2242	液化天然ガス　1749
	2019年	19263	電気機器　5537	液化天然ガス　4920	一般機械　755
イ	1999年	331	金属鉱及びくず　112	非鉄金属　88	飼料　54
	2019年	2683	金属鉱及びくず　1590	液化天然ガス　365	揮発油　205
ウ	1999年	93	一般機械　51	コーヒー　14	植物性原材料　6
	2019年	459	精密機器類　300	電気機器　109	果実　15
エ	1999年	6034	一般機械　1837	電気機器　1779	果実　533
	2019年	11561	電気機器　4228	金属鉱及びくず　1217	一般機械　1105

（「データブック　オブ・ザ・ワールド」2021年版などより作成）

Ⅱ

		輸出総額（億ドル）	輸出額が多い上位３位までの貿易相手国		
			１位	２位	３位
ア	1999年	845	アメリカ合衆国	シンガポール	日本
	2019年	2381	中華人民共和国	シンガポール	アメリカ合衆国
イ	1999年	59	アメリカ合衆国	スイス	イギリス
	2019年	461	中華人民共和国	アメリカ合衆国	カナダ
ウ	1999年	63	アメリカ合衆国	オランダ	イギリス
	2019年	115	アメリカ合衆国	オランダ	ベルギー
エ	1999年	350	アメリカ合衆国	日本	オランダ
	2019年	709	アメリカ合衆国	日本	中華人民共和国

（国際連合貿易統計データベースより作成）

Ⅲ

　1946年に独立したこの国では，軽工業に加え電気機器関連の工業に力を注ぎ，外国企業によるバナナ栽培などの一次産品中心の経済から脱却を図ってきた。1989年にはアジア太平洋経済協力会議（ＡＰＥＣ（エイペック））に参加し，1999年と比較して2019年では，日本の輸入総額は２倍に届かないものの増加し，貿易相手国としての中華人民共和国の重要性が増している。1960年代から日本企業の進出が見られ，近年では，人口が１億人を超え，英語を公用語としていることからコールセンターなどのサービス産業も発展している。

3　次の略地図を見て，あとの各問に答えよ。

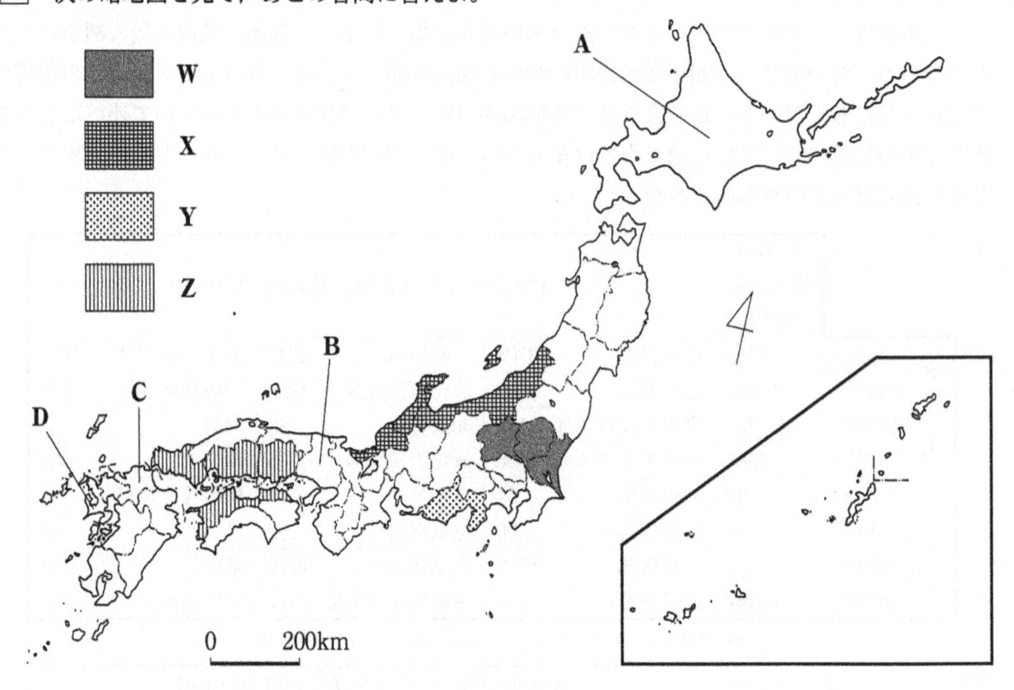

〔問1〕　次の表のア～エは，略地図中にA～Dで示したいずれかの道県の，2019年における鉄鋼業と造船業の製造品出荷額等，海岸線と臨海部の工業の様子についてまとめたものである。A～Dのそれぞれの道県に当てはまるのは，次の表のア～エのうちではどれか。

	製造品出荷額等（億円）		海岸線と臨海部の工業の様子
	鉄鋼	造船	
ア	9769	193	○678kmの海岸線には，干潟や陸と島をつなぐ砂州が見られ，北東部にある東西20km，南北2kmの湾に，工業用地として埋め立て地が造成された。 ○国内炭と中国産の鉄鉱石を原料に鉄鋼を生産していた製鉄所では，現在は輸入原料を使用し，自動車用の鋼板を生産している。
イ	19603	2503	○855kmの海岸線には，北部に国立公園に指定されたリアス海岸が見られ，南部に工業用地や商業用地として埋め立て地が造成された。 ○南部の海岸には，高度経済成長期に輸入原料を使用する製鉄所が立地し，国際貿易港に隣接する岬には，造船所が立地している。
ウ	3954	310	○4445kmの海岸線には，砂嘴（さし）や砂州，陸繋島（りくけいとう），プレート運動の力が複雑に加わり形成された半島などが見られる。 ○国内炭と周辺で産出される砂鉄を原料に鉄鋼を生産していた製鉄所では，現在は輸入原料を使用し，自動車の部品に使われる特殊鋼を生産している。
エ	336	2323	○4170kmの海岸線には，多くの島や半島，岬によって複雑に入り組んだリアス海岸が見られる。 ○人口が集中している都市の臨海部に，カーフェリーなどを建造する造船所が立地し，周辺にはボイラーの製造などの関連産業が集積している。

（「日本国勢図会」2020/21年版などより作成）

〔問２〕　次のⅠの**ア**～**エ**のグラフは，略地図中にW～Zで示した**いずれか**の地域の1971年と2019年における製造品出荷額等と産業別の製造品出荷額等の割合を示したものである。Ⅱの文章は，Ⅰの**ア**～**エ**の**いずれか**の地域について述べたものである。Ⅱの文章で述べている地域に当てはまるのは，Ⅰの**ア**～**エ**のうちのどれか，また，略地図中のW～Zのうちのどれか。

Ⅰ

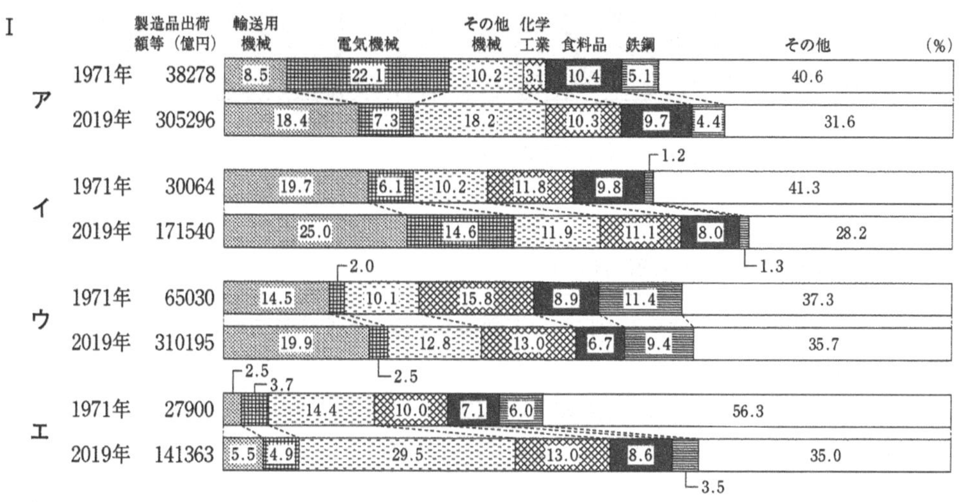

（注）四捨五入をしているため，産業別の製造品出荷額等の割合を合計したものは，100％にならない場合がある。
（2019年工業統計表などより作成）

Ⅱ

絹織物や航空機産業を基礎として，電気機械等の製造業が発展した。高速道路網の整備に伴い，1980年に西部が，1987年に中部が東京とつながり，2011年には1998年開港の港湾と結ばれた。西部の高速道路沿いには，未来技術遺産に登録された製品を生み出す高度な技術をもつ企業の工場が立地している。2019年には電気機械の出荷額等は約２兆円となる一方で，自動車関連の輸送用機械の出荷額等が増加し，5兆円を超えるようになった。

〔問３〕　次のⅠ(1)と次のページのⅡ(1)の文は，1984年に示された福島市と1997年に示された岡山市の太線（━━）で囲まれた範囲を含む地域に関する地区計画の一部を分かりやすく書き改めたものである。Ⅰ(2)は1984年・1985年のⅠ(3)は2018年の「２万５千分の１地形図（福島北部・福島南部）」の一部を拡大して作成したものである。Ⅱ(2)は1988年の，Ⅱ(3)は2017年の「２万５千分の１地形図（岡山南部）」の一部を拡大して作成したものである。ⅠとⅡの資料から読み取れる，太線で囲まれた範囲に共通した土地利用の変化について，簡単に述べよ。また，ⅠとⅡの資料から読み取れる，その変化を可能にした要因について，それぞれの県内において乗降客数が多い駅の一つである福島駅と岡山駅に着目して，簡単に述べよ。

Ⅰ

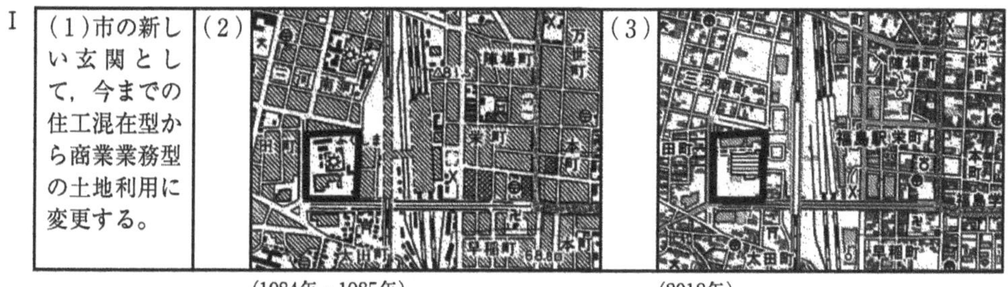
（1）市の新しい玄関として，今までの住工混在型から商業業務型の土地利用に変更する。

（1984年・1985年）　（2018年）

Ⅱ

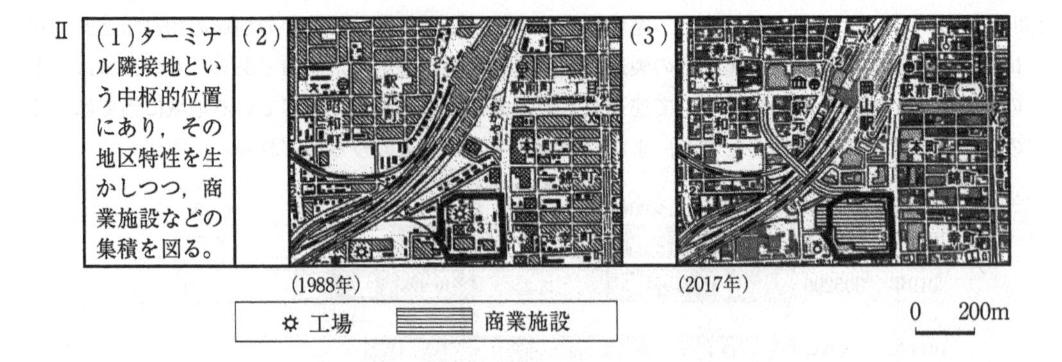

4　次の文章を読み，あとの各問に答えよ。

> 私たちは，身の回りの土地やものについて面積や重量などを道具を用いて計測し，その結果を暮らしに役立ててきた。
>
> 古代から，各時代の権力者は，(1)財政基盤を固めるため，土地の面積を基に税を徴収するなどの政策を行ってきた。時代が進み，(2)地域により異なっていた長さや面積などの基準が統一された。
>
> (3)江戸時代に入ると，天文学や数学なども発展を遂げ，明治時代以降，我が国の科学技術の研究水準も向上し，独自の計測技術も開発されるようになった。
>
> 第二次世界大戦後になると，従来は計測することができなかった距離や大きさなどが，新たに開発された機器を通して計測することができるようになり，(4)環境問題などの解決のために生かされてきた。

〔問１〕　(1)財政基盤を固めるため，土地の面積を基に税を徴収するなどの政策を行ってきた。とあるが，次の**ア**～**エ**は，権力者が財政基盤を固めるために行った政策の様子について述べたものである。時期の古いものから順に記号を並べよ。

ア　朝廷は，人口増加に伴う土地不足に対応するため，墾田永年私財法（こんでんえいねんしざいほう）を制定し，新しく開墾した土地であれば，永久に私有地とすることを認めた。

イ　朝廷は，財政基盤を強化するため，摂関政治を主導した有力貴族や寺社に集中していた荘園（しょうえん）を整理するとともに，大きさの異なる枡（ます）の統一を図った。

ウ　朝廷は，元号を建武（けんむ）に改め，天皇中心の政治を推進するため，全国の田畑について調査させ，年貢（ねんぐ）などの一部を徴収し貢納させた。

エ　二度にわたる元軍の襲来を退けた幕府は，租税を全国に課すため，諸国の守護に対して，田地面積や領有関係などを記した文書の提出を命じた。

〔問２〕　(2)地域により異なっていた長さや面積などの基準が統一された。とあるが，次のページのⅠの略年表は，室町時代から江戸時代にかけての，政治に関する主な出来事についてまとめたものである。Ⅱの文章は，ある人物が示した検地における実施命令書の一部と計測基準の一部を分かりやすく書き改めたものである。Ⅱの文章が出された時期に当てはまるのは，Ⅰの略年表中の**ア**～**エ**の時期のうちではどれか。

Ⅰ

西暦	政治に関する主な出来事	
1560	●駿河国（静岡県）・遠江国（静岡県）などを支配していた人物が，桶狭間において倒された。	ア
1582	●全国統一を目指していた人物が，京都の本能寺において倒された。	イ
1600	●関ケ原の戦いに勝利した人物が，全国支配の実権をにぎった。	ウ
1615	●全国の大名が守るべき事柄をまとめた武家諸法度が定められた。	エ
1635	●全国の大名が，国元と江戸とを１年交代で往復する制度が定められた。	

Ⅱ

【実施命令書の一部】
○日本全国に厳しく申し付けられている上は，おろそかに実施してはならない。

【計測基準の一部】
○田畑・屋敷地は長さ６尺３寸を１間とする竿を用い，５間かける60間の300歩を，１反として面積を調査すること。
○上田の石盛は１石５斗，中田は１石３斗，下田は１石１斗，下々田は状況で決定すること。
○升は京升に定める。必要な京升を準備し渡すようにすること。

〔問３〕 (3)江戸時代に入ると，天文学や数学なども発展を遂げ，明治時代以降，我が国の科学技術の研究水準も向上し，独自の計測技術も開発されるようになった。とあるが，次の**ア**～**エ**は，江戸時代から昭和時代にかけての我が国独自の計測技術について述べたものである。時期の古いものから順に記号を並べよ。

ア　後にレーダー技術に応用される超短波式アンテナが開発された頃，我が国最初の常設映画館が開館した浅草と，上野との間で地下鉄の運行が開始された。

イ　正確な暦を作るために浅草に天文台が設置された後，寛政の改革の一環として，幕府直轄の昌平坂学問所や薬の調合などを行う医官養成機関の医学館が設立された。

ウ　西洋時計と和時計の技術を生かして，時刻や曜日などを指し示す機能を有する万年自鳴鐘が開発された頃，黒船来航に備えて台場に砲台を築造するため，水深の計測が実施された。

エ　中部地方で発生した地震の研究に基づいて大森式地震計が開発された頃，日英同盟の締結を契機に，イギリスの無線技術を基にした無線電信機が開発された。

〔問４〕 (4)環境問題などの解決のために生かされてきた。とあるが，次のページのⅠのグラフは，1965年から2013年までの，東京のある地点から富士山が見えた日数と，大気汚染の一因となる二酸化硫黄の東京における濃度の変化を示したものである。Ⅱの文章は，Ⅰのグラフの**ア**～**エのいずれか**の時期における国際情勢と，我が国や東京の環境対策などについてまとめたものである。Ⅱの文章で述べている時期に当てはまるのは，Ⅰのグラフの**ア**～**エ**の時期のうちではどれか。

Ⅰ
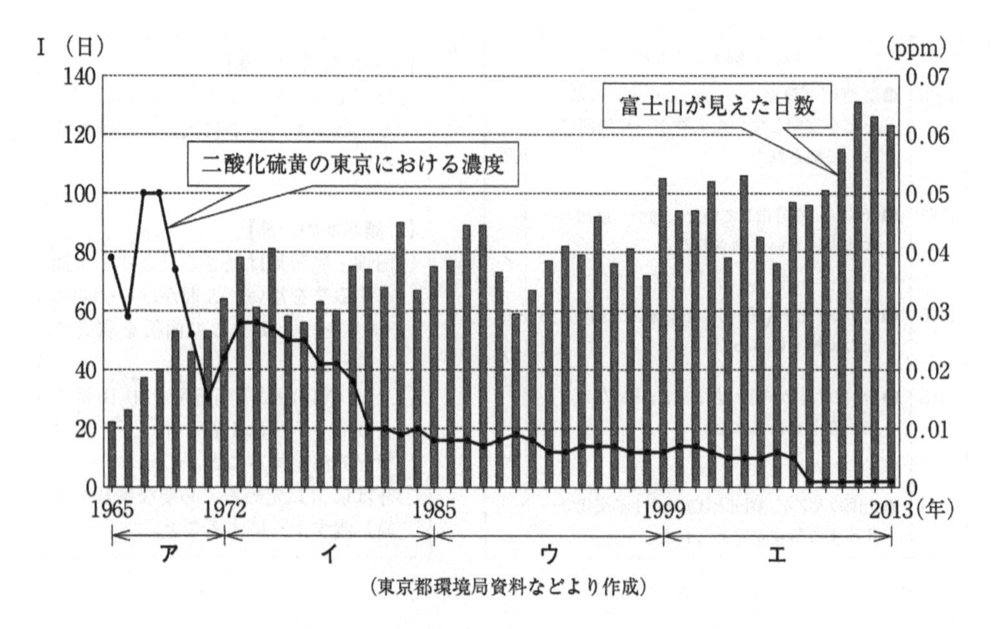

(東京都環境局資料などより作成)

Ⅱ

> 東ヨーロッパ諸国で民主化運動が高まり，東西ドイツが統一されるなど国際協調の動きが強まる中で，国際連合を中心に地球温暖化防止策が協議され，温室効果ガスの排出量の削減について数値目標を設定した京都議定書が採択された。長野県では，施設建設において極力既存の施設を活用し，自然環境の改変が必要な場合は大会後復元を図った，オリンピック・パラリンピック冬季競技大会が開催され，東京都においては，「地球環境保全東京アクションプラン」を策定し，大気汚染の状況は改善された。この時期には，Ⅰのグラフの観測地点から平均して週１回は富士山を見ることができた。

5 次の文章を読み，あとの各問に答えよ。

> 明治時代に作られた情報という言葉は，ある事柄の内容について文字などで伝達する知らせを表す意味として現在は用いられている。天気予報や経済成長率などの情報は，私たちの日々の暮らしに役立っている。
>
> 日本国憲法の中では，(1)自分の意見を形成し他者に伝える権利が，一定の決まり（ルール）の下で保障されている。
>
> 現代の社会は (2)情報が大きな役割を担（にな）うようになり，情報化社会とも呼ばれるようになった。その後，インターネットの普及は，私たちと情報との関わり方を変えることとなった。
>
> (3)情報が新たな価値を生み出す社会では，企業の中で，情報化を推進し，課題の解決策を示したり，ソフトウェアを開発したりする，デジタル技術を活用できる人材を確保していくことの重要性が増している。また，(4)情報の活用を進め，社会の様々な課題を解決していくためには，新たな決まり（ルール）を定める必要がある。

〔問１〕 (1)自分の意見を形成し他者に伝える権利が，一定の決まり（ルール）の下で保障されている。とあるが，精神（活動）の自由のうち，個人の心の中にある，意思，感情などを外部に明らかにすることを保障する日本国憲法の条文は，次のア～エのうちではどれか。

ア　何人(なんぴと)も，いかなる奴隷的拘束も受けない。又，犯罪に因(よ)る処罰の場合を除いては，その意に反する苦役に服させられない。

イ　思想及び良心の自由は，これを侵してはならない。

ウ　何人も，公共の福祉に反しない限り，居住，移転及び職業選択の自由を有する。

エ　集会，結社及び言論，出版その他一切の表現の自由は，これを保障する。

〔問２〕 (2)情報が大きな役割を担(にな)うようになり，情報化社会とも呼ばれるようになった。とあるが，次のⅠの略年表は，1938年から1998年までの，我が国の情報に関する主な出来事をまとめたものである。Ⅱの文章は，Ⅰの略年表中の**ア～エのいずれか**の時期における社会の様子について，①は通信白書の，②は国民生活白書の一部をそれぞれ分かりやすく書き改めたものである。Ⅱの文章で述べている時期に当てはまるのは，Ⅰの略年表中の**ア～エ**の時期のうちではどれか。

Ⅰ

西暦	我が国の情報に関する主な出来事	
1938	●標準放送局型ラジオ受信機が発表された。	
1945	●人が意見を述べる参加型ラジオ番組の放送が開始された。	ア
1953	●白黒テレビ放送が開始された。	
1960	●カラーテレビ放送が開始された。	
1964	●東京オリンピック女子バレーボール決勝の平均視聴率が関東地区で66.8％を記録した。	イ
1972	●札幌オリンピック閉会式の平均視聴率が札幌で59.5％を記録した。	
1974	●テレビの深夜放送が一時的に休止された。	ウ
1985	●テレビで文字多重放送が開始された。	
1989	●衛星テレビ放送が開始された。	エ
1998	●ニュースなどを英語で発信するワールドテレビ放送が開始された。	

Ⅱ

①私たちの社会は，情報に対する依存を強めており，情報の流通は食料品や工業製品などの流通，つまり物流と同等あるいはそれ以上の重要性をもつようになった。

②社会的な出来事を同時に知ることができるようになり，テレビやラジオを通じて人々の消費生活も均質化している。また，節約の経験により，本当に必要でなければ買わないで今持っているものの使用期間を長くする傾向が，中東で起きた戦争の影響を受けた石油危機から３年後の現在も見られる。

〔問３〕 (3)情報が新たな価値を生み出す社会では，企業の中で，情報化を推進し，課題の解決策を示したり，ソフトウェアを開発したりする，デジタル技術を活用できる人材を確保していくことの重要性が増している。とあるが，次のページのⅠの文章は，2019年の情報通信白書の一部を分かりやすく書き改めたものである。次のページのⅡのグラフは，2015年の我が国とアメリカ合衆国における情報処理・通信に携わる人材の業種別割合を示したものである。Ⅱのグラフから読み取れる，Ⅰの文章が示された背景となる我が国の現状について，我が国より取り組みが進んでいるアメリカ合衆国と比較して，情報通信技術を提供する業種と利用する業種の構成比の違いに着目し，簡単に述べよ。

Ⅰ

○今後，情報通信技術により，企業は新しい製品やサービスを市場に提供することが可能となる。
○新たな製品やサービスを次々と迅速に開発・提供していくために，情報通信技術を利用する業種に十分な情報通信技術をもった人材が必要である。

Ⅱ

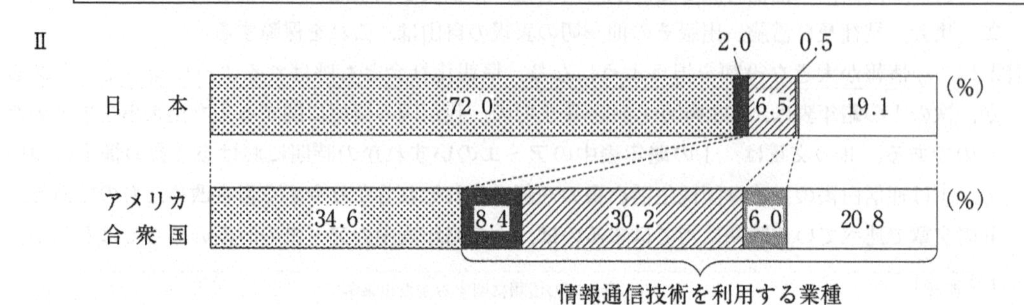

（注）四捨五入をしているため，情報処理・通信に携わる人材の業種別割合を合計したものは，100%にならない場合がある。

（独立行政法人情報処理推進機構資料より作成）

〔問４〕 (4)情報の活用を進め，社会の様々な課題を解決していくためには，新たな決まり（ルール）を定める必要がある。とあるが，次のⅠのＡ～Ｅは，令和３年の第204回通常国会で，情報通信技術を用いて多様で大量の情報を適正かつ効果的に活用することであらゆる分野における創造的かつ活力ある発展が可能となる社会の形成について定めた「デジタル社会形成基本法」が成立し，その後，公布されるまでの経過について示したものである。Ⅱの文で述べていることが行われたのは，下のア～エのうちではどれか。

Ⅰ

Ａ　第204回通常国会が開会される。（１月18日）
Ｂ　法律案が内閣で閣議決定され，国会に提出される。（２月９日）
Ｃ　衆議院の本会議で法律案が可決される。（４月６日）
Ｄ　参議院の本会議で法律案が可決される。（５月12日）
Ｅ　内閣の助言と承認により，天皇が法律を公布する。（５月19日）

（衆議院，参議院のホームページより作成）

Ⅱ

衆議院の内閣委員会で法律案の説明と質疑があり，障害の有無などの心身の状態による情報の活用に関する機会の格差の是正を着実に図ることや，国や地方公共団体が公正な給付と負担の確保のための環境整備を中心とした施策を行うことを，原案に追加した修正案が可決される。

ア　ＡとＢの間　　イ　ＢとＣの間　　ウ　ＣとＤの間　　エ　ＤとＥの間

6 次の文章を読み，下の略地図を見て，あとの各問に答えよ。

> 都市には，小さな家屋から超高層建築まで多様な建物が見られ，(1)人々が快適な生活を送るために様々な社会資本が整備されてきた。また，(2)政治の中心としての役割を果たす首都には，新たに建設された都市や，既存の都市に政府機関を設置する例が見られる。
>
> 都市への人口集中は，経済を成長させ新たな文化を創造する一方で，(3)交通渋滞などの都市問題を深刻化させ，我が国は多くの国々の都市問題の解決に協力している。

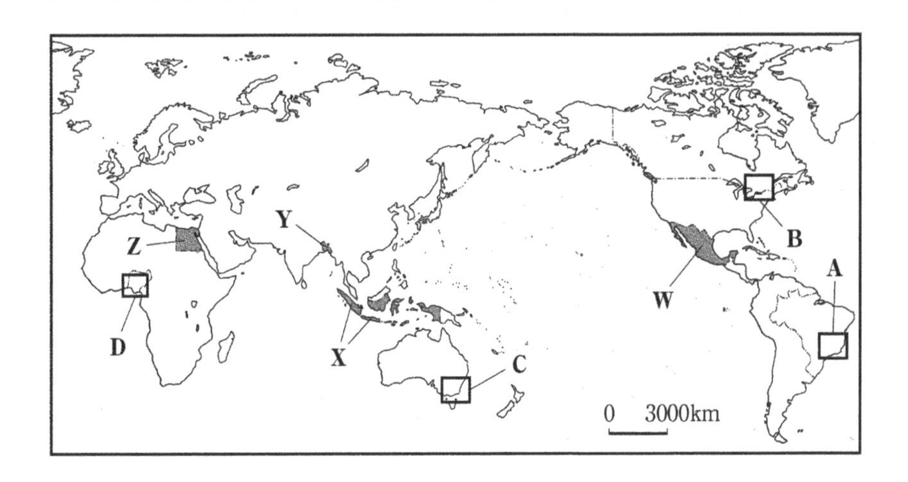

〔問1〕 (1)人々が快適な生活を送るために様々な社会資本が整備されてきた。とあるが，次のア～エの文は，それぞれの時代の都市の様子について述べたものである。時期の古いものから順に記号を並べよ。

ア ドイツ帝国の首都ベルリンでは，ビスマルクの宰相（さいしょう）任期中に，工業の発展により人口の流入が起き，上下水道が整備され，世界で初めて路面電車の定期運行が開始された。

イ イギリスの首都ロンドンでは，冷戦（冷たい戦争）と呼ばれる東西の対立が起き緊張が高まる中で，ジェット旅客機が就航し，翌年，空港に新滑走路が建設された。

ウ アメリカ合衆国の都市ニューヨークでは，300mを超える超高層ビルが建設され，フランクリン・ルーズベルト大統領によるニューディール政策の一環で公園建設なども行われた。

エ オーストリアの首都ウィーンでは，フランス同様に国王が強い政治権力をもつ専制政治（絶対王政）が行われ，マリア・テレジアが住んでいた郊外の宮殿の一角に動物園がつくられた。

〔問2〕 (2)政治の中心としての役割を果たす首都には，新たに建設された都市や，既存の都市に政府機関を設置する例が見られる。とあるが，次のページのⅠのA～Dは，略地図中のA～Dの□で示した部分を拡大し，主な都市の位置を**ア**～**ウ**で示したものである。次のページのⅡの文章は，略地図中のA～Dの中に首都が位置する**いずれか**の国とその国の首都の様子について述べたものである。Ⅱの文章で述べているのは，ⅠのA～Dのうちのどれか，また，首都に当てはまるのは，選択したⅠのA～Dの**ア**～**ウ**のうちのどれか。

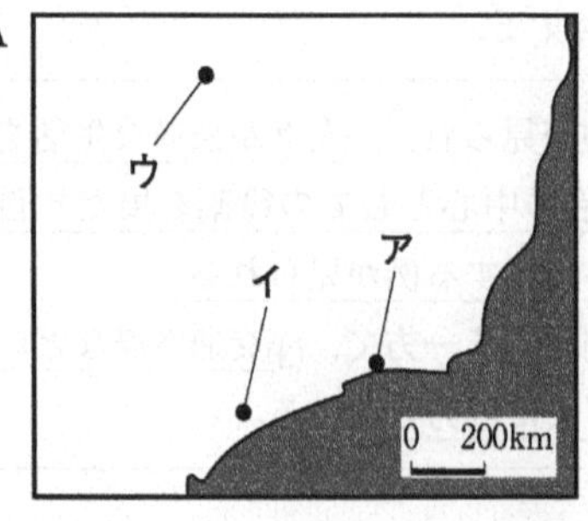

B

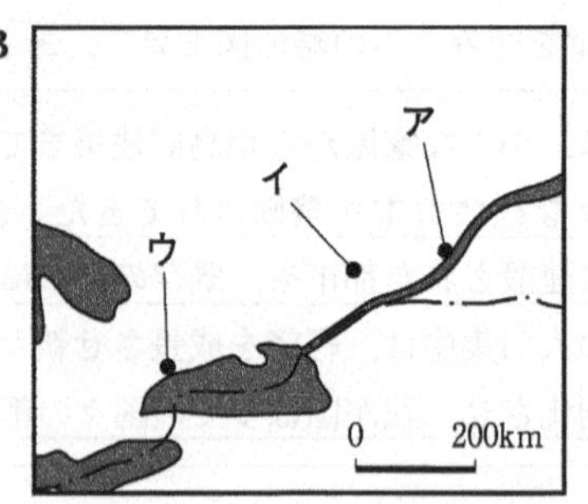

C

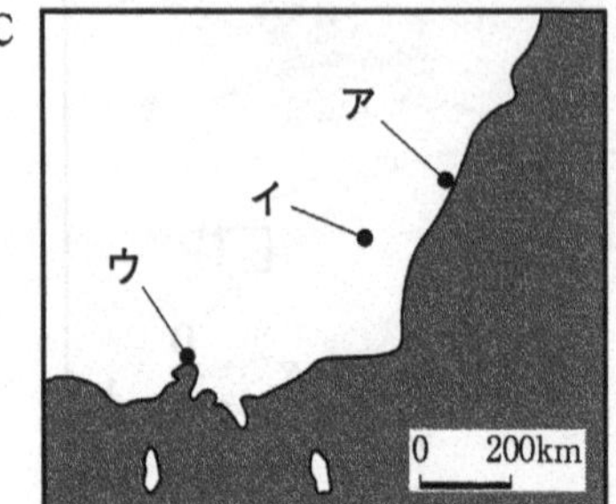

D

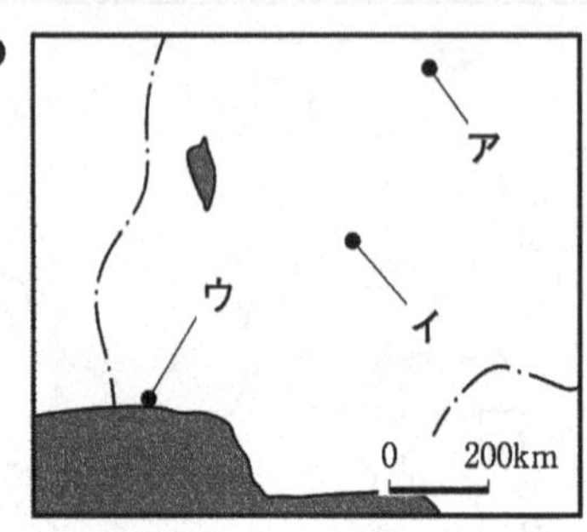

Ⅱ

　16世紀にフランスがこの国の東部に進出し，隣国からイギリス人がフランス人の定住地を避けて移住したことで二つの文化圏が形成されたため，立憲君主である国王により文化圏の境界に位置する都市が首都と定められた。首都から約350㎞離れイギリス系住民が多い都市は，自動車産業などで隣国との結び付きが見られ，首都から約160㎞離れフランス系住民が多い都市は，フランス語のみで示されている道路標識などが見られる。

〔問３〕 (3)交通渋滞などの都市問題を深刻化させ．我が国は多くの国々の都市問題の解決に協力している。とあるが，次のⅠのW～Zのグラフは，略地図中に▬で示したW～Zのそれぞれの国の，1950年から2015年までの第１位の都市圏と第２位の都市圏の人口の推移を示したものである。Ⅱの文章で述べている国に当てはまるのは，略地図中のW～Zのうちのどれか。

Ⅰ

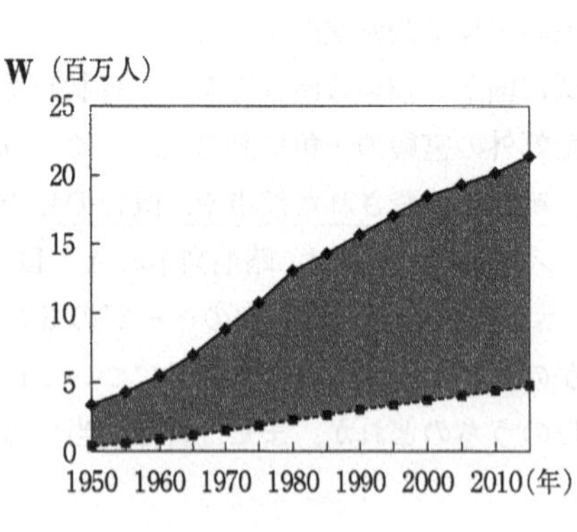

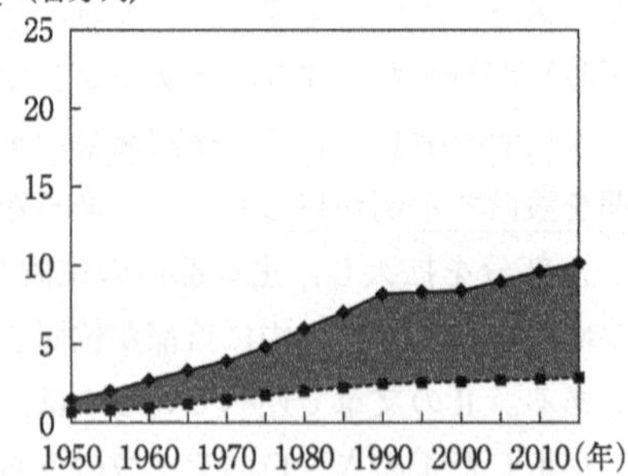

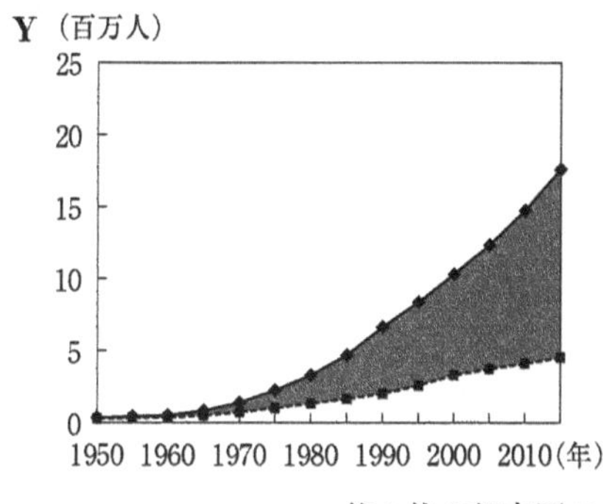

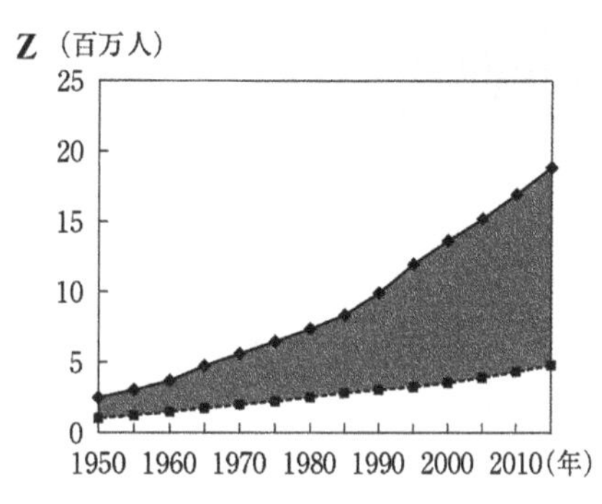

―◆― 第1位の都市圏の人口　---■--- 第2位の都市圏の人口

（国際連合資料より作成）

Ⅱ

○1949年にオランダから独立し，イスラム教徒が8割を超えるこの国では，第1位の都市圏と第2位の都市圏の人口差は，1950年に100万人を下回っていたが，1990年には人口差は約7倍と急激に拡大しており，その後緩やかな拡大傾向が続いた。

○深刻化した交通渋滞や大気汚染などの都市問題を解決するため，日本の技術や運営の支援を受け，都市の中心部と住宅地をつなぐ国内初の地下鉄が2019年に開通した。

大切なことはメモしておこうネ！

T.G

2022年度

解答と解説

《2022年度の配点は解答用紙集に掲載してあります。》

＜理科解答＞

1　〔問1〕　イ　〔問2〕　ア　〔問3〕　エ　〔問4〕　ウ　〔問5〕　エ

2　〔問1〕　ア　〔問2〕　イ　〔問3〕　エ　〔問4〕　ウ

3　〔問1〕　ウ　〔問2〕　イ　〔問3〕　エ　〔問4〕　ア

4　〔問1〕　ウ　〔問2〕　エ　〔問3〕　ア　〔問4〕　ウ

5　〔問1〕　イ　〔問2〕　ア

〔問3〕　＜化学反応式＞　$\underset{(酸)}{HCl}+\underset{(アルカリ)}{NaOH}\rightarrow\underset{(塩)}{NaCl}+H_2O$

〔問4〕　ウ

6　〔問1〕　ア　〔問2〕　イ　〔問3〕　右図

〔問4〕　イ

＜理科解説＞

1　**(小問集合─化学変化：燃焼，気体の発生とその性質，動物の体のつくりとはたらき：血液の循環，光と音：光の屈折，天気の変化：温暖前線，電流：電圧と電流と抵抗)**

〔問1〕　木には炭素原子や水素原子などがふくまれているので，木をじゅうぶんに燃焼させると，炭素や水素が酸化されて，**二酸化炭素や水(水蒸気)**などができる。二酸化炭素や水蒸気は空気中に出ていき，残るのは少量の灰なので質量が小さくなる。一方，スチールウールを燃焼させると，**酸素と化合して固体の酸化鉄になる**ので，結びついた酸素の分，質量が大きくなる。よって，石灰水が白くにごったのは，二酸化炭素が発生した集気びんPである。

〔問2〕　全身から戻った血液は大静脈Cを通って右心房に入り，右心室へ送られ，**静脈血は右心室から肺動脈Aへ送られ**，肺でガス交換が行われ動脈血となる。**動脈血は肺静脈Dを通って左心房に入り**，左心室へ送られる。動脈血は左心室から大動脈Bを通って全身に送り出される。よって，動脈は血管Aと血管Bであり，動脈血が流れる血管は血管Dと血管Bである。

〔問3〕　水中から空気中へ光が入射する場合，入射角より屈折角の方が大きい。容器の中の水の量を増やすと，**「A」の文字からの光が水面で屈折する点が上がるため，光はその点で屈折して目に入るようになる**。よって，屈折光の延長線上に実際より浮き上がった位置に見えるため，「A」の文字の形が全て見えるようになる。

〔問4〕　温暖前線は，**密度が小さい暖気が，密度が大きい寒気の上にはい上がり**，寒気をおしやりながら進んでいく。

〔問5〕　**P〔A〕=Q〔A〕+R〔A〕より，Q<Pであり，R<Pである。BとCは並列回路により，各抵抗にかかる電圧は等しい。よって抵抗が小さい方が大きい電流が流れるため，R<Qである。よって，3点を流れる電流の大きさは，R<Q<P，である。**

2 **(自由研究―太陽系と恒星：月の見え方・日食，状態変化：蒸留，水溶液，物質の成り立ち，植物の体のつくりとはたらき，力と圧力：月面での重力)**

〔問1〕 観測地点Aは，地球と月と太陽を一直線に結んだ線上に位置している。このとき，太陽は真南の空に位置しているので，時刻は12時である。よって，**月が真南の空に位置する時刻は12時**である。北極星側から見ると，**月は地球のまわりを約1か月かけて反時計回りに公転**している。そのため，1週間後に真南の空に観察できる月の見え方は，**西側が光って見える上弦の月**である。

〔問2〕 蒸留して出てきた液体Bは水である。蒸留後，枝付きフラスコに残った水溶液Aは5%より濃度が高くなった塩化ナトリウム水溶液であるため，結晶は塩化ナトリウムであり，**塩化ナトリウムは，ナトリウム原子と塩素原子の2種類の原子でできている化合物**である。

〔問3〕 装置の上側に設置された光源に向かって成長していく植物では，上下にある葉が互いに重ならないようにつくが，その利点は，**光が当たる面積が大きくなり，光合成量が増加する**ことである。光合成でつくられた養分(栄養分)は，水にとけやすい物質に変化してから，**師管**を通ってからだ全体の細胞に運ばれ，それぞれの細胞で使われる。

〔問4〕 **月面で質量300gの物体A**に働く重力の大きさは，地球上と比べて約6分の1の0.5Nである。月面で質量300gの分銅に働く重力の大きさは，地球上と比べて約6分の1の0.5Nである。よって，**上皿てんびんに載せたときにつり合うのは質量300gの分銅**である。物体A**をはかりに載せたときの目盛りの値は，**0.5Nの重力が物体Aに働くので，**約50g**である。

3 **(地層の重なりと過去の様子：柱状図・示準化石・堆積岩，動物の分類と生物の進化：セキツイ動物の出現，火山活動と火成岩，)**

〔問1〕 岩石Pは**石基と斑晶**が見られ，斑状組織であることから，岩石Pはマグマが冷えてできたもので，れき岩は土砂が押し固められてできたものである。れき岩を構成する粒の特徴は，流れる水のはたらきで，角が取れて**丸みを帯びた粒**が多い。

〔問2〕 岩石Qにはフズリナの化石が含まれていたので，岩石Qは古生代に堆積したもので，**古生代には魚類と両生類が出現**した。また，示準化石であるサンヨウチュウも生息していた。

〔問3〕 流水で運搬され海に流れ出た土砂は，粒の大きいものから陸の近くに堆積する。このことから，泥岩の層が堆積した時代の地域B周辺は，**河口から遠い深い海**であったと考えられる。

〔問4〕 X地点の**凝灰岩層の標高は，40.3m－11m＝29.3m，**であり，Y地点の凝灰岩層の標高は，36.8m－9m＝27.8m，である。よって，X地点の凝灰岩層の標高は，Y地点の凝灰岩層の標高より，29.3m－27.8m＝1.5m，高くなっている。

4 **(遺伝の規則性と遺伝子：メンデルの実験，生物の成長と生殖：減数分裂，植物の分類)**

〔問1〕 図2で，エンドウは花弁が1枚1枚離れていることから，**双子葉類の離弁花**であるため，子葉は2枚である。また，胚珠が子房の中にあることから，**被子植物**である。

〔問2〕 花粉の中では雄の生殖細胞の精細胞がつくられ，胚珠の中には雌の生殖細胞の卵細胞がつくられるが，**生殖細胞は減数分裂によりつくられるので，染色体数は体細胞の2分の1である。**よって，精細胞の核と卵細胞の核が合体してできた受精卵の核の染色体数は14本である。

〔問3〕 草たけが高い個体が**自家受粉**し，受精後にできた種子をまいて育てた結果は，<結果2>(1)のように，全て草たけの高い個体(図4のP)であった。これらのことから，エンドウの草たけを高くする遺伝子をA，対立形質である草たけを低くする遺伝子をaとすると，**エンドウPとその親の遺伝子はAA**で表せる。同様に，**エンドウQとその親の遺伝子はaa**で表せる。<結果2>の(3)の個体Rは，<実験>(7)で**PとQをかけ合わせて**できた個体で，遺伝子は**全てAa**であり，草たけが高い形質が顕性形質であると，全て草たけが高い個体になる。**遺伝子Aaの個体Rに，<結果2>の(2)，すなわち<実験>(5)の結果である図4の遺伝子がaaの個体Qをかけ合わせると，**子の遺伝子は，Aa：aa＝草たけが高い個体の数：草たけが低い個体の数＝1：1，である。

〔問4〕　<モデル実験の結果から>子の代では丸形の種子だけが得られたが，丸形は顕性であることから，**子の代の遺伝子はAAとAa**の2種類**が考えられる。子の代を自家受粉させると，孫の代では丸形の種子だけが得られた個体と丸形・しわ形の種子が得られた個体の両方あったことから，前者の子の代は丸形の純系で遺伝子はAAであり親の代の遺伝子もAAである。後者では丸形としわ形の種子が得られたことから，子の代の遺伝子はAaであったと考えられ，親の代の遺伝子もAaであると考えられる。**よって，親の代としてまいた2個の丸形の種子の遺伝子の組み合わせは，AAとAaである。

5　(化学変化と電池，水溶液とイオン，物質の成り立ち：電気分解，気体の発生とその性質，酸・アルカリとイオン，中和と塩)

〔問1〕　図1は，**ダニエル電池**である。ダニエル電池の特徴は，セロハンで2種類の電解質の水溶液を仕切っているという点である。亜鉛板を硫酸亜鉛水溶液に，銅板を硫酸銅水溶液にひたし，導線でつないだつくりになっている。セロハンにはとても小さな穴が開いており，水溶液中の陽イオンと陰イオンはこの穴を通りぬけることができる。ダニエル電池では，**イオン化傾向(イオンへのなりやすさ)の大きい亜鉛原子Znが水溶液中に亜鉛イオンZn^{2+}となってとけ出し，亜鉛板に残った電子は導線を通って銅板へ移動し電流が流れる。水溶液中の銅イオンCu^{2+}は銅板に達した電子を受けとって銅原子Cuになる。(－極)$Zn \rightarrow Zn^{2+} + 2e^-$，**によりモデルで表した図はAであり，**(＋極)$Cu^{2+} + 2e^- \rightarrow Cu$，**によりモデルで表した図はDである。

〔問2〕　図1のダニエル電池については，－極の亜鉛が次々にイオンとなって溶け出すので，Zn^{2+}は増加し，＋極では水溶液中のCu^{2+}が，導線を通ってやってきた亜鉛が放出した電子を受けとって，銅の金属となって電極に付着するため，Cu^{2+}は減少する。**図2は水の電気分解**である。－極である電極Rには空気より軽い水素が発生し，＋極である電極Sには水に溶けにくい酸素が発生する。

〔問3〕　<実験2>は，酸にアルカリを加えるごとに酸の性質が打ち消され，塩と水ができる中和の実験である。よって，**化学反応式は，$HCl + NaOH \rightarrow NaCl + H_2O$，**である。

〔問4〕　図3のモデルで表した薄い塩酸に水酸化ナトリウム水溶液を加えるたびに起きる化学変化を，イオン式を用いて表し，ビーカー②に含まれるイオンの総数を考察する。**$(3H^+ + 3Cl^-) + (Na^+ + OH^-) \rightarrow Na^+ + Cl^- + H_2O + 2H^+ + 2Cl^-$，であり，$H^+ + OH^- \rightarrow H_2O$，の中和反応によって$H^+$が1個減少するが，$Na^+ + Cl^-$は水に溶ける塩なので，$Na^+$が1個増加するため，化学変化の前後で水素イオンの総数は変わらない。さらに水酸化ナトリウム水溶液を加えても，同様の考察ができる。H^+とOH^-が同数の中性になるまで化学変化の前後でイオンの総数は変わらない。**<実験2>の場合，薄い塩酸12cm³に水酸化ナトリウム水溶液を6cm³加えたとき，BTB溶液が緑色になったことから，中性である。**中性を過ぎると，加えた水酸化ナトリウムは化学変化をしないのでNa^+とOH^-のどちらもイオンとして残り，イオンの総数は増加する。**

6　(力と物体の運動：斜面を下る小球の運動，力の規則性：重力の分力，力学的エネルギー：力学的エネルギーの保存)

〔問1〕　小球の平均の速さ〔m/s〕＝{(10.6＋9.0＋5.6)÷100}〔m〕÷3÷0.1〔s〕＝0.84〔m/s〕である。

〔問2〕　レールBの斜面①から③の上の小球に働く重力は，小球に働く斜面下向きの斜面に平行な力と斜面に垂直な力に分解できる。小球に働く斜面下向きの力は小球が運動する向きに働く力である。**斜面①から③までは斜面の傾きはほぼ一定であるから，小球が運動する向きに働く力はほぼ一定である。小球が運動する向きに働く力がほぼ一定であり続けるとき，小球の速さはほぼ一定の割合で増加する。**よって，イが適切である。

〔問3〕 小球に働く重力が対角線となるような長方形をかく。小球に働く重力の斜面に平行な分力と斜面に垂直な分力の大きさを長方形の各辺の長さとして矢印をかく。

〔問4〕 点aと点dは9cmの同じ高さなので小球がもつ位置エネルギーは等しい。小球がもつ位置エネルギーは，斜面を下るにつれて運動エネルギーに変わるが，**位置エネルギーと運動エネルギーの和の力学的エネルギーは一定に保存されている。**点bと点eはそれぞれ4cmと5.2cmの高さなので，小球がもつ運動エネルギーは点bの方が大きい。点cと点fはそれぞれ水平な部分の上なので，小球がもつ位置エネルギーは，全て運動エネルギーに変っているため，運動エネルギーの大きさはほぼ等しい。

＜社会解答＞

1 〔問1〕 エ 〔問2〕 ウ 〔問3〕 ア

2 〔問1〕 (略地図中のA～D) D (Ⅱのア～エ) イ 〔問2〕 P ア Q エ R イ S ウ 〔問3〕 (略地図中のW～Z) Y (ⅠとⅡの表のア～エ) エ

3 〔問1〕 A ウ B イ C ア D エ 〔問2〕 (Ⅰのア～エ) ア (略地図中のW～Z) W 〔問3〕 〔変化〕地区計画により，工場であった土地に，商業施設が建てられた。 〔要因〕多くの人が集まる駅に近いこと。

4 〔問1〕 ア→イ→エ→ウ 〔問2〕 イ 〔問3〕 イ→ウ→エ→ア 〔問4〕 ウ

5 〔問1〕 エ 〔問2〕 ウ 〔問3〕 情報処理・通信に携わる人材は，アメリカ合衆国では，情報通信技術を利用する業種に就いている割合が高いが，我が国では，情報通信技術を提供する業種に就いている割合が高い。 〔問4〕 イ

6 〔問1〕 エ→ア→ウ→イ 〔問2〕 ⅠのA～D B ⅠのA～Dのア～ウ イ 〔問3〕 X

＜社会解説＞

1 **(地理的分野―日本地理―地形図の見方，歴史的分野―日本史時代別―古墳時代から平安時代，―日本史テーマ別―文化史，公民的分野―三権分立)**

〔問1〕 資料で示されたA地点からB地点に到達するまでに**水準点「⊡」**を通るのは，エの地形図のみである。歩いた距離や方角を正確に表しているのも，エの地形図のみである。

〔問2〕 8世紀半ばに**鑑真**によって開かれた**唐招提寺**は，大和国の**平城京**に建立された。平城京の位置は地図のウである。

〔問3〕 **裁判員裁判**は，重大な**刑事事件**の**第一審**で，**地方裁判所**で行われる。**家庭裁判所**は，公に公開される通常の訴訟手続きにはそぐわないと考えられている家庭内の紛争や，非行のある少年の事件を扱う裁判所である。**簡易裁判所**は，日常生活において発生する軽微な民事事件・刑事事件を迅速・簡易に処理するための裁判所である。**高等裁判所**は，地方裁判所および簡易裁判所の第一審判決に対する控訴を扱う裁判所である。

2 **(地理的分野―世界地理―都市・気候・産業・貿易)**

〔問1〕 Ⅰの文章は，イスラム商人の航海に関する記述から，Dの海域の説明であることがわかる。

また，その範囲内に位置する都市の**雨温図**は，**赤道**に近い都市であることから，一年間の気温差が少ないもの，**北半球**に属することから山型の気温変化があるもの，また**モンスーン**の季節以外は極めて雨が少なく，**雨季**と**乾季**があるものを選べばよい。これにあたるのが，イである。

〔問2〕　イは石油依存の経済との説明から，アラブ首長国連邦のドバイの説明であることがわかる。ウはEUの中心的な貿易港であるとの説明から，オランダのロッテルダムのことだとわかる。エはASEANの中のハブ港との記述から，シンガポールであるとわかる。残るアは，釜山だとわかる。

〔問3〕　初めに，略地図中のW～Zの国を確定する。Wはペルー，Xはニカラグア，Yはフィリピン，Zはマレーシアである。このうちⅢの文章にある「1946年に独立し」,「1989年にAPECに参加し」,「人口が1億人を超え」に該当するのはフィリピンである。また，Ⅲの文章を読み，Ⅰの表を見ると，日本の輸入総額が1999年から2019年の間で2倍弱増加し，果実の輸入量が上位3位から脱落していることから，エがフィリピンに該当するとわかる。また，Ⅱの表で上位3か国に中華人民共和国が新たに入ったことから，エがフィリピンに該当するとわかる。

3 (地理的分野―日本地理―地形・工業・交通・地形図の見方)

〔問1〕　初めに，AからDの道県を確定する。Aが北海道，Bが兵庫県，Cが福岡県，Dが長崎県である。都道府県中で最も海岸線が長いのは北海道であり，Aはウである。次に長いのは長崎県であり，Dがエである。都道府県中で最も鉄鋼の生産量が多いのは愛知県であり，兵庫県は第2位である。Bがイである。残るCがアである。

〔問2〕　Ⅱは**北関東工業地域**の説明である。北関東工業地域では，輸送用機械の出荷額の割合が増えている。輸送用機械を作るためには広い工場敷地面積が必要であり，北関東では，広い敷地を安く確保できるからである。また，1980年に**関越自動車道**が開通し，群馬から東京への輸送が容易になった。1987年には**東北自動車道**が開通し，栃木から東京への輸送が容易になった。さらに2011年の**北関東自動車道**の開通によって，内陸地の群馬県や栃木県から太平洋岸に輸送しやすくなったこと等が要因である。飛躍的に**輸送用機械**の出荷額が伸びているアのグラフが該当する。略地図中のW～Zのうち，Wが北関東工業地域である。

〔問3〕〔変化〕　地区計画により，工場「☼」であった土地に，商業施設が建てられたことを簡潔に指摘すればよい。〔要因〕　乗降客数が多い駅に近く，人が集まりやすいことを指摘すればよい。

4 (歴史的分野―日本史時代別―古墳時代から平安時代・鎌倉時代から室町時代・安土桃山時代から江戸時代・明治時代から現代，―日本史テーマ別―政治史・社会史，―世界史―政治史)

〔問1〕　アは8世紀の奈良時代の政策の様子である。イは11世紀の**後三条天皇**の時代の政策の様子である。ウは14世紀の**後醍醐天皇**の時代の政策の様子である。エは13世紀の鎌倉時代の政策の様子である。したがって，時代の古い順に並べると，ア→イ→エ→ウとなる。

〔問2〕　Ⅱは**太閤検地**の説明である。太閤検地は，**織田信長**の死後に**豊臣秀吉**によって行われた。略年表中のイの時期にあてはまる。

〔問3〕　ア　浅草から上野の間に**地下鉄**が開通したのは，1927年である。　イ　**寛政の改革**が行われたのは，1787年から1793年である。　ウ　**黒船**来航に備えて**台場**に砲台が設置されたのは，1853年からである。　エ　**日英同盟**が締結されたのは，1902年である。したがって，時代の古い順に並べると，イ→ウ→エ→アとなる。

〔問4〕　**東西ドイツの統一**は1990年，**京都議定書**の採択は1997年，長野オリンピックは1998年に開催された。いずれも略年表のウの時期にあてはまる。

5 **(公民的分野―基本的人権・経済一般・国の政治の仕組み)**

〔問1〕 日本国憲法第21条には「集会，結社及び言論，出版その他一切の**表現の自由**は，これを保障する。」との規定があり，個人の心の中にある，意思，感情などを外部に明らかにすることを保障している。

〔問2〕 **第4次中東戦争**が勃発し，OPEC諸国は原油の値上げを決定し，いわゆる**石油危機**が起こったのは，1973年のことであり，ウの時期がこれにあたる。

〔問3〕 情報処理・通信に携わる人材は，我が国では，日本のグラフに見られるように，**情報通信技術**を提供する業種に就いている割合が72%と高い。これに対し，アメリカ合衆国のグラフでは，金融業・サービス業など情報通信技術を利用する業種に就いている割合が65.4%と高くなっている。このような趣旨のことを簡潔に述べればよい。

〔問4〕 **内閣委員会**は，**常任委員会**の一つで，内閣府の所管に属する事項のうち，他の常任委員会の所管に属さないものなどを扱う。常任委員会は国会に提出された法律案を，本会議の審議前に審議するので，BとCの間になる。

6 **(歴史的分野―世界史―政治史，地理的分野―世界地理―都市・人口)**

〔問1〕 ア **ビスマルク**の宰相在任中とは，19世紀後期である。 イ **冷戦**と呼ばれた東西の対立が起き，緊張が高まったのは，20世紀後期である。 ウ **ニューディール政策**は，20世紀前期にアメリカで行われた。 エ **マリア・テレジア**がハプスブルク家の皇帝フランツ1世の皇后にして共同統治者の地位にあったのは，18世紀である。したがって，時代の古い順に並べると，エ→ア→ウ→イとなる。

〔問2〕 Ⅱの文章は，「イギリス系住民」「フランス系住民」の記述から，カナダの説明であることがわかる。A～Dのうち，五大湖の一部が描かれているBがカナダである。カナダの首都オタワの位置は，ア～ウのうち，イである。

〔問3〕 Ⅱの文章は，「オランダから独立」「イスラム教徒が8割を超える」との記述から，インドネシアを指していることがわかる。1950年に人口差が100万人を下回っており，1990年には約7倍，その後は緩やかな拡大傾向が続いているグラフは，Xである。

2022年度英語 リスニングテスト

〔放送台本〕

これから，リスニングテストを行います。リスニングテストは，全て放送による指示で行います。リスニングテストの問題には，問題Aと問題Bの二つがあります。問題Aと，問題Bの<Question 1>では，質問に対する答えを選んで，その記号を答えなさい。問題Bの<Question 2>では，質問に対する答えを英語で書きなさい。英文とそのあとに出題される質問が，それぞれ全体を通して二回ずつ読まれます。問題用紙の余白にメモをとってもかまいません。答えは全て解答用紙に書きなさい。

〔問題A〕

問題Aは，英語による対話文を聞いて，英語の質問に答えるものです。ここで話される対話文は全部で三つあり，それぞれ質問が一つずつ出題されます。質問に対する答えを選んで，その記号を答えなさい。では，<対話文1>を始めます。

Sakura: Hi, Tom, do you think it's going to rain this afternoon?
Tom: Hi, Sakura. I don't think so.
Sakura: Really? It was sunny this morning, but it's cloudy now. If it rains, we will have to change our plan to practice tennis this afternoon.
Tom: Don't worry. We won't have to do that. The weather news says it will rain tomorrow morning, but not today.
Sakura: I'm glad to hear that.
Tom: Let's talk about today's practice on the phone this evening.
Sakura: Sure.

Question : When will Sakura and Tom practice tennis?
＜対話文2＞を始めます。

Jane: Excuse me. I'm Jane. I'm a new student. Can you help me?
Bob: Hi, Jane. I'm Bob. What's the problem?
Jane: I want to see Ms. Brown. Can you tell me the way to the teacher's room?
Bob: Well, she is usually in the music room.
Jane: I see. So, where is the music room?
Bob: Can you see the library? Turn right at the library and you'll see the music room next to the art room. Also, she sometimes reads some books in the library.
Jane: Thanks. I will go to the library first.
Bob: I hope you find her.

Question : Where will Jane go first?
＜対話文3＞を始めます。

Girl: My school looks new, but it has a long history.
Boy: What do you mean?
Girl: The building is new, but my school will be one hundred years old next year.
Boy: Really?
Girl: Yes. My grandfather was a student of the same school sixty years ago.
Boy: Oh, how old is your grandfather?
Girl: He will be seventy-two years old this year.
Boy: Oh, is that right?
Girl: Yes. We sometimes sing our school song together.
Boy: Sounds nice!

Question : How old is the school now?

〔英文の訳〕

<対話文1>

サクラ：こんにちは，トム，今日の午後雨が降ると思う？

トム　：こんにちは，サクラ。そうは思わないよ。

サクラ：本当？　今朝は天気が良かったけど今は曇ってるね。もし雨が降ったら午後のテニスの練習予定を変えないといけないね。

トム　：心配ないよ。そうする必要はないよ。天気予報は今日じゃなくて明日の朝に降るって言ってるよ。

サクラ：それを聞いてよかったわ。

トム　：今晩電話で今日の練習について話そう。

サクラ：わかった。

質問：サクラとトムはいつテニスを練習しますか？

答え：ア　今日の午後。

<対話文2>

ジェーン：すみません。私はジェーンです。新しい生徒です。手伝ってもらえますか？

ボブ　　：こんにちは，ジェーン。僕はボブ。どうしましたか？

ジェーン：ブラウン先生に会いたいんです。教員室への行き方を教えてくれませんか。

ボブ　　：ああ，彼女はたいてい音楽室にいますよ。

ジェーン：そうですか。じゃあ音楽室はどこですか。

ボブ　　：図書館が見えますか？　図書館を右に曲がると美術室のとなりに音楽室が見えます。あと彼女は図書館でときどき本を読みます。

ジェーン：ありがとう。まず図書館に行きますね。

ボブ　　：彼女が見つかるといいですね。

質問：ジェーンは最初にどこへ行きますか？

答え：ウ　図書館へ。

<対話文3>

女の子：私の学校は新しく見えるけど長い歴史があるのよ。

男の子：どういう意味？

女の子：建物は新しいけど私の学校は来年で100年になるの。

男の子：本当に？

女の子：うん。祖父は60年前に同じ学校の生徒だったの。

男の子：ええ，おじいさんは何歳なの？

女の子：今年72歳になるよ。

男の子：ええ，そうなの？

女の子：うん。時々一緒に校歌を歌うよ。

男の子：いいね！

質問：今この学校は何周年になりますか？

答え：イ　99年。

〔放送台本〕
〔問題B〕

これから聞く英語は，カナダの中学生の Cathy が，日本の中学生とのオンライン交流で行ったスピーチです。内容に注意して聞きなさい。あとから，英語による質問が二つ出題されます。<Question 1>では，質問に対する答えを選んで，その記号を答えなさい。<Question 2>では，質問に対する答えを英語で書きなさい。なお，<Question 2>のあとに，15秒程度，答えを書く時間があります。
では，始めます。

Hello, everyone! My name is Cathy. I'm fifteen years old. I'm happy to meet you on the Internet today.

First, I will talk about my country. In summer, many people enjoy walking and bird watching in the mountains. I often go to a swimming pool during summer vacation. In winter, many people enjoy watching basketball games. They are very exciting, and I like to watch them, too. Also, people enjoy skiing. The mountains are beautiful with snow. I go skiing with my family every year. I like skiing the best of all sports. I have learned that there are a lot of places for skiing in Japan. Do you like winter sports?

Next, I will tell you about things I want to know about Japan. I'm very interested in Japanese movies. I think the stories are interesting. I want you to tell me about some popular Japanese movies. I'm looking for a new one to enjoy watching. Let's have fun on the Internet today.

<Question 1> What sport does Cathy like the best?
<Question 2> What does Cathy think about the stories in Japanese movies?

〔英文の訳〕
みなさん，こんにちは！　私の名前はキャシーです。15歳です。今日はインターネットでみなさんにお会いできて嬉しいです。

まず，私の国について話します。夏は多くの人たちが山で歩いたりバードウオッチングをしたりして楽しみます。私は夏休みの間よくプールに行きます。冬は多くの人たちがバスケットボールの試合を見て楽しみます。とてもワクワクするし私も見るのが好きです。またみんなスキーを楽しみます。山は雪をかぶって美しいです。私は毎年家族とスキーに行きます。全てのスポーツの中でスキーが一番好きです。日本にはたくさんのスキー場があると知りました。みなさんは冬のスポーツは好きですか？

次に，私が日本について知っていることについて話します。私は日本の映画にとても興味があります。ストーリーが面白いと思います。人気の日本映画についてみなさんに教えてもらいたいです。見て楽しめる映画を今探しています。今日はインターネットで楽しみましょう。

質問1：キャシーが一番好きなスポーツは何ですか？
答え　：エ　スキー。
質問2：日本映画のストーリーについてキャシーはどう思っていますか？
答え　：(例)それは面白い。

大切なことはメモしておこうね！

東京都公立高等学校

2021年度

★★★★★★★★★★★★★★★★★★★★★★★

共通問題（理科・社会）

●くわしい解説……29ページ

＜理科＞

時間　50分　満点　100点

1　次の各問に答えよ。

〔問1〕　図1は，ヒトのからだの器官を模式的に表したものである。消化された養分を吸収する器官を図1のA，Bから一つ，アンモニアを尿素に変える器官を図1のC，Dから一つ，それぞれ選び，組み合わせたものとして適切なのは，次のうちではどれか。

図1

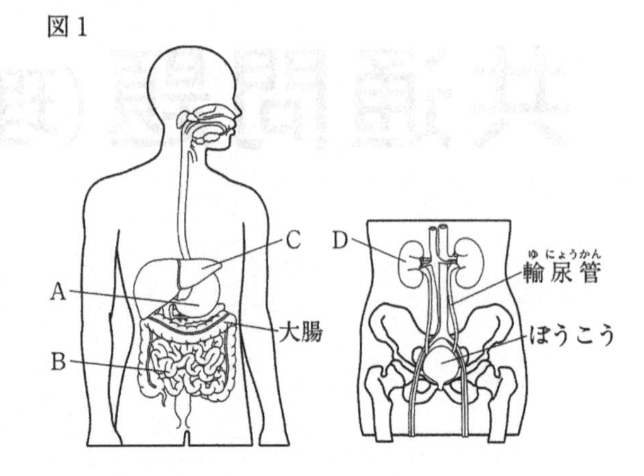

ア　A，C
イ　A，D
ウ　B，C
エ　B，D

〔問2〕　音さXと音さYの二つの音さがある。音さXをたたいて出た音をオシロスコープで表した波形は，図2のようになった。図中のAは1回の振動にかかる時間を，Bは振幅を表している。音さYをたたいて出た音は，図2で表された音よりも高くて大きかった。この音をオシロスコープで表した波形を図2と比べたとき，波形の違いとして適切なのは，次のうちではどれか。

図2

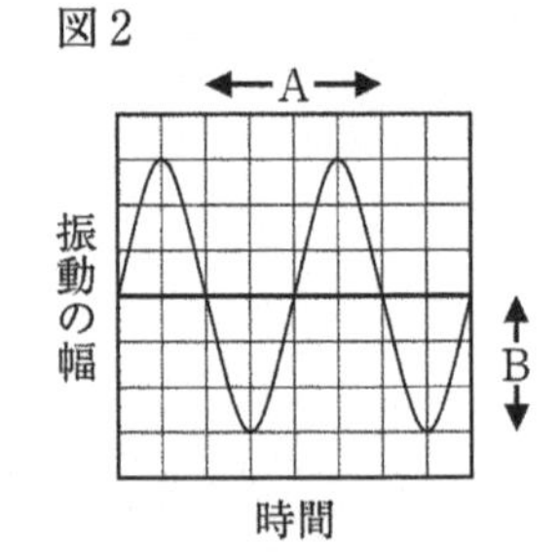

ア　Aは短く，Bは大きい。
イ　Aは短く，Bは小さい。
ウ　Aは長く，Bは大きい。
エ　Aは長く，Bは小さい。

〔問3〕　表1は，ある場所で起きた震源が浅い地震の記録のうち，観測地点A～Cの記録をまとめたものである。この地震において，震源からの距離が90kmの地点で初期微動の始まった時刻は10時10分27秒であった。震源からの距離が90kmの地点で主要動の始まった時刻として適切なのは，下のア～エのうちではどれか。

ただし，地震の揺れを伝える2種類の波は，それぞれ一定の速さで伝わるものとする。

表1

観測地点	震源からの距離	初期微動の始まった時刻	主要動の始まった時刻
A	36km	10時10分18秒	10時10分20秒
B	54km	10時10分21秒	10時10分24秒
C	108km	10時10分30秒	10時10分36秒

ア　10時10分28秒　　イ　10時10分30秒　　ウ　10時10分31秒　　エ　10時10分32秒

〔問4〕 スライドガラスの上に溶液Aをしみ込ませたろ紙を置き，図3のように，中央に ✖ 印を付けた2枚の青色リトマス紙を重ね，両端をクリップで留めた。薄い塩酸と薄い水酸化ナトリウム水溶液を青色リトマス紙のそれぞれの ✖ 印に少量付けたところ，一方が赤色に変色した。両端のクリップを電源装置につないで電流を流したところ，赤色に変色した部分は陰極側に広がった。このとき溶液Aとして適切なのは，下の ① のア～エのうちではどれか。また，青色リトマス紙を赤色に変色させたイオンとして適切なのは，下の ② のア～エのうちではどれか。

図3

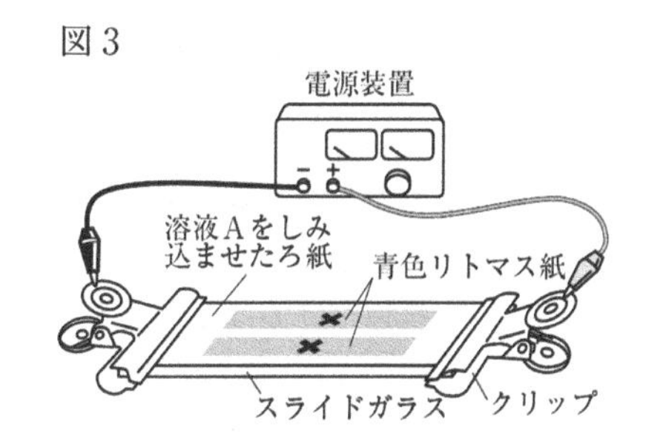

① **ア** エタノール水溶液　**イ** 砂糖水　**ウ** 食塩水　**エ** 精製水（蒸留水）

② **ア** H^+　**イ** Cl^-　**ウ** Na^+　**エ** OH^-

〔問5〕 エンドウの丸い種子の個体とエンドウのしわのある種子の個体とをかけ合わせたところ，得られた種子は丸い種子としわのある種子であった。かけ合わせた丸い種子の個体としわのある種子の個体のそれぞれの遺伝子の組み合わせとして適切なのは，下の**ア**～**エ**のうちではどれか。

ただし，種子の形の優性形質（丸）の遺伝子をA，劣性形質（しわ）の遺伝子をａとする。

ア ＡＡとＡａ

イ ＡＡとａａ

ウ ＡａとＡａ

エ Ａａとａａ

〔問6〕 図4のA～Cは，机の上に物体を置いたとき，机と物体に働く力を表している。力のつり合いの関係にある2力と作用・反作用の関係にある2力とを組み合わせたものとして適切なのは，下の表の**ア**～**エ**のうちではどれか。

ただし，図4ではA～Cの力は重ならないように少しずらして示している。

図4

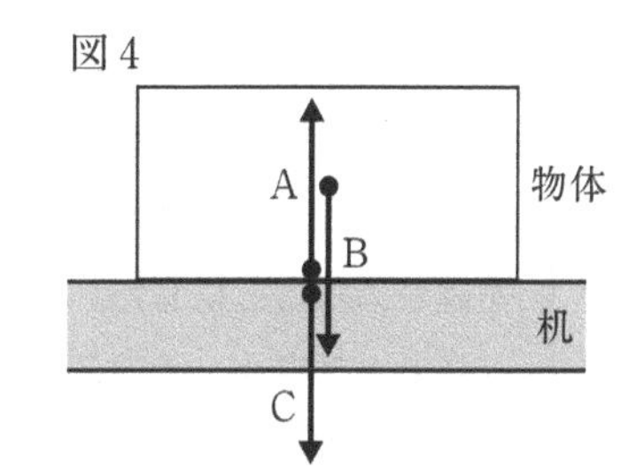

A：机が物体を押す力
B：物体に働く重力
C：物体が机を押す力

	力のつり合いの関係にある2力	作用・反作用の関係にある2力
ア	AとB	AとB
イ	AとB	AとC
ウ	AとC	AとB
エ	AとC	AとC

2 生徒が，毎日の暮らしの中で気付いたことを，科学的に探究しようと考え，自由研究に取り組んだ。生徒が書いたレポートの一部を読み，次の各問に答えよ。

<レポート１>　しらす干しに混じる生物について

食事の準備をしていると，しらす干しの中にはイワシの稚魚だけではなく，エビのなかまやタコのなかまが混じっていることに気付いた。しらす干しは，製造する過程でイワシの稚魚以外の生物を除去していることが分かった。そこで，除去する前にどのような生物が混じっているのかを確かめることにした。

しらす漁の際に捕れた，しらす以外の生物が多く混じっているものを購入(こうにゅう)し，それぞれの生物の特徴を観察し，表１のように４グループに分類した。

表１

グループ	生物
A	イワシ・アジのなかま
B	エビ・カニのなかま
C	タコ・イカのなかま
D	二枚貝のなかま

〔問１〕 <レポート１>から，生物の分類について述べた次の文章の ① と ② にそれぞれ当てはまるものとして適切なのは，下のア～エのうちではどれか。

表１の４グループを，セキツイ動物とそれ以外の生物で二つに分類すると，セキツイ動物のグループは，①である。また，軟体動物(なんたいどうぶつ)とそれ以外の生物で二つに分類すると，軟体動物のグループは，②である。

① **ア** A　**イ** AとB　**ウ** AとC　**エ** AとBとD

② **ア** C　**イ** D　**ウ** CとD　**エ** BとCとD

<レポート２>　おもちゃの自動車の速さについて

ぜんまいで動くおもちゃの自動車で弟と遊んでいたときに，本物の自動車の速さとの違いに興味をもった。そこで，おもちゃの自動車が運動する様子をビデオカメラで撮影し，速さを確かめることにした。

ストップウォッチのスタートボタンを押すと同時におもちゃの自動車を走らせて，方眼紙の上を運動する様子を，ビデオカメラの位置を固定して撮影した。おもちゃの自動車が運動を始めてから0.4秒後，0.5秒後及び0.6秒後の画像は，図１のように記録されていた。

図１

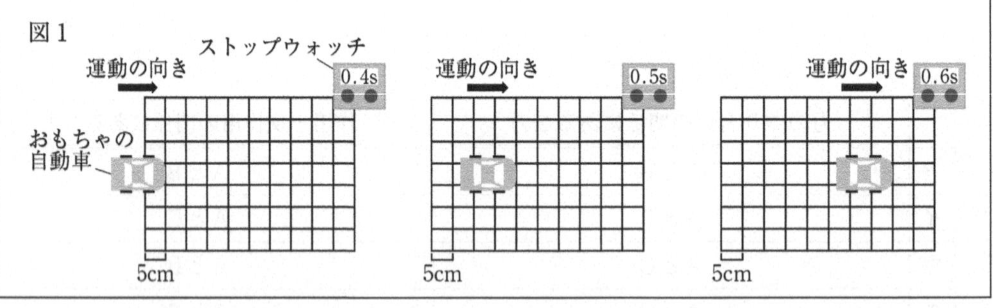

〔問２〕 <レポート２>から，おもちゃの自動車が運動を始めて0.4秒後から0.6秒後までの平均の速さとして適切なのは，次のうちではどれか。

ア 2.7km/h　**イ** 5.4km/h　**ウ** 6.3km/h　**エ** 12.6km/h

<レポート3>　プラスチックごみの分別について

ペットボトルを資源ごみとして分別するため，ボトル，ラベル，キャップに分けて水を入れた洗いおけの中に入れた。すると，水で満たされたボトルとラベルは水に沈み，キャップは水に浮くことに気付いた。ボトルには，図2の表示があったのでプラスチックの種類はＰＥＴであることが分かったが，ラベルには，プラスチックの種類の表示がなかったため分からなかった。そこで，ラベルのプラスチックの種類を調べるため食塩水を作り，食塩水への浮き沈みを確かめることにした。

図2

水50cm³に食塩15ｇを加え，体積を調べたところ55cm³であった。この食塩水に小さく切ったラベルを，空気の泡が付かないように全て沈めてから静かに手を放した。すると，小さく切ったラベルは食塩水に浮いた。

また，ペットボトルに使われているプラスチックの種類を調べたところ，表2のうちの，いずれかであることが分かった。

表2

プラスチックの種類	密度〔g/cm³〕
ポリエチレンテレフタラート	1.38～1.40
ポリスチレン	1.05～1.07
ポリエチレン	0.92～0.97
ポリプロピレン	0.90～0.92

〔問3〕　**<レポート3>**から，食塩水に浮いたラベルのプラスチックの種類として適切なのは，下の**ア**～**エ**のうちではどれか。

ただし，ラベルは1種類のプラスチックからできているものとする。

ア　ポリエチレンテレフタラート　　**イ**　ポリスチレン

ウ　ポリエチレン　　**エ**　ポリプロピレン

<レポート4>　夜空に見える星座について

毎日同じ時刻に戸じまりをしていると，空に見える星座の位置が少しずつ移動して見えることに気付いた。そこで，南の空に見られるオリオン座の位置を，同じ時刻に観察して確かめることにした。

方位磁針を使って東西南北を確認（かくにん）した後，午後10時に地上の景色と共にオリオン座の位置を記録した。11月15日から1か月ごとに記録した結果は，図3のようになり，1月15日のオリオン座は真南に見えた。

図3

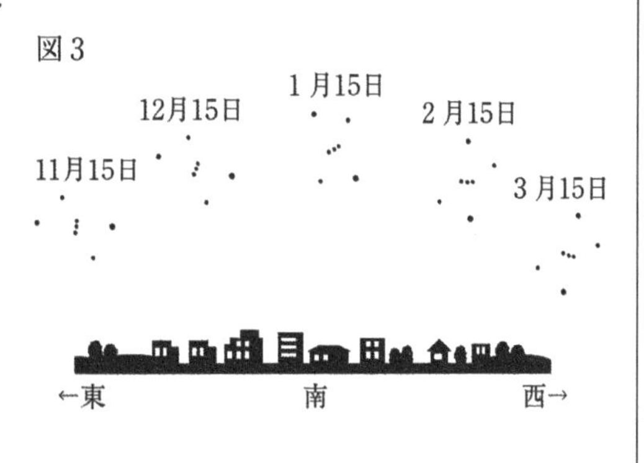

〔問4〕　**<レポート4>**から，2月15日にオリオン座が真南に見える時刻として適切なのは，次のうちではどれか。

ア　午前0時頃（ごろ）　　**イ**　午前2時頃　　**ウ**　午後6時頃　　**エ**　午後8時頃

3 天気の変化と気象観測について，次の各問に答えよ。
＜観測＞を行ったところ，**＜結果＞**のようになった。

＜観測＞

天気の変化について調べるために，ある年の３月31日から連続した３日間，観測地点Ｐにおいて，気象観測を行った。気温，湿度，気圧は自動記録計により測定し，天気，風向，風力，天気図はインターネットで調べた。図１は観測地点Ｐにおける１時間ごとの気温，湿度，気圧の気象データを基に作成したグラフと，３時間ごとの天気，風向，風力の気象データを基に作成した天気図記号を組み合わせたものである。図２，図３，図４はそれぞれ３月31日から４月２日までの12時における日本付近の天気図であり，前線Ｘ（▼▼）は観測を行った期間に観測地点Ｐを通過した。

＜結果＞

図１

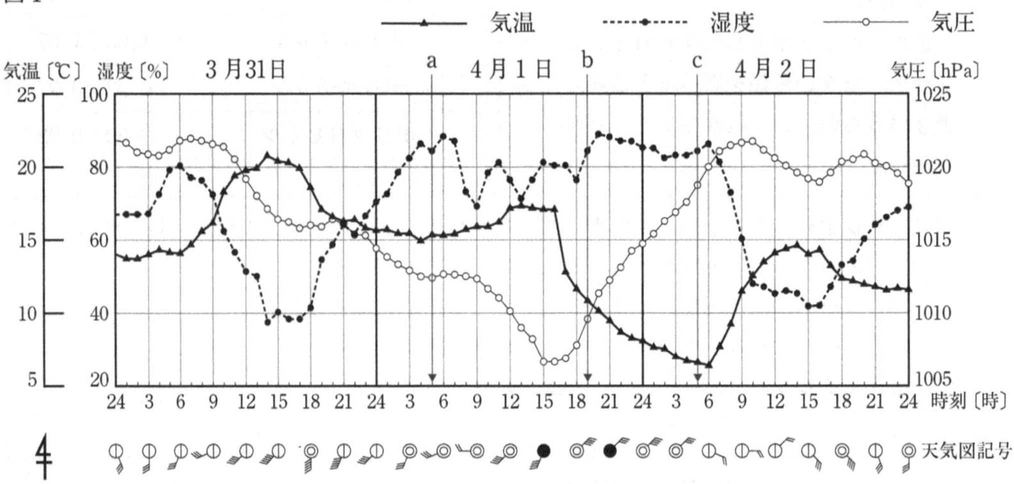

図２　３月31日12時の天気図

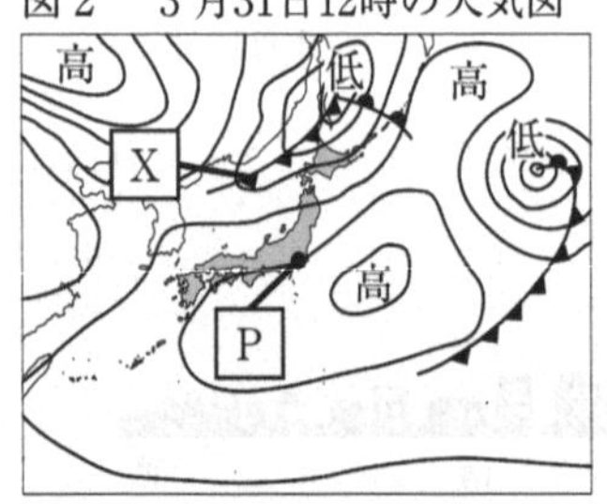

図３　４月１日12時の天気図

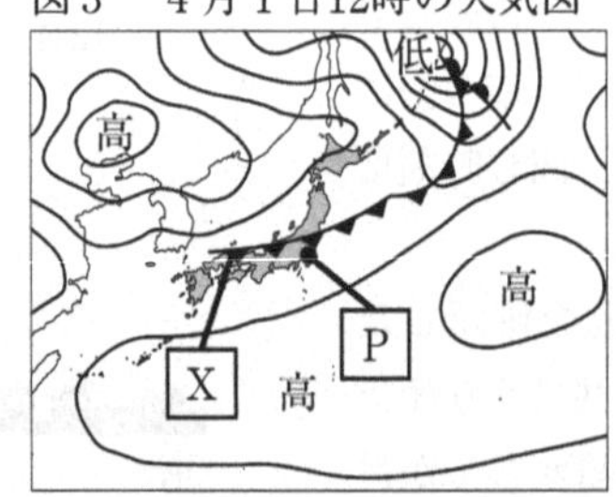

図４　４月２日12時の天気図

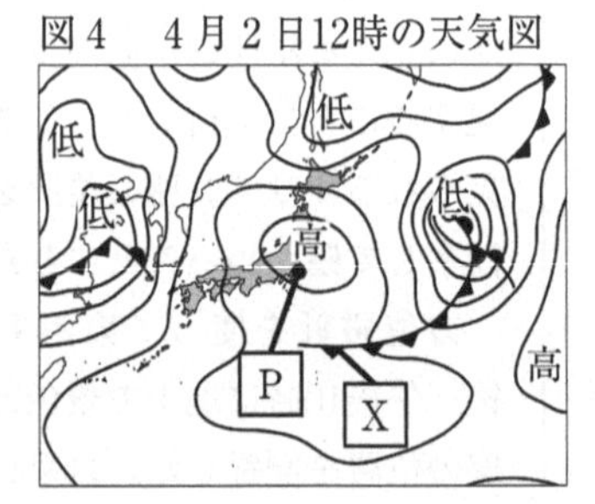

〔問１〕 **＜結果＞**の図１のａ，ｂ，ｃの時刻における湿度は全て84％であった。ａ，ｂ，ｃの時刻における空気中の水蒸気の量をそれぞれＡ〔g/m³〕，Ｂ〔g/m³〕，Ｃ〔g/m³〕としたとき，Ａ，Ｂ，Ｃの関係を適切に表したものは，次のうちではどれか。

ア　Ａ＝Ｂ＝Ｃ　　**イ**　Ａ＜Ｂ＜Ｃ　　**ウ**　Ｂ＜Ａ＜Ｃ　　**エ**　Ｃ＜Ｂ＜Ａ

〔問２〕 **＜結果＞**の図１から分かる，３月31日の天気の概況について述べた次のページの文章の ① ～ ③ にそれぞれ当てはまるものとして適切なのは，あとの**ア**～**ウ**のうちではどれか。

> 日中の天気はおおむね［①］で，［②］が吹く。［③］は日が昇るとともに上がり始め，昼過ぎに最も高くなり，その後しだいに下がる。

［①］　ア　快晴　　イ　晴れ　　ウ　くもり

［②］　ア　東寄りの風　　イ　北寄りの風　　ウ　南寄りの風

［③］　ア　気温　　イ　湿度　　ウ　気圧

〔問3〕 ＜結果＞から，4月1日の15時～18時の間に前線Xが観測地点Pを通過したと考えられる。前線Xが通過したときの観測地点Pの様子として適切なのは，下の［①］のア～エのうちではどれか。また，図4において，観測地点Pを覆う高気圧の中心付近での空気の流れについて述べたものとして適切なのは，下の［②］のア～エのうちではどれか。

［①］　ア　気温が上がり，風向は北寄りに変化した。
　　　イ　気温が上がり，風向は南寄りに変化した。
　　　ウ　気温が下がり，風向は北寄りに変化した。
　　　エ　気温が下がり，風向は南寄りに変化した。

［②］　ア　地上から上空へ空気が流れ，地上では周辺から中心部へ向かって風が吹き込む。
　　　イ　地上から上空へ空気が流れ，地上では中心部から周辺へ向かって風が吹き出す。
　　　ウ　上空から地上へ空気が流れ，地上では周辺から中心部へ向かって風が吹き込む。
　　　エ　上空から地上へ空気が流れ，地上では中心部から周辺へ向かって風が吹き出す。

〔問4〕 日本には，季節の変化があり，それぞれの時期において典型的な気圧配置が見られる。次のア～エは，つゆ（6月），夏（8月），秋（11月），冬（2月）のいずれかの典型的な気圧配置を表した天気図である。つゆ，夏，秋，冬の順に記号を並べよ。

ア

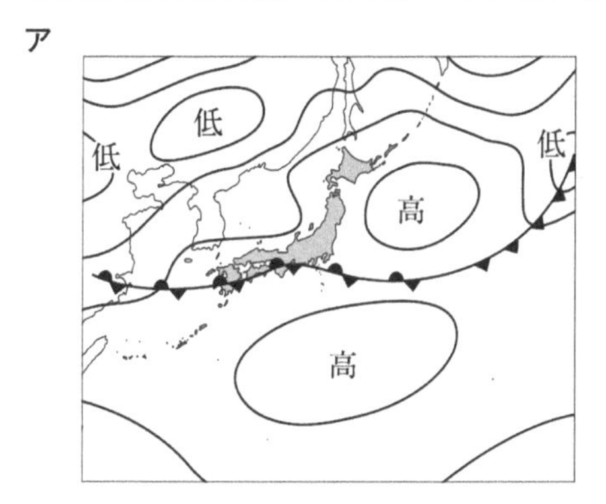

イ

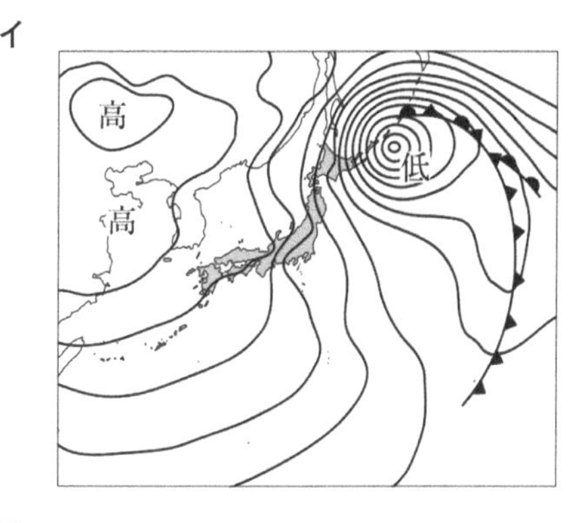

ウ

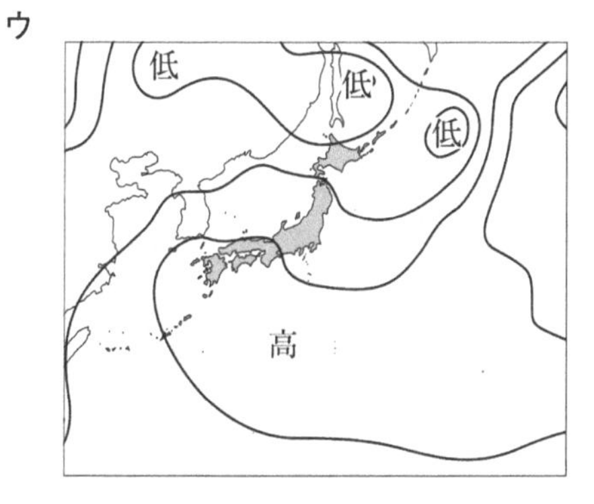

エ

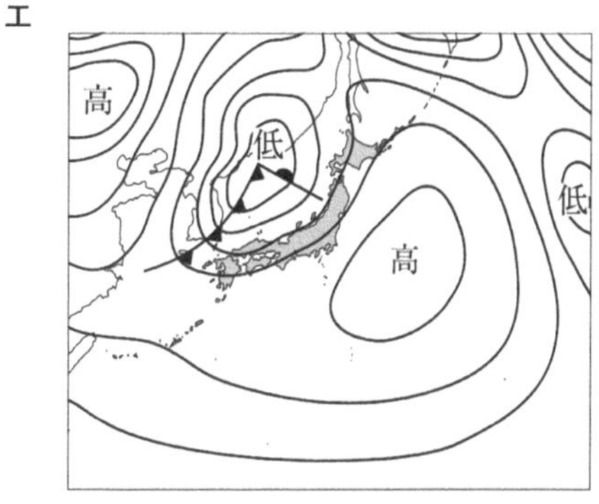

4　ツユクサを用いた観察，実験について，次の各問に答えよ。

＜観察＞を行ったところ，**＜結果１＞**のようになった。

＜観察＞

⑴　ツユクサの葉の裏側の表皮をはがし，スライドガラスの上に載せ，水を１滴落とし，プレパラートを作った。

⑵　⑴のプレパラートを顕微鏡で観察した。

⑶　⑴の表皮を温めたエタノールに入れ，脱色されたことを顕微鏡で確認した後，スライドガラスの上に載せ，ヨウ素液を１滴落とし，プレパラートを作った。

⑷　⑶のプレパラートを顕微鏡で観察した。

図１

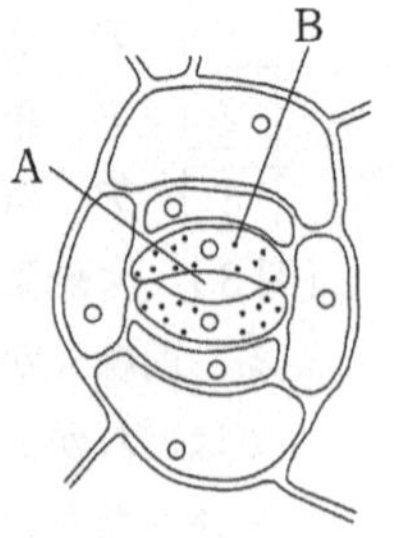

A　B

＜結果１＞

⑴　**＜観察＞**の⑵では，図１のＡのような２個の三日月形の細胞で囲まれた隙間が観察された。三日月形の細胞にはＢのような緑色の粒が複数見られた。

⑵　**＜観察＞**の⑷では，**＜結果１＞**の⑴のＢが青紫色に変化した。

〔問１〕　**＜結果１＞**で観察されたＡについて述べたものと，Ｂについて述べたものとを組み合わせたものとして適切なのは，次の表の**ア**～**エ**のうちではどれか。

	Ａについて述べたもの	Ｂについて述べたもの
ア	酸素，二酸化炭素などの気体の出入り口である。	植物の細胞に見られ，酸素を作る。
イ	酸素，二酸化炭素などの気体の出入り口である。	植物の細胞の形を維持する。
ウ	細胞の活動により生じた物質を蓄えている。	植物の細胞に見られ，酸素を作る。
エ	細胞の活動により生じた物質を蓄えている。	植物の細胞の形を維持する。

次に，**＜実験１＞**を行ったところ，**＜結果２＞**のようになった。

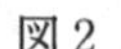

図２

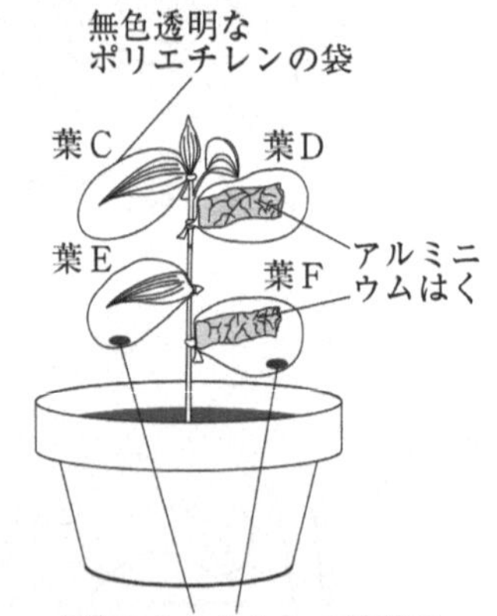

＜実験１＞

⑴　無色透明なポリエチレンの袋４枚と，ツユクサの鉢植えを１鉢用意した。大きさがほぼ同じ４枚の葉を選び，葉Ｃ，葉Ｄ，葉Ｅ，葉Ｆとした。

⑵　図２のように，葉Ｄ・葉Ｆは，それぞれアルミニウムはくで葉の両面を覆った。葉Ｃ，葉Ｄは，それぞれ袋で覆い，紙ストローで息を吹き込み密封した。葉Ｅ，葉Ｆは，それぞれ袋で覆い，紙ストローで息を吹き込んだ後，二酸化炭素を吸収する性質のある水酸化ナトリウム水溶液をしみ込ませたろ紙を，葉に触れないように入れて密封した。

⑶　**＜実験１＞**の⑵のツユクサの鉢植えを暗室に24時間置いた。

⑷　**＜実験１＞**の⑶の鉢植えを明るい場所に３時間置いた後，葉Ｃ～Ｆをそれぞれ切り取った。

⑸　切り取った葉Ｃ～Ｆを温めたエタノールに入れて脱色し，ヨウ素液に浸して色の変化を調べた。

＜結果２＞

	色の変化
葉Ｃ	青紫色に変化した。
葉Ｄ	変化しなかった。
葉Ｅ	変化しなかった。
葉Ｆ	変化しなかった。

〔問2〕 **＜実験1＞**の(3)の下線部のように操作する理由として適切なのは，下の ① の**ア**～**ウ**のうちではどれか。また，**＜結果2＞**から，光合成には二酸化炭素が必要であることを確かめるための葉の組合せとして適切なのは，下の ② の**ア**～**ウ**のうちではどれか。

① **ア**　葉にある水を全て消費させるため。
イ　葉にある二酸化炭素を全て消費させるため。
ウ　葉にあるデンプンを全て消費させるため。

② **ア**　葉Cと葉D　　**イ**　葉Cと葉E　　**ウ**　葉Dと葉F

次に，**＜実験2＞**を行ったところ，**＜結果3＞**のようになった。

＜実験2＞

(1)　明るさの度合いを1，2の順に明るくすることができる照明器具を用意した。葉の枚数や大きさ，色が同程度のツユクサを入れた同じ大きさの無色透明なポリエチレンの袋を3袋用意し，袋G，袋H，袋Iとした。

(2)　袋G～Iのそれぞれの袋に，紙ストローで息を十分に吹き込み，二酸化炭素の割合を気体検知管で測定した後，密封した。

(3)　袋Gは，暗室に5時間置いた後，袋の中の二酸化炭素の割合を気体検知管で測定した。

(4)　袋Hは，図3のように，照明器具から1m離れたところに置き，明るさの度合いを1にして5時間光を当てた後，袋の中の二酸化炭素の割合を気体検知管で測定した。

(5)　袋Iは，図3のように，照明器具から1m離れたところに置き，明るさの度合いを2にして5時間光を当てた後，袋の中の二酸化炭素の割合を気体検知管で測定した。

図3

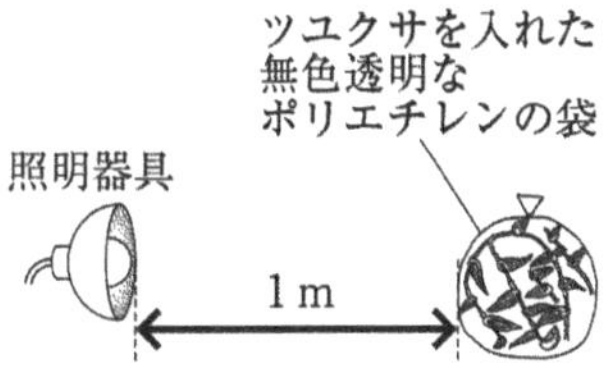

＜結果3＞

		袋G 暗室	袋H 明るさの度合い1	袋I 明るさの度合い2
		暗い →		明るい
二酸化炭素の割合〔%〕	実験前	4.0	4.0	4.0
	実験後	7.6	5.6	1.5

〔問3〕 **＜結果3＞**から，袋Hと袋Iのそれぞれに含(ふく)まれる二酸化炭素の量の関係について述べたものとして適切なのは，下の ① の**ア**～**ウ**のうちではどれか。また，**＜結果2＞**と**＜結果3＞**から，袋Hと袋Iのそれぞれのツユクサでできるデンプンなどの養分の量の関係について述べたものとして適切なのは，次のページの ② の**ア**～**ウ**のうちではどれか。

① **ア**　呼吸によって出される二酸化炭素の量よりも，光合成によって使われた二酸化炭素の量の方が多いのは，袋Hである。
イ　呼吸によって出される二酸化炭素の量よりも，光合成によって使われた二酸化炭素の量の方が多いのは，袋Iである。
ウ　袋Hも袋Iも呼吸によって出される二酸化炭素の量と光合成によって使われた二酸化炭素の量は，同じである。

② ア　デンプンなどの養分のできる量が多いのは，袋Hである。
イ　デンプンなどの養分のできる量が多いのは，袋Iである。
ウ　袋Hと袋Iでできるデンプンなどの養分の量は，同じである。

5　物質の変化やその量的な関係を調べる実験について，次の各問に答えよ。
<実験1>を行ったところ，<結果1>のようになった。

<実験1>

(1)　乾いた試験管Aに炭酸水素ナトリウム2.00gを入れ，ガラス管をつなげたゴム栓をして，試験管Aの口を少し下げ，スタンドに固定した。

(2)　図1のように，試験管Aを加熱したところ，ガラス管の先から気体が出てきたことと，試験管Aの内側に液体が付いたことが確認できた。出てきた気体を3本の試験管に集めた。

図1

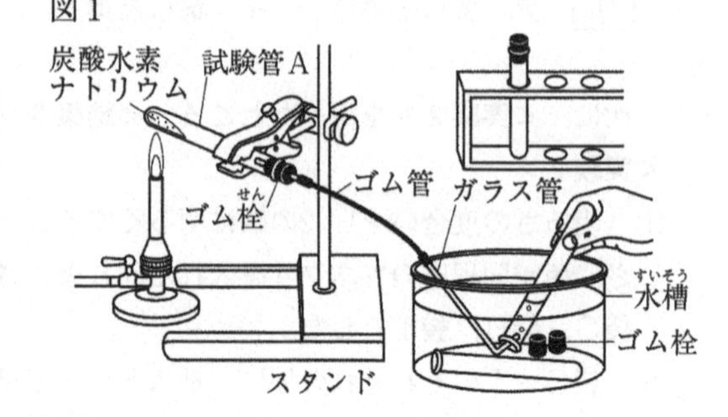

(3)　ガラス管を水槽の水の中から取り出した後，試験管Aの加熱をやめ，試験管Aが十分に冷めてから試験管Aの内側に付いた液体に青色の塩化コバルト紙を付けた。

(4)　気体を集めた3本の試験管のうち，1本目の試験管には火のついた線香を入れ，2本目の試験管には火のついたマッチを近付け，3本目の試験管には石灰水を入れてよく振った。

(5)　加熱後の試験管Aの中に残った物質の質量を測定した。

(6)　水5.0cm^3を入れた試験管を2本用意し，一方の試験管には炭酸水素ナトリウムを，もう一方の試験管には<実験1>の(5)の物質をそれぞれ1.00g入れ，水への溶け方を観察した。

<結果1>

塩化コバルト紙の色の変化	火のついた線香の変化	火のついたマッチの変化	石灰水の変化	加熱後の物質の質量	水への溶け方
青色から赤色(桃色)に変化した。	線香の火が消えた。	変化しなかった。	白く濁った。	1.26g	炭酸水素ナトリウムは溶け残り，加熱後の物質は全て溶けた。

〔問1〕　<実験1>の(3)の下線部のように操作する理由として適切なのは，下の ① のア～エのうちではどれか。また，<実験1>の(6)の炭酸水素ナトリウム水溶液と加熱後の物質の水溶液のpHの値について述べたものとして適切なのは，下の ② のア～ウのうちではどれか。

① ア　試験管A内の気圧が上がるので，試験管Aのゴム栓が飛び出すことを防ぐため。
イ　試験管A内の気圧が上がるので，水槽の水が試験管Aに流れ込むことを防ぐため。
ウ　試験管A内の気圧が下がるので，試験管Aのゴム栓が飛び出すことを防ぐため。
エ　試験管A内の気圧が下がるので，水槽の水が試験管Aに流れ込むことを防ぐため。

② ア　炭酸水素ナトリウム水溶液よりも加熱後の物質の水溶液の方がpHの値が小さい。
イ　炭酸水素ナトリウム水溶液よりも加熱後の物質の水溶液の方がpHの値が大きい。
ウ　炭酸水素ナトリウム水溶液と加熱後の物質の水溶液のpHの値は同じである。

〔問２〕　**＜実験１＞**の⑵で試験管Ａ内で起きている化学変化と同じ種類の化学変化として適切なのは，下の ① の**ア**～**エ**のうちではどれか。また，**＜実験１＞**の⑵で試験管Ａ内で起きている化学変化をモデルで表した図２のうち，ナトリウム原子１個を表したものとして適切なのは，下の ② の**ア**～**エ**のうちではどれか。

① **ア**　酸化銀を加熱したときに起こる化学変化
イ　マグネシウムを加熱したときに起こる化学変化
ウ　鉄と硫黄（いおう）の混合物を加熱したときに起こる化学変化
エ　鉄粉と活性炭の混合物に食塩水を数滴（すうてき）加えたときに起こる化学変化

図２

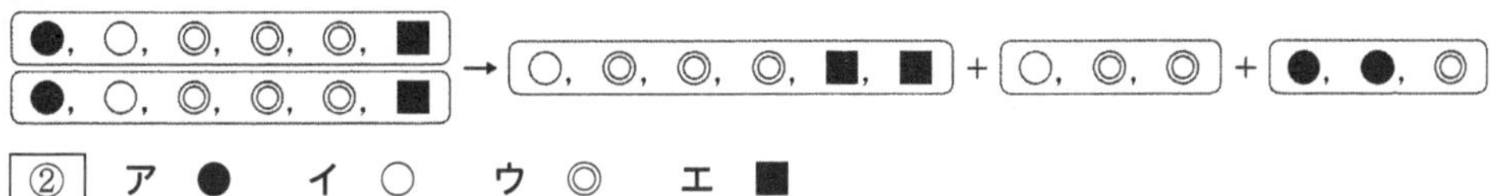

② **ア** ●　**イ** ○　**ウ** ◎　**エ** ■

次に，**＜実験２＞**を行ったところ，**＜結果２＞**のようになった。

＜実験２＞

⑴　乾いたビーカーに薄い塩酸10.0㎤を入れ，図３のようにビーカーごと質量を測定し，反応前の質量とした。

⑵　炭酸水素ナトリウム0.50ｇを，**＜実験２＞**の⑴の薄い塩酸の入っているビーカーに少しずつ入れたところ，気体が発生した。気体の発生が止まった後，ビーカーごと質量を測定し，反応後の質量とした。

⑶　**＜実験２＞**の⑵で，ビーカーに入れる炭酸水素ナトリウムの質量を，1.00ｇ，1.50ｇ，2.00ｇ，2.50ｇ，3.00ｇに変え，それぞれについて**＜実験２＞**の⑴，⑵と同様の実験を行った。

図３

薄い塩酸

79.50g

電子てんびん

＜結果２＞

反応前の質量〔g〕	79.50	79.50	79.50	79.50	79.50	79.50
炭酸水素ナトリウムの質量〔g〕	0.50	1.00	1.50	2.00	2.50	3.00
反応後の質量〔g〕	79.74	79.98	80.22	80.46	80.83	81.33

〔問３〕　**＜結果２＞**から，炭酸水素ナトリウムの質量と発生した気体の質量との関係を表したグラフとして適切なのは，次のうちではどれか。

ア

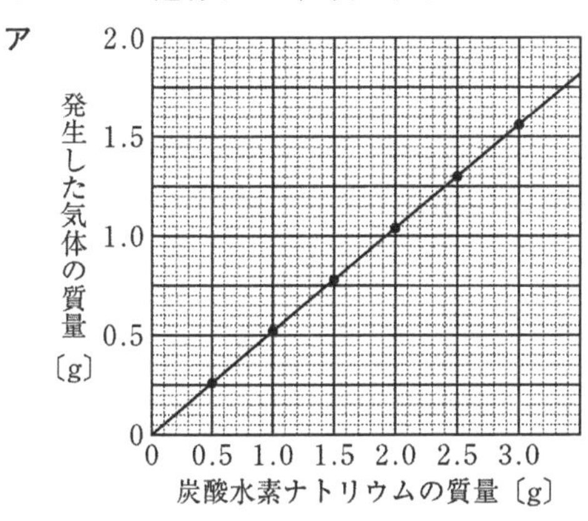

イ

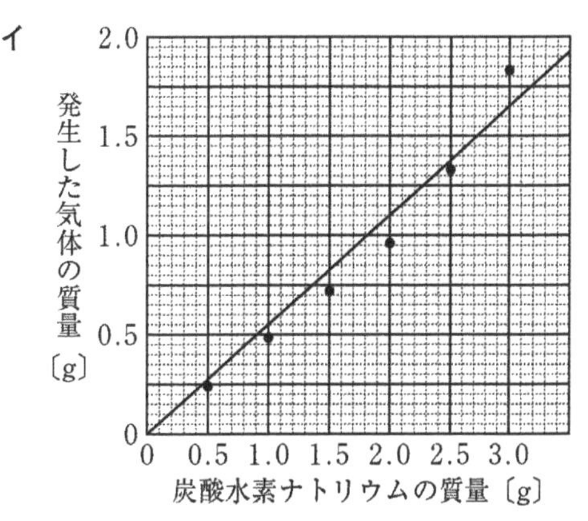

ウ

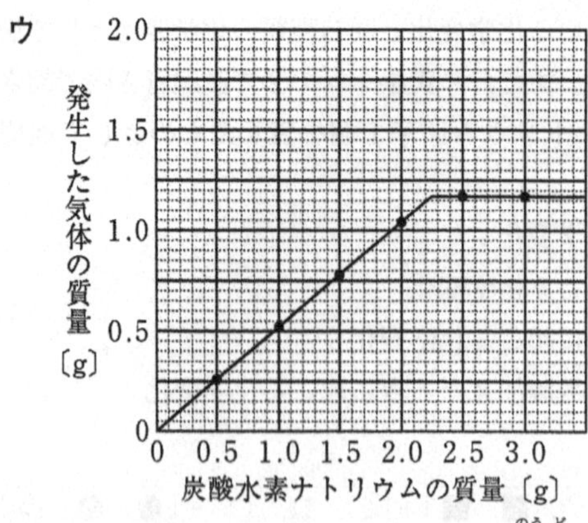

エ

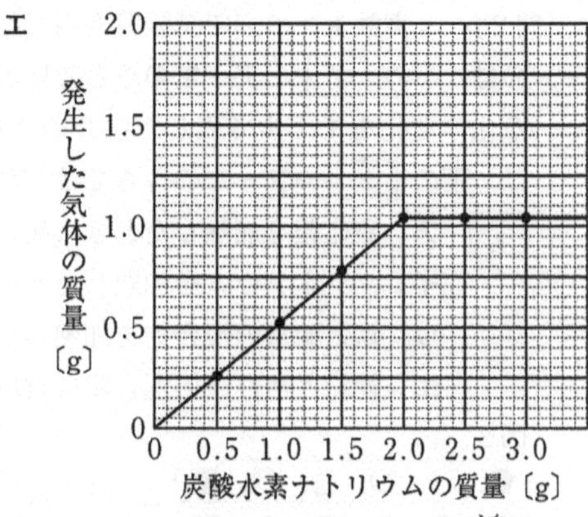

〔問４〕　**＜実験２＞**で用いた塩酸と同じ濃度の塩酸10.0cm^{3}に，炭酸水素ナトリウムが含まれているベーキングパウダー4.00gを入れたところ，0.65gの気体が発生した。ベーキングパウダーに含まれている炭酸水素ナトリウムは何％か。答えは，小数第一位を四捨五入して整数で求めよ。

ただし，発生した気体はベーキングパウダーに含まれている炭酸水素ナトリウムのみが反応して発生したものとする。

6　電流と磁界に関する実験について，次の各問に答えよ。

＜実験１＞を行ったところ，**＜結果１＞**のようになった。

＜実験１＞

(1)　木の棒を固定したスタンドを水平な机の上に置き，図１のように電源装置，導線，スイッチ，20Ωの抵抗器，電流計，コイルAを用いて回路を作った。

(2)　コイルAの下にN極が黒く塗られた方位磁針を置いた。

(3)　電源装置の電圧を５Ｖに設定し，回路のスイッチを入れた。

(4)　**＜実験１＞**の(1)の回路に図２のようにU字型磁石をN極を上にして置き，**＜実験１＞**の(3)の操作を行った。

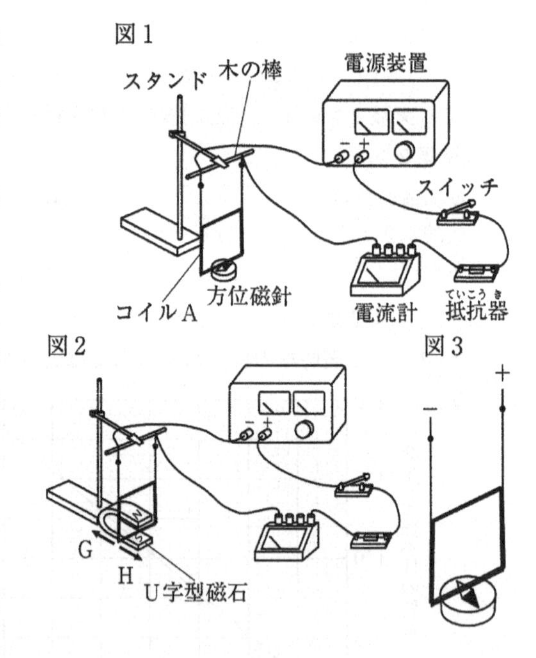

＜結果１＞

(1)　**＜実験１＞**の(3)では，磁針は図３で示した向きに動いた。

(2)　**＜実験１＞**の(4)では，コイルAは図２のHの向きに動いた。

〔問１〕　**＜実験１＞**の(1)の回路と木の棒を固定したスタンドに図４のようにアクリル板２枚を取り付け，方位磁針２個をコイルAの内部と上部に設置し，**＜実験１＞**の(3)の操作を行った。このときの磁針の向きとして適切なのは，次のページのうちではどれか。

図4

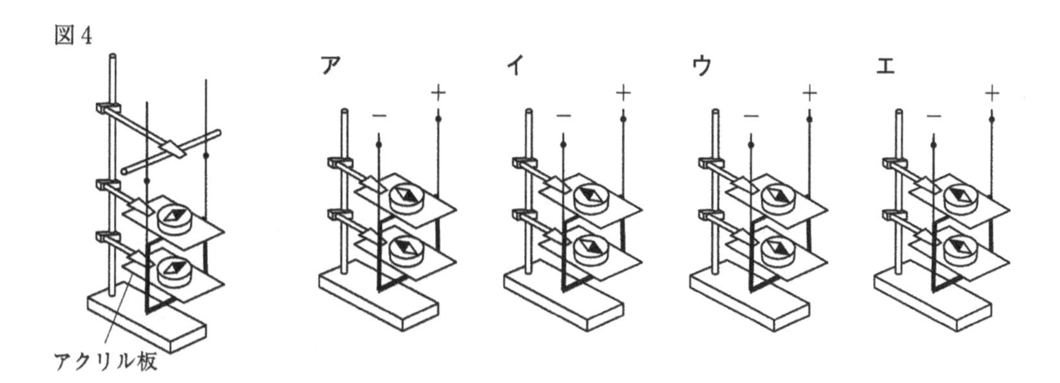

次に，＜**実験2**＞を行ったところ，＜**結果2**＞のようになった。

＜**実験2**＞

(1)　図5のようにコイルAに導線で検流計をつないだ。

(2)　コイルAを手でGとHの向きに交互に動かし，検流計の針の動きを観察した。

図5

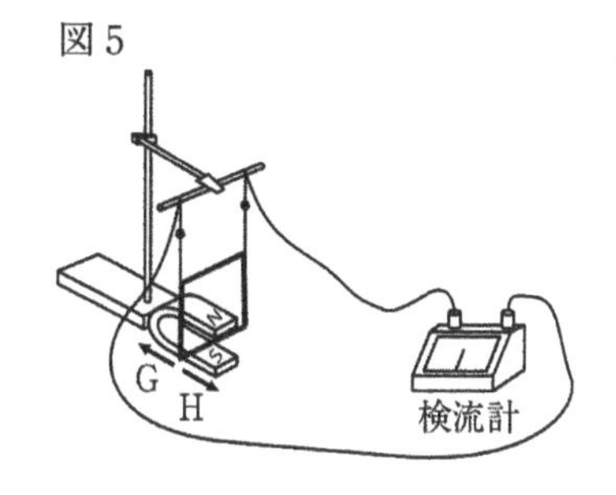

＜**結果2**＞

コイルAを動かすと，検流計の針は左右に振れた。

〔問2〕　＜**結果2**＞から，コイルAに電圧が生じていることが分かる。コイルAに電圧が生じる理由を簡単に書け。

次に，＜**実験3**＞を行ったところ，＜**結果3**＞のようになった。

＜**実験3**＞

(1)　図6において，電流をeからfに流すとき，a→b→c→dの向きに電流が流れるようエナメル線を巻き，左右に軸を出した。eの軸のエナメルを下半分，f側の軸のエナメルを全てはがしたコイルBを作った。

なお，図6のエナメル線の白い部分はエナメルをはがした部分を表している。

図6

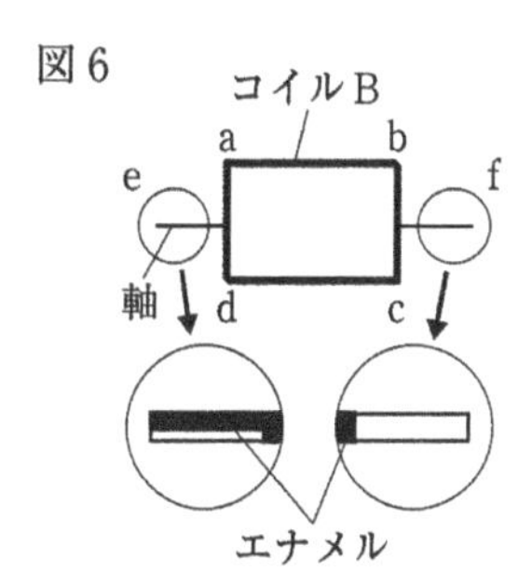

(2)　図7のように，磁石のS極を上にして置き，その上にコイルBをａｂの部分が上になるように金属製の軸受けに載せた。電源装置，導線，スイッチ，20Ωの抵抗器，電流計，軸受けを用いて回路を作り，＜**実験1**＞の(3)の操作を行った。

図7

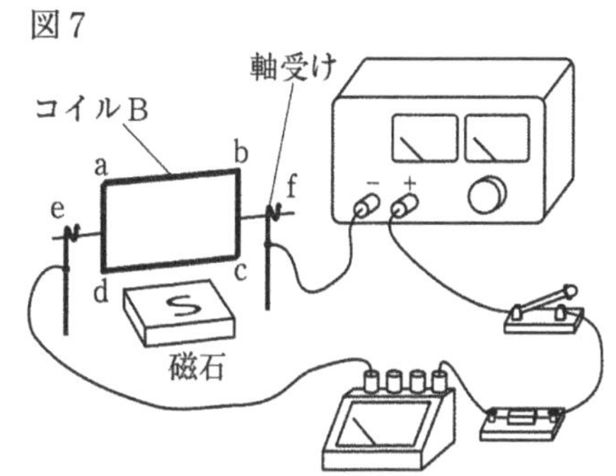

＜**結果3**＞

コイルBは，同じ向きに回転し続けた。

〔問3〕　＜**実験3**＞の(2)において，コイルBを流れる電流を大きくするとコイルの回転が速くなる。次のページのア～エは，図7の回路の抵抗器にもう一つ抵抗器をつなぐ際の操作を示したものである。<実験１>の⑶の操作を行うとき，コイルＢが速く回転するつなぎ方の順に記号を並べよ。

ア　５Ωの抵抗器を直列につなぐ。　**イ**　５Ωの抵抗器を並列（へいれつ）につなぐ。

ウ　10Ωの抵抗器を直列につなぐ。　**エ**　10Ωの抵抗器を並列につなぐ。

〔問４〕　**<結果３>**において，図８と図９はコイルＢが回転しているときのある瞬間の様子を表したものである。次の文章は，コイルＢが同じ向きに回転し続けた理由を述べたものである。文章中の ① ～ ④ にそれぞれ当てはまるものとして適切なのは，下の**ア**～**ウ**のうちではどれか。

図８

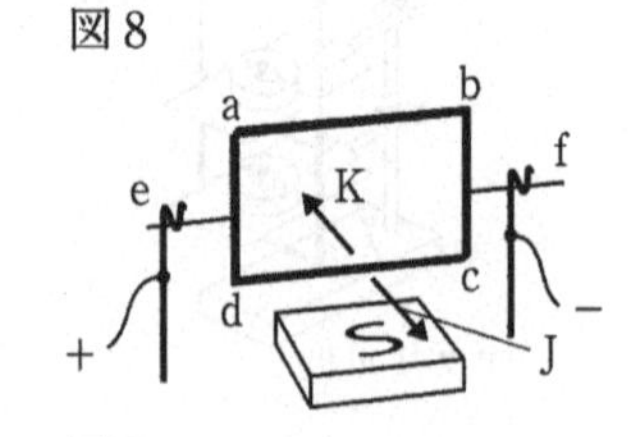

図９

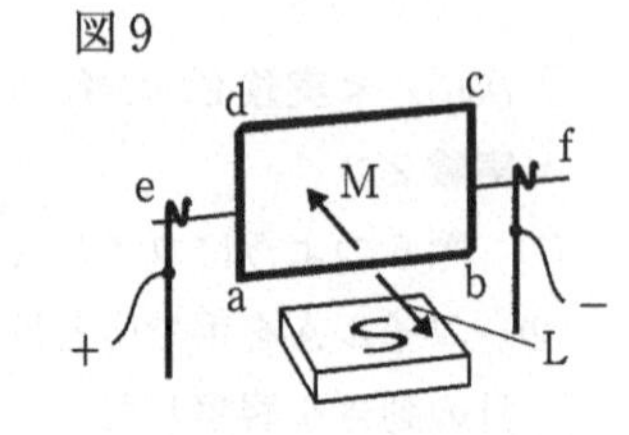

> 図８の状態になったときには，コイルＢのｃｄの部分には ① ため，磁界から ② 。半回転して図９の状態になったときには，コイルＢのａｂの部分には ③ ため，磁界から ④ 。そのため，同じ向きの回転を続け，さらに半回転して再び図８の状態になるから。

① **ア**　ｃ→ｄの向きに電流が流れる　**イ**　ｄ→ｃの向きに電流が流れる
ウ　電流が流れない

② **ア**　Ｊの向きに力を受ける　**イ**　Ｋの向きに力を受ける
ウ　力を受けない

③ **ア**　ａ→ｂの向きに電流が流れる　**イ**　ｂ→ａの向きに電流が流れる
ウ　電流が流れない

④ **ア**　Ｌの向きに力を受ける　**イ**　Ｍの向きに力を受ける
ウ　力を受けない

<社会>　時間　50分　満点　100点

1　次の各問に答えよ。

I

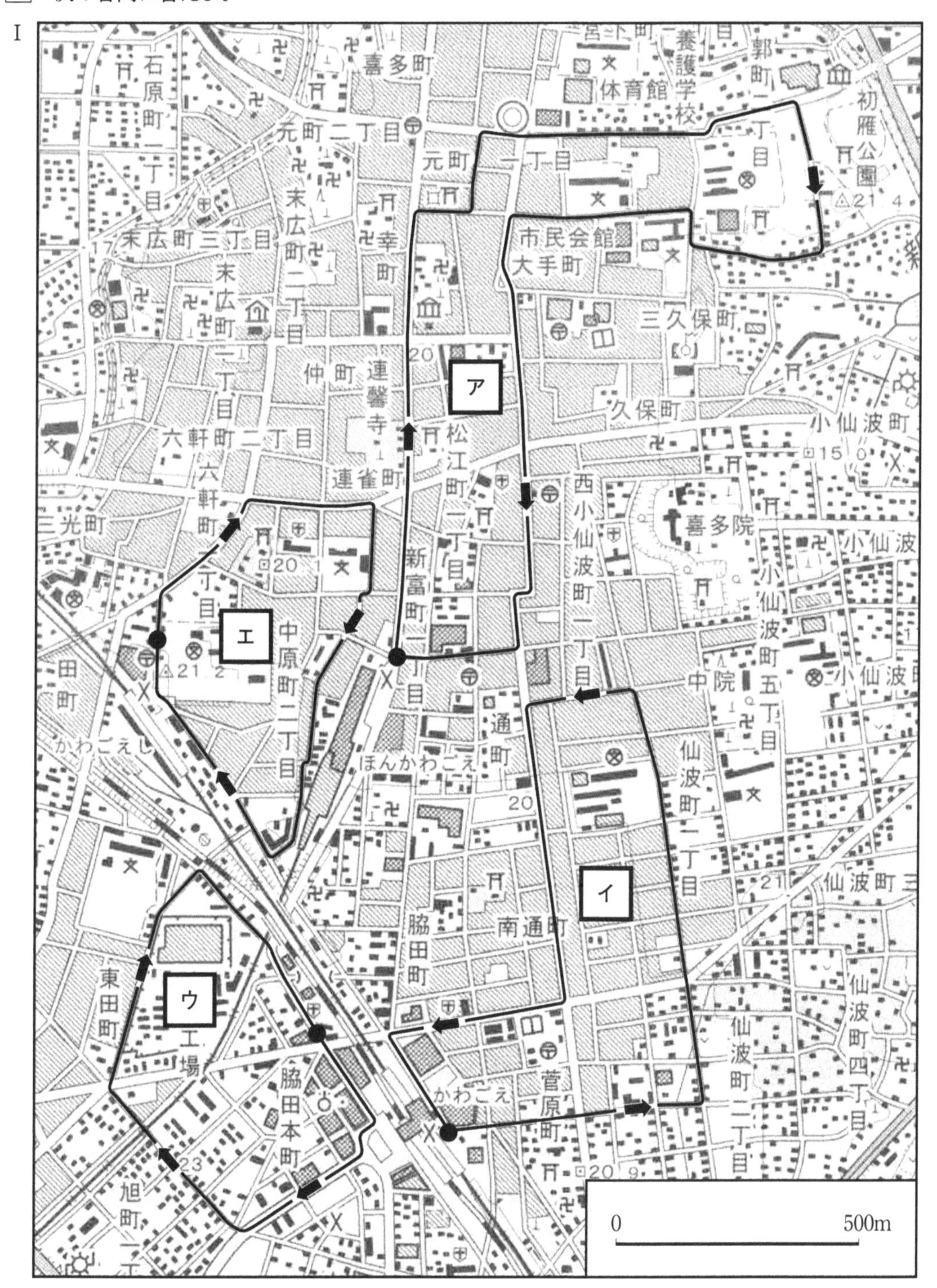

〔問１〕　前のページのⅠの地形図は，2006年と2008年の「国土地理院発行２万５千分の１地形図（川越南部・川越北部）」の一部を拡大して作成したものである。下のⅡの図は，埼玉県川越市中心部の地域調査で確認できる城下町の痕跡を示したものである。Ⅰのア～エの経路は，地域調査で地形図上に●で示した地点を起点に矢印（➡）の方向に移動した様子を――で示したものである。Ⅱの図で示された痕跡を確認することができる経路に当てはまるのは，Ⅰのア～エのうちではどれか。（31ページの地図は編集の都合で90％に縮小してあります。）

Ⅱ

城下町の痕跡を探そう

調査日　令和２年10月３日（土）　集合時刻　午前９時

集合場所　駅前交番前

移動距離　約4.1km

痕跡１　城に由来するものが，現在の町名に残っている。

郭町　城の周囲にめぐらした郭に由来する。　大手町　川越城の西大手門に由来する。

痕跡２　城下に「時」を告げてきた鐘つき堂

地形図上では，「高塔」の地図記号で示されている。

痕跡３　見通しを悪くし，敵が城に侵入しづらくなるようにした鍵型の道路

通行しやすくするために，鍵型の道路は直線的に結ばれている。

（↓は写真を撮った向きを示す。）

〔問２〕　次の文章で述べている我が国の歴史的文化財は，下のア～エのうちのどれか。

平安時代中期の貴族によって建立された，阿弥陀如来坐像を安置する阿弥陀堂であり，極楽浄土の世界を表現している。1994年に世界遺産に登録された。

ア　法隆寺　　イ　金閣　　ウ　平等院鳳凰堂　　エ　東大寺

〔問３〕　次の文章で述べている人物は，あとのア～エのうちのどれか。

この人物は，江戸を中心として町人文化が発展する中で，波間から富士山を垣間見る構図の作品に代表される「富嶽三十六景」などの風景画の作品を残した。大胆な構図や色彩はヨーロッパの印象派の画家に影響を与えた。

ア　雪舟　　イ　葛飾北斎　　ウ　菱川師宣　　エ　狩野永徳

〔問4〕　次の条文がある法律の名称は，下のア～エのうちのどれか。

> ○労働条件は，労働者と使用者が，対等の立場において決定すべきものである。
> ○使用者は，労働者に，休憩時間を除き一週間について四十時間を超えて，労働させてはならない。

ア　男女共同参画社会基本法　　イ　労働組合法
ウ　男女雇用機会均等法　　エ　労働基準法

2　次の略地図を見て，あとの各問に答えよ。

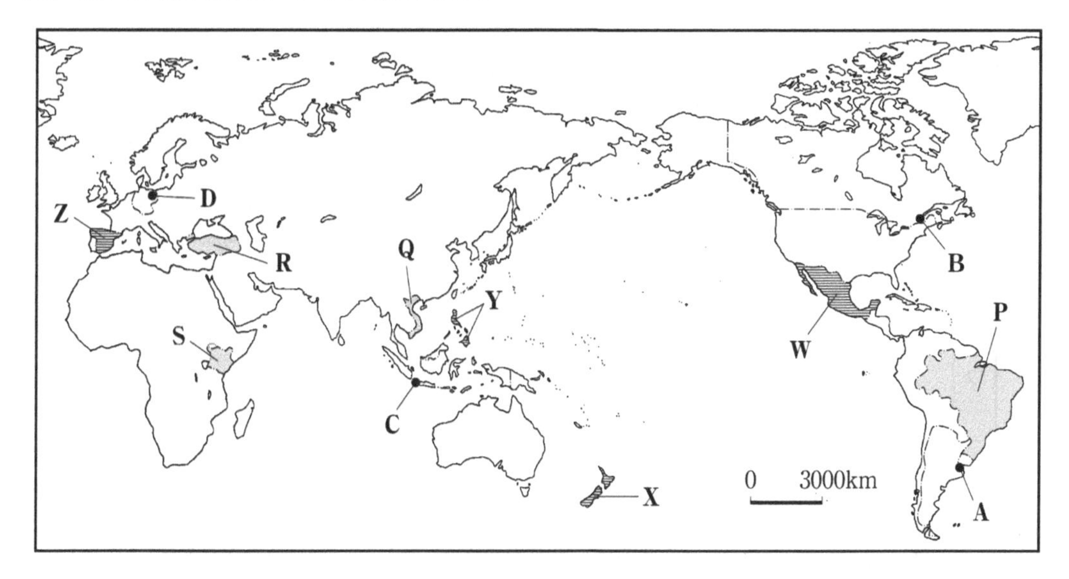

〔問1〕　次のIのア～エのグラフは，略地図中にA～Dで示した**いずれか**の都市の，年平均気温と年降水量及び各月の平均気温と降水量を示したものである。IIの表のア～エは，略地図中にA～Dで示した**いずれか**の都市を含む国の，2017年における米，小麦，とうもろこし，じゃがいもの生産量を示したものである。略地図中のDの都市のグラフに当てはまるのは，Iのア～エのうちのどれか，また，その都市を含む国の，2017年における米，小麦，とうもろこし，じゃがいもの生産量に当てはまるのは，次のページのIIの表のア～エのうちのどれか。

I

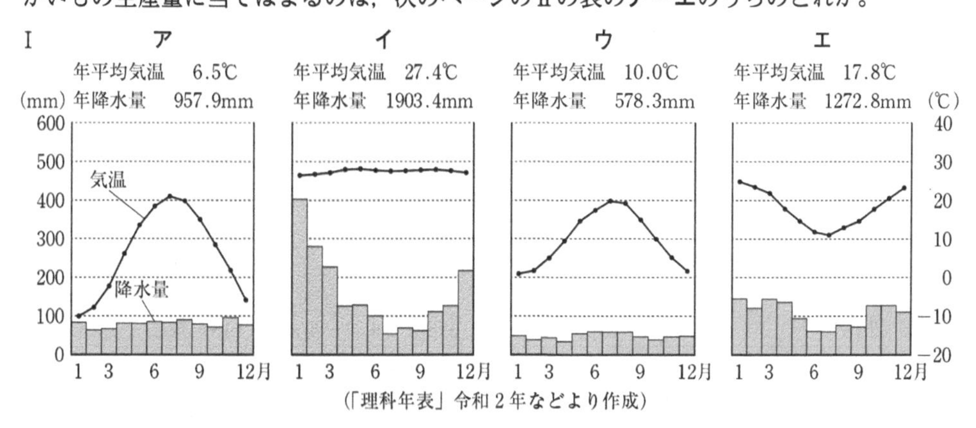

（「理科年表」令和2年などより作成）

Ⅱ

	米（万 t）	小麦（万 t）	とうもろこし(万 t)	じゃがいも（万 t）
ア	8138	−	2795	116
イ	133	1840	4948	245
ウ	−	2998	1410	441
エ	−	2448	455	1172

（注）−は，生産量が不明であることを示す。（「データブック　オブ・ザ・ワールド」2020年版などより作成）

〔問2〕 次の表の**ア**〜**エ**は，略地図中に ▒▒ で示した**P**〜**S**の**いずれか**の国の，2017年におけるコーヒー豆と茶の生産量，国土と食文化の様子についてまとめたものである。略地図中の**P**〜**S**のそれぞれの国に当てはまるのは，次の表の**ア**〜**エ**のうちではどれか。

	コーヒー豆(百 t)	茶(百 t)	国土と食文化の様子
ア	−	2340	○北西部には二つの州を隔てる海峡が位置し，北部と南部も海に面し，中央部には首都が位置する高原が広がっている。 ○帝国時代からコーヒーが飲まれ，共和国時代に入り紅茶の消費量も増え，トマトや羊肉のスープを用いた料理などが食べられている。
イ	26845	5	○北部の盆地には流域面積約700万km²の河川が東流し，南部にはコーヒー栽培に適した土壌が分布し，首都が位置する高原が広がっている。 ○ヨーロッパ風に，小さなカップで砂糖入りの甘いコーヒーが飲まれ，豆と牛や豚の肉を煮込んだ料理などが食べられている。
ウ	15424	2600	○南北方向に国境を形成する山脈が走り，北部には首都が位置する平野が，南部には国内最大の稲作地域である三角州が広がっている。 ○練乳入りコーヒーや主に輸入小麦で作られたフランス風のパンが見られ，スープに米粉の麺と野菜を入れた料理などが食べられている。
エ	386	4399	○中央部には標高5000mを超える火山が位置し，西部には茶の栽培に適した土壌が分布し，首都が位置する高原が広がっている。 ○イギリス風に紅茶を飲む習慣が見られ，とうもろこしの粉を湯で練った主食と，野菜を炒め塩で味付けした料理などが食べられている。

（注）−は，生産量が不明であることを示す。　（「データブック　オブ・ザ・ワールド」2020年版などより作成）

〔問3〕 次のⅠとⅡ（次のページ）の表の**ア**〜**エ**は，略地図中に ▒▒ で示した**W**〜**Z**の**いずれか**の国に当てはまる。Ⅰの表は，1999年と2019年における日本の輸入総額，農産物の日本の主な輸入品目と輸入額を示したものである。Ⅱの表は，1999年と2019年における輸出総額，輸出額が多い上位3位までの貿易相手国を示したものである。あとのⅢの文章は，ⅠとⅡの表における**ア**〜**エ**のいずれかの国について述べたものである。Ⅲの文章で述べている国に当てはまるのは，ⅠとⅡの表の**ア**〜**エ**のうちのどれか，また，略地図中の**W**〜**Z**のうちのどれか。

Ⅰ

		日本の輸入総額（億円）	農産物の日本の主な輸入品目と輸入額（億円）					
ア	1999年	2160	野菜	154	チーズ	140	果実	122
	2019年	2918	果実	459	チーズ	306	牛肉	134
イ	1999年	6034	果実	533	野菜	34	麻類	6
	2019年	11561	果実	1033	野菜	21	植物性原材料	8
ウ	1999年	1546	アルコール飲料	44	果実	31	植物性原材料	11
	2019年	3714	豚肉	648	アルコール飲料	148	野菜	50
エ	1999年	1878	豚肉	199	果実	98	野菜	70
	2019年	6440	豚肉	536	果実	410	野菜	102

（財務省「貿易統計」より作成）

Ⅱ

		輸出総額（億ドル）	輸出額が多い上位3位までの貿易相手国		
			1位	2位	3位
ア	1999年	125	オーストラリア	アメリカ合衆国	日本
	2019年	395	中華人民共和国	オーストラリア	アメリカ合衆国
イ	1999年	350	アメリカ合衆国	日本	オランダ
	2019年	709	アメリカ合衆国	日本	中華人民共和国
ウ	1999年	1115	フランス	ドイツ	ポルトガル
	2019年	3372	フランス	ドイツ	イタリア
エ	1999年	1363	アメリカ合衆国	カナダ	ドイツ
	2019年	4723	アメリカ合衆国	カナダ	ドイツ

（国際連合貿易統計データベースより作成）

Ⅲ

現在も活動を続ける造山帯に位置しており，南部には氷河に削られてできた複雑に入り組んだ海岸線が見られる。偏西風の影響を受け，湿潤な西部に対し，東部の降水量が少ない地域では，牧羊が行われている。一次産品が主要な輸出品となっており，1999年と比べて2019年では，日本の果実の輸入額は3倍以上に増加し，果実は外貨獲得のための貴重な資源となっている。貿易の自由化を進め，2018年には，日本を含む6か国による多角的な経済連携協定が発効したことなどにより，貿易相手国の順位にも変化が見られる。

3　次の略地図を見て，あとの各問に答えよ。

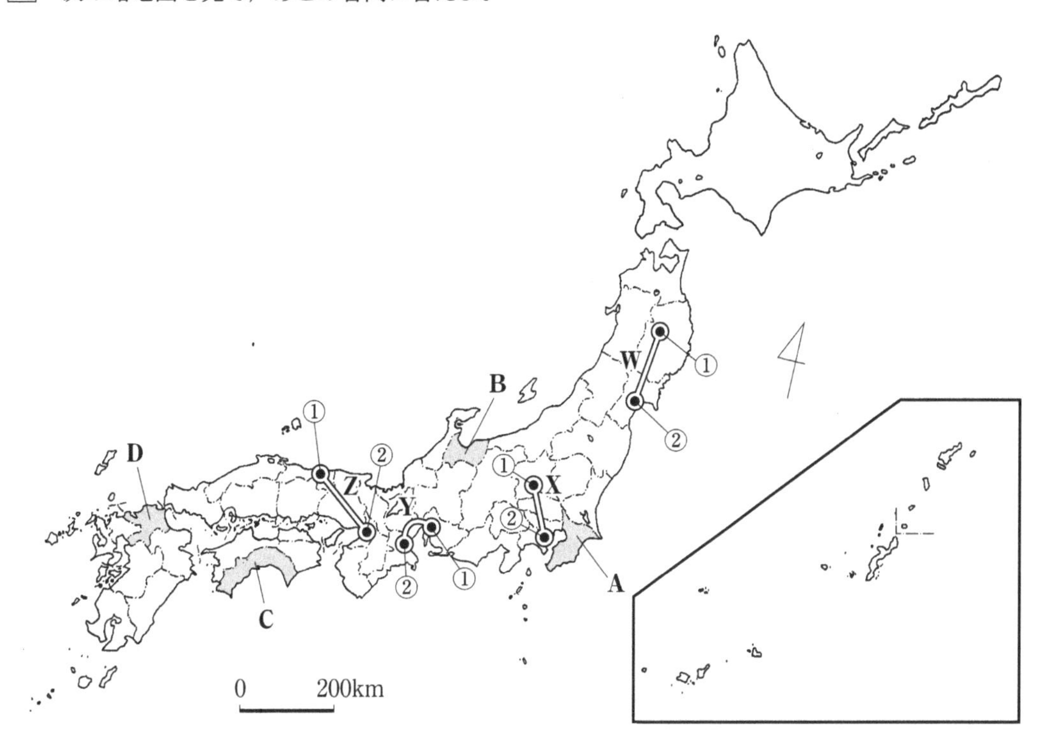

〔問1〕　次のページの表の**ア**～**エ**は，略地図中に　　　で示した，A～Dの**いずれか**の県の，2019年における人口，県庁所在地（市）の人口，県内の自然環境と情報通信産業などの様子についてまとめたものである。A～Dのそれぞれの県に当てはまるのは，次の表の**ア**～**エ**のうちではどれか。

	人口(万人) 県庁所在地(市)の人口(万人)	県内の自然環境と情報通信産業などの様子
ア	70 33	○北部には山地が位置し，中央部には南流する複数の河川により形成された平野が見られ，沖合を流れる暖流の影響で，気候が温暖である。 ○県庁が所在する平野部には，園芸農業を行う施設内の環境を自動制御するためのシステムを開発する企業が立地している。
イ	510 154	○北西部に広がる平野の沖合には暖流が流れ，北東部には潮流が速い海峡が見られ，南西部に広がる平野は干満差の大きい干潟のある海に面している。 ○県庁所在地の沿岸部には，住宅地開発を目的に埋め立てられた地域に，報道機関やソフトウェア設計の企業などが集積している。
ウ	104 42	○冬季に降水が多い南部の山々を源流とし，北流する複数の河川が形成する平野が中央部に見られ，東部には下流に扇状地を形成する河川が見られる。 ○県庁が所在する平野部には，豊富な水を利用した医薬品製造拠点があり，生産管理のための情報技術などを開発する企業が立地している。
エ	626 97	○平均標高は約40mで，北部にはローム層が堆積する台地があり，西部には大都市が立地し，南部には温暖な気候の丘陵地帯が広がっている。 ○県庁所在地に近い台地には，安定した地盤であることを生かして金融関係などの情報を処理する電算センターが立地している。

(「日本国勢図会」2020／21年版などより作成)

〔問２〕 略地図中に① ◎══◎ ②で示したW～Zは，それぞれの①の府県の府県庁所在地と②の府県の府県庁所在地が，鉄道と自動車で結び付く様子を模式的に示したものである。次の表のア～エは，W～Zのいずれかの府県庁所在地間の直線距離，2017年における，府県相互間の鉄道輸送量，自動車輸送量，起点となる府県の産業の様子を示したものである。略地図中のW～Zのそれぞれに当てはまるのは，次の表のア～エのうちではどれか。

	起点	終点	直線距離(km)	鉄道(百t)	自動車(百t)	起点となる府県の産業の様子
ア	①	②	117.1	1078	32172	輸送用機械関連企業が南部の工業団地に立地し，都市部では食品加工業が見られる。
	②	①		10492	25968	沿岸部では鉄鋼業や石油化学コンビナートが，内陸部では電子機械工業が見られる。
イ	①	②	161.1	334	41609	中山間部には畜産業や林業，木材加工業が，南北に走る高速道路周辺には電子工業が見られる。
	②	①		3437	70931	平野部には稲作地帯が広がり，沿岸部では石油精製業が見られる。
ウ	①	②	147.9	209	11885	漁港周辺には水産加工業が，砂丘が広がる沿岸部には果樹栽培が見られる。
	②	①		33	9145	沿岸部には鉄鋼業が，都市中心部には中小工場が，内陸部には電気機械工業が見られる。

エ	①→②	61.8	1452	79201	世界を代表する輸送用機械関連企業が内陸部に位置し，沿岸部には鉄鋼業などが見られる。
	②→①		1777	95592	石油化学コンビナートや，岬と入り江が入り組んだ地形を生かした養殖業が見られる。

（国土交通省「貨物地域流動調査」などより作成）

〔問３〕　次のⅠとⅡの地形図は，千葉県八千代市の1983年と2009年の「国土地理院発行２万５千分の１地形図（習志野）」の一部である。Ⅲの略年表は，1980年から1996年までの，八千代市（萱田）に関する主な出来事についてまとめたものである。ⅠとⅡの地形図を比較して読み取れる，◯で示した地域の変容について，宅地に着目して，簡単に述べよ。また，Ⅰ～Ⅲの資料から読み取れる，◯で示した地域の変容を支えた要因について，八千代中央駅と東京都（大手町）までの所要時間に着目して，簡単に述べよ。

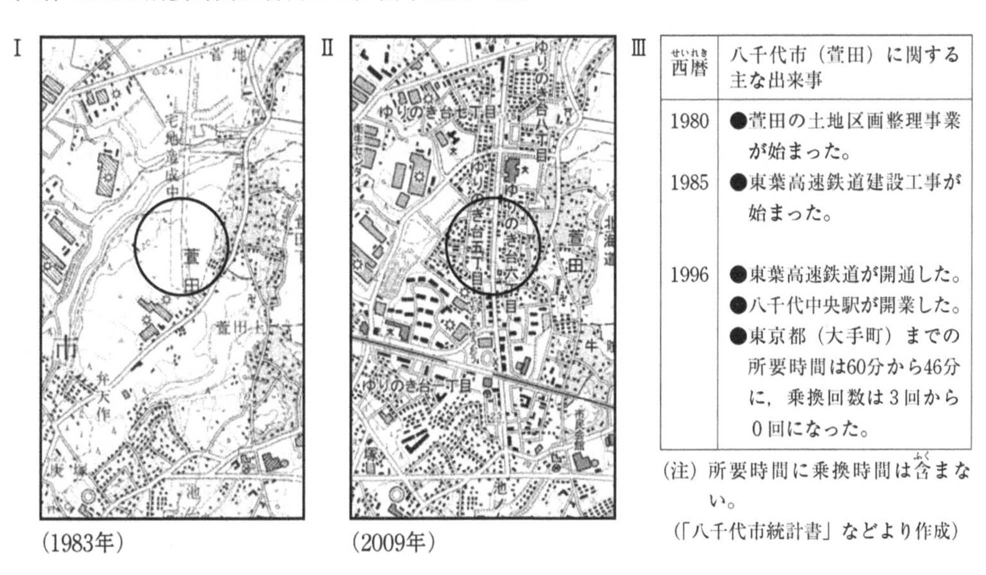

西暦	八千代市（萱田）に関する主な出来事
1980	●萱田の土地区画整理事業が始まった。
1985	●東葉高速鉄道建設工事が始まった。
1996	●東葉高速鉄道が開通した。 ●八千代中央駅が開業した。 ●東京都（大手町）までの所要時間は60分から46分に，乗換回数は３回から０回になった。

（注）所要時間に乗換時間は含まない。

（「八千代市統計書」などより作成）

（1983年）　（2009年）

4　次の文章を読み，あとの各問に答えよ。

政治や行政の在り方は，時代とともにそれぞれ変化してきた。

古代では，クニと呼ばれるまとまりが生まれ，政治の中心地が，やがて都となり，行政を行う役所が設けられるようになった。さらに，(1)都から各地に役人を派遣し，土地や人々を治める役所を設け，中央集権体制を整えた。

中世になると，武家が行政の中心を担うようになり，(2)支配を確実なものにするために，独自の行政の仕組みを整え，新たな課題に対応してきた。

明治時代に入ると，近代化政策が推進され，欧米諸国を模範として，(3)新たな役割を担う行政機関が設置され，地方自治の制度も整備された。そして，社会の変化に対応した政策を実現するため，(4)様々な法律が整備され，行政が重要な役割を果たすようになった。

〔問１〕　(1)都から各地に役人を派遣し，土地や人々を治める役所を設け，中央集権体制を整えた。

とあるが，次のア～エは，飛鳥時代から室町時代にかけて，各地に設置された行政機関について述べたものである。時期の古いものから順に記号を並べよ。

ア　足利尊氏は，関東への支配を確立する目的で，関東８か国と伊豆・甲斐の２か国を支配する機関として，鎌倉府を設置した。

イ　桓武天皇は，支配地域を拡大する目的で，東北地方に派遣した征夷大将軍に胆沢城や志波城を設置させた。

ウ　中大兄皇子は，白村江の戦いに敗北した後，大陸からの防御を固めるため，水城や山城を築き，大宰府を整備した。

エ　北条義時を中心とする幕府は，承久の乱後の京都の治安維持，西国で発生した訴訟の処理，朝廷の監視等を行う機関として，六波羅探題を設置した。

〔問２〕　(2)支配を確実なものにするために，独自の行政の仕組みを整え，新たな課題に対応してきた。とあるが，次のⅠの略年表は，室町時代から江戸時代にかけての，外国人に関する主な出来事をまとめたものである。Ⅱの略地図中のＡ～Ｄは，幕府が設置した奉行所の所在地を示したものである。Ⅲの文章は，幕府直轄地の奉行への命令の一部を分かりやすく書き改めたものである。Ⅲの文章が出されたのは，Ⅰの略年表中のア～エの時期のうちではどれか。また，Ⅲの文章の命令を主に実行する奉行所の所在地に当てはまるのは，Ⅱの略地図中のＡ～Ｄのうちのどれか。

Ⅰ

西暦	外国人に関する主な出来事	
1549	●フランシスコ・ザビエルが，キリスト教を伝えるため来航した。	
		ア
1600	●漂着したイギリス人ウィリアム・アダムスが徳川家康と会見した。	
		イ
1641	●幕府は，オランダ商館長によるオランダ風説書の提出を義務付けた。	
		ウ
1709	●密入国したイタリア人宣教師シドッチを新井白石が尋問した。	
		エ
1792	●ロシア使節のラクスマンが来航し，通商を求めた。	

Ⅱ

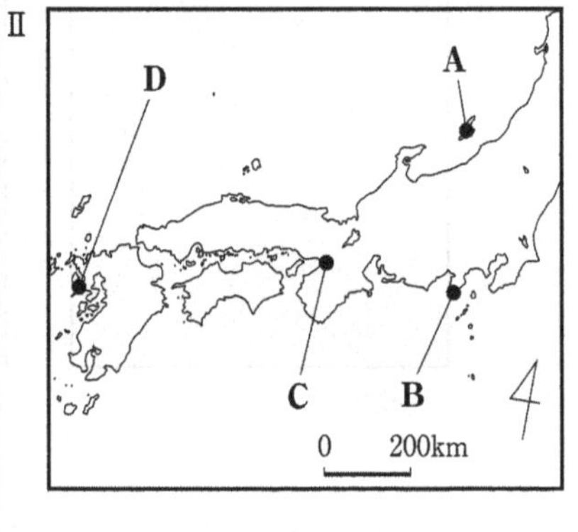

Ⅲ

○外国へ日本の船を行かせることを厳禁とする。
○日本人を外国へ渡航させてはならない。

〔問３〕　(3)新たな役割を担う行政機関が設置され，とあるが，次の文章は，帝都復興院総裁を務めることになる後藤新平が，1923年９月６日に　閣議に文書を提出する際に記した決意の一部を分かりやすく書き改めたものである。この決意をした時期の東京の様子について述べているのは，あとのア～エのうちではどれか。

○大変災は突如として帝都を震え上がらせた。
○火災に包まれる帝都を目撃し，自分の任務が極めて重要であることを自覚すると同時に復興の計画を策定することが急務であることを痛感した。
○第一に救護，第二に復旧，第三に復興の方針を執るべきである。

ア　新橋・横浜間に鉄道が開通するなど，欧米の文化が取り入れられ始め，現在の銀座通りに洋風れんが造りの2階建ての建物が建設された。

イ　我が国の国際的な地位を高めるために，イギリスと同盟を結び，我が国最初の国立図書館である帝国図書館が上野公園内に建設された。

ウ　大日本帝国憲法が制定され，近代的な政治制度が整えられ，東京では，都市の整備が進み，我が国最初のエレベーターを備える凌雲閣が浅草に建設された。

エ　東京駅が開業し，都市で働くサラリーマンや工場労働者の人口が大きく伸び，バスの車掌やタイピストなどの新しい職業に就く女性が増え，丸の内ビルヂング（丸ビル）が建設された。

〔問4〕　(4)様々な法律が整備され，行政が重要な役割を果たすようになった。とあるが，次の略年表は，大正時代から昭和時代にかけての，我が国の法律の整備に関する主な出来事についてまとめたものである。略年表中のA～Dのそれぞれの時期に当てはまるのは，下のア～エのうちではどれか。

西暦	我が国の法律の整備に関する主な出来事	時期
1921	●工業品規格の統一を図るため，度量衡法が改正され，メートル法への統一が行われた。	
		A
1931	●国家による電力の管理体制を確立するため，電気事業法が改正され，国家経済の基礎となる産業への優先的な電力供給が始まった。	
		B
1945	●我が国の民主化を進めるため，衆議院議員選挙法が改正され，女性に選挙権が与えられた。	
		C
1950	●我が国の文化財の保護・活用のため，文化財保護法が公布され，新たに無形文化財や埋蔵文化財が保存の対象として取り入れられた。	
1961	●所得格差の改善を図るため，農業基本法が公布され，農業の生産性向上及び農業総生産の増大などが国の施策として義務付けられた。	
		D
1973	●物価の急激な上昇と混乱に対処するため，国民生活安定緊急措置法が公布され，政府は国民生活に必要な物資の確保と価格の安定に努めることを示した。	

ア　普通選挙などを求める運動が広がり，連立内閣が成立し，全ての満25歳以上の男子に選挙権を認める普通選挙法が制定され，国民の意向が政治に反映される道が開かれた。

イ　急速な経済成長をとげる一方で，公害が深刻化し，国民の健康と生活環境を守るため，公害対策基本法が制定され，環境保全に関する施策が展開された。

ウ　農地改革などが行われ，日本国憲法の精神に基づく教育の基本を確立するため，教育基本法が制定され，教育の機会均等，男女共学などが定められた。

エ　日中戦争が長期化し，国家総動員法が制定され，政府の裁量により，経済，国民生活，労務，言論などへの広範な統制が可能となった。

5　次の文章を読み，あとの各問に答えよ。

地方自治は，民主政治を支える基盤(きばん)である。地方自治を担(にな)う地方公共団体は，住民が安心した生活を送ることができるように，地域の課題と向き合い，その課題を解決する重要な役割を担っている。(1)日本国憲法では，我が国における地方自治の基本原則や地方公共団体の仕組みなどについて規定している。

地方自治は，住民の身近な生活に直接関わることから，(2)住民の意思がより反映できるように，直接民主制の要素を取り入れた仕組みになっている。

国は，民主主義の仕組みを一層充実(じゅうじつ)させ，住民サービスを向上させるなどの目的で，(3)1999年に地方分権一括法(ちほうぶんけんいっかつほう)を成立させ，国と地方が，「対等・協力」の関係で仕事を分担できることを目指して，地方公共団体に多くの権限を移譲(いじょう)してきた。現在では，全国の地方公共団体が地域の課題に応じた新たな取り組みを推進できるように　国に対して地方分権改革に関する提案を行うことができる仕組みが整えられている。

〔問1〕 (1)日本国憲法では，我が国における地方自治の基本原則や地方公共団体の仕組みなどについて規定している。とあるが，日本国憲法が規定している地方公共団体の仕事について述べているのは，次のア～エのうちではどれか。

ア　条約を承認(しょうにん)する。

イ　憲法及び法律の規定を実施するために，政令を制定する。

ウ　条例を制定する。

エ　一切の法律，命令，規則又(また)は処分が憲法に適合するかしないかを決定する。

〔問2〕 (2)住民の意思がより反映できるように，直接民主制の要素を取り入れた仕組みになっている。とあるが，住民が地方公共団体に対して行使できる権利について述べているのは，次のア～エのうちではどれか。

ア　有権者の一定数以上の署名を集めることで，議会の解散や，首長及び議員の解職，事務の監査(かんさ)などを請求(せいきゅう)することができる。

イ　最高裁判所の裁判官を，任命後初めて行われる衆議院議員総選挙の際に，直接投票によって適任かどうかを審査(しんさ)することができる。

ウ　予算の決定などの事項(じこう)について，審議して議決を行ったり，首長に対して不信任決議を行ったりすることができる。

エ　国政に関する調査を行い，これに関して，証人の出頭及び証言，記録の提出を要求することができる。

〔問3〕 (3)1999年に地方分権一括法(ちほうぶんけんいっかつほう)を成立させ，国と地方が，「対等・協力」の関係で仕事を分担できることを目指して，地方公共団体に多くの権限を移譲(いじょう)してきた。とあるが，次のページのⅠのグラフは，1995年から2019年までの我が国の地方公共団体への事務・権限の移譲を目的とした法律改正数を示したものである。Ⅱの文章は，2014年に地方公共団体への事務・権限の移譲を目的とした法律改正が行われた後の，2014年6月24日に地方分権改革有識者会議が取りまとめた「個性を活(い)かし自立した地方をつくる～地方分権改革の総括と展望～」の一部を分かりやすく書き改めたものである。ⅠとⅡの資料を活用し，1995年から2014年までの期間と比較(ひかく)した，2015年から2019年までの期間の法律改正数の動きについて，地方分権改革の推進手法と，毎年の法律改正の有無及び毎年の法律改正数に着目して，簡単に述べよ。

Ⅰ
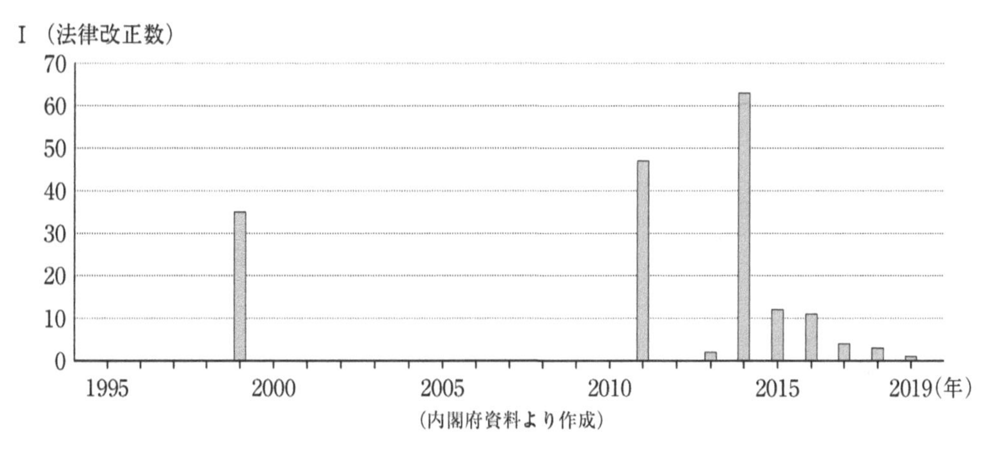

（内閣府資料より作成）

Ⅱ

> ○これまでの地方分権改革の推進手法は，国が主導する短期集中型の方式であり，この取組を実施することで一定の成果を得ることができた。
> ○今後は，これまでの改革の理念を継承し，更（さら）に発展させていくことが重要である。
> ○今後の地方分権改革の推進手法については，地域における実情や課題を把握（はあく）している地方公共団体が考え提案する長期継続型の方式を導入する。

6 次の文章を読み，あとの各問に答えよ。

> 世界各国では，株式会社や国営企業（こくえいきぎょう）などが，(1)<u>利潤（りじゅん）を追求するなどの目的で誕生してきた。</u>人口が集中し，物資が集積する交通の要衝に設立された企業や，地域の自然環境や地下資源を生かしながら発展してきた企業など，(2)<u>企業は立地条件に合わせ多様な発展を見せてきた。</u>
> (3)<u>我が国の企業は，世界経済の中で，高度な技術を生み出して競争力を高め，我が国の経済成長を支えてきた。</u>今後は，国際社会において，地球的規模で社会的責任を果たしていくことが，一層求められている。

〔問1〕 (1)<u>利潤（りじゅん）を追求するなどの目的で誕生してきた。</u>とあるが，次のア～エは，それぞれの時代に設立された企業について述べたものである。時期の古いものから順に記号を並べよ。

ア　綿織物を大量に生産するために産業革命が起こったイギリスでは，動力となる機械の改良が進み，世界最初の蒸気機関製造会社が設立された。

イ　南部と北部の対立が深まるアメリカ合衆国では，南北戦争が起こり，西部開拓（せいぶかいたく）を進めるために大陸を横断する鉄道路線を敷設（ふせつ）する会社が設立された。

ウ　第一次世界大戦の休戦条約が結ばれ，ベルサイユ条約が締結されるまでのドイツでは，旅客（りょかく）輸送機の製造と販売（はんばい）を行う会社が新たに設立された。

エ　スペインの支配に対する反乱が起こり，ヨーロッパの貿易で経済力を高めたオランダでは，アジアへの進出を目的とした東インド会社が設立された。

〔問２〕 (2)企業は立地条件に合わせ多様な発展を見せてきた。とあるが，下の表のア～エの文章は，略地図中に示したＡ～Ｄのいずれかの都市の歴史と，この都市に立地する企業の様子についてまとめたものである。Ａ～Ｄのそれぞれの都市に当てはまるのは，下の表のア～エのうちではどれか。

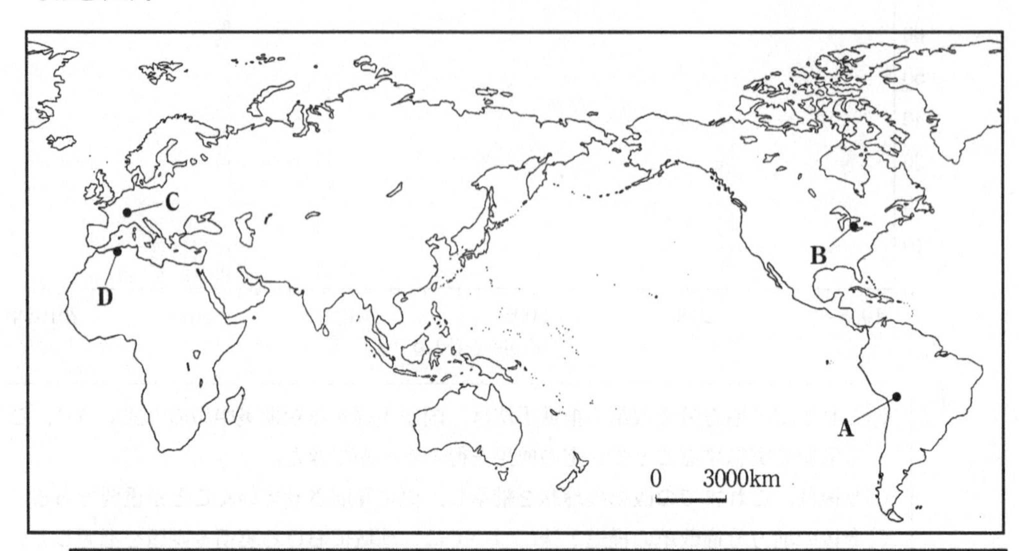

	都市の歴史と，この都市に立地する企業の様子
ア	○この都市は，標高3000ｍを超え，強風を遮るすり鉢状の地形に位置する首都で，1548年にスペイン人により建設され，金鉱もあったことから発展し，政治と経済の拠点となった。 ○国営企業が，銀，亜鉛などの鉱山開発を行っており，近年では，新たに国営企業が設立され，塩湖でのリチウムイオン電池の原料の採取を複数の外国企業と共同で行っている。
イ	○この都市は，標高3000ｍを超える山脈の北側に位置する首都で，内陸部にはイスラム風の旧市街地が，沿岸部にはフランスの影響を受けた建物が見られる港湾都市となっている。 ○独立後に設立された，砂漠地帯で採掘される天然ガスや石油などを扱う国営企業は，近年，石油の増産と輸出の拡大に向けて外国企業との共同開発を一層進めている。
ウ	○この都市は，1701年にフランス人により砦が築かれ，毛皮の交易が始まり，水運の拠点となり，1825年に東部との間に運河が整備され，20世紀に入り海洋とつながった。 ○19世紀後半には自動車の生産が始まり，20世紀に入ると大量生産方式の導入により，自動車工業の中心地へと成長し，現在でも巨大自動車会社が本社を置いている。
エ	○この都市は，20世紀に入り，湖の南西部に広がる市街地に国際連盟の本部が置かれ，第二次世界大戦後は200を超える国際機関が集まる都市となった。 ○16世紀後半に小型時計製造の技術が伝わったことにより精密機械関連企業が立地し，近年では生産の合理化や販売網の拡大などを行い，高価格帯腕時計の輸出量を伸ばしている。

〔問３〕 (3)我が国の企業は，世界経済の中で，高度な技術を生み出して競争力を高め，我が国の経済成長を支えてきた。とあるが，次のページのⅠのグラフは，1970年度から2018度までの我が国の経済成長率と法人企業の営業利益の推移を示したものである。Ⅱの文章は，Ⅰのグラフ

の**ア**～**エ**の**いずれか**の時期における我が国の経済成長率と法人企業の営業利益などについてまとめたものである。Ⅱの文章で述べている時期に当てはまるのは，Ⅰのグラフの**ア**～**エ**の時期のうちではどれか。

Ⅰ

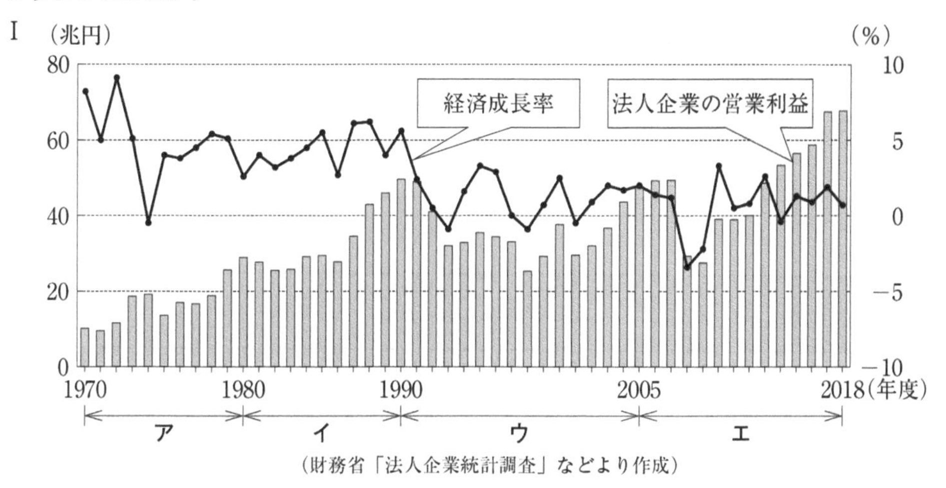

（財務省「法人企業統計調査」などより作成）

Ⅱ

○この時期の前半は，アメリカ合衆国の経済政策によって円安・ドル高が進行し，自動車などの輸送用機械や電気機械の輸出量が増えたことで，我が国の貿易収支は大幅な黒字となり，経済成長率は上昇傾向を示した。

○この時期の後半は，国際社会において貿易収支の不均衡を是正するために為替相場を円高・ドル安へ誘導する合意がなされ，輸出量と輸出額が減少し，我が国の経済成長率は一時的に下降した。その後，日本銀行が貸付のための金利を下げたことなどで，自動車や住宅の購入，株式や土地への投資が増え，株価や地価が高騰する好景気となり，法人企業の営業利益は増加し続けた。

大切なことはメモしておこうネ！

2021年度

解　答　と　解　説

《2021年度の配点は解答用紙集に掲載してあります。》

＜理科解答＞

1 〔問1〕 ウ　〔問2〕 ア　〔問3〕 エ　〔問4〕 ① ウ　② ア　〔問5〕 エ
〔問6〕 イ

2 〔問1〕 ① ア　② ウ　〔問2〕 ウ　〔問3〕 イ　〔問4〕 エ

3 〔問1〕 エ　〔問2〕 ① イ　② ウ　③ ア　〔問3〕 ① ウ　② エ
〔問4〕 ア→ウ→エ→イ

4 〔問1〕 ア　〔問2〕 ① ウ　② イ　〔問3〕 ① イ　② イ

5 〔問1〕 ① エ　② イ　〔問2〕 ① ア　② エ　〔問3〕 ウ　〔問4〕 31%

6 〔問1〕 ア　〔問2〕 (例)コイルAの中の磁界が変化するから。　〔問3〕 イ→エ→ア→ウ
〔問4〕 ① ア　② ア　③ ウ　④ ウ

＜理科解説＞

1 **(小問集合－動物の体のつくりとはたらき：ヒトのからだの器官，光と音：音の大小と高低，地震と地球内部のはたらき：地震波，水溶液とイオン，酸・アルカリとイオン，遺伝の規則性と遺伝子：メンデルの実験，力の規則性：2力のつり合いと作用・反作用の法則)**

〔問1〕 消化された養分は，Bの小腸の内側の壁にある，たくさんのひだの表面にある多数の柔毛から吸収される。細胞の活動にともなってできた**有害なアンモニアは，Cの肝臓で無害な尿素に変えられて**から排出される。

〔問2〕 振動数が多いほど音は高くなるので，Aは短い。振幅が大きいほど音は大きくなるので，Bは大きい。

〔問3〕 **初期微動継続時間は震源からの距離に比例して長くなる。**よって，震源からの距離が90kmの地点での初期微動継続時間をx〔s〕とすると，36〔km〕: 90〔km〕＝2〔s〕：x〔s〕，x〔s〕＝5〔s〕であり，初期微動継続時間は5秒である。したがって，震源からの距離が90kmの地点での主要動の始まった時刻は，10時10分27秒＋5秒＝10時10分32秒，である。

〔問4〕 ① この実験における溶液Aは電解質であり，水溶液は中性である必要があるため，ウの食塩水である。　② 塩酸が電離すると，$HCl \rightarrow H^+ + Cl^-$，により，青色のリトマス紙を赤色に変える水素イオン「H^+」が生じ，塩酸は酸性であることを示す。

〔問5〕 エンドウの種子は「丸」が優性形質，「しわ」が劣性形質なので，**エンドウの丸い種子がもつ遺伝子は，AAまたはAaであり**，しわのある種子がもつ遺伝子は，aaである。AAとaaのかけ合わせで得られる種子の遺伝子はすべてAaであり，すべて丸い種子である。Aaとaaのかけ合わせで得られる種子の遺伝子は，Aa：aa＝1：1，であり，丸い種子：しわのある種子＝1：1，となる。よって，かけ合わせた丸い種子の個体としわのある種子の個体のそれぞれの遺伝子の組み合わせは，Aaとaaである。

〔問6〕 **力のつり合いの関係にある2力は，1つの物体にはたらく。**物体には，物体にはたらく重力

Bと机が物体を押す力(垂直抗力)Aの2力がはたらく。この2力は，一直線上にあり，大きさが等しく，向きが逆向きなので，力のつり合いの関係にある。**作用・反作用の関係にある2力は，2つの物体に別々にはたらく。**物体が机を押す力Cは机にはたらくのに対して，机が物体を押す力(垂直抗力)Aは物体にはたらく。この2力も，一直線上にあり，大きさが等しく，向きが逆向きであり，作用・反作用の関係にある2力である。

2 (自由研究－動物の分類と生物の進化：セキツイ動物と軟体動物，力と物体の運動：速さ，身のまわりの物質とその性質：密度，天体の動きと地球の自転・公転：星の日周運動・星の年周運動)

〔問1〕 表1においては，セキツイ動物のグループは，魚類であるイワシ・アジのなかまである。軟体動物のグループは，**外とう膜で内臓がある部分が包まれていて，からだとあしには節がない**，タコ・イカのなかまと外とう膜をおおう貝殻がある二枚貝のなかまである。

〔問2〕 図1より，0.2秒間で7目盛りの35cm運動しているので，1時間に運動する距離をxkmとすると，0.2〔s〕：(60×60)〔s〕＝0.00035〔km〕：x〔km〕，x〔km〕＝6.3〔km〕，である。よって，平均の速さは，6.3km/hである。

〔問3〕 4℃の水の密度1g/cm³を用いて計算すると，**食塩水の密度〔g/cm³〕＝(15〔g〕＋50〔g〕)÷55〔cm³〕＝1.18〔g/cm³〕**，である。ラベルは，水に沈み，食塩水に浮いたため，**水の密度1g/cm³＜ラベルの密度＜食塩水の密度1.18g/cm³**，であり，ポリスチレンである。

〔問4〕 地球の太陽を中心とした西から東への公転による**年周運動**で，同時刻に見える星は1年に360°(1日に約1°)，東から西に動いて見える。また，地球の地軸を中心とした西から東への自転による**日周運動**で，星は1日に360°(1時間に15°)，東から西に動いて見える。よって，1月15日午後10時に真南に見えたオリオン座は，1か月後には年周運動により，30°西に見えるので，2月15日にオリオン座が真南に見える時刻は，自転により，30°÷15°＝2，であるため，2時間前の午後8時頃である。

3 (天気の変化：空気中の水蒸気量・前線の通過，気象観測，日本の気象：日本の天気の特徴と天気図)

〔問1〕 湿度〔%〕＝空気1m³にふくまれる水蒸気量〔g/m³〕÷その温度での飽和水蒸気量〔g/m³〕×100，であり，a，b，cの時刻における湿度は84％で等しい。よって，**空気1m³にふくまれる水蒸気量〔g/m³〕は，その温度での飽和水蒸気量〔g/m³〕が大きい方が，多い。**図1から，**aの気温は約15.5℃であり，bの気温は約11℃，cの気温は約6.5℃であるため**，その温度での**飽和水蒸気量〔g/m³〕は，a＞b＞c**である。よって，a，b，cの時刻における空気中の水蒸気の量は，C〔g/m³〕＜B〔g/m³〕＜A〔g/m³〕，である。

〔問2〕 観測地点Pは，図1の天気図記号から，日中の天気はおおむね晴れで，南寄りの風が吹く。気温は日が昇るとともに上がり始め，昼過ぎに最も高くなり，その後しだいに下がる。

〔問3〕 図1の**4月1日15時から18時にかけて**，天気図記号の**風向が，南寄りから北寄りに変わったことから前線Xは寒冷前線であり**，通過したとき，気圧が大きく下がり，気温が急激に下がったことがグラフから読みとれる。図4の観測地点Pを覆う高気圧の中心付近では，上空から地上へ空気が流れ，地上では中心部から周辺へ向かって風が吹き出す。

〔問4〕 つゆ(6月)の天気図は，南のあたたかくしめった気団と北の冷たくしめった気団の間に梅雨前線ができている，アである。夏(8月)は，小笠原気団におおわれ，南高北低の気圧配置になっている，ウである。**秋(11月)は，偏西風の影響を受けて，日本付近を移動性高気圧と低気圧が交互に通過し天気が周期的に変化する，**エである。冬(2月)は，西高東低の気圧配置で，南北方向の等圧線がせまい間隔で並ぶ，イである。

4 **(植物の体のつくりとはたらき：葉のつくり・光合成の実験・観察・対照実験・光の明るさの変化に伴う光合成量と呼吸量の関係)**

〔問1〕 Aは気孔で，呼吸や光合成によって生じる酸素や二酸化炭素などの気体の出入り口である。Bは気孔を囲む**孔辺細胞にある葉緑体**であり，＜観察＞の操作から，植物の細胞に見られ，ヨウ素液に反応して青紫色に変色したことから光合成によりデンプンが作られたことがわかる。光合成では酸素も作られる。

〔問2〕 光を当てる前に，＜実験1＞の(3)のツユクサの鉢植えを暗室に24時間置いた理由は，葉にあるデンプンを全て消費させるためである。葉にあるデンプンは分解されて糖になり，師管を通して植物体の各部に送られるが，多くの植物では，糖の移動は夜間に行われる。光合成に二酸化炭素が必要であることを確かめるための**対照実験**に適する葉の組み合わせは，葉緑体があり，日光が当たり，二酸化炭素があり，水がある「**葉C**」と，葉Cの条件のうち，水酸化ナトリウム水溶液をしみ込ませたろ紙を入れて二酸化炭素が無い状態にした「**葉E**」である。結果2により，光合成が，葉Cでは行われたが，葉Eでは行われなかったことから，光合成には二酸化炭素が必要であることが確かめられる。

〔問3〕 暗室に置いた「袋G」の場合，実験後の呼吸によって出された二酸化炭素の割合＝7.6%－4.0%＝3.6%であり，光合成によって使われた二酸化炭素の割合＝0%，である。明るさの度合い1の「袋H」の場合，実験後の呼吸によって出された二酸化炭素の割合は3.6%であり，光合成によって使われた二酸化炭素の割合＝7.6%－5.6%＝2.0%である。**明るさの度合い2の「袋I」の場合，実験後の呼吸によって出された二酸化炭素の割合は3.6%であり，光合成によって使われた二酸化炭素の割合＝7.6%－1.5%＝6.1%である。**よって，呼吸によって出される二酸化炭素の量よりも，光合成によって使われた二酸化炭素の量の方が多いのは，「袋I」である。そこで，デンプンなどの養分のできる量が多いのは，最も光合成量が大きかった「袋I」である。

5 **(化学変化と物質の質量：化学変化と質量の保存・質量変化の規則性，物質の成り立ち：熱分解・原子と分子・化学変化のモデル化，酸・アルカリとイオン：pH)**

〔問1〕 (3)で，ガラス管を水槽の水の中から取り出した後，試験管Aの加熱をやめるのは，**試験管Aが冷えて内部の気圧が大気圧より下がる**ことにより，水槽の水が試験管Aに**逆流するのを防ぐため**である。また，(6)で，加熱後にできた白い物質は，炭酸ナトリウムで，炭酸水素ナトリウムより水に溶けやすく，その水溶液は**強いアルカリ性**であるため，弱いアルカリ性である炭酸水素ナトリウムより，**pHの値が大きい。**

〔問2〕 ＜実験1＞の(2)で起きている化学変化は化学反応式で表すと，$2NaHCO_3 \rightarrow Na_2CO_3 + CO_2 + H_2O$，であり，**熱分解**である。よって，同じ種類の化学変化は酸化銀を加熱したときにも起こり，化学反応式で表すと，$2Ag_2O \rightarrow 4Ag + O_2$，の熱分解である。炭酸水素ナトリウムの熱分解を表したモデルでナトリウム原子1個を表しているのは，エの■である。

〔問3〕 ＜実験2＞の＜結果2＞の表から，炭酸水素ナトリウムの質量が0.50gのときに発生した気体の質量は，79.50g＋0.50g－79.74g＝0.26g，である。同様に計算して，炭酸水素ナトリウムの質量[g]をx，発生した気体の質量[g]をyとして，測定値の座標(x，y)をもとめると，(0.50g，0.26g)，(1.00g，0.52g)，(1.50g，0.78g)，(2.0g，1.04g)，(2.50g，1.17g)，(3.0g，1.17g)である。y＝0.52xとy＝1.17の交点の座標は(2.25，1.17)である。よって，**炭酸水素ナトリウムの質量が2.25gまでは，原点から各点のもっとも近いところを通る比例の直線，y＝0.52xであり，**

炭酸水素ナトリウムの質量が2.25g以上になると，y＝1.17の直線になる。

〔問4〕〔問3〕より，0.65gの気体が発生したときの塩酸10.0cm³に加えた炭酸水素ナトリウムの質量xgは，0.65g＝0.52xg，xg＝1.25g，である。ベーキングパウダー4.00gに含まれていた炭酸水素ナトリウムの質量は1.25gであるため，1.25〔g〕÷4.00〔g〕×100＝31.25〔%〕であり，約31〔%〕である。ウのグラフからも1.25gは読みとれる。

6 (電流と磁界：右ねじの法則・電磁誘導・フレミングの左手の法則・コイルの回転，電流：合成抵抗)

〔問1〕図3において，磁針のN極が指す向きがその点の磁界の向きであり，**右ねじの法則**により，電流は右ねじが進む向きに流れている。よって，電流は，コイルAの下側では＋方向(紙面向かって右)から－方向(紙面向かって左)へ流れている。図4において，コイルAの下側の導線がつくる磁界ではアクリル板上の磁針のN極の向きは図3の磁針のN極の向きとは反対になる。コイルAの上側は，コイルAの下側とは電流の向きが反対に変わるので，アの磁針の向きが適切である。

〔問2〕コイルAをGとHの向きに交互に動かし，コイルAの中の**磁界が変化すると，電磁誘導により，その変化に応じた電圧が生じて，コイルAに誘導電流が流れる。**

〔問3〕アの合成抵抗$R_ア$〔Ω〕＝20〔Ω〕＋5〔Ω〕＝25〔Ω〕である。ウの合成抵抗$R_ウ$〔Ω〕＝20〔Ω〕＋10〔Ω〕＝30〔Ω〕である。イの合成抵抗を$R_イ$〔Ω〕とすると，$\frac{1}{R_イ[\Omega]}=\frac{1}{20[\Omega]}+\frac{1}{5[\Omega]}=\frac{5}{20[\Omega]}$であるから，$R_イ$〔Ω〕＝4〔Ω〕である。エの合成抵抗を$R_エ$〔Ω〕とすると，$\frac{1}{R_エ[\Omega]}=\frac{1}{20[\Omega]}+\frac{1}{10[\Omega]}=\frac{3}{20[\Omega]}$であるから，$R_エ$〔Ω〕＝6.7〔Ω〕である。オームの法則より，合成抵抗の小さい順にコイルBを流れる電流は大きくなるため，コイルBが速く回転するつなぎ方の順は，イ→エ→ア→ウである。

〔問4〕図8のときには，コイルBのc→dの向きに電流が流れるため，**フレミングの左手の法則**により，磁界からJの向きに力を受ける。半回転して図9になると，**コイルBのabの部分には電流が流れないため，磁界から力を受けないが，勢いで同じ向きの回転を続け，**さらに半回転して再び図8にもどる。

＜社会解答＞

1 〔問1〕ア 〔問2〕ウ 〔問3〕イ 〔問4〕エ

2 〔問1〕(Ⅰのア～エ) ウ (Ⅱの表のア～エ) エ 〔問2〕P イ Q ウ R ア S エ 〔問3〕(ⅠとⅡの表のア～エ) ア (略地図中のW～Z) X

3 〔問1〕A エ B ウ C ア D イ 〔問2〕W イ X ア Y エ Z ウ 〔問3〕〔地域の変容〕(例)畑や造成中だった土地に，住宅が造られた。〔要因〕(例)八千代中央駅が開業し，東京都(大手町)までの所要時間が短くなり，移動が便利になった。

4 〔問1〕ウ→イ→エ→ア 〔問2〕(Ⅰの略年表中のア～エ) イ (Ⅱの略地図中のA～D) D 〔問3〕エ 〔問4〕A ア B エ C ウ D イ

5 〔問1〕ウ 〔問2〕ア 〔問3〕(例)国が主導する短期集中型の方式から地方公共団体が考え提案する長期継続型の方式となり，毎年ではなく特定の年に多く見られていた法律改正数は，数は少なくなったものの毎年見られるようになった。

6 〔問1〕エ→ア→イ→ウ 〔問2〕A ア B ウ C エ D イ 〔問3〕イ

＜社会解説＞

1 (地理的分野―日本地理－地形図の見方，歴史的分野―日本史時代別－古墳時代から平安時代・安土桃山時代から江戸時代，―日本史テーマ別－文化史，公民的分野―経済一般)

〔問1〕 経路途中に大手町，郭町の地名が見られるところ，元町に鐘つき堂を示す高塔の地図記号「[ ]」が見られるところから，Ⅰの図の経路アである。

〔問2〕 平安時代中期は**末法思想**の流行から，**浄土信仰**が全盛を迎え，**摂関政治**の全盛期である11世紀半ばに，**関白藤原頼通**によって浄土信仰に基づいて建立されたのが，宇治の**平等院鳳凰堂**である。

〔問3〕 江戸時代後期の**浮世絵**師であり，**化政文化**を代表するのは**葛飾北斎**である。代表作に**『富嶽三十六景』**がある。中でも『神奈川沖浪裏』『凱風快晴(赤富士)』等が特に有名である。

〔問4〕 労働者のための統一的な保護法として，1947年に制定されたのが**労働基準法**である。労働条件の基準を定め，**1日8時間労働制**や，改定を重ねて現在では**1週40時間労働制**などを内容としている。

2 (地理的分野―世界地理－都市・気候・地形・産業・人々のくらし・貿易)

〔問1〕 Aの都市はブエノスアイレスであり，**南半球**に属することから，Ⅰのエである。Bの都市はオタワであり，年間を通じ降水量が100mm弱で冷涼な気候であることから，Ⅰのアである。Cの都市はジャカルタであり，**赤道直下**に位置するため年間を通じ気温が高く，**雨季**と**乾季**があることから，Ⅰのイである。Dの都市はベルリンであり，**西岸海洋性気候**にあたることから，降水量は**偏西風**の影響で一年中一定で少ない。Ⅰのウである。ベルリンを首都とするドイツでは，世界のベストテンに入るほどじゃがいも・小麦の生産量が多い。Ⅱの表のエである。

〔問2〕 Pはブラジルである。「流域面積700km^{2}の河川が東流し」との文と，「南部にはコーヒー栽培に適した土壌が分布し」との文から，ブラジルはイであることがわかる。河川は**世界最大の流域面積**を持つ**アマゾン川**である。Qはベトナムである。「南北方向に国境を形成する山脈が走り，北部には首都が位置する平野が，南部には…**三角州**が広がっている」との文から，ベトナムはウであることがわかる。国境を形成する山脈とは，**アンナン山脈**である。ベトナムの首都はハノイである。Rはトルコである。「帝国時代からコーヒーが飲まれ」の一文から，トルコはアであることがわかる。4国の中で**帝国**時代を持つのはトルコだけである。Sはケニアである。「中央部には標高5000mを超える火山が位置し，西部には茶の栽培に適した土壌が分布し」との文から，ケニアがエであるとわかる。火山とは，**キリマンジャロ**に次ぐアフリカ第2の高峰，**ケニア火山**である。ケニアは紅茶の産地として有名である。

〔問3〕 Ⅲの文章は，「**偏西風**の影響を受け，湿潤な西部に対し，東部の降水量が少ない地域では**牧羊**が行われている」との文から，ニュージーランドの説明であるとわかる。　ⅠとⅡの表のア～エ　ニュージーランドからの日本への輸入品は果実・チーズなどで，果実は1999年から2019年で3倍以上に増えている。また，ニュージーランドは，1999年の段階では輸出総額の1位は隣国オーストラリアであったが，2019年の段階では，近年この地域に経済的影響力を増している中華人民共和国が1位となっている。　略地図中のW～Z　Xがニュージーランドである。Wはメキシコ，Yはフィリピン，Zはスペインである。

3 (地理的分野―日本地理－都市・地形・気候・農林水産業・工業・地形図の見方・交通)

〔問1〕 Aは千葉県であり，「北部には**ローム層**が堆積する台地があり」との文から，エが千葉県だとわかる。Bは富山県であり，「冬季に降水が多い南部の山々を源流とし」との文から，ウが富山県だとわかる。Cは高知県であり，「沖合を流れる**暖流**の影響で，気候が温暖である」との文から，アが高知県だとわかる。この暖流は**日本海流**である。Dは福岡県であり，「南西部に広がる平野は干満差の大きい干潟のある海に面している」との文から，イが福岡県であるとわかる。この海は**有明海**である。

〔問2〕 W ①は岩手県盛岡市であり，②は宮城県仙台市である。盛岡市周辺の山間部では**畜産業・林業**などが発達しており，仙台市周辺の平野部では**稲作地帯**が広がっているため，Wは表中のイである。 X ①は群馬県前橋市であり，②は神奈川県横浜市である。群馬県南部の**工業団地**には**輸送用機械関連企業**が多く，横浜市周辺の京浜工業地帯では**石油化学コンビナート**が見られるため，Xは表中のアである。 Y ①は愛知県名古屋市であり，②は三重県津市である。愛知県には，世界的**自動車関連企業**があり，津市近辺には**石油化学コンビナート**があり，周辺では**リアス海岸**を生かした**養殖業**が行われているため，Yは表中のエである。 Z ①は鳥取県鳥取市であり，②は大阪府大阪市である。鳥取県では**砂丘**の広がる沿岸部で果樹栽培が行われており，また，大阪市では都市中心部に**中小工場**が数多く見られるため，Zは表中のウである。

〔問3〕〔地域の変容〕 **地形図**によれば，1983年から2009年の間に，畑(「V」)や造成中だった土地が整備され，ゆりのき台と呼ばれる**住宅地**が造られた。〔要因〕 1996年に八千代中央駅が開業し，東京都(大手町)までの所要時間が60分から46分と短くなり，**通勤・通学**や**買い物**などの移動が便利になったことを指摘し解答する。

4 **(歴史的分野―日本史時代別－古墳時代から平安時代・鎌倉時代から室町時代・安土桃山時代から江戸時代・明治時代から現代，―日本史テーマ別－政治史・法律史・社会史)**

〔問1〕 ア **足利尊氏**が**鎌倉府**を設置したのは，14世紀のことである。 イ **桓武天皇**が**胆沢城**や**志波城**を設置させたのは，9世紀のことである。 ウ **中大兄皇子**が**大宰府**を整備したのは，7世紀のことである。 エ **北条義時**を中心とする幕府が**六波羅探題**を設置したのは，13世紀のことである。したがって，時代の古い順に並べると，ウ→イ→エ→アとなる。

〔問2〕 Ⅰの略年表中のア～エ **日本人の海外渡航禁止・海外在住日本人の帰国禁止**の法令が出されたのは1635年のことであり，略年表中のイに該当する。 Ⅱの略地図中のA～D こうした法令を主に実行するのは，**老中**直属の**遠国奉行**の一つで，**直轄領長崎**を支配した長崎の**奉行所**であった。略地図中のDが該当する。

〔問3〕 文章は，1923年の**関東大震災直後**に**後藤新平**が表明したものである。アの**新橋・横浜間**に**鉄道**が開通したのは，1872年のことである。イのイギリスと**日英同盟**を結んだのは，1902年のことである。ウの**大日本帝国憲法**が発布されたのは，1889年のことである。エの**東京駅**が開業したのは1914年，**丸ビル**が建設されたのは1923年である。したがって，文章と同時期の東京の様子を表しているのは，エである。

〔問4〕 アの**普通選挙法**が制定されたのは，1925年である。Aの時期にあてはまる。イの**公害対策基本法**が制定されたのは，1967年であり，Dの時期にあてはまる。ウの**教育基本法**が制定されたのは1947年であり，Cの時期にあてはまる。エの**国家総動員法**が制定されたのは，1938年であり，Bの時期にあてはまる。

5 **(公民的分野―地方自治・国の政治の仕組み)**

〔問1〕 日本国憲法第94条に「**地方公共団体**は，その財産を管理し，事務を処理し，及び行政を執行する権能を有し，法律の範囲内で**条例**を制定することができる。」とあり，地方公共団体は条例を議決・制定することができる。なお，アの**条約**を承認するのは**国会**の仕事である。イの**政令**

を制定するのは**内閣**の仕事である。エの法律等が**憲法**に適合するかどうか決定するのは，**最高裁判所**の仕事である。

〔問2〕 **地方自治法**において，**直接請求**の制度が定められ，有権者の一定数以上の署名を集めることで，**条例の改廃**や，**議会の解散**，**首長及び議員の解職**などを請求することができる。

〔問3〕 2014年の改正によって，**地方分権改革**の推進手法が，**国**が主導する短期集中型の方式から，**地方公共団体**が提案する長期継続型の方式となったことを指摘する。1995年から2014年の期間では，1999年・2011年・2014年など特定の年にのみ多く見られていた法律改正数が，2015年以降は，数は少なくなったが，毎年見られるようになったことを読み取り解答する。

6 (歴史的分野―世界史－経済史，地理的分野―都市，公民的分野―経済一般)

〔問1〕 ア イギリスで**産業革命**が起こり，世界最初の**蒸気機関**製造会社が設立されたのは，18世紀後期である。 イ アメリカで**南北戦争**が起こり，**大陸を横断**する鉄道路線を敷設する会社が設立されたのは，19世紀半ばである。 ウ **第一次世界大戦後**のドイツで，旅客輸送機の製造と販売を行う会社が設立されたのは，20世紀前期である。 エ オランダで**東インド会社**が設立されたのは，17世紀初頭である。時代の古い順に並べると，エ→ア→イ→ウとなる。

〔問2〕 Aの都市はボリビアの首都ラパスである。「標高3000mを超え，1548年にスペイン人により建設され，金鉱もあった。」との表現から，アが該当することがわかる。Bの都市はデトロイトである。「19世紀後半には自動車の生産が始まり，20世紀に入ると自動車工業の中心地へと成長し」との表現から，ウが該当するとわかる。Cの都市はジュネーブである。「**国際連盟**の本部が置かれ」との表現から，エが該当するとわかる。Dの都市はフランスを旧宗主国とするアルジェリアの首都アルジェである。「内陸部にはイスラム風の旧市街地が，沿岸部にはフランスの影響を受けた建物が見られる港湾都市となっている。」との表現から，イが該当するとわかる。

〔問3〕 グラフⅠに見られるように，1980年代の前半は**円安・ドル高**が進行し，日本の**貿易収支**は大幅な黒字となり，**経済成長率**は上昇傾向を見せた。その後1985年に**先進5か国蔵相・中央銀行総裁会議**がニューヨークのプラザホテルで行われ，ここで決定したプラザ合意により，円高・ドル安へと誘導され，日本の経済成長率は一時的に下降した。その後**日本銀行**が金利を下げたことなどで，株式や土地への投資が増え，株価や地価が高騰する**バブル景気**が到来し，法人企業の営業利益は増加し続けた。このバブル景気は1991年に終結を迎えた。Ⅱの文章で述べている時期に当てはまるのは，イの時期である。

2021年度英語　リスニングテスト

〔放送台本〕

これから，リスニングテストを行います。リスニングテストは，全て放送による指示で行います。リスニングテストの問題には，問題Aと問題Bの二つがあります。問題Aと，問題Bの<Question 1>では，質問に対する答えを選んで，その記号を答えなさい。問題Bの<Question 2>では，質問に対する答えを英語で書きなさい。英文とそのあとに出題される質問が，それぞれ全体を通して二回ずつ読まれます。問題用紙の余白にメモをとってもかまいません。答えは全て解答用紙に書きなさい。

〔問題A〕

問題Aは，英語による対話文を聞いて，英語の質問に答えるものです。ここで話される対話文は全部で三つあり，それぞれ質問が一つずつ出題されます。質問に対する答えを選んで，その記号を答えなさい。では，<対話文1>を始めます。

Yumi: David, we are on the highest floor of this building. The view from here is beautiful.
David: I can see some temples, Yumi.
Yumi: Look! We can see our school over there.
David: Where?
Yumi: Can you see that park? It's by the park.
David: Oh, I see it. This is a very nice view.
Yumi: I'm glad you like it. It's almost noon. Let's go down to the seventh floor. There are nice restaurants there.

Question: Where are Yumi and David talking?
<対話文2>を始めます。

Taro: Hi, Jane. Will you help me with my homework? It's difficult for me.
Jane: OK, Taro. But I have to go to the teachers' room now. I have to see Mr. Smith to give this dictionary back to him.
Taro: I see. Then, I'll go to the library. I have a book to return, and I'll borrow a new one for my homework.
Jane: I'll go there later and help you.
Taro: Thank you.

Question: Why will Jane go to the library?
<対話文3>を始めます。

Woman: Excuse me. I'd like to go to Minami Station. What time will the next train leave?
Man: Well, it's eleven o'clock. The next train will leave at eleven fifteen.
Woman: My mother hasn't come yet. I think she will get here at about eleven twenty.
Man: OK. Then you can take a train leaving at eleven thirty. You will arrive at Minami Station at eleven fifty-five.
Woman: Thank you. We'll take that train.

Question: When will the woman take a train?

〔英文の訳〕
<対話文1>
ユミ ：ディビッド，私たちはこの建物の一番高い階にいるわね。ここからの景色は美しいわね。

ディビッド：お寺がいくつか見えるね，ユミ。
ユミ　　　：見て！　あそこに私たちの学校が見えるわよ。
ディビッド：どこ？
ユミ　　　：あの公園が見える？　その公園のそばよ。
ディビッド：ああ，見えるよ。これはとてもいい景色だね。
ユミ　　　：あなたが気に入ってくれて嬉しいわ。もうそろそろ正午ね。7階に行きましょう。いいレストランがあるわ。
質問：ユミとディビッドはどこで話をしていますか。
答え：ア　建物の一番高い階。

<対話文2>
タロウ　：こんにちは，ジェイン。僕の宿題手伝ってくれる？　僕には難しいよ。
ジェイン：オーケー，タロウ。でも今教員室に行かないといけないの。スミス先生にこの辞書を返しに行かなといけないの。
タロウ　：そうか。じゃあ僕は図書館に行くよ。返す本があるし，宿題のために新しい本を借りるんだ。
ジェイン：後でそこに行って，お手伝いするわ。
タロウ　：ありがとう。
質問：なぜジェインは図書館に行きますか。
答え：エ　タロウを手伝うため。

<対話文3>
女性：すみません。ミナミ駅へ行きたいんですが。次の電車は何時に出発しますか。
男性：ええと，今11時です。次の電車は11時15分に出発します。
女性：母がまだ来ていません。11時20分くらいにここに着くと思います。
男性：オーケー。じゃあ11時30分に出発する電車に乗れます。ミナミ駅に11時55分に着くでしょう。
女性：ありがとうございます。その電車に乗ります。
質問：いつ女性は電車に乗りますか。
答え：ウ　11時30分。

〔放送台本〕
〔問題B〕

これから聞く英語は，ある外国人の英語の先生が，新しく着任した中学校の生徒に対して行った自己紹介です。内容に注意して聞きなさい。あとから，英語による質問が二つ出題されます。<Question 1>では，質問に対する答えを選んで，その記号を答えなさい。<Question 2>では，質問に対する答えを英語で書きなさい。なお，<Question 2>のあとに，15秒程度，答えを書く時間があります。では，始めます。

Good morning, everyone. My name is Margaret Green. I'm from Australia. Australia is a very large country. Have you ever been there? Many Japanese people visit my country every year. Before coming to Japan, I taught English for five years in China. I had a good time there.

I have lived in Japan for six years. After coming to Japan, I enjoyed traveling around the country for one year. I visited many famous places. Then I went to school to study Japanese for two years. I have taught English now for three years. This school is my second school as an English teacher in Japan. Please tell me about your school. I want to know about it. I' m glad to become a teacher of this school. Thank you.

<Question 1> How long has Ms. Green taught English in Japan?
<Question 2> What does Ms. Green want the students to do?
以上で，リスニングテストを終わります。

〔英文の訳〕
みなさん，おはようございます。私の名前はマーガレット・グリーンです。オーストラリアから来ました。オーストラリアはとても大きな国です。今までそこへ行ったことがありますか。毎年多くの日本人が私の国を訪れています。日本に来る前，私は中国で5年間英語を教えていました。そこでとてもいい時間を過ごしました。

私は日本に6年間住んでいます。日本に来たあと，1年間この国を旅行して楽しみました。多くの有名な場所を訪れました。そして2年間日本語を勉強するために学校へ行きました。今3年間英語を教えています。この学校は日本での英語の先生として2校目の学校です。あなた達の学校について教えてください。そのことを知りたいです。この学校の先生になれて嬉しいです。ありがとうございます。

質問1：グリーン先生は日本でどれくらい英語を教えていますか。
答え ：イ 3年間。
質問2：グリーン先生は生徒たちに何をしてもらいたいですか。
答え ：(例)彼らの学校について彼女に伝える。

東京都公立高等学校

2020年度

★★★★★★★★★★★★★★★★★★★★★★★

共通問題(理科・社会)

2020年度

●くわしい解説……31ページ

<理科>　時間　50分　満点　100点

1　次の各問に答えよ。

〔問1〕　有性生殖では，受精によって新しい一つの細胞ができる。受精後の様子について述べたものとして適切なのは，次のうちではどれか。

ア　受精により親の体細胞に含まれる染色体の数と同じ数の染色体をもつ胚（はい）ができ，成長して受精卵になる。

イ　受精により親の体細胞に含まれる染色体の数と同じ数の染色体をもつ受精卵ができ，細胞分裂によって胚になる。

ウ　受精により親の体細胞に含まれる染色体の数の2倍の数の染色体をもつ胚ができ，成長して受精卵になる。

エ　受精により親の体細胞に含まれる染色体の数の2倍の数の染色体をもつ受精卵ができ，細胞分裂によって胚になる。

〔問2〕　図1のように，電気分解装置に薄い塩酸を入れ，電流を流したところ，塩酸の電気分解が起こり，陰極からは気体Aが，陽極からは気体Bがそれぞれ発生し，集まった体積は気体Aの方が気体Bより多かった。気体Aの方が気体Bより集まった体積が多い理由と，気体Bの名称とを組み合わせたものとして適切なのは，次の表のア～エのうちではどれか。

図1

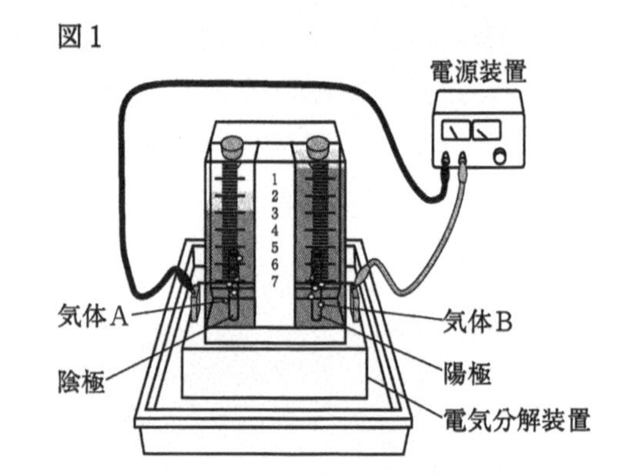

	気体Aの方が気体Bより集まった体積が多い理由	気体Bの名称
ア	発生する気体Aの体積の方が，発生する気体Bの体積より多いから。	塩素
イ	発生する気体Aの体積の方が，発生する気体Bの体積より多いから。	酸素
ウ	発生する気体Aと気体Bの体積は変わらないが，気体Aは水に溶けにくく，気体Bは水に溶けやすいから。	塩素
エ	発生する気体Aと気体Bの体積は変わらないが，気体Aは水に溶けにくく，気体Bは水に溶けやすいから。	酸素

〔問3〕150gの物体を一定の速さで1.6m持ち上げた。持ち上げるのにかかった時間は2秒だった。持ち上げた力がした仕事率を表したものとして適切なのは，下のア～エのうちではどれか。
　ただし，100gの物体に働く重力の大きさは1Nとする。

ア　1.2W　　イ　2.4W　　ウ　120W　　エ　240W

〔問4〕　図2は，ある火成岩をルーペで観察したスケッチである。観察した火成岩は有色鉱物の割合が多く，黄緑色で不規則な形の有色鉱物Aが見られた。観察した火成岩の種類の名称と，有色鉱物Aの名称とを組み合わせたものとして適切なのは，次の表のア～エのうちではどれか。

図2

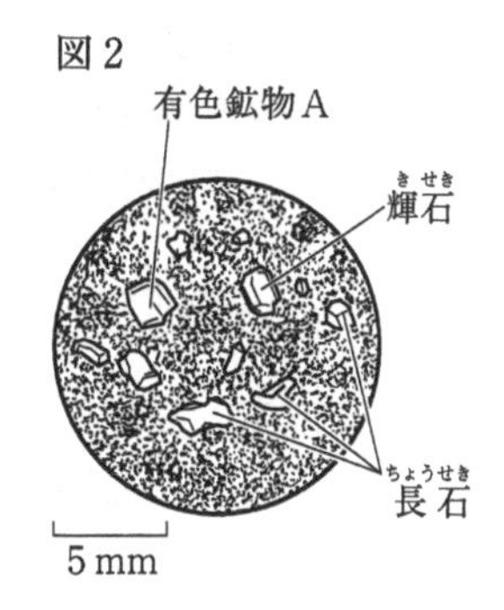

	観察した火成岩の種類の名称	有色鉱物Aの名称
ア	はんれい岩	石英
イ	はんれい岩	カンラン石
ウ	玄武岩	石英
エ	玄武岩	カンラン石

〔問5〕　酸化銀を加熱すると，白色の物質が残った。酸化銀を加熱したときの反応を表したモデルとして適切なのは，下のア～エのうちではどれか。

ただし，●は銀原子1個を，○は酸素原子1個を表すものとする。

ア　○●○　○●○　→　●　●　＋　○○　○○

イ　●○●　●○●　→　●　●　●　●　＋　○○

ウ　●○　→　●　＋　○

エ　●○●　→　●　●　＋　○

2　生徒が，水に関する事物・現象について，科学的に探究しようと考え，自由研究に取り組んだ。生徒が書いたレポートの一部を読み，次の各問に答えよ。

<レポート1>　空気中に含まれる水蒸気と気温について

雨がやみ，気温が下がった日の早朝に，霧が発生していた。同じ気温でも，霧が発生しない日もある。そこで，霧の発生は空気中に含まれている水蒸気の量と温度に関連があると考え，空気中の水蒸気の量と，水滴が発生するときの気温との関係について確かめることにした。

教室の温度と同じ24℃のくみ置きの水を金属製のコップAに半分入れた。次に，図1のように氷を入れた試験管を出し入れしながら，コップAの中の水をゆっくり冷やし，コップAの表面に水滴がつき始めたときの温度を測ると，14℃であった。教室の温度は24℃で変化がなかった。

また，飽和水蒸気量〔g/m^3〕は表1のように温度によって決まっていることが分かった。

図1

表1

温度〔℃〕	飽和水蒸気量〔g/m^3〕
12	10.7
14	12.1
16	13.6
18	15.4
20	17.3
22	19.4
24	21.8

〔問1〕　<レポート1>から，測定時の教室の湿度と，温度の変化によって霧が発生するときの空気の温度の様子について述べたものとを組み合わせたものとして適切なのは，次の表のア～エのうちではどれか。

	測定時の教室の湿度	温度の変化によって霧が発生するときの空気の温度の様子
ア	44.5%	空気が冷やされて，空気の温度が露点より低くなる。
イ	44.5%	空気が暖められて，空気の温度が露点より高くなる。
ウ	55.5%	空気が冷やされて，空気の温度が露点より低くなる。
エ	55.5%	空気が暖められて，空気の温度が露点より高くなる。

<レポート2>　凍結防止剤と水溶液の状態変化について

雪が降る予報があり，川にかかった橋の歩道で凍結防止剤が散布されているのを見た。凍結防止剤の溶けた水溶液は固体に変化するときの温度が下がることから，凍結防止剤は，水が氷に変わるのを防止するとともに，雪をとかして水にするためにも使用される。そこで，溶かす凍結防止剤の質量と温度との関係を確かめることにした。

3本の試験管A～Cにそれぞれ10cm³の水を入れ，凍結防止剤の主成分である塩化カルシウムを試験管Bには1g，試験管Cには2g入れ，それぞれ全て溶かした。試験管A～Cのそれぞれについて－15℃まで冷却し試験管の中の物質を固体にした後，試験管を加熱して試験管の中の物質が液体に変化するときの温度を測定した結果は，表2のようになった。

表2

試験管	A	B	C
塩化カルシウム〔g〕	0	1	2
試験管の中の物質が液体に変化するときの温度〔℃〕	0	－5	－10

〔問2〕　<レポート2>から，試験管Aの中の物質が液体に変化するときの温度を測定した理由について述べたものとして適切なのは，次のうちではどれか。

ア　塩化カルシウムを入れたときの水溶液の沸点が下がることを確かめるには，水の沸点を測定する必要があるため。

イ　塩化カルシウムを入れたときの水溶液の融点が下がることを確かめるには，水の融点を測定する必要があるため。

ウ　水に入れる塩化カルシウムの質量を変化させても，水溶液の沸点が変わらないことを確かめるため。

エ　水に入れる塩化カルシウムの質量を変化させても，水溶液の融点が変わらないことを確かめるため。

<レポート3>　水面に映る像について

池の水面にサクラの木が逆さまに映って見えた。そこで，サクラの木が水面に逆さまに映って見える現象について確かめることにした。

鏡を用いた実験では，光は空気中で直進し，空気とガラスの境界面で反射することや，光が反射するときには入射角と反射角は等しいという光の反射の法則が成り立つことを学んだ。水面に映るサクラの木が逆さまの像となる現象も，光が直進することと光の反射の法則により説明できることが分かった。

〔問3〕 **<レポート3>**から，観測者が観測した位置を点Xとし，水面とサクラの木を模式的に表したとき，点Aと点Bからの光が水面で反射し点Xまで進む光の道筋と，点Xから水面を見たときの点Aと点Bの像が見える方向を表したものとして適切なのは，下の**ア**～**エ**のうちではどれか。ただし，点Aは地面からの高さが点Xの2倍の高さ，点Bは地面からの高さが点Xと同じ高さとする。

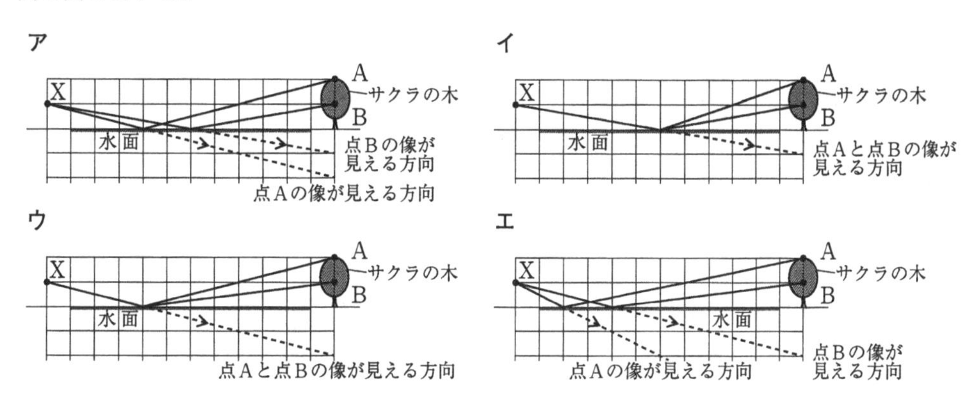

<レポート4>　水生生物による水質調査について

川にどのような生物がいるかを調査することによって，調査地点の水質を知ることができる。水生生物による水質調査では，表3のように，水質階級はⅠ～Ⅳに分かれていて，水質階級ごとに指標生物が決められている。調査地点で見つけた指標生物のうち，個体数が多い上位2種類を2点，それ以外の指標生物を1点として，水質階級ごとに点数を合計し，最も点数の高い階級をその地点の水質階級とすることを学んだ。そこで，学校の近くの川について確かめることにした。

表3

水質階級	指標生物
Ⅰ きれいな水	カワゲラ・ナガレトビケラ・ウズムシ・ヒラタカゲロウ・サワガニ
Ⅱ ややきれいな水	シマトビケラ・カワニナ・ゲンジボタル
Ⅲ 汚い水	タニシ・シマイシビル・ミズカマキリ
Ⅳ とても汚い水	アメリカザリガニ・サカマキガイ・エラミミズ・セスジユスリカ

学校の近くの川で調査を行った地点では，ゲンジボタルは見つからなかったが，ゲンジボタルの幼虫のエサとして知られているカワニナが見つかった。カワニナは内臓が外とう膜で覆われている動物のなかまである。カワニナのほかに，カワゲラ，ヒラタカゲロウ，シマトビケラ，シマイシビルが見つかり，その他の指標生物は見つからなかった。見つけた生物のうち，シマトビケラの個体数が最も多く，シマイシビルが次に多かった。

〔問4〕 **<レポート4>**から，学校の近くの川で調査を行った地点の水質階級と，内臓が外とう膜で覆われている動物のなかまの名称とを組み合わせたものとして適切なのは，次の表のア～エのうちではどれか。

	調査を行った地点の水質階級	内臓が外とう膜で覆われている動物のなかまの名称
ア	Ⅰ	節足動物
イ	Ⅰ	軟体動物
ウ	Ⅱ	節足動物
エ	Ⅱ	軟体動物

3　太陽の１日の動きを調べる観察について，次の各問に答えよ。

東京の地点X（北緯35.6°）で，ある年の夏至の日に，＜観察＞を行ったところ，＜結果１＞のようになった。

＜観察＞

(1)　図１のように，白い紙に透明半球の縁と同じ大きさの円と，円の中心Oで垂直に交わる直線ACと直線BDをかいた。かいた円に合わせて透明半球をセロハンテープで固定した。

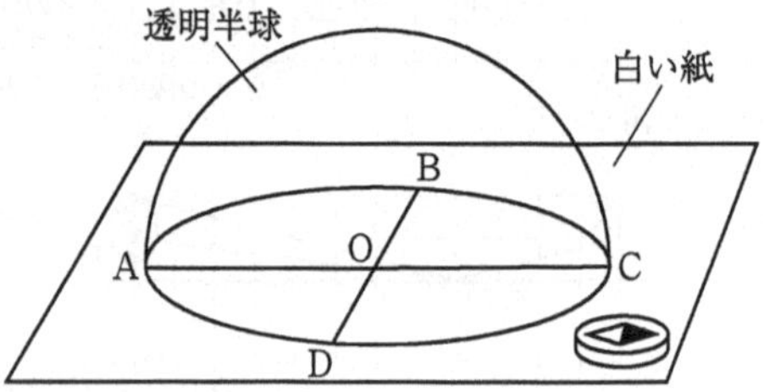

(2)　日当たりのよい水平な場所で，N極が黒く塗られた方位磁針の南北に図１の直線ACを合わせて固定した。

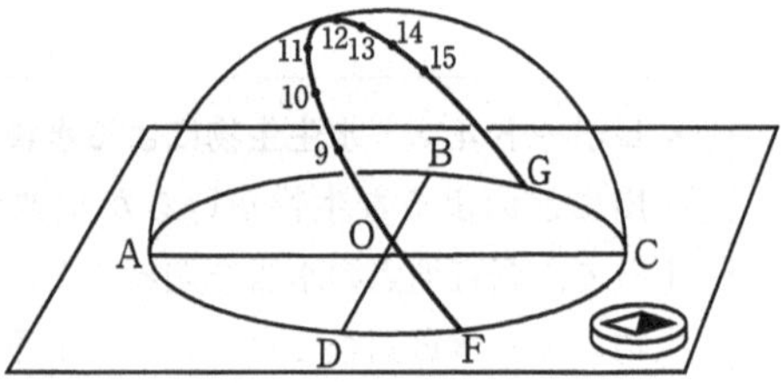

(3)　９時から15時までの間，１時間ごとに，油性ペンの先の影が円の中心Oと一致する透明半球上の位置に•印と観察した時刻を記入した。

(4)　図２のように，記録した•印を滑らかな線で結び，その線を透明半球の縁まで延ばして東側で円と交わる点をFとし，西側で円と交わる点をGとした。

(5)　透明半球にかいた滑らかな線に紙テープを合わせて，１時間ごとに記録した•印と時刻を写し取り，点Fから９時までの間，•印と•印の間，15時から点Gまでの間をものさしで測った。

図１

図２

＜結果１＞

図３のようになった。

図３

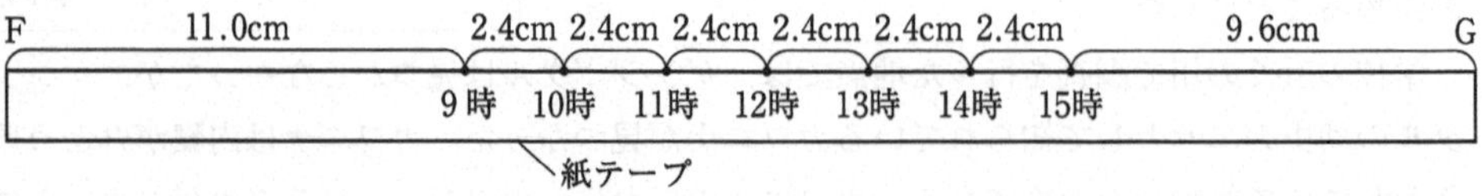

〔問１〕　＜観察＞を行った日の日の入りの時刻を，＜結果１＞から求めたものとして適切なのは，次のうちではどれか。

ア　18時　　イ　18時35分　　ウ　19時　　エ　19時35分

〔問２〕　＜観察＞を行った日の南半球のある地点Y（南緯35.6°）における，太陽の動きを表した模式図として適切なのは，次のうちではどれか。

ア

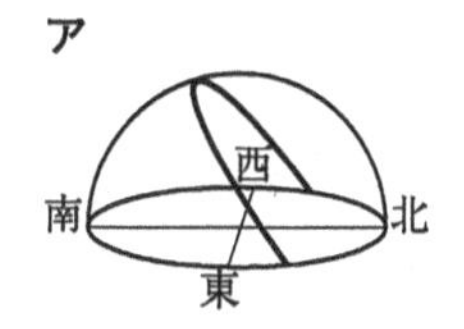

イ

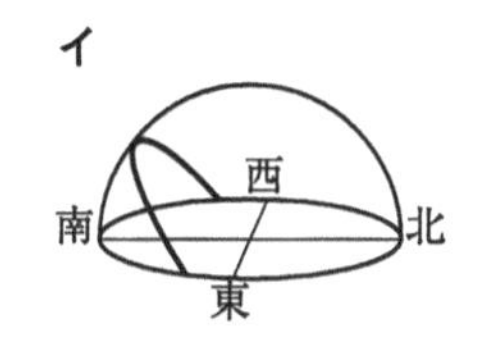

ウ

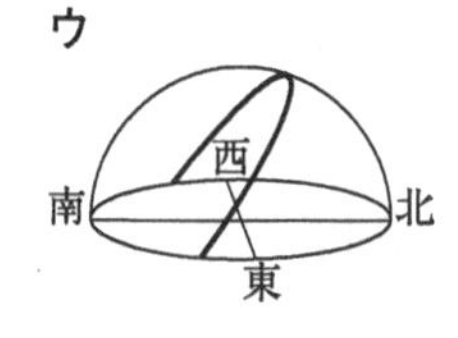

エ

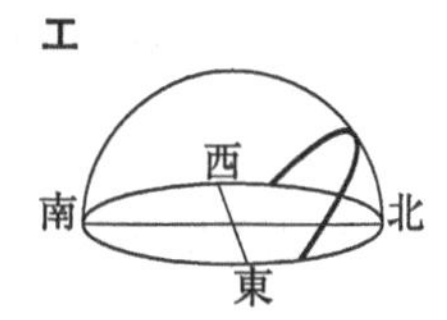

次に，**＜観察＞**を行った東京の地点Xで，秋分の日に**＜観察＞**の(1)から(3)までと同様に記録し，記録した●印を滑らかな線で結び，その線を透明半球の縁まで延ばしたところ，図4のようになった。

図4

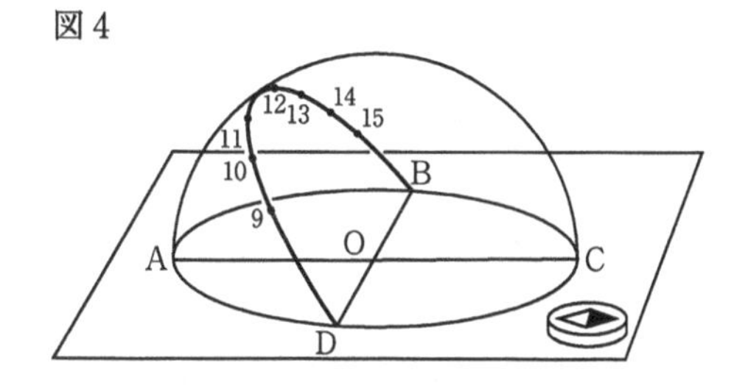

次に，秋分の日の翌日，東京の地点Xで，**＜実験＞**を行ったところ，**＜結果2＞**のようになった。

＜実験＞

(1)　黒く塗った試験管，ゴム栓，温度計，発泡ポリスチレンを二つずつ用意し，黒く塗った試験管に24℃のくみ置きの水をいっぱいに入れ，空気が入らないようにゴム栓と温度計を差し込み，図5のような装置を2組作り，装置H，装置Iとした。

(2)　12時に，図6のように，日当たりのよい水平な場所に装置Hを置いた。また，図7のように，装置Iを装置と地面（水平面）でできる角を角a，発泡ポリスチレンの上端と影の先を結んでできる線と装置との角を角bとし，黒く塗った試験管を取り付けた面を太陽に向けて，太陽の光が垂直に当たるように角bを90°に調節して，12時に日当たりのよい水平な場所に置いた。

図5　図6　図7

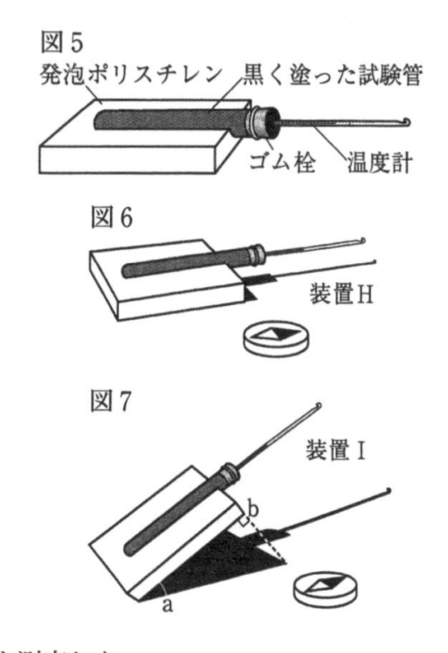

(3)　装置Hと装置Iを置いてから10分後の試験管内の水温を測定した。

＜結果2＞

	装置H	装置I
12時の水温〔℃〕	24.0	24.0
12時10分の水温〔℃〕	35.2	37.0

〔問3〕　南中高度が高いほど地表が温まりやすい理由を，**＜結果2＞**を踏まえて，同じ面積に受ける太陽の光の量（エネルギー）に着目して簡単に書け。

〔問4〕　次のページの図8は，**＜観察＞**を行った東京の地点X（北緯35.6°）での冬至の日の太陽の光の当たり方を模式的に表したものである。次のページの文は，冬至の日の南中時刻に，地点Xで図7の装置Iを用いて，黒く塗った試験管内の水温を測定したとき，10分後の水温が最も高くなる装置Iの角aについて述べている。

文中の ① と ② にそれぞれ当てはまるものとして適切なのは，次のページの**ア**～**エ**のうちではどれか。

ただし，地軸は地球の公転面に垂直な方向に対して23.4°傾いているものとする。

図８

太陽の光　c　d　地点Xでの地平面　北極点　地点X　e　f　公転面　赤道　地軸　公転面に垂直な直線

> 地点Xで冬至の日の南中時刻に，図７の装置Ⅰを用いて，黒く塗った試験管内の水温を測定したとき，10分後の水温が最も高くなる角aは，図８中の角 ① と等しく，角の大きさは ② である。

① ア　c　　イ　d　　ウ　e　　エ　f

② ア　23.4°　　イ　31.0°　　ウ　59.0°　　エ　66.6°

４　消化酵素の働きを調べる実験について，次の各問に答えよ。

<実験１>を行ったところ，<結果１>のようになった。

<実験１>

⑴　図１のように，スポンジの上に載せたアルミニウムはくに試験管用のゴム栓を押し付けて型を取り，アルミニウムはくの容器を６個作った。

⑵　⑴で作った６個の容器に１％デンプン溶液をそれぞれ２cm^3ずつ入れ，容器A～Fとした。

⑶　容器Aと容器Bには水１cm^3を，容器Cと容器Dには水で薄めた唾液１cm^3を，容器Eと容器Fには消化酵素Xの溶液１cm^3を，それぞれ加えた。容器A～Fを，図２のように，40℃の水を入れてふたをしたペトリ皿の上に10分間置いた。

⑷　⑶で10分間置いた後，図３のように，容器A，容器C，容器Eにはヨウ素液を加え，それぞれの溶液の色を観察した。また，図４のように，容器B，容器D，容器Fにはベネジクト液を加えてから弱火にしたガスバーナーで加熱し，それぞれの溶液の色を観察した。

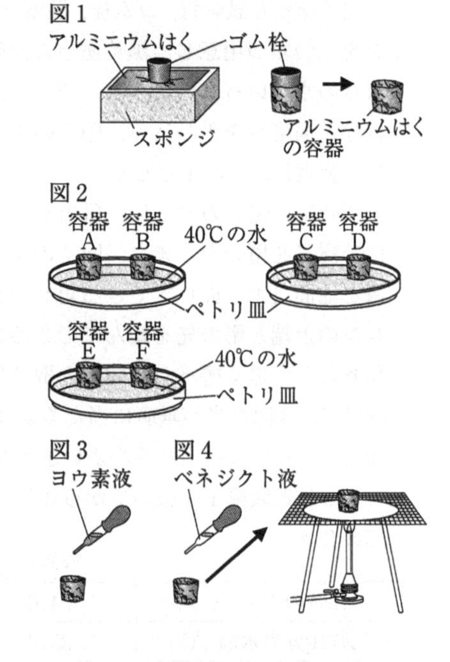

<結果１>

容器	１％デンプン溶液２cm^3に加えた液体	加えた試薬	観察された溶液の色
A	水１cm^3	ヨウ素液	青紫色
B		ベネジクト液	青色
C	水で薄めた唾液１cm^3	ヨウ素液	茶褐色
D		ベネジクト液	赤褐色
E	消化酵素Xの溶液１cm^3	ヨウ素液	青紫色
F		ベネジクト液	青色

次に，**<実験1>**と同じ消化酵素Xの溶液を用いて**<実験2>**を行ったところ，**<結果2>**のようになった。

<実験2>

(1)　ペトリ皿を2枚用意し，それぞれのペトリ皿に60℃のゼラチン水溶液を入れ，冷やしてゼリー状にして，ペトリ皿GとHとした。ゼラチンの主成分はタンパク質であり，ゼリー状のゼラチンは分解されると溶けて液体になる性質がある。

(2)　図5のように，ペトリ皿Gには水をしみ込ませたろ紙を，ペトリ皿Hには消化酵素Xの溶液をしみ込ませたろ紙を，それぞれのゼラチンの上に載せ，24℃で15分間保った。

図5

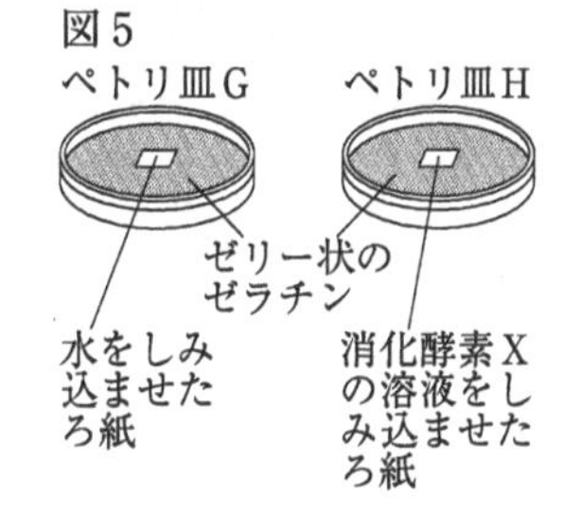

(3)　(2)で15分間保った後，ペトリ皿GとHの変化の様子を観察した。

<結果2>

ペトリ皿	ろ紙にしみ込ませた液体	ろ紙を載せた部分の変化	ろ紙を載せた部分以外の変化
G	水	変化しなかった。	変化しなかった。
H	消化酵素Xの溶液	ゼラチンが溶けて液体になった。	変化しなかった。

次に，**<実験1>**と同じ消化酵素Xの溶液を用いて**<実験3>**を行ったところ，**<結果3>**のようになった。

<実験3>

(1)　ペトリ皿に60℃のゼラチン水溶液を入れ，冷やしてゼリー状にして，ペトリ皿Iとした。

(2)　図6のように，消化酵素Xの溶液を試験管に入れ80℃の水で10分間温めた後に24℃に戻し，加熱後の消化酵素Xの溶液とした。図7のように，ペトリ皿Iには加熱後の消化酵素Xの溶液をしみ込ませたろ紙を，ゼラチンの上に載せ，24℃で15分間保った後，ペトリ皿Iの変化の様子を観察した。

図6　　図7

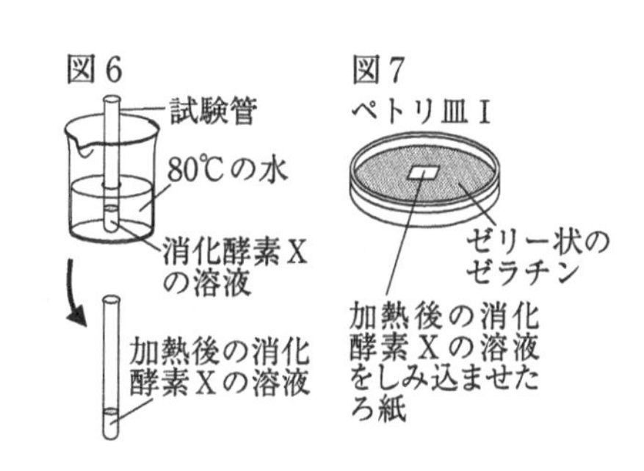

<結果3>

ろ紙を載せた部分も，ろ紙を載せた部分以外も変化はなかった。

〔問1〕　**<結果1>**から分かる，消化酵素の働きについて述べた次の文の ① ～ ③ にそれぞれ当てはまるものとして適切なのは，下の**ア**～**エ**のうちではどれか。

> ① の比較から，デンプンは ② の働きにより別の物質になったことが分かる。さらに， ③ の比較から， ② の働きによりできた別の物質は糖であることが分かる。

①　**ア**　容器Aと容器C　　**イ**　容器Aと容器E
　　ウ　容器Bと容器D　　**エ**　容器Bと容器F

②　**ア**　水　　**イ**　ヨウ素液　　**ウ**　唾液　　**エ**　消化酵素X

③　ア　容器Aと容器C　　イ　容器Aと容器E
　　ウ　容器Bと容器D　　エ　容器Bと容器F

〔問2〕 <結果1>と<結果2>から分かる，消化酵素Xと同じ働きをするヒトの消化酵素の名称と，<結果3>から分かる，加熱後の消化酵素Xの働きの様子とを組み合わせたものとして適切なのは，次の表のア～エのうちではどれか。

	消化酵素Xと同じ働きをするヒトの消化酵素の名称	加熱後の消化酵素Xの働きの様子
ア	アミラーゼ	タンパク質を分解する。
イ	アミラーゼ	タンパク質を分解しない。
ウ	ペプシン	タンパク質を分解する。
エ	ペプシン	タンパク質を分解しない。

〔問3〕 ヒトの体内における，デンプンとタンパク質の分解について述べた次の文の ① ～ ④ にそれぞれ当てはまるものとして適切なのは，下のア～エのうちではどれか。

> デンプンは， ① から分泌される消化液に含まれる消化酵素などの働きで，最終的に ② に分解され，タンパク質は， ③ から分泌される消化液に含まれる消化酵素などの働きで，最終的に ④ に分解される。

①　ア　唾液腺・胆のう　　イ　唾液腺・すい臓　　ウ　胃・胆のう　　エ　胃・すい臓
②　ア　ブドウ糖　　イ　アミノ酸　　ウ　脂肪酸
　　エ　モノグリセリド
③　ア　唾液腺・胆のう　　イ　唾液腺・すい臓　　ウ　胃・胆のう　　エ　胃・すい臓
④　ア　ブドウ糖　　イ　アミノ酸　　ウ　脂肪酸
　　エ　モノグリセリド

〔問4〕 ヒトの体内では，食物は消化酵素などの働きにより分解された後，多くの物質は小腸から吸収される。図8は小腸の内壁の様子を模式的に表したもので，約1㎜の長さの微小な突起で覆われていることが分かる。分解された物質を吸収する上での小腸の内壁の構造上の利点について，微小な突起の名称に触れて，簡単に書け。

図8

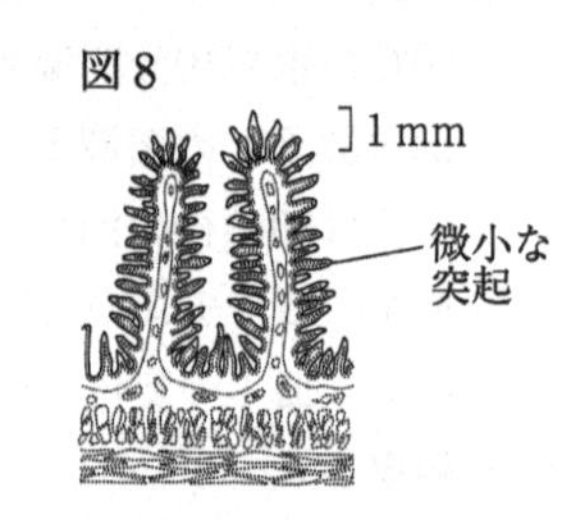

5　物質の性質を調べて区別する実験について，次の各問に答えよ。

4種類の白色の物質A～Dは，塩化ナトリウム，ショ糖（砂糖），炭酸水素ナトリウム，ミョウバンのいずれかである。

<実験1>を行ったところ，<結果1>のようになった。

<実験1>

(1) 物質A～Dをそれぞれ別の燃焼さじに少量載せ，図1のように加熱し，物質の変化の様子を調べた。

(2) <実験1>の(1)では，物質Bと物質Cは，燃えずに白色の物質が残り，区別がつかなかった。そのため，乾いた試験管を2本用意し，それ

図1

ぞれの試験管に物質Ｂ，物質Ｃを少量入れた。物質Ｂの入った試験管にガラス管がつながっているゴム栓をして，図２のように，試験管の口を少し下げ，スタンドに固定した。

(3)　試験管を加熱し，加熱中の物質の変化を調べた。気体が発生した場合，発生した気体を水上置換法で集めた。

(4)　<**実験１**>の(2)の物質Ｂの入った試験管を物質Ｃの入った試験管に替え，<**実験１**>の(2)，(3)と同様の実験を行った。

図２

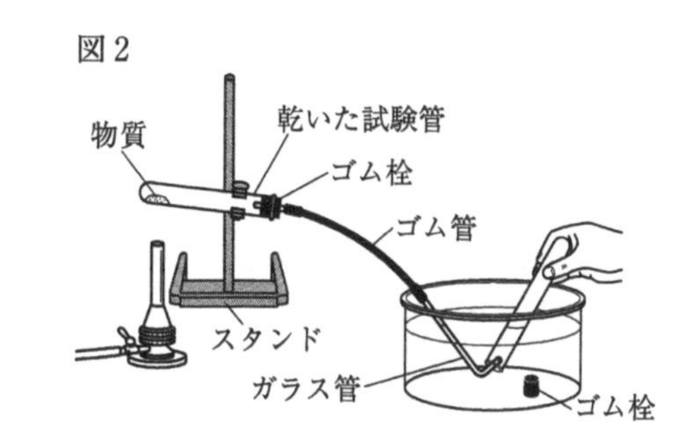

<**結果１**>

	物質Ａ	物質Ｂ	物質Ｃ	物質Ｄ
<**実験１**>の(1)で加熱した物質の変化	溶けた。	白色の物質が残った。	白色の物質が残った。	焦げて黒色の物質が残った。
<**実験１**>の(3)，(4)で加熱中の物質の変化		気体が発生した。	変化しなかった。	

〔問１〕　<**実験１**>の(1)で，物質Ｄのように，加熱すると焦げて黒色に変化する物質について述べたものとして適切なのは，次のうちではどれか。

ア　ろうは無機物であり，炭素原子を含まない物質である。

イ　ろうは有機物であり，炭素原子を含む物質である。

ウ　活性炭は無機物であり，炭素原子を含まない物質である。

エ　活性炭は有機物であり，炭素原子を含む物質である。

〔問２〕　<**実験１**>の(3)で，物質Ｂを加熱したときに発生した気体について述べた次の文の［①］に当てはまるものとして適切なのは，下の**ア**～**エ**のうちではどれか。また，［②］に当てはまるものとして適切なのは，下の**ア**～**エ**のうちではどれか。

> 物質Ｂを加熱したときに発生した気体には［①］という性質があり，発生した気体と同じ気体を発生させるには，［②］という方法がある。

［①］　**ア**　物質を燃やす

　　イ　空気中で火をつけると音をたてて燃える

　　ウ　水に少し溶け，その水溶液は酸性を示す

　　エ　水に少し溶け，その水溶液はアルカリ性を示す

［②］　**ア**　石灰石に薄い塩酸を加える

　　イ　二酸化マンガンに薄い過酸化水素水を加える

　　ウ　亜鉛に薄い塩酸を加える

　　エ　塩化アンモニウムと水酸化カルシウムを混合して加熱する

次に，＜実験２＞を行ったところ，＜結果２＞のようになった。

＜実験２＞

⑴　20℃の精製水（蒸留水）100ｇを入れたビーカーを４個用意し，それぞれのビーカーに図３のように物質Ａ～Ｄを20ｇずつ入れ，ガラス棒でかき混ぜ，精製水（蒸留水）に溶けるかどうかを観察した。

図３

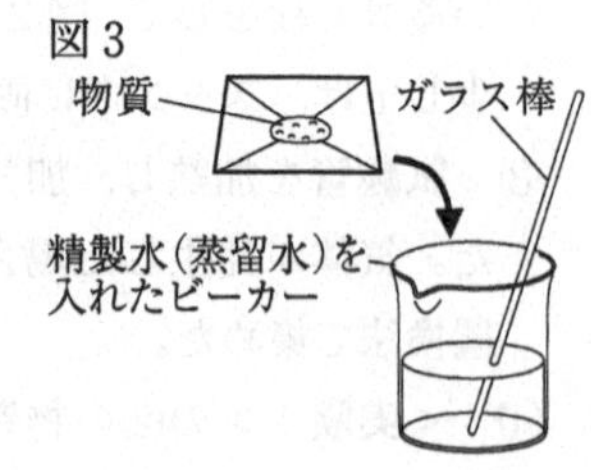

⑵　図４のように，ステンレス製の電極，電源装置，豆電球，電流計をつないで回路を作り，＜実験２＞の⑴のそれぞれのビーカーの中に，精製水（蒸留水）でよく洗った電極を入れ，電流が流れるかどうかを調べた。

図４

ステンレス製の電極
電源装置
豆電球
電流計

⑶　塩化ナトリウム，ショ糖（砂糖），炭酸水素ナトリウム，ミョウバンの水100ｇに対する溶解度を，図書館で調べた。

＜結果２＞

⑴　＜実験２＞の⑴，⑵で調べた結果は，次の表のようになった。

	物質Ａ	物質Ｂ	物質Ｃ	物質Ｄ
20℃の精製水（蒸留水）100ｇに溶けるかどうか	一部が溶けずに残った。	一部が溶けずに残った。	全て溶けた。	全て溶けた。
電流が流れるかどうか	流れた。	流れた。	流れた。	流れなかった。

⑵　＜実験２＞の⑶で調べた結果は，次の表のようになった。

水の温度〔℃〕	塩化ナトリウムの質量〔ｇ〕	ショ糖（砂糖）の質量〔ｇ〕	炭酸水素ナトリウムの質量〔ｇ〕	ミョウバンの質量〔ｇ〕
0	35.6	179.2	6.9	5.7
20	35.8	203.9	9.6	11.4
40	36.3	238.1	12.7	23.8
60	37.1	287.3	16.4	57.4

〔問３〕　物質Ｃを水に溶かしたときの電離の様子を，化学式とイオン式を使って書け。

〔問４〕　＜結果２＞で，物質の一部が溶けずに残った水溶液を40℃まで加熱したとき，一方は全て溶けた。全て溶けた方の水溶液を水溶液Ｐとするとき，水溶液Ｐの溶質の名称を書け。また，40℃まで加熱した水溶液Ｐ120ｇを20℃に冷やしたとき，取り出すことができる結晶の質量〔ｇ〕を求めよ。

6 電熱線に流れる電流とエネルギーの移り変わりを調べる実験について，次の各問に答えよ。
＜**実験１**＞を行ったところ，＜**結果１**＞のようになった。

＜**実験１**＞

(1) 電流計，電圧計，電気抵抗の大きさが異なる電熱線Ａと電熱線Ｂ，スイッチ，導線，電源装置を用意した。

(2) 電熱線Ａをスタンドに固定し，図１のように，回路を作った。

(3) 電源装置の電圧を1.0Ｖに設定した。

(4) 回路上のスイッチを入れ，回路に流れる電流の大きさ，電熱線の両端に加わる電圧の大きさを測定した。

(5) 電源装置の電圧を2.0Ｖ，3.0Ｖ，4.0Ｖ，5.0Ｖに変え，＜**実験１**＞の(4)と同様の実験を行った。

(6) 電熱線Ａを電熱線Ｂに変え，＜**実験１**＞の(3)，(4)，(5)と同様の実験を行った。

図１

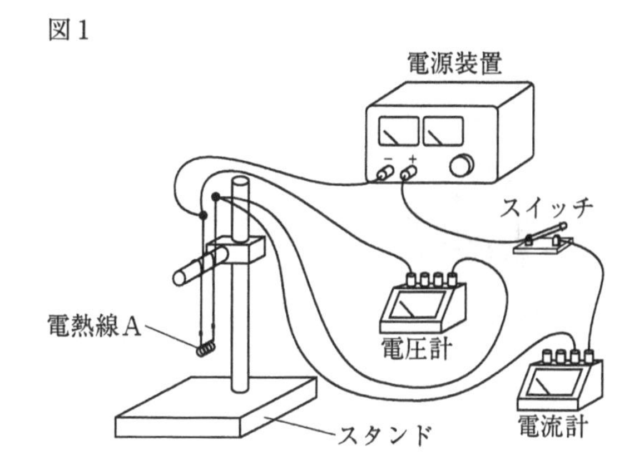

＜**結果１**＞

	電源装置の電圧〔V〕	1.0	2.0	3.0	4.0	5.0
電熱線Ａ	回路に流れる電流の大きさ〔A〕	0.17	0.33	0.50	0.67	0.83
	電熱線Ａの両端に加わる電圧の大きさ〔V〕	1.0	2.0	3.0	4.0	5.0
電熱線Ｂ	回路に流れる電流の大きさ〔A〕	0.25	0.50	0.75	1.00	1.25
	電熱線Ｂの両端に加わる電圧の大きさ〔V〕	1.0	2.0	3.0	4.0	5.0

〔問１〕 ＜**結果１**＞から，電熱線Ａについて，電熱線Ａの両端に加わる電圧の大きさと回路に流れる電流の大きさの関係を，解答用紙の方眼を入れた図に●を用いて記入し，グラフをかけ。
また，電熱線Ａの両端に加わる電圧の大きさが9.0Ｖのとき，回路に流れる電流の大きさは何Ａか。

次に，＜**実験２**＞を行ったところ，＜**結果２**＞のようになった。

＜**実験２**＞

(1) 電流計，電圧計，＜**実験１**＞で使用した電熱線Ａと電熱線Ｂ，200ｇの水が入った発泡ポリスチレンのコップ，温度計，ガラス棒，ストップウォッチ，スイッチ，導線，電源装置を用意した。

(2) 図２（次のページ）のように，電熱線Ａと電熱線Ｂを直列に接続し，回路を作った。

(3) 電源装置の電圧を5.0Ｖに設定した。

(4) 回路上のスイッチを入れる前の水の温度を測定し，ストップウォッチのスタートボタンを押すと同時に回路上のスイッチを入れ，回路に流れる電流の大きさ，回路上の点ａから点ｂまでの間に加わる電圧の大きさを測定した。

⑸　1分ごとにガラス棒で水をゆっくりかきまぜ，回路上のスイッチを入れてから5分後の水の温度を測定した。

⑹　図3のように，電熱線Aと電熱線Bを並列に接続し，回路を作り，<実験2>の⑶，⑷，⑸と同様の実験を行った。

図2

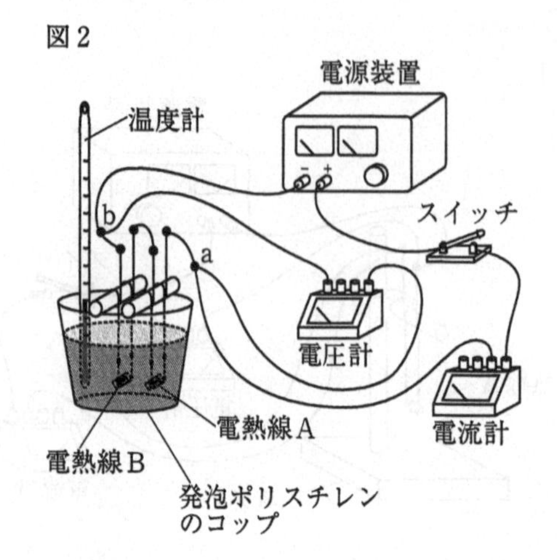

図3

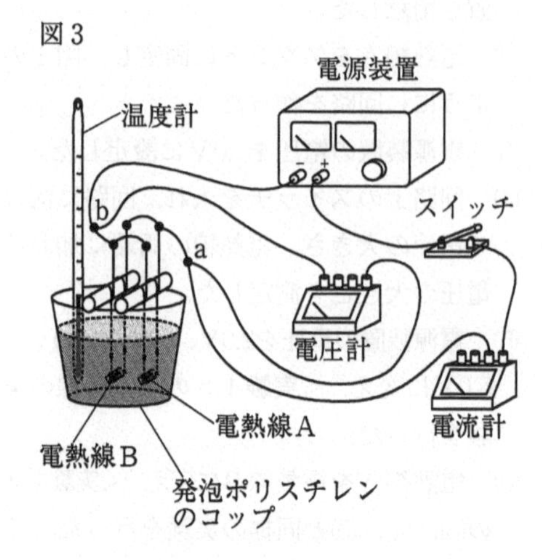

<結果2>

	電熱線Aと電熱線Bを直列に接続したとき	電熱線Aと電熱線Bを並列に接続したとき
電源装置の電圧〔V〕	5.0	5.0
スイッチを入れる前の水の温度〔℃〕	20.0	20.0
回路に流れる電流の大きさ〔A〕	0.5	2.1
回路上の点aから点bまでの間に加わる電圧の大きさ〔V〕	5.0	5.0
回路上のスイッチを入れてから5分後の水の温度〔℃〕	20.9	23.8

〔問2〕　<結果1>と<結果2>から，電熱線Aと電熱線Bを直列に接続したときと並列に接続したときの回路において，直列に接続したときの電熱線Bに流れる電流の大きさと並列に接続したときの電熱線Bに流れる電流の大きさを最も簡単な整数の比で表したものとして適切なのは，次のうちではどれか。

ア　1：5　**イ**　2：5
ウ　5：21　**エ**　10：21

〔問3〕　<結果2>から，電熱線Aと電熱線Bを並列に接続し，回路上のスイッチを入れてから5分間電流を流したとき，電熱線Aと電熱線Bの発熱量の和を<結果2>の電流の値を用いて求めたものとして適切なのは，次のうちではどれか。

ア　12.5J　**イ**　52.5J
ウ　750J　**エ**　3150J

〔問4〕　<結果1>と<結果2>から，電熱線の性質とエネルギーの移り変わりの様子について述べたものとして適切なのは，次のうちではどれか。

ア　電熱線には電気抵抗の大きさが大きくなると電流が流れにくくなる性質があり，電気エネルギーを熱エネルギーに変換している。

イ　電熱線には電気抵抗の大きさが大きくなると電流が流れにくくなる性質があり，電気エネルギーを化学エネルギーに変換している。

ウ　電熱線には電気抵抗の大きさが小さくなると電流が流れにくくなる性質があり，熱エネルギーを電気エネルギーに変換している。

エ　電熱線には電気抵抗の大きさが小さくなると電流が流れにくくなる性質があり，熱エネルギーを化学エネルギーに変換している。

＜社会＞

時間 50分 満点 100点

1 次の各問に答えよ。

〔問１〕 次の図は，神奈川県藤沢市の「江の島」の様子を地域調査の発表用資料としてまとめたものである。この地域の景観を，●で示した地点から矢印⬋の向きに撮影した写真に当てはまるのは，下のア～エのうちではどれか。

発表用資料

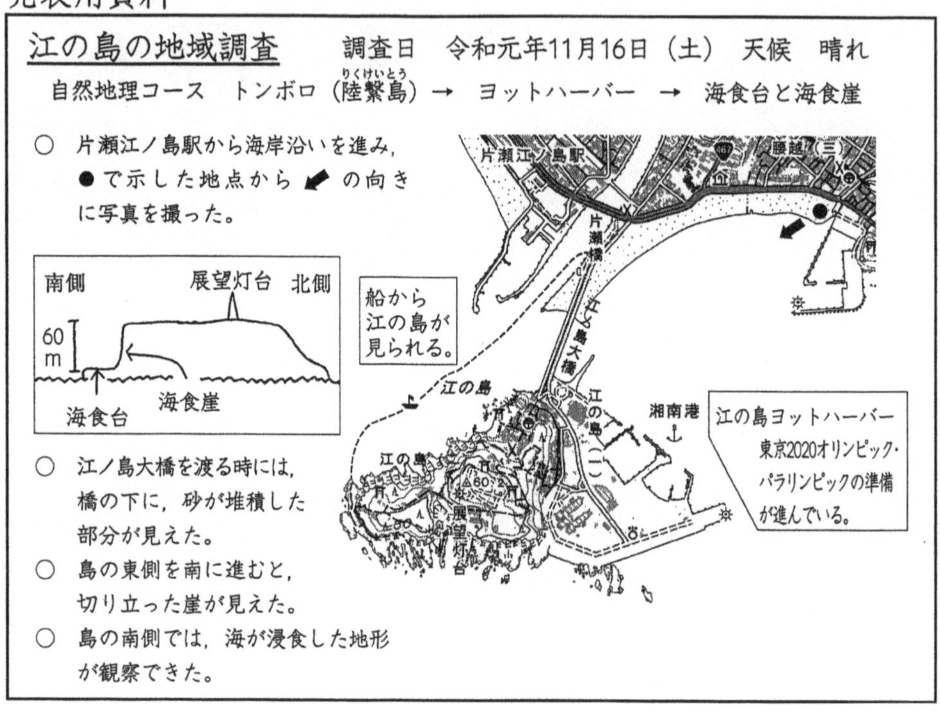

ア

イ

ウ

エ

〔問２〕　次のⅠの略地図中の**ア**～**エ**は，世界遺産に登録されている我が国の主な歴史的文化財の所在地を示したものである。Ⅱの文で述べている歴史的文化財の所在地に当てはまるのは，略地図中の**ア**～**エ**のうちのどれか。

Ⅰ

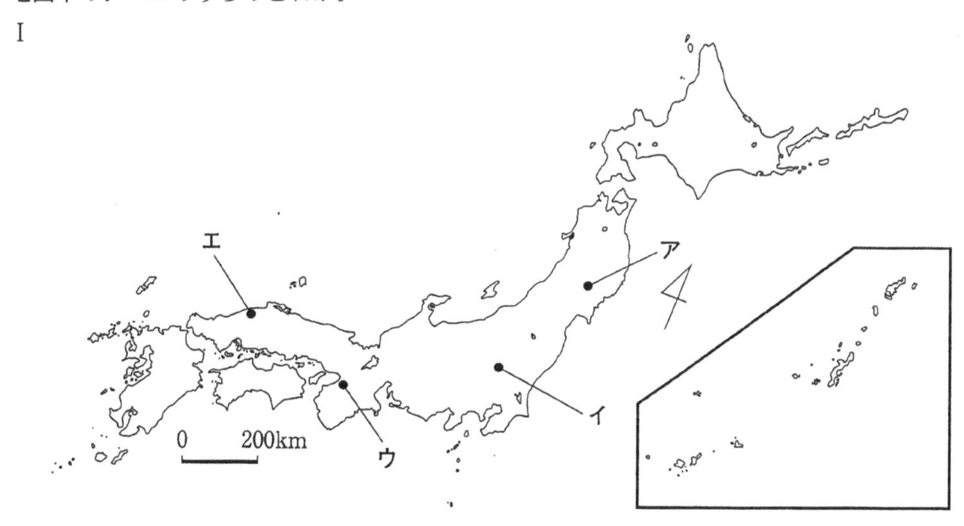

Ⅱ

> 5世紀中頃に造られた，大王（おおきみ）の墓と言われる日本最大の面積を誇る前方後円墳で，周囲には三重の堀が巡らされ，古墳の表面や頂上等からは，人や犬，馬などの形をした埴輪（はにわ）が発見されており，2019年に世界遺産に登録された。

〔問3〕 次の文で述べている国際連合の機関に当てはまるのは，下の**ア**～**エ**のうちのどれか。

> 国際紛争を調査し，解決方法を勧告する他，平和を脅（おびや）かすような事態の発生時には，経済封鎖や軍事的措置などの制裁を加えることができる主要機関である。

ア 国連難民高等弁務官事務所
イ 安全保障理事会
ウ 世界保健機関
エ 国際司法裁判所

2 次の略地図を見て，あとの各問に答えよ。

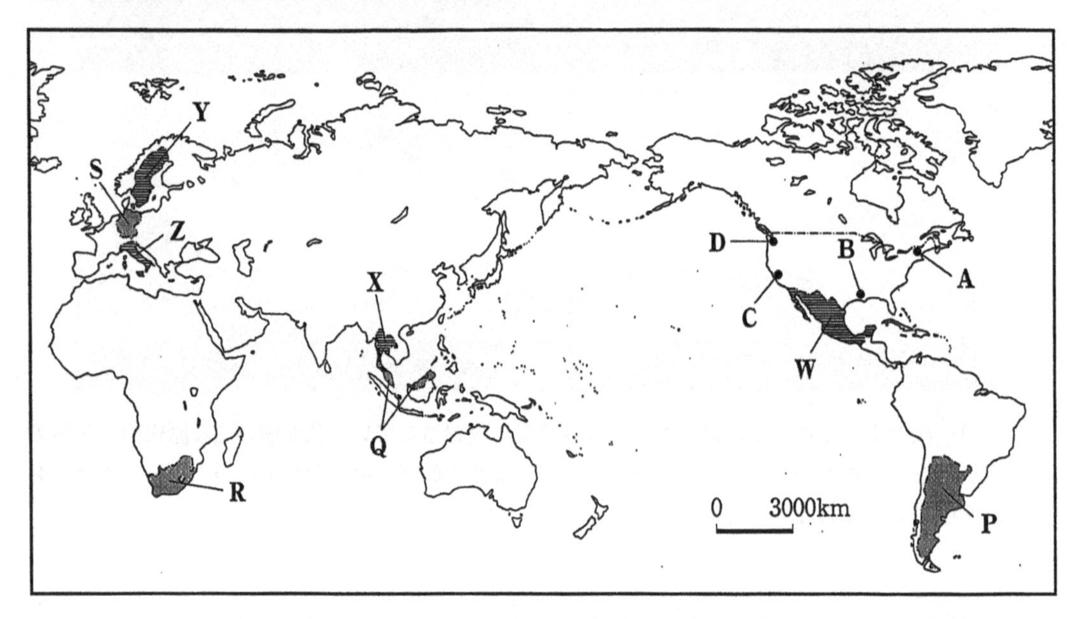

〔問1〕 次のⅠの文章は，略地図中の**A**～**D**の**いずれか**の都市の様子についてまとめたものである。次のページのⅡのグラフは，**A**～**D**の**いずれか**の都市の，年平均気温と年降水量及び各月の平均気温と降水量を示したものである。Ⅰの文章で述べている都市に当てはまるのは，略地図中の**A**～**D**のうちのどれか，また，その都市のグラフに当てはまるのは，Ⅱの**ア**～**エ**のうちのどれか。

Ⅰ

> サンベルト北限付近に位置し，冬季は温暖で湿潤だが，夏季は乾燥し，寒流の影響で高温にならず，一年を通して過ごしやすい。周辺には1885年に大学が設立され，1950年代から半導体の生産が始まり，情報分野で世界的な企業が成長し，現在も世界各国から研究者が集まっている。

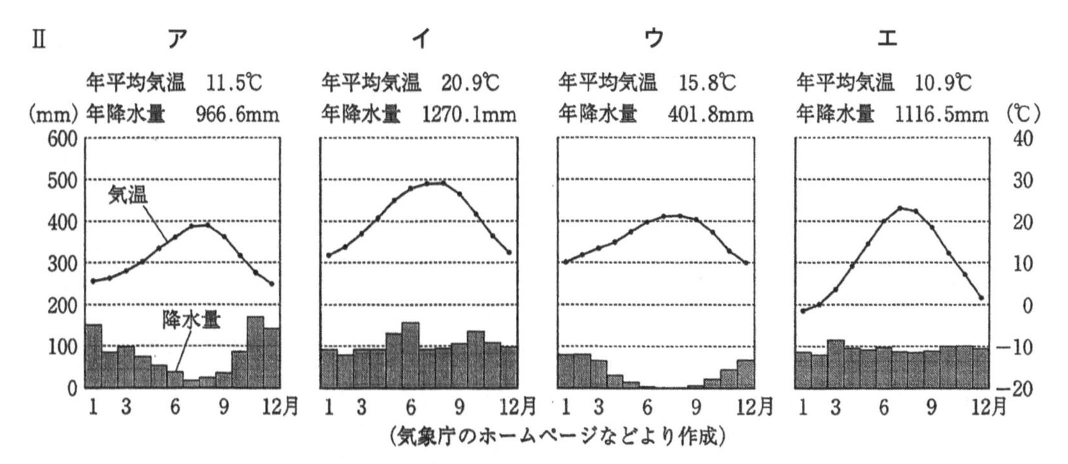

(気象庁のホームページなどより作成)

〔問2〕 次の表の**ア**～**エ**は，略地図中に ▒▒ で示したP～Sの**いずれか**の国の，2017年における自動車の生産台数，販売台数，交通や自動車工業の様子についてまとめたものである。略地図中のP～Sのそれぞれの国に当てはまるのは，次の表の**ア**～**エ**のうちではどれか。

	自動車		交通や自動車工業の様子
	生産(千台)	販売(千台)	
ア	460	591	○年間数万隻の船舶が航行する海峡に面する港に高速道路が延び，首都では渋滞解消に向け鉄道が建設された。 ○1980年代には，日本企業と協力して熱帯地域に対応した国民車の生産が始まり，近年は政策としてハイブリッド車などの普及を進めている。
イ	472	900	○現在も地殻変動が続き，国土の西側に位置し，国境を形成する山脈を越えて，隣国まで続く高速道路が整備されている。 ○2017年は，隣国の需要の低下により乗用車の生産が減少し，パンパでの穀物生産や牧畜で使用されるトラックなどの商用車の生産が増加した。
ウ	5646	3811	○国土の北部は氷河に削られ，城郭都市の石畳の道や，1930年代から建設が始まった速度制限のない区間が見られる高速道路が整備されている。 ○酸性雨の被害を受けた経験から，自動車の生産では，エンジンから排出される有害物質の削減に力を入れ，ディーゼル車の割合が減少している。
エ	590	556	○豊富な地下資源を運ぶトラックから乗用車まで様々な種類の自動車が見られ，1970年代に高速道路の整備が始められた。 ○欧州との時差が少なく，アジアまで船で輸送する利便性が高いことを生かして，欧州企業が日本向け自動車の生産拠点を置いている。

(「世界国勢図会」2018/19年版などより作成)

〔問3〕 次のページのⅠとⅡの表の**ア**～**エ**は，略地図中に ▤ で示したW～Zの**いずれか**の国に当てはまる。Ⅰの表は，1993年と2016年における進出日本企業数と製造業に関わる進出日本企業数，輸出額が多い上位3位までの貿易相手国，Ⅱの表は，1993年と2016年における日本との貿易総額，日本の輸入額の上位3位の品目と日本の輸入額に占める割合を示したものである。次のページのⅢの文章は，ⅠとⅡの表における**ア**～**エ**の**いずれか**の国について述べたものである。Ⅲの文章で述べている国に当てはまるのは，略地図中のW～Zのうちのどれか，また，ⅠとⅡの表の**ア**～**エ**のうちのどれか。

Ⅰ

		進出日本企業数		輸出額が多い上位3位までの貿易相手国		
			製造業	1位	2位	3位
ア	1993年	875	497	アメリカ合衆国	日本	シンガポール
	2016年	2318	1177	アメリカ合衆国	中華人民共和国	日本
イ	1993年	44	4	ドイツ	イギリス	アメリカ合衆国
	2016年	80	19	ノルウェー	ドイツ	デンマーク
ウ	1993年	113	56	アメリカ合衆国	カナダ	スペイン
	2016年	502	255	アメリカ合衆国	カナダ	中華人民共和国
エ	1993年	164	46	ドイツ	フランス	アメリカ合衆国
	2016年	237	72	ドイツ	フランス	アメリカ合衆国

(国際連合「貿易統計年鑑」2016などより作成)

Ⅱ

		貿易総額(億円)	日本の輸入額の上位3位の品目と日本の輸入額に占める割合(%)					
			1位		2位		3位	
ア	1993年	20885	魚介類	15.3	一般機械	11.3	電気機器	10.7
	2016年	51641	電気機器	21.1	一般機械	13.6	肉類・同調製品	8.0
イ	1993年	3155	電気機器	20.4	医薬品	16.7	自動車	15.3
	2016年	3970	医薬品	29.4	一般機械	11.9	製材	9.7
ウ	1993年	5608	原油・粗油	43.3	塩	8.1	果実及び野菜	7.8
	2016年	17833	原油	23.2	電気機器	17.0	自動車部品	7.9
エ	1993年	7874	一般機械	11.6	衣類	10.3	織物用糸・繊維製品	10.2
	2016年	14631	一般機械	12.1	バッグ類	10.9	医薬品	10.0

(国際連合「貿易統計年鑑」2016などより作成)

Ⅲ

雨季と乾季があり，国土の北部から南流し，首都を通り海に注ぐ河川の両側に広がる農地などで生産される穀物が，1980年代まで主要な輸出品であったが，1980年代からは工業化が進んだ。2016年には，製造業の進出日本企業数が1993年と比較し2倍以上に伸び，貿易相手国として中華人民共和国の重要性が高まった。また，この国と日本との貿易総額は1993年と比較し2倍以上に伸びており，電気機器の輸入額に占める割合も2割を上回るようになった。

3　次の略地図を見て，あとの各問に答えよ。

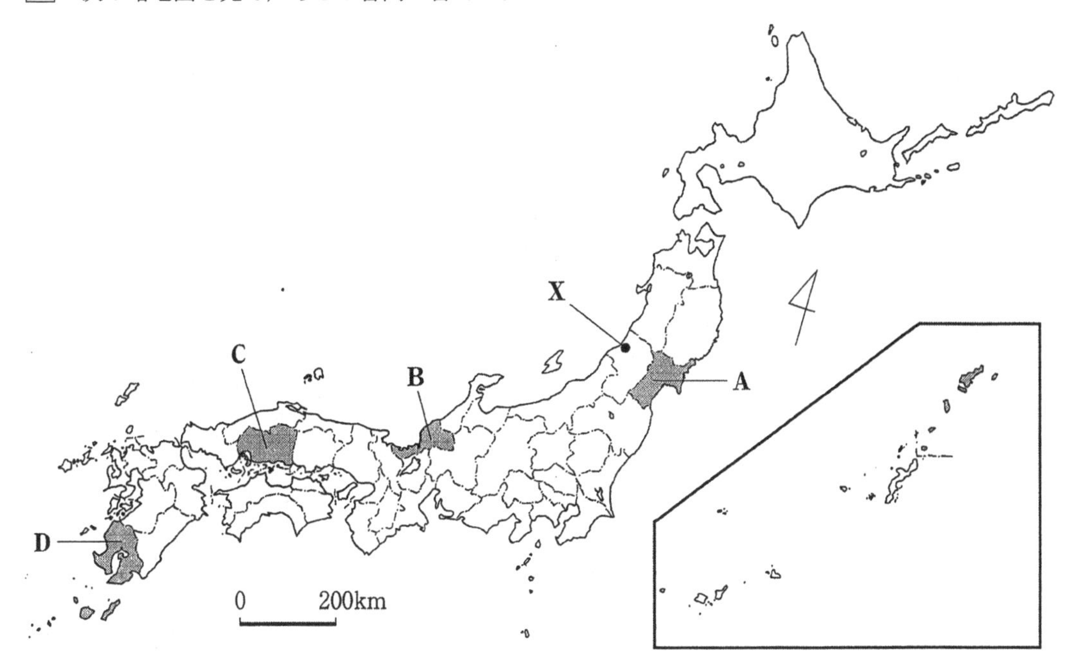

〔問1〕　次の表の**ア**～**エ**の文章は，略地図中に▒▒で示した，A～Dの**いずれか**の県の，2017年における鉄道の営業距離，県庁所在地（市）の人口，鉄道と県庁所在地の交通機関などの様子についてまとめたものである。略地図中のA～Dのそれぞれの県に当てはまるのは，次の表の**ア**～**エ**のうちではどれか。

	営業距離(km) 人口（万人）	鉄道と県庁所在地の交通機関などの様子
ア	710 119	○内陸部の山地では南北方向に，造船業や鉄鋼業が立地する沿岸部では東西方向に鉄道が走り，新幹線の路線には5駅が設置されている。 ○この都市では，中心部には路面電車が見られ，1994年に開業した鉄道が北西の丘陵地に形成された住宅地と三角州上に発達した都心部とを結んでいる。
イ	295 27	○リアス海岸が見られる地域や眼鏡産業が立地する平野を鉄道が走り，2022年には県庁所在地を通る新幹線の開業が予定されている。 ○この都市では，郊外の駅に駐車場が整備され，自動車から鉄道に乗り換え通勤できる環境が整えられ，城下町であった都心部の混雑が緩和されている。
ウ	642 109	○南北方向に走る鉄道と，西側に位置する山脈を越え隣県へつながる鉄道などがあり，1982年に開通した新幹線の路線には4駅が設置されている。 ○この都市では，中心となるターミナル駅に郊外から地下鉄やバスが乗り入れ，周辺の道路には町を象徴する街路樹が植えられている。
エ	423 61	○石油の備蓄基地が立地する西側の半島に鉄道が走り，2004年には北西から活動中の火山の対岸に位置する県庁所在地まで新幹線が開通した。 ○この都市では，路面電車の軌道を芝生化し，緑豊かな環境が整備され，シラス台地に開発された住宅地と都心部は，バス路線で結ばれている。

（「データで見る県勢」第27版などより作成）

〔問２〕 次のⅠとⅡの地形図は，1988年と1998年の「国土地理院発行２万５千分の１地形図（湯野浜）」の一部である。Ⅲの文章は，略地図中にXで示した庄内空港が建設された地域について，ⅠとⅡの地形図を比較して述べたものである。Ⅲの文章の P ～ S のそれぞれに当てはまるのは，次のアとイのうちではどれか。なお，Ⅱの地形図上において，Y－Z間の長さは８cmである。

Ⅰ

（1988年）

Ⅱ

（1998年）

Ⅲ

この空港は，主に標高が約10mから約 P mにかけて広がる Q であった土地を造成して建設された。ジェット機の就航が可能となるよう約 R mの長さの滑走路が整備され，海岸沿いの針葉樹林は， S から吹く風によって運ばれる砂の被害を防ぐ役割を果たしている。

P　ア　40　　イ　80　　　Q　ア　果樹園・畑　　イ　水田

R　ア　1500　　イ　2000　　S　ア　南東　　イ　北西

〔問３〕 次のⅠの文章は，2012年４月に示された「つなぐ・ひろがる　しずおかの道」の内容の一部をまとめたものである。Ⅱの略地図は，2018年における東名高速道路と新東名高速道路の一部を示したものである。Ⅲの表は，Ⅱの略地図中に示した御殿場から三ヶ日までの，東名と新東名について，新東名の開通前（2011年４月17日から2012年４月13日までの期間）と，開通後（2014年４月13日から2015年４月10日までの期間）の，平均交通量と10km以上の渋滞回数を示したものである。自然災害に着目し，ⅠとⅡの資料から読み取れる，新東名が現在の位置に建設された理由と，平均交通量と10km以上の渋滞回数に着目し，新東名が建設された効果について，それぞれ簡単に述べよ。

Ⅰ

○東名高速道路は，高波や津波などによる通行止めが発生し，経済に影響を与えている。
○東名高速道路は，全国の物流・経済を支えており，10km以上の渋滞回数は全国１位である。

Ⅱ

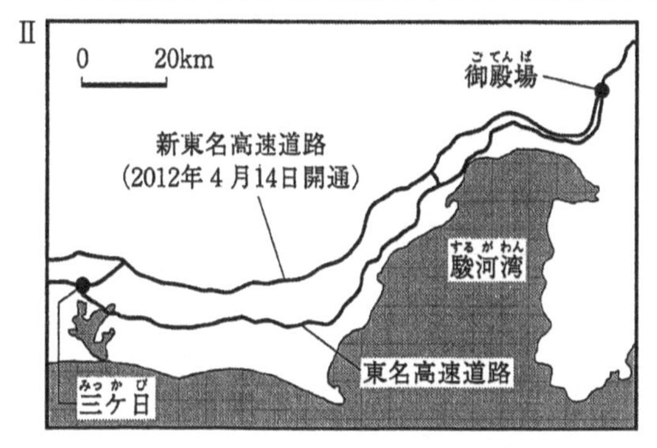

Ⅲ

		開通前	開通後
東名	平均交通量(千台／日)	73.2	42.9
	10km以上の渋滞回数(回)	227	4
新東名	平均交通量(千台／日)	−	39.5
	10km以上の渋滞回数(回)	−	9

(注) −は，データが存在しないことを示す。
(中日本高速道路株式会社作成資料より作成)

4 次の文章を読み，あとの各問に答えよ。

紙は，様々な目的に使用され，私たちの生活に役立ってきた。

古代では，様々な手段で情報を伝え，支配者はクニと呼ばれるまとまりを治めてきた。我が国に紙が伝来すると，(1)支配者は，公的な記録の編纂（へんさん）や情報の伝達に紙を用い，政治を行ってきた。

中世に入ると，(2)屋内の装飾の材料にも紙が使われ始め，我が国独自の住宅様式の確立につながっていった。

江戸時代には，各藩のひっ迫した財政を立て直すために工芸作物の生産を奨励される中で，各地で紙が生産され始め，人々が紙を安価に入手できるようになった。(3)安価に入手できるようになった紙は，書物や浮世絵（うきよえ）などの出版にも利用され，文化を形成してきた。

明治時代以降，欧米の進んだ技術を取り入れたことにより，従来から用いられていた紙に加え，西洋風の紙が様々な場面で使われるようになった。さらに，(4)生産技術が向上すると，紙の大量生産も可能となり，新聞や雑誌などが広く人々に行き渡ることになった。

〔問１〕 (1)支配者は，公的な記録の編纂（へんさん）や情報の伝達に紙を用い，政治を行ってきた。とあるが，次のア～エは，飛鳥（あすか）時代から室町時代にかけて，紙が政治に用いられた様子について述べたものである。時期の古いものから順に記号を並べよ。

ア　大宝律令（たいほうりつりょう）が制定され，天皇の文書を作成したり図書の管理をしたりする役所の設置など，大陸の進んだ政治制度が取り入れられた。

イ　武家政権と公家政権の長所を政治に取り入れた建武式目が制定され，治安回復後の京都に幕府が開かれた。

ウ　全国に支配力を及ぼすため，紙に書いた文書により，国ごとの守護と荘園（しょうえん）や公領ごとの地頭を任命する政策が，鎌倉で樹立された武家政権で始められた。

エ　各地方に設置された国分寺と国分尼寺（こくぶんにじ）へ，僧を派遣したり経典の写本を納入したりするなど，様々な災いから仏教の力で国を守るための政策が始められた。

〔問２〕 (2)屋内の装飾の材料にも紙が使われ始め，我が国独自の住宅様式の確立につながっていった。とあるが，次のⅠの略年表は，鎌倉時代から江戸時代にかけての，我が国の屋内の装飾に関する主な出来事についてまとめたものである。Ⅱの略地図中のA～Dは，我が国の主な建築物の所在地を示したものである。Ⅲの文は，ある時期に建てられた建築物について述べたものである。Ⅲの文で述べている建築物が建てられた時期に当てはまるのは，Ⅰの略年表中のア～エの時期のうちではどれか。また，Ⅲの文で述べている建築物の所在地に当てはまるのは，Ⅱの略地図中のA～Dのうちのどれか。

Ⅰ

西暦	我が国の屋内の装飾に関する主な出来事	
1212	●鴨長明が「方丈記」の中で，障子の存在を記した。	
		ア
1351	●藤原隆昌と父が「慕帰絵」の中で，襖に絵を描く僧の様子を表した。	
		イ
1574	●織田信長が上杉謙信に「洛中洛外図屏風」を贈った。	
		ウ
1626	●狩野探幽が二条城の障壁画を描いた。	
		エ
1688	●屏風の売買の様子を記した井原西鶴の「日本永代蔵」が刊行された。	

Ⅱ

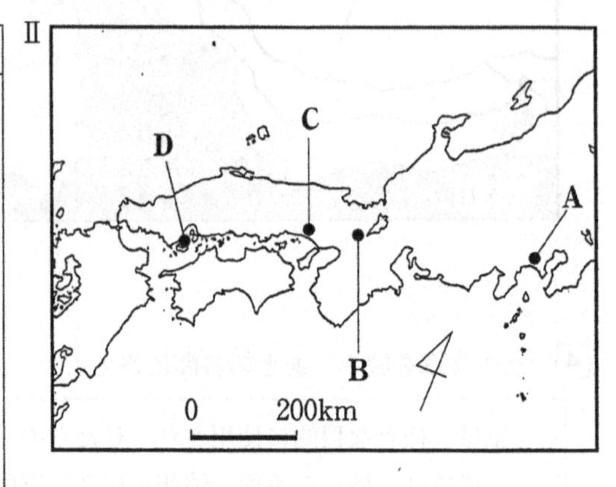

Ⅲ

慈照寺にある東求堂同仁斎には，障子や襖といった紙を用いた建具が取り入れられ，我が国の和室の原点と言われる書院造の部屋が造られた。

〔問３〕 (3)安価に入手できるようになった紙は，書物や浮世絵などの出版にも利用され，文化を形成してきた。とあるが，次の文章は，江戸時代の医師が著しさた「後見草」の一部を分かりやすく示したものである。下のア～エは，江戸時代に行われた政策について述べたものである。この書物に書かれた出来事の４年後から10年後にかけて主に行われた政策について当てはまるのは，下のア～エのうちではどれか。

○天明３年７月６日夜半，西北の方向に雷のような音と振動が感じられ，夜が明けても空はほの暗く，庭には細かい灰が舞い降りていた。７日は灰がしだいに大粒になり，８日は早朝から激しい振動が江戸を襲ったが，当初人々は浅間山が噴火したとは思わず，日光か筑波山で噴火があったのではないかと噂し合った。

○ここ３，４年，気候も不順で，五穀の実りも良くなかったのに，またこの大災害で，米価は非常に高騰し，人々の困窮は大変なものだった。

ア　物価の引き下げを狙って，公認した株仲間を解散させたり，外国との関係を良好に保つよう，外国船には燃料や水を与えるよう命じたりするなどの政策を行った。

イ　投書箱を設置し，民衆の意見を政治に取り入れたり，税収を安定させて財政再建を図ることを目的に，新田開発を行ったりするなどの政策を行った。

ウ　税収が安定するよう，株仲間を公認したり，長崎貿易の利益の増加を図るため，俵物と呼ばれる海産物や銅の輸出を拡大したりするなどの政策を行った。

エ　幕府が旗本らの生活を救うため借金を帳消しにする命令を出したり，江戸に出稼ぎに来ていた農民を農村に返し就農を進め，飢饉に備え各地に米を蓄えさせたりするなどの政策を行った。

〔問4〕 (4)<u>生産技術が向上すると，紙の大量生産も可能となり，新聞や雑誌などが広く人々に行き渡ることになった。</u>とあるが，次の略年表は，明治時代から昭和時代にかけての，我が国の紙の製造や印刷に関する主な出来事についてまとめたものである。略年表中の**A**の時期に当てはまるのは，下の**ア**～**エ**のうちではどれか。

西暦	我が国の紙の製造や印刷に関する主な出来事	
1873	●渋沢栄一により洋紙製造会社が設立された。	
1876	●日本初の純国産活版洋装本が完成した。	
1877	●国産第１号の洋式紙幣である国立銀行紙幣が発行された。	
1881	●日本で初めての肖像画入り紙幣が発行された。	
1890	●東京の新聞社が，フランスから輪転印刷機を輸入し，大量高速印刷が実現した。	
1904	●初の国産新聞輪転印刷機が大阪の新聞社に設置された。	
1910	●北海道の苫小牧で，新聞用紙国内自給化の道を拓く製紙工場が操業を開始した。	↑
1928	●日本初の原色グラビア印刷が開始された。	A
1933	●３社が合併し，我が国の全洋紙生産量の85％の生産量を占める製紙会社が誕生した。	↓
1940	●我が国の紙・板紙の生産量が過去最大の154万トンになった。	

ア　国家総動員法が制定され国民への生活統制が強まる中で，東京市が隣組回覧板を10万枚配布し，毎月２回の会報の発行を開始した。

イ　官営の製鉄所が開業し我が国の重工業化か進む中で，義務教育の就学率が90％を超え，国定教科書用紙が和紙から洋紙に切り替えられた。

ウ　東京でラジオ放送が開始されるなど文化の大衆化が進む中で，週刊誌や月刊誌の発行部数が急速に伸び，東京の出版社が初めて１冊１円の文学全集を発行した。

エ　廃藩置県により，実業家や政治の実権を失った旧藩主による製紙会社の設立が東京において相次ぐ中で，政府が製紙会社に対して地券用紙を大量に発注した。

5　次の文章を読み，あとの各問に答えよ。

(1)<u>我が国の行政の役割は，国会で決めた法律や予算に基づいて，政策を実施することである。</u>行政の各部門を指揮・監督する(2)<u>内閣は，内閣総理大臣と国務大臣によって構成され，国会に対し，連帯して責任を負う議院内閣制をとっている。</u>

行政は，人々が安心して暮らせるよう，(3)<u>社会を支える基本的な仕組みを整え，資源配分や経済の安定化などの機能を果たしている。</u>その費用は，(4)<u>主に国民から納められた税金により賄われ，年を追うごとに財政規模は拡大している。</u>

〔問1〕 (1)<u>我が国の行政の役割は，国会で決めた法律や予算に基づいて，政策を実施することである。</u>とあるが，内閣の仕事を規定する日本国憲法の条文は，次のページの**ア**～**エ**のうちではどれか。

ア 条約を締結すること。但し，事前に，時宜(じぎ)によっては事後に，国会の承認を経ることを必要とする。

イ 両議院は，各々(おのおの)国政に関する調査を行ひ，これに関して，証人の出頭及び証言並びに記録の提出を要求することができる。

ウ すべて国民は，個人として尊重される。生命，自由及び幸福追求に対する国民の権利については，公共の福祉に反しない限り，立法その他の国政の上で，最大の尊重を必要とする。

エ 地方公共団体の組織及び運営に関する事項は，地方自治の本旨に基いて，法律でこれを定める。

〔問2〕 (2)内閣は，内閣総理大臣と国務大臣によって構成され，国会に対し，連帯して責任を負う議院内閣制をとっている。とあるが，次の表は，我が国の内閣と，アメリカ合衆国の大統領の権限について，「議会に対して法律案を提出する権限」，「議会の解散権」があるかどうかを，権限がある場合は「○」，権限がない場合は「×」で示そうとしたものである。表のAとBに入る記号を正しく組み合わせているのは，下のア～エのうちのどれか。

	我が国の内閣	アメリカ合衆国の大統領
議会に対して法律案を提出する権限	○	A
議会の解散権	B	×

	ア	イ	ウ	エ
A	○	○	×	×
B	○	×	○	×

〔問3〕 (3)社会を支える基本的な仕組みを整え，資源配分や経済の安定化などの機能を果たしている。とあるが，次の文章は，行政が担(にな)う役割について述べたものである。この行政が担う役割に当てはまるのは，下のア～エのうちではどれか。

> 社会資本は，長期間にわたり，幅広く国民生活を支えるものである。そのため，時代の変化に応じて機能の変化を見通して，社会資本の整備に的確に反映させ，蓄積・高度化を図っていくことが求められる。

ア 収入が少ない人々に対して，国が生活費や教育費を支給し，最低限度の生活を保障し，自立を助ける。

イ 国民に加入を義務付け，毎月，保険料を徴収し，医療費や高齢者の介護費を支給し，国民の負担を軽減する。

ウ 保健所などによる感染症の予防や食品衛生の管理，ごみ処理などを通して，国民の健康維持・増進を図る。

エ 公園，道路や上下水道，図書館，学校などの公共的な施設や設備を整え，生活や産業を支える。

〔問4〕 (4)主に国民から納められた税金により賄われ，年を追うごとに財政規模は拡大している。とあるが，次のページのⅠのグラフは，1970年度から2010年度までの我が国の歳入と歳出の決算総額の推移を示したものである。次のページのⅡの文章は，ある時期の我が国の歳入と歳出の決算総額の変化と経済活動の様子について述べたものである。Ⅱの文章で述べている経済活動の時期に当てはまるのは，Ⅰのグラフの**ア**～**エ**の時期のうちではどれか。

Ⅰ

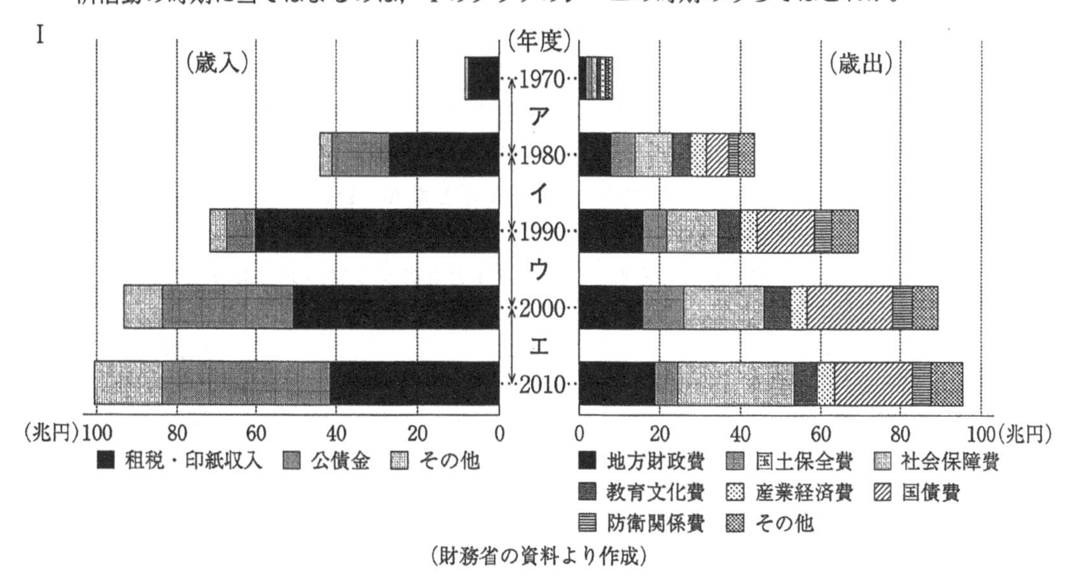

(財務省の資料より作成)

Ⅱ

> ○この10年間で，歳入総額に占める租税・印紙収入の割合の増加に伴い，公債金の割合が低下し，歳出総額は約1.5倍以上となり，国債費も約2倍以上に増加した。
> ○この時期の後半には，6％台の高い経済成長率を示すなど景気が上向き，公営企業の民営化や税制改革が行われる中で，人々は金融機関から資金を借り入れ，値上がりを見込んで土地や株の購入を続けた。

6 次の文章を読み，あとの各問に答えよ。

> 世界の国々は，地球上の様々な地域で，人々が活動できる範囲を広げてきた。そして，(1)対立や多くの困難に直面する度に，課題を克服し解決してきた。また，(2)科学技術の進歩や経済の発展は，先進国だけでなく発展途上国の人々の暮らしも豊かにしてきた。
> グローバル化が加速し，人口増加や環境の変化が急速に進む中で，持続可能な社会を実現するために，(3)我が国にも世界の国々と強調した国際貢献が求められている。

〔問1〕 (1)対立や多くの困難に直面する度に，課題を克服し解決してきた。とあるが，次の**ア**～**エ**は，それぞれの時代の課題を克服した様子について述べたものである。時期の古いものから順に記号で並べよ。

ア 特定の国による資源の独占が国家間の対立を生み出した反省から，資源の共有を目的とした共同体が設立され，その後つくられた共同体と統合し，ヨーロッパ共同体（ＥＣ）が発足した。

イ アマゾン川流域に広がるセルバと呼ばれる熱帯林などの大規模な森林破壊の解決に向け，リオデジャネイロで国連環境開発会議（地球サミット）が開催された。

ウ パリで講和会議が開かれ，戦争に参加した国々に大きな被害を及ぼした反省から，アメリカ合衆国大統領の提案を基にした，世界平和と国際協調を目的とする国際連盟が発足した。

エ ドイツ，オーストリア，イタリアが三国同盟を結び，ヨーロッパで政治的な対立が深まる一方で，科学者の間で北極と南極の国際共同研究の実施に向け，国際極年が定められた。

〔問2〕 (2)科学技術の進歩や経済の発展は，先進国だけでなく発展途上国の人々の暮らしも豊かにしてきた。とあるが，次のページのⅠのグラフのア～エは，略地図中に ▒ で示したA～Dのいずれかの国の1970年から2015年までの一人当たりの国内総生産の推移を示したものである。Ⅱのグラフのア～エは，略地図中に ▒ で示したA～Dのいずれかの国の1970年から2015年までの乳幼児死亡率の推移を示したものである。Ⅲの文章で述べている国に当てはまるのは，略地図中のA～Dのうちのどれか，また，ⅠとⅡのグラフのア～エのうちのどれか。

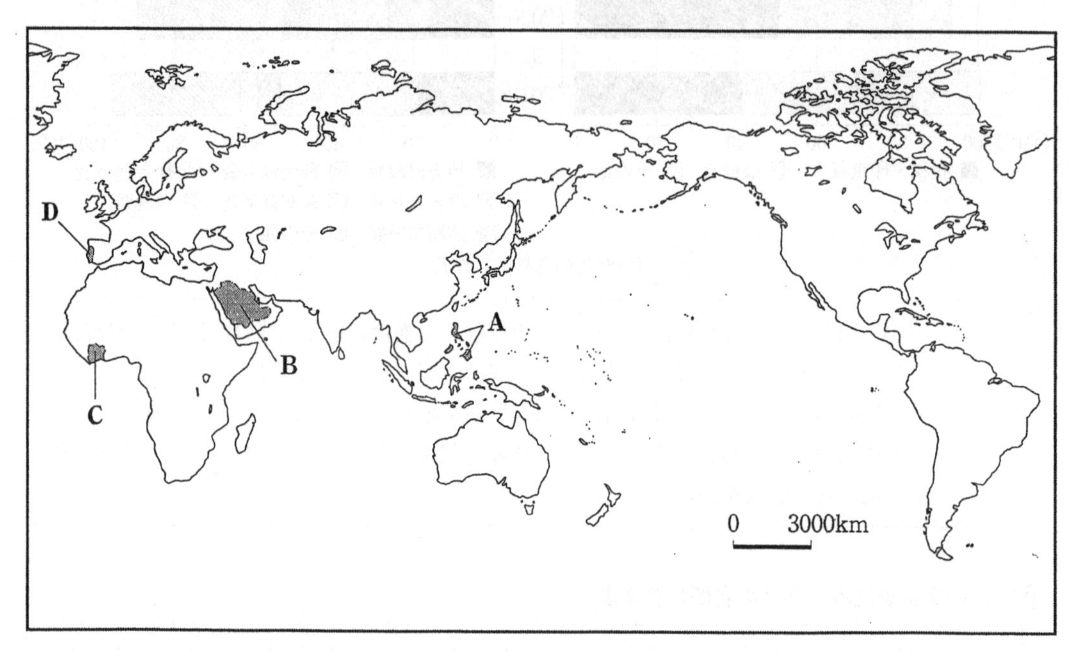

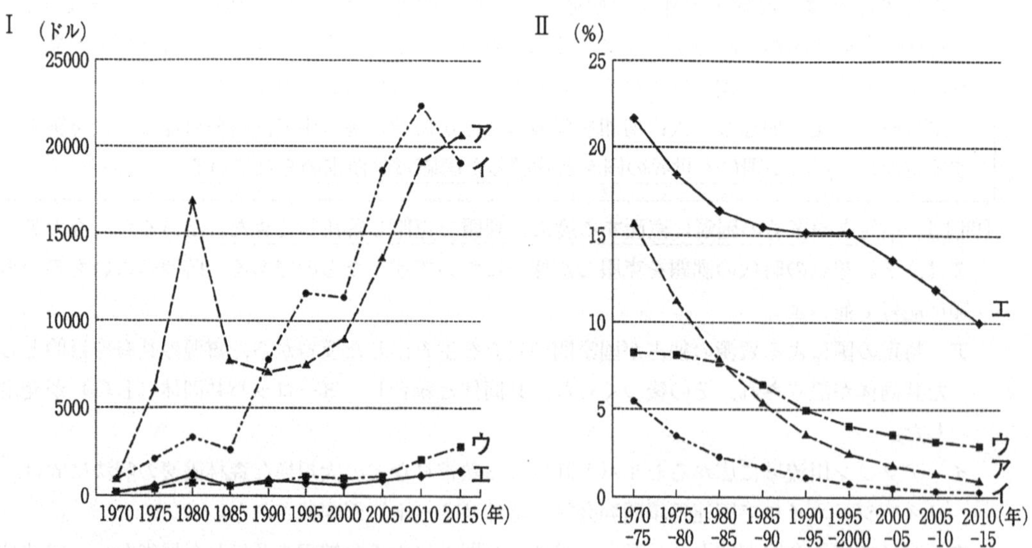

（注）国内総生産とは，一つの国において新たに生み出された価値の総額を示した数値のこと。

（国際連合のホームページより作成）

Ⅲ

文字と剣が緑色の下地に描かれた国旗をもつこの国は，石油輸出国機構（OPEC（オペック））に加盟し，二度の石油危機を含む期間に一人当たりの国内総生産が大幅に増加したが，一時的に減少し，1990年以降は増加し続けた。また，この国では公的医療機関を原則無料で利用することができ，1970年から2015年までの間に乳幼児死亡率は約10分の1に減少し，現在も人口増加が続き，近年は最新の技術を導入し，高度な医療を提供する病院が開業している。

〔問3〕 (3)我が国にも世界の国々と協調した国際貢献が求められている。とあるが，次のⅠの文章は，2015年に閣議決定し，改定された開発協力大綱の一部を抜粋して分かりやすく書き改めたものである。Ⅱの表は，1997年度と2018年度における政府開発援助（ODA）事業予算，政府開発援助（ODA）事業予算のうち政府貸付と贈与について示したものである。Ⅲの表は，Ⅱの表の贈与のうち，1997年度と2018年度における二国間政府開発援助贈与，二国間政府開発援助贈与のうち無償資金協力と技術協力について示したものである。1997年度と比較した2018年度における政府開発援助（ODA）の変化について，Ⅰ～Ⅲの資料を活用し，政府開発援助（ODA）事業予算と二国間政府開発援助贈与の内訳に着目して，簡単に述べよ。

Ⅰ

○自助努力を後押しし，将来における自立的発展を目指すのが日本の開発協力の良き伝統である。
○引き続き，日本の経験と知見を活用しつつ，当該国の発展に向けた協力を行う。

Ⅱ

	政府開発援助(ODA)事業予算(億円)		
		政府貸付	贈与
1997年度	20147	9767(48.5%)	10380(51.5%)
2018年度	21650	13705(63.3%)	7945(36.7%)

Ⅲ

	二国間政府開発援助贈与(億円)		
		無償資金協力	技術協力
1997年度	6083	2202(36.2%)	3881(63.8%)
2018年度	4842	1605(33.1%)	3237(66.9%)

（外務省の資料より作成）

大切なことはメモしておこうネ！

2020年度

解　答　と　解　説

《2020年度の配点は解答用紙集に掲載してあります。》

＜理科解答＞

1 〔問1〕 イ　〔問2〕 ウ　〔問3〕 ア　〔問4〕 エ　〔問5〕 イ

2 〔問1〕 ウ　〔問2〕 イ　〔問3〕 ア　〔問4〕 エ

3 〔問1〕 ウ　〔問2〕 エ　〔問3〕 太陽の光の当たる角度が地面に対して垂直に近いほど，同じ面積に受ける太陽の光の量が多いから。
〔問4〕 ① ア　② ウ

4 〔問1〕 ① ア　② ウ　③ ウ　〔問2〕 エ
〔問3〕 ① イ　② ア　③ エ　④ イ
〔問4〕 柔毛で覆われていることで小腸の内側の壁の表面積が大きくなり，効率よく物質を吸収することができる点。

5 〔問1〕 イ　〔問2〕 ① ウ　② ア
〔問3〕 NaCl → Na^{+} + Cl^{-}
〔問4〕 溶質の名称　ミョウバン　結晶の質量　8.6g

6 〔問1〕 右図　電流の大きさ　1.5A　〔問2〕 イ
〔問3〕 エ　〔問4〕 ア

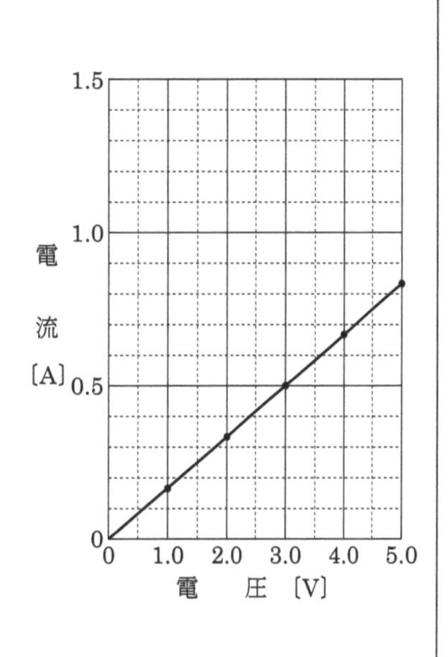

＜理科解説＞

1 **(小問集合－生物の成長と生殖，水溶液とイオン・電解質の電気分解，気体の発生とその性質，仕事とエネルギー：仕事率，火山活動と火成岩：火山岩，物質の成り立ち・化学変化：熱分解のモデル化)**

〔問1〕 動物では卵と精子，被子植物では卵細胞と精細胞の2種類の生殖細胞が結合し，それぞれの核が合体して1個の細胞となることを受精といい，受精卵の染色体数は親の体細胞の染色体と同数である。受精卵は体細胞分裂をして胚になる。

〔問2〕 塩酸の電離をイオン式で表すと，HCl → H^{+}+ Cl^{-}，であり，電圧がかかると陰極からは気体Aの水素が発生し，陽極からは気体Bの塩素が発生する。塩酸の電気分解を化学反応式で表すと，2HCl → H_2 + Cl_2，であり，発生する気体の体積比は，水素：塩素＝1：1，であるが，実験で集まった体積は，水素の方が塩素より多かった。それは，水素は水に溶けにくく，塩素は水に溶けやすいためである。

〔問3〕 持ち上げた力がした仕事率〔W〕$=1.5〔N〕\times\frac{1.6〔m〕}{2〔s〕}=\frac{2.4〔J〕}{2〔s〕}=1.2〔W〕$である。

〔問4〕 観察した火成岩は，**有色鉱物の割合が多く，図2より斑状組織であることから，ねばりけが弱いマグマが，地表や地表付近で短い時間で冷えて固まった火山岩**である。よって，この火成岩の種類は玄武岩であり，黄緑色で不規則な形の有色鉱物Aはカンラン石である。

〔問5〕　酸化銀の熱分解の化学反応式は，$2Ag_2O \rightarrow 4Ag + O_2$，であり，銀原子1個を●，酸素原子1個を○で表してモデル化すると，●○●　●○● → ●●●● + ○○，である。

2　**(自由研究－天気の変化：空気中の水蒸気量・霧の発生，光と音：光の反射と像の見え方，科学技術の発展：凍結防止剤，状態変化：融点，電流：電力・発熱量，自然環境の調査と環境保全：水質調査，動物の分類：無セキツイ動物)**

〔問1〕　**24℃の教室の1m³中に含まれる水蒸気量は，図1の金属製のコップAの表面に水滴がつき始めた温度，すなわち露点の14℃における飽和水蒸気量である。**よって，

教室の湿度〔%〕$= \frac{\text{1m}^3\text{の空気に含まれる水蒸気の質量〔g/m}^3\text{〕}}{\text{その空気と同じ気温での飽和水蒸気量〔g/m}^3\text{〕}} \times 100 = \frac{12.1\text{〔g/m}^3\text{〕}}{21.8\text{〔g/m}^3\text{〕}} \times 100 \fallingdotseq 55.5$〔%〕である。夜や明け方などに空気が冷やされ露点より低くなると，地表付近でも空気中の水蒸気が水滴に変わって，霧が発生する。

〔問2〕　**凍結防止剤**である塩化カルシウムが溶けた水溶液は固体に変化するときの温度が下がることから，水が氷に変わるのを防止する効果がある。そこで，塩化カルシウムを入れたときの水溶液の融点が下がることを確かめるには，氷が溶けて水になるときの温度である融点を測定する必要がある。

〔問3〕　アの作図は，さくらの木の点Aと点Bの各点からの光が水面に入射して反射するときの，入射角と反射角が等しい。また，この観察では，**水面が鏡のようになり，反射光線を反対側に延長した破線の方向に，サクラの木が水面に対して対称の位置に逆さまに映って見える。**

〔問4〕　学校近くの川の調査地点で見つかった，水質階級Ⅰの指標生物は，カワゲラとヒラタカゲロウで，水質階級Ⅱの指標生物は，シマトビケラとカワニナ，水質階級Ⅲの指標生物は，シマイシビルであった。個体数が最も多かったシマトビケラと次に多かったシマイシビルを2点とし，他を1点として計算すると，調査を行った付近の水質階級は，最も点数が多かった水質階級Ⅱである。**内蔵が外とう膜で覆われている動物の仲間の名称は，軟体動物である。**

3　**(太陽系と恒星：太陽の日周運動，太陽の南中高度と気温の変化)**

〔問1〕　図3より，1時間ごとの紙テープの長さは2.4cmであるため，15時から日の入りの点Gまでの紙テープの長さは9.6cmであることから，日の入りの時刻〔時〕＝15〔時〕＋9.6〔cm〕÷2.4〔cm/時〕＝19〔時〕である。

〔問2〕　地球の自転により，南半球では，太陽は天の南極を中心に回転して見える。<観測>を行ったのは東京が夏至の日であるため，南半球では冬至である。**南半球のある地点(南緯35.6°)では，冬至の北中高度(南半球では，南と天頂と北を結ぶ線(天の子午線)上を通過するとき，太陽は北中するという)は，最も低い**ため，エが正しい。

〔問3〕　図6と図7で，試験管と太陽の光がなす角度が装置Hより大きい装置Iは，結果2から水温の上昇が装置Hより大きかった。このモデル実験から，南中高度が高いほど，太陽の光の当たる角度が地面に対して垂直に近いため，同じ面積に受ける太陽の光の量(エネルギー)が多いから，地表が温まりやすいことがわかる。

〔問4〕　図7において，10分後の水温が最も高くなる角aは，太陽の光が装置Iの試験管に垂直に当たるように角bを90°にしたときである。このとき，**∠a＝90°－南中高度**，である。また，図8では，**90°－南中高度＝∠c**，である。よって，**∠a＝∠c**，である。したがって，図8で，同位角により，**∠c＝∠e(北緯)＋∠f(地軸の傾き)**＝35.6°＋23.4°＝59.0°＝∠a，である。

4　**(動物の体のつくりとはたらき：消化酵素のはたらきを調べる実験・ヒトの消化と吸収)**

〔問1〕 1%デンプン溶液に水を加えた容器Aと唾液を加えた容器Cを体温に近い40℃に保って比較すると，容器Cではヨウ素デンプン反応が起きないのでデンプンは**唾液のはたらき**により別の物質に変化したことが分かる。さらに，容器Bと容器Dの比較から，容器Dでは**ベネジクト液を加えて加熱した結果，赤褐色の沈殿ができたことから別の物質は糖であることが分かる。**

〔問2〕 消化酵素Xは，<実験1><結果1>では容器Aと容器Eの結果から，40℃においてデンプンを分解しないことが分かる。消化酵素Xは，<実験2><結果2>では容器Gと容器Hの結果から，24℃において主成分が**タンパク質であるゼラチンを別の物質に変化させた**ことがわかる。よって，消化酵素Xと同じはたらきをするヒトの消化酵素は**ペプシン**である。<実験3><結果3>から，80℃で加熱後の消化酵素Xは，タンパク質を分解しないことが分かる。

〔問3〕 デンプンは，唾液腺・すい臓から分泌される消化液に含まれる消化酵素などのはたらきで，最終的にブドウ糖に分解される。また，タンパク質は，胃・すい臓から分泌される消化液に含まれる消化酵素などのはたらきで，最終的にアミノ酸に分解される。

〔問4〕 小腸のかべにはたくさんのひだがあり，その表面はたくさんの柔毛で覆われていることで，小腸の内側のかべの**表面積は非常に大きくなっている**。このため，効率よく養分を吸収することができる。

5 **(身のまわりの物質とその性質：白い物質を区別する探究活動・有機物，物質の成り立ち：熱分解，気体の発生とその性質，水溶液とイオン，水溶液：溶解度・結晶)**

〔問1〕 物質Dは，加熱すると焦げて黒色に変化する炭素原子を含む物質で，4種類の白い物質のうちでは，有機物のショ糖である。ろうも強く熱すると，炎を出して燃え，二酸化炭素と水ができる炭素原子を含む物質で，**有機物**である。活性炭は，炭素原子を主成分とする多孔質の物質で，無機物である。

〔問2〕 4種類の白い物質のうち，燃焼さじで加熱すると白色の物質が残り，図2の装置で加熱すると水上置換で集められる気体が発生するのは，炭酸水素ナトリウムである。よって，物質Bは炭酸水素ナトリウムである。炭酸水素ナトリウムの熱分解の化学反応式は，$2NaHCO_3 \rightarrow Na_2CO_3+H_2O+CO_2$，であり，発生する二酸化炭素の性質は，水に少し溶け，その水溶液は酸性を示す。また，二酸化炭素は，石灰石に薄い塩酸を加えても発生させることができる。

〔問3〕 物質Aと物質Cについては，<実験2>の<結果2>において，(1)の表から**物質Aと物質Cはどちらも電解質であるが，**(1)と(2)の表から**20℃のときの溶解度は物質Cの方が物質Aより大きいので，全て溶けた物質Cが塩化ナトリウムであり，物質Aがミョウバンである。**塩化ナトリウムが電離したときの様子を化学式とイオン式で表すと，$NaCl \rightarrow Na^+ + Cl^-$，である。

〔問4〕 (1)の表から，20℃のとき，一部が溶けずに残ったのは，物質Aのミョウバンと物質Bの炭酸水素ナトリウムである。(2)の表から，40℃のときの溶解度はミョウバンの方が大きいので，全部溶けた水溶液Pの溶質はミョウバンである。40℃のミョウバンの水溶液120gは，水100gにミョウバン20gが溶けている。これを20℃まで温度を下げると溶解度は11.4gなので，析出する結晶の質量は，20g−11.4g=8.6g，である。

6 **(電流：電流と電圧と抵抗・発熱量，いろいろなエネルギー：エネルギーの変換)**

〔問1〕 電圧〔V〕をX軸に，電流〔A〕をY軸に表した方眼用紙に，<結果1>からの，(1.0，0.17)，(2.0，0.33)，(3.0，0.50)，(4.0，0.67)，(5.0，0.83)の点を・を用いて記入する。次に，原点を通り，上記の5個の点の最も近くを通る直線を引く。y=0.17xの直線のグラフとなる。x=9.0〔V〕を代入すると，y=0.17×9.0〔V〕≒1.5〔A〕である。

〔問2〕 電熱線Aと電熱線Bを直列に接続したとき，電熱線Aと電熱線Bには回路に流れる電流の大きさに等しい電流が流れる。よって，<結果2>から，このとき電熱線Bに流れる電流の大きさは0.5Aである。<結果1>から，電熱線Bの抵抗〔Ω〕$=\frac{4.0〔V〕}{1.00〔A〕}=4.0$〔Ω〕である。よって，電熱線Aと電熱線Bを並列に接続したとき，電熱線Bに流れる電流の大きさ〔A〕$=\frac{5.0〔V〕}{4.0〔Ω〕}=1.25$〔A〕である。よって，0.5A：1.25A＝2：5である。

〔問3〕 電熱線Aと電熱線Bの発熱量の和〔J〕＝2.1〔A〕×5.0〔V〕×300〔s〕＝10.5〔W〕×300〔s〕＝3150〔J〕である。

〔問4〕 電熱線には電気抵抗の大きさが大きくなると電流が流れにくくなる性質があり，電気エネルギーを熱エネルギーに変換して熱を発生している。

<社会解答>

1 〔問1〕 エ　〔問2〕 ウ　〔問3〕 イ

2 〔問1〕 略地図中のA～D　C　Ⅱのア～エ　ウ　〔問2〕 P イ　Q ア　R エ　S ウ　〔問3〕 略地図中のW～Z　X　ⅠとⅡの表のア～エ　ア

3 〔問1〕 A ウ　B イ　C ア　D エ　〔問2〕 P ア　Q ア　R イ　S イ　〔問3〕 (建設された理由) 内陸に建設されたのは，高波や津波などの影響を受けにくいからである。 (建設された効果) 東名高速道路と新東名高速道路の交通量の合計は増加したが，分散が図られたことで渋滞回数が減少した。

4 〔問1〕 ア→エ→ウ→イ　〔問2〕 Ⅰの略年表中のア～エ　イ　Ⅱの略地図中のA～D　B　〔問3〕 エ　〔問4〕 ウ

5 〔問1〕 ア　〔問2〕 ウ　〔問3〕 エ　〔問4〕 イ

6 〔問1〕 エ→ウ→ア→イ　〔問2〕 略地図中のA～D　B　ⅠとⅡのグラフのア～エ　ア　〔問3〕 政府開発援助事業予算に占める，政府貸付の割合を増やすとともに，二国間政府開発援助贈与に占める，技術協力の割合を増やすことで，自助努力を後押しし，自立的発展を目指している。

<社会解説>

1 **(地理的分野―日本地理－地形図の見方，歴史的分野―日本史時代別－古墳時代から平安時代，―日本史テーマ別－文化史，公民的分野―国際社会との関わり)**

〔問1〕 ●印から矢印の方向に写真を写せば，右手前に砂浜が見え，左奥に江の島が見えるはずなので，エが正しい。

〔問2〕 問題文で説明されているのは，2019年に**ユネスコ**によって**世界文化遺産**に登録された，**百舌鳥・古市古墳群**の**大山古墳**(仁徳天皇陵と伝えられる)であり，地図上の位置としては，大阪府堺市を示すウが正しい。

〔問3〕 国際の平和と安全の維持について，主要な責任を有するのが，国際連合の**安全保障理事会**である。具体的には，紛争当事者に対して，紛争を平和的手段によって解決するよう要請したり，平和に対する脅威の存在を決定し，平和と安全の維持と回復のために勧告を行うこと，**経済制裁**などの**非軍事的強制措置**及び**軍事的強制措置**を決定すること等を，その主な権限とする。しかし，5か国ある**常任理事国**が1か国でも反対すると，決議ができないことになっている。常任理事国は**拒否権**を持っていることになる。

2 **(地理的分野―世界地理－都市・気候・産業・貿易)**

〔問1〕 Ⅰの文章は，**サンフランシスコ**を指しており，略地図中のCである。1885年にサンフランシスコ大学が創立され，郊外のサノゼ地区は**シリコンバレー**と呼ばれ，**半導体産業**の一大拠点となっている。サンフランシスコは，冬季は温暖湿潤で，夏季は乾燥するが高温にはならない。**雨温図**はウである。

〔問2〕 Pの国は**アルゼンチン**，Qは**インドネシア**，Rは**南アフリカ共和国**，Sは**ドイツ**である。パンパは，アルゼンチン中部のラプラタ川流域に広がる草原地帯であり，Pはイである。年間数万隻の船舶が通行する海峡とは，**マラッカ海峡**であり，Qはアである。欧州との時差が少なく，アジアまで船で輸送する利便性が高いのは，南アフリカ共和国であり，Rはエである。**シュバルツバルト**(黒い森)が**酸性雨**の被害を受けたのは，ドイツであり，Sはウである。

〔問3〕 略地図中のW～ZのWはメキシコ，Xはタイ，Yはスウェーデン，Zはイタリアである。

国土の北部から南流し，首都を通り，海に注ぐ河川とは，**タイ**のチャオプラヤー川であり，Ⅲの文章はタイの説明である。**進出日本企業数**が2倍以上となっていて，中華人民共和国の重要性が高まっているのは，Ⅰ表のアである。日本との貿易総額が2倍以上に伸び，電気機器の輸入額に占める割合が2割を上回るようになったのは，Ⅱ表のアである。

3 **(地理的分野―日本地理－都市・交通・地形図の見方・工業)**

〔問1〕 Aは**宮城県**であり，「中心となるターミナル駅に郊外から地下鉄やバスが乗り入れ(以下略)」との記述から，ウが該当することがわかる。宮城県の**県庁所在地**の**仙台市**では，地下鉄・市バスが乗り入れている。Bは**福井県**であり，「リアス海岸が見られる地域や眼鏡産業が立地する平野(以下略)」との記述から，イが該当することがわかる。福井県は，若狭湾の**リアス海岸**が有名であり，また福井県**鯖江市**は，日本に流通している眼鏡の9割以上を生産する，一大**眼鏡産業地帯**である。Cは**広島県**であり，「造船業や鉄鋼業が立地する沿岸部(以下略)」「中心部には路面電車が見られ(以下略)」との記述から，アが該当することがわかる。広島県の沿岸部では，**造船業**や**鉄鋼業**が盛んである。また，県庁所在地の**広島市**には，**路面電車**が運行されている。Dは**鹿児島県**であり，「シラス台地に開発された住宅地(以下略)」との記述から，エが該当することがわかる。**シラス台地**は，**桜島**などの火山の噴出物からなる，九州南部に分布する台地である。

〔問2〕 地形図は2万5千分の1地形図であり，**等高線**は10mごとに引かれているので，標高は，約10mから約40mである。空港は，Ⅰの地図で果樹園「ò」や畑「∨」であった土地を造成してつくられた。地形図は2万5千分の1地形図なので，計算すれば8cm×25000＝200000cm＝2000mである。海岸沿いの針葉樹林は，冬の北西からの**季節風**によって運ばれる砂の害を防ぐ**防砂林**の役割を果たしている。

〔問3〕 東名高速道路が**高波**や**津波**などの影響を受けていたため，**新東名高速道路**は，沿岸部を避けて，高波や津波などの影響を受けにくい内陸に建設されたことを簡潔に指摘する。 建設された効果としては，東名高速道路と新東名高速道路の**交通量**の合計はやや増加したが，交通量の分散が実現したことで，**渋滞回数**が激減したことがあげられることを指摘する。

4 **(歴史的分野―日本史時代別－古墳時代から平安時代・鎌倉時代から室町時代・安土桃山時代から江戸時代・明治時代から現代，―日本史テーマ別－政治史・社会史・文化史)**

〔問1〕 ア　**大宝律令**が制定されたのは，8世紀の初期である。　イ　十七か条の**建武式目**が制定されたのは，1336年である。　ウ　**守護**や**地頭**を任命する政策が始められたのは，1185年のことである。　エ　各地方に**国分寺**や**国分尼寺**が建立されたのは，8世紀中期のことである。時期の古いものから順に並べると，ア→エ→ウ→イとなる。

〔問2〕 室町幕府の8代将軍の**足利義政**が，1480年代に東山に山荘を築き，これが後の**慈照寺**となった。Ⅰの略年表中のイの時期である。慈照寺は京都にあり，Ⅱの略地図上のBである。

〔問3〕 **浅間山**が**大噴火**を起こしたのは，1783年のことであり，その4年後から10年後にかけて行われたのは，**老中松平定信**の**寛政の改革**であり，**棄捐令・旧里帰農令・囲米の制**などの政策がとられた。

〔問4〕 **ラジオ放送**が開始され，新聞・週刊誌・月刊誌の発行部数が急速に伸び，1冊1円の**円本**が発行されたのは，大正期から昭和初期にかけてのことであり，ウが正しい。なお，アは昭和10年代，イは明治30年代，エは明治初期のことである。

5　**(公民的分野―国の政治の仕組み・財政)**

〔問1〕 日本国憲法第73条では，内閣の事務として，第3項に「**条約**を締結すること。但し，事前に，時宜によっては事後に，国会の承認を経ることを必要とする。」と定めている。

〔問2〕 **アメリカ合衆国の大統領**は，議会に対して法律案を提出する権限がないが，**大統領令**によって**行政権**を直接行使することができる。日本の**内閣**は，**衆議院**の**解散権**を持っている。

〔問3〕 **社会資本**とは，道路・港湾・上下水道・公園・公営住宅・病院・学校など，産業や生活の基盤となる公共施設のことを指し，その整備は行政の役割である。

〔問4〕 1980年から1990年の10年間で，**租税・印紙収入**は約2倍となり，歳入総額に占める割合が大幅に増加し，歳出総額も1.5倍以上となった。1980年代の後半には，**土地や株式**に対する投資が増大し，実際の価値以上に地価や株価が異常に高くなった。この時期の景気を，**バブル景気**という。その後は，バブル崩壊期を迎え，1991年から景気後退期となった。

6　**(歴史的分野―世界史－政治史，地理的分野―地理総合，公民的分野―国際社会との関わり)**

〔問1〕 ア　**ヨーロッパ共同体(EC)**が発足したのは，1967年のことである。　イ　**国連環境開発会議**がリオデジャネイロで開催されたのは，1992年のことである。　ウ　**パリ**で**講和会議**が開かれ，**国際連盟**が発足したのは，1919年から1920年にかけてである。　エ　ドイツ・オーストリア・イタリアの**三国同盟**が結ばれたのは，1882年のことである。年代の古い順に並べると，エ→ウ→ア→イとなる。

〔問2〕 略地図中のAはフィリピン，Bはサウジアラビア，Cはコートジボワール，Dはポルトガルである。**石油輸出国機構**の加盟国であるのは，サウジアラビアである。サウジアラビアで1973年と1979年の二度の**石油危機**を含む期間に，一人当りの**国内総生産**が大幅に増加し，1990年以降に国内総生産が増加し続けているのを示しているのは，Ⅰグラフのアである。また，乳幼児死亡率が約10分の1に減少しているのを示しているのは，Ⅱグラフのアである。

〔問3〕 まず，**政府開発援助事業予算**に占める，途上国に対して無償で提供される**贈与**を減らし，将来に途上国が返済することを前提とした**政府貸付**の割合を増やしたことを指摘する。また，**二国間政府開発援助贈与**に占める，返済義務を課さない**無償資金協力**の割合を減らし，日本の知識・技術・経験を活かし，同地域の経済社会開発の担い手となる人材の育成を行う**技術協力**の割合を増やしたことを指摘する。**開発途上国**の**自助努力**を後押しし，**自立的発展**を目指して援助を行う傾向が強まっていることを，全般的な傾向として指摘する。

2020年度英語　リスニングテスト

〔放送台本〕

これから，リスニングテストを行います。リスニングテストは，全て放送による指示で行います。リスニングテストの問題には，問題Aと問題Bの二つがあります。問題Aと，問題Bの<Question 1>では，質問に対する答えを選んで，その記号を答えなさい。問題Bの<Question 2>では，質問に対する答えを英語で書きなさい。

英文とそのあとに出題される質問が，それぞれ全体を通して二回ずつ読まれます。問題用紙の余白にメモをとってもかまいません。答えは全て解答用紙に書きなさい。

〔問題A〕

問題Aは，英語による対話文を聞いて，英語の質問に答えるものです。ここで話される対話文は全部で三つあり，それぞれ質問が一つずつ出題されます。質問に対する答えを選んで，その記号を答えなさい。では，<対話文1>を始めます。

Tom: I am going to buy a birthday present for my sister. Lisa, can you go with me?
Lisa: Sure, Tom.
Tom: Are you free tomorrow?
Lisa: Sorry. I can't go tomorrow. When is her birthday?
Tom: Next Monday. Then, how about next Saturday or Sunday?
Lisa: Saturday is fine with me.
Tom: Thank you.
Lisa: What time and where shall we meet?
Tom: How about at eleven at the station?
Lisa: OK. See you then.

Question : When are Tom and Lisa going to buy a birthday present for his sister?

<対話文2>を始めます。

（呼び出し音）
Bob's mother: Hello?
Ken: Hello. This is Ken. Can I speak to Bob, please?
Bob's mother: Hi, Ken. I'm sorry, he is out now. Do you want him to call you later?
Ken: Thank you, but I have to go out now. Can I leave a message?
Bob's mother: Sure.
Ken: Tomorrow we are going to do our homework at my house. Could you ask him to bring his math notebook? I have some questions to ask him.
Bob's mother: OK. I will.
Ken: Thank you.

Bob's mother: You're welcome.

Question : What does Ken want Bob to do?

<対話文3>を始めます。

Yumi: Hi, David. What kind of book are you reading?
David: Hi, Yumi. It's about *ukiyoe* pictures. I learned about them last week in an art class.
Yumi: I see. I learned about them, too. You can see *ukiyoe* in the city art museum now.
David: Really? I want to visit there. In my country, there are some museums that have *ukiyoe*, too.
Yumi: Oh, really? I am surprised to hear that.
David: I have been there to see *ukiyoe* once. I want to see them in Japan, too.
Yumi: I went to the city art museum last weekend. It was very interesting. You should go there.

Question : Why was Yumi surprised?

〔英文の訳〕

<対話文1>

トム：妹(姉)に誕生日プレゼントを買うつもりなんだ。リサ，一緒に行ってもらえるかい？
リサ：もちろんよ，トム。
トム：明日はひま？
リサ：ごめんね，明日は行けないの。彼女のお誕生日はいつなの？
トム：次の月曜日だよ。じゃあ次の土曜日か日曜日はどう？
リサ：土曜日が都合がいいわ。
トム：ありがとう。
リサ：何時にどこで会う？
トム：11時に駅はどう？
リサ：オーケー。じゃあね。
質問：トムとリサはいつ妹(姉)の誕生日プレゼントを買いに行くつもりですか。
答え：ウ　次の土曜日

<対話文2>

ボブの母：もしもし。
ケン　　：もしもし。ケンです。ボブはいらっしゃいますか。
ボブの母：こんにちは，ケン。ごめんなさいね，ボブは今外出中なのよ。後で電話させましょうか？
ケン　　：ありがとうございます。でも僕は今出かけないといけないんです。伝言をお願いできますか。
ボブの母：もちろんよ。

ケン　　：明日僕たちは僕の家で宿題をするつもりです。ボブに数学のノートを持ってくるように言ってもらえますか。いつくか聞きたいことがあるんです。
ボブの母：オーケー。伝えておくわ。
ケン　　：ありがとうございます。
ボブの母：どういたしまして。
質問：ケンはボブに何をしてもらいたいですか。
答え：エ　彼の数学のノートを持ってくる。

<対話文3>

ユミ　　　：こんにちは，ディビッド。何の本を読んでいるの？
ディビッド：こんにちは，ユミ。これは浮世絵についての本だよ。先週美術の時間にこのことについて習ったんだ。
ユミ　　　：なるほどね。私もそのことを習ったわ。今市の美術館で浮世絵を見られるわよ。
ディビッド：本当？　行きたいな。僕の国でも浮世絵がある美術館がいくつかあるよ。
ユミ　　　：あら，本当に？　それを聞いて驚いたわ。
ディビッド：一度そこに浮世絵を見に行ったことがあるんだ。日本でも見たいな。
ユミ　　　：先週末にその市の美術館に行ったのよ。とても興味深かったわよ。行った方がいいわよ。
質問：なぜユミは驚いたのですか。
答え：イ　ディビッドが彼の国の美術館に浮世絵があると言ったから。

〔放送台本〕

〔問題B〕

これから聞く英語は，カナダの高校に留学している日本の生徒たちに向けて，留学先の生徒が行った留学初日の行動についての説明及び連絡です。内容に注意して聞きなさい。あとから，英語による質問が二つ出題されます。<Question 1>では，質問に対する答えを選んで，その記号を答えなさい。<Question 2>では，質問に対する答えを英語で書きなさい。なお，<Question 2>のあとに，15秒程度，答えを書く時間があります。では，始めます。

Welcome to our school. I am Linda, a second-year student of this school. We are going to show you around our school today.
Our school was built in 2015, so it's still new. Now we are in the gym. We will start with the library, and I will show you how to use it. Then we will look at classrooms and the music room, and we will finish at the lunch room. There, you will meet other students and teachers.

After that, we are going to have a welcome party.

There is something more I want to tell you. We took a group picture in front of our school. If you want one, you should tell a teacher tomorrow. Do you have any questions? Now let's start. Please come with me.

<Question 1> Where will the Japanese students meet other students and teachers?

<Question 2> If the Japanese students want a picture, what should they do tomorrow?

以上で，リスニングテストを終わります。

〔英文の訳〕

私たちの学校へようこそ。私はこの学校の２年生のリンダです。今日は私たちが皆さんに学校を案内します。

私たちの学校は2015年に設立されたのでまだ新しいです。今私たちは体育館にいます。最初は図書館からスタートして使い方を説明します。そして教室と音楽室を見て，最後はランチルームになります。そこで他の生徒や先生達と会います。

その後，歓迎会を行うつもりです。

さらにお伝えしたいことがあります。学校の前でグループ写真を撮りました。もし1枚欲しいようでしたら明日先生に伝えてください。何か質問はありますか。では始めましょう。一緒に来てください。

質問1：日本の生徒たちはどこで他の生徒や先生達に会いますか。

答え　：ウ　ランチルームで。

質問2：もし日本の生徒たちが写真を欲しいときは，明日何をすべきですか。

答え　：先生に伝えるべきだ。

解答用紙集

○月×日 △曜日　天気(合格日和)

◆ご利用のみなさまへ
＊解答用紙の公表を行っていない学校につきましては、弊社の責任において、解答用紙を制作いたしました。
＊編集上の理由により一部縮小掲載した解答用紙がございます。
＊編集上の理由により一部実物と異なる形式の解答用紙がございます。

人間の最も偉大な力とは、その一番の弱点を克服したところから生まれてくるものである。 ――カール・ヒルティ――

東京学参株式会社

都立日比谷高等学校　2024年度　◇数学◇

※ 133%に拡大していただくと，解答欄は実物大になります。

1

〔問1〕

〔問2〕

〔問3〕

〔問4〕　$a=$　　　　，$b=$

〔問5〕

2

〔問1〕　cm^2

〔問2〕　【　途中の式や計算など　】

（答え）　$y=$

〔問3〕

3		
〔問 1〕		度
〔問 2〕	(1)	【 証　　明 】
〔問 2〕	(2)	cm^2

4		
〔問 1〕		
〔問 2〕	(1)	
	(2)	
〔問 3〕		

都立日比谷高等学校　2024年度

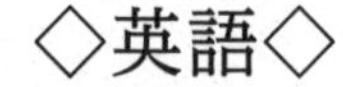

※ 139%に拡大していただくと，解答欄は実物大になります。

1							
	〔問題A〕	＜対話文1＞		＜対話文2＞		＜対話文3＞	
	〔問題B〕	<Question1>					
		<Question2>					

2				
	〔問1〕		〔問2〕	
	〔問3〕		〔問4〕	
	〔問5〕			
	〔問6〕			

3	〔問1〕							
	〔問2〕	(2)-a		(2)-b		(2)-c		(2)-d	
	〔問3〕							
	〔問4〕							
	〔問5〕							
	〔問6〕		〔問7〕					

4	

◇国語◇

都立日比谷高等学校　2024年度

※182%に拡大していただくと、解答欄は実物大になります。

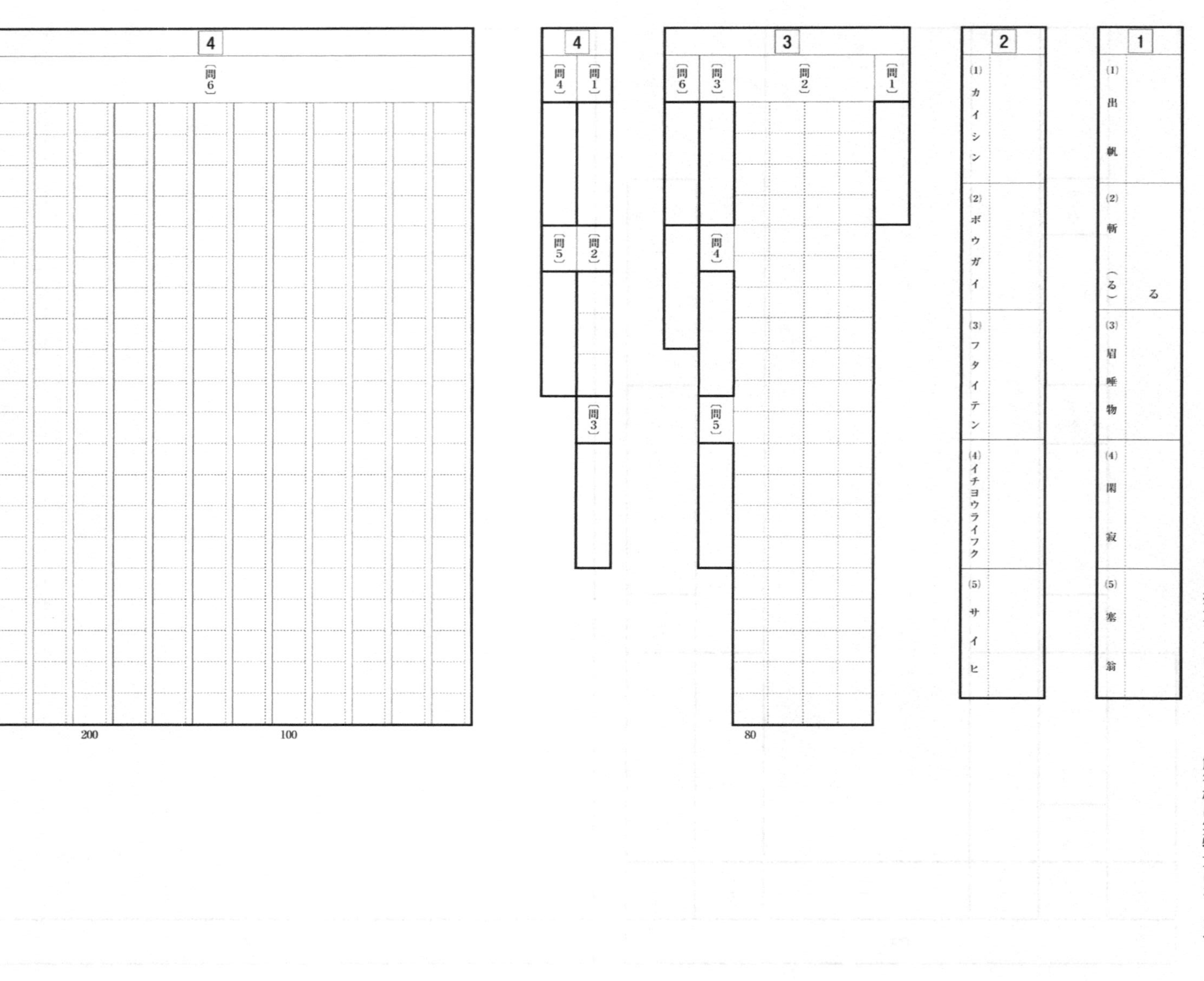

5

〔問1〕　〔問2〕　〔問3〕

〔問4〕　〔問5〕

※ 133％に拡大していただくと，解答欄は実物大になります。

1	
〔問 1〕	
〔問 2〕	
〔問 3〕	$p=$　　　　　　,$q=$
〔問 4〕	
〔問 5〕	

m
O　A　ℓ

2		
〔問 1〕	(,)	
〔問 2〕	(1)	【 途中の式や計算など 】 （答え）
〔問 2〕	(2)	$y=$

3

〔問1〕		度
〔問2〕	(1)	【 証　明 】
〔問2〕	(2)	AG : GF = 　　:

4

〔問1〕	cm^2
〔問2〕	【 途中の式や計算など 】 （答え）　　cm
〔問3〕	cm^3

都立日比谷高等学校　2023年度

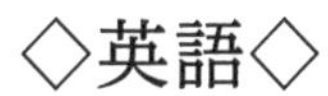

※ 137%に拡大していただくと，解答欄は実物大になります。

1							
	〔問題A〕	<対話文1>		<対話文2>		<対話文3>	
	〔問題B〕	<Question1>					
		<Question2>					

2				
	〔問1〕		〔問2〕	
	〔問3〕		〔問4〕	
	〔問5〕			
	〔問6〕			

3	〔問1〕		〔問2〕	
	〔問3〕		〔問4〕	
	〔問5〕	Although		
	〔問6〕		〔問7〕	

4	

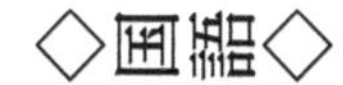

◇国語◇

都立日比谷高等学校　２０２３年度

※１６９％に拡大していただくと、解答欄は実物大になります。

1

(1) 繕（る）	(2) 宰相	(3) 汎用	(4) 素封家	(5) 青松
る				

2

(1) リクゾク	(2) カンケン	(3) シ（する）	(4) サクテイ	(5) コッシ
		する		

3

〔問1〕		〔問2〕		〔問3〕	
〔問4〕		〔問5〕			

〔問6〕 80

4

〔問1〕		〔問2〕		〔問3〕	
〔問4〕		〔問5〕			

4

〔問6〕 100 200 250

5

〔問1〕		〔問2〕		〔問3〕	
〔問4〕		〔問5〕			

都立日比谷高等学校　2022年度

◇数学◇

※ 135%に拡大していただくと，解答欄は実物大になります。

1	
〔問 1〕	
〔問 2〕	
〔問 3〕	
〔問 4〕	
〔問 5〕	

A　C　O　B

2	
〔問 1〕	(　　　,　　　)
〔問 2〕	【 途中の式や計算など 】 (答え)　(　　　,　　　)
〔問 3〕	cm^2

3	
〔問 1〕	度
〔問 2〕	【 証　　明 】
〔問 3〕	DG : GF = 　　　　:

4		
〔問 1〕		cm
〔問 2〕	(1)	【 途中の式や計算など 】 (答え)　　　　cm^3
〔問 2〕	(2)	cm^2

都立日比谷高等学校　2022年度　◇英語◇

※ 141％に拡大していただくと，解答欄は実物大になります。

1	〔問題A〕	<対話文1>		<対話文2>		<対話文3>	
	〔問題B〕	<Question1>					
		<Question2>					

2	〔問1〕		〔問2〕	
	〔問3〕		〔問4〕	
	〔問5〕			
	〔問6〕			
	〔問7〕			

3	〔問1〕		〔問2〕	
	〔問3〕		〔問4〕	(4)-
	〔問5〕	I feel this way because		
	〔問6〕			

4	

◇国語◇

都立日比谷高等学校　２０２２年度

※169%に拡大していただくと、解答欄は実物大になります。

1

(1) 陶冶　(2) 篤実　(3) 蓋然　(4) 意匠　(5) 恣意

2

(1) ゲシン　(2) ショサン　(3) キョシュウ　(4) トクシン　(5) ジジャク

3

〔問1〕　〔問2〕　〔問3〕

〔問4〕　〔問5〕　〔問6〕

4

〔問1〕　〔問2〕

〔問3〕　〔問4〕

〔問5〕

80

4

〔問6〕

100

200

250

5

〔問1〕　〔問2〕　〔問3〕

〔問4〕　〔問5〕

都立日比谷高等学校　2021年度

◇数学◇

※ 137%に拡大していただくと，解答欄は実物大になります。

1	
〔問１〕	
〔問２〕	
〔問３〕	$p=$ ，$q=$
〔問４〕	
〔問５〕	A B P C

2	
〔問１〕	（　　，　　）
〔問２〕	【 途中の式や計算など 】 （答え） $y=$
〔問３〕	（　　，　　）

3		
〔問1〕		度
〔問2〕	(1)	【 証　明 】
〔問2〕	(2)	CJ：OH =　　　：

4	
〔問1〕	cm^2
〔問2〕	【 途中の式や計算など 】 （答え）　　cm
〔問3〕	cm^3

都立日比谷高等学校　2021年度

※ 143％に拡大していただくと，解答欄は実物大になります。

1	〔問題A〕	<対話文1>		<対話文2>		<対話文3>	
	〔問題B〕	<Question1>					
		<Question2>					

2	〔問1〕	(1)-a		(1)-b		(1)-c		(1)-d	
	〔問2〕								
	〔問3〕								
	〔問4〕								
	〔問5〕								
	〔問6〕								

3	〔問1〕		〔問2〕			
	〔問3〕					
	〔問4〕		〔問5〕		〔問6〕	

4	

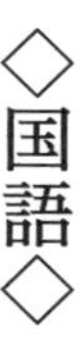

都立日比谷高等学校　２０２１年度

※１８５％に拡大していただくと，解答欄は実物大になります。

1

(1) 定石	(2) 被（った）	(3) 賛仰	(4) 居丈高	(5) 手練手管
	った			

2

(1) イゾン	(2) コウ（じる）	(3) ナマハンカ	(4) カンシン	(5) ウゾウムゾウ
	じる			

3

〔問1〕　〔問2〕　〔問3〕

〔問4〕　70

〔問5〕　〔問6〕

4

〔問1〕　〔問2〕

〔問3〕　50

〔問4〕

4

〔問5〕　100　200　250

5

〔問1〕　〔問2〕　〔問3〕

〔問4〕　〔問5〕

都立日比谷高等学校　2020年度

◇数学◇

※ 135％に拡大していただくと，解答欄は実物大になります。

1	
〔問1〕	
〔問2〕	
〔問3〕	$a =$
〔問4〕	
〔問5〕	A D B C

2		
〔問1〕	$y =$	
〔問2〕	(1)	【　途中の式や計算など　】 （答え）$t =$
〔問2〕	(2)	

3		
〔問１〕		度
〔問２〕	(1)	【　証　　明　】
〔問２〕	(2)	cm

4	
〔問１〕	cm
〔問２〕	【　途中の式や計算など　】 （答え）　　　　cm^2
〔問３〕	$V:W=$ 　　　：

都立日比谷高等学校　2020年度

◇英語◇

※ 196％に拡大していただくと，解答欄は実物大になります。

1						
〔問題A〕	<対話文1>		<対話文2>		<対話文3>	
〔問題B〕	<Question1>					
	<Question2>					

2						
〔問1〕		〔問2〕				
〔問3〕	Maybe					
〔問4〕		〔問5〕		〔問6〕		
〔問7〕						

3							
〔問1〕		〔問2〕		〔問3〕	2番目		4番目
〔問4〕							
〔問5〕		〔問6〕					

4	

都立日比谷高等学校　２０２０年度

※１９６％に拡大していただくと、解答欄は実物大になります。

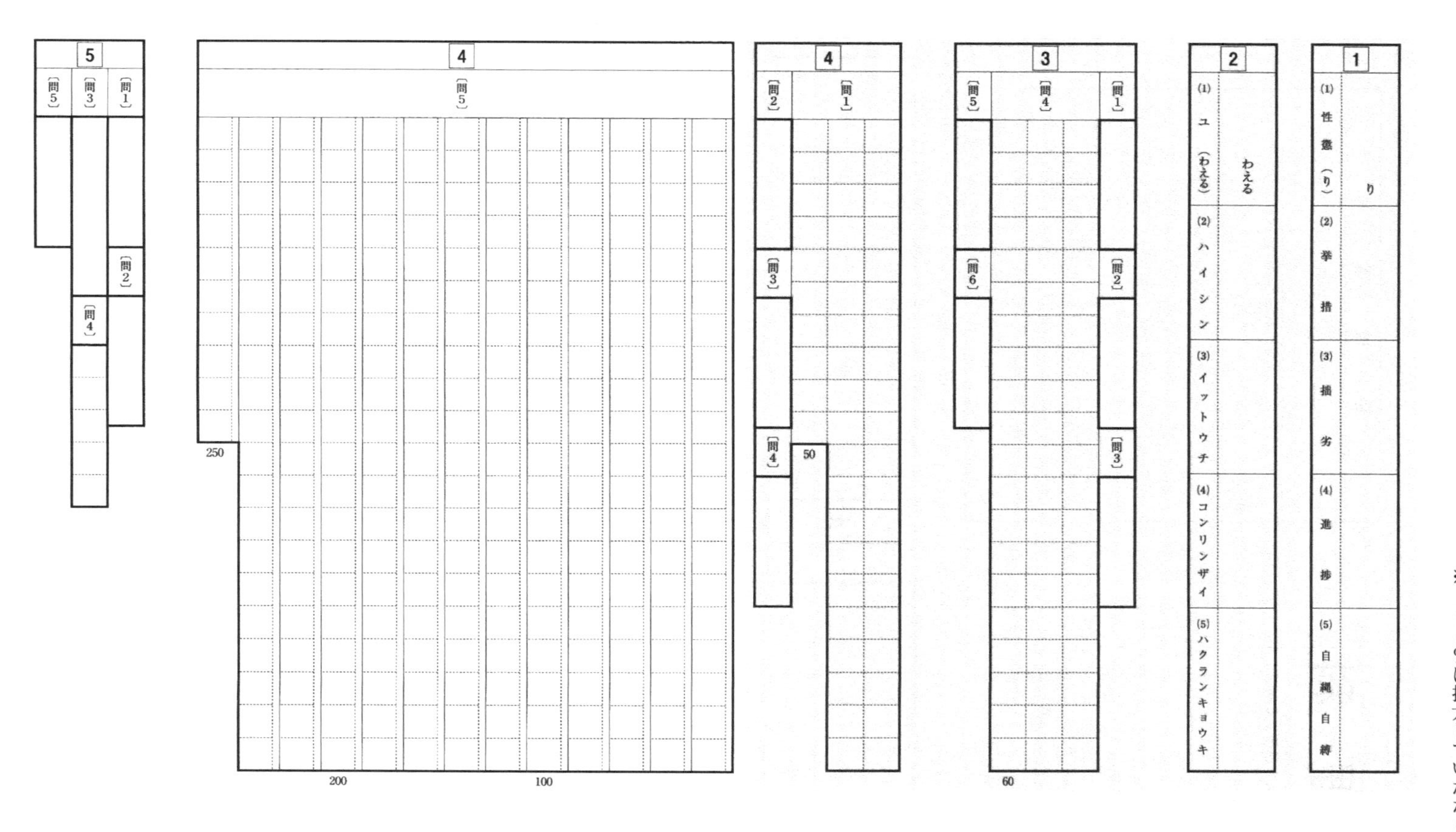

東京都公立高校　2024年度

※ 143％に拡大していただくと，解答欄は実物大になります。

解答用紙　理　科

□部分がマークシート方式により解答する問題です。

マーク上の注意事項

1　ＨＢ又はＢの鉛筆（シャープペンシルも可）を使って，○の中を正確に塗りつぶすこと。

2　答えを直すときは，きれいに消して，消しくずを残さないこと。

3　決められた欄以外にマークしたり，記入したりしないこと。

良い例	悪い例
●	線　小さい　はみ出し　丸囲み　レ点　うすい

受検番号						
0	0	0	0	0	0	0
1	1	1	1	1	1	1
2	2	2	2	2	2	2
3	3	3	3	3	3	3
4	4	4	4	4	4	4
5	5	5	5	5	5	5
6	6	6	6	6	6	6
7	7	7	7	7	7	7
8	8	8	8	8	8	8
9	9	9	9	9	9	9

1

〔問1〕	㋐	㋑	㋒	㋓
〔問2〕	㋐	㋑	㋒	㋓
〔問3〕	㋐	㋑	㋒	㋓
〔問4〕	㋐	㋑	㋒	㋓
〔問5〕	㋐	㋑	㋒	㋓
〔問6〕	㋐	㋑	㋒	㋓

2

〔問1〕	㋐	㋑	㋒	㋓
〔問2〕	㋐	㋑	㋒	㋓
〔問3〕	㋐	㋑	㋒	㋓
〔問4〕	㋐	㋑	㋒	㋓

3

〔問1〕	㋐　㋑　㋒　㋓
〔問2〕	2時間ごとに記録した透明半球上の・印のそれぞれの間隔は，
〔問3〕	㋐　㋑　㋒　㋓
〔問4〕	㋐　㋑　㋒　㋓

4

〔問1〕	㋐	㋑	㋒	㋓
〔問2〕	㋐	㋑	㋒	㋓
〔問3〕	㋐	㋑	㋒	㋓

5

〔問1〕	㋐　㋑　㋒　㋓
〔問2〕	㋐　㋑　㋒　㋓
〔問3〕	<資料>から，
〔問4〕	㋐　㋑　㋒　㋓

6

〔問1〕	㋐　㋑　㋒　㋓	
〔問2〕	①	②
	㋐　㋑　㋒　㋓	㋐　㋑　㋒　㋓
〔問3〕	㋐　㋑　㋒　㋓	
〔問4〕	㋐　㋑　㋒　㋓	

※ 149%に拡大していただくと，解答欄は実物大になります。

解答用紙　社　会

▭部分がマークシート方式により解答する問題です。

マーク上の注意事項

1　ＨＢ又はＢの鉛筆（シャープペンシルも可）を使って，◯の中を正確に塗りつぶすこと。

2　答えを直すときは，きれいに消して，消しくずを残さないこと。

3　決められた欄以外にマークしたり，記入したりしないこと。

良い例	悪い例
●	線　小さい　はみ出し　丸囲み　レ点　うすい

受検番号						
⓪①②③④⑤⑥⑦⑧⑨	⓪①②③④⑤⑥⑦⑧⑨	⓪①②③④⑤⑥⑦⑧⑨	⓪①②③④⑤⑥⑦⑧⑨	⓪①②③④⑤⑥⑦⑧⑨	⓪①②③④⑤⑥⑦⑧⑨	⓪①②③④⑤⑥⑦⑧⑨

1

	B	C	D	E
〔問1〕	㋐㋑㋒㋓	㋐㋑㋒㋓	㋐㋑㋒㋓	㋐㋑㋒㋓
〔問2〕	㋐　㋑　㋒　㋓			
〔問3〕	㋐　㋑　㋒　㋓			

2

〔問1〕	略地図中のA～D		Ⅱのア～エ	
	Ⓐ Ⓑ Ⓒ Ⓓ		㋐㋑㋒㋓	
〔問2〕	P	Q	R	S
	㋐㋑㋒㋓	㋐㋑㋒㋓	㋐㋑㋒㋓	㋐㋑㋒㋓
〔問3〕	略地図中のW～Z		ⅠとⅡの表のア～エ	
	Ⓦ Ⓧ Ⓨ Ⓩ		㋐㋑㋒㋓	

3

〔問1〕	A	B	C	D
	㋐㋑㋒㋓	㋐㋑㋒㋓	㋐㋑㋒㋓	㋐㋑㋒㋓
〔問2〕	Ⅰのア～エ		略地図中のW～Z	
	㋐㋑㋒㋓		Ⓦ Ⓧ Ⓨ Ⓩ	
〔問3〕				

4

〔問1〕	㋐㋑㋒㋓ → ㋐㋑㋒㋓ → ㋐㋑㋒㋓ → ㋐㋑㋒㋓			
〔問2〕				
〔問3〕	A	B	C	D
	㋐㋑㋒㋓	㋐㋑㋒㋓	㋐㋑㋒㋓	㋐㋑㋒㋓
〔問4〕	A	B	C	D
	㋐㋑㋒㋓	㋐㋑㋒㋓	㋐㋑㋒㋓	㋐㋑㋒㋓

5

〔問1〕	㋐　㋑　㋒　㋓	
〔問2〕	ⅠのA～D	ア～エ
	Ⓐ Ⓑ Ⓒ Ⓓ	㋐㋑㋒㋓
〔問3〕	㋐　㋑　㋒　㋓	
〔問4〕		

6

	A	B	C	D
〔問1〕	㋐㋑㋒㋓	㋐㋑㋒㋓	㋐㋑㋒㋓	㋐㋑㋒㋓
〔問2〕	㋐　㋑　㋒　㋓			
〔問3〕	㋐　㋑　㋒　㋓			

2024年度入試配点表(東京都)

理科	1	2	3	4	5	6	計
	各4点×6	各4点×4	各4点×4	各4点×3	各4点×4	各4点×4 (問2完答)	100点

社会	1	2	3	4	5	6	計
	各5点×3 (問1完答)	各5点×3 (問1~問3各完答)	各5点×3 (問1,問2各完答)	各5点×4 (問1,問3,問4各完答)	各5点×4 (問2完答)	各5点×3 (問1完答)	100点

※ 143%に拡大していただくと，解答欄は実物大になります。

解答用紙　理科

□部分がマークシート方式により解答する問題です。

マーク上の注意事項

1 HB又はBの鉛筆（シャープペンシルも可）を使って，◯の中を正確に塗りつぶすこと。

2 答えを直すときは，きれいに消して，消しくずを残さないこと。

3 決められた欄以外にマークしたり，記入したりしないこと。

良い例	悪い例
●	線　小さい　はみ出し　丸囲み　レ点　うすい

受	検	番	号			
⓪①②③④⑤⑥⑦⑧⑨	⓪①②③④⑤⑥⑦⑧⑨	⓪①②③④⑤⑥⑦⑧⑨	⓪①②③④⑤⑥⑦⑧⑨	⓪①②③④⑤⑥⑦⑧⑨	⓪①②③④⑤⑥⑦⑧⑨	⓪①②③④⑤⑥⑦⑧⑨

1

〔問1〕	㋐ ㋑ ㋒ ㋓
〔問2〕	㋐ ㋑ ㋒ ㋓
〔問3〕	㋐ ㋑ ㋒ ㋓
〔問4〕	㋐ ㋑ ㋒ ㋓
〔問5〕	㋐ ㋑ ㋒ ㋓
〔問6〕	㋐ ㋑ ㋒ ㋓

2

〔問1〕	㋐ ㋑ ㋒ ㋓	
〔問2〕	①	②
	㋐ ㋑	㋐ ㋑
〔問3〕	㋐ ㋑ ㋒ ㋓	
〔問4〕	㋐ ㋑ ㋒ ㋓	

3

〔問1〕				
〔問2〕	①		②	
	㋐ ㋑		㋐ ㋑	
〔問3〕	①	②	③	④
	㋐ ㋑	㋐ ㋑	㋐ ㋑	㋐ ㋑
〔問4〕	㋐ ㋑ ㋒ ㋓			

4

〔問1〕	㋐ ㋑ ㋒ ㋓
〔問2〕	㋐ ㋑ ㋒ ㋓
〔問3〕	㋐ ㋑ ㋒ ㋓

5

〔問1〕	㋐ ㋑ ㋒ ㋓ ㋔	
〔問2〕	㋐ ㋑ ㋒ ㋓	
〔問3〕	㋐ ㋑ ㋒ ㋓	
〔問4〕	①	②
	㋐ ㋑ ㋒	㋐ ㋑ ㋒

6

〔問1〕	㋐ ㋑ ㋒ ㋓
〔問2〕	㋐ ㋑ ㋒ ㋓ ㋔ ㋕
〔問3〕	㋐ ㋑ ㋒ ㋓ ㋔
〔問4〕	㋐ ㋑ ㋒ ㋓

※ 149％に拡大していただくと，解答欄は実物大になります。

解答用紙　社　会

□部分がマークシート方式により解答する問題です。

マーク上の注意事項

1　ＨＢ又はＢの鉛筆（シャープペンシルも可）を使って，〇の中を正確に塗りつぶすこと。

2　答えを直すときは，きれいに消して，消しくずを残さないこと。

3　決められた欄以外にマークしたり，記入したりしないこと。

良い例	悪い例
●	線　小さい　はみ出し　丸囲み　レ点　うすい

受	検	番	号			
⓪	⓪	⓪	⓪	⓪	⓪	⓪
①	①	①	①	①	①	①
②	②	②	②	②	②	②
③	③	③	③	③	③	③
④	④	④	④	④	④	④
⑤	⑤	⑤	⑤	⑤	⑤	⑤
⑥	⑥	⑥	⑥	⑥	⑥	⑥
⑦	⑦	⑦	⑦	⑦	⑦	⑦
⑧	⑧	⑧	⑧	⑧	⑧	⑧
⑨	⑨	⑨	⑨	⑨	⑨	⑨

1

〔問1〕	㋐ ㋑ ㋒ ㋓
〔問2〕	㋐ ㋑ ㋒ ㋓
〔問3〕	㋐ ㋑ ㋒ ㋓

2

〔問1〕	略地図中のA～D		IIのア～エ	
	Ⓐ Ⓑ Ⓒ Ⓓ		㋐ ㋑ ㋒ ㋓	
〔問2〕	W	X	Y	Z
	㋐ ㋑ ㋒ ㋓	㋐ ㋑ ㋒ ㋓	㋐ ㋑ ㋒ ㋓	㋐ ㋑ ㋒ ㋓
〔問3〕	㋐ ㋑ ㋒ ㋓			

3

〔問1〕	A	B	C	D
	㋐ ㋑ ㋒ ㋓	㋐ ㋑ ㋒ ㋓	㋐ ㋑ ㋒ ㋓	㋐ ㋑ ㋒ ㋓
〔問2〕	㋐ ㋑ ㋒ ㋓			
〔問3〕	〔(1)目的〕 〔(2)敷設（ふせつ）状況及び設置状況〕			

4

〔問1〕	㋐㋑㋒㋓ → ㋐㋑㋒㋓ → ㋐㋑㋒㋓ → ㋐㋑㋒㋓			
〔問2〕	㋐ ㋑ ㋒ ㋓			
〔問3〕	時期			略地図
	㋐㋑㋒ → ㋐㋑㋒ → ㋐㋑㋒			㋐ ㋑ ㋒
〔問4〕	A	B	C	D
	㋐ ㋑ ㋒ ㋓	㋐ ㋑ ㋒ ㋓	㋐ ㋑ ㋒ ㋓	㋐ ㋑ ㋒ ㋓

5

〔問1〕	㋐ ㋑ ㋒ ㋓
〔問2〕	㋐ ㋑ ㋒ ㋓
〔問3〕	㋐ ㋑ ㋒ ㋓
〔問4〕	

6

〔問1〕	A	B	C	D
	㋐ ㋑ ㋒ ㋓	㋐ ㋑ ㋒ ㋓	㋐ ㋑ ㋒ ㋓	㋐ ㋑ ㋒ ㋓
〔問2〕	Iの略年表中のA～D		略地図中のW～Z	
	Ⓐ Ⓑ Ⓒ Ⓓ		Ⓦ Ⓧ Ⓨ Ⓩ	
〔問3〕	㋐ ㋑ ㋒ ㋓			

2023年度入試配点表（東京都）

理科	1	2	3	4	5	6	計
	各4点×6	各4点×4 （問2完答）	各4点×4 （問2，問3各完答）	各4点×3	各4点×4 （問4完答）	各4点×4	100点

社会	1	2	3	4	5	6	計
	各5点×3	各5点×3 （問1，問2各完答）	各5点×3 （問1完答）	各5点×4 （問1，問3，問4 各完答）	各5点×4	各5点×3 （問1，問2各完答）	100点

※ 143％に拡大していただくと，解答欄は実物大になります。

解答用紙　理　科

□部分がマークシート方式により解答する問題です。

マーク上の注意事項

1　ＨＢ又はＢの鉛筆（シャープペンシルも可）を使って，〇の中を正確に塗りつぶすこと。

2　答えを直すときは，きれいに消して，消しくずを残さないこと。

3　決められた欄以外にマークしたり，記入したりしないこと。

良い例	悪い例
●	線　小さい　はみ出し　丸囲み　レ点　うすい

受	検	番	号			
⓪①②③④⑤⑥⑦⑧⑨	⓪①②③④⑤⑥⑦⑧⑨	⓪①②③④⑤⑥⑦⑧⑨	⓪①②③④⑤⑥⑦⑧⑨	⓪①②③④⑤⑥⑦⑧⑨	⓪①②③④⑤⑥⑦⑧⑨	⓪①②③④⑤⑥⑦⑧⑨

1		
	〔問1〕	㋐ ㋑ ㋒ ㋓
	〔問2〕	㋐ ㋑ ㋒ ㋓
	〔問3〕	㋐ ㋑ ㋒ ㋓
	〔問4〕	㋐ ㋑ ㋒ ㋓
	〔問5〕	㋐ ㋑ ㋒ ㋓

2		
	〔問1〕	㋐ ㋑ ㋒ ㋓
	〔問2〕	㋐ ㋑ ㋒ ㋓
	〔問3〕	㋐ ㋑ ㋒ ㋓
	〔問4〕	㋐ ㋑ ㋒ ㋓

3		
	〔問1〕	㋐ ㋑ ㋒ ㋓
	〔問2〕	㋐ ㋑ ㋒ ㋓
	〔問3〕	㋐ ㋑ ㋒ ㋓
	〔問4〕	㋐ ㋑ ㋒ ㋓

4		
	〔問1〕	㋐ ㋑ ㋒ ㋓
	〔問2〕	㋐ ㋑ ㋒ ㋓
	〔問3〕	㋐ ㋑ ㋒ ㋓
	〔問4〕	㋐ ㋑ ㋒

5		
	〔問1〕	㋐ ㋑ ㋒ ㋓
	〔問2〕	㋐ ㋑ ㋒ ㋓ ㋔ ㋕
	〔問3〕	<化学反応式> ＿＿＿＿（酸） ＋ ＿＿＿＿（アルカリ） → ＿＿＿＿（塩） ＋ ＿＿＿＿
	〔問4〕	㋐ ㋑ ㋒ ㋓

6		
	〔問1〕	㋐ ㋑ ㋒ ㋓
	〔問2〕	㋐ ㋑ ㋒ ㋓
	〔問3〕	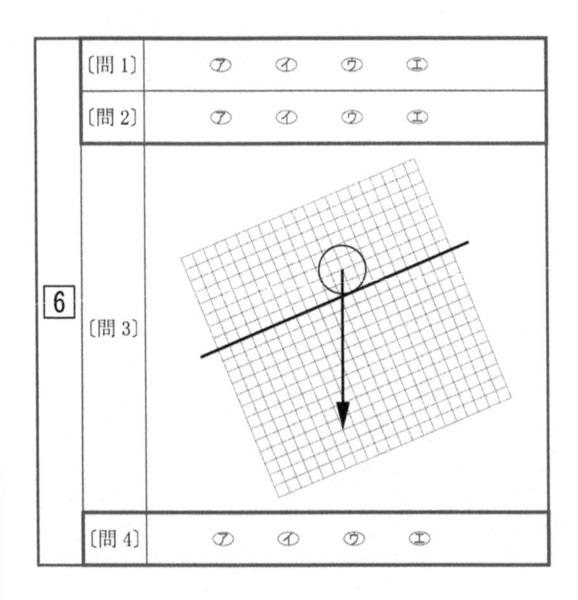
	〔問4〕	㋐ ㋑ ㋒ ㋓

※ 149%に拡大していただくと，解答欄は実物大になります。

解答用紙　社会

□部分がマークシート方式により解答する問題です。

マーク上の注意事項

1　HB又はBの鉛筆（シャープペンシルも可）を使って，〇の中を正確に塗りつぶすこと。

2　答えを直すときは，きれいに消して，消しくずを残さないこと。

3　決められた欄以外にマークしたり，記入したりしないこと。

良い例	悪い例
●	線　小さい　はみ出し　丸囲み　レ点　うすい

受	検	番	号			
⓪	⓪	⓪	⓪	⓪	⓪	⓪
①	①	①	①	①	①	①
②	②	②	②	②	②	②
③	③	③	③	③	③	③
④	④	④	④	④	④	④
⑤	⑤	⑤	⑤	⑤	⑤	⑤
⑥	⑥	⑥	⑥	⑥	⑥	⑥
⑦	⑦	⑦	⑦	⑦	⑦	⑦
⑧	⑧	⑧	⑧	⑧	⑧	⑧
⑨	⑨	⑨	⑨	⑨	⑨	⑨

1

〔問1〕	㋐ ㋑ ㋒ ㋓
〔問2〕	㋐ ㋑ ㋒ ㋓
〔問3〕	㋐ ㋑ ㋒ ㋓

2

〔問1〕	略地図中のA～D		IIのア～エ	
	Ⓐ Ⓑ Ⓒ Ⓓ		㋐ ㋑ ㋒ ㋓	
〔問2〕	P	Q	R	S
	㋐ ㋑ ㋒ ㋓	㋐ ㋑ ㋒ ㋓	㋐ ㋑ ㋒ ㋓	㋐ ㋑ ㋒ ㋓
〔問3〕	略地図中のW～Z		IとIIの表のア～エ	
	Ⓦ Ⓧ Ⓨ Ⓩ		㋐ ㋑ ㋒ ㋓	

3

〔問1〕	A	B	C	D
	㋐ ㋑ ㋒ ㋓	㋐ ㋑ ㋒ ㋓	㋐ ㋑ ㋒ ㋓	㋐ ㋑ ㋒ ㋓
〔問2〕	Iのア～エ		略地図中のW～Z	
	㋐ ㋑ ㋒ ㋓		Ⓦ Ⓧ Ⓨ Ⓩ	
〔問3〕	〔変化〕			
	〔要因〕			

4

〔問1〕	㋐㋑㋒㋓ → ㋐㋑㋒㋓ → ㋐㋑㋒㋓ → ㋐㋑㋒㋓
〔問2〕	㋐ ㋑ ㋒ ㋓
〔問3〕	㋐㋑㋒㋓ → ㋐㋑㋒㋓ → ㋐㋑㋒㋓ → ㋐㋑㋒㋓
〔問4〕	㋐ ㋑ ㋒ ㋓

5

〔問1〕	㋐ ㋑ ㋒ ㋓
〔問2〕	㋐ ㋑ ㋒ ㋓
〔問3〕	
〔問4〕	㋐ ㋑ ㋒ ㋓

6

〔問1〕	㋐㋑㋒㋓ → ㋐㋑㋒㋓ → ㋐㋑㋒㋓ → ㋐㋑㋒㋓	
〔問2〕	IのA～D	IのA～Dのア～ウ
	Ⓐ Ⓑ Ⓒ Ⓓ	㋐ ㋑ ㋒
〔問3〕	Ⓦ Ⓧ Ⓨ Ⓩ	

2022年度入試配点表(東京都)

理科	1	2	3	4	5	6	計
	各4点×5	各4点×4	各4点×4	各4点×4	各4点×4 (問3完答)	各4点×4	100点

社会	1	2	3	4	5	6	計
	各5点×3	各5点×3 (問1・問2・問3 各完答)	各5点×3 (問1・問2 各完答)	各5点×4 (問1・問3 各完答)	各5点×4	各5点×3 (問1・問2 各完答)	100点

※ 148％に拡大していただくと，解答欄は実物大になります。

解答用紙　理　科

部分がマークシート方式により解答する問題です。

マーク上の注意事項

1. ＨＢ又はＢの鉛筆（シャープペンシルも可）を使って，◯の中を正確に塗りつぶすこと。
2. 答えを直すときは，きれいに消して，消しくずを残さないこと。
3. 決められた欄以外にマークしたり，記入したりしないこと。

良い例	悪い例
●	線　小さい　はみ出し　丸囲み　レ点　うすい

受	検	番	号			
⓪	⓪	⓪	⓪	⓪	⓪	⓪
①	①	①	①	①	①	①
②	②	②	②	②	②	②
③	③	③	③	③	③	③
④	④	④	④	④	④	④
⑤	⑤	⑤	⑤	⑤	⑤	⑤
⑥	⑥	⑥	⑥	⑥	⑥	⑥
⑦	⑦	⑦	⑦	⑦	⑦	⑦
⑧	⑧	⑧	⑧	⑧	⑧	⑧
⑨	⑨	⑨	⑨	⑨	⑨	⑨

1

問		
〔問1〕	㋐　㋑　㋒　㋓	
〔問2〕	㋐　㋑　㋒　㋓	
〔問3〕	㋐　㋑　㋒　㋓	
〔問4〕	①	②
	㋐ ㋑ ㋒ ㋓	㋐ ㋑ ㋒ ㋓
〔問5〕	㋐　㋑　㋒　㋓	
〔問6〕	㋐　㋑　㋒　㋓	

2

問		
〔問1〕	①	②
	㋐ ㋑ ㋒ ㋓	㋐ ㋑ ㋒ ㋓
〔問2〕	㋐　㋑　㋒　㋓	
〔問3〕	㋐　㋑　㋒　㋓	
〔問4〕	㋐　㋑　㋒　㋓	

3

問			
〔問1〕	㋐　㋑　㋒　㋓		
〔問2〕	①	②	③
	㋐ ㋑ ㋒	㋐ ㋑ ㋒	㋐ ㋑ ㋒
〔問3〕	①	②	
	㋐ ㋑ ㋒ ㋓	㋐ ㋑ ㋒ ㋓	
〔問4〕	㋐㋑㋒㋓ → ㋐㋑㋒㋓ → ㋐㋑㋒㋓ → ㋐㋑㋒㋓		

4

問		
〔問1〕	㋐　㋑　㋒　㋓	
〔問2〕	①	②
	㋐ ㋑ ㋒	㋐ ㋑ ㋒
〔問3〕	①	②
	㋐ ㋑ ㋒	㋐ ㋑ ㋒

5

問		
〔問1〕	①	②
	㋐ ㋑ ㋒ ㋓	㋐ ㋑ ㋒
〔問2〕	①	②
	㋐ ㋑ ㋒ ㋓	㋐ ㋑ ㋒ ㋓
〔問3〕	㋐　㋑　㋒　㋓	
〔問4〕	％	

6

問				
〔問1〕	㋐　㋑　㋒　㋓			
〔問2〕				
〔問3〕	㋐㋑㋒㋓ → ㋐㋑㋒㋓ → ㋐㋑㋒㋓ → ㋐㋑㋒㋓			
〔問4〕	①	②	③	④
	㋐ ㋑ ㋒	㋐ ㋑ ㋒	㋐ ㋑ ㋒	㋐ ㋑ ㋒

※ 151％に拡大していただくと，解答欄は実物大になります。

解答用紙　社　会

□部分がマークシート方式により解答する問題です。

マーク上の注意事項

1 ＨＢ又はＢの鉛筆（シャープペンシルも可）を使って，○の中を正確に塗りつぶすこと。

2 答えを直すときは，きれいに消して，消しくずを残さないこと。

3 決められた欄以外にマークしたり，記入したりしないこと。

良い例	悪い例
●	線　小さい　はみ出し　丸囲み　レ点　うすい

受検番号						
⓪〜⑨	⓪〜⑨	⓪〜⑨	⓪〜⑨	⓪〜⑨	⓪〜⑨	⓪〜⑨

1

〔問1〕	㋐ ㋑ ㋒ ㋓
〔問2〕	㋐ ㋑ ㋒ ㋓
〔問3〕	㋐ ㋑ ㋒ ㋓
〔問4〕	㋐ ㋑ ㋒ ㋓

2

〔問1〕	Ⅰのア〜エ		Ⅱの表のア〜エ	
	㋐ ㋑ ㋒ ㋓		㋐ ㋑ ㋒ ㋓	
〔問2〕	P	Q	R	S
	㋐ ㋑ ㋒ ㋓	㋐ ㋑ ㋒ ㋓	㋐ ㋑ ㋒ ㋓	㋐ ㋑ ㋒ ㋓
〔問3〕	ⅠとⅡの表のア〜エ		略地図中のW〜Z	
	㋐ ㋑ ㋒ ㋓		Ⓦ Ⓧ Ⓨ Ⓩ	

3

〔問1〕	A	B	C	D
	㋐ ㋑ ㋒ ㋓	㋐ ㋑ ㋒ ㋓	㋐ ㋑ ㋒ ㋓	㋐ ㋑ ㋒ ㋓
〔問2〕	W	X	Y	Z
	㋐ ㋑ ㋒ ㋓	㋐ ㋑ ㋒ ㋓	㋐ ㋑ ㋒ ㋓	㋐ ㋑ ㋒ ㋓
〔問3〕	〔地域の変容〕			
	〔要因〕			

4

〔問1〕	㋐ ㋑ ㋒ ㋓ →	㋐ ㋑ ㋒ ㋓ →	㋐ ㋑ ㋒ ㋓ →	㋐ ㋑ ㋒ ㋓
〔問2〕	Ⅰの略年表中のア〜エ		Ⅱの略地図中のA〜D	
	㋐ ㋑ ㋒ ㋓		Ⓐ Ⓑ Ⓒ Ⓓ	
〔問3〕	㋐ ㋑ ㋒ ㋓			
〔問4〕	A	B	C	D
	㋐ ㋑ ㋒ ㋓	㋐ ㋑ ㋒ ㋓	㋐ ㋑ ㋒ ㋓	㋐ ㋑ ㋒ ㋓

5

〔問1〕	㋐ ㋑ ㋒ ㋓
〔問2〕	㋐ ㋑ ㋒ ㋓
〔問3〕	

6

〔問1〕	㋐ ㋑ ㋒ ㋓ →	㋐ ㋑ ㋒ ㋓ →	㋐ ㋑ ㋒ ㋓ →	㋐ ㋑ ㋒ ㋓
〔問2〕	A	B	C	D
	㋐ ㋑ ㋒ ㋓	㋐ ㋑ ㋒ ㋓	㋐ ㋑ ㋒ ㋓	㋐ ㋑ ㋒ ㋓
〔問3〕	㋐ ㋑ ㋒ ㋓			

2021年度入試配点表(東京都)

理科	1	2	3	4	5	6	計
	各4点×6 (問4完答)	各4点×4 (問1完答)	各4点×4 (問2,問3,問4各完答)	各4点×3 (問2,問3各完答)	各4点×4 (問1,問2各完答)	各4点×4 (問3,問4各完答)	100点

社会	1	2	3	4	5	6	計
	各5点×4	各5点×3 (問1,問2,問3各完答)	各5点×3 (問1,問2各完答)	各5点×4 (問1,問2,問4各完答)	各5点×3	各5点×3 (問1,問2各完答)	100点

※この解答用紙は147％に拡大していただきますと，実物大になります。

解答用紙　理科

□部分がマークシート方式により解答する問題です。

マーク上の注意事項

1 HB又はBの鉛筆（シャープペンシルも可）を使って，◯の中を正確に塗りつぶすこと。

2 答えを直すときは，きれいに消して，消しくずを残さないこと。

3 決められた欄以外にマークしたり，記入したりしないこと。

良い例	悪い例
●	線　小さい　はみ出し　丸囲み　レ点　うすい

受検番号						
⓪	⓪	⓪	⓪	⓪	⓪	⓪
①	①	①	①	①	①	①
②	②	②	②	②	②	②
③	③	③	③	③	③	③
④	④	④	④	④	④	④
⑤	⑤	⑤	⑤	⑤	⑤	⑤
⑥	⑥	⑥	⑥	⑥	⑥	⑥
⑦	⑦	⑦	⑦	⑦	⑦	⑦
⑧	⑧	⑧	⑧	⑧	⑧	⑧
⑨	⑨	⑨	⑨	⑨	⑨	⑨

1		
	〔問1〕	㋐ ㋑ ㋒ ㋓
	〔問2〕	㋐ ㋑ ㋒ ㋓
	〔問3〕	㋐ ㋑ ㋒ ㋓
	〔問4〕	㋐ ㋑ ㋒ ㋓
	〔問5〕	㋐ ㋑ ㋒ ㋓

2		
	〔問1〕	㋐ ㋑ ㋒ ㋓
	〔問2〕	㋐ ㋑ ㋒ ㋓
	〔問3〕	㋐ ㋑ ㋒ ㋓
	〔問4〕	㋐ ㋑ ㋒ ㋓

3			
	〔問1〕	㋐ ㋑ ㋒ ㋓	
	〔問2〕	㋐ ㋑ ㋒ ㋓	
	〔問3〕	＊ 解答欄は裏面にあります。	
	〔問4〕	①	②
		㋐ ㋑ ㋒ ㋓	㋐ ㋑ ㋒ ㋓

4					
	〔問1〕	①	②	③	
		㋐ ㋑ ㋒ ㋓	㋐ ㋑ ㋒ ㋓	㋐ ㋑ ㋒ ㋓	
	〔問2〕	㋐ ㋑ ㋒ ㋓			
	〔問3〕	①	②	③	④
		㋐ ㋑ ㋒ ㋓	㋐ ㋑ ㋒ ㋓	㋐ ㋑ ㋒ ㋓	㋐ ㋑ ㋒ ㋓
	〔問4〕	＊ 解答欄は裏面にあります。			

5			
	〔問1〕	㋐ ㋑ ㋒ ㋓	
	〔問2〕	①	②
		㋐ ㋑ ㋒ ㋓	㋐ ㋑ ㋒ ㋓
	〔問3〕		
	〔問4〕	溶質の名称	
		結晶の質量	g

6			
	〔問1〕	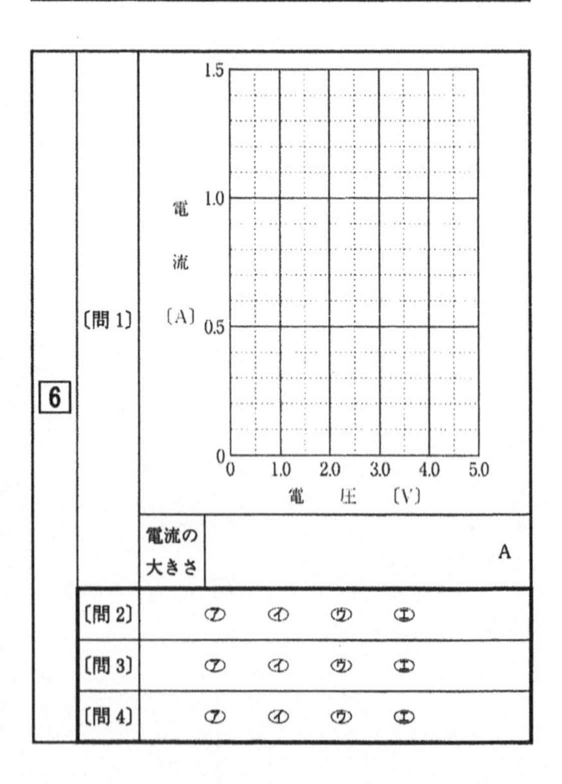	
		電流の大きさ	A
	〔問2〕	㋐ ㋑ ㋒ ㋓	
	〔問3〕	㋐ ㋑ ㋒ ㋓	
	〔問4〕	㋐ ㋑ ㋒ ㋓	

解答用紙　**理　科**

受検番号						

3	〔問3〕	

4	〔問4〕	

※この解答用紙は145％に拡大していただきますと，実物大になります。

解答用紙　社　会

▭部分がマークシート方式により解答する問題です。

マーク上の注意事項

1 ＨＢ又はＢの鉛筆（シャープペンシルも可）を使って，〇の中を正確に塗りつぶすこと。

2 答えを直すときは，きれいに消して，消しくずを残さないこと。

3 決められた欄以外にマークしたり，記入したりしないこと。

良い例	悪い例
●	線　小さい　はみ出し　丸囲み　レ点　うすい

受検番号						
⓪〜⑨	⓪〜⑨	⓪〜⑨	⓪〜⑨	⓪〜⑨	⓪〜⑨	⓪〜⑨

1

〔問1〕	㋐ ㋑ ㋒ ㋓
〔問2〕	㋐ ㋑ ㋒ ㋓
〔問3〕	㋐ ㋑ ㋒ ㋓

2

〔問1〕	略地図中のA〜D		Ⅱのア〜エ	
	Ⓐ Ⓑ Ⓒ Ⓓ		㋐ ㋑ ㋒ ㋓	
〔問2〕	P	Q	R	S
	㋐ ㋑ ㋒ ㋓	㋐ ㋑ ㋒ ㋓	㋐ ㋑ ㋒ ㋓	㋐ ㋑ ㋒ ㋓
〔問3〕	略地図中のW〜Z		ⅠとⅡの表のア〜エ	
	Ⓦ Ⓧ Ⓨ Ⓩ		㋐ ㋑ ㋒ ㋓	

3

〔問1〕	A	B	C	D
	㋐ ㋑ ㋒ ㋓	㋐ ㋑ ㋒ ㋓	㋐ ㋑ ㋒ ㋓	㋐ ㋑ ㋒ ㋓
〔問2〕	P	Q	R	S
	㋐ ㋑	㋐ ㋑	㋐ ㋑	㋐ ㋑
〔問3〕	〔建設された理由〕 〔建設された効果〕			

4

〔問1〕	㋐㋑㋒㋓ → ㋐㋑㋒㋓ → ㋐㋑㋒㋓ → ㋐㋑㋒㋓	
〔問2〕	Ⅰの略年表中のア〜エ	Ⅱの略地図中のA〜D
	㋐ ㋑ ㋒ ㋓	Ⓐ Ⓑ Ⓒ Ⓓ
〔問3〕	㋐ ㋑ ㋒ ㋓	
〔問4〕	㋐ ㋑ ㋒ ㋓	

5

〔問1〕	㋐ ㋑ ㋒ ㋓
〔問2〕	㋐ ㋑ ㋒ ㋓
〔問3〕	㋐ ㋑ ㋒ ㋓
〔問4〕	㋐ ㋑ ㋒ ㋓

6

〔問1〕	㋐㋑㋒㋓ → ㋐㋑㋒㋓ → ㋐㋑㋒㋓ → ㋐㋑㋒㋓	
〔問2〕	略地図中のA〜D	ⅠとⅡのグラフのア〜エ
	Ⓐ Ⓑ Ⓒ Ⓓ	㋐ ㋑ ㋒ ㋓
〔問3〕		

2020年度入試配点表(東京都)

理科	1	2	3	4	5	6	計
	各4点×5	各4点×4	各4点×4 (問4完答)	各4点×4 (問1,問3各完答)	問4 各2点×2 他 各4点×3 (問2完答)	問1 各2点×2 他 各4点×3	100点

社会	1	2	3	4	5	6	計
	各5点×3	各5点×3 (問1・問2・問3各完答)	各5点×3 (問1・問2各完答)	各5点×4 (問1・問2各完答)	各5点×4	各5点×3 (問1・問2各完答)	100点

〈ダウンロードコンテンツについて〉

本問題集のダウンロードコンテンツ、弊社ホームページで配信しております。現在ご利用いただけるのは「2025年度受験用」に対応したもので、**2025年3月末日**までダウンロード可能です。弊社ホームページにアクセスの上、ご利用ください。
※配信期間が終了いたしますと、ご利用いただけませんのでご了承ください。

高校別入試過去問題シリーズ
都立日比谷高等学校　2025年度
ISBN978-4-8141-2949-2

[発行所] 東京学参株式会社
〒153-0043　東京都目黒区東山2-6-4

書籍の内容についてのお問い合わせは右のQRコードから ⇒ 

※書籍の内容についてのお電話でのお問い合わせ、本書の内容を超えたご質問には対応できませんのでご了承ください。

2024年7月26日　初版